浙江省普通高校“十三五”新形态教材

# 无机及分析化学

## （第二版）

主　编　张胜建　陈德余
副主编　夏静芬　林建原

科学出版社
北　京

## 内 容 简 介

本书是“浙江省普通高校‘十三五’新形态教材”之一。基于应用型本科院校的特殊性，本书根据教育部理工科无机化学和分析化学的教学基本要求，按照应用型人才培养的要求，将无机化学与分析化学有机地结合到一起编写而成。教材内容安排遵循实用及开放的原则，循序渐进、重点突出，同时设置了较多的延伸、拓展内容，便于学生更好地学习相关内容，激发学习兴趣。本书共11章，包括化学基本原理、物质结构、四大化学平衡(酸碱平衡、沉淀溶解平衡、氧化还原平衡、配位解离平衡)及相关的四大滴定、定量分析基础、常用仪器分析、重要元素化学等内容。为了促进学生理解、掌握知识点，拓展知识的应用，本书配套了丰富的数字化资源。

本书可作为应用型本科高等学校化工、制药工程、材料、环境、生物、高分子、食品等专业的教材，也可供冶金、地质等相关专业的教师和学生使用。

**图书在版编目（CIP）数据**

无机及分析化学／张胜建，陈德余主编．—2版．—北京：科学出版社，2019.12

浙江省普通高校“十三五”新形态教材

ISBN 978-7-03-063651-5

Ⅰ．①无…　Ⅱ．①张…　②陈…　Ⅲ．①无机化学-高等学校-教材②分析化学-高等学校-教材　Ⅳ．①O61②O65

中国版本图书馆CIP数据核字（2019）第272193号

责任编辑：侯晓敏　陈雅娴／责任校对：何艳萍

责任印制：师艳茹／封面设计：迷底书装

科学出版社 出版

北京东黄城根北街16号

邮政编码：100717

http://www.sciencep.com

三河市骏杰印刷有限公司印刷

科学出版社发行　各地新华书店经销

*

2012年7月第　一　版　开本：787×1092　1/16

2019年12月第　二　版　印张：23　插页：1

2025年6月第十九次印刷　字数：589 000

**定价：69.00元**

（如有印装质量问题，我社负责调换）

# 第二版前言

本教材面向应用型本科院校，自 2012 年第一版出版以来，已在多所应用型高校使用，并得到多位老师帮助。

各院校在使用过程中对教材的内容体系有不同的要求，但综合来说，认为第一版比较适当，因此第二版的教材体系基本不作改变。编者在教学过程中发现有些学生对某些知识点及知识体系理解不是很透彻，学习有一定困难。本教材修订的主要目的是提升学生的自主学习能力，进一步促进其理解、掌握知识点，拓展知识的应用，提高总结知识的能力及对整个知识体系的理解，并更好地理解和完成习题。随着互联网+的发展，资源数字化及在线学习已经在学习中占有重要地位。党的二十大报告提出“推进教育数字化”，编者努力为学生提供更好的学习资源，在资源数字化方面做了一些工作，形成了教材的第二版。

第二版教材主要在以下几方面增加了数字化资源：一是学生较难理解、抽象的概念及知识点，如离子氛、溶液蒸气压、双电层概念等；二是一些拓展性的知识点，如 COD 和 BOD 的测定、常用电极的介绍、excel 绘制标准曲线等；三是典型例题的讲解，如不同温度下反应的平衡常数计算及反应方向判断、各种酸碱体系 pH 计算等；四是主要章节内容的总结；五是本课程的部分讲课视频。

第二版的数字化资源主要由张胜建、夏静芬、唐力、武玉学、胡美琴、林建原等完成。吴辉等学生帮忙制作动画等，在此表示感谢。

本教材得到“浙江省普通高校‘十三五’新形态教材”项目的支持，在此表示感谢。

由于编者水平有限，书中不妥之处在所难免，恳请同行和读者批评指正。

编　者

2023 年 6 月于浙江宁波

# 第一版前言

由于应用型本科院校是1999年以后才开始设立，原有的高等教育教材很难适应这一类新学校的教学要求。这类学校更着重于学生的“应用型”能力的培养，因此教材的内容与形式安排都应有所变化。本书正是为适应这种变化而编写的。

无机及分析化学是一门基础课，是有机化学、物理化学及其他化学、化工专业课的基础，主要介绍化学基本原理(化学热力学、化学动力学)、物质结构、四大化学平衡(酸碱平衡、沉淀溶解平衡、氧化还原平衡、配位解离平衡)及相关的四大滴定、定量分析基础、常用仪器分析、重要元素化学等内容。

本书是按54～72学时(不含实验)编写的教材，力求做到少而精，符合由浅入深、由易到难的教学原则。由于各专业对无机及分析化学的要求不尽相同，在教材内容的安排上便于教师根据实际情况有选择地取舍、组织。特别是本书为提高学生的学习兴趣、拓展知识面，在内容的安排上进行了细致的设计，除基础内容外，同时设计了相关的思考题、实例图片、延伸内容等，可以更好地使学生将基础知识与生活实践相结合。在内容的设计上以案例引出问题，以问题引出解决的方法，以解决方法形成基本概念和原理，以原理指导问题的解决，以此提高学生的科学研究兴趣、促进科学思维方法的形成、增强自主学习的动力；所选案例切合学生的知识面和时代的发展要求，以减少学生对学习的畏难情绪；在每一知识点后安排合适的开放性的案例，使学生感到学有所用，而不单单是完成枯燥的作业。书中标注星号(*)的内容供学生选学，标注星号的习题是为学有余力的同学准备的提高题。

参加本书编写的有：浙江大学宁波理工学院陈德余教授(总体安排与审核定稿)，张胜建(第2章，第11章)，武玉学(第8章部分，第10章部分)，胡美琴(第4章和第8章部分)；浙江万里学院林建原(第9章和附录)，夏静芬(第1章和第3章)，徐伟民(第6章，第8章部分)，唐力(第5章，第7章和第8章部分)，滕丽华(第10章部分)。

本书于2011年7月形成试用稿，在浙江大学宁波理工学院制药工程、生物工程、化工、高分子等专业和浙江万里学院环境、食品等专业800多名2011级学生中试用。在试用过程中同学们提了很多宝贵意见，对本书的改进起到了重要的作用，在此表示感谢。

由于编者水平有限，书中不妥之处在所难免，恳请同行和读者批评指正。

编　者

2012年2月于浙江宁波

# 目　录

第二版前言
第一版前言
第 1 章　化学计量、误差与数据处理 …… 1
1.1　化学中的计量 …… 2
1.1.1　量和单位 …… 2
1.1.2　化学反应中的计量关系 …… 3
1.2　测量或计量中的误差和有效数字 …… 5
1.2.1　误差分类 …… 5
1.2.2　误差的表征与表示 …… 6
1.2.3　偏差的表征与表示 …… 8
1.2.4　准确度与精密度的关系 …… 10
1.2.5　提高分析结果准确度的方法 …… 10
1.2.6　有效数字及运算规则 …… 11
1.3　测定结果的数据处理 …… 13
1.3.1　$t$ 分布规律 …… 13
1.3.2　置信度和平均值的置信区间 …… 14
1.3.3　可疑数据的取舍 …… 15
拓展材料 …… 16
思考题 …… 18
习题 …… 18
第 2 章　分散体系 …… 21
2.1　分散系 …… 21
2.2　溶液和溶液浓度的表示方法 …… 22
2.2.1　溶液的概念与分类 …… 22
2.2.2　溶液浓度的表示方法 …… 23
2.2.3　强电解质溶液、活度与活度系数 …… 24
2.3　稀溶液的通性 …… 25
2.3.1　溶液蒸气压下降 …… 25
2.3.2　溶液的沸点升高和凝固点降低 …… 26
2.3.3　溶液的渗透压 …… 28
2.4　胶体溶液 …… 30
*2.4.1　分散度和表面吸附 …… 30
2.4.2　胶团的结构 …… 31
2.4.3　胶体溶液的性质 …… 33

2.4.4 溶胶的稳定性和聚沉 …… 34
*2.5 高分子溶液和乳浊液 …… 35
2.5.1 高分子溶液 …… 35
2.5.2 乳浊液 …… 36
拓展材料 …… 37
思考题 …… 38
习题 …… 38
**第 3 章 化学反应的一般原理** …… 40
3.1 化学反应中的能量关系 …… 40
3.1.1 基本概念 …… 40
3.1.2 热力学第一定律 …… 42
3.1.3 化学反应热效应 …… 43
3.2 化学反应的方向和限度 …… 49
3.2.1 自发过程的特点 …… 49
3.2.2 熵和熵变 …… 49
3.2.3 热力学第二定律 …… 51
3.2.4 吉布斯自由能和自由能变 …… 52
3.3 化学平衡 …… 55
3.3.1 可逆反应和化学平衡 …… 55
3.3.2 化学平衡常数 …… 56
3.3.3 化学平衡的移动 …… 62
3.4 化学反应速率 …… 66
3.4.1 化学反应速率及表示方法 …… 66
3.4.2 反应速率理论 …… 67
3.4.3 浓度对化学反应速率的影响 …… 69
3.4.4 温度对化学反应速率的影响 …… 72
3.4.5 催化剂对化学反应速率的影响 …… 74
拓展材料 …… 77
思考题 …… 78
习题 …… 78
**第 4 章 酸碱平衡** …… 83
4.1 酸碱理论 …… 83
4.1.1 酸碱质子理论 …… 83
4.1.2 酸碱电子理论 …… 85
4.2 水溶液中的酸碱平衡 …… 86
4.2.1 水的解离平衡与离子积常数 …… 86
4.2.2 弱酸、弱碱的解离平衡 …… 87
4.2.3 解离度和稀释定律 …… 88
4.3 酸碱溶液中 pH 计算 …… 89
4.3.1 强酸(碱)溶液 …… 89

4.3.2 一元弱酸(碱)溶液 …… 90
4.3.3 多元弱酸(碱)溶液 …… 93
4.3.4 两性物质溶液 …… 93
4.4 酸碱平衡的移动 …… 94
4.4.1 同离子效应 …… 94
4.4.2 盐效应 …… 95
4.5 缓冲溶液 …… 95
4.5.1 缓冲作用原理 …… 96
4.5.2 缓冲溶液 pH 的计算 …… 96
4.5.3 缓冲容量和缓冲范围 …… 97
4.5.4 缓冲溶液的配制 …… 97
拓展材料 …… 99
思考题 …… 99
习题 …… 100
**第 5 章 沉淀溶解平衡** …… 102
5.1 溶度积原理 …… 102
5.1.1 溶度积常数 …… 102
5.1.2 溶度积和溶解度的相互换算 …… 103
5.1.3 溶度积规则 …… 104
5.2 沉淀溶解平衡的移动 …… 104
5.2.1 沉淀的生成 …… 104
5.2.2 影响难溶电解质溶解度的因素 …… 105
5.2.3 沉淀的溶解 …… 107
5.3 多种沉淀之间的平衡 …… 108
5.3.1 分步沉淀 …… 108
5.3.2 沉淀的转化 …… 110
拓展材料 …… 110
思考题 …… 111
习题 …… 111
**第 6 章 氧化还原平衡** …… 114
6.1 氧化还原反应的基本概念 …… 114
6.1.1 氧化值 …… 114
6.1.2 氧化与还原 …… 115
6.1.3 氧化还原反应方程式的配平 …… 117
6.2 电极电势 …… 118
6.2.1 原电池 …… 118
6.2.2 电极与电极电势的概念 …… 120
6.2.3 标准电极电势 …… 122
6.2.4 原电池电动势的理论计算 …… 124
6.2.5 能斯特方程 …… 124

6.3 电极电势的应用 …… 127
6.3.1 计算原电池的电动势 …… 127
6.3.2 判断氧化还原反应的进行方向 …… 128
6.3.3 确定氧化还原反应的平衡常数 …… 129
6.3.4 测定电动势计算弱酸解离平衡常数和难溶电解质溶度积常数 …… 130
6.3.5 溶液 $H^+$浓度的计算和溶液 pH 的测定 …… 131
6.4 元素电势图及其应用 …… 131
6.4.1 元素电势图 …… 131
6.4.2 元素电势图的应用 …… 133
拓展材料 …… 134
思考题 …… 136
习题 …… 136
**第 7 章 配位化合物与配位解离平衡** …… 140
7.1 配位化合物 …… 140
7.1.1 配位化合物的组成 …… 140
7.1.2 配位化合物的命名 …… 142
7.1.3 配位化合物的类型 …… 143
*7.1.4 配位化合物的异构现象 …… 145
7.2 配离子在溶液中的解离平衡 …… 146
7.2.1 配位解离平衡常数 …… 146
7.2.2 配位解离平衡的移动 …… 148
拓展材料 …… 151
思考题 …… 152
习题 …… 152
**第 8 章 滴定分析法** …… 155
8.1 定量分析概论 …… 155
8.1.1 分析化学的任务和作用 …… 155
8.1.2 分析方法的分类 …… 156
8.1.3 定量分析过程 …… 157
8.2 滴定分析法概述 …… 161
8.2.1 滴定分析法及有关术语 …… 161
8.2.2 滴定分析法对化学反应的要求和滴定方式 …… 161
8.2.3 标准溶液的配制 …… 162
8.2.4 滴定分析法中的计算 …… 164
8.3 酸碱滴定法 …… 165
8.3.1 酸碱指示剂 …… 165
8.3.2 滴定曲线 …… 167
8.3.3 酸碱标准溶液的配制与标定 …… 173
8.3.4 滴定方式和应用实例 …… 175
8.4 沉淀滴定法 …… 177

8.4.1 沉淀滴定法概述 ……177
8.4.2 莫尔法……177
8.4.3 福尔哈德法 ……179
8.4.4 法扬斯法……180
8.5 氧化还原滴定法 ……181
8.5.1 氧化还原反应的特点 ……181
8.5.2 影响氧化还原反应速率的因素……181
8.5.3 条件电极电势……182
8.5.4 氧化还原滴定曲线……183
8.5.5 氧化还原指示剂 ……186
8.5.6 氧化还原滴定前的预处理……188
8.5.7 常用氧化还原滴定方法……188
8.6 配位滴定法 ……194
8.6.1 EDTA 及其配合物……195
8.6.2 配位反应的副反应系数与条件稳定常数……197
8.6.3 配位滴定曲线……200
8.6.4 配位滴定所允许的最低 pH 和酸效应曲线……203
8.6.5 金属指示剂 ……204
8.6.6 提高配位滴定选择性的方法 ……206
8.6.7 配位滴定的应用 ……208
拓展材料……210
思考题……212
习题……212
**第 9 章 物质结构基础**……215
9.1 核外电子的运动状态 ……215
9.1.1 氢原子光谱和玻尔理论……215
9.1.2 微观粒子的特性 ……217
9.1.3 核外电子运动状态的描述……218
9.1.4 波函数的空间图像……221
9.2 核外电子排布与元素周期表……225
9.2.1 原子轨道近似能级图 ……225
9.2.2 核外电子排布规则……226
9.2.3 电子层结构与元素周期律……228
9.2.4 原子性质的周期性……230
9.3 化学键理论 ……233
9.3.1 离子键理论 ……234
9.3.2 共价键理论 ……237
*9.3.3 金属键理论……249
9.4 晶体结构……250
9.4.1 晶体的特征 ……250

9.4.2 晶体结构的描述与分类……250
9.4.3 离子晶体……252
9.4.4 分子晶体……254
9.4.5 原子晶体……259
9.4.6 多键型晶体……259
拓展材料……260
思考题……261
习题……261
**第 10 章 仪器分析法选介**……264
10.1 紫外-可见分光光度法……264
10.1.1 概述……264
10.1.2 光吸收的基本定律……265
10.1.3 显色反应及其影响因素……268
10.1.4 紫外-可见分光光度计……270
10.1.5 紫外-可见分光光度测定的方法……271
10.1.6 紫外-可见分光光度法的误差和测量条件的选择……272
10.1.7 紫外-可见分光光度法应用实例……273
10.2 原子吸收光谱法……274
10.2.1 原子吸收光谱法的基本原理……274
10.2.2 原子吸收分光光度计……276
10.2.3 原子吸收的定量分析方法……277
10.2.4 测试条件的选择原则……278
10.3 电位分析法……279
10.3.1 电位分析法的基本原理……279
10.3.2 参比电极……280
10.3.3 指示电极……280
10.3.4 pH 的测定……280
10.3.5 离子选择性电极的应用……281
10.3.6 电位滴定法……282
10.4 色谱分析法……282
10.4.1 色谱分析法概述……282
10.4.2 色谱法的基本原理……284
10.4.3 色谱法的发展趋势……286
拓展材料……287
思考题……289
习题……289
**第 11 章 元素化学**……291
11.1 元素概述……291
11.1.1 元素分布……291
11.1.2 元素分类……292

11.2 s 区元素……292
11.2.1 s 区元素的通性……292
11.2.2 s 区元素重要化合物……293
11.3 p 区元素……295
11.3.1 p 区元素的通性……295
11.3.2 p 区重要元素及其化合物……296
11.4 d 区元素……311
11.4.1 d 区元素的通性……311
11.4.2 d 区重要元素及其化合物……312
11.5 ds 区元素……319
11.5.1 ds 区元素的通性……319
11.5.2 ds 区重要元素及其化合物……320
11.6 f 区元素……323
11.6.1 镧系元素概述……324
11.6.2 锕系元素概述……325
拓展材料……326
思考题……326
习题……326
**附录**……329
附录一　本书采用的法定计量单位……329
附录二　基本物理常量和本书使用的一些常用量的符号和名称……329
附录三　一些常见单质、离子及化合物的热力学函数(298.15K，100kPa)……330
附录四　一些弱电解质在水溶液中的解离常数(298K)……335
附录五　一些难溶电解质的溶度积常数(298.15K)……337
附录六　常见配离子的标准稳定常数(298.15K)……339
附录七　标准电极电势(298.15K)……340
附录八　条件电极电势(298.15K)……345
附录九　EDTA 配合物的 $\lg K_{MY}^{\ominus}$ 值($I = 0.1 mol \cdot kg^{-1}$，293～298K)……346
附录十　EDTA 在不同 pH 时的 $\lg \alpha_{Y(H)}$ 值……346
附录十一　一些金属离子的 $\lg \alpha_{M(OH)}$ 值……346
附录十二　主族元素的第一电离能(单位：$kJ \cdot mol^{-1}$)……347
附录十三　主族元素的第一电子亲和能(单位：$kJ \cdot mol^{-1}$)……347
附录十四　元素的电负性……348
附录十五　常见的离子半径……348
附录十六　一些参考资料和常用的 Internet 资源……348

# 第 1 章　化学计量、误差与数据处理

【教学目的和要求】

(1) 了解量、量纲、化学计量关系和反应进度的基本概念，掌握化学中常用的量及其单位。

(2) 掌握系统误差、偶然误差、准确度与误差、精密度与偏差的基本概念及有关计算，了解提高分析结果准确度的方法。

(3) 理解有效数字的意义，掌握有效数字的修约和运算规则，掌握平均值置信区间的概念，了解有限测量数据的处理和报告方法。

【教学重点和难点】

(1) 重点内容：有效数字和运算规则；定量分析的误差及表示方法；实验数据的统计处理(测定结果离群值的舍弃，平均值的置信区间，分析结果的报告)。

(2) 难点内容：测量数据的处理及运算结果的有效数字的表示。

绪论

计量是指实现单位统一、量值准确可靠的活动。化学是一门定量的学科，这就意味着化学工作中经常会遇到计量问题。例如，称取 40g 的 $Na_2CO_3$，量取 10mL 的水，配制 $0.1mol \cdot L^{-1}$ 的 KCl 溶液等。所有计量结果都被表示为某一数值和某种单位的乘积。选取的单位不同，单位之前的数值也会随之变化。例如，将 1g NaOH 溶于水，配成 250mL 溶液，其浓度可以表示为 $0.1mol \cdot L^{-1}$，也可以表示为 $4g \cdot L^{-1}$。由于 NaOH 固体试剂的纯度低，且比较容易吸收空气中的 $CO_2$ 和水，所以配制的溶液浓度准确性不高。若要比较准确地计量所配制的 NaOH 溶液的浓度，可以用邻苯二甲酸氢钾进行标定，因为 NaOH 与邻苯二甲酸氢钾之间存在着 1 : 1(物质的量比)的确定的计量关系。但是，无论采取什么办法，NaOH 的真实浓度都是不可能测得的，这就涉及计量的误差。所谓**误差**就是测定结果与客观存在的真实值之间的差异。我们不可能要求计量的误差为零，只可能根据误差的来源、性质、分布和传递规律，设法减少误差，使计量结果的准确度达到要求。同时，还应当掌握计量结果的评价方法，以判断其可靠程度，并对计量结果正确地取舍和表示。本章即从化学中的量和单位，化学反应计量关系，误差理论和有效数字表达，计量结果的数据统计处理等方面来阐述这些问题。

## 1.1 化学中的计量

### 1.1.1 量和单位

1. 量和量纲

化学中的计量

**量**，又称**物理量**，是物体或者现象可以定性区别并能定量测量的属性。国际上约定的**基本量**有七个，分别是长度($l$)、质量($m$)、时间($t$)、电流($I$)、热力学温度($T$)、物质的量($n$)和发光强度($I_v$)。其他量可由基本量通过乘、除、微分、积分等数学运算导出，称为**导出量**，如物质的量浓度($c$)、质量摩尔浓度($b$)、质量分数($w$)等。在表示化学中的量时，可将代表物质的符号标为量的符号的右下标，如 $n_1$；若代表物质的符号为化学式，常将其放入与量的符号平齐的括号内，如 $w$ (HCl)。

阿伏伽德罗 Amedeo Avogadro 1776—1856

意大利物理学家、化学家。1811年，他发现了阿伏伽德罗定律，即在标准状态，同体积的任何气体都含有相同数目的分子，而与气体的化学组成和物理性质无关。此后，他又发现了阿伏伽德罗常量。

表示一个量是由哪些基本量导出和如何导出的式子称为此量的**量纲式**或**量纲**。量纲用基本量的量纲符号幂的乘积表示。七个基本量的量纲符号分别是长度(L)、质量(M)、时间(T)、电流(I)、热力学温度(Θ)、物质的量(N)和发光强度(J)，用正体大写拉丁字母或希腊字母表示，如体积($L^3$)、物质的量浓度($N \cdot L^{-3}$)。在量纲表达式中，其基本量量纲的全部指数均为零的量称为量纲一的量，也称纯数。基本量的量纲就是它自身。如果两个量具有不同的量纲，那么这两个量一定不能相加、相减或者相等，这两个量相除也不会得到一个纯数。

2. 量的单位

测量就是计数，即选出某一特定的量作为参考，将待测量与此量进行比较。例如，我们不可能直接测得某一系统的物质的量($n_1$)，而只能按指定的方法用另一特定系统物质的量($n_0$)与该系统物质的量相比。因此，确定量的大小必须选定一定的衡量标准，**量的单位**就是这个用来衡量量大小的标准。例如，国际单位制(SI)规定的比较长度($l$)选定的标准是米(m)，米便是长度的单位。

量和量的单位是两个不同的概念，它们与数值一起，共同组成对物体或者现象的完整描述，三者之间的关系为：量 = 数值 × 量的单位。例如，称得某物质的质量为 0.1kg，表示如下：$m$ = 0.1kg。

3. 物质的量及其单位

七个基本量之一的**物质的量**($n$)是用以计量指定的微观基本单元。SI 规定**摩尔(mol)**为物质的量的基本单位，其定义为：摩尔是一个系统的物质的量，该系统中所包含的基本单元数与 0.012kg $^{12}C$ 的原子数目相等。0.012kg $^{12}C$ 所含的碳原子数目($6.022 \times 10^{23}$ 个)称为**阿伏伽德罗常量($N_A$)**。因此，如果某物质系统中所含的基本单元的数目为 $N_A$，则该物质系统的物质的量为 1mol。

这里所提到的微观基本单元是指作为计量的基本研究对象,在使用物质的量这个物理量时必须同时指明**基本单元**。物质系统中包含的基本单元可以是分子、原子、离子、电子等微观粒子或这些粒子特定的组合。例如，某体系有 $N_A$ 个 $H_2SO_4$ 分子,既可以表示为 1mol ($H_2SO_4$),也可以表示为 2mol (1/2$H_2SO_4$)。前者选择的基本单元是 $H_2SO_4$，后者选择的基本单元为(1/2$H_2SO_4$)。基本单元的化学式不仅在表示物质的量 $n$ 时必须始终给出，而且在表示含有物质的量的所有其他导出量，如物质的量浓度、质量摩尔浓度、物质的量分数(摩尔分数)、摩尔量、偏摩尔量或反应速率时，都必须始终给出。

?
能不能说 1mol 的氧或 1mol 的氢等，为什么?

?
归纳化学中的常用量及单位。

另外，还必须注意的是物质的量的定义，同其他任何量的定义一样，与单位的选择无关。因此，将物质的量称为摩尔数，就如同将质量称为千克数一样，在语法上是错误的。

本书中涉及的其他常用的物理量及单位见附录一和附录二。

### 1.1.2　化学反应中的计量关系

1. 应用化学方程式的计算

化学反应中的计量关系

化学反应方程式是根据质量守恒定律，用元素符号和化学式表示化学变化中质量关系的式子。例如，合成氨反应表示如下：

$$N_2+3H_2 = 2NH_3$$

上式是一个已配平的化学反应方程式。它表明化学反应中各物质的物质的量之比等于其化学式前的系数之比。

2. 化学计量数

对任一化学反应

$$cC+dD = yY+zZ$$

移项表示为

$$0=-cC-dD+yY+zZ$$

随着化学反应的不断进行，反应物 C、D 的量持续减少，生成物 Y、Z 的量持续增加。因此，令

$$-c=\nu_C\,,\quad -d=\nu_D\,,\quad y=\nu_Y\,,\quad z=\nu_Z$$

则有

$$0=\nu_C C+\nu_D D+\nu_Y Y+\nu_Z Z$$

此式为该反应的化学计量式的通式，可简写为

$$0=\sum_B \nu_B B \tag{1-1}$$

?
化学反应方程式的系数与化学计量数有何异同点?

式中：B 表示参加反应的分子、原子或离子；$\nu_B$ 既可以是整数，也可以是分数,称为物质 B 的**化学计量数**。化学计量数表示相应物质在反应中变化的量,规定反应物的化学计量数为负，而产物的化学计量数为正。$\nu_C$、$\nu_D$、$\nu_Y$、$\nu_Z$

分别为物质C、D、Y、Z的化学计量数。同一化学反应中，化学计量数随化学反应方程式书写方法的不同而不同。

仍以合成氨的反应为例

$$N_2+3H_2 = 2NH_3$$

移项得

$$0=-N_2-3H_2+2NH_3=\nu(N_2)N_2+\nu(H_2)H_2+\nu(NH_3)NH_3$$

$\nu(N_2)=-1$，$\nu(H_2)=-3$，$\nu(NH_3)=2$，分别对应于该反应方程式中物质$N_2$、$H_2$、$NH_3$的化学计量数，表示在该反应中每消耗1mol $N_2$、3mol $H_2$，就生成2mol $NH_3$。

若该合成氨反应的化学反应方程式为

$$\frac{1}{2}N_2+\frac{3}{2}H_2 = NH_3$$

则参加该化学反应各物质的化学计量数分别为

$$\nu(N_2)=-\frac{1}{2}，\ \nu(H_2)=-\frac{3}{2}，\ \nu(NH_3)=1$$

3. 反应进度

**反应进度**用以描述化学反应进行的程度。对于任一化学反应

$$cC+dD = yY+zZ$$

当反应进行到某一阶段时，各物质物质的量变化分别为$\Delta n_C$、$\Delta n_D$、$\Delta n_Y$、$\Delta n_Z$，则

$$\frac{\Delta n_C}{\nu_C}=\frac{\Delta n_D}{\nu_D}=\frac{\Delta n_Y}{\nu_Y}=\frac{\Delta n_Z}{\nu_Z}$$

反应进度定义为

$$\xi=\frac{n_B-n_B(0)}{\nu_B}=\frac{\Delta n_B}{\nu_B} \tag{1-2}$$

式中：$n_B(0)$表示反应起始时物质B的物质的量；$n_B$为反应进行到$t$时物质B的物质的量；$\nu_B$为物质B的化学计量数；$\xi$为反应进度，其单位为mol。$\xi$值可取正整数、正分数，也可以为零。

例如，对于合成氨反应

$$N_2+3H_2 = 2NH_3$$

$\nu(N_2)=-1$，$\nu(H_2)=-3$，$\nu(NH_3)=2$，当$\xi_0=0$时，若有足量的$N_2$和$H_2$，而$n(NH_3)=0$，根据$\xi=\frac{\Delta n_B}{\nu_B}$，$\Delta n_B$与$\xi$的对应关系如下：

| | $\Delta n(N_2)$/mol | $\Delta n(H_2)$ /mol | $\Delta n(NH_3)$ /mol | $\xi$/mol |
|---|---|---|---|---|
| 起始时刻 | 0 | 0 | 0 | 0 |
| $N_2$消耗$\frac{1}{2}$mol时 | $-\frac{1}{2}$ | $-\frac{3}{2}$ | 1 | $\frac{1}{2}$ |
| $N_2$消耗1mol时 | −1 | −3 | 2 | 1 |
| $N_2$消耗2mol时 | −2 | −6 | 4 | 2 |

可见，对于同一化学反应，$\xi$的值与选用哪种反应物或产物来表示无关。但是，对同一化学反应，如果化学反应计量方程式的写法不同（$\nu_B$不同），则在物质的量变化相同的情况下，$\xi$不同。例如：

| 化学反应方程式 | $\Delta n(N_2)$/mol | $\xi$/mol |
| --- | --- | --- |
| $N_2+3H_2 \longrightarrow 2NH_3$ | −1 | 1 |
| $\frac{1}{2}N_2+\frac{3}{2}H_2 \longrightarrow NH_3$ | −1 | 2 |

反应进度是计算化学反应中质量和能量变化以及化学反应速率时常用的物理量，应用此量时必须指明相应化学反应计量关系。

卡文迪许
Henry Cavendish
1731—1810
英国化学家、物理学家。他研究了空气的组成，确定了水的成分，发现了硝酸。他还通过扭秤实验验证了牛顿的万有引力定律，确定了引力常数和地球平均密度。

## 1.2　测量或计量中的误差和有效数字

测量或计量中的误差就是测定值和真值之差。在化学史上，有一个与误差有关的有趣的故事。

1785 年，卡文迪许做了一个实验：他将电火花通过寻常空气和氧气的混合体，想把其中的氮全部氧化掉，产生的 $NO_2$ 用苛性钾吸收。经过三个星期的实验，他发现还有一个体积不超过原来空气的 1/120 的微小空气泡仍然未被吸收。对于这一重要的微小差异，卡文迪许本人和其他科学家并没有给予重视和继续研究，反而错误地推论：假如电火花通过的时间再继续延长，就不会有残余空气泡的存留。

1892 年，瑞利经过长达 10 年的测定，宣布氢和氧的相对原子质量之比实际上不是 1∶16，而是 1∶15.882。他还测定了氮的密度，发现从液态空气中分馏出来的氮，与从 $NH_4NO_2$ 中分离出来的氮，密度有微小却是不可忽略的偏差。从液态空气中分馏出来的氮，密度为 $1.2572g \cdot cm^{-3}$，而用化学方法从 $NH_4NO_2$ 直接得到的氮，密度为 $1.2505g \cdot cm^{-3}$，两者数值相差千分之几，在小数点后第三位不相同。他并没有放弃这些微小的差异，于是和化学家莱姆塞一起研究，重复卡文迪许的实验，终于发现了一种新的化学元素——氩。

瑞利
Third Baron Rayleigh
1842—1919
英国化学家、物理学家。由于在气体密度的研究中发现氩而获得 1904 年诺贝尔物理学奖。

回顾氩元素发现的历史可以发现，在科学实验中，微小差异（实际上就是系统误差）常常严重地歪曲实验的真正结果，从而导致错误的结论。误差是客观存在的，了解分析过程中误差产生的原因及其规律，采取减少误差的有效措施，使测定结果尽量接近真实值是分析工作者的重要任务。

### 1.2.1　误差分类

定量分析的误差根据产生原因不同分为系统误差和偶然误差两大类。

误差的分类

1. 系统误差

**系统误差**是指在一定的实验条件下，由某种固定的原因使测定结果系统偏高或偏低的误差。系统误差具有单向性，多次重复出现，其大小及正、负值基本恒定等特点。理论上讲，只要找到产生误差的原因，就可以消除系统误差的影响。因此，系统误差又称可测误差。根据系统误差产生的原因，可以将系统误差分为方法误差、仪器误差、试剂误差和操作误差等。

(1) 方法误差：由分析方法本身造成的误差。例如，重量分析中，由于沉淀的溶解、共沉淀现象等产生的误差；滴定分析时，由于化学计量点和滴定终点不一致而造成的误差等。

(2) 仪器误差：由于仪器本身不够精确而造成的误差。例如，砝码磨损，移液管、滴定管等容量器皿刻度不准等。

(3) 试剂误差：来源于试剂不纯的误差。例如，试剂和蒸馏水中含有被测物质或干扰物质。

(4) 操作误差：操作人员一些生理或习惯上的原因而导致的误差。例如，辨别滴定终点的颜色时，有的人偏深，有的人偏浅；在读取刻度值时，有的人偏高，有的人偏低等。

2. 偶然误差

**偶然误差**又称随机误差，由随机的偶然的原因造成，在分析操作中是不可避免的。例如，由于环境温度、湿度和气压的微小波动而引起的仪器的微小变化，天平和滴定管最后一位读数的不确定性等。偶然误差的特点是其大小和正、负值都不固定，无法测量，也不可能加以校正，所以又称为不可测误差。

高斯
Johann Carl
Friedrich Gauss
1777—1855
德国著名数学家、物理学家、天文学家、测量学家。

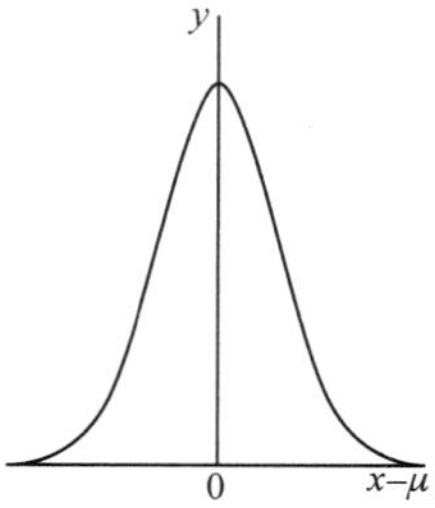


图 1-1　偶然误差的正态分布曲线

偶然误差的出现表面上极无规律，可大可小，可正可负。但是，如果进行反复多次测定，就会发现偶然误差的出现其实符合统计规律，即正态分布规律。这一规律可用正态分布曲线（又称高斯分布曲线，图 1-1）来表示，图中横轴 $x-\mu$ 表示测量值 $x$ 与真值 $\mu$ 之差，即偶然误差，纵轴 $y$ 表示偶然误差出现的概率密度的大小。由图可见：①正态分布曲线以 $x=\mu$ 这条直线为对称轴，这表明在无限次测量中，绝对值相等的正、负误差出现的概率基本相等；②绝对值小，误差出现的概率大，绝对值大，误差出现的概率小，绝对值特大，误差出现的概率更小。

除了系统误差和偶然误差外，在分析过程中还会遇到过失和差错造成的所谓的“过失误差”，如读错刻度、记录和计算错误及加错试剂等。其实这是一种错误，是操作者主观责任心不强、不按操作规程办事等原因造成的。它是应该也是完全可以避免的，不在误差讨论之列。

误差的表征与表示

### 1.2.2　误差的表征与表示

由以上分析可知，误差是测量值 ($x$) 与**真实值** ($\mu$) 之间的差异，是由分析方法或分析测量系统存在的系统误差和偶然误差两者综合决定的。通常用**准确度**表示分析结果与真值的接近程度。准确度常用绝对误差、相对误差和加标回收率表示。

1. 绝对误差和相对误差

**绝对误差**是指测量值 $x$ 与真值 $\mu$ 之差，以 $E$ 表示

$$E = x - \mu \tag{1-3}$$

**相对误差**是指绝对误差与真值的比值，常以 $E_r$ 或 $E\%$表示

$$E_r = \frac{E}{\mu}\times 100\% = \frac{x-\mu}{\mu}\times 100\% \tag{1-4}$$

从式(1-3)和式(1-4)可以看出，绝对误差和相对误差都表示分析结果与真实值的偏离程度，数值越小表示测量值和真值越接近，其准确度越高；反之，数值越大，分析结果的准确度就越差。若测量值大于真值，误差为正值，称为分析结果偏高；若测量值小于真值，误差为负值，称为分析结果偏低。

式(1-3)、式(1-4)中 $x$ 为单次测定值，如果进行了数次平行测定，则常用全部测定结果的算术平均值 $\bar{x}$ 来代替。统计学证明，在消除系统误差的前提下，一组平行测定值的平均值是最可信赖的值，它反映了该组数据的集中趋势。

**例 1-1**　用分析天平称量两样品的质量分别为 1.5481g 和 0.1548g，假设它们的真实质量各为 1.5480g 和 0.1547g，则两者的绝对误差和相对误差分别为多少？

**解**　两者的绝对误差：

$$E_1 = 1.5481 - 1.5480 = 0.0001(\text{g}) \qquad E_2 = 0.1548 - 0.1547 = 0.0001(\text{g})$$

两者的相对误差：

$$E_{r1} = \frac{0.0001}{1.5480} = 0.006\% \qquad E_{r2} = \frac{0.0001}{0.1547} = 0.06\%$$

由此可见，绝对误差相等，相对误差不一定相等。例 1-1 中，同样的绝对误差，称量样品量越多，其相对误差越小。因此，用相对误差表示测定结果的准确度更为确切。

另外，还必须注意的是，真值是客观存在的，但在有限次测定中，人们不可能求得真值，因此通常所说的真值并不是绝对真值，而是通过准确度高的测量获得的最接近真值的近似值，即“相对真值”。例如，国际公认的量值，国家标准样品的标准值等。

真值分理论真值(如某化合物的理论组成)、约定真值(由国际计量大会定义，如最新修定的元素的相对原子质量)和相对真值(实际工作中，公认的权威机构发售的标准参考物质的证书上给出的数值)。

2. 加标回收率

评价一个分析方法的准确度，除了可以将测定结果与已知准确度的另一方法的测定结果相比较，也可以进行加标回收实验，用加标回收率表示。所谓加标回收实验就是将一定量已知浓度的标准物质加入待测样品中，测定加入前后样品的浓度，**加标回收率**($P$)按下式计算：

$$P = \frac{A-B}{D}\times 100\% \tag{1-5}$$

式中：$A$ 和 $B$ 分别为加标试样和未加标试样测定值；$D$ 为加标量。回收率越趋近于 100%，说明方法的准确度越高。通常规定 95%～105%作为回收率的目标值。

用加标回收率评价准确度时应注意：①加标物质的形态应该和待测物的形态相同；②样品中待测物质浓度和加入标准物质的浓度水平相近，一般情况下样品的加标量应为样品浓度的 0.5～2 倍。

**例 1-2**　用锌铜试剂法测定某样品溶液中的铜含量，5 次测定的平均值为 $0.36\text{mg}\cdot\text{L}^{-1}$；在该样品中加入等体积的浓度为 $0.40\text{mg}\cdot\text{L}^{-1}$ 标准铜溶液后，同样进行了 5 次测定，铜浓度的平均值为 $0.39\text{mg}\cdot\text{L}^{-1}$，计算该方法的回收率。

**解**　该方法的回收率：

$$P=\frac{A-B}{D}\times100\%=\frac{0.39\times2V-0.36\times V}{0.40\times V}\times100\%=105\%$$

### 1.2.3　偏差的表征与表示

偏差的表征与表示

**偏差**是指在多次测量中单次测定结果与多次测定结果的平均值之间的差异。偏差越小，分析结果的精密度越高。**精密度**是指在同一条件下重复分析均匀样品所得测定值的一致程度。精密度由随机误差决定，通常用偏差、平均偏差、标准偏差等表示。

1. 绝对偏差与相对偏差

**绝对偏差**是指某一测量值 $x$ 与多次测量值的平均值 $\bar{x}$ 之差，以 $d$ 表示。**相对偏差**是指绝对偏差与平均值的比值，常以 $d_r$ 或 $d\%$表示。

$$d=x-\bar{x} \tag{1-6}$$

$$d_r=\frac{d}{\bar{x}}\times100\%=\frac{x-\bar{x}}{\bar{x}}\times100\% \tag{1-7}$$

由式(1-6)和式(1-7)可知，绝对偏差和相对偏差只能用来衡量单次测量结果相对于平均值的偏离程度。为了更好地说明测量精密度，在一般分析测定中常用平均偏差($\bar{d}$)来表示。

2. 平均偏差与相对平均偏差

**平均偏差**是指单次测量值与平均值的偏差(取绝对值)之和除以测量次数，以 $\bar{d}$ 表示。**相对平均偏差**是指平均偏差与测量平均值的比值，以 $\bar{d}_r$ 表示。

$$\bar{d}=\frac{1}{n}(|d_1|+|d_2|+|d_3|+\cdots+|d_n|)=\frac{1}{n}\sum_{i=1}^{n}|d_i| \tag{1-8}$$

$$\bar{d}_r=\frac{\bar{d}}{\bar{x}}\times100\% \tag{1-9}$$

平均偏差和相对平均偏差代表一组测量值中所有数值的偏差，不计正负。

3. 标准偏差与相对标准偏差

**标准偏差**是偏差平方和的统计平均值，是表征整个测量值离散程度的特征值，它比平均偏差更灵敏地反映出较大偏差的存在。

在一般分析工作中，有限次 ($n < 30$) 测定时的标准偏差称为**样本标准偏差**，用 $S$ 表示。

$$S = \sqrt{\frac{\sum_{i=1}^{n}(x_i - \overline{x})^2}{n-1}} \tag{1-10}$$

式中：$\overline{x}$ 是有限次测量结果的平均值。当 $n$ 趋近于无限大时，$\overline{x}$ 趋近于总体平均值或真值($\mu$)，相应地样本标准偏差 $S$ 趋近于**总体标准偏差** $\sigma$。

$$\sigma = \sqrt{\frac{\sum_{i=1}^{n}(x_i - \overline{x})^2}{n}} \tag{1-11}$$

用科学计算器、计算机操作系统自带的计算器和 Excel 软件能快速、准确、简便地求算标准偏差。

**相对标准偏差**又称变异系数，是指标准偏差在平均值中所占的百分数，样本相对标准偏差以 RSD 表示，总体相对标准偏差以 CV 表示。

$$\text{RSD} = \frac{S}{\overline{x}} \times 100\% \tag{1-12}$$

$$\text{CV} = \frac{\sigma}{\overline{x}} \times 100\% \tag{1-13}$$

**例 1-3**　测定某褐藻粗脂肪含量，5 次平行测定结果分别为 1.32%，1.33%，1.28%，1.30%和 1.35%。计算平均值、平均偏差、相对平均偏差、标准偏差和相对标准偏差。

**解**　$\overline{x} = \frac{1}{5} \times (1.32\% + 1.33\% + 1.28\% + 1.30\% + 1.35\%) = 1.32\%$

$\overline{d} = \frac{1}{5} \times (0.01\% + 0.04\% + 0.02\% + 0.03\%) = 0.02\%$

$\overline{d}_r = \frac{0.02\%}{1.32\%} \times 100\% = 2\%$

$S = \sqrt{\frac{(0.01\%)^2 + (0.04\%)^2 + (0.02\%)^2 + (0.03\%)^2}{4}} = 0.03\%$

$\text{RSD} = \frac{0.03\%}{1.32\%} \times 100\% = 2\%$

**例 1-4**　比较同一样品的两组平行测定值的精密度。A 组测定值为 10.3，9.8，9.6，10.2，10.1，10.4，10.0，9.7，10.2，9.7；B 组测定值为 10.0，10.1，9.5，10.2，9.9，9.8，10.5，9.7，10.4，9.9。

**解**　对 A 组测定值处理，可得

$\overline{x}_A = 10.0$，$\overline{d}_A = 0.24$，$\overline{d}_{rA} = 2.4\%$，$S_A = 0.28$，$\text{RSD}_A = 2.8\%$

对 B 组测定值处理，可得

$\overline{x}_B = 10.0$，$\overline{d}_B = 0.24$，$\overline{d}_{rB} = 2.4\%$，$S_B = 0.31$，$\text{RSD}_B = 3.1\%$

若仅从平均偏差和相对平均偏差来看，例 1-4 中两组数据的精密度似乎没有差别。但如果比较标准偏差和相对标准偏差，就可以看到 $S_A < S_B$，$\text{RSD}_A < \text{RSD}_B$，即第一组数据的精密度高于第二组数据。可见，标准偏差比平均偏差更灵敏地反映出测定数据的精密度。

### 1.2.4 准确度与精密度的关系

准确度与精密度的关系

a. 准确度差
b. 准确度好

c. 精密度差
d. 精密度高，准确度差
e. 精密度高，准确度好

精密度表示测定结果的重现性，准确度表示所得结果的可靠性。精密度是保证准确度的先决条件，精密度差表示测定结果的重现性差，但是精密度高不一定准确度好，因为它只表示测量系统的偶然误差小，对于有可能存在的系统误差的大小则无法表示。只有精密度、准确度都高的测定数据才是可信的，因此必须从精密度和准确度两方面来评价测定结果的好坏。

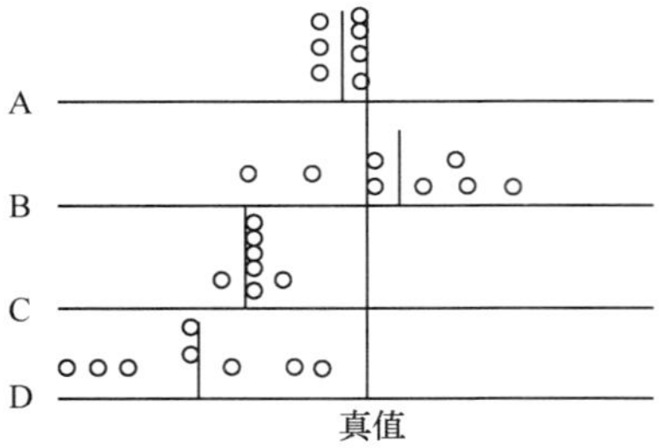


图 1-2　分析数据的准确度和精密度
（“o”表示个别测量值，“|”表示平均值）

图 1-2 表示 A、B、C、D 四人测定同一试样所得的分析结果。由图可见，A 所得的结果精密度高且准确度好，表示测量的系统误差和偶然误差均很小；C 的精密度很高，但明显存在系统误差，测定结果的准确度不高；D 的精密度和准确度均很差；B 的几个测定数据彼此相差较远，精密度不高，虽然其测定结果的平均值也接近于真值，但只是巧合。

综上所述，高精密度是获得好的准确度的前提，没有高的精密度，尤其在测定次数少的情况下不可能获得好的准确度。

### 1.2.5 提高分析结果准确度的方法

在实际测定时不能要求测定结果的误差等于零，只能要求减少误差，使测定结果在允许的误差范围内。下面介绍几种减少分析误差、提高准确度的方法。

#### 1. 选择合适的分析方法

试样中被测组分的含量情况各不相同，而各种分析方法又具有不同的特点。因此，必须根据被测组分的相对含量的多少选择合适的分析方法，以保证测定的准确度。

#### 2. 减少系统误差的方法

重量分析中要达到绝对的完全沉淀是不可能的，这种误差可以采取什么方法降低？蒸馏水或实验器皿带入的误差又可用什么方法减免？

系统误差影响分析结果的准确度。为了提高测定结果的准确度，减少系统误差，可以采取以下措施：

(1) 对照试验，用于检验和消除方法误差。对照试验一般有两种做法：一种是用新的分析方法对标准样品进行测定，将测定结果与标准值进行对照；另一种是用国家规定的标准方法或公认成熟可靠的方法与新方法分析同一样品，然后将两个测定结果加以对照。若对照试验表明新方法存在系统误差，则应该用此误差对实际样品的定量结果进行校正。对照试验是检查测定中有无系统误差的最有效的方法。

(2) 校准仪器，用于消除仪器误差。例如，天平、砝码、移液管、容量瓶和滴定管等计量仪器，都应定期进行校准。

(3)空白试验，用于消除试剂误差。该方法是在不加试样的情况下，按照试样的分析步骤和条件进行实验，测得空白值，在进行计算时，从试样的分析结果中扣除此空白值。

3. 减少偶然误差的方法

系统误差可以通过以上措施消除或减免，但每次测定时偶然误差是无法消除的，只能通过增加平行测定次数来减小。要注意的是，过分增加平行测定次数没有必要。一般分析试验平行测定 4～6 次已足够，学生的验证性教学实验平行测定三四次就可以了。

总结提高分析结果的精密度和准确度的方法或途径。

4. 控制测量的相对误差

任何仪器的测量精度都是有限度的，如滴定管的最小刻度只精确到 0.1mL，读取一次读数的不确定性为 ± 0.01mL。由于在滴定过程中读取一个体积值 $V$(mL)需要两次读数相减，则滴定一次的最大可能存在的绝对误差为 ± 0.02mL，这个绝对误差值由滴定管本身的精度所决定，是固定的。若要使滴定分析的相对误差在 ± 0.1%之内，只有控制滴定体积，即

$$V=\frac{\pm 0.02}{\pm 0.1\%}=20(\text{mL})$$

可见，只要控制滴定时所消耗的滴定剂的总体积大于 20mL，就可以保证滴定分析相对误差的要求。

要注意的是，对于不同的测定方法，测量的准确度要与所选定方法的准确度相适应。例如，对于仪器分析方法，要求其相对误差小于 2%，若需称取 0.5g 样品时，称量的绝对误差不大于 $2\%\times 0.5=0.01$ (g) 即可，就无需用万分之一的分析天平称量了。

### 1.2.6　有效数字及运算规则

在定量分析中，分析结果所表达的不仅仅是数值的大小，还反映测定的准确程度。因此，在分析过程中，不仅要准确地测量，尽量消除系统误差，降低偶然误差，还要**正确地记录数据和计算**。这就涉及有效数字的概念及有效数字的运算规则。

有效数字及运算规则

1. 有效数字的意义和位数

1)有效数字的意义

**有效数字**是指能实际测量到的数字，在分析化学中是指所有准确测得(确定)的数字加一位不定数字。有效数字反映了所用量器的准确度，有效数字位数应与量器的准确度一致，不能任意增加或减少有效数字。例如，滴定管的最小刻度为 0.1mL，并可估计到 0.01mL，因此在滴定管上读取的 20mL 读数应记为 20.00mL，其准确度为 19.99～20.01mL；而 20mL 只能反映最小刻度为 1mL 的量筒上读取的体积，其准确度为 19～21mL。同样，如果在分析天

平上称取试样 0.5000g，就不仅表明试样的质量为 0.5000g，还表明称量的误差在 ± 0.0001g 以内；若将其质量记录为 0.50g，则表明该试样是在台秤上称量的，其称量误差为 0.01g。

从上面的例子可以看出，无论计量仪器如何精密，其最后一位数总是估计出来的，即由有效数字表示的数据必然是近似值。那么，测量值的记录和报告必须按照有效数字的计算规则进行。

? 4.00g 与 4.000g 有什么区别?

2) 有效数字的位数确定

(1) 在确定有效数字位数时，首先应注意数字“0”的意义。当它用于指示小数点的位置，不表示测量的准确度时，不是有效数字；当它用于表示与准确度有关的数字时，即为有效数字。即第一个非零数字前的“0”不是有效数字，如 0.0456，仅有三位有效数字。而小数中最后一个非零数字后的“0”是有效数字，如 0.760%，有三位有效数字。以零结尾的整数，有效数字的位数较难判断，如 27600，可能是三位、四位或者五位，为了避免出现上述情况，最好根据有效数字的准确度改写成指数形式。例如，$2.76\times10^4$，三位有效数字；$2.760\times10^4$，四位有效数字。

(2) 改变单位，有效数字的位数不改变。例如，22.00mL 可写成 0.02200L，两者都为四位有效数字。

(3) pH、lg$K$ 等对数值的有效数字位数仅取决于其小数点后数字位数，整数部分只起定位作用，不作为有效数字。例如，pH = 12.00、lg$K$ = 4.76 都是两位有效数字。

(4) 对于化学计算中常遇到的系数，倍数，常数π、e 等，并非测量所得，所以其有效数字位数可视为无限位。

### 2. 有效数字的修约规则

对分析数据进行处理时，应按有关运算规则，合理保留有效数字位数，弃去多余的数字。目前，普遍采用**“四舍六入五成双”**的规则修约，具体进舍原则如下：测量值中被修约数等于或小于 4 时，舍弃；大于或等于 6 时，进位。如果这个数字为 5，分两种情况决定取舍：首先视其后面是否有非零数，有则入；如果没有非零数，再视其前一位数是单还是双，单则入，双则舍。

**例 1-5**　将下列数字修约成四位有效数字：3.7464，3.5236，7.21550，6.53450，6.53451。

**解**　3.7464→3.746，3.5236→3.524，7.21550→7.216，6.53450→6.534，6.53451→6.535

另外，还需注意有效数字只能一次修约，不能连续分次修约。例如，18.346 只能一次修约成 18.3，如下的连续分次修约是错误的：18.346→18.35→18.4。

### 3. 有效数字的运算规则

在计算分析结果时，每个测量值的误差都会传递至分析结果。因此，必须根据有效数字的运算规则，先对各个数据进行合理修约，再计算结果。

1) 加减法

加减法是各个数据绝对误差的传递，因此进行加减运算时，计算结果由小数点后位数最少的数字决定，即由运算数据中绝对误差最大的数字决定。

**例 1-6**　0.012 + 21.64 + 1.0736 = ?

**解**　0.012 的绝对误差为 ± 0.001；21.64 的绝对误差为 ± 0.01；1.0736 的绝对误差为 ± 0.0001。由于 21.64 的绝对误差最大，因此计算前，应以 21.64 为依据，对其他两数进行修约，保留小数点后两位，再进行加和，即计算结果为

$$0.01 + 21.64 + 1.07 = 22.72$$

什么是误差传递？为什么在分析测试的过程中要尽可能避免大误差环节？

2) 乘除法

乘除法是各个数据相对误差的传递，因此进行乘除运算时，计算结果由有效数字位数最少的数字决定，即由数据中相对误差最大的数字决定。

**例 1-7**　2.1879 × 0.154 × 60.06 = ?

**解**　各数的相对误差分别为：± 1/21879 × 100% = ± 0.005%；± 1/154 × 100% = ± 0.6%；± 1/6006 × 100% = ± 0.02%。0.154 相对误差最大，因此应先以有效数字位数最少的 0.154 为依据，对其他两数进行修约，保留三位有效数字，然后进行乘法运算，计算结果为

$$2.19 \times 0.154 \times 60.1 = 20.3$$

3) 对数运算

在化学中对数运算很多，如 pH 的计算。在这类运算中，对数的小数点后位数应与真数的有效数字位数相同。例如，$c(H^+) = 4.9\times10^{-11} mol \cdot L^{-1}$，这是两位有效数字，所以 $pH = -\lg c(H^+) = 10.31$，有效数字仍只有两位。反过来，由 pH = 10.31 计算 $c(H^+)$ 时，也只能记作 $c(H^+) = 4.9\times10^{-11}$，而不能记成 $4.898\times10^{-11}$。

使用计算器进行连续运算时，过程中可不必对每一步的计算结果进行修约，但应根据准确度要求，正确保留最后结果的有效数字。

另外，在有效数字运算时还需注意以下几点：首先，在运算过程中一般遵循**“先修约，后计算，再修约”**的原则，即可以先将参与运算的各数的有效数字位数修约到比该数应有的有效数字位数多一位，再进行运算，运算后再修约到应有的有效数字位数。其次，如果首位≥8 的数据修约时，可多算一位有效数字。例如，8.75 虽然只有三位数字，但第一位数为 8，运算时可看作四位。最后，对于各类误差和偏差的计算，一般只要求一两位有效数字；涉及化学平衡的有关计算，由于常数的有效数字位数多为两位，结果一般保留两位有效数字。

## 1.3　测定结果的数据处理

### 1.3.1　*t* 分布规律

如前所述，无限次测量数据符合正态分布，而实际测量只能进行有限次，有限次实验数据的分布并不完全服从正态分布，而是服从类似于正态分布的 *t* 分布。图 1-3 给出了几条 *t* 分布曲线。图中纵轴仍然是概率密度 *y*，但横轴

戈塞特
William Sealy Gosset
1876—1937

*t* 分布曲线是由英国统计学家、化学家戈塞特于1908年提出，当时他采用Student为笔名，故称为 *t* 分布曲线。

是参数 $t$，$t$ 定义式为

$$\pm t = \frac{(\bar{x}-\mu)\cdot\sqrt{n}}{S} \tag{1-14}$$

由图可见，$t$ 分布曲线的显著特点是其形状与自由度 $f$ 有关。$f$ 为独立变量的个数，$f = n-1$。随 $f$ 值减小，$t$ 分布曲线变得既矮又宽；随 $f$ 值增大，$t$ 分布曲线变得既高又窄；当 $f=\infty$ 时的 $t$ 分布曲线与标准正态分布曲线完全一致。因此，可以将标准正态分布看作是 $t$ 分布的极限状态，$f$ 对 $t$ 分布的影响实质就是测量次数 $n$ 对 $t$ 分布的影响。另外，$t$ 分布曲线下面一定范围内的积分面积就是某测定值出现的概率(置信度)$P$，但一定 $t$ 值时的概率随测定次数不同而不同。因此，$t$ 分布的概率与 $t$ 值及自由度 $f$ 有关。

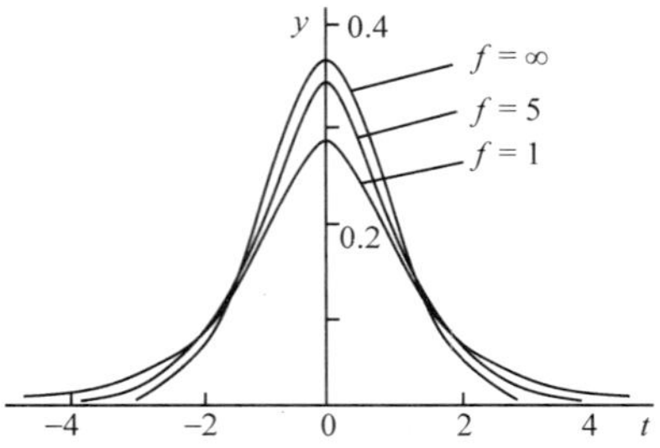


图 1-3　*t* 分布曲线

表 1-1 列出了不同测定次数及不同概率时的 $t$ 值，称为 $t$ 值表。

**表 1-1　*t* 值表**

| 自由度 $f=n-1$ | 概率(置信度)$P$ | | |
|---|---|---|---|
| | 90% | 95% | 99% |
| 2 | 2.92 | 4.30 | 9.93 |
| 3 | 2.35 | 3.18 | 5.84 |
| 4 | 2.13 | 2.78 | 4.60 |
| 5 | 2.02 | 2.57 | 4.03 |
| 6 | 1.94 | 2.45 | 3.71 |
| 7 | 1.90 | 2.37 | 3.50 |
| 8 | 1.86 | 2.31 | 3.36 |
| 9 | 1.83 | 2.26 | 3.25 |
| 10 | 1.81 | 2.23 | 3.17 |
| 11 | 1.80 | 2.20 | 3.11 |
| 12 | 1.78 | 2.18 | 3.06 |
| 13 | 1.77 | 2.16 | 3.01 |
| 14 | 1.76 | 2.15 | 2.98 |
| 15 | 1.75 | 2.13 | 2.95 |
| 20 | 1.73 | 2.09 | 2.85 |
| ∞ | 1.65 | 1.96 | 2.58 |

### 1.3.2　置信度和平均值的置信区间

置信度与置信区间

测量的目的是求得真值，在有限次测定中，合理地得到真值的方法应该是估计出测定的平均值与真值的接近程度，即在平均值附近估计出真值可能存在的范围，统计学上用**置信度和置信区间**两个概念进行描述。置信度 $P$ 又称置信水平，是指人们所作判断的可靠程度；置信区间是在某一置信度下，以测定结果为中心包含真值的可信范围。根据式(1-14)，平均值的置信区间可表示为

$$\mu = \bar{x} \pm t\frac{S}{\sqrt{n}} \tag{1-15}$$

显然，平均值置信区间的大小取决于测定的精密度、测定的次数和置信度。在同一置信度下，测定次数越多，测定精密度越高，置信区间就越小，这表明增加平行测定次数对提高测量的精确性是有益的，但同时需指出的是，增加测定次数，所消耗的物资、劳力和时间都将大大增加，当 $f \geqslant 20$ 时，$t$ 值已接近 $f=\infty$ 时的 $t$ 值，过多增加测定次数已无多大意义。另外，从表 1-1 可以看出，当测定次数固定时，置信度越大，$t$ 值越大，置信区间越宽；反之，置信度越小，$t$ 值越小，置信区间越小。在实际工作中，置信度不能过大也不宜过低，通常取 95%，它表示在有限次的测定中，约有 95%的测定值落在规定的范围内，约有 5%的测定值落在规定范围之外。有时也将置信度定在 90%。

统计学处理可疑值还有 $4\bar{d}$ 法和格鲁布斯法。

**例 1-8**　分析废水中氰化物浓度，得到以下数据：$n=4$，$\bar{x}=15.30\text{mg}\cdot\text{L}^{-1}$，$S=0.10$，求置信度分别为 90%和 95%时的置信区间。

**解**　$f=n-1=3$

置信度为 90%时，查表 1-1，得 $t=2.35$

$$\mu = \bar{x} \pm t\frac{S}{\sqrt{n}} = 15.30 \pm 2.35 \times \frac{0.10}{2} \approx 15.30 \pm 0.12(\text{mg}\cdot\text{L}^{-1})$$

即 90%的可能在 15.18～15.42mg · L$^{-1}$。

同理，置信度为 95%时，查表得 $t=3.18$

$$\mu = \bar{x} \pm t\frac{S}{\sqrt{n}} = 15.30 \pm 3.18 \times \frac{0.10}{2} \approx 15.30 \pm 0.16(\text{mg}\cdot\text{L}^{-1})$$

即 95%的可能在 15.14～15.46mg · L$^{-1}$。

### 1.3.3　可疑数据的取舍

在实际的分析工作中，经常会遇到个别数据与其他数据相差较大，这样的数据称为极端值，也称可疑值或离群值。如能确定该数值存在过失时，可以舍弃，否则必须用统计方法来判断该离群值能否舍弃。比较常用的检验方法为 $Q$ 检验法，检验按以下步骤进行：

可疑数字的取舍

(1)将测量数据按由小到大的顺序排列：$x_1, x_2, \cdots, x_{n-1}, x_n$。

(2)计算统计量 $Q_{算}$：

$$Q_{算} = \frac{|可疑值 - 相邻值|}{x_n - x_1} \tag{1-16}$$

如果其中最大的 $x_n$ 为可疑值，则分子为$(x_n - x_{n-1})$；如果其中最小的 $x_1$ 为可疑值，则分子为$(x_2 - x_1)$。

(3)根据测定次数和要求的置信度(一般取 90%和 95%)，由 $Q$ 值表(表 1-2)查得 $Q_{表}$。

**表 1-2　$Q$ 值表**

| 测定次数 | 3 | 4 | 5 | 6 | 7 | 8 | 9 | 10 |
|---|---|---|---|---|---|---|---|---|
| $Q_{0.90}$ | 0.94 | 0.76 | 0.64 | 0.56 | 0.51 | 0.47 | 0.44 | 0.41 |
| $Q_{0.95}$ | 0.98 | 0.85 | 0.73 | 0.64 | 0.59 | 0.54 | 0.51 | 0.48 |

(4)以计算值与 $Q_{表}$ 值相比较，若 $Q_{算} > Q_{表}$，则该值需舍去，否则必须保留。

简叙有限次测量数据的处理步骤。

**例 1-9**　用硼砂标定某盐酸溶液浓度，得到下列数据：$0.1030\text{mol} \cdot \text{L}^{-1}$、$0.1015\text{mol} \cdot \text{L}^{-1}$、$0.1012\text{mol} \cdot \text{L}^{-1}$、$0.1018\text{mol} \cdot \text{L}^{-1}$。0.1030 这一测定值是否能够舍去(置信度 90%)？若第五次测定值为 $0.1017\text{mol} \cdot \text{L}^{-1}$，此时 0.1030 又应如何处理？

**解**　将数据由小到大排列为 0.1012、0.1015、0.1018、0.1030

$$Q_{算} = \frac{0.1030 - 0.1018}{0.1030 - 0.1012} = \frac{0.0012}{0.0018} = 0.67$$

查表 1-2 得，当 $n = 4$ 时，$Q_{0.90} = 0.76$，由计算结果可见，$Q_{算} < Q_{0.90}$，故 0.1030 应保留。

又增加一次测定值为 $0.1017\text{mol} \cdot \text{L}^{-1}$，$Q_{算}$ 仍为 0.67，但当 $n = 5$ 时，$Q_{0.90} = 0.64$，由计算结果可见，$Q_{算} > Q_{0.90}$，故 0.1030 应舍弃。

总结

当 $Q_{算}$ 与 $Q_{表}$ 比较接近时，为了使判断更为准确，最好再做一次测定。

【拓展材料】

## 一元线性回归分析及应用

在光度分析、电位分析和色谱分析等仪器分析方法中，往往将被测物质的含量或浓度转换成与之成直线关系的信号，使用标准曲线（也称工作曲线）来确定待测物质的含量。例如，在光度分析中，先测量一系列不同浓度的标准溶液的吸光度，作出吸光度与浓度的标准曲线，然后测定试样溶液的吸光度，通过标准曲线查出试样溶液中待测物质的浓度，从而求出样品中待测物质的含量。

标准曲线通常是一条直线，可由手工绘制。但由于实验误差等原因，各数据点对直线往往有所偏离，用手工绘图所作标准曲线误差较大。而用回归分析法可求出对各数据点误差最小的直线，即回归直线，再由回归直线计算待测物质的含量，结果较准确。

### 1. 一元线性回归方程

变量之间有关系但无确定性关系，称为相关关系，它们之间的关系式称为回归方程式。一元线性回归法是研究只含一个自变量的两变量之间的关系。设自变量为 $x$，因变量为 $y$，当两变量存在定量关系时，在直角坐标图上可得一直线，该直线可用下式表示

$$y = a + bx$$

式中：$a$、$b$ 为常数。当 $x$ 为某一测定值时，回归分析所得的 $y$ 值是若干实测值的回归结果，常以符号 $\hat{y}$ 表示。因此，一元回归方程通常写作

$$\hat{y} = a + bx$$

式中：$a$、$b$ 称为回归系数；$\hat{y}$ 称为回归值。

上述回归方程可根据最小二乘法建立，即首先测定一系列 $x_1$、$x_2$、…、$x_n$ 和相对应的 $y_1$、$y_2$、…、$y_n$，然后按下式求回归系数 $a$ 和 $b$。

$$a=\frac{\sum y_i-b\sum x_i}{n}=\overline{y}-b\overline{x}$$

$$b=\frac{\sum(x_i-x)(y_i-y)}{\sum(x_i-x)^2}$$

式中：$\overline{x}$ 和 $\overline{y}$ 分别为各数据点 $x$ 和 $y$ 的平均值，即

$$\overline{x}=\frac{\sum x_i}{n}$$

$$\overline{y}=\frac{\sum y_i}{n}$$

显然，求出 $a$ 和 $b$，即可求出一元线性回归方程 $\hat{y}=a+bx$。

### 2. 相关系数及其显著性检验

$x$ 与 $y$ 两个变量间是否存在线性相关关系可用相关系数 $r$ 来检验，其值为−1～ +1。公式为

$$r=\frac{\sum(x-\overline{x})(y-\overline{y})}{\sqrt{\sum(x-\overline{x})^2\sum(y-\overline{y})^2}}$$

$x$ 与 $y$ 的相关关系有以下 3 种情况：

(1) 若随着 $x$ 增大，$y$ 也相应增大，称 $x$ 与 $y$ 呈正相关，此时 $0<r<1$。若 $r=1$，称完全正相关。

(2) 若随着 $x$ 增大，$y$ 却相应减小，称 $x$ 与 $y$ 呈负相关，此时 $-1<r<0$。若 $r=-1$，称完全负相关。

(3) 若 $y$ 增大与 $x$ 的变化无关，称 $x$ 与 $y$ 呈不相关，此时 $r=0$。

### 3. 用 Excel 绘制标准曲线

用普通科学函数计算器进行一元线性回归方程中回归系数 $a$、$b$ 和相关系数 $r$ 的计算，不但费时费力，而且很容易出错。用 Microsoft Excel 等软件则可以方便、准确地绘制标准曲线，同时给出相关方程和相关系数，下面举例说明。

EXCEL绘制标准曲线

**例 1-10**　用原子吸收光谱法测得试液中的钙含量，测定结果如下：

| 标样及试液编号 | 标样 1 | 标样 2 | 标样 3 | 标样 4 | 标样 5 | 试液 |
|---|---|---|---|---|---|---|
| 钙的含量 $c/(\mu g\cdot mL^{-1})$ | 0.50 | 1.00 | 2.00 | 3.00 | 4.00 | 未知 |
| 吸光度 | 0.101 | 0.224 | 0.447 | 0.675 | 0.875 | 0.542 |

求未知试液的钙的含量。

**解**　用 Excel 绘制标准曲线的步骤如下：

(1) 创建工作表。启动 Excel，建立一张新工作表，命名“钙含量测定标准曲线”并保存，按照题目所给内容输入数据。

(2) 作散点图。将钙的含量作为自变量 $x$，将吸光度作为因变量 $y$，通过图表向导工具完成图表制作。

选择【插入】>【图表】菜单命令，启动图表工具向导，在“图表类型”中选取“XY 散点图”，点击“下一步”按钮。在“图表源数据”的“数据区域”中选取上表的数据部分，点击“下一步”按钮。在“图表选项”中设置标题及坐标轴名称，点击“下一步”按钮。点击“作为其中的对象插入”选项，再点击“完成”按钮。

(3) 添加趋势线。用鼠标右键单击图表中的任意散点，从弹出菜单中选择“添加趋势

线”，再从弹出的选项框“类型”中选取“线性”。在“选项”中点击“显示公式”和“显示 R 平方值”，点击“完成”即可。所作标准曲线如图 1-4 所示。

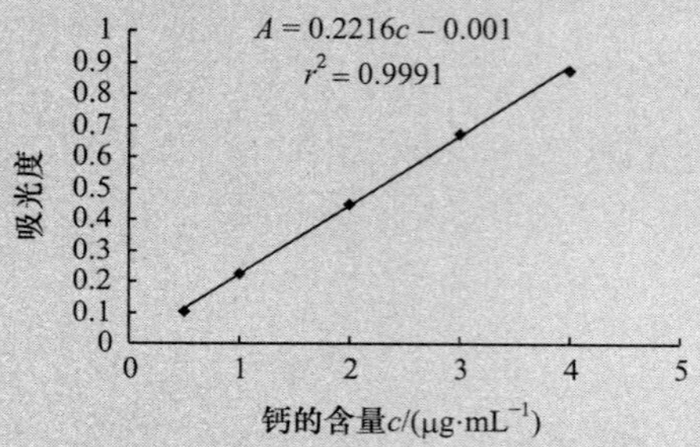


图 1-4　钙标准曲线

由图 1-4 可见，吸光度 $A$ 与钙的含量 $c$ 的一元线性回归方程为 $A = 0.2216c - 0.001$，相关系数 $r^2 = 0.9991$。

(4) 由标准曲线计算未知试液钙含量。由于 $A = 0.2216c - 0.001$，未知试液钙的吸光度为 0.542，则试液中钙含量为 $2.45\mu g \cdot mL^{-1}$。

## 思　考　题

1-1　简述准确度和精密度的含义、表示方法以及两者的关系。

1-2　简述有效数字的意义及修约、运算规则。

1-3　简述系统误差产生的主要原因及如何检验和消除系统误差。

1-4　简要说明如何由少量测量值的平均值估算真值。在置信度为 95%和 99%的条件下，要使平均值的置信区间不超过 $\bar{x} \pm 2S$，则至少应平行测定几次？

## 习　　题

1-1　判断题。

(1) 相对误差小，即表示分析结果的准确度高。　(　　)

(2) 偏差是指测定值与真实值之差。　(　　)

(3) 精密度是指在相同条件下，多次测定值之间相互接近的程度。　(　　)

(4) 系统误差影响测定结果的准确度。　(　　)

(5) 精密度高不等于准确度好，这是由于可能存在系统误差。控制了偶然误差，测定的精密度才会有保证，但同时还需要校正系统误差，才能使测定既精密又准确。　(　　)

(6) 随机误差影响测定结果的精密度。　(　　)

(7) 随机误差具有单向性和重复性。　(　　)

(8) 通过增加平行测定次数消除系统误差，可以提高分析结果的准确度。　(　　)

1-2　选择题。

(1) $x = \dfrac{1.0030 \times 48.12 \times (21.25 - 16.10)}{0.2845 \times 10^4} - 20.31 \times 4.000 \times 10^{-3}$ 的计算结果 $x$ 应取几位有效数字　(　　)

A. 一位　　B. 二位　　C. 三位　　D. 四位

(2) 测量所得的算式中，每一个数据的最后一位都有 ±1 的绝对误差，下式中哪一个数据对计算结果 $x$ 引入的相对误差最大：$x = \dfrac{0.6070 \times 30.2 \times 45.82}{0.2808 \times 3000}$　(　　)

A. 0.2808　　B. 0.6070　　C. 30.2　　D. 45.82

(3) 定量分析测定中，偶然误差的特点是　(　　)

A. 正、负误差出现的概率相等　　B. 正误差出现的概率大于负误差

C. 负误差出现的概率大于正误差　　D. 大、小误差出现的概率相等

(4) 由精密度高就能断定分析结果可靠的前提是　(　　)

A. 偶然误差小　　B. 系统误差小　　C. 平均偏差小　　D. 标准偏差小

(5) HCl 溶液滴定未知浓度的 NaOH 溶液，由于滴定管读数时对最后一位数字估测不准而产生的误差，应采用下列哪一种方法来减小或消除　(　　)

A. 空白试验　　B. 对照试验

C. 增加平行测定次数　　D. 设法读准每一次读数

(6) 可用下列方法中哪种方法减小分析测定中的偶然误差　(　　)

A. 进行对照试验　　B. 进行空白试验

C. 增加平行试验的次数　　D. 进行分析结果校正

1-3　填空题。

(1) 系统误差根据产生的原因不同，主要有以下四种：____________、____________、____________和____________，系统误差的特点是____________，偶然误差的特点是____________。

(2) 按有效数字运算规则进行计算。[$pH = -\lg c(H^+)$]

① $508.4 - 438.68 + 13.046 - 6.0548 =$____________。

② $0.0676 \times 70.19 \times 6.50237 =$____________。

③ $2.1361 \div 23.05 + 185.712 \times 2.283 \times 10^{-3} - 0.00082 =$____________。

④ $\sqrt{\dfrac{0.0432 \times 7.5 \times 21.21 \times 10^3}{0.0622}} =$ ____________。

⑤ $c(H^+) = 1.21 \times 10^{-6}\ mol \cdot L^{-1}$，pH =____________。

⑥ pH = 3.20，$c(H^+) =$____________。

(3) 某样品含氮量的五次平行测定结果是：20.48%、20.55%、20.58%、20.53%和 20.50%，则这组测定数据的极差 $R$[$R = X_{max}$(测定值中最大值) $- X_{min}$(测定值中最小值)]为____________，平均偏差为____________，相对平均偏差为____________，标准偏差为____________，变异系数为____________。

1-4　将质量均为 1.00g 的 NaCl、$CaCl_2$、$AlCl_3$ 分别溶于水中，然后均配成 500mL 溶液，求溶液的浓度 $c$(NaCl)、$c$(1/2$CaCl_2$)、$c$(1/3$AlCl_3$)。

1-5　为方便计算，对下列反应中的反应物应分别选择怎样的基本单元？计算所选各反应物基本单元的摩尔质量。

(1) $2HCl + Na_2CO_3 = 2NaCl + H_2O + CO_2$

(2) $H_3PO_4 + 2NaOH = Na_2HPO_4 + 2H_2O$

(3) $MnO_4^- + 5Fe^{2+} + 8H^+ = Mn^{2+} + 5Fe^{3+} + 4H_2O$

(4) $2Cr_2O_7^{2-} + 3C + 16H^+ = 4Cr^{3+} + 3CO_2 + 8H_2O$

1-6　指出下列各种情况分别属于哪种误差，并指出消除或减少下列误差的办法。

(1) 砝码磨损；

(2) 滴定管和移液管刻度不准确；

(3) 试剂含被测组分；

(4) 标定用的基准物质邻苯二甲酸氢钾在保存时吸收了水分；

(5) 滴定管读数时末位数字估计不准确；

(6) 测定过程中天平零点稍有波动；

(7) 确定指示剂变色点时颜色总是偏深。

1-7　分析天平的称量误差为 ± 0.1mg，如称取试样为 0.1000g，其相对误差为多少？如称取试样为 1.000g，其相对误差又为多少？它说明了什么问题？

1-8　甲、乙、丙三人同时分析一个试样，均用万分之一的分析天平称量，用 25.00mL 滴定管滴定，三人的分析结果报告如下：(1) 甲报告为 19.3456%；(2) 乙报告为 19.3%；(3) 丙报告为 19.35%。哪一份报告合理？为什么？

1-9　用锌铜试剂法测定铜样品，加入标准铜为 0.40mg · $L^{-1}$，测定 5 次回收数据为 0.37mg · $L^{-1}$，0.32mg · $L^{-1}$，0.39mg · $L^{-1}$，0.34mg · $L^{-1}$，0.35mg · $L^{-1}$，用回收率评价该方法的准确度。

1-10　某标准水样中氯化物含量为 110mg·$L^{-1}$，以银量法测定 5 次，其结果分别为 112mg · $L^{-1}$、115mg · $L^{-1}$、114mg · $L^{-1}$、113mg · $L^{-1}$、115mg · $L^{-1}$。试求平均值，并计算测定结果的绝对误差、相对误差、绝对偏差和相对偏差。

1-11　测定 NaCl 纯品中 $Cl^-$的质量分数时，五次平行测定的结果为：59.82%、60.06%、60.46%、59.86%和 60.24%。计算平均值、测定结果的绝对误差、测定结果的相对误差、平均偏差和相对平均偏差。

1-12　在消除系统误差后，甲、乙两人分析同一种铁试样，各人测得样品中铁的质量分数(%)分别为

甲：20.48，20.55，20.58，20.60，20.53，20.50

乙：20.44，20.64，20.56，20.70，20.38，20.52

试计算每组数据的平均偏差、相对平均偏差、标准偏差及变异系数，并比较甲、乙所分析的结果的精密度。

1-13　标定 NaOH 溶液，4 次平行测定结果分别为 0.1038，0.1042，0.1053，0.1039。请用 $Q$ 检验法判断数据 0.1053 是否应该舍弃。若第五次测定结果为 0.1041，此时 0.1053 是否应该舍弃？

*1-14　测定某一热交换器水垢的 $P_2O_5$ 和 $SiO_2$ 的质量分数如下(已校正系统误差)：

$w(P_2O_5)$/%：8.44，8.32，8.45，8.52，8.69，9.38

$w(SiO_2)$/%：1.50，1.51，1.68，1.23，1.63，1.72

根据 $Q$ 检验法对离群数据进行取舍(置信度 90%)，然后求出平均值、平均偏差、标准偏差和置信度分别为 90%及 99%时平均值的置信区间。

*1-15　标定 0.1mol · $L^{-1}$ 左右的 HCl 溶液，欲消耗 HCl 溶液 22mL 左右，应称取基准物 $Na_2CO_3$ 约多少克？能否控制称量误差在 ± 0.1%之内？若改用硼砂结果又如何？计算结果说明了什么问题？

*1-16　用比色法测酚得到下列数据，试求吸光度($A$)和浓度($c$)回归直线方程，并求其线性关系以及试样中酚的浓度。

| 酚浓度 $c$/(mg · $L^{-1}$) | 0.010 | 0.020 | 0.030 | 0.040 | 0.050 | 试样 |
|---|---|---|---|---|---|---|
| 吸光度($A$) | 0.056 | 0.092 | 0.120 | 0.151 | 0.180 | 0.132 |

# 第2章　分 散 体 系

【教学目的和要求】

(1) 了解分散系的种类及主要特征。

(2) 掌握溶液的定义，了解浓度的相互换算。

(3) 掌握稀溶液的依数性及在定量计算中的应用。

(4) 掌握胶体的基本概念、结构和主要性质。

(5) 了解高分子溶液、乳浊液的基本概念和重要特征。

【教学重点和难点】

(1) 重点内容：稀溶液的依数性；溶液浓度的表示。

(2) 难点内容：稀溶液的依数性的定量应用。

绪论

## 2.1　分　散　系

分散系概述

人们日常所见的物质多数以混合物形式存在，如空气、海水、牛奶、啤酒、玻璃等。这些由一种(或多种)物质分散于另一种(或多种)物质所构成的系统称为**分散系**。在分散系中的物质可分为两类，一类是被分散的物质，称为**分散相**；一类是容纳分散相的物质，称为**分散介质**。它们的区分是相对的，但一般来说，将处于不连续状态的、量少的、作为重点研究的物质称为分散相，而将处于连续状态的、量多的物质称为分散介质。例如牛奶，一般将水作为分散介质，其他作为分散相；又如玻璃，可以将主要组分二氧化硅作为分散介质，其他组分作为分散相。

分散系一般有两种分类方法：一种是根据分散相和分散介质的聚集状态分类(表 2-1)，另一种是根据分散相的粒子大小进行分类(表 2-2)，科学研究中以后一种分类方法居多。

在讨论分散体系时会经常提到相的概念。例如，在讨论反应时会提到均相反应、非均相反应，在讨论催化时会提到多相催化、均相催化。所谓相是指在没有外力作用下，物理、化学性质完全相同，成分相同的均匀物质的聚集状态。所谓均匀是指其分散度达到分子或离子大小的数量级(分散粒子直径小于 1nm)。**均相**是指一个分散系只有一个相，如 NaCl 溶于水的分散系、空气分散系等；**多相或非均相**是指一个分散系有两个以上的相，如泥浆等。

**表 2-1　按聚集状态分类的各种分散系**

| 分散相 | 分散介质 | 实　例 |
|---|---|---|
| 气体 | 气体 | 空气、天然气 |
| 液体 | 气体 | 云、雾 |
| 固体 | 气体 | 烟、灰尘 |
| 气体 | 液体 | 汽水、啤酒 |
| 液体 | 液体 | 牛奶、食用醋 |
| 固体 | 液体 | 盐水、涂料 |
| 气体 | 固体 | 泡沫塑料、气凝胶 |
| 液体 | 固体 | 琼脂 |
| 固体 | 固体 | 合金、有色玻璃 |

常用的物质状态表示方法：

aq——水溶液

s——固体

l——液体

g——气体

**表 2-2　按分散相粒子大小分类的各种分散系**

| 类　型 | 分散相粒子直径/nm | 分散系名称 | 主要特征 |
|---|---|---|---|
| 分子、离子分散系 | <1 | 真溶液 | 最稳定，扩散快，能透过滤纸及半透膜，光散射极弱 |
| 胶体分散系 | 1~100 | 高分子溶液 | 很稳定，扩散慢，能透过滤纸，不能透过半透膜，光散射弱，黏度大 |
| | | 溶胶 | 稳定，扩散慢，能透过滤纸，不能透过半透膜，光散射强 |
| 粗分散系 | >100 | 乳浊液<br>悬浊液 | 不稳定，扩散慢，不能透过滤纸及半透膜，无光散射 |

气体有理想气体，溶液也有理想溶液，它的定义为：**溶液中的任一组分在全部浓度范围内都符合拉乌尔定律的溶液**。这是从宏观上对理想溶液的定义。从分子模型上讲，理想溶液是指各组分分子的大小及作用力彼此相似，当一种组分的分子被另一种组分的分子取代时，没有能量的变化或空间结构的变化。换言之，即当各组分混合成溶液时，没有热效应和体积的变化。

## 2.2　溶液和溶液浓度的表示方法

### 2.2.1　溶液的概念与分类

若没有特别指明，一般指的溶液就是**真溶液**：一种或一种以上的物质以分子或离子形式分散于另一种物质中形成的均一、稳定的混合物。

一般将分散相称为**溶质**，分散介质称为**溶剂**。两种物质互溶时，一般把量多的一种称为溶剂，量少的一种称为溶质。若其中一种是水，一般将水称为溶剂。固体或气体溶于液体时，通常将液体称为溶剂。

根据不同的性质可将溶液分为不同的类别。例如，根据溶质在溶剂中的溶解情况，将溶质在一定条件下不能被继续溶解的溶液称为**饱和溶液**，能继续溶解的溶液称为**不饱和溶液**。根据溶质溶解后的性质又可分为**非电解质溶液**、**电解质溶液**，电解质溶液又可根据电离强弱分为**弱电解质溶液**和**强电解质溶液**。例如，乙醇溶于水还是以分子状态存在的，称为非电解质溶液；而乙酸溶于水后部分是以解离状态存在的，氯化钠溶于水是全部以离子状态存在的，则称为电解质溶液。

由于强电解质在溶剂中是完全电离的，相对比较简单，因此首先讨论强电解质。讨论之前先介绍一下溶液浓度的表示方法。

### 2.2.2 溶液浓度的表示方法

溶液的性质常与它们的相对含量即溶液的浓度有关。溶液浓度在不同场合可以有不同的表示方法，较为常见的有：**物质的量浓度**、**质量摩尔浓度**、**质量分数**和**摩尔分数**。

溶液浓度的表示方法

物质的量浓度：$$c_B = n_B / V \tag{2-1}$$

单位 $mol \cdot L^{-1}$，是指单位体积溶液中所含溶质 B 的物质的量。

质量摩尔浓度：$$b_B = n_B / m_A \tag{2-2}$$

单位 $mol \cdot kg^{-1}$，是指单位质量溶剂中所含溶质 B 的物质的量。

质量分数：$$w_B = m_B / m \tag{2-3}$$

量纲为一，是指单位质量溶液中所含溶质 B 的质量。

摩尔分数：$$x_B = n_B / n \tag{2-4}$$

量纲为一，是指溶质 B 的物质的量与混合物总的物质的量之比，又称为 B 的物质的量分数。

它们之间是有关系的，在一定条件下可以换算。

**例 2-1**　将 0.300g NaCl 晶体溶于 100g 水中，假设体积不变，计算：

(1)溶液中 NaCl 的物质的量浓度；

(2)溶液中 NaCl 的质量摩尔浓度；

(3)溶液中 NaCl 的质量分数；

(4)溶液中 NaCl 的摩尔分数。

**解**　先计算 NaCl 的物质的量和水的物质的量：

$$n(\mathrm{NaCl}) = \frac{m(\mathrm{NaCl})}{M(\mathrm{NaCl})} = \frac{0.300}{58.44} = 5.13\times10^{-3}\ (\mathrm{mol})$$

$$n(\mathrm{H_2O}) = \frac{m(\mathrm{H_2O})}{M(\mathrm{H_2O})} = \frac{100}{18.02} = 5.55\ (\mathrm{mol})$$

(1)溶液中 NaCl 的物质的量浓度：

$$c(\mathrm{NaCl}) = \frac{n(\mathrm{NaCl})}{V} = \frac{5.13\times10^{-3}}{100\times10^{-3}} = 5.13\times10^{-2}\ (\mathrm{mol\cdot L^{-1}})$$

(2)溶液中 NaCl 的质量摩尔浓度：

$$b(\mathrm{NaCl}) = \frac{n(\mathrm{NaCl})}{m(\mathrm{H_2O})} = \frac{5.13\times10^{-3}}{100\times10^{-3}} = 5.13\times10^{-2}\ (\mathrm{mol\cdot kg^{-1}})$$

(3) 溶液中 NaCl 的质量分数：

$$w(\mathrm{NaCl}) = \frac{m(\mathrm{NaCl})}{m} = \frac{0.300}{100+0.300}\times100\% = 0.299\%$$

(4)溶液中 NaCl 的摩尔分数：

$$x(\mathrm{NaCl}) = \frac{n(\mathrm{NaCl})}{n} = \frac{n(\mathrm{NaCl})}{n(\mathrm{NaCl})+n(\mathrm{H_2O})}\times100\%$$

$$= \frac{5.13\times10^{-3}}{5.13\times10^{-3}+5.55}\times100\% = 9.23\times10^{-2}\%$$

?

已知溶液的密度 $\rho$ 时，如何从 $c_B$ 求 $w_B$？什么情况下 $c_B$ 与 $b_B$ 基本相等？

**例 2-2**　已知质量分数为 98.0%磷酸的密度 $\rho = 1.844 g\cdot mL^{-1}$，若配制 500mL $c(H_3PO_4)=$

0.10mol · $L^{-1}$的稀磷酸，应取 98.0% 磷酸多少毫升？

**解**　设需取用 98.0%磷酸的体积为 $V$，则根据配制前后磷酸物质的量不变，有

$$\frac{\rho V w}{M(H_3PO_4)} = cV'$$

$$V = \frac{cV'M(H_3PO_4)}{\rho w} = \frac{0.10 \times 500 \times 10^{-3} \times 98}{1.844 \times 10^3 \times 98.0\%} = 2.7 \times 10^{-3} \ \text{(L)}$$

即磷酸的体积为 2.7mL。

### 2.2.3　强电解质溶液、活度与活度系数

强电解质溶液、活度与活度系数

强电解质如 NaCl、KCl、HCl 等在水溶液中按导电性实验所测定的解离度一般都小于 100%(这种实验方法测得的解离度称为**表观解离度**)，与一般认为的完全解离有差别。

离子氛

1923 年，荷兰人德拜(Debye)和德国人休克尔(Hückel)提出了强电解质溶液理论，成功地解释了前面提出的矛盾现象。德拜-休克尔理论指出，在强电解质溶液中不存在分子，电离是完全的。由于离子间的相互作用，正离子的周围围绕着负离子，负离子的周围围绕着正离子，这种现象称为**离子氛**。由于离子氛的存在，离子的活动受到限制，正、负离子间相互制约，因此 1mol 的离子不能发挥 1mol 的作用。显然，溶液的浓度越大，离子氛的作用就越大，离子的真实浓度就越得不到正常发挥。

德拜-休克尔理论及活度与活度系数的详细概念请参考：傅献彩，物理化学，第五版，高等教育出版社，2005 年。

若强电解质的离子浓度为 $b$，由于离子氛的作用，其发挥的有效浓度为 $a$，两者存在关系：

$$a_{b,i} = \gamma_{b,i} b_i / b^{\ominus} \tag{2-5}$$

式中：$b$ 为质量摩尔浓度(mol·$kg^{-1}$)；$a$ 为有效浓度，即**活度**；$\gamma$ 为**活度系数**，一般小于 1。活度和活度系数是量纲一的量。

在稀溶液中，物质的量浓度与质量摩尔浓度几乎相等，所以有下式：

$$a_{c,i} = \gamma_{c,i} c_i / c^{\ominus} \tag{2-6}$$

右上标“⊖”表示为标准态，其含义详见本书 46 页。

影响活度系数 $\gamma$ 大小的因素有：

(1)溶液的浓度：浓度大，活度 $a$ 偏离浓度 $c$ 越远，$\gamma$ 越小；浓度小，$a$ 和 $c$ 越接近，$\gamma$ 越接近于 1。

(2)离子的电荷：电荷高，离子间作用大，$a$ 和 $c$ 偏离大，$\gamma$ 小；电荷低，离子间作用小，$a$ 和 $c$ 接近，$\gamma$ 接近于 1。

这两者的综合影响可用离子强度的概念表示。所谓离子强度 $I$ 是指溶液中各种离子的浓度与其电荷数平方的乘积之和的一半，即

$$I = \frac{1}{2}(b_1 Z_1^2 + b_2 Z_2^2 + \cdots) = \frac{1}{2}\sum b_i Z_i^2 \tag{2-7}$$

或用物质的量浓度计算：

$$I = \frac{1}{2}(c_1 Z_1^2 + c_2 Z_2^2 + \cdots) = \frac{1}{2}\sum c_i Z_i^2 \tag{2-8}$$

?

一种溶液是强电解质溶液，溶质是否就是强电解质？

离子强度越大，活度系数受影响就越大，$\gamma$ 就越小。

在本教材的计算中，如不特别指出，则认为 $a = c, \gamma = 1$。

## 2.3　稀溶液的通性

溶液的性质可分为两大类：一类与溶液中溶质的性质有关，如溶液的颜色、密度、酸碱性、导电性等；另一类则与溶液中溶质的独立质点数有关，而与溶质本身的性质无关，如溶液的蒸气压、沸点、凝固点和渗透压等。而对于后一类性质，在难挥发的非电解质稀溶液中，会体现出一定的共性和规律性。这类性质称为**稀溶液的通性**或**依数性**。

### 2.3.1　溶液蒸气压下降

溶液蒸气压下降动画

液体分子脱离液体表面变为气体的过程称为**蒸发**。在密闭容器中，随着蒸发的进行，液体上方的气体分子数目逐渐增多，蒸气压力逐渐升高，气体分子中重新凝结为液体的速率也逐渐加快。最终将达到液体蒸发与气体凝结的速率相等的动态平衡状态。此时，蒸气的压力不再改变，液相物质和气相物质达到平衡。在一定温度下，液体与其蒸气平衡时的蒸气压力称为该温度下液体的**饱和蒸气压**，简称**蒸气压**，以 $p^{\circ}$ 表示。

稀溶液的依数性——蒸气压下降

蒸气压是液体的重要性质，它与液体的本质和温度有关。若液体分子间的引力较强，则在一定温度下该液体的蒸气压必然较低，反之则高。对于同一种液体，其蒸气压会随着温度的升高而增大，如图 2-1 所示的乙醚、乙醇和水的蒸气压曲线。

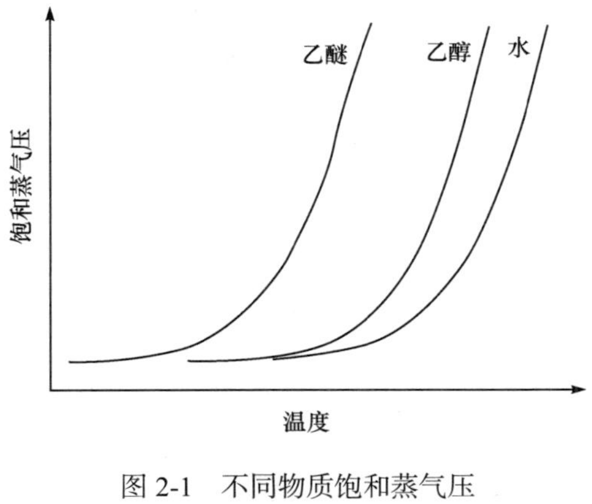


图 2-1　不同物质饱和蒸气压

当在纯溶剂中加入一定量的难挥发溶质后，溶剂的摩尔分数下降，溶剂的表面动能较高、能克服分子间引力进入气相的分子数目要比纯溶剂少。在达到平衡状态时，溶液的蒸气压要比相同温度下纯溶剂的饱和蒸气压低，该现象称为溶液的蒸气压下降。

1887 年，法国物理学家拉乌尔总结出一条关于溶剂蒸气压的规律，即在一定温度下，稀溶液的蒸气压等于纯溶剂饱和蒸气压与溶液中溶剂的摩尔分数的乘积，其数学表达式为

$$p = p^{\circ} x_{A} \tag{2-9}$$

式中：$p$ 为溶液的蒸气压，$p^{\circ}$ 为纯溶剂的饱和蒸气压，SI 单位均为 Pa；$x_A$ 为溶剂的摩尔分数。

在两组分体系中，一般将溶剂记为 A，溶质记为 B。由于 $x_A + x_B = 1$，即 $x_A = 1 - x_B$，因此

$$p = p^{\circ} x_{A} = p^{\circ}(1 - x_{B}) = p^{\circ} - p^{\circ} x_{B} \tag{2-10}$$

所以蒸气压的下降值为

$$\Delta p = p^{\circ} - p = p^{\circ} x_{B} \tag{2-11}$$

因此，拉乌尔的结论又可以表述为：一定温度下，难挥发非电解质稀溶液的蒸气压下降值与溶质的摩尔分数成正比。这个结论通常称为**拉乌尔定律**。

在稀溶液中，溶质 B 的摩尔分数：

$$x_{B} = \frac{n_{B}}{n_{A} + n_{B}} \approx \frac{n_{B}}{n_{A}} = \frac{n_{B} M_{A}}{n_{A} M_{A}} = b_{B} M_{A} \tag{2-12}$$

从式(2-12)可看出，在稀溶液中，溶质 B 的摩尔分数与 B 的质量摩尔浓度成正比，因此式(2-11)可改写为

$$\Delta p = p^{\circ} x_{B} = p^{\circ} b_{B} M_{A} = k b_{B} \tag{2-13}$$

当溶液的浓度较大时，溶质与溶剂分子间以及溶质分子间的作用不能忽略，虽然此时难挥发非电解质溶液仍具有明显的蒸气压下降现象，但拉乌尔定律不再适用。

电解质溶液与难挥发非电解质溶液相比，其蒸气压下降现象更加明显，但由于溶液中既有电解质的电离现象，又存在离子之间、离子与溶剂之间更为复杂的作用，拉乌尔定律也不再适用。但在稀电解质溶液中，有时近似可用，只是 $b$ 值计算有所差别。

对于含有易挥发非电解质的稀溶液，溶剂的分压依然服从拉乌尔定律，而溶液的蒸气压为溶剂蒸气压与溶质蒸气压之和。

**例 2-3**　已知 25℃时水的饱和蒸气压为 3167.7Pa，现在测得一杯含 26.5g 非电解质的 1000g 水溶液的蒸气压为 3155.7Pa，计算非电解质的近似摩尔质量。

**解**　根据式(2-11)

$$\Delta p = p^{\circ} - p = p^{\circ} x_{B}$$

$$x_{B} = \frac{\Delta p}{p^{\circ}} = \frac{3167.7 - 3155.7}{3167.7} = 3.788 \times 10^{-3}$$

$$x_{B} = \frac{n_{B}}{n_{B} + n_{A}} = \frac{n_{B}}{n_{B} + (1000.00 - 26.5)/18.02} = 3.788 \times 10^{-3}$$

$$n_{B} = \frac{m_{B}}{M_{B}} = 0.2050$$

$$M_{B} = 129\,(\mathrm{g \cdot mol^{-1}})$$

为什么高原上煮饭不容易熟?

### 2.3.2　溶液的沸点升高和凝固点降低

当液体的蒸气压与外压相等时，液体表面和内部同时发生气化现象，该

过程称为**沸腾**。此时的温度称为液体的**沸点**(简称 b.p.)。通常，液体的沸点是指其蒸气压等于 101.325kPa 时的温度，称为**正常沸点**，简称沸点。例如，水的正常沸点为 373.15K。液体的沸点会随着外压的升高而升高。

稀溶液的依数性——沸点升高

由于难挥发非电解质稀溶液的蒸气压比纯溶剂低，所以在达到纯溶剂的沸点时，溶液不能沸腾。为了使溶液也能在此压力下沸腾，就必须使溶液的温度升高，加剧溶剂分子的热运动，以增加溶液的蒸气压。当溶液的蒸气压与外压相等时，溶液开始沸腾。很显然，此时溶液的温度应高于纯溶剂的沸点，该现象称为**溶液的沸点升高**。如图 2-2 中，$AA'$ 和 $BB'$ 分别表示纯溶剂和溶液的蒸气压曲线，$T_b^*$ 和 $T_b$ 分别代表纯溶剂的沸点和溶液的沸点。

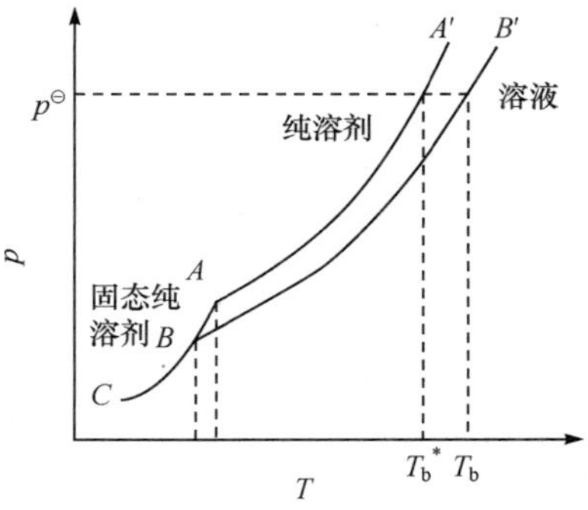


图 2-2　溶液的沸点升高、凝固点降低示意图

为什么海水结冰少？为什么海水里的冰一般都是淡水？

溶液的浓度越高，其蒸气压下降得越多，则溶液沸点升高得也越多，其关系为

$$\Delta T_b = K_b b_B \tag{2-14}$$

式中：$\Delta T_b$ 为溶液沸点的升高值，单位为 K 或℃；$K_b$ 为溶剂的沸点升高常数，单位为 $K \cdot kg \cdot mol^{-1}$ 或 $℃ \cdot kg \cdot mol^{-1}$；$b_B$ 为溶质的质量摩尔浓度。$K_b$ 为只与溶剂性质有关，而与溶质的本性无关的常数。不同的溶剂有不同的 $K_b$ 值，它们既可通过理论计算，也可通过实验测得。表 2-3 中列出了几种常见溶剂的 $T_b$ 和 $K_b$ 值。

**表 2-3　几种溶剂的 $T_b$ 和 $K_b$**

| 溶　剂 | $T_b$/K | $K_b$/($K \cdot kg \cdot mol^{-1}$) |
|---|---|---|
| 水 | 373.15 | 0.52 |
| 苯 | 353.35 | 2.53 |
| 丙酮 | 329.65 | 1.71 |
| 三氯甲烷 | 334.45 | 3.63 |
| 乙醚 | 307.55 | 2.16 |

**例 2-4**　现将 40g 葡萄糖($C_6H_{12}O_6$，$M = 180g \cdot mol^{-1}$)溶于 1000g 水中，计算该溶液的沸点。

**解**　查表 2-3，水的沸点为 373.15K，其沸点升高常数 $K_b = 0.52K \cdot kg \cdot mol^{-1}$。

$$\Delta T_b = K_b b_B = K_b \frac{m_B}{M_B \times m(H_2O)} = 0.52 \times \frac{40}{180 \times 1.000} = 0.12$$

$$T_b = 373.15 + 0.12 = 373.27(K)$$

溶液沸腾后，随着溶剂的不断蒸出，溶液的浓度不断增大。所以，与纯溶剂不同，溶液的沸点在达到饱和之前是在不断升高的。

固体中动能较高的分子也有脱离固体表面而挥发的倾向。一定温度下，固体与其蒸气平衡时的蒸气压称为固体的饱和蒸气压。在冰和水的蒸气压曲线的交点处，固态物质冰与液态物质水的蒸气压相等。此时，冰、水和蒸气三者之间达到平衡状态。在 $p = 101.325\text{kPa}$ 的空气中，纯液体与其固相平衡的温度就是该液体的正常**凝固点**，也称为液体的**冰点**或固体的**熔点**（简称 m.p.）。

稀溶液的依数性——凝固点下降

与难挥发非电解质稀溶液的沸点升高现象类似，溶液凝固点降低的数值也与溶质的质量摩尔浓度成正比关系：

$$\Delta T_f = K_f b_B \tag{2-15}$$

式中：$\Delta T_f$ 为溶液的凝固点降低值，单位为 K 或℃；$K_f$ 为溶剂的凝固点降低常数，单位为 $K \cdot kg \cdot mol^{-1}$ 或 $℃ \cdot kg \cdot mol^{-1}$；$b_B$ 为溶质的质量摩尔浓度。与溶剂的沸点升高常数类似，$K_f$ 为只与溶剂性质有关，而与溶质的本性无关的常数。表 2-4 中列出了几种常见溶剂的 $T_f$ 和 $K_f$ 值。溶液温度达到其凝固点时，由于析出的是固态纯溶剂，因此溶液的浓度会增大。与纯溶剂不同，在溶液达到饱和之前，其凝固点并不能保持恒定，而是不断降低。

**表 2-4　几种溶剂的 $T_f$ 和 $K_f$**

| 溶　剂 | $T_f$/K | $K_f$/(K · kg · mol$^{-1}$) |
|---|---|---|
| 水 | 273.15 | 1.86 |
| 苯 | 278.66 | 5.12 |
| 萘 | 353.35 | 6.80 |
| 乙酸 | 289.75 | 3.90 |
| 环己烷 | 279.65 | 20.2 |

溶液的沸点升高与凝固点降低都与溶质的质量摩尔浓度成正比，而质量摩尔浓度又与溶质的摩尔质量有关。因此，可通过溶液的沸点升高和凝固点降低的测定来估算溶质的摩尔质量。由于同一物质的凝固点降低常数要比沸点升高常数大，而且凝固点的测定是在低温下进行，不会破坏试样的结构和组成，故凝固点降低法常用于测定溶质的摩尔质量。

**例 2-5**　现在从一种植物中提取出一种中性的化合物，将 76.0mg 纯品溶解在 20.0g 环己烷中，所得溶液的凝固点比纯环己烷降低了 0.786K。试计算该化合物的摩尔质量。

**解**　查表 2-4 得环己烷的凝固点降低常数 $K_f = 20.2\text{K} \cdot \text{kg} \cdot \text{mol}^{-1}$

$$\Delta T_f = K_f b_B = K_f \frac{m_B}{M_B \times m_A}$$

$$M_B = \frac{K_f m_B}{\Delta T_f m_A} = \frac{20.2 \times 76.0 \times 10^{-3}}{0.786 \times 20.0 \times 10^{-3}} = 97.7 \ (\text{g} \cdot \text{mol}^{-1})$$

### 2.3.3　溶液的渗透压

稀溶液的依数性——溶液的渗透压

物质自发地由高浓度向低浓度处迁移的现象称为**扩散**。溶质在溶剂中的溶解可看作溶质粒子扩散的结果。扩散现象不但存在于溶质与溶剂之间，也存在于不同浓度的溶液之间。

在两个不同浓度的溶液之间放置一种能选择性通过某种粒子的膜，即**半透膜**，就可观察到扩散现象的发生。例如，在一个连通器的两边分别装入蔗糖溶液与纯水，中间以半透膜隔开。开始时两边的液面高度相等，经过一段时间之后，会发现蔗糖溶液一边的液面比纯水的液面高。这是因为半透膜能阻止蔗糖分子向纯水中扩散，但不能阻止水分子的扩散。由于单位体积蔗糖溶液中水分子的数目比纯水中少，故开始扩散时，纯水中水分子通过半透膜向蔗糖溶液中扩散的速率比蔗糖溶液中水分子向纯水中扩散的速率快，导致蔗糖溶液一边的液面升高。这种物质粒子通过半透膜单向扩散的现象称为**渗透**。随着蔗糖溶液液面的升高，液柱的静压力增大，蔗糖溶液中水分子通过半透膜的速率加快。当压力达到一定值时，半透膜两边水分子通过的速率相等，两侧液面高度也不再发生变化。此时，便达到了渗透平衡状态。这种为维持半透膜所隔开的溶液与溶剂之间的渗透平衡而需要施加的额外压力称为**渗透压**。换言之，渗透压就是阻止渗透作用进行时需施加给溶液的额外压力。对于两种不同浓度溶液所构成的体系，也会发生渗透现象。渗透压相等的溶液则称为**等渗溶液**。

?

为什么静脉输盐水时要用生理盐水？

渗透压动画

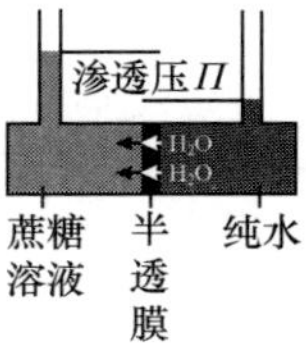


渗透压原理示意图

德国植物学家菲弗尔是第一个研究渗透压与温度及浓度之间关系的人。他发现在温度一定时，非电解质稀溶液的渗透压与溶质的物质的量浓度成正比；当溶液浓度一定时，渗透压与温度成正比。1886 年，荷兰理论化学家范特霍夫进一步总结出溶液渗透压与浓度、温度之间的关系为

$$\Pi = c_B RT \tag{2-16}$$

式中：$\Pi$ 为溶液的渗透压，SI 单位为 kPa；$R$ 为摩尔气体常量，为 $8.314\text{J}\cdot\text{mol}^{-1}\cdot\text{K}^{-1}$；$c_B$ 为溶质的物质的量浓度，SI 单位为 $\text{mol}\cdot\text{L}^{-1}$；$T$ 为体系的温度，单位为 K。

通过对溶液渗透压的测定，可以估算出溶质的摩尔质量。

范特霍夫

Jacobus Hendricus van't Hoff

1852—1911

1901 年首届诺贝尔化学奖得主。主要贡献：碳的四面体结构学说，化学动力学，稀溶液的性质研究。

**例 2-6**　有一蛋白质的饱和水溶液，每升含有蛋白质 6.36g。已知在 298.15K 时，溶液的渗透压为 0.326kPa。计算该蛋白质的摩尔质量。

**解**　根据渗透压公式得

$$\Pi = c_B RT = \frac{m_B RT}{M_B V}$$

$$M_B = \frac{m_B RT}{\Pi V} = \frac{6.36\times 8.314\times 298.15}{0.326\times 1.00} = 4.84\times 10^4\ (\text{g}\cdot\text{mol}^{-1})$$

渗透现象广泛存在于生物体的生命活动中，在工业中也得到广泛应用。生物体的细胞液和体液都是水溶液，它们具有一定的渗透压，而生物体内绝大部分膜是半透膜。一些淡水鱼由于细胞渗透压低，放入海水中会因细胞大量失水而死亡；同样一些海洋生物的细胞具有较高的渗透压，放入淡水中，强烈的渗透作用会使其细胞胀破，导致死亡。

在渗透压较大的一端加上比其渗透压更大的压力，就可促使溶剂由高浓度向低浓度被动扩散，从而达到**反渗透**的目的。这就是工业上有广泛应用的反渗透技术。海水淡化就是反渗透技术应用非常成功的例子。

稀溶液依数性的总结

## 2.4　胶体溶液

胶体的概念由英国化学家格雷厄姆于 1861 年提出。20 世纪初，俄国科学家维伊曼通过对 200 多种化合物实验，证明了几乎各种典型的晶体物质都可通过降低其溶解度或选用适当分散剂的方法制成溶胶。此时，人们才真正认识到胶体并非是一类特殊的物质，而只不过是物质以一定的分散度存在的状态。由表 2-2 可知胶体分散系是由粒径为 $10^{-9}$～$10^{-7}$m 的分散质组成的体系。它可以分为两大类：一类是胶体溶液，又称为溶胶，其分散质是小分子、原子或离子所聚集而成的较大颗粒，为多相体系，常见的例子有胶体硫、AgBr 胶体、$Fe(OH)_3$ 胶体、$Al(OH)_3$ 胶体、$As_2S_3$ 胶体等；另一类是高分子化合物所形成的高分子溶液，如淀粉溶液、蛋白质溶液、天然橡胶的苯溶液等。在高分子溶液中，由于高分子化合物的摩尔质量较大，其分子的大小属于胶体分散系，因此表现出许多与胶体相同的性质，故将高分子溶液看作胶体的一部分。但由于高分子溶液是均相的真溶液，所以其稳定性要高于胶体溶液。这一节主要介绍胶体的结构和性质。

溶胶的结构与性质

### *2.4.1　分散度和表面吸附

#### 1. 分散度与表面积

作为一种多相分散系，溶胶的相与相之间存在界面，也称表面。分散系的**分散度**常用比表面积来衡量。所谓**比表面积**就是单位体积分散质的总表面积。其定义式为

分散度与表面吸附

$$s = \frac{S}{V} \tag{2-17}$$

式中：$s$ 为分散质的比表面积，单位为 $m^{-1}$；$S$ 为分散质的总表面积，单位为 $m^2$；$V$ 为分散质的体积，单位为 $m^3$。

由式(2-17)可知，单位体积分散质的总表面积越大，分散质的颗粒就越小，分散质的比表面积也就越大，分散度也越高。

例如，体积为 $1cm^3$ 的立方体的表面积为 $6cm^2$，其比表面积为 $6\times10^{-2}m^{-1}$。若将之分成边长为 $10^{-7}$cm 的小立方体(共 1021 个)，则体系总表面积变为 $6\times10^7cm^2$，比表面积为 $6\times10^9m^{-1}$。可见比表面积可以反映分散质的分散程度。胶体分散系中粒子的粒径为 $10^{-9}$～$10^{-7}$m，所以其比表面积非常大，这使得溶胶具有某些特殊的性质。

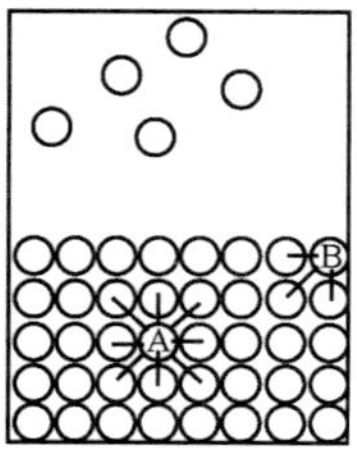

表面能的产生

处于物质表面的质点(包括分子、原子、离子等)所受的作用力，与处于物质内部相同质点的作用力并不相同。对于同一相中的质点来讲，处于内部的质点(左图 A)受到来自周围各个方向且大小相近的作用力，故其所受合力为零。而位于表面的质点(左图 B)，由于在表面两侧所受作用力并不相同，其所受合力不为零且与表面垂直。因此，位于物质表面的质点处于不稳定的受力状态，其能量比内部质点高。物质表面上的质点都具有向物质内部自发迁移的趋势，而将内部质点迁移至表面则需要吸收能量。表面质点比内部质点所多出的能量称为**表面能**。若物质的表面积大，则位于表面的分子就越多，其表面能也越高，体系越不稳定。因此，液体和固体都有自动减少其表面能的趋势。凝聚和表面吸附是降低表面能的两种途径。**凝聚**是指液体的小液滴聚集成大液滴的作用，其直接结果是体系的比表面积减小，表面能降低，如雾形成露水。**吸附**是指各种气体、蒸气及溶液里的溶质被吸附在固体或液体表面上的作用。具有吸附性的物质称为**吸附剂**，被吸附的物质称为**吸附质**。

吸附作用的实质是吸附剂对吸附质质点的吸引。吸附剂的吸附性则来自于其表面质点的剩余力场，借这种力场，物质的表面层就能够吸附与其接触的液体或气体质点。常见的吸附剂有活性炭、硅胶、活性氧化铝、硅藻土等。电解质溶液中生成的许多沉淀如氢氧化铝等也具有吸附能力，它们能吸附电解质溶液中的许多离子。吸附作用的强弱与吸附剂的性质、表面积、吸附质的性质以及浓度、温度等因素有关。吸附剂的总面积越大，吸附的能力越强。对于特定吸附剂，在吸附质的浓度和压力一定时，温度越高，吸附能力越弱，故低温对吸附作用有利；当温度一定时，吸附质的浓度和压力越高，吸附能力越强。

2. 物理吸附和化学吸附

吸附作用可产生在固-气、固-液、液-气、液-液等界面之间。根据作用方式的不同，吸附可分为物理吸附和化学吸附。**物理吸附**是吸附质与吸附剂以分子间作用力相吸引，作用力较弱，为可逆过程，吸附剂与吸附质均不会发生性质上的改变。例如，在温度较低时，活性炭能对许多气体进行吸附，但在高温时，被吸附的气体很容易解脱。**化学吸附**则是指吸附质与吸附剂以类似于化学键的力相互吸引，作用力较强，多数情况下为不可逆过程，吸附剂与吸附质会发生某些性质上的改变，如金属镍、铂等金属催化剂对氢气的吸附，被吸附的氢气需要在很高的温度下才能解脱，而且催化剂在性状上会发生某些变化。对同一物质，可能在低温下进行的是物理吸附，而在高温下会转化为化学吸附，或者两者同时进行。

?

新房装修后，主人买了很多活性炭放在房间内进行吸附除毒，应注意哪些问题？

3. 分子吸附和离子吸附

根据吸附对象的不同，溶液中固体的吸附作用可分为分子吸附和离子吸附两大类。

**分子吸附**是固体吸附剂对非电解质或弱电解质整个分子的吸附。其一般规律为：极性吸附剂易吸附极性的溶质或溶剂；非极性吸附剂易吸附非极性的溶质或溶剂，即“相似相吸”。在溶液中吸附剂对溶剂的吸附越多，对溶质的吸附就越少，反之亦然。例如，人们利用活性炭脱色、除臭或除去溶液中的杂质，以达到分离或提纯的目的。

**离子吸附**是指吸附剂对强电解质溶液中阴、阳离子的吸附作用，又可分为离子选择性吸附与离子交换吸附。

**离子选择性吸附**是指吸附剂从溶液中优先选择吸附与其组成、性质有关的离子。例如，在 $AgNO_3$ 溶液中，AgBr 固体会选择性吸附与之相关的 $Ag^+$，使固体表面带正电荷；而在 KBr 溶液中，则会吸附与之相关的 $Br^-$，使固体表面带负电荷。关于这类吸附作用，在后续胶团结构的内容中还有涉及。

**离子交换吸附**是指吸附剂从溶液中吸附某种离子的同时，吸附剂本身被等电荷地置换出另一种与被吸附离子带同种电荷的离子进入溶液的过程。这种交换是不完全的，为可逆过程。许多物质具有离子的交换能力，如离子交换树脂就是一大类用于离子交换反应的高分子化合物。含有—$SO_3H$、—COOH、—OH 等基团的离子交换树脂可选择性吸附水中的阳离子，释放出 $H^+$，称为阳离子交换树脂；而含有—$NH_2$、═NH 等基团的离子交换树脂可吸附阴离子，释放出 $OH^-$，称为阴离子交换树脂。离子交换树脂广泛用于水处理和物质的分离提纯等领域。吸附作用除可以使反应物在吸附剂表面浓集、提高化学反应速率外，还会使反应物分子内部的化学键减弱，进而降低反应活化能，加快反应速率。多相催化过程中常涉及吸附作用。

### 2.4.2 胶团的结构

胶团的结构比较复杂。其中 KI 过量时形成的 AgI 胶团结构如图 2-3 所示。

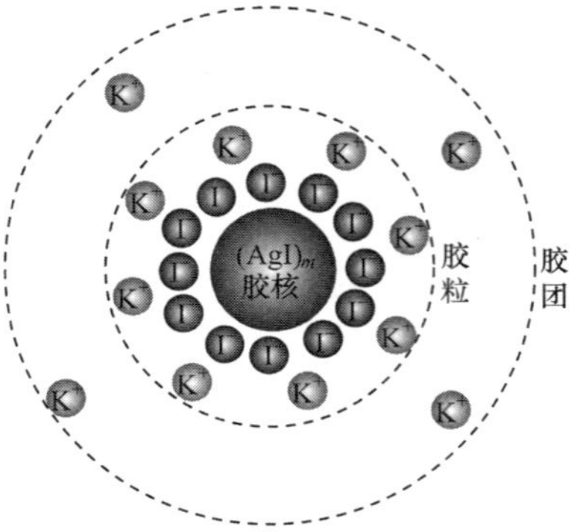


图 2-3　KI 过量时形成的 AgI 胶团的结构示意图

从图 2-3 中可看出胶团可以分为以下几个部分：

(1) 先有一定量的难溶物分子聚结形成胶粒的中心，称为**胶核**。

(2) 胶核选择性地吸附稳定剂中的一种离子，形成紧密吸附层；由于正、负电荷相吸，在紧密层外形成反号离子的包围圈，从而形成与紧密层带有相同电荷的**胶粒**。

(3) 胶粒与扩散层中的反号离子形成一个电中性的**胶团**。

(4) 胶核吸附离子是有选择性的，首先吸附与胶核中相同的某种离子，因同离子效应使胶核不易溶解。若无相同离子，则首先吸附水化能力较弱的负离子，所以自然界中的胶粒大多带负电，如泥浆水、大多数的金属硫化物溶胶等都是负溶胶。

胶团的结构也可用规定的符号即结构式表示。

双电层：由胶核吸附稳定剂中离子形成的紧密吸附层与紧密层外形成的反号离子层构成。

**例 2-7**　$AgNO_3$ 在过量的 KI 存在下生成 AgI 沉淀，写出生成的胶团结构式。

**解**　过量的 KI 作稳定剂，胶团的结构式为

$$\underbrace{\underbrace{\left[\underbrace{(AgI)_m}_{\text{胶核}} \cdot nI^- \cdot (n-x)K^+\right]^{x-}}_{\text{胶粒(带负电)}} \cdot xK^+}_{\text{胶团(电中性)}}$$

**例 2-8**　过量 $AgNO_3$ 与 KI 生成 AgI 沉淀，写出生成的胶团结构式。

**解**　过量的 $AgNO_3$ 作稳定剂，胶团的结构式为

$$\underbrace{\underbrace{\left[\underbrace{(AgI)_m}_{\text{胶核}} \cdot nAg^+ \cdot (n-x)NO_3^-\right]^{x+}}_{\text{胶粒(带正电)}} \cdot xNO_3^-}_{\text{胶团(电中性)}}$$

### 2.4.3　胶体溶液的性质

胶体的许多性质与其高度分散及多相共存的特点有关。溶胶的性质主要包括光学性质(**丁铎尔效应**)、动力学性质(**布朗运动**)和电化学性质。前两者在中学已经详细介绍，下面主要介绍溶胶的电化学性质。

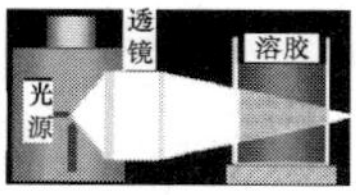

丁铎尔效应示意图

在电场中，溶胶体系的溶胶粒子在分散介质中能发生定向迁移，这种现象称为溶胶的**电泳**。因此，可以通过溶胶粒子在电场中的迁移方向来判断胶粒的荷电情况。

布朗运动示意图

在 U 形管中装入棕红色的氢氧化铁胶体，并在溶胶的表面小心滴入少量蒸馏水，使溶胶表面与水之间存在一明显的界面。然后在两边的蒸馏水中插入惰性电极，并施加一定的电压。经过一段时间后，可以发现 U 形管两侧的溶胶界面不再相平，负极一端的溶胶界面比正极高，说明溶胶粒子是荷正电的。

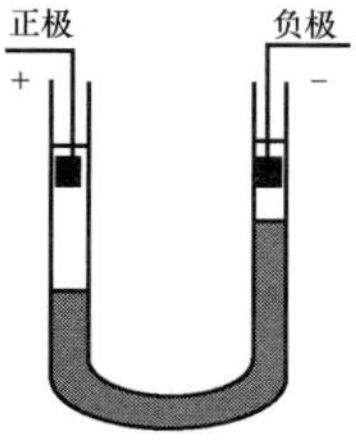

电泳示意图

如果将一段氢氧化铁胶体封闭于半透膜中，半透膜的两侧装入蒸馏水，在膜的两侧加上一个电场，一段时间后会发现正极一端的液面升高，这种分散介质在电场作用下发生定向移动的现象称为**电渗**。电渗作用表明胶体中溶剂也是荷电的。

综上所述，在氢氧化铁胶体中，虽然在整体上胶体溶液是电中性的，但胶体粒子和溶剂带有相反的电荷。结合氢氧化铁胶体中胶团的结构，我们可以知道，胶体中自由移动的粒子是胶粒，在电场作用下，胶团结构中的吸附层和扩散层之间会产生相对的运动。

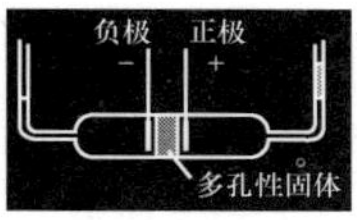

电渗示意图

溶胶粒子带电的原因有以下两个方面：

(1) **吸附作用**。溶胶具有较高的表面能，胶核表面可以选择性地吸附溶液中的离子。例如，氢氧化铁溶胶可由 $FeCl_3$ 在沸水中水解制得。在水解过程中产生大量的 $FeO^+$，正是由于 $Fe(OH)_3$ 对 $FeO^+$ 的吸附作用，胶粒才带正电。在制备硫化砷溶胶时，通常是将 $H_2S$ 通入饱和的 $H_3AsO_4$ 溶液中，经过一段时间，生成淡黄色的 $As_2S_3$ 溶胶。由于 $H_2S$ 在溶液中电离产生大量的 $HS^-$，所以 $As_2S_3$ 吸附 $HS^-$ 后，胶粒带负电。

(2) **电离作用**。部分溶胶粒子带电是由自身表面解离所造成的。例如，硅胶粒子带负电就是因为 $H_2SiO_3$ 解离形成 $HSiO_3^-$ 或 $SiO_3^{2-}$，并吸附在胶核表面所致。

应该指出的是，溶胶粒子带电的原因十分复杂，以上两种情况只能说明溶胶粒子带电的某些规律，至于溶胶究竟带何种电荷、荷电量为多少等问题，都要通过实验来证实。另外，溶胶的荷电情况还与溶胶的制备方法有直接关系。例如，上面介绍过的 AgI 溶胶，在过量 $AgNO_3$ 中时胶粒带正电荷，在过量 KI 中时胶粒带负电荷。

由于胶体粒子荷电的特性，电泳技术得到了广泛的应用，如凝胶电泳法是对蛋白和核酸进行分离和鉴定的基本方法之一。

### 2.4.4　溶胶的稳定性和聚沉

1. 溶胶的稳定性

溶胶的稳定性与聚沉

溶胶的不稳定性体现在两个方面：首先，溶胶粒子会在重力作用下发生沉降；其次，溶胶是一个高分散、高表面能的系统，胶粒之间有自发凝聚成大颗粒聚沉的趋势。但实际上溶胶系统是相当稳定的，这与前面所述的溶胶的特性紧密相关。溶胶的稳定性包括动力学稳定性和聚结稳定性两个方面。

**溶胶的动力学稳定性**是指溶胶粒子不会因重力作用而从分散剂中分离出来。这是溶胶粒子的动力学特征所决定的。由于胶粒的质量较小，所受重力作用也比较小，其运动主要受布朗运动的控制，因此不会发生沉降。但在粗分散系中，由于分散质颗粒较大，受重力影响也较大，因此容易产生沉淀。例如，在 20℃时，直径为 1mm 的石英砂在水中于 25s 内沉降 25cm；而将其分散为 100nm 的小颗粒，相同条件下沉降同样的高度需 1 个月时间；分散为 1nm 时，沉降同样高度则需 250 年。所以，布朗运动是溶胶稳定存在的重要因素。

**溶胶的聚结稳定性**是指溶胶在放置过程中不会发生分散质粒子的相互聚结而产生沉淀。这与溶胶的结构特征密切相关。由于胶粒的双电层结构，当两个带相同电荷的胶粒相互靠近时，胶粒之间的静电斥力会阻止胶粒的相互碰撞，使溶胶趋于稳定。尽管布朗运动会增加胶粒的碰撞机会，但克服双电层结构也很困难。另外，由于溶胶粒子中的带电离子与极性溶剂通过静电吸引相互作用，溶剂分子在胶粒表面形成溶剂化膜，溶剂化膜也能起到阻止胶粒相互碰撞的作用。所以溶胶的聚结稳定性来自于胶粒的双电层结构和溶剂化膜的共同作用。

2. 溶胶的聚沉

溶胶聚沉动画

若溶胶的动力学稳定性与聚结稳定性遭到破坏，胶粒会因碰撞而聚结沉降，澄清透明的溶胶会变得浑浊。这种胶体分散系中分散质从分散剂中分离出来的过程称为**聚沉**。

造成胶体聚沉的因素很多，如胶体本身的浓度过高、溶胶被长时间加热以及溶胶中加入强电解质等。若溶胶浓度过高，胶粒之间发生碰撞的概率大大增加，溶胶容易发生聚沉。将溶胶长时间加热，会使溶胶粒子的热运动加剧，还会使胶粒表面的离子减少，双电层变薄，胶粒间碰撞聚结的机会大大增加。对溶胶聚沉影响最大的是在溶胶中加入电解质。当电解质浓度较低时，胶粒周围的扩散层较厚，胶粒之间静电斥力较大，可防止胶粒聚沉。但加入大量电解质后，由于大量的离子进入扩散层，扩散层变薄，同时反离子减少了胶粒的荷电数目，胶粒之间的静电斥力减弱，聚沉的机会增加。

电解质中对溶胶起聚沉作用的主要是与胶粒所带电荷相反的离子，而且与其所带电荷多少有关。一般来说，离子电荷越高，聚沉作用越大。带相同电荷的离子对溶胶的聚沉能力也有差异，随着离子半径减小，电荷密度增加，水化半径随之增加，聚沉能力减弱。例如，碱金属离子对带负电溶胶聚沉能力大小的顺序为 $Rb^+ > K^+ > Na^+ > Li^+$，碱土金属离子对带负电溶胶聚沉能力

大小的顺序为 $Ba^{2+} > Sr^{2+} > Ca^{2+} > Mg^{2+}$。这种带相同电荷的离子对溶胶聚沉能力大小的顺序称为感胶离子序。

电解质的聚沉能力通常用聚沉值来表示。所谓**聚沉值**是指一定时间内，使一定量的溶胶完全聚沉所需的电解质的最低浓度。电解质的聚沉值越大，其聚沉能力越弱；聚沉值越小，其聚沉能力越强。表 2-5 列出了一些电解质对 AgI 负溶胶的聚沉值。

**表 2-5　电解质对 AgI 负溶胶的聚沉值**

| 电解质 | 聚沉值/$(mmol \cdot L^{-1})$ | 水化离子半径/$10^{-10}m$ |
| --- | --- | --- |
| $LiNO_3$ | 165 | 2.31 |
| $NaNO_3$ | 140 | 1.76 |
| $KNO_3$ | 136 | 1.19 |
| $RbNO_3$ | 126 | 1.13 |
| $Mg(NO_3)_2$ | 2.60 | 3.32 |
| $Ca(NO_3)_2$ | 2.40 | 3.00 |
| $Ba(NO_3)_2$ | 2.26 | 2.78 |

如果将两种带有相反电荷的溶胶按适当比例相互混合，溶胶也会发生聚沉，这种现象称为**溶胶的互聚**。溶胶的互聚必须按照等电量原则进行，否则其中一种溶胶的聚沉不完全。

在某些情况下需要对溶胶进行保护。这时可加入一些适量的保护剂(如动物胶)，以增加胶粒溶剂化的保护膜；也可以对胶体进行渗析，除去溶胶中所含的部分电解质，以适当降低溶剂中电解质的浓度，防止胶粒的聚沉。

有时溶胶的产生会给生产和实验带来不便，如胶状沉淀不仅能透过滤纸，而且使过滤时间大大增加。此时应采取措施促进胶粒的聚沉，从而达到破坏胶体的目的。

## *2.5　高分子溶液和乳浊液

高分子溶液和乳浊液

高分子溶液和乳浊液都属于液态分散系，前者为胶体分散系，后者为粗分散系。下面简要介绍其性质。

### 2.5.1　高分子溶液

1. 高分子溶液的特性

**高分子化合物**是指摩尔质量大于 $10000g \cdot mol^{-1}$ 的有机大分子化合物。许多天然有机物，如蛋白质、核酸、纤维素、淀粉、橡胶及人工合成的各种塑料都是高分子化合物。高分子化合物是由一种或几种小的结构单元通过一定方式共价连接得到的大分子。例如，蛋白质的基本单位是各种氨基酸，聚乙烯的基本单位是 $\left[ CH_2 - CH_2 \right]$。

高分子化合物的分子结构通常为线状或带支链结构的线状，长度可达几百纳米，但高分子的截面积与普通分子相当。当高分子化合物溶解在适当的溶剂中，就可以形成高分子化合物溶液，简称**高分子溶液**。高分子化合物在适当溶剂中可以达到较高的浓度，其渗透压可以测定，通过进一步计算可求得其平均摩尔质量。

高分子溶液中溶质的颗粒大小与溶胶粒子相近，属于胶体分散系，故表现出某些溶胶的性质，如不能透过半透膜、扩散速率慢等。但它的分散质粒子为单个大分子，是一个分子分散的单相体系，因此又表现出溶液的某些性质，与溶胶的性质有许多不同之处。

高分子化合物像一般溶质一样，在适当溶剂中其分子能强烈溶剂化而逐步溶胀，形成很厚的溶剂化膜，使之能稳定地分散在溶液中而不凝结，最后溶解成溶液，具有一定的溶解度。例如，蛋白质和淀粉可溶于水，而天然橡胶可溶于苯。在除去溶剂后，再加入溶剂仍可溶解，因此高分子溶液是热力学稳定体系。溶胶是用特殊方法制备的，溶胶体系一旦发生聚沉，则不可能通过再加入溶剂的方法使之复原，故溶胶为热力学不稳定系统。高分子溶液中，溶质与溶剂之间无明显的相界面存在，因此其丁铎尔效应不像溶胶那样明显。另外，高分子化合物还具有很大的黏度，这与它的链状结构和高度溶剂化的性质有关。

#### 2. 高分子溶液的盐析和保护作用

高分子水溶液具有一定的抗电解质聚沉的能力，加入少量的电解质，它的稳定性并不受影响。这是因为在高分子溶液中，溶质本身带有较多的可解离或已解离的亲水基团，如—OH、—COOH、—$NH_2$ 等。这些基团具有很强的水化能力，它们能使高分子化合物表面形成一层较厚的水化膜而稳定存在于溶液中，不易聚沉。要使高分子化合物从溶液中聚沉出来，除要中和高分子化合物所带电荷外，最重要的是要破坏其水化膜，因此必须加入大量的电解质。电解质离子在实现自身水化的同时，要大量夺取高分子化合物的水化膜上的溶剂化水，从而破坏水化膜，使高分子溶液失去稳定性，发生聚沉。像这样通过加入大量电解质使高分子化合物聚沉的作用称为**盐析**。加入乙醇、丙酮等溶剂，也能将高分子溶质沉淀出来，这是因为这些溶剂具有强的亲水性，能破坏高分子化合物的水化膜。人们在研究天然产物时，常用盐析或加入乙醇等溶剂的方法来分离蛋白质和其他物质。

在溶胶中加入适量的高分子化合物，就会提高溶胶对电解质的稳定性，这就是高分子化合物的保护作用。在溶胶中加入高分子化合物，高分子化合物附着在胶粒表面，一可以使原来憎液的胶粒变为亲液的胶粒，提高胶粒的溶解度；二可以在胶粒表面形成高分子保护膜，增强溶胶的抗电解质能力。所以高分子化合物经常被用作胶体的保护剂。高分子化合物的保护作用在生理过程中具有重要的意义。例如，健康人的血液中所含的碳酸镁、磷酸钙等物质都是以溶胶的形式存在，并被血清蛋白等保护。当人体发生某些病变时，由于保护物质在血液中减少，就有可能使这些溶胶在身体的各个部位发生聚沉作用，使代谢受阻，在肝、肾等器官形成结石。

废水治理中常用不同的絮凝剂去除水中的一些杂质，查阅资料了解它的作用原理。

#### 3. 高分子化合物的絮凝作用

如果溶胶中加入少量的高分子化合物，就会出现一个高分子化合物附着几个胶粒的现象。此时，高分子化合物非但不能保护胶粒，反而使胶粒相互黏接形成大颗粒而发生聚沉作用。这种由于高分子溶液的加入使溶胶稳定性减弱的作用称为**絮凝作用**。在生产中，人们常利用絮凝作用进行污水的处理和净化、矿泥中有效成分的回收和分离。

### 2.5.2 乳浊液

W/O 型分散

O/W 型分散

乳浊液是分散相和分散介质均为液体的粗分散系。牛奶、人和动物的血液、淋巴液都是乳浊液。乳浊液中液滴的直径为 100～500nm。根据分散相与分散介质的不同性质，乳浊液可以分为两大类：一类是**水包油型**，即油（通常指有机物）分散在水中所形成的分散系，以 O/W 表示，如牛奶、豆浆、农药乳剂等；另一类是**油包水型**，即水分散在油中所形成的分散系，以 W/O 表示，如石油等。

将油和水直接放在一起剧烈振荡，可以得到乳浊液。但这种乳浊液并不稳定，静置后会迅速分层。因此，乳浊液也像溶胶一样需要有第三种物质作为稳定剂，才能形成较为稳定的体系。例如，在油水混合时加入少量肥皂，则形成的乳浊液在静置时分层很慢，肥皂此时就是一种稳定剂。乳浊液的稳定剂称为**乳化剂**，许多乳化剂都是表面活性物质。因此，表面活性剂有时又称为乳化剂。乳化剂根据其亲和能力的差别分为**亲水性乳化剂**和**亲油性乳化剂**。例如，钾肥皂、钠肥皂、蛋白质、动物胶等是亲水性乳化剂，而钙肥皂、高碳醇、石墨则是亲油性乳化剂。

制备不同类型的乳浊液，要选择不同类型的乳化剂。例如，亲水性乳化剂适合制备 O/W 型乳浊液。这是因为亲水性乳化剂亲水基团结合能力比亲油基团大，乳化剂分子大部分分布于油滴表面。能在油滴表面形成较厚的保护膜，阻止油滴之间的碰撞聚结。在制备 W/O 乳浊液时，应选择亲油性乳化剂。通过向体系中加水的方法可以区分乳浊液的类型，如加水稀释后不分层，则为 O/W 型乳剂；若加水后分层，则为 W/O 型乳剂。

极细的固体粉末也能起到乳化剂的作用。例如，炭黑是一种 W/O 型乳化剂，而 $SiO_2$ 粉末是一种 O/W 型乳化剂。用去污粉或细炉灰等擦洗器皿油污后，用水冲就很干净，就是因为形成了 O/W 型乳浊液。

乳浊液和乳化剂在生产和生活中有着广泛的应用，如农药、石油开采、食品、洗涤用品、化妆品等。

根据需要，人们有时要破坏已形成的乳浊液，如在溶液萃取、处理石油和天然橡胶乳浆时需要使油水完全分层。常用的方法是加入不能生成牢固保护膜的表面活性剂来取代原来的乳化剂，或采用加热的办法破坏乳浊液。

【拓展材料】

### 气凝胶—— 冻结的烟雾、固态烟、最轻的固体

气凝胶是一种固体物质形态，是世界上密度最小的固体之一。常见的气凝胶为硅气凝胶，但也有碳气凝胶存在。

目前，最轻的硅气凝胶密度仅有 $3mg·cm^{-3}$，比空气重三倍，所以也被称为“冻结的烟”或“蓝烟”。由于里面的颗粒非常小(纳米级)，所以可见光经过它时散射较小，就像阳光经过空气一样。由于气凝胶中 99.8% 以上是空气，所以有非常好的隔热效果，3.3cm 的气凝胶相当 20～30 块普通玻璃的**隔热功能**。即使将气凝胶放在玫瑰与火焰之间，玫瑰也会丝毫无损。气凝胶在航天探测上也有多种用途，在俄罗斯“和平”号空间站和美国“火星探路者”的**探测器**上都用到这种材料。气凝胶也在粒子物理实验中用作切连科夫效应的探测器。在高能加速器研究机构 B 介子工厂的 Belle 实验探测器中，一个称为气凝胶切连科夫计数器(aerogel cherenkov counter，ACC)的粒子鉴别器就是最新的应用实例。这个探测器利用了气凝胶介于液体与气体之间的低折射系数特性，同时具有透光度高、重量轻、固态的性质，优于传统使用低温液体或是高压空气的方法。

气凝胶在“863”高技术**强激光研究**方面也有应用。纳米多孔材料具有重要应用价值，如利用低于临界密度的多孔靶材料，可望提高电子碰撞激发产生的 X 射线激光的光束质量，节约驱动能，利用微球形节点结构的新型多孔靶，能够实现等离子体三维绝热膨胀的快速冷却，提高电子复合机制产生的 X 射线激光的增益系数，利用超低密度材料吸附核燃料，可构成激光惯性约束聚变的高增益冷冻靶。气凝胶具有纤细的纳米多孔网络结构、巨大的比表面积且其结构介观尺度上可控，成为研制新型低密度靶的最佳候选材料。

由于硅气凝胶的低声速特性，它还是一种理想的**声学延迟或高温隔音材料**。初步实验结果表明，密度在 $30kg · m^{-3}$ 左右的硅气凝胶作为耦合材料，能使声强提高 30dB，如果采用具有密度梯度的硅气凝胶，可望得到更高的声强增益。

在环境保护及化学工业方面，纳米结构的气凝胶还可作为**新型气体过滤材料**。与其

他材料不同的是，该材料孔洞大小分布均匀、气孔率高，是一种高效气体过滤材料。由于该材料具有特别大的比表面积，在作为**新型催化剂**或**催化剂的载体**方面也有广阔的应用前景。

气凝胶还应用于**储能器件方面**。有机气凝胶经过烧结工艺处理后将得到碳气凝胶，这种导电的多孔材料是继纤维状活性炭以后发展起来的一种新型碳素材料，具有很大的比表面积(600～1000$m^2 \cdot kg^{-1}$)和高电导率(10～25$S \cdot cm^{-1}$)，而且密度变化范围广。例如，在其微孔洞内充入适当的电解液，可以制成新型可充电电池，它具有储电容量大、内阻小、重量轻、充放电能力强、可多次重复使用等优异特性。

作为一种新型纳米多孔材料，除硅气凝胶外，已研制的还有其他单元、二元或多元氧化物气凝胶、有机气凝胶及碳气凝胶。作为一种独特的材料制备手段，相关的工艺在其他新材料研制中得到广泛应用，如制备气孔率极高的多孔硅、制备高性能催化剂的金属——气凝胶混合材料、高温超导材料、超细陶瓷粉末等。目前，国际上关于气凝胶材料的研究工作主要集中在德国的维尔茨堡大学、BASF 公司、美国的劳伦兹 · 利物莫尔国家实验室、桑迪亚国家实验室、法国的蒙彼利埃材料研究中心、日本高能物理国家实验室等，国内主要集中在同济大学玻尔固体物理实验室、国防科技大学等。

## 思 考 题

2-1 什么是分散系？分散系有哪些分类方法？

2-2 稀溶液的依数性成立的前提是什么？何种情形下依数性规则将不再成立？

2-3 溶液有没有固定的沸点和凝固点？

2-4 如何区分胶体溶液和真溶液？

2-5 如何保护和破坏胶体的稳定性？各有何用处？

2-6 胶体的聚沉作用和高分子溶液的盐析作用的区别是什么？

## 习 题

2-1 选择题。

(1) 摩尔分数的单位是 ( )

A. mol　　B. $mol \cdot L^{-1}$　　C. 1　　D. $mol \cdot kg^{-1}$

(2) 下列物质的水溶液，浓度均为 0.02$mol \cdot L^{-1}$，凝固点最低的是 ( )

A. $CaCl_2$　　B. NaCl　　C. 蔗糖　　D. 葡萄糖

(3) 称取同样质量的两种难挥发的非电解质 G 和 H，分别溶解在一定量的水中，测得 G 的渗透压比 H 的高，则 ( )

A. G 的相对分子质量大于 H 的相对分子质量

B. G 的相对分子质量与 H 的相对分子质量相同

C. G 的相对分子质量小于 H 的相对分子质量

D. 无法判断

(4) 将 0.02$mol \cdot L^{-1}$ KI 和 0.01$mol \cdot L^{-1}$ $AgNO_3$ 溶液等体积混合后制成溶胶，下列电解质对该溶胶聚沉能力最大的是 ( )

A. NaCl　　B. $MgSO_4$　　C. $Na_2SO_4$　　D. $FeCl_3$

(5) 欲使水与石油形成 W/O 型乳浊液，选用的乳化剂是 ( )

A. 动物胶　　B. 钙皂　　C. 钾皂　　D. 钠皂

2-2 解释下列现象。

(1) 明矾能净水；

(2) 井水洗衣服时，肥皂的去污能力变差；

(3) 江河入海口处常形成三角洲；

(4) 农作物施用化肥过量会发生“烧苗”现象。

2-3　市售浓硫酸的质量分数为 98%，密度为 $1.84g \cdot mL^{-1}$：

(1) 计算 $H_2SO_4$ 的物质的量浓度；

(2) 计算 $H_2SO_4$ 的质量摩尔浓度；

(3) 计算 $H_2SO_4$ 的摩尔分数。

溶液浓度和依数性计算典型例题

2-4　密闭钟罩内有两杯溶液，甲杯中含有 1.68g 蔗糖($C_{12}H_{22}O_{11}$)和 20.00g 水，乙杯中含有 2.45g 某非电解质和 20.00g 水。在恒温下放置足够长的时间达到平衡，甲杯水溶液总质量增加为 24.90g，求该非电解质的近似摩尔质量。

2-5　比较下列水溶液的指定性质的递变次序：

(1) 凝固点：$0.1mol \cdot kg^{-1}$ 蔗糖溶液，$0.1mol \cdot kg^{-1}$ 乙酸溶液，$0.1mol \cdot kg^{-1}$ KCl 溶液；

(2) 渗透压：$0.1mol \cdot L^{-1}$ 葡萄糖溶液，$0.1mol \cdot L^{-1}$ KCl 溶液，$0.1mol \cdot L^{-1}$ $CaCl_2$ 溶液。

2-6　试估算在 10kg 水中加入多少乙二醇($C_2H_6O_2$)才能保证水在 −15℃ 时不结冰。

2-7　医学上使用的葡萄糖($C_6H_{12}O_6$)注射液是血液的等渗溶液，测得其凝固点降低值为 0.543℃。

(1) 计算葡萄糖注射液的质量分数；

(2) 计算血液在 37℃时的渗透压。

2-8　烟草中的主要有害成分为尼古丁，其最简式为 $C_5H_7N$，今将 496mg 尼古丁溶于 10.0g 水中，所得溶液在 101.325kPa 下的沸点是 100.17℃，求该化合物的化学式。

2-9　1.00g HAc 分别溶于 100g 水和苯中，测得它们的凝固点分别为−0.314℃和 4.972℃。已知纯水和纯苯的凝固点分别为 0.000℃和 5.400℃。计算两种溶液的质量摩尔浓度，并解释为何存在上述差别。

2-10　将 101mg 胰岛素溶于 10.0mL 水中，测得该溶液在 25℃时的渗透压为 4.34kPa，求：

(1) 胰岛素的摩尔质量；

(2) 该溶液的蒸气压降低值 $\Delta p$(25℃时水的饱和蒸气压为 3.17kPa)。

*2-11　将 10mL $0.02mol \cdot L^{-1}$ 的 $AgNO_3$ 溶液与 100mL $0.005mol \cdot L^{-1}$ 的 KCl 溶液混合制备 AgCl 溶胶，写出胶团的结构式，胶粒通电后向哪一极移动？

# 第 3 章　化学反应的一般原理

【教学目的和要求】

(1) 了解体系、环境、过程、途径、状态、状态函数、功、热和热力学能等术语的含义；理解化学反应热效应的基本概念及功、热的正负号规定；理解热力学三大定律。

(2) 掌握 $\Delta_r H_m^\ominus$ 、$\Delta_f H_m^\ominus$ 、$\Delta_c H_m^\ominus$ 、$\Delta_r G_m^\ominus$ 、$\Delta_f G_m^\ominus$ 、$\Delta_r S_m^\ominus$ 等的含义。能用赫斯定律计算反应的热效应，能计算反应的标准摩尔熵变和吉布斯自由能变，能判断化学反应方向。

(3) 掌握化学反应平衡常数含义及有关计算，了解化学平衡移动的影响因素及原理。

(4) 了解化学反应速率及其表示方法、影响因素，了解反应速率理论，理解基元反应和质量作用定律。

绪论

【教学重点和难点】

(1) 重点内容：赫斯定律、标准摩尔生成焓和化学反应热效应的计算；反应的熵变、吉布斯自由能变和化学反应方向的判断；化学反应平衡常数及计算；标准平衡常数与标准吉布斯自由能变的关系。

(2) 难点内容：化学反应热效应的计算和自发反应方向的判断。

汽车尾气污染

众所周知，CO 和 NO 都是汽车尾气中的有毒成分，那么，能否通过两者相互反应使其生成无毒的 $CO_2$ 和 $N_2$ 以治理汽车尾气的污染呢？

$$CO(g) + NO(g) = CO_2(g) + \frac{1}{2}N_2(g)$$

要回答这个问题，必须从以下三个层次进行考虑：①这个反应能否自发发生，即反应进行的方向；②如果能**自发**进行，则进行到什么程度为止，即反应的限度；③反应欲达到最后的平衡状态需要多长时间，即化学反应的速率。前两个问题属于化学热力学研究的范畴，第三个问题属于化学动力学研究的课题。本章通过介绍反应焓变、反应熵变、反应吉布斯自由能变、平衡常数和活化能等概念，着重讨论化学反应的方向、限度以及化学反应速率的一般规律。

自发是指不受外力影响而自然发生的过程。

## 3.1　化学反应中的能量关系

### 3.1.1　基本概念

化学反应中的能量关系

1. 体系与环境

自然界中各事物本是相互联系的，但为了研究方便，常将一部分物体从其他部分中划分出来作为研究对象，这一部分物体称为**体系**(或**系统**)。在体系之外并与体系有相互作用的部分称为**环境**。体系和环境的划分可以是人为的，也可以是实际的，怎样划分取决于研究目的，一旦确定，就不能随意变更体系和环境的范围。例如，如果研究 NaCl 在水溶液中的溶解度，则 NaCl 水溶液是体系，而 NaCl 水溶液以外的部分(如盛放溶液的烧杯，溶液上下方的空气等)就是环境。

敞开体系

封闭体系

孤立体系

根据体系和环境之间物质和能量交换情况，可将体系分为以下三类：

**敞开体系**：体系与环境之间既有物质交换，又有能量交换。

**封闭体系**：体系与环境之间没有物质交换，只有能量交换。

**孤立体系**：体系与环境之间既没有物质交换，也没有能量交换。

封闭体系是化学热力学研究中最常见的体系。除非特别说明，下面讨论的体系一般指封闭体系。至于孤立体系，它与理想气体的概念一样，只是科学上的抽象，绝对孤立的体系是不存在的。

### 2. 状态和状态函数

**状态**是表征体系性质的物理量(如温度、压力、体积、质量、密度、组成等)都已确定的体系的存在形式，决定体系状态的物理量称为**状态函数**。当所有的状态函数都不随时间改变时，则称体系处于一定的状态；当这些状态函数中任意一个发生了变化，则称体系的状态发生了变化。需要特别注意的是，体系的热力学状态函数只说明体系当前所处的状态，与这个状态是由怎样的变化得来无关。

体系各个状态函数之间是相互关联的，若确定了其中的几个，其余的就随之确定。例如，对于理想气体，如果知道了温度、压力、体积、物质的量这四个状态函数中的任意三个，就能利用理想气体状态方程确定第四个状态函数。

状态函数可分为两类：一类为具有**容量性质**(又称广度性质)的物理量，这种性质与体系中物质的量成正比，如体积、质量、热力学能等，容量性质具有加和性；另一类为具有**强度性质**的物理量，这种性质与体系中物质的量多少无关，如温度、压力、密度等，强度性质没有加和性。例如，将两杯温度都是 50℃的组成相同的溶液混合后，溶液的质量和体积(容量性质状态函数)都是原来的总和，但溶液的温度(强度性质状态函数)还是 50℃，而不是 100℃。

### 3. 过程和途径

体系状态变化时，状态变化的经过称为**过程**，完成一个过程的具体方式称为**途径**。

过程和途径

热力学常见的过程有以下几种：

**等温过程**：体系在等温条件下发生的状态变化过程，$\Delta T = 0$。

**等压过程**：体系在等压条件下发生的状态变化过程，$\Delta p = 0$。

**等容过程**：体系在等容条件(体积不变)下发生的状态变化过程，$\Delta V = 0$。

**绝热过程**：体系与环境之间没有热传递的过程，$Q=0$。

**循环过程**：体系由某一状态出发，经过一系列的变化，又回到原来的状态。

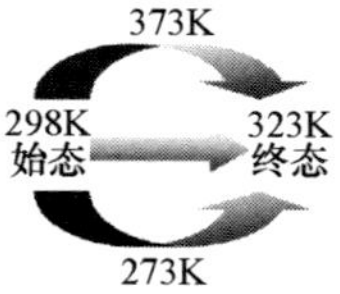

同一过程不同途径

体系状态发生变化，由始态变到终态，可以经由不同的方式，即经由不同的途径。尽管所经历的途径不同，但状态函数总的变化值是相同的。例如，某密闭气体由始态 298K 变到终态 323K，它的变化途径可以是直接由 298K 升温到 323K；也可先由 298K 升温到 373K，再由 373K 降温到 323K；或者先由 298K 降温到 273K，再由 273K 升温到 323K，但过程中状态函数的增量 $\Delta T$ 仅取决于始态和终态，都等于 25K。

### 3.1.2　热力学第一定律

1. 热力学能

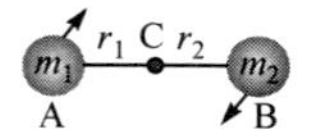

AB 型分子的转动

体系内部所有微观形式能量，如分子的移动能、转动能、振动能、电子运动能及原子核内能等的总和称为**热力学能**，又称为**内能**，用符号 $U$ 表示，单位为 J 或 kJ。由于体系内部质点运动及相互作用关系很复杂，因而热力学能的绝对值无法求得。

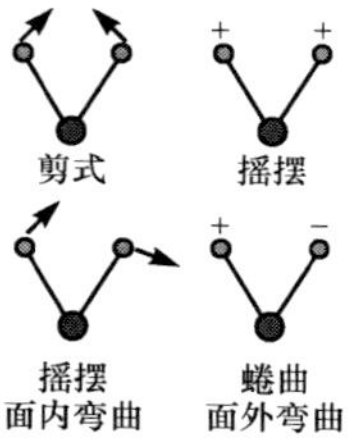

$AB_2$ 型分子面内和面外弯曲振动

热力学能是具有容量性质的状态函数，其数值与体系物质的量成正比，热力学能的改变量只取决于体系的始态和终态，与体系具体变化的途径无关。如果用 $U_A$ 表示体系在状态 A 时的热力学能，$U_B$ 表示体系在状态 B 时的热力学能，则体系由 A 到 B 时，其能量变化可表示为

$$\Delta U = U_B - U_A \tag{3-1}$$

2. 热和功

体系热力学能的变化依赖于体系和环境之间的能量传递实现。体系与环境之间的能量传递有两种形式，一种称为热，另一种称为功。

**热**是指体系与环境之间由于温度不同而引起的能量传递形式，以 $Q$ 表示，单位为 J 或 kJ。热不是体系的性质，也就不是体系的状态函数。所以，对一个体系而言不能说它具有多少热，而只能讲在某一过程中它从环境中吸收了多少热或释放给环境多少热。热的传递具有方向性，热力学规定体系从环境中吸热时，$Q$ 为正值（$Q>0$，体系能量升高）；体系向环境放热时，$Q$ 为负值（$Q<0$，体系能量降低）。

功和热有何区别？能否说一个系统有多少功和热？为什么？

除了热以外，体系与环境之间发生的其他各种形式的能量传递统称为**功**，以 $W$ 表示，单位为 J 或 kJ。与热一样，功的传递也具有方向性，符号按惯例是由体系的观点出发规定，即环境对体系做功时，$W$ 为正值（$W>0$，体系能量升高）；体系对环境做功时，$W$ 为负值（$W<0$，体系能量降低）。

功有很多形式，通常分为体积功和非体积功两类。**体积功**，又称膨胀功，是指由于体系体积变化而引起的体系与环境间的能量交换；**非体积功**，又称有用功，是指除体积功以外的其他功，如电功、表面功等。由于大多数化学反应是在敞开容器中进行的，反应时体系由于体积变化而对抗环境做功，因此在化学过程中的功常指的是体积功。

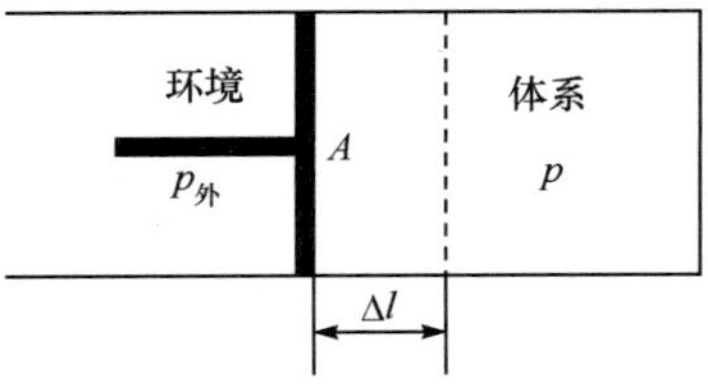


图 3-1　在恒外压下体系膨胀过程示意图

体积功是压力与体积变化的乘积。图 3-1 是体系做体积功的示意图。如图所示，将一定量的气体置于横截面积为 A 的活塞圆筒中(假设活塞质量可以忽略，且活塞与筒之间无摩擦力)，若筒内气体受热进行膨胀($p > p_{外}$)，它抵抗外压 $p_{外}$ 向左移动了$\Delta l$的距离，那么体系所做的功 $W$ 就等于外力 $F_{外}$ 与力作用方向上位移$\Delta l$的乘积，其中 $F_{外}$ 与外部压力 $p_{外}$ 和受力面积 $A$ 存在以下关系式：

$$F_{外} = p_{外} \cdot A$$

结合热力学规定体系对环境做功时 $W$ 为负值，得

$$W = -F_{外} \cdot \Delta l = -p_{外} \cdot A \cdot \Delta l = -p_{外} \cdot \Delta V \tag{3-2}$$

式中：$p_{外}$ 为外压；$\Delta V$ 为膨胀过程中体积的改变量，为正值。式(3-2)即为体积功的表达式。当气体被压缩时，环境对体系做功，$\Delta V < 0$，$W$ 为正值。

某过程进行之后，若系统恢复原状的同时，环境也能恢复原状而未留下任何永久性的变化，则称这一过程为可逆过程。可逆膨胀过程系统所做的体积功为

$$W = \int_{V_1}^{V_2} p_{外} \mathrm{d}V = nRT\ln\frac{p_1}{p_2}$$

3. 热力学第一定律

**热力学第一定律就是能量守恒定律，即能量既不能无中生有，亦不能无形消灭，只能从一种形式转化为另一种形式，从一个物体传递到另一个物体，而在转化和传递过程中能量的总量保持不变。**

例如，当体系状态发生某一任意变化时，假设体系吸收的热量为 $Q$，同时环境对体系做功为 $W$，则根据热力学第一定律，体系热力学能的变化为

$$\Delta U = Q + W \tag{3-3}$$

同时环境发生的能量变化为$-\Delta U$。因此，对于任意过程，体系的总能量加上环境的总能量始终保持不变。

热力学第一定律的另一种表述是：第一类永动机是不可能造成的。

**例 3-1**　某体系在恒定外压(100kPa)下膨胀，其体积从 100L 变到 250L，同时该体系又从环境中吸收 150kJ 的热量。求体系热力学能改变量。

**解**　根据热力学第一定律，$\Delta U = Q + W$，$W = -p_{外} \cdot \Delta V$，则体系热力学能的变化为

$$\begin{aligned}\Delta U &= Q - p_{外} \cdot \Delta V \\ &= 150 - 100 \times (250 - 100) \times 10^{-3} \\ &= 135(\mathrm{kJ})\end{aligned}$$

### 3.1.3　化学反应热效应

1. 反应热和焓

化学反应除了有新物质生成外，常伴随着能量的吸收或释放。至今，化

天然气燃烧

火箭发射

可燃冰——未来的清洁能源

学反应所释放的热量是日常生活和工农业生产所需能量的主要来源。应用热力学规律研究化学反应热量变化问题的学科称为**热化学**。热化学规定：在等容或等压条件下，对于只做体积功，不做其他功的化学反应体系，当反应物与产物温度相同时，体系吸收或释放的热量称为**反应热**，用 $Q$ 表示，单位为 kJ 或 J。

在化学反应过程中，体系热力学能的变化量$\Delta U$与反应物的热力学能 $U_{反应物}$ 和产物的热力学能$U_{产物}$之间存在如下关系

$$\Delta U = U_{产物} - U_{反应物}$$

结合热力学第一定律$\Delta U = Q+W$，则有

$$Q + W = U_{产物} - U_{反应物}$$

那么反应热 $Q$ 就有

$$Q = U_{产物} - U_{反应物} - W = \Delta U - W \quad (3\text{-}4)$$

式(3-4)就是热力学第一定律在化学反应中的具体体现。因化学反应的具体条件不同，式中反应热 $Q$ 具有不同的意义。

1) 等容反应热

等容反应是在体积不变过程中完成的化学反应，其热效应称为**等容反应热**，用 $Q_V$ 表示。由式(3-4)，得

$$Q_V = \Delta U - W$$

而 $W = -p \cdot \Delta V$，等容反应过程中的$\Delta V = 0$，故 $W = 0$，则

$$Q_V = \Delta U \quad (3\text{-}5)$$

式(3-5)说明，在等容反应中，体系吸收或放出的热量全部用来改变体系的热力学能。

2) 等压反应热和焓

等压反应是在压强不变的过程中完成的化学反应，其热效应称为**等压反应热**，用 $Q_p$ 表示。由式(3-4)，得

$$Q_p = \Delta U - W$$

由 $W = -p \cdot \Delta V$，上式可变为

$$Q_p = \Delta U + p \cdot \Delta V$$

恒压过程 $p$ 保持不变，则有

$$Q_p = (U_2 - U_1) + p(V_2 - V_1) = (U_2 + pV_2) - (U_1 + pV_1)$$

因为 $U$、$p$ 和 $V$ 是体系的状态函数，所以 $U + pV$ 也是一个状态函数，它的改变量仅仅取决于体系的始态和终态，与变化过程无关。这一新的状态函数称为**焓**，用符号 $H$ 表示，即

热量计

$$H = U + pV \quad (3\text{-}6)$$

故可得

$$Q_p = H_2 - H_1 = \Delta H \quad (3\text{-}7)$$

这就是说，在等压条件下，化学反应的反应热在数值上恰好等于该反应体系

焓的改变量。$\Delta H$ 的数值只取决于体系的始态和终态，所以等压反应热 $Q_p$ 也取决于体系的始态和终态，与变化途径无关。

$H$ 与热力学能、压力、体积等物理量一样，也是体系的状态函数，因而一定的状态下每一种物质都具有特定的焓值。由于热力学能 $U$ 的绝对值无法确定，所以 $H$ 的绝对值也无法确定，只能求得 $H$ 在体系状态变化过程中的变化量$\Delta H$。另外，需要注意的是，任何过程都存在$\Delta H$，只是等压过程的反应热恰好等于$\Delta H$。

由热力学第一定律得，在等压反应中，$\Delta U = Q_p - p\cdot\Delta V$，又由于 $Q_p = \Delta H$，所以

$$\Delta H = \Delta U + p\cdot\Delta V$$

对于无气体参加的反应，系统的体积变化$\Delta V$很小，可以忽略不计，则有

$$\Delta H \approx \Delta U$$

对于有气体参加的反应，由于 $p\cdot\Delta V = \Delta nRT$（$\Delta n$ 是化学反应方程式中产物气体物质的量与反应物气体物质的量之差），则

$$\Delta H = \Delta U + \Delta nRT \tag{3-8}$$

通常化学反应都在等压条件下进行，所以$\Delta H$比$\Delta U$具有更大的实用价值。

> ? 焓的物理意义是什么？是否只有等压过程才有$\Delta H$？$\Delta H = Q_p$时要满足哪些条件？

**例 3-2**　在 100kPa 下、373.15K 时，1mol 水体积为 18.8mL，1mol 水蒸气的体积为 30.2L，水的汽化热为 40.67kJ · mol$^{-1}$，求 373.15K 时在 100kPa 下由 30g 液态水蒸发为水蒸气时的$\Delta H$ 和$\Delta U$。

**解**　等压条件下反应，所以$\Delta H = Q_p$，即

$$\Delta H = 40.67\times\frac{30}{18} = 67.78(\text{kJ})$$

由$\Delta H = \Delta U + p\cdot\Delta V$，得

$$\Delta U = 67.78 - \frac{30}{18}\times 100\times(30.2 - 18.8\times10^{-3})\times10^{-3} = 62.75(\text{kJ})$$

> ? 在化学反应中有液体、固体参与时，体积功如何计算？

2. 热化学方程式

若某一在等压条件下进行的化学反应，当反应进度为$\xi$时的焓变为$\Delta_r H$，则该反应的$\Delta_r H_m$ 为

$$\Delta_r H_m = \frac{\Delta_r H}{\xi} \tag{3-9}$$

$\Delta_r H_m$ 就是按照所给的反应式完全反应，当反应进度为 1mol 时焓的变化值，又称**摩尔反应焓**。左下标“r”表示 reaction，即反应，右下标“m”表示反应进度为 1mol。显然，$\Delta_r H_m$ 的单位为 J·mol$^{-1}$ 或 kJ·mol$^{-1}$。

**热化学方程式**用于表示化学反应与其热效应之间的关系。例如，在 298.15K、100kPa 下，1mol $H_2$(g) 与 0.5mol $O_2$(g) 反应生成 1mol $H_2O$(g)，放出−241.82kJ 的能量。其热化学反应方程式为

$$H_2(g) + \frac{1}{2}O_2(g) = H_2O(g) \qquad \Delta_r H_m = -241.82\text{kJ}\cdot\text{mol}^{-1}$$

正确书写热化学方程式必须注意以下两点：

(1) 反应热的数值与反应的温度、压力有关，不同反应条件下的热效应数值不同，所以化学反应热必须注明反应条件。如果化学反应是在标准状态下进行，反应热可用**标准摩尔反应焓**，即 $\Delta_r H_m^\ominus$ 来表示，其右上标“$\ominus$”表示为**标准态**。热力学的标准态是指在标准压力 $p^\ominus$ (100kPa) 下和某一指定温度下物质的物理状态(液态或某种形式的固态)。它对具体物质状态有严格规定：

(i) 对于理想气体而言，其标准态就是该气体的压力为 $p^\ominus$ 时的状态；对于混合理想气体而言，标准态就是每种组分的分压都等于压力 $p^\ominus$ 时的状态。

(ii) 溶液的标准态是指标准压力 $p^\ominus$ 下，溶质浓度为 $1mol \cdot kg^{-1}$ (常近似为 $1mol \cdot L^{-1}$) 的理想溶液。

(iii) 纯液体(或纯固体)的标准态就是指处于标准压力 $p^\ominus$ 下的纯液体或纯固体。

什么是热力学标准态？说明热力学标准态与标准状况有何不同？

必须注意的是，在标准态中只规定了压力 $p^\ominus$，并没有规定温度。热力学函数在处于不同温度的标准态下有不同的值，一般的热力学函数值均为 298.15K 时的数值，若非 298.15K 需特别指明。

(2) 化学反应的热效应与物质的形态有关。对于同一反应，如果改变反应物和产物的形态，则反应热效应也会随之改变，因此书写热化学方程式还必须注明物态。气态用 (g) 表示，液态用 (l) 表示，固态用 (s) 表示。如果固态的晶形不同，就必须注明晶形，如 C(石墨)、C(金刚石) 等。若是溶液中溶质进行反应，则需注明溶剂，如水溶液用 (aq) 表示。

热化学方程式与一般的化学反应方程式有何异同？书写热力学方程式时有哪些应注意之处？

另外，必须清楚反应的焓变等于产物焓的总和减去反应物焓的总和。焓变等于负值，说明产物焓的总和比反应前小，即反应过程放热。焓变等于正值，说明产物焓的总和比反应前大，即反应过程吸热。

3. 化学反应热的计算

1) 赫斯定律

赫斯
Germain Henri Hess
1802—1850
俄国化学家。曾改进拉瓦锡和拉普拉斯的冰量热计，于 1840 年经过多次实验总结出赫斯定律。

1840 年，赫斯在总结大量实验结果的基础上，提出了**赫斯定律**，其内容为“**一个化学反应，在恒温恒压(或恒温恒容)条件下，不管是一步完成，还是分几步完成，其热效应总是相同的**”。这说明，反应热只与反应的始态和终态有关，而与所经历的途径无关。赫斯定律其实是热力学第一定律在热化学中应用的必然结果。因为对于只做体积功、在等压条件下进行的反应，其反应热 $Q_p = \Delta H$，焓是状态函数，只要化学反应的始态和终态确定，$\Delta H$ 便是定值，与反应途径无关。

赫斯定律的重要意义和作用在于能像代数方程式一样运算热化学方程式，这样就可以将一个化学反应拆解成若干个途径，利用已经准确测定了的反应热计算难于测定或根本不能测定的反应热。

赫斯定律

**例 3-3**　已知 298K、100kPa 下

(1) $C(石墨) + O_2(g) \longrightarrow CO_2(g)$，$\Delta_r H_m^\ominus(1)\ (298.15K) = -393.5kJ \cdot mol^{-1}$

(2) $CO(g)+\frac{1}{2}O_2(g)$ ══ $CO_2(g)$， $\Delta_r H_m^\ominus(2)$ (298.15K) $=-282.8kJ\cdot mol^{-1}$

求反应(3) C(石墨)$+\frac{1}{2}O_2(g)$ ══ CO(g) 的反应热 $\Delta_r H_m^\ominus(3)$ 。

**解**　这个反应的热效应是很难准确测定的，因为在石墨和 $O_2$ 生成 CO 的反应中，不可避免会有少量 $CO_2(g)$ 生成。但是，由 C(石墨)和 $O_2(g)$ 直接生成 $CO_2(g)$ 以及 CO(g) 和 $O_2(g)$ 直接生成 $CO_2(g)$ 这两个反应的热效应很容易准确测定，且这三个反应存在如下关系：

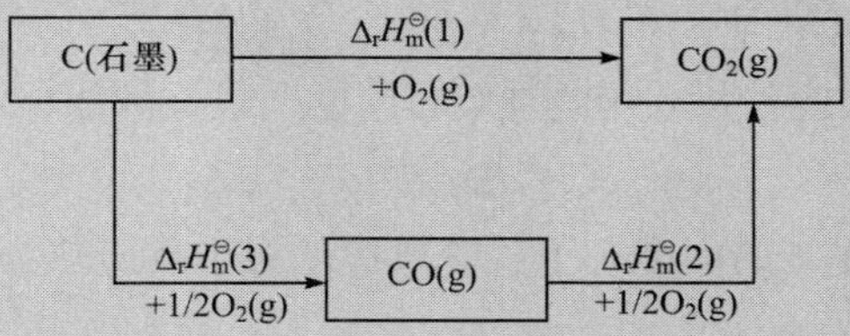


所以，根据赫斯定律可得：

$$\Delta_r H_m^\ominus(1)=\Delta_r H_m^\ominus(2)+\Delta_r H_m^\ominus(3)$$

即

$\Delta_r H_m^\ominus(3)=\Delta_r H_m^\ominus(1)-\Delta_r H_m^\ominus(2)=-393.5-(-282.8)=-110.7(kJ\cdot mol^{-1})$

也可以像代数式一样计算，由于反应(3)=反应(1)−反应(2)，所以：

$\Delta_r H_m^\ominus(3)=\Delta_r H_m^\ominus(1)-\Delta_r H_m^\ominus(2)=-393.5-(-282.8)=-110.7(kJ\cdot mol^{-1})$

**例 3-4**　已知 298K 时，下列热化学方程式：

(1) $C(s)+O_2(g)$ ══ $CO_2(g)$， $\Delta_r H_m^\ominus(1)=-393.51kJ\cdot mol^{-1}$

(2) $2H_2(g)+O_2(g)$ ══ $2H_2O(l)$， $\Delta_r H_m^\ominus(2)=-571.66kJ\cdot mol^{-1}$

(3) $CH_3CH_2CH_3(g)+5O_2(g)$ ══ $3CO_2(g)+4H_2O(l)$， $\Delta_r H_m^\ominus(3)=-2220kJ\cdot mol^{-1}$

计算反应(4) $3C(s)+4H_2(g)$ ══ $CH_3CH_2CH_3(g)$ 的 $\Delta_r H_m^\ominus(4)$。

**解**　根据赫斯定律，反应(4)=3×反应(1)+2×反应(2)−反应(3)，所以：

$$\Delta_r H_m^\ominus(4)=3\times\Delta_r H_m^\ominus(1)+2\times\Delta_r H_m^\ominus(2)-\Delta_r H_m^\ominus(3)$$
$$=3\times(-393.51)+2\times(-571.66)-(-2220)=-103.85(kJ\cdot mol^{-1})$$

2) 标准摩尔生成焓

**在标准压力和指定温度(通常为 298.15K)下，由指定单质生成 1mol 某物质的反应热称为该物质的标准摩尔生成焓**，用符号 $\Delta_f H_m^\ominus$ 表示，下标 f 表示 formation，即生成。标准摩尔生成焓的单位是 $kJ\cdot mol^{-1}$。

例如，C(石墨)$+O_2(g)$ ══ $CO_2(g)$，$\Delta_r H_m^\ominus(298.15K)=-393.5kJ\cdot mol^{-1}$，则 $CO_2(g)$ 的标准摩尔生成焓 $\Delta_f H_m^\ominus(CO_2, g, 298.15K)=-393.5kJ\cdot mol^{-1}$。

水合离子的标准摩尔生成焓是指从标准态的稳定单质生成 1mol 溶于足够大量水(无限稀释溶液)中的离子时所产生的热效应，规定 $H^+(aq,\infty)$ 的标准摩尔生成焓为零。

由生成焓定义可知，稳定单质在任意温度时的生成焓为零，因为稳定单质仍旧生成稳定单质，这意味着没发生反应。特别强调，当一种元素有两种或两种以上单质时，只有一种是最稳定的。例如，碳的两种同素异形体石墨和金刚石，石墨是碳的稳定单质，它的标准摩尔生成焓等于零，金刚石不是稳定单质，由稳定单质转变为其他形式单质时也有焓变，如 C(石墨)══C(金刚石)，$\Delta_r H_m^\ominus$ (298.15K) = 1.897kJ · mol$^{-1}$。附录三中列举了一些物质在 298.15K 时的 $\Delta_f H_m^\ominus$ 值。

根据赫斯定律和标准摩尔生成焓的定义，可得“任意一反应的标准反应热(焓变)等于产物的标准摩尔生成焓之和减去反应物标准摩尔生成焓之和”，即

$$\Delta_r H_m^\ominus = \sum \nu_i \Delta_f H_{m,i}^\ominus(\text{产物}) - \sum \nu_i \Delta_f H_{m,i}^\ominus(\text{反应物}) \tag{3-10}$$

式中：$\nu_i$ 为化学反应计量式中物质 $i$ 的计量系数。例如，对于一般化学反应

$$cC + dD = yY + zZ$$

任一物质处于温度 $T$ 的标准态下，该反应的标准反应热为

$$\Delta_r H_m^\ominus = [y\Delta_f H_m^\ominus(Y) + z\Delta_f H_m^\ominus(Z)] - [c\Delta_f H_m^\ominus(C) + d\Delta_f H_m^\ominus(D)]$$

需要指出的是，一般查表计算得到的都是 298.15K 下的化学反应焓变，但由于化学反应焓变受温度的影响较小，所以在一定的温度范围内可用 $\Delta_r H_m^\ominus$ (298.15K)代替 $\Delta_r H_m^\ominus$ ($T$)。

**例 3-5**　根据标准摩尔生成焓数据，计算反应 $CO(g) + H_2O(g) = CO_2(g) + H_2(g)$ 在 298.15K 下的反应热。

**解**　查附录三得，在 298.15K 下，$\Delta_f H_m^\ominus$ (CO，g) = −110.5kJ · mol$^{-1}$；$\Delta_f H_m^\ominus$ ($H_2O$，g) = −241.8kJ · mol$^{-1}$；$\Delta_f H_m^\ominus$ ($CO_2$，g) = −393.5kJ · mol$^{-1}$；$H_2$(g) 为稳定单质，其标准摩尔生成焓为零。由

$$\Delta_r H_m^\ominus = \sum \nu_i \Delta_f H_{m,i}^\ominus(\text{产物}) - \sum \nu_i \Delta_f H_{m,i}^\ominus(\text{反应物})$$

得

$$\begin{aligned}\Delta_r H_m^\ominus &= \Delta_f H_m^\ominus(CO_2, g) - [\Delta_f H_m^\ominus(CO, g) + \Delta_f H_m^\ominus(H_2O, g)] \\ &= -393.5 - [(-110.5) + (-241.8)] \\ &= -41.2\,(\text{kJ} \cdot \text{mol}^{-1})\end{aligned}$$

3) 标准摩尔燃烧焓

化学热力学规定，**在标准压力和指定温度(通常为 298.15K)下，1mol 某物质完全燃烧时的反应焓变称为该物质的标准摩尔燃烧焓**，所谓完全燃烧是指物质中的碳、氢、硫、氮、氯完全转变成 $CO_2(g)$、$H_2O(g)$、$SO_2(g)$、$N_2(g)$ 和 HCl(g)。同时规定，这些燃烧产物和单质氧的燃烧热都为 0。标准摩尔燃烧焓用符号 $\Delta_c H_m^\ominus$ 表示，下标 c 表示 combustion，即燃烧，单位是 kJ · mol$^{-1}$。

?
为什么常将煤转化为水煤气进行燃烧？试计算说明。

一般的有机物难于直接从单质合成，因此其标准摩尔生成焓数据难以得到。但大部分有机物容易燃烧，所以利用燃烧焓的数据来求某些反应的焓变更加方便。同样，利用赫斯定律可以得到利用标准摩尔燃烧焓求算反应热的公式为

$$\Delta_r H_m^\ominus = \sum \nu_i \Delta_c H_{m,i}^\ominus(\text{反应物}) - \sum \nu_i \Delta_c H_{m,i}^\ominus(\text{产物}) \tag{3-11}$$

**例 3-6**　根据标准摩尔燃烧焓数据，计算反应 $CH_3OH(l) + 1/2O_2(g) = HCHO(g) +$

$H_2O(g)$ 在 298.15K 下的标准摩尔反应热。已知 298.15K 下 $\Delta_c H_m^{\ominus}(CH_3OH, g) = -726.1kJ \cdot mol^{-1}$；$\Delta_c H_m^{\ominus}(HCHO, g) = -570.7kJ \cdot mol^{-1}$。

**解**　根据定义，水和单质氧的燃烧焓都为 0。由：

$$\Delta_r H_m^{\ominus} = \sum \nu_i \Delta_c H_{m,i}^{\ominus}(\text{反应物}) - \sum \nu_i \Delta_c H_{m,i}^{\ominus}(\text{产物})$$

得

$$\Delta_r H_m^{\ominus} = \Delta_c H_m^{\ominus}(CH_3OH, l) - \Delta_c H_m^{\ominus}(HCHO, g)$$

$$= -726.1 - (-570.7) = -155.4(kJ \cdot mol^{-1})$$

## 3.2　化学反应的方向和限度

化学反应的方向和限度

### 3.2.1　自发过程的特点

自然界进行的一切过程都有一定的方向性。例如，水总是从高处流向低处，直到两处水位相等；热量总是从高温物体自动传向低温物体，直到两者温度一致；气体总是由高压处自动扩散至低压处，直到各处压力相同。这种在一定条件下不需要环境做功就能自动进行的过程称为自发过程(对于化学反应则称为自发反应)，其逆过程为非自发过程。一切自发过程都有一定的方向及限度，究竟什么因素决定着这些自发过程的方向和限度？这就是本节所要讨论的中心问题。

水从高处流向低处

在对自发过程的研究中人们发现，很多体系能量降低的过程能自发进行。例如，水从高处自发流向低处，势能降低。这是因为能量越低，体系越稳定。有许多化学反应也符合上述规律，如在 298.15K 下，点燃 $H_2$ 和 $O_2$ 的混合气体，反应迅速进行并放出大量的热。

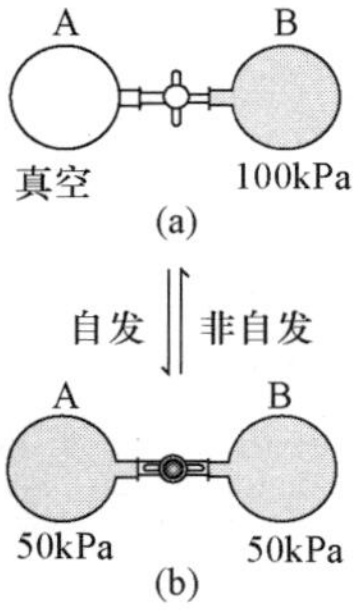


气体从高压处向低压处扩散

$$H_2(g) + \frac{1}{2}O_2(g) = H_2O(g) \qquad \Delta_r H_m^{\ominus}(298.15K) = -241.8kJ \cdot mol^{-1}$$

但研究也发现有一些能量升高的过程也可以自发进行。例如，在 298.15K 时，水自动蒸发生成水蒸气，同时体系吸收热量，热力学能升高。

$$H_2O(l) = H_2O(g) \qquad \Delta H_m^{\ominus}(298.15K) = 44kJ \cdot mol^{-1}$$

$NH_4NO_3$、$NH_4Cl$、KI 等物质的溶解也是自发的吸热过程。进一步研究发现，这些过程具有另外一个共同特点，即反应后的体系总是比反应前的体系处于更加混乱的状态，或者说由有序向无序变化的过程往往是自发进行的，反之，则是非自发的。例如，用隔板将一密闭空间隔开，分别注入 CO 和 $CO_2$ 气体，抽取隔板，两种气体就能自动地发生混合，但无论等多少年，两种气体也不能自发分离。

由此可见，有两种因素影响着过程的自发性：一个是能量变化，体系将趋于能量最低；另一个是混乱度(无序程度)变化，体系将趋于最高混乱度。

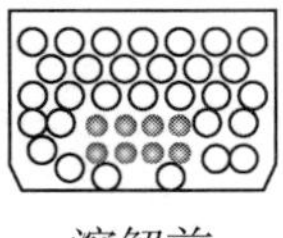

溶解前

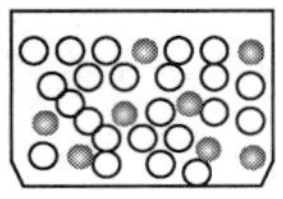

溶解后

溶解过程

### 3.2.2　熵和熵变

1. 熵的物理意义

由于系统的混乱度与自发反应的方向有关，为了更准确方便地判断化学反应的方向，引入了一个新的物理量——**熵**，其符号是 $S$，单位为 $J \cdot mol^{-1} \cdot K^{-1}$。一定条件下处于一定状态的系统具有确定的熵值，所以熵和热力学能、焓一样，也是体系具有的容量性质的状态函数。熵可以粗浅地看作系统混乱度的量度，物质的混乱度越大，其熵值越高，因此可以得出以下几条规律：

在玻尔兹曼的墓碑上铭刻着他的著名公式"$S = k\ln W$"，式中 $W$ 表示系统内部的微观状态数，$k$ 为玻尔兹曼常数。该式表示系统的微观状态数 $W$ 越大，熵值越大。

(1) 同一物质当温度升高时，其混乱度增大，熵值增大；体系压力增大，有序程度增大，熵值减小。

(2) 同一物质的气、液、固三态相比较，其混乱度递减，熵值递减，即 $S(g) > S(l) > S(s)$，如 $S(H_2O, g) > S(H_2O, l) > S(H_2O, s)$。

(3) 分子中原子数目越多，相对分子质量越大，分子构型越复杂，其混乱度就越大，熵值也越大，如 $S(CO_2, g) > S(CO, g)$，$S(C_2H_5OH, g) > S(CH_3OCH_3, g)$。

(4) 结构类似，相对分子质量越大，熵值越大，如 $S(I_2, g) > S(Br_2, g) > S(Cl_2, g) > S(F_2, g)$。

2. 标准摩尔熵和热力学第三定律

由前所述，体系的混乱度越低，有序性越高，熵值就越低。对于一种物质来说，随着温度降低，分子由气态变为液态，再由液态变为固态，体系的混乱度越来越小，熵值也越来越小。进一步推测可知，**对于任何纯净物质的完美晶体，在热力学温度 0K 时，分子热运动已完全停止，体系处于最有序状态，熵值等于 0，这就是热力学第三定律**。

在热力学温度 0K 时，物质微粒在晶格上都呈现规则排列，其微观状态数 $W = 1$。

根据热力学第三定律，可以求算任何物质在任一温度时的熵值。例如，将一种纯物质完美晶体从 0K 升温到某温度 $T$K，并测得此过程的熵变 $\Delta S$，则有

$$\Delta S = S(T) - S(0) = S(T)$$

即物质从 0K 到 $T$K 时的熵值变化 $\Delta S$ 等于该物质在 $T$K 时熵的绝对值。

在标准状态下，1mol 纯物质在温度 $T$ 时的熵值称为该物质的**标准摩尔熵**，简称**标准熵**，用符号 $S_m^\ominus(T)$ 表示，单位为 $J \cdot mol^{-1} \cdot K^{-1}$。附录三中列举了一些物质在 298.15K 时的 $S_m^\ominus$ 值。

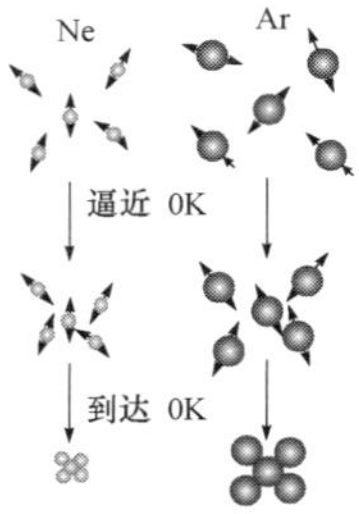


混乱度随温度降低而减小

3. 化学反应标准熵变的计算

**在标准状态下，温度 $T$ 时，反应进度为 1mol 时熵的变化值，称标准摩尔反应熵 $\Delta_r S_m^\ominus$**。由于熵和焓一样，也是体系的状态函数，故化学反应的标准熵变 $\Delta_r S_m^\ominus$ 与反应焓变 $\Delta_r H_m^\ominus$ 的计算原则相同，即"化学反应的熵变等于产物的标准摩尔熵之和减去反应物的标准摩尔熵之和"。

$$\Delta_r S_m^\ominus = \sum \nu_i S_m^\ominus(\text{产物}) - \sum \nu_i S_m^\ominus(\text{反应物}) \tag{3-12}$$

物质的熵都随温度升高而增加，在大多数情况下，产物的熵与反应物的熵增加的数量相近，所以化学反应熵变受温度的影响较小，在近似计算时，

可用 $\Delta_r S_m^\ominus$ (298.15K) 代替 $\Delta_r S_m^\ominus$ ($T$)。

**例 3-7**　根据标准熵数据，计算反应 $C_2H_5OH(g) \longrightarrow C_2H_4(g) + H_2O(g)$ 在标准压力及 298.15K 下的 $\Delta_r S_m^\ominus$。

**解**　查附录三得，298.15K 下 $S_m^\ominus$ ($C_2H_5OH$, g) = 282.7J · mol$^{-1}$ · K$^{-1}$；$S_m^\ominus$ ($C_2H_4$, g) = 219.6J · mol$^{-1}$ · K$^{-1}$；$S_m^\ominus$ ($H_2O$, g) = 188.8J · mol$^{-1}$ · K$^{-1}$。

由 $\Delta_r S_m^\ominus = \sum \nu_i S_m^\ominus(\text{产物}) - \sum \nu_i S_m^\ominus(\text{反应物})$ 得

$$\begin{aligned}\Delta_r S_m^\ominus &= [S_m^\ominus(C_2H_4, g) + S_m^\ominus(H_2O, g)] - S_m^\ominus(C_2H_5OH, g)\\ &= 219.6 + 188.8 - 282.7\\ &= 125.7(J \cdot mol^{-1} \cdot K^{-1})\end{aligned}$$

### 3.2.3　热力学第二定律

自发反应的方向和限度与过程的熵变和能量变化有关，人们经过大量实践归纳得出**“任何热力学自发过程，体系的熵变总是大于体系的热温商”，这就是热力学第二定律**，数学表达式为

$$\Delta S \geqslant \frac{Q}{T} \tag{3-13}$$

式中：$\Delta S$ 为体系的熵变；$Q$ 为过程中传递的能量；$T$ 为体系的热力学温度。$\frac{Q}{T}$ 又称为过程的**热温商**。式(3-13)也称为克劳修斯不等式。该式的含义是：

(1) 假如某一过程发生后，体系的熵变大于热温商，则该过程可以自发进行，并且是个不可逆过程。

(2) 假如某一过程发生后，体系的熵变等于热温商，则体系始终处于平衡状态，该过程为可逆过程。

(3) 对于体系的熵变小于热温商的过程，是不可能发生的。

如果将克劳修斯不等式应用于孤立体系，则由于孤立体系和环境之间无能量交换，$Q = 0$，式(3-13)可写成

$$\Delta S_{\text{孤}} \geqslant 0 \tag{3-14}$$

由此可以得出这样的结论：对于孤立体系中发生的任何自发过程，其熵值必定增加；若进行的是可逆过程，则熵变等于零；熵变小于零的过程不能进行。因此，热力学第二定律又可表述为“孤立体系内的任何自发过程都是向熵增加的方向进行，直到熵达到最大值，即平衡为止”，这也称为熵增原理。

孤立体系只是热力学中的一种理想化状态，真正的孤立体系很难找到，因为能量交换是不可避免的。但是若将与体系有能量交换的那一部分环境也包括进去而组成一个新体系，那么该体系可看作孤立体系，即自发变化的方向为

$$\Delta S_{\text{体系}} + \Delta S_{\text{环境}} \geqslant 0 \tag{3-15}$$

通常化学反应是在恒温、恒压，与周围环境有能量交换的情况下进行，它不是孤立体系，若要用$\Delta S$ 判断自发反应的方向和限度，不仅要计算体系的熵变，还要计算环境的熵变，而这种计算往往很复杂，因此需要一个更方便

克劳修斯
Rudolf Julius Emanuel Clausius
1822—1888
德国物理学家和数学家。1850 年克劳修斯提出：热不可能由低温物体传到高温物体，而不发生其他变化。

开尔文
Lord Kelvin
1824—1907
英国物理学家。1851 年开尔文提出：不可能从单一热源吸收热使之完全转化为功，而不留下其他变化。这两种叙述形式上虽有所不同，但实际完全等价，都是热力学第二定律的经典表述。

热力学三大定律总结

的判断标准，由此引入另一个热力学函数——吉布斯自由能。

### 3.2.4　吉布斯自由能和自由能变

1. 吉布斯自由能

吉布斯
Josiah Willard Gibbs
1839—1903
美国物理学家，热力学和统计力学的创始人之一。

根据热力学第二定律，对于任何热力学自发过程有$\Delta S \geqslant \frac{Q}{T}$；而在等温等压下进行的只做体积功的反应，化学反应的反应热在数值上等于该反应体系的焓变，即$\Delta H = Q_p$。故在等温等压、只做体积功的条件下，对于自发反应，有

$$\Delta S \geqslant \frac{\Delta H}{T}$$

或

$$\Delta H - T\Delta S \leqslant 0$$

由于 $H$、$T$、$S$ 均为状态函数，所以$(H-TS)$也是状态函数，定义此新的状态函数为**吉布斯自由能**，用符号 $G$ 表示

$$G = H - TS \tag{3-16}$$

那么在等温反应中，有

$$\Delta G = \Delta H - T\Delta S \tag{3-17}$$

这个关系式称为**吉布斯-亥姆霍兹等温方程式**，它说明在等温等压、不做非体积功的过程中，可以用吉布斯自由能变$\Delta G$来判断过程的自发性，即

$\Delta G < 0$，表示反应自发进行；

$\Delta G > 0$，表示反应不可能自发进行；

$\Delta G = 0$，表示体系处于平衡状态（可逆反应过程）。

亥姆霍兹
Hermann Von Helmholtz
1821—1894
德国物理学家、生理学家、生物物理学家。他研究领域广泛，从克劳修斯的方程中导出了早于吉布斯提出的吉布斯-亥姆霍兹方程。

这说明在等温等压条件下，自发进行的化学反应的吉布斯自由能总是减小的。随着反应的进行，产物的自由能不断增大，反应物的自由能不断减小，当产物与反应物的自由能相等时，$\Delta G$ 即为 0。从宏观上看，此时反应停止，即达到最大限度，处于平衡状态。

2. 化学反应自发性与温度的关系

由$\Delta G = \Delta H - T\Delta S$可以看出，化学反应的自由能变实际上取决于焓变和熵变，但$\Delta G$与$\Delta H$和$\Delta S$不同，它随温度 $T$ 变化较为显著，且变化的趋势与$\Delta S$的符号有关。对于常见的化学反应，$\Delta G$ 随温度变化的情况可分为以下四种：

(1) $\Delta H < 0$、$\Delta S > 0$，即焓减熵增的反应，两个因素都对自发过程有利，在任何温度下$\Delta G < 0$，所以反应总是正向自发进行。

(2) $\Delta H > 0$、$\Delta S < 0$，即焓增熵减的反应，两个因素都对自发过程不利，在任何温度下$\Delta G > 0$，所以反应不可能正向自发进行。

(3) $\Delta H > 0$、$\Delta S > 0$，即焓增熵增的反应，这时温度将起重要作用，因为只有在$|\Delta H| < |T\Delta S|$时，才可以得到$\Delta G < 0$，所以若要使反应自发进行，$T$ 值要足够大，因此这种反应只有在高温下才能自发进行。例如，$CaCO_3(s)$

的分解反应。

(4) $\Delta H < 0$、$\Delta S < 0$，即焓减熵减的反应，这种情况与情况(3)相反，只有在 $|\Delta H| > |T\Delta S|$ 时，才有 $\Delta G < 0$，所以若要使反应能自发进行，$T$ 值要足够小，因此这种反应只有在低温下才能自发进行，如合成氨反应。

现将上面四种类型反应的 $\Delta G$ 随温度 $T$ 变化情况总结于表 3-1。

**表 3-1　等压下 $\Delta H$、$\Delta S$ 和 $T$ 对 $\Delta G$ 及反应方向的影响**

| 类　型 | $\Delta H$ | $\Delta S$ | $\Delta G$ | | 反应情况 |
|---|---|---|---|---|---|
| 1 | <0 | >0 | <0 | | 任何温度下均自发进行 |
| 2 | >0 | <0 | >0 | | 任何温度下均正向非自发进行 |
| 3 | <0 | <0 | 低温 | <0 | 低温下正向自发进行 |
| | | | 高温 | >0 | 高温下正向非自发进行 |
| 4 | >0 | >0 | 低温 | <0 | 高温下正向自发进行 |
| | | | 高温 | >0 | 低温下正向非自发进行 |

3. 标准摩尔生成吉布斯自由能

由上可知，可用 $\Delta G$ 方便地判断反应的自发性，但吉布斯自由能与热力学能和焓一样，无法获得其绝对值。于是，人们参照定义标准摩尔生成焓的方法引入**标准摩尔生成吉布斯自由能**的概念，规定在**标准状态下，由最稳定单质生成 1mol 某物质时的自由能变为该物质的标准摩尔生成吉布斯自由能**，以 $\Delta_f G_m^\ominus$ 表示，单位为 $kJ \cdot mol^{-1}$。根据此定义，稳定单质在任意温度时的标准摩尔生成吉布斯自由能等于零。同样水合离子的标准摩尔吉布斯自由能是指从标准态的稳定单质生成 1mol 溶于足够大量水中的离子时的标准吉布斯自由能变化，规定 $H^+(aq,\infty)$ 的标准摩尔生成吉布斯自由能为零。书后附录三中列举了一些物质在 298.15K 时的 $\Delta_f G_m^\ominus$ 值。

化学反应的标准自由能变 $\Delta_r G_m^\ominus$ 的计算方法与标准焓变、标准熵变的计算方法一样，即由产物的标准摩尔生成自由能的总和减去反应物标准摩尔生成自由能的总和

$$\Delta_r G_m^\ominus = \sum \nu_i \Delta_f G_{m,i}^\ominus(\text{产物}) - \sum \nu_i \Delta_f G_{m,i}^\ominus(\text{反应物}) \tag{3-18}$$

这里需要指出的是，由于温度对焓变和熵变的影响较小，所以通常可以认为 $\Delta_r H_m^\ominus(T) \approx \Delta_r H_m^\ominus(298.15K)$，$\Delta_r S_m^\ominus(T) \approx \Delta_r S_m^\ominus(298.15K)$，这样任一温度 $T$ 时标准摩尔自由能变可按下式作近似计算：

$$\begin{aligned}\Delta_r G_m^\ominus(T) &= \Delta_r H_m^\ominus(T) - T\Delta_r S_m^\ominus(T) \\ &\approx \Delta_r H_m^\ominus(298.15K) - T\Delta_r S_m^\ominus(298.15K)\end{aligned} \tag{3-19}$$

**例 3-8**　试问在 298.15K、标准压力下，$CaCO_3$(s)能否自发分解为 CaO(s)和 $CO_2$(g)？估算这个反应自发进行的最低温度。

**解**　查附录三得

| | $CaCO_3(s)$ ══ | $CaO(s)$ + | $CO_2(g)$ |
|---|---|---|---|
| $\Delta_f G_m^\ominus/(kJ\cdot mol^{-1})$ | −1128.8 | −604.0 | −394.4 |
| $\Delta_f H_m^\ominus/(kJ\cdot mol^{-1})$ | −1206.9 | −635.1 | −393.5 |
| $S_m^\ominus/(J\cdot mol^{-1}\cdot K^{-1})$ | 92.9 | 39.7 | 213.7 |

(1)方法一：由 $\Delta_r G_m^\ominus=\sum \nu_i\Delta_f G_{m,i}^\ominus(\text{产物})-\sum \nu_i\Delta_f G_{m,i}^\ominus(\text{反应物})$ 得

$$\begin{aligned}\Delta_r G_m^\ominus&=[\Delta_f G_m^\ominus(CaO,s)+\Delta_f G_m^\ominus(CO_2,g)]-\Delta_f G_m^\ominus(CaCO_3,s)\\&=[(-394.4)+(-604.0)-(-1128.8)]\\&=130.4(kJ\cdot mol^{-1})\end{aligned}$$

方法二：由 $\Delta_r H_m^\ominus=\sum \nu_i\Delta_f H_{m,i}^\ominus(\text{产物})-\sum \nu_i\Delta_f H_{m,i}^\ominus(\text{反应物})$ 得

$$\begin{aligned}\Delta_r H_m^\ominus&=[\Delta_f H_m^\ominus(CaO,s)+\Delta_f H_m^\ominus(CO_2,g)]-\Delta_f H_m^\ominus(CaCO_3,s)\\&=[(-635.1)+(-393.5)]-(-1206.9)\\&=178.3(kJ\cdot mol^{-1})\end{aligned}$$

由 $\Delta_r S_m^\ominus=\sum \nu_i S_m^\ominus(\text{产物})-\sum \nu_i S_m^\ominus(\text{反应物})$ 得

$$\begin{aligned}\Delta_r S_m^\ominus&=[S_m^\ominus(CaO,s)+S_m^\ominus(CO_2,g)]-S_m^\ominus(CaCO_3,s)\\&=39.7+213.7-92.9\\&=160.5(J\cdot mol^{-1}\cdot k^{-1})\end{aligned}$$

因此　$\Delta_r G_m^\ominus=\Delta_r H_m^\ominus-T\Delta_r S_m^\ominus$

$$=178.3-298.15\times160.5\times10^{-3}=130.4(kJ\cdot mol^{-1})$$

由于 $\Delta_r G_m^\ominus>0$，故在 298.15K 和标准压力下 $CaCO_3$(s)不会自发分解。

(2)这个反应恰好自发进行时 $\Delta_r G_m^\ominus(T)=0$

$$\Delta_r G_m^\ominus(T)\approx\Delta_r H_m^\ominus(298.15K)-T\Delta_r S_m^\ominus(298.15K)$$

$$T\approx\frac{\Delta_r H_m^\ominus(298.15K)}{\Delta_r S_m^\ominus(298.15K)}=\frac{178.3kJ\cdot mol^{-1}}{160.5\times10^{-3}J\cdot mol^{-1}\cdot K^{-1}}=1110.9(K)$$

即这个反应自发进行的最低温度约为 1110.9K。

4. 化学反应等温式

用 $\Delta_r G_m^\ominus$ 只能判断反应体系中各物质都处于标准状态时反应自发进行的方向。但是通常条件下，化学反应并非恰好处于标准态，这时就应该用$\Delta_r G_m$ 而非 $\Delta_r G_m^\ominus$ 来判断反应的方向。那么非标准态下化学反应的$\Delta_r G_m$ 如何求呢？范特霍夫等温方程式给出了$\Delta_r G_m$的计算式。在恒温恒压条件下，对于任意一个化学反应

$$cC+dD=\!=\!=yY+zZ$$

$\Delta_r G_m$、$\Delta_r G_m^\ominus$ 与浓度或分压的关系为

$$\Delta_r G_m=\Delta_r G_m^\ominus+RT\ln\frac{[c(Y)/c^\ominus]^y\cdot[c(Z)/c^\ominus]^z}{[c(C)/c^\ominus]^c\cdot[c(D)/c^\ominus]^d}\tag{3-20}$$

或

$$\Delta_r G_m=\Delta_r G_m^\ominus+RT\ln\frac{[p(Y)/p^\ominus]^y\cdot[p(Z)/p^\ominus]^z}{[p(C)/p^\ominus]^c\cdot[p(D)/p^\ominus]^d}\tag{3-21}$$

式(3-20)中对数项内的相对浓度幂次乘积之比称为**浓度商**，以 $Q_c$ 表示，则式(3-20)可简化为

$$\Delta_r G_m = \Delta_r G_m^{\ominus} + RT\ln Q_c \tag{3-22}$$

同理，以 $Q_p$ 表示**分压商**，则式(3-21)可简化为

$$\Delta_r G_m = \Delta_r G_m^{\ominus} + RT\ln Q_p \tag{3-23}$$

$Q_c$ 和 $Q_p$ 统称为**反应商**，用 $Q$ 表示。如用活度代替浓度，称为活度商 $Q$，本教材统一称为反应商。

当气体和溶液同时存在时，范德霍夫等温方程如何表示？

**例 3-9**　已知 298K 时 $\Delta_f G_m^{\ominus}$(NOBr, g) = 82.4kJ · mol$^{-1}$，$\Delta_f G_m^{\ominus}$(NO, g) = 86.6kJ · mol$^{-1}$，$\Delta_f G_m^{\ominus}$($Br_2$, g) = 3.1kJ · mol$^{-1}$，试判断该温度时反应 2NO(g) + $Br_2$(g) ══ 2NOBr(g)在下列两种情况下能否自发进行。

(1)标准态下；

(2)$p$(NO) = 4kPa，$p$($Br_2$) = 100kPa，$p$(NOBr) = 80kPa。

**解**　(1) $\Delta_r G_m^{\ominus} = 2\Delta_f G_m^{\ominus}(\text{NOBr, g}) - [2\Delta_f G_m^{\ominus}(\text{NO, g}) + \Delta_f G_m^{\ominus}(\text{Br}_2\text{, g})]$

$$= 2\times 82.4 - (2\times 86.6 + 3.1)$$

$$= -11.5\,(\text{kJ}\cdot\text{mol}^{-1}) < 0$$

反应可以正向自发进行。

(2) $\Delta_r G_m = \Delta_r G_m^{\ominus} + RT\ln Q_p$

$$= \Delta_r G_m^{\ominus} + RT\ln\frac{[p(\text{NOBr})/p^{\ominus}]^2}{[p(\text{NO})/p^{\ominus}]^2[p(\text{Br}_2)/p^{\ominus}]}$$

$$= -11.5 + 8.314\times 298\times 10^{-3}\times\ln\frac{(80/100)^2}{(4/100)^2\times(100/100)}$$

$$= 3.3\,(\text{kJ}\cdot\text{mol}^{-1}) > 0$$

反应逆向自发进行。

## 3.3　化 学 平 衡

### 3.3.1　可逆反应和化学平衡

在同一条件下，既可以向正方向进行，又可以向逆方向进行的反应，称为**可逆反应**。一般来讲，几乎所有的化学反应都具有可逆性，但不同的反应可逆程度相差较大。某些反应的逆向反应的速率非常小，以致可以忽略不计，称为**不可逆反应**。例如，氯酸钾以 $MnO_2$ 为催化剂的受热分解反应。

化学平衡

$$2KClO_3(g) \xrightarrow[\Delta]{MnO_2} 2KCl(g) + 3O_2(g)$$

大部分化学反应可逆程度相对比较显著，对于这样的反应，在书写时为强调可逆，反应式中用“$\rightleftharpoons$”代替“══”或“$\longrightarrow$”。例如，在一定温度下的密闭容器中，$H_2$(g) 和 $I_2$(g) 既能反应生成 HI(g)，同时 HI(g) 又可分解为 $H_2$(g) 和 $I_2$(g)。

$$H_2(g) + I_2(g) \rightleftharpoons 2HI(g)$$

通常，将可逆反应计量方程式中从左向右进行的反应称为**正反应**，从右

向左进行的反应称为**逆反应**。

对于任一可逆反应：

$$cC + dD \rightleftharpoons yY + zZ$$

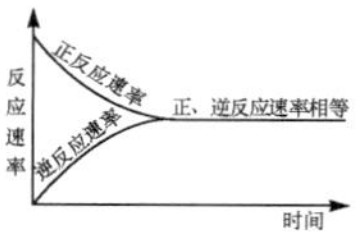

正逆反应速率变化示意图

假设该反应在一定条件下于密闭容器中进行，当反应开始时，体系中只有反应物 C 和 D，生成物 Y 和 Z 的浓度为零，因此正反应趋势明显，逆反应速率为零。但随着反应的进行，反应物的浓度不断减小，生成物的浓度不断增大，使正反应速率逐渐降低，逆反应速率逐渐增大。当反应进行到某一时刻以后，正反应速率恰好等于逆反应速率，此时反应物和生成物的浓度不再变化，反应达到极限状态。将反应体系所处的这种状态称为**化学平衡状态**，化学反应处于化学平衡状态时，应是该反应的最大进行限度。

化学平衡有如下特征：

(1) 化学平衡是动态平衡。表面上看反应似乎已经停止，实际上反应仍在进行之中，只不过此时正、逆反应的速率恰好相等。

(2) 化学平衡是有条件的平衡。当外界条件改变时，原有的平衡就会被破坏，直到在新的条件下建立新的平衡，即化学平衡发生移动。

(3) 达到平衡状态的途径是双向的。只要反应条件不变，无论从正反应开始还是逆反应开始，都可以达到同一平衡态。

?

达到化学平衡时，体系的吉布斯自由能变 $\Delta_r G_m$ 等于多少？为什么？

### 3.3.2 化学平衡常数

1. 气体分压定律

很多反应都涉及气相反应。为讨论方便，先介绍气体的分压定律。

实际系统中的气体常常是两种或多种气体构成的多组分体系，如空气、天然气。若多种相互不发生化学反应的气体混合后，分子本身的体积和相互作用力均可忽略不计，这样的体系则称为**理想气体混合物**。理想气体混合物中的各组分气体均充满整个容器，任一组分气体对器壁的碰撞均不会因其他组分气体的存在而有所改变，即混合气体中各组分气体是各自独立的，据此可以得出以下结果。

任一气体组分的分压与该组分气体在相同温度下独占整个容器所产生的压力相同

$$p_i = \frac{n_i}{V}RT \tag{3-24}$$

理想气体混合物的总压力等于各组分气体的分压之和：

$$p = p_1 + p_2 + p_3 + \cdots + p_i = \sum_{i=1}^{n} p_i \tag{3-25}$$

上述两式最早由英国化学家道尔顿于 19 世纪初通过实验提出，因此也被称为**道尔顿理想气体分压定律**。

由式(3-24)和式(3-25)可得出

$$p=\sum_{i=1}^{n}p_i=\sum_{i=1}^{n}n_i\frac{RT}{V}=n\frac{RT}{V} \tag{3-26}$$

式中：$n=\sum_{i=1}^{n}n_i$，为混合气体总的物质的量。

由式(3-25)和式(3-26)可得出：

$$p_i/p=n_i/n \text{ 或 } p_i=\frac{n_i}{n}p=x_ip \tag{3-27}$$

式中：$x_i=n_i/n$，是指混合体系里某一组分摩尔分数。

2. 实验平衡常数

当可逆反应达到平衡时，反应物和生成物的浓度将不再改变。这些浓度之间有什么关系呢？以 $H_2(g)+I_2(g) \rightleftharpoons 2HI(g)$ 为例进行说明。在几个封闭的容器中分别加入不同浓度的 $H_2(g)$、$I_2(g)$ 和 $HI(g)$，并将容器恒温在 793K，直到建立化学平衡。分别测定平衡时各物质的浓度，结果发现不论反应体系中各物质初始浓度如何，达到平衡时 $\frac{[c(HI)]^2}{[c(H_2)]\cdot[c(I_2)]}$ 比值几乎相同，约为 0.016。进一步研究发现，当温度变化时，该比值亦随之改变，但在任何给定温度下，平衡体系 $\frac{[c(HI)]^2}{[c(H_2)]\cdot[c(I_2)]}$ 的值始终为一常数。

大量实验事实证明，对于任一可逆化学反应

$$c\text{C}+d\text{D} \rightleftharpoons y\text{Y}+z\text{Z}$$

在一定温度下达平衡时，都有如下关系：

$$K_c=\frac{[c(\text{Y})]^y\cdot[c(\text{Z})]^z}{[c(\text{C})]^c\cdot[c(\text{D})]^d} \tag{3-28}$$

式(3-28)表示：在一定温度下，某个可逆反应达到平衡时，生成物浓度以其化学计量数为指数的幂乘积与各反应物浓度以化学计量数为指数的幂乘积的比值是个常数，这个常数称为**化学实验平衡常数**或化学经验平衡常数。式(3-28)中各组分的平衡浓度以 $\text{mol}\cdot\text{L}^{-1}$ 表示，相应的平衡常数 $K_c$ 称为**浓度实验平衡常数**。

由于温度一定时，气体的压力和浓度成正比，因此对于气相可逆反应，在平衡常数表达式中通常用平衡时气体的分压代替浓度。例如，上述 $H_2(g)$ 与 $I_2(g)$ 生成 $HI(g)$ 的反应，平衡常数可表示为

$$K_p=\frac{[p(HI)]^2}{[p(H_2)]\cdot[p(I_2)]} \tag{3-29}$$

式中：$K_p$ 称为**分压实验平衡常数**。

浓度和分压实验平衡常数 $K_c$ 和 $K_p$ 的大小表明化学反应程度的大小，$K_c$ 和 $K_p$ 值越大，表明化学反应完成的程度越大；反之，则表明化学反应完成的程度越小。$K_c$ 和 $K_p$ 一般是有量纲的物理量，除非该化学反应平衡常数表达式

中分子项的量纲和分母项的量纲恰好相等。

3. 标准平衡常数

为避免使用实验平衡常数时出现量纲的混乱，提出了**标准平衡常数**($K^{\ominus}$)的概念。

对于任一气相化学反应

$$cC + dD \rightleftharpoons yY + zZ$$

标准平衡常数$K^{\ominus}$的表达式为

$$K^{\ominus} = \frac{[p(Y)/p^{\ominus}]^y \cdot [p(Z)/p^{\ominus}]^z}{[p(C)/p^{\ominus}]^c \cdot [p(D)/p^{\ominus}]^d} \quad (3\text{-}30)$$

即在平衡常数表达式中各物质的分压必须使用相对分压($p/p^{\ominus}$)来表示，$p^{\ominus}$ = 100kPa，称为标准压力。例如，气相反应：

$$H_2(g) + I_2(g) \rightleftharpoons 2HI(g)$$

其$K^{\ominus}$可写为

$$K^{\ominus} = \frac{[p(HI)/p^{\ominus}]^2}{[p(H_2)/p^{\ominus}] \cdot [p(I_2)/p^{\ominus}]}$$

对于液相反应，则

$$K^{\ominus} = \frac{[c(Y)/c^{\ominus}]^y \cdot [c(Z)/c^{\ominus}]^z}{[c(C)/c^{\ominus}]^c \cdot [c(D)/c^{\ominus}]^d} \quad (3\text{-}31)$$

即在平衡常数表达式中各物质的浓度也必须使用相对浓度($c/c^{\ominus}$)来表示，$c^{\ominus} = 1\text{mol} \cdot L^{-1}$，称为标准浓度。例如，对于溶液中的反应：

$$Sn^{2+}(aq) + 2Fe^{3+}(aq) \rightleftharpoons Sn^{4+}(aq) + 2Fe^{2+}(aq)$$

其$K^{\ominus}$为

$$K^{\ominus} = \frac{[c(Sn^{4+})/c^{\ominus}] \cdot [c(Fe^{2+})/c^{\ominus}]^2}{[c(Sn^{2+})/c^{\ominus}] \cdot [c(Fe^{3+})/c^{\ominus}]^2}$$

当反应中有纯固体或纯液体参与，因为它们的浓度可视为常数，故不应写在平衡常数表达式中，如反应

$$Zn(s) + 2H^+(aq) \rightleftharpoons Zn^{2+}(aq) + H_2(g)$$

它的标准平衡常数$K^{\ominus}$表达式为

$$K^{\ominus} = \frac{[c(Zn^{2+})/c^{\ominus}] \cdot [p(H_2)/p^{\ominus}]}{[c(H^+)/c^{\ominus}]^2}$$

关于标准平衡常数，需要特别说明以下几点：

1)标准平衡常数与实验平衡常数的关系

标准平衡常数和实验平衡常数都反映到达平衡时反应进行的程度，数值越大，表明正反应进行的程度越大。但两者有所区别：①标准平衡常数是量纲为 1 的量，而实验平衡常数只有在反应物的化学计量数之和和生成物的化

学计量数之和相等时，量纲才为 1；②两者的数值不一定相等，气相反应的标准平衡常数 $K^\ominus$与分压实验平衡常数 $K_p$ 数值一般不等，除非反应物与生成物的化学计量数之和相等。溶液反应的标准平衡常数 $K^\ominus$与浓度实验平衡常数 $K_c$ 数值相等。

2) 标准平衡常数 $K^\ominus$与标准反应吉布斯自由能变 $\Delta_r G_m^\ominus$ 的关系

由范特霍夫等温方程式可知，对任一反应

$$cC + dD \rightleftharpoons yY + zZ$$

$$\Delta_r G_m = \Delta_r G_m^\ominus + RT\ln Q$$

当体系处于平衡状态时，必有 $\Delta_r G_m = 0$，则

$$\Delta_r G_m^\ominus + RT\ln Q = 0 \tag{3-32}$$

此时，$Q$ 就是化学反应的标准平衡常数 $K^\ominus$，那么

$$\Delta_r G_m^\ominus = -RT\ln K^\ominus \tag{3-33}$$

式(3-33)阐明了在温度 $T$ 时，化学反应的标准平衡常数 $K^\ominus$与标准反应吉布斯自由能变之间的关系，因此利用式(3-33)可以计算反应温度为 $T$ 时的 $K^\ominus$。另外对于所有指定反应，由于温度一定时，标准反应吉布斯自由能变有确定值，所以标准平衡常数也只是温度的函数，它仅取决于反应体系各物质的本性和反应的温度，不随体系中各物质的初始浓度(或分压)的变化而变化。

3) 标准平衡常数 $K^\ominus$与反应商 $Q$ 的关系

从表面上看，反应商 $Q$ 和标准平衡常数 $K^\ominus$的表达式无任何区别，但是必须注意的是，两者的概念完全不同。反应商 $Q$ 表达式中的 $c$ 或 $p$ 既可以是平衡态下的数值，也可以是非平衡态(任意状态)下的数值；标准平衡常数 $K^\ominus$表达式中的 $c$ 或 $p$ 则必须是平衡状态下的数值，也就是说，只有当体系处于平衡态时才有 $Q = K^\ominus$。

将式(3-33)代入范特霍夫等温方程，得

$$\Delta_r G_m = RT\ln\frac{Q}{K^\ominus} \tag{3-34}$$

从式(3-34)可以看出：

当 $Q < K^\ominus$时，$\Delta_r G_m < 0$，反应正向自发进行；

当 $Q > K^\ominus$时，$\Delta_r G_m > 0$，反应逆向自发进行；

当 $Q = K^\ominus$时，$\Delta_r G_m = 0$，反应达到平衡，即反应进行到最大限度。

由此可见，根据 $Q$ 值与 $K^\ominus$值的相对大小与从 $\Delta_r G_m$ 值的正、负判断反应进行的方向和限度，所得的结论完全一致。因此，两者都可以作为化学反应方向和限度的判据。

？用 $Q$、$K^\ominus$和 $\Delta_r G_m$ 判断反应的自发性有何异同点？

4) 标准平衡常数 $K^\ominus$表达式必须与化学反应计量方程式相对应

同一化学反应以不同的计量方程式表达时，平衡常数表达式、数值均不相同。例如，合成氨反应

$$N_2(g) + 3H_2(g) \rightleftharpoons 2NH_3(g) \qquad K_1^\ominus = \frac{[p(NH_3)/p^\ominus]^2}{[p(N_2)/p^\ominus]\cdot[p(H_2)/p^\ominus]^3}$$

$$\frac{1}{2}N_2(g)+\frac{3}{2}H_2(g) \rightleftharpoons NH_3(g) \qquad K_2^{\ominus}=\frac{[p(NH_3)/p^{\ominus}]}{[p(N_2)/p^{\ominus}]^{1/2}\cdot[p(H_2)/p^{\ominus}]^{3/2}}$$

$$2NH_3(g) \rightleftharpoons N_2(g)+3H_2(g) \qquad K_3^{\ominus}=\frac{[p(N_2)/p^{\ominus}]\cdot[p(H_2)/p^{\ominus}]^3}{[p(NH_3)/p^{\ominus}]^2}$$

其中，$K_1^{\ominus}=(K_2^{\ominus})^2$，$K_3^{\ominus}=\dfrac{1}{K_1^{\ominus}}$。

多重平衡规则典型计算

上述规律还可以进一步推广，即**如果某反应可以由几个反应相加(或相减)得到，则该反应的平衡常数等于几个反应平衡常数之积(或商)**，这种关系称为**多重平衡规则**。

多重平衡规则还可以通过赫斯定律证明。设反应(1)、反应(2)和反应(3)在温度 $T$ 时的标准平衡常数分别为 $K_1^{\ominus}$、$K_2^{\ominus}$ 和 $K_3^{\ominus}$，它们的标准吉布斯自由能变分别为 $\Delta_r G_1^{\ominus}$、$\Delta_r G_2^{\ominus}$ 和 $\Delta_r G_3^{\ominus}$。如果反应(3) = 反应(1) + 反应(2)，则

$$\Delta_r G_3^{\ominus}=\Delta_r G_1^{\ominus}+\Delta_r G_2^{\ominus}$$

$$-RT\ln K_3^{\ominus}=-RT\ln K_1^{\ominus}+(-RT\ln K_2^{\ominus})$$

$$\ln K_3^{\ominus}=\ln(K_1^{\ominus}\cdot K_2^{\ominus})$$

$$K_3^{\ominus}=K_1^{\ominus}\cdot K_2^{\ominus}$$

同理，如果反应(4) = 反应(1) − 反应(2)，则

$$\Delta_r G_4^{\ominus}=\Delta_r G_1^{\ominus}-\Delta_r G_2^{\ominus}$$

$$\ln K_4^{\ominus}=\ln K_1^{\ominus}-\ln K_2^{\ominus}$$

$$K_4^{\ominus}=\frac{K_1^{\ominus}}{K_2^{\ominus}}$$

在化学反应(特别是溶液中进行的反应)中，往往会遇到多个平衡(如电离平衡、沉淀平衡、氧化还原平衡和配位平衡)共存于同一体系中的现象，解决多个平衡同时存在的问题，用多重平衡规则常常可使计算简化。

4. 标准平衡常数的计算及应用

综上所述，标准平衡常数可由三种方法计算：①根据体系内反应物和生成物的平衡压力和平衡浓度，即标准平衡常数的定义式 $K^{\ominus}=\dfrac{[p(Y)/p^{\ominus}]^y\cdot[p(Z)/p^{\ominus}]^z}{[p(C)/p^{\ominus}]^c\cdot[p(D)/p^{\ominus}]^d}$ 或 $K^{\ominus}=\dfrac{[c(Y)/c^{\ominus}]^y\cdot[c(Z)/c^{\ominus}]^z}{[c(C)/c^{\ominus}]^c\cdot[c(D)/c^{\ominus}]^d}$ 求；②根据 $\Delta_r G_m^{\ominus}$，按 $\Delta_r G_m^{\ominus}=-RT\ln K^{\ominus}$ 计算；③根据多重平衡规则计算。

利用某一反应的标准平衡常数，可以判断反应进行的程度，预测反应进行的方向，计算反应体系中各组分的平衡浓度及反应物的转化率。某反应物

的转化率是指反应达到平衡时反应物已转化的量(或浓度)占初始量(或浓度)的百分数，转化率越大，表示达到平衡时反应进行的程度越大。

**例 3-10**　反应 $Fe^{2+}(aq) + Ag^{+}(aq) \rightleftharpoons Fe^{3+}(aq) + Ag(s)$，开始前，体系中各物质的浓度为 $c(Ag^{+}) = 0.10mol \cdot L^{-1}$，$c(Fe^{2+}) = 0.10mol \cdot L^{-1}$，$c(Fe^{3+}) = 0.010mol \cdot L^{-1}$，已知某温度时该反应的标准平衡常数 $K^{\ominus} = 2.98$，求此温度下平衡时 $Ag^{+}$，$Fe^{2+}$，$Fe^{3+}$的浓度及 $Ag^{+}(aq)$转化为 Ag(s)的转化率。

**解**　设达到化学平衡时有 $x$mol · L$^{-1}$$Ag^{+}(aq)$转化为 Ag(s)

| | $Fe^{2+}(aq)$ + | $Ag^{+}(aq)$ $\rightleftharpoons$ | $Fe^{3+}(aq)$ + Ag(s) |
|---|---|---|---|
| 起始浓度/(mol · L$^{-1}$) | 0.10 | 0.10 | 0.010 |
| 转化浓度/(mol · L$^{-1}$) | $x$ | $x$ | $x$ |
| 平衡浓度/(mol · L$^{-1}$) | $0.10 - x$ | $0.10 - x$ | $0.010 + x$ |

$$K^{\ominus} = \frac{c(Fe^{3+})/c^{\ominus}}{\left[c(Fe^{2+})/c^{\ominus}\right] \cdot \left[c(Ag^{+})/c^{\ominus}\right]}$$

$$2.98 = \frac{\left[(0.010 + x)/1.0\right]}{\left[(0.10 - x)/1.0\right]^{2}}$$

$$x = 0.013\,(mol \cdot L^{-1})$$

$$c(Fe^{3+}) = 0.010 + 0.013 = 0.023\,(mol \cdot L^{-1})$$

$$c(Ag^{+}) = c(Fe^{2+}) = 0.10 - 0.013 = 0.087\,(mol \cdot L^{-1})$$

设 $Ag^{+}(aq)$转化为 Ag(s)的转化率为$\alpha$，则：

$$\alpha(Ag^{+}) = \frac{0.013}{0.10} \times 100\% = 13\%$$

**例 3-11**　利用热力学数据表，(1)求算在 298.15K 时的标准状态下，NO(g)转变为 $NO_2(g)$的标准平衡常数 $K^{\ominus}$；(2)求 $p(NO) = 4\times10^{5}Pa$，$p(NO_2) = 5\times10^{5}Pa$，$p(O_2) = 2\times10^{5}Pa$ 时的反应商 $Q$，并判断反应进行的方向。

**解**　(1) NO 转变为 $NO_2$ 的反应方程式为

$$2NO(g) + O_2(g) \rightleftharpoons 2NO_2(g)$$

查表得 $\Delta_f G_m^{\ominus}(NO_2, g) = 51.5kJ \cdot mol^{-1}$，$\Delta_f G_m^{\ominus}(NO, g) = 86.6kJ \cdot mol^{-1}$；$O_2(g)$为稳定单质，其标准摩尔生成吉布斯自由能为 0。

根据 $\Delta_r G_m^{\ominus} = \sum \nu_i \Delta_f G_{m,i}^{\ominus}(产物) - \sum \nu_i \Delta_f G_{m,i}^{\ominus}(反应物)$ 得

$$\Delta_r G_m^{\ominus} = 2 \times 51.5 - 2 \times 86.6 = -70.2\,(kJ \cdot mol^{-1})$$

由 $\Delta_r G_m^{\ominus} = -RT\ln K^{\ominus}$ 得

$$\ln K^{\ominus} = \frac{70.2\times10^{3}}{8.314\times298} = 28.3$$

$$K^{\ominus} = 2.0\times10^{12}$$

$$(2)\ Q = \frac{[p(NO_2)/p^{\ominus}]^{2}}{[p(NO)/p^{\ominus}]^{2} \cdot [p(O_2)/p^{\ominus}]} = \frac{(5\times10^{5}/10^{5})^{2}}{(4\times10^{5}/10^{5})^{2}\times(2\times10^{5}/10^{5})} = 0.78$$

因为 $Q < K^{\ominus}$，所以反应正向自发进行。

**例 3-12**　已知下列反应在 1123K 时的标准平衡常数：

(1) C(石墨) + $CO_2(g) \rightleftharpoons 2CO(g)$，$K_1^{\ominus} = 1.3\times10^{14}$

(2) $CO(g) + Cl_2(g) \rightleftharpoons COCl_2(g)$，$K_2^{\ominus} = 6.3\times10^{-3}$

计算反应(3) $2COCl_2(g) \rightleftharpoons C(石墨) + CO_2(g) + 2Cl_2(g)$在 1123K 时的 $K^\ominus$值。

**解**　反应(3)= − [2×反应(2)+反应(1)]，根据多重平衡规则得

$$K^\ominus = \frac{1}{(K_2^\ominus)^2 \cdot K_1^\ominus} = \frac{1}{(6.3\times10^{-3})^2 \times 1.3\times10^{14}} = 1.9\times10^{-10}$$

### 3.3.3　化学平衡的移动

勒夏特列
Henry Le Chatelier
1850—1936
法国化学家。主要贡献有：发明了铂铑热电偶高温温度计，提出平衡移动原理和提出用氧炔焰焊炬焊接和切割金属。

化学平衡是有条件的平衡。一个化学反应达到平衡后，如果改变外界条件，原来的平衡就会破坏，反应向某一方向自发进行，直到建立新的平衡为止。这种因外界条件的改变，化学反应从一种平衡状态向另一种平衡状态移动的过程，称为**化学平衡的移动**。

影响化学平衡的因素有浓度、压力和温度。这些因素对化学平衡的影响，可以用 1887 年法国化学家勒夏特列提出的平衡原理来判断：**任何已达平衡的体系，若改变平衡体系的条件之一，如温度、压力或浓度，平衡就向减弱这个改变的方向移动。**

1. 浓度对化学平衡的影响

由化学反应等温方程式可知，反应处于任意状态时吉布斯自由能的变化 $\Delta_r G_m$ 与体系在此温度时的标准平衡常数 $K^\ominus$以及反应商 $Q$ 有关，即

$$\Delta_r G_m = RT \ln \frac{Q}{K^\ominus}$$

式中：$K^\ominus$仅是温度的函数，在一定温度下是个定值，不随浓度变化；而 $Q$ 则随体系中各物质的浓度变化而变化。$Q/K^\ominus$的值决定$\Delta_r G_m$ 的符号，从而也决定了化学平衡移动的方向。

以合成氨的反应为例，说明浓度对化学平衡的影响：

$$N_2(g) + 3H_2(g) \rightleftharpoons 2NH_3(g)$$

该反应在一定温度下达到平衡时，$Q = K^\ominus$，$\Delta_r G_m = 0$。如果此时增加反应物 $N_2$ 或 $H_2$ 的浓度，或从反应体系中移走生成物 $NH_3$，则必然使 $Q < K^\ominus$，从而使$\Delta_r G_m < 0$，这时原有的平衡遭到破坏，化学反应向正方向进行。随着反应的进行，反应物 $N_2$ 或 $H_2$ 的浓度逐渐降低，生成物 $NH_3$ 的浓度逐渐增加，直到 $Q$ 与 $K^\ominus$重新相等，体系达到一个新的平衡状态。反之，如果增加生成物的浓度或减少反应物的浓度，化学平衡将向逆反应方向移动。

通过以上讨论，可以得出两个很重要的结论：

(1) 在可逆反应中，为了尽可能充分利用某一反应物，可以用过量的另一种物质和它作用，使平衡向正反应方向移动，以提高前者的转化率。例如，$CO(g)$ 与 $H_2O(g)$ 反应生成 $CO_2(g)$ 与 $H_2(g)$，从反应方程式看，$CO(g)$ 与 $H_2O(g)$ 的物质的量之比为 1 : 1，但为了充分利用 $CO(g)$，往往增加 $H_2O(g)$ 的比例，使其过量，从而提高 $CO(g)$ 的转化率。

(2) 从反应体系中不断降低生成物的浓度，如移去生成物中的气体或难溶沉淀等，则平衡不断向生成物方向移动，直到某一反应物基本上被完全

消耗，这样可以使可逆反应进行得比较完全。例如，$CaCO_3$(s)加热分解为 CaO(s)和 $CO_2$(g)，不断移去 $CO_2$(g)，降低 $CO_2$(g)分压，则有利于 $CaCO_3$(s)的分解。

2. 压力对化学平衡的影响

压力对固体和液体的影响比较小，因此改变体系的压力只是对有气体参与反应的平衡有影响。压力对平衡的影响和浓度对平衡的影响相同，都是通过改变反应商 $Q$，使其与平衡常数 $K^{\ominus}$的相对大小关系发生变化而引起平衡的移动。仍以 $N_2(g) + 3H_2(g) \rightleftharpoons 2NH_3(g)$为例进行讨论。

若在恒温、恒容条件下改变任一种组分的分压，其对平衡的影响与浓度对平衡的影响完全一致。增大反应物 $N_2$ 或 $H_2$ 的分压或减小产物 $NH_3$ 的分压，使 $Q$ 减小，导致 $Q < K^{\ominus}$，平衡正向移动。反之，减小反应物的分压或增大产物的分压，使 $Q$ 增大，导致 $Q > K^{\ominus}$，平衡逆向移动。

如果改变系统的总压，使其为原来的 $x$ 倍，则各组分气体的分压也变为原来的 $x$ 倍，此时反应商 $Q$ 为

$$Q = \frac{[x \cdot p(NH_3)/p^{\ominus}]^2}{[x \cdot p(N_2)/p^{\ominus}] \cdot [x \cdot p(H_2)/p^{\ominus}]^3} = K^{\ominus} \cdot x^{-2}$$

由此可见，增加总压力，$x > 1$ 时，$Q < K^{\ominus}$，平衡正向(气体分子数减小的方向)移动；降低总压力，$x < 1$ 时，$Q > K^{\ominus}$，平衡逆向(气体分子数增大的方向)移动。由上式可以进一步推测，对于反应前后气体分子数不变的反应，增加或降低总压力，对平衡没有影响。

**例 3-13**　反应 $C_2H_4(g) + H_2O(g) \rightleftharpoons C_2H_5OH(g)$在 773K 时 $K^{\ominus} = 0.015$，试分别计算下面三种情况下 $C_2H_4$ 的平衡转化率：

(1) 在 773K 和 800kPa 时，$C_2H_4$ 与 $H_2O$ 物质的量之比为 1∶1；

(2) 在 773K 和 1000kPa 时，$C_2H_4$ 与 $H_2O$ 物质的量之比为 1∶1；

(3) 在 773K 和 1000kPa 时，$C_2H_4$ 与 $H_2O$ 物质的量之比为 1∶10。

**解**　(1) 设 $C_2H_4$ 的转化率为 $\alpha_1$

| | $C_2H_4(g)$ | $+ H_2O(g)$ | $\rightleftharpoons C_2H_5OH(g)$ |
|---|---|---|---|
| 起始时物质的量/mol | 1.0 | 1.0 | 0 |
| 转化的物质的量/mol | $\alpha_1$ | $\alpha_1$ | $\alpha_1$ |
| 平衡时物质的量/mol | $1.0 - \alpha_1$ | $1.0 - \alpha_1$ | $\alpha_1$ |

平衡时体系总的物质的量 $= (1.0 - \alpha_1) + (1.0 - \alpha_1) + \alpha_1 = 2 - \alpha_1$

若以 $p$ 代表体系的总压力，则平衡时：

$$p(C_2H_4) = \frac{1-\alpha_1}{2-\alpha_1}p \qquad p(H_2O) = \frac{1-\alpha_1}{2-\alpha_1}p \qquad p(C_2H_5OH) = \frac{\alpha_1}{2-\alpha_1}p$$

$$K^{\ominus} = \frac{\dfrac{p(C_2H_5OH)}{p^{\ominus}}}{\dfrac{p(C_2H_4)}{p^{\ominus}} \cdot \dfrac{p(H_2O)}{p^{\ominus}}} = \frac{\dfrac{\alpha_1}{2-\alpha_1} \cdot \dfrac{p}{p^{\ominus}}}{\left(\dfrac{1-\alpha_1}{2-\alpha_1} \cdot \dfrac{p}{p^{\ominus}}\right)^2}$$

平衡转化率：化学反应达到平衡时的转化率称平衡转化率，是理论上该反应的最大转化率。

代入有关数据得

$$0.015=\frac{\alpha_1(2-\alpha_1)}{(1-\alpha_1)^2}\times\frac{100}{800}$$

$\alpha_1=0.055$，即 $C_2H_4$ 的平衡转化率为 5.5%。

(2) 设 $C_2H_4$ 的转化率为 $\alpha_2$，同理得

$$p(C_2H_4)=\frac{1-\alpha_2}{2-\alpha_2}p \qquad p(H_2O)=\frac{1-\alpha_2}{2-\alpha_2}p \qquad p(C_2H_5OH)=\frac{\alpha_2}{2-\alpha_2}p$$

$$K^\ominus=\frac{\dfrac{p(C_2H_5OH)}{p^\ominus}}{\dfrac{p(C_2H_4)}{p^\ominus}\cdot\dfrac{p(H_2O)}{p^\ominus}}=\frac{\dfrac{\alpha_2}{2-\alpha_2}\cdot\dfrac{p}{p^\ominus}}{\left(\dfrac{1-\alpha_2}{2-\alpha_2}\cdot\dfrac{p}{p^\ominus}\right)^2}$$

代入有关数据得

$$0.015=\frac{\alpha_2(2-\alpha_2)}{(1-\alpha_2)^2}\times\frac{100}{1000}$$

$\alpha_2=0.067$，即 $C_2H_4$ 的平衡转化率为 6.7%。

比较第一种和第二种情况发现，增加体系的总压，反应向正反应方向（气体分子数减少的方向）移动，从而使乙烯的转化率提高。

(3) 设 $C_2H_4$ 的转化率为 $\alpha_3$，同理平衡时各物质的分压为

$$p(C_2H_4)=\frac{1-\alpha_3}{11-\alpha_3}p \qquad p(H_2O)=\frac{10-\alpha_3}{11-\alpha_3}p \qquad p(C_2H_5OH)=\frac{\alpha_3}{11-\alpha_3}p$$

$$K^\ominus=\frac{\dfrac{\alpha_3}{11-\alpha_3}\cdot\dfrac{p}{p^\ominus}}{\left(\dfrac{1-\alpha_3}{11-\alpha_3}\cdot\dfrac{p}{p^\ominus}\right)\cdot\left(\dfrac{10-\alpha_3}{11-\alpha_3}\cdot\dfrac{p}{p^\ominus}\right)}$$

代入有关数据得

$$0.015=\frac{\alpha_3(11-\alpha_3)}{(1-\alpha_3)(10-\alpha_3)}\times\frac{100}{1000}$$

$\alpha_3=0.12$，即 $C_2H_4$ 的平衡转化率为 12%。

比较第二种和第三种情况发现，在相同温度和压力下，增加水的比例，有利于平衡向正反应方向进行，也使乙烯的转化率提高。

### 3. 温度对化学平衡的影响

如前所述，所有反应的平衡常数都是温度的函数。因此，化学反应若在不同温度下进行，其平衡常数是不相同的。也就是说，温度变化对化学平衡的影响与浓度和压力对化学平衡的影响有着本质的区别。温度不变，只改变浓度或压力时，由于反应商 $Q$ 的变化而化学平衡发生移动，平衡常数 $K^\ominus$ 的数值是不变的；温度改变时，导致化学平衡常数 $K^\ominus$ 数值改变，从而使化学平衡移动。

平衡常数和温度的关系式为

$$\Delta_r G_m^\ominus=-RT\ln K^\ominus$$

又有

$$\Delta_r G_m^\ominus=\Delta_r H_m^\ominus-T\Delta_r S_m^\ominus$$

合并上两式，得

$$\ln K^\ominus = \frac{-\Delta_r H_m^\ominus}{RT} + \frac{\Delta_r S_m^\ominus}{R} \tag{3-35}$$

若反应在温度 $T_1$ 和 $T_2$ 时的平衡常数分别为 $K_1^\ominus$ 和 $K_2^\ominus$，另外在温度变化范围不大时，$\Delta_r H_m^\ominus$ 和 $\Delta_r S_m^\ominus$ 可视为常数，则

$$\ln K_1^\ominus = \frac{-\Delta_r H_m^\ominus}{RT_1} + \frac{\Delta_r S_m^\ominus}{R}$$

$$\ln K_2^\ominus = \frac{-\Delta_r H_m^\ominus}{RT_2} + \frac{\Delta_r S_m^\ominus}{R}$$

两式相减，得

$$\ln\frac{K_2^\ominus}{K_1^\ominus} = \frac{\Delta_r H_m^\ominus}{R}\left(\frac{1}{T_1} - \frac{1}{T_2}\right) = \frac{\Delta_r H_m^\ominus}{R}\left(\frac{T_2 - T_1}{T_1 T_2}\right) \tag{3-36}$$

式(3-36)清楚地表明温度对平衡常数的影响，而且可以看出其变化关系和反应焓变 $\Delta_r H_m^\ominus$ 有关，如表 3-2 所示。

**表 3-2　温度对化学平衡的影响**

| 温度变化 | $\Delta_r H_m^\ominus < 0$（放热反应） | $\Delta_r H_m^\ominus > 0$（吸热反应） |
|---|---|---|
| $T$ 升高时 | $K_2^\ominus < K_1^\ominus$ | $K_2^\ominus > K_1^\ominus$ |
| | （均向吸热反应方向移动） | |
| $T$ 降低时 | $K_2^\ominus < K_1^\ominus$ | $K_2^\ominus > K_1^\ominus$ |
| | （均向放热反应方向移动） | |

**?** 加入催化剂将使化学平衡发生怎样的移动？为什么？

因此，在恒压条件下，升高平衡体系的温度时，平衡向着吸热反应的方向移动；降低温度时，平衡向着放热反应的方向移动。

**例 3-14**　合成氨反应 $N_2(g) + 3H_2(g) \rightleftharpoons 2NH_3(g)$ 的 $\Delta_r H_m^\ominus(298K) = -92.2kJ \cdot mol^{-1}$，298K 时的 $K_1^\ominus = 5.97\times10^5$，当温度升高到 673K 时，$K_2^\ominus$ 为多少？平衡向什么方向移动？

**解**　由式

$$\ln\frac{K_2^\ominus}{K_1^\ominus} = \frac{\Delta_r H_m^\ominus}{R}\left(\frac{T_2 - T_1}{T_1 T_2}\right)$$

得

$$\ln\frac{K_2^\ominus}{K_1^\ominus} = \frac{-92.2\times10^3}{8.314}\times\left(\frac{673-298}{298\times673}\right)$$

$$\ln\frac{K_2^\ominus}{K_1^\ominus} = -20.7$$

$$K_2^\ominus = 6.11\times10^{-4}$$

显然，对于放热反应，升高温度，标准平衡常数变小了，平衡向逆方向进行。

## 3.4　化学反应速率

### 3.4.1　化学反应速率及表示方法

化学反应速率

各种化学反应的速率极不相同，有的反应速率很快，如酸碱中和反应、爆炸反应等，可以在瞬间完成；有些反应速率很慢，使人们难以察觉，如塑料制品的降解、石油的形成等。而有些化学反应速率则比较适中，如大多数的有机反应，基本完成反应所需的时间在几十秒到几十天之间。

所谓**化学反应速率**就是衡量化学反应进行快慢的物理量，通常用单位时间内反应物浓度的减小或生成物浓度的增大来表示。浓度的单位为 $mol \cdot L^{-1}$，时间单位则根据具体反应的快慢可选用 s（秒）、min（分）和 h（小时）等，这样，反应速率的单位可以是 $mol \cdot L^{-1} \cdot s^{-1}$、$mol \cdot L^{-1} \cdot min^{-1}$ 等。

化学反应的平均速率和瞬时速率之间有何区别与联系？

绝大多数的化学反应在反应进行中速率是不断变化的，描述化学反应速率可选用**平均速率**（$\bar{r}$）和**瞬时速率**（$r$）。下面以 $N_2O_5$ 的分解反应为例进行说明。

$$2N_2O_5(g) \rightleftharpoons 4NO_2(g) + O_2(g)$$

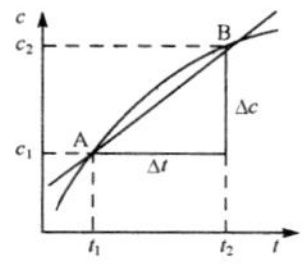

平均速率

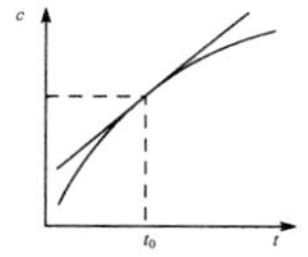

瞬时速率

其平均速率可以用以下三式表示

$$\bar{r}(N_2O_5) = \frac{-\Delta c(N_2O_5)}{\Delta t}$$

$$\bar{r}(NO_2) = \frac{\Delta c(NO_2)}{\Delta t}$$

$$\bar{r}(O_2) = \frac{\Delta c(O_2)}{\Delta t}$$

式中：$\Delta t$ 表示时间间隔；$\Delta c(N_2O_5)$、$\Delta c(NO_2)$ 和 $\Delta c(O_2)$ 分别表示 $\Delta t$ 时间内反应物 $N_2O_5$ 和产物 $NO_2$、$O_2$ 浓度的变化，因为 $\Delta c(N_2O_5)$ 为负值，所以式前用负号，以使反应速率为正值。

瞬时速率是 $\Delta t$ 趋近于 0 时平均速率的极限。对于 $N_2O_5$ 的分解反应，其瞬时速率可分别表示为

$$r(N_2O_5) = \lim_{\Delta t \to 0} \frac{-\Delta c(N_2O_5)}{\Delta t} = \frac{-dc(N_2O_5)}{dt}$$

$$r(NO_2) = \lim_{\Delta t \to 0} \frac{\Delta c(NO_2)}{\Delta t} = \frac{dc(NO_2)}{dt}$$

$$r(O_2) = \lim_{\Delta t \to 0} \frac{\Delta c(O_2)}{\Delta t} = \frac{dc(O_2)}{dt}$$

由上面的例子不难发现，反应体系中任一种物质浓度的变化都可以表示反应的平均速率和瞬时速率。但由于各种物质的化学计量数不同，用不同物质表示的化学反应速率值也不同，这样易造成混乱，使用不方便。IUPAC 将**反应速率定义为：单位体积内反应进行程度随时间的变化率**，即

$$r = \frac{1}{V} \cdot \frac{d\xi}{dt} \tag{3-37}$$

式中：$V$ 为反应体系的体积。在恒容条件下，将式(1-2)代入式(3-37)，得

$$r=\frac{1}{V}\cdot\frac{\mathrm{d}\xi}{\mathrm{d}t}=\frac{1}{V}\cdot\frac{1}{\nu(i)}\cdot\frac{\mathrm{d}n(i)}{\mathrm{d}t}=\frac{1}{\nu(i)}\cdot\frac{\mathrm{d}c(i)}{\mathrm{d}t}$$

显然，用反应进度定义的化学反应速率的数值与选择何种物质表示反应速率无关，亦即一个反应只有一个反应速率，但与化学计量数有关，所以在表示反应速率时，必须写明相应的化学反应方程式。

根据 IUPAC 的建议，上述反应的瞬时反应速率可表示为

$$r=\frac{1}{4}\cdot\frac{\mathrm{d}c(\mathrm{NO_2})}{\mathrm{d}t}=\frac{\mathrm{d}c(\mathrm{O_2})}{\mathrm{d}t}=-\frac{1}{2}\cdot\frac{\mathrm{d}c(\mathrm{N_2O_5})}{\mathrm{d}t}$$

反应速率是通过实验测定的。在实验中，用化学法或物理法测定不同时刻反应物或生成物的浓度，然后以时间对浓度作图，图中某一点的斜率即是 $\mathrm{d}c/\mathrm{d}t$，由此斜率即可求得相应时刻的反应速率。

IUPAC（International Union of Pure and Applied Chemistry）即国际纯粹与应用化学联合会，是一个致力于促进化学发展的非政府组织，也是各国化学会的一个联合组织。以权威的化学命名著称。

### 3.4.2 反应速率理论

化学反应速率首先决定于反应物的本性，对于某一指定的化学反应，其反应速率还与浓度、温度、催化剂等外界因素有关。为了研究各种因素对化学反应速率的影响，人们从分子微观运动的角度提出了两种理论——碰撞理论和过渡态理论。

1. 碰撞理论

1918 年，路易斯将分子假设为没有内部结构、没有内部运动的简单的刚性球体，提出了硬球碰撞理论，简称**碰撞理论**。该理论有以下三个基本要点：

(1) 分子必须经过碰撞才能发生反应，而且碰撞频率越高，反应速率越快，即反应物分子的碰撞是反应的必要条件。

(2) 不是每一次碰撞都能发生反应，只有很少数的有效碰撞才可以发生反应。有效碰撞次数越多，反应速率越快，即有效碰撞是反应的充分条件。

(3) 单位时间、单位体积内的有效碰撞次数就是化学反应的速率。

以 $NO_2$ 和 CO 反应生成 NO 和 $CO_2$ 为例进行说明。

$$\mathrm{NO_2+CO \rightleftharpoons NO+CO_2}$$

要使 $NO_2$ 和 CO 发生反应，首先必须是 $NO_2$ 和 CO 分子碰撞，但并非每一次 $NO_2$ 和 CO 的碰撞都能发生反应，其中绝大多数的碰撞是无效碰撞，只有有效的碰撞才可以发生反应，所谓的**有效碰撞**必须满足以下两个条件：首先，两个分子碰撞的取向要合适。当 CO 和 $NO_2$ 分子碰撞时，如果 C 原子和 N 原子相碰撞，就很难产生 O 原子的转移，该碰撞取向为无效碰撞；而当 CO 分子中的 C 原子与 $NO_2$ 中的 O 原子迎头碰撞时，就有可能将 $NO_2$ 中的 O 转移到 CO 分子中，从而生成 NO 和 $CO_2$，该碰撞取向就是有效碰撞(如图 3-2 所示)。其次，互相碰撞的分子必须具有足够的能量。因为化学反应的实质是旧键的断裂和新键的形成，反应物分子中存在着强烈的化学键，为了发生反应，必先破坏反应物分子原有的化学键，所以只有能量特别高的分子之间的

气体玻尔兹曼分布

碰撞作用才能发生反应。这些在碰撞中能发生反应的、能量特别高的分子称为**活化分子**，而活化分子的平均动能($E^*$)与分子平均动能($E$)之差就是反应的**活化能** $E_a$(单位 $kJ \cdot mol^{-1}$)。不同反应所需的活化能不同，在一定温度下，反应的活化能越大，活化分子所占的百分数就越小，反应速率也就越慢。反之，活化能越小，活化分子所占的百分数越大，反应速率就越快。当反应体系的温度升高时，活化分子的数目增加，反应速率加快。一般化学反应的活化能为 60～250$kJ \cdot mol^{-1}$。若 $E_a$ 小于 40$kJ \cdot mol^{-1}$，反应瞬间完成，如酸碱中和反应；若 $E_a$ 大于 400$kJ \cdot mol^{-1}$，则反应非常缓慢。

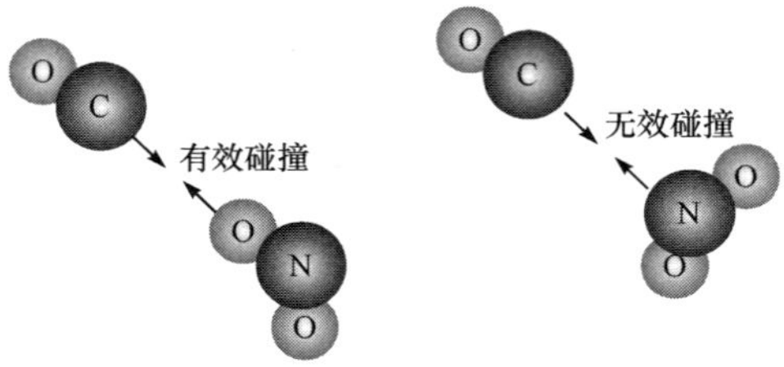


图 3-2　分子碰撞的不同取向

综合考虑以上各因素，可以得出反应速率的方程为

$$r = ZPf = ZPe^{-\frac{E_a}{RT}} \qquad (3\text{-}38)$$

式中：$Z$ 表示频率因子；$P$ 表示取向因子；$f$ 表示能量因子，它是温度和活化能的函数。

碰撞理论比较直观，能成功解释反应物浓度、反应温度对反应速率的影响。但也存在一定的局限性，如该理论把反应分子看成是没有内部结构的刚性分子，没有考虑分子内部结构及其运动特点，而且该理论不能给出活化分子的具体概念，也不能说明反应过程中的能量变化。

艾林
H.Henry Eyring
1901—1981
美国化学家。他最早将量子力学和统计力学用于化学，并发展了绝对速率理论和液体的有效结构理论，奠定了反应速率的过渡态理论。

2. 过渡态理论

**过渡态理论**又称**活化配合物理论**，该理论是 20 世纪 30 年代由艾林等在碰撞理论的基础上，将量子力学和统计力学应用于化学动力学而提出的。它考虑了分子内部的结构和运动状态，认为从反应物到产物的反应过程必须经过一种过渡状态，即反应物分子活化形成活化配合物的中间状态。其要点如下：

(1) 由反应物分子变为产物分子的化学反应并不完全是简单的几何碰撞，而是旧键断裂与新键生成的连续过程。分子要经历一个价健重排的高能量、不稳定的过渡阶段，处于此过渡阶段的分子称为**活化配合物**。

(2) 活化配合物的势能高于反应物和产物的势能，此势能是反应进行必须克服的能垒。

(3) 化学反应的速率取决于活化配合物的浓度、活化配合物分解为产物的概率和活化配合物分解为产物的速率。

以 $NO_2$ 和 CO 反应生成 NO 和 $CO_2$ 为例进行说明。要使 $NO_2$ 和 CO 发生

反应，必须是能量较高的活化分子相互碰撞，使旧键被削弱，原来以化学键结合的原子之间的距离变长，没有结合的原子之间的距离变短，形成一个过渡状态(活化态)，可表示为

$$NO_2+CO \longrightarrow [\overset{O\diagup}{N}\cdots O\cdots C\cdots O] \longrightarrow NO+CO_2$$

活化态非常不稳定，一方面它可分解为原来的反应物，另一方面它也可能分解得到生成物，也即正逆反应具有同一活化态。

该反应体系能量变化如图 3-3 所示，图中横坐标表示反应历程，纵坐标表示能量，$E_1$ 表示反应物分子的平均能量，$E_2$ 表示生成物分子的平均能量。$E^*$表示活化态分子的平均能量，它也可以理解为完成反应需要翻越的能垒。$E^*$越大，能越过能垒的反应物分子比例越小，反应速率就越慢；反之 $E^*$越小，则能垒越小，反应速率越快。$E_a$(正)是正反应的活化能，$E_a$(逆)是逆反应的活化能，即

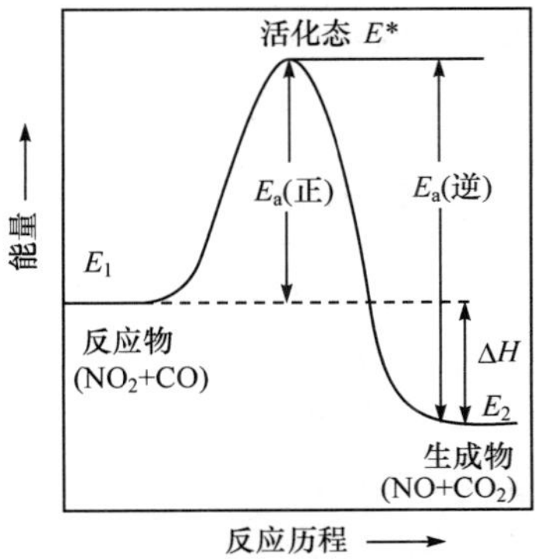


图 3-3　放热反应体系中的能量变化

?

影响化学反应速率的内因和外因分别是什么？结合碰撞理论和过渡态理论进行说明。

$$E_a(\text{正}) = E^* - E_1$$
$$E_a(\text{逆}) = E^* - E_2$$

两式相减，得

$$E_a(\text{正}) - E_a(\text{逆}) = E_2 - E_1$$

由上式可以看出，$E_a$(正) − $E_a$(逆)是反应物分子平均能量与产物分子平均能量的差值，即反应过程的热效应，一般认为就是$\Delta H$。当 $E_a$(正) > $E_a$(逆)时，$\Delta H > 0$，正反应是吸热反应，逆反应为放热反应；当 $E_a$(正) < $E_a$(逆)时，$\Delta H < 0$，正反应是放热反应，逆反应为吸热反应。对于 $NO_2$ 和 CO 反应生成 NO 和 $CO_2$ 的反应，$E_a$(正) = 134kJ · mol$^{-1}$，$E_a$(逆) = 368kJ · mol$^{-1}$，正反应与逆反应活化能的差值为−234kJ · mol$^{-1}$，该值即为此反应的热效应。

?

为什么化学反应速率通常随反应时间的增加而减慢呢？是不是任何一种反应的速率都随时间而变？

### 3.4.3　浓度对化学反应速率的影响

化学反应速率首先决定于反应物的本性，对于某一指定的化学反应，其反应速率还与浓度、温度、催化剂等外界因素有关。下面首先讨论浓度对化学反应速率的影响。

1. 反应速率方程

在一定温度下，化学反应速率主要取决于反应物的浓度，浓度越大，反应速率越快。人们从大量的实验中得出如下经验方程式，对于反应

$$c\text{C(g)} + d\text{D(g)} \rightleftharpoons y\text{Y(g)} + z\text{Z(g)}$$

$$r = kc^a(\mathrm{C})c^b(\mathrm{D}) \tag{3-39}$$

这种反应速率与反应物浓度间的定量关系称为**反应速率方程**，式中 $c(\mathrm{C})$ 和 $c(\mathrm{D})$ 表示反应物 C 和 D 的浓度，单位为 $\mathrm{mol \cdot L^{-1}}$。$a$ 和 $b$ 分别称为反应对 C 和 D 的**级数**，即该反应对 C 来说为 $a$ 级，对 D 来说为 $b$ 级，而指数之和 $n = a + b$ 称为反应的**总级数**。$a$ 和 $b$ 可以是整数或分数，也可以是正数、零或负数。反应级数都是由实验确定的，不是根据反应的化学计量方程写出来的，一般 $a \neq c$，$b \neq d$。例如：

反应级数与反应分子数的区别是什么?

$$H_2(g) + Cl_2(g) \longrightarrow 2HCl(g),\quad r = kc(H_2)c^{0.5}(Cl_2),\ 1.5\ 级反应$$

$$CH_3CHO(g) \longrightarrow CH_4(g) + CO(g),\quad r = kc^2(CH_3CHO),\ 2\ 级反应$$

$$2N_2O(g) \xrightarrow{Au} 2N_2(g) + O_2(g),\quad r = k,\ 零级反应$$

比例系数 $k$ 称为**反应速率常数**。$k$ 的物理意义是单位浓度时的反应速率，$k$ 大，反应速率快。速率常数 $k$ 主要取决于反应的本性。对于指定反应，$k$ 值与浓度无关，而与反应的温度及反应所用的催化剂等有关。通常温度升高，$k$ 值增大。$k$ 是有单位的量，其单位与反应总级数有关。例如，零级反应 $k$ 的单位为 $\mathrm{mol \cdot L^{-1} \cdot s^{-1}}$，一级反应 $k$ 的单位为 $\mathrm{s^{-1}}$，而二级反应 $k$ 的单位为 $\mathrm{mol^{-1} \cdot L \cdot s^{-1}}$，因此从 $k$ 的单位可以看出反应的级数是多少。

在书写反应速率方程时，应注意以下几点：

(1) 稀溶液中，如果有溶剂参加反应，其速率方程中不必列出溶剂的浓度。因为在稀溶液中，溶剂量很大，在整个反应中，溶剂量的变化很小，因此溶剂的浓度可以近似看作不变而合并到常数项中。

(2) 在多相反应中，反应只在界面上进行，固体或纯液体的浓度可看作常数，对反应速率的影响已包含在速率常数 $k$ 中，因此也不必列入反应速率方程式。

(3) 对于气体参加的反应，浓度可以用分压代替。

$CaCO_3(s)$在加热条件下可以分解为 $CaO(s)$和 $CO_2(g)$，若降低 $CO_2(g)$的分压，则化学反应速率将如何变化? 为什么?

### 2. 基元反应和复合反应

化学动力学的研究结果表明，许多化学反应实际进行的具体步骤并不是按照其计量方程式所表示的那样，由反应物直接作用生成产物。例如，由 $H_2$ 和 $Cl_2$ 生成 HCl 的反应：

反应级数的确定方法

$$H_2(g) + Cl_2(g) \longrightarrow 2HCl(g)$$

该反应并不是由一个氢分子和一个氯分子直接作用生成两个 HCl 分子，而是经历一系列具体步骤方可实现。因此，计量方程仅表示反应的宏观总体效果。化学反应经历的具体步骤称为**反应机理**(或**反应历程**)。实验证明，上述反应的机理包括下面几步反应：

(1) $Cl_2(g) \longrightarrow 2Cl\cdot(g)$

(2) $Cl\cdot(g) + H_2(g) \longrightarrow HCl(g) + H\cdot(g)$

(3) $H\cdot(g) + Cl_2(g) \longrightarrow HCl(g) + Cl\cdot(g)$

……

上述几步反应的每一步都是由反应物分子直接作用而生成产物分子的，它们的总效果在宏观上与总反应一致。这种由反应物分子(或离子、原子、自由基等)直接作用而生成新产物的反应，称为**基元反应**，而由两种或两种以上基元反应组成的总反应称为**复合反应**。绝大多数的宏观反应都是复合反应。HCl 的合成反应就属于复合反应。

？有的书上也将复合反应称为非基元反应。

3. 基元反应和质量作用定律

**基元反应**是通过反应物分子的直接作用而转化为产物的，因此其反应速率与浓度之间的关系比较简单。人们在大量实验的基础上总结出一条规律：**“在一定温度下，基元反应的反应速率与各反应物浓度系数次方的乘积成正比”**，并称之为**质量作用定律**。例如，有基元反应

$$bB(g) + eE(g) \rightleftharpoons gG(g) + hH(g)$$

$$r = kc^b(B)c^e(E) \tag{3-40}$$

也就是说，对于基元反应，其速率方程式中，反应物 B、E 的浓度的指数恰好等于反应方程式中 B、E 化学计量数的绝对值。

？质量作用定律与速率方程有何关系？

4. 复合反应的反应速率方程

对于复合反应，就不能直接按质量作用定律写出速率方程，而可以通过实验测定反应级数后确定。由实验确定反应级数的方法有很多，其中一种常用的方法是改变物质数量比例，测初速率法。例如，对于复合反应：

$$cC(g) + dD(g) \rightleftharpoons yY(g) + zZ(g)$$

先假设其速率方程式：

$$r = kc^a(C)c^b(D)$$

实验时先保持反应物 C 的浓度不变，观察反应速率与反应物 D 的浓度变化关系，以确定反应对 D 的反应级数 $b$；再保持反应物 D 的浓度不变，找出反应对 C 的反应级数 $a$，这样反应速率方程式即可确定。

**例 3-15**　反应 $2NO + 2H_2 \longrightarrow N_2 + 2H_2O$，在 800℃时，将 NO 和 $H_2$ 按不同浓度混合，得到如下实验数据：

| 实验编号 | 起始浓度/(mol · L$^{-1}$) | | 起始反应速率/(mol · L$^{-1}$ · s$^{-1}$) |
|---|---|---|---|
| | $c$(NO) | $c(H_2)$ | |
| 1 | $6.00 \times 10^{-3}$ | $1.00 \times 10^{-3}$ | $3.19 \times 10^{-3}$ |
| 2 | $6.00 \times 10^{-3}$ | $2.00 \times 10^{-3}$ | $6.36 \times 10^{-3}$ |
| 3 | $1.00 \times 10^{-3}$ | $6.00 \times 10^{-3}$ | $0.48 \times 10^{-3}$ |
| 4 | $2.00 \times 10^{-3}$ | $6.00 \times 10^{-3}$ | $1.92 \times 10^{-3}$ |

(1) 写出反应的速率方程式；

(2) 计算反应在 800℃时的反应速率常数；

(3) 当 $c(NO) = 4.00 \times 10^{-3}$mol · L$^{-1}$，$c(H_2) = 5.00 \times 10^{-3}$mol · L$^{-1}$时，计算反应在 800℃时的反应速率。

**解**　(1)设该反应的速率方程为

$$r = kc^a(\mathrm{NO})c^b(\mathrm{H_2})$$

从编号 1 和编号 2 的实验可以看出，当 $c(\mathrm{NO})$保持不变时，$c(\mathrm{H_2})$增加 1 倍，$r$ 也增大 1 倍，可见反应速率与 $H_2$ 的浓度成正比，即 $b = 1$。从编号 3 和编号 4 的实验可以看出，当 $c(\mathrm{H_2})$保持不变时，$c(\mathrm{NO})$增加到原来的 2 倍时，$r$ 增加到 4 倍，即反应速率与 NO 的浓度的平方成正比，$a = 2$。

所以，该反应的速率方程为

$$r = kc^2(\mathrm{NO})c(\mathrm{H_2})$$

是一个三级反应。

(2)将任一次实验数据代入速率方程中，如代入实验编号为 3 的数据，得

$$0.48 \times 10^{-3} = k \times (1.00 \times 10^{-3})^2 \times 6.00 \times 10^{-3}$$

$$k = 8.0 \times 10^4 (\mathrm{L^2 \cdot mol^{-2} \cdot s^{-1}})$$

(3)当 $c(\mathrm{NO}) = 4.00 \times 10^{-3}\mathrm{mol \cdot L^{-1}}$，$c(\mathrm{H_2}) = 5.00 \times 10^{-3}\mathrm{mol \cdot L^{-1}}$时

$$r = kc^2(\mathrm{NO})c(\mathrm{H_2})$$

$$= 8.0 \times 10^4 \times (4.00 \times 10^{-3})^2 \times 5.00 \times 10^{-3}$$

$$= 6.4 \times 10^{-3} (\mathrm{mol \cdot L^{-1} \cdot s^{-1}})$$

阿伦尼乌斯
Svante August Arrhenius
1859—1927
瑞典物理化学家。提出了阿伦尼乌斯理论，通过活化能概念对化学反应常常需要吸热才能发生这一现象给出了解释，并给出了描述温度与活化能反应速率常数关系的阿伦尼乌斯方程。1903 年获得诺贝尔化学奖。

### 3.4.4　温度对化学反应速率的影响

温度对化学反应速率具有显著的影响。一般来说，不管是放热反应还是吸热反应，反应速率都随温度的升高而增大。这一方面是因为温度升高，分子运动速率加快，单位时间内的碰撞机会增多；另一方面是因为随着温度升高，体系的平均能量增加，从而有更多的分子获得能量成为活化分子。

1. 范特霍夫规则

1844 年，范特霍夫根据大量实验事实总结出一个经验规则：**对一般反应而言，在反应物浓度不变的情况下，温度每上升 10℃，反应速率增大 2～4 倍**。

在温度变化不大或不需要精确数值时，可用范特霍夫规则粗略地估计温度对反应速率的影响。

2. 阿伦尼乌斯公式

温度对反应速率的影响主要体现在对速率常数 $k$ 的影响上。1889 年，阿伦尼乌斯总结了大量实验事实，提出了**反应速率常数与温度和活化能之间的经验关系式**：

$$k = A\mathrm{e}^{-E_a/RT} \tag{3-41}$$

式中：$A$ 为常数，称为**指前因子**(或频率因子)；$E_a$ 为反应的**活化能**，它是反应的重要特性参数，单位为 $\mathrm{kJ \cdot mol^{-1}}$；$R$ 为摩尔气体常量，等于 $8.314\mathrm{J \cdot mol^{-1} \cdot K^{-1}}$；$T$ 为热力学温度；e 为自然对数的底。在温度变化不大的范围内，$A$ 和 $E_a$ 可以看作常数。由上式可以看出，温度 $T$ 和活化能 $E_a$ 在指数项中，所以它们对 $k$ 值影响很大。反应的温度越高，活化能越小，速率常数 $k$

值越大。

将式(3-41)两边取对数，可得

$$\ln k = \frac{-E_a}{RT} + \ln A \tag{3-42}$$

对数形式的阿伦尼乌斯公式表明：$\ln k$ 与 $\frac{1}{T}$ 之间成线性关系，直线的斜率为 $\frac{-E_a}{R}$，直线在纵坐标上的截距为 $\ln A$，从而可以通过作图求算反应的活化能和指前因子。

也可由阿伦尼乌斯公式直接计算反应的活化能 $E_a$。设温度 $T_1$ 和 $T_2$ 时，反应速率常数分别为 $k_1$ 与 $k_2$，则

$$\ln k_1 = -\frac{E_a}{RT_1} + \ln A$$

$$\ln k_2 = -\frac{E_a}{RT_2} + \ln A$$

两式相减，得

$$\ln\frac{k_2}{k_1} = \frac{E_a}{R}\cdot\frac{T_2 - T_1}{T_1T_2} \tag{3-43}$$

利用式(3-43)，即可由两个不同温度下的反应速率常数计算反应的活化能 $E_a$；也可由已知的反应活化能及某一温度下的速率常数 $k_1$ 求另一温度下的速率常数 $k_2$。

**例 3-16**　已知反应 $SiH_4(g) \longrightarrow Si(s) + 2H_2(g)$ 在不同温度下的速率常数如下：

| $k$ | 0.048 | 2.3 | 49 | 590 |
|---|---|---|---|---|
| $T$/K | 773 | 873 | 973 | 1073 |

以 $\ln k$ 对 $1/T$ 作图，求算反应的活化能。

**解**　(1) 计算出 $\ln k$ 和 $1/T$，列于下表

| $\ln k$ | −3.0366 | 0.8329 | 3.8918 | 6.3801 |
|---|---|---|---|---|
| $(1/T)\times10^3$/K$^{-1}$ | 1.29 | 1.20 | 1.03 | 0.932 |

以 $\ln k$ 对 $1/T$ 作图，如下图所示。由图得方程的斜率为−26.26。

$$E_a = -(\text{斜率})\times R = 26.26\times8.314 = 218(\text{kJ}\cdot\text{mol}^{-1})$$

(2) 由式(3-43)得

$$\ln\frac{k_2}{k_1} = \frac{E_a}{R}\cdot\frac{T_2 - T_1}{T_1T_2}$$

$$E_a = \frac{RT_1T_2}{T_2 - T_1}\ln\frac{k_2}{k_1}$$

任取两组数据：$T_1 = 773\text{K}$，$T_2 = 873\text{K}$ 代入上式，得

$$E_a = \frac{8.314\times873\times773}{873-773}\ln\frac{2.3}{0.048} = 217.1(\text{kJ}\cdot\text{mol}^{-1})$$

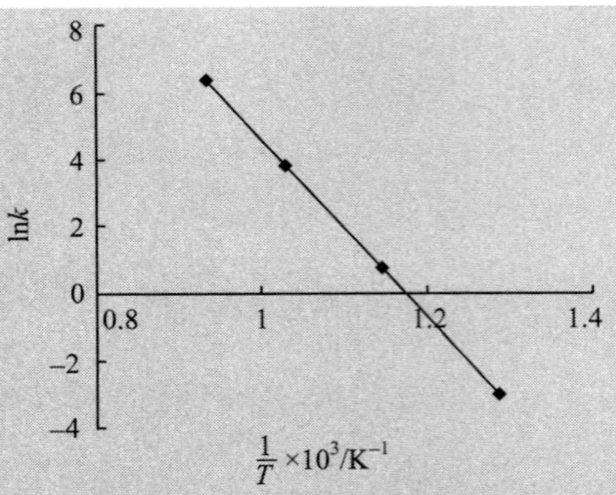


$\ln k$ 与 $\frac{1}{T}$ 关系图

从例 3-16 可以看出，利用阿伦尼乌斯公式求算活化能比较简单，但从准确性上来说，作图法较好，因为从实验中得到的数据总会存在误差，而作图法能起到求平均值的作用。

### 3.4.5　催化剂对化学反应速率的影响

1. 催化剂与催化作用

由阿伦尼乌斯公式可以看出，升高温度和降低反应的活化能都可以提高反应速率。对于升温后反应速率仍然很小，或升温易引起副反应发生的许多化学反应，可通过降低活化能的办法来提高反应的速率常数。

反应活化能的降低通常由加入催化剂来实现。**催化剂**又称触媒，指能改变反应速率而本身的质量、组成和化学性质在反应前后保持不变的物质，催化剂能改变反应速率的作用称为催化作用。其中，能加快化学反应速率的称为**正催化剂**，如合成氨反应中的铁催化剂、加氢反应中的铂催化剂等；能减慢化学反应速率的称为**负催化剂**(或阻化剂、抑制剂)，如防止油脂败坏加入的抗氧化剂。

催化剂之所以能加速反应，是因为它参与了变化过程，改变了原来反应的途径，降低了反应的活化能。

例如，某反应 $A + B \longrightarrow AB$ 无催化剂存在时是按照图 3-4 中的途径 Ⅰ 进行的，它的活化能为 $E_a$(未催化)。当催化剂存在时，其反应机理发生了变化，反应按照途径 Ⅱ 进行，活化能为 $E_a$(催化)。由于 $E_a$(催化) $<$ $E_a$(未催化)，所以反应速率加快了。

活化能对化学反应速率影响较大。例如，HI 分解的反应，若反应在 503K 进行，无催化剂时活化能为 $184\text{kJ}\cdot\text{mol}^{-1}$，以铂为催化剂时活化能降低到 $105\text{kJ}\cdot\text{mol}^{-1}$，则活化能的下降使反应速率增加的倍数为

$$\frac{k_2}{k_1}=\frac{A\text{e}^{-E_a(\text{催化})/RT}}{A\text{e}^{-E_a(\text{未催化})/RT}}=\frac{\text{e}^{-105000/8.314\times503}}{\text{e}^{-184000/8.314\times503}}=1.6\times10^8$$

可见，活化能降低约 $80\text{kJ}\cdot\text{mol}^{-1}$，致使反应速率增大约 $1.6\times10^8$ 倍。

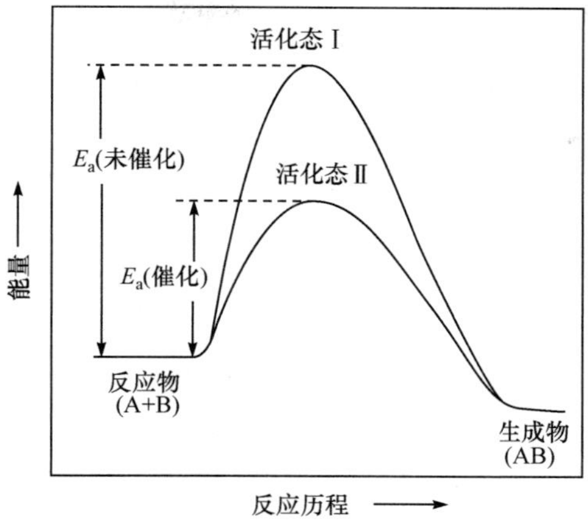


图 3-4　催化剂对活化能的影响

2. 催化剂的特性

催化剂具有以下基本特性。

(1) 催化剂通过改变反应机理来改变反应的活化能，从而改变化学反应速率。

研究表明，虽然在化学反应的前后，催化剂的组成、质量和化学性质不发生变化，但实际上是参与了化学反应，而且发生了相应的变化，只不过在反应后又被还原了。

(2) 不管催化剂存在与否，反应的始态和终态不变，因此催化剂只对热力学上可能发生的反应起作用，对热力学不能发生的反应，催化剂无能为力。即催化剂只能改变反应途径而不能改变反应发生的方向。

(3) 催化剂同等程度地加快正、逆反应的速率。在一定条件下，正反应的优良催化剂必然也是逆反应的优良催化剂。例如，合成氨反应用的铁催化剂，也是氨分解反应的催化剂；有机化学中常用的铂、钯等金属，是加氢反应的催化剂，也是脱氢反应的催化剂。

(4) 催化剂具有特殊的选择性。这有两方面的含义：其一，不同类型的化学反应需要不同的催化剂；其二，对同一原料，如果选择不同的催化剂，可以发生不同的反应，得到不同的产物。例如，乙醇在 473～523K 时，以 Cu 为催化剂，主要得到 $CH_3CHO$ 和 $H_2$；在 413K 时，以 $Al_2O_3$ 为催化剂，主要得到 $C_2H_5OC_2H_5$ 和 $H_2O$；在 400K，以浓 $H_2SO_4$ 为催化剂，主要得到 $CH_2{=}CH_2$ 和 $H_2O$。因此，在生产上可以利用催化剂的选择性控制反应，以获得所需要的产品。

(5) 催化剂稳定性较差，很容易中毒。催化剂中毒可分为暂时性中毒和永久中毒。例如，合成氨中用的铁系催化剂，易受水和氧影响而中毒，当这种中毒现象发生时，可以用还原或加热的方法，使催化剂重新活化，这种中毒就是暂时性中毒或称可逆中毒；砷、硫或磷的化合物对于该催化剂也是毒物，

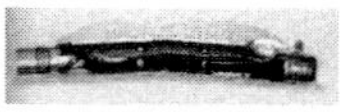

汽车尾气催化转化装置

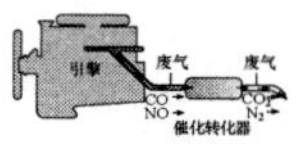

汽车尾气催化转化装置原理

汽车尾气含有 NO 和 CO，试用化学反应的一般原理讨论通过 NO 和 CO 相互反应使其生成无毒的 $CO_2$ 和 $N_2$ 以治理汽车尾气污染的可能性。

当由它们引起中毒时，催化剂就很难重新活化，这是永久性中毒或称不可逆中毒。中毒不仅影响催化剂的活性，造成催化剂的活性下降，也影响催化剂的选择性，为防治催化剂中毒常加入助催化剂。

### *3. 催化剂和催化反应类型

1) 均相催化反应

均相催化反应和多相催化反应的区别何在？影响这两种类型催化反应速率的因素分别有哪些？

催化剂和反应物处于同一相，没有相界面存在而进行的反应，称为**均相催化作用**，能起均相催化作用的催化剂为**均相催化剂**。均相催化剂包括液体酸、碱催化剂，可溶性过渡金属化合物（盐类和络合物）等。均相催化剂以分子或离子形式独立起作用，活性中心均一，具有高活性和高选择性。例如，高锰酸钾在酸性条件与草酸反应时，产物 $Mn^{2+}$就是均相催化剂。

$$2MnO_4^- + 6H^+ + 5H_2C_2O_4 \longrightarrow 10CO_2 + 8H_2O + 2Mn^{2+}$$

$Mn^{2+}$既是反应产物，又能起催化作用，这样的反应称为**自催化反应**。

2) 多相催化反应

催化剂与反应物不处于同一相中的催化剂称为**多相催化剂**，又称为**非均相催化剂**。多相催化剂通常是固体催化剂，其与气体或液体的反应物相接触，反应在固相催化剂表面的活性中心进行。例如，在生产人造黄油时，通过固态镍（催化剂）能够把不饱和的植物油和氢气转变成饱和的脂肪。固态镍是一种多相催化剂，被它催化的反应物则是液态（植物油）和气态（氢气）。

多相催化与表面吸附有关，表面积越大则催化效果越高。因此，催化剂往往制成超细粉末，有时也将其负载于一些不活泼的多孔物质上，这种多孔物质称为催化剂载体。

3) 酶催化反应

催化剂与酶催化

**酶**是植物、动物和微生物产生的具有催化能力的有机物，也称生物催化剂。生物体的化学反应几乎都在酶的催化作用下进行。绝大多数酶为蛋白质，少数为 RNA。

**酶催化作用**是介于均相与多相催化之间的催化作用。同一般催化反应一样，酶催化的机制仍是通过改变反应机理，降低反应活化能来改变反应速率。例如，脲水解为二氧化碳和氨气的反应，在无催化剂时，反应的活化能高达 126kJ · $mol^{-1}$，用脲酶作催化剂水解时，反应的活化能降低至 46kJ · $mol^{-1}$。

酶催化反应还具有许多不同于一般反应的特点。首先，酶的催化作用具有高度的选择性（专一性），即一种酶只能作用于某一类或某一种特定的物质。例如，核酸酶催化核酸水解为单核苷酸和寡核苷酸，淀粉酶催化淀粉水解为糊精和麦芽糖，蛋白酶催化蛋白质水解成肽等。其次，酶催化作用还具有高效性，酶的催化效率比一般非酶催化高 $10^6$～$10^{10}$ 倍。例如，以过氧化氢酶催化过氧化氢的分解反应比铁催化过氧化氢的反应速率快 $10^{10}$ 倍；以碳酸酐酶催化二氧化碳的水合反应比非酶催化的反应要快 $10^7$ 倍。最后，酶对系统的物理、化学性质比较敏感，尤其是温度和 pH，一般酶促反应的适合 pH 为 5～8，反应温度为 20～40℃。高温或其他苛刻的物理或化学条件，将引起酶的失活。例如，利用酶分解衣物上的污渍的生物洗涤剂，在低温下使用最有效。酶在生理学、医学、农业、工业等方面都有重大意义。目前，酶制剂的应用非常广泛。

【拓展材料】

## 飞 秒 化 学

飞秒化学是物理化学的一个分支，是研究以飞秒($10^{-15}$s)作为时间尺度的超快化学反应过程的一门新兴分支学科，属于分子反应动力学与激光化学的范畴。

由化学反应速率理论可知，发生反应的两个分子在发生碰撞的瞬间必定形成一个高能的超分子——过渡态。过渡态的寿命非常短暂，其时间量度与分子振动相当，为 10～100fs。为了对分子振动和化学反应过程中所经历的过渡态进行实时观测，几代科学家进行了不倦的探索。1967 年的诺贝尔化学奖获得者诺里什和波特利用激光分解技术，将研究的时间量度推进到 $10^{-3}$～$10^{-6}$s 的过程；1986 年的诺贝尔化学奖获得者赫施巴赫、波拉尼和李远哲通过分子束将研究过程进一步推进到 $10^{-12}$ s(皮秒)，但仍然无法解开化学反应之谜。几代化学家的梦想终于由 1999 年诺贝尔化学奖获得者艾哈迈德·泽维尔实现，他将对化学反应的跟踪达到了与分子振动时间相当的飞秒时间量度。

泽维尔
Ahmed H. Zewail，
1946—2016

泽维尔教授 1946 年生于埃及，具有埃及和美国双重国籍。曾就读于埃及亚历山大大学，并获硕士；后又在宾夕法尼亚大学获得博士学位。1976 年，他被聘为加州理工学院化学系教授，两年后成为终身教授。1990 年以来，泽维尔一直是该系的林纳斯 · 鲍林荣誉教授。同时，他还是美国国家科学院、美国艺术和科学院、第三世界科学院、欧洲艺术科学和人类学院等多家科学机构的会员。泽维尔的实验使用了超短激光技术，即飞秒光学技术，使人们可以通过“慢动作”观察处于化学反应过程中的原子与分子的转变状态。为表彰泽维尔的这一伟大贡献，1999 年诺贝尔奖评审委员会授予他诺贝尔化学奖。

泽维尔教授及其同事自 20 世纪 80 年代末起就致力于飞秒量级时间标度测试技术的探索。他们借鉴了光学家在 70 年代所开发的飞秒量级超快激光脉冲技术，研究发展了飞秒激光脉冲激发探测技术，以之作为具有飞秒量级快门的“高速照相机”，实时监测各类化学反应过程中的分子图像及其振动，准确地捕获了存在时间仅为数十飞秒的过渡态。

飞秒时间分辨的“快门”是由一前一后的两束飞秒激光来达成的，这是因为一次“快门”的运动需要“开门”和“关门”两个动作。光的传播速度为每秒 30 万公里，由此可以计算出，如果将一束激光分成两束，从一束光引发化学变化，到第二束光探测为止，假设要使两束光到达分子的时间相差只有 1fs，两束光的光程差别只能有 0.3μm ($10^{-6}$m)。所以，实验中需要对两束以上光路进行精确地控制。运用激光的一个好处是，不同波长的激光可以选择性地激发和检测不同的分子，或者同一分子的不同内部能量状态，或量子态分布。通过对时间和波长的精心选择和控制，泽维尔教授进行了许多经典的飞秒化学实验。1987 年，泽维尔教授成功完成了有关 ICN 分子光解离的动态研究，检测是通过自由的 CN 光碎片和在 I 原子“微扰”下的 CN 的激光诱导荧光进行，测得 I 原子由 ICN 经过渡态到完全分离所需的时间约等于 205±30fs。这是人类第一次直接从实验上观察到过渡态的变化过程，开创了飞秒化学领域研究的先河。在另一个重要的实验中，泽维尔研究了 $NaI \longrightarrow Na + I$ 的光解反应，第一次观察到了反应的过渡态在势能面上的振荡和解离的全过程。他用强的激活脉冲使平均核间距为 0.28nm 的基态离子对 $Na^+I^-$激发至激发态[Na-I]*，再用较弱的探索脉冲以选定的波长探测捕捉原始分子或变化了的分子，在光谱仪中，新的分子或分子碎片像指纹一样留了下来。实验表明，当 Na 和 I 原子核间距为 1～1.5nm 时，其电子层结构显示为离子特征，即以 $Na^+$和 $I^-$形式存在；当核间距为 0.69nm 时，NaI 分子返回到基态(0.28nm)或分解为 Na 和 I 原子的概率相当。

泽维尔教授还研究了一系列从简单到复杂的化学和生物体系中各种类型的反应，包括单分子、双分子反应，其中有异构化、解离、电子转移、质子转移、分子内部的弛豫过程，还有许多生物过程的反应。他在实验观察的基础上，也从理论上对这些过程进行了计算，并给出了很好的解释，大大推进了人类对化学反应微观过程在深度和广度上的认识和控制能力。在泽维尔教授开创性工作的启发下，各国化学家开始了气相、液相、固体材料、表面、高聚物和生物体系的时间分辨度为飞秒量级的各种过程的探索性研究。

在化学动力学的领域内，飞秒化学改变了人类对化学反应的认识，从相对模糊的活化能和过渡态的概念，发展到了对反应的真实过程的观测，如原子在反应中的运动等。

## 思　考　题

3-1　归纳本章的物理量，指出哪些属于状态函数，哪些不是，并说明状态函数的性质。

3-2　什么是焓和焓变？物质的标准摩尔生成焓和标准摩尔燃烧焓的概念有何不同？它们与标准摩尔反应焓的关系如何？

3-3　判断化学反应能否自发进行的标准是什么？298K、标准状态下，373K、标准状态下以及 373K、非标准状态下的$\Delta G$分别如何计算？

3-4　化学平衡是对一种状态的描述，它与从什么途径达到平衡没有关系，而只是外界各影响因素的函数。你如何理解这个问题？

3-5　若一可逆反应达平衡后，当影响反应速率的因素发生改变时，反应速率常数和平衡常数将如何变化？

3-6　试从活化分子、活化能的概念讨论浓度、温度和催化剂对反应速率的影响。

3-7　一个反应在相同温度、不同起始浓度时和不同温度、相同起始浓度时的反应速率、反应速率常数、转化率、平衡常数、反应级数和活化能是否相同？

## 习　　题

3-1　判断题。

(1) 在等温等压下，化学反应的热效应只与它的始态和终态有关，与其变化途径无关。（　）

(2) 石墨、金刚石和臭氧都是单质，它们的标准摩尔生成焓都为零。（　）

(3) 若反应的$\Delta_r H$和$\Delta_r S$均为正值，则随温度升高，反应自发进行的可能性增加。（　）

(4) 常温常压下，空气中的 $N_2$ 和 $O_2$ 长期共存而不化合生成氮的氧化物，说明该反应是吸热的反应。（　）

(5) 凡速率方程中各物质浓度的指数与反应方程式中化学式前的计量系数一致时，此反应必为基元反应。（　）

(6) 化学反应速率通常随时间的增加而减小。（　）

(7) 温度能影响反应速率，是由于它能改变反应的活化能。（　）

(8) 某可逆反应的正反应的活化能小于逆反应的活化能，则该正反应是放热反应。（　）

(9) 反应物浓度不变时，温度每升高 10℃，反应速率一般增加 1 倍，则 400K 时的反应速率是 350K 时的 25 倍。（　）

(10) 可逆反应达到平衡后，若反应速率常数 $k$ 发生变化，则平衡常数 $K^\ominus$一定发生变化。（　）

(11) 化学反应的标准平衡常数的值越大，该反应的反应速率就越大。（　）

(12) 催化剂可大大加快某反应的反应速率，故其平衡常数也将随之增大。（　）

3-2　选择题。

(1) 在 25℃和标准态时，下列反应均为非自发反应，其中在高温时仍为非自发的是（　）

A. $Ag_2O(s) \longrightarrow 2Ag(s) + 1/2O_2(g)$

B. $N_2O_4(g) \longrightarrow 2NO_2(g)$

C. $6C(s) + 6H_2O(g) \longrightarrow C_6H_{12}O_6(s)$

D. $Fe_2O_3(s) + 3/2\ C(s) \longrightarrow 2Fe(s) + 3/2\ CO_2(g)$

(2) 下列说法正确的是　　(　　)

A. $\Delta H > 0$，$\Delta S < 0$，在任何温度下，正反应都能自发进行

B. $\Delta H < 0$，$\Delta S < 0$，在任何温度下，正反应都能自发进行

C. $\Delta H < 0$，$\Delta S > 0$，在任何温度下，正反应都能自发进行

D. $\Delta H > 0$，$\Delta S > 0$，在任何温度下，正反应都能自发进行

(3) 由下列数据确定反应 $2C(s) + H_2(g) \longrightarrow C_2H_2(g)$ 的 $\Delta_r H_m^{\ominus}$ 为　　(　　)

$C_2H_2(g) + 5/2O_2(g) \longrightarrow 2CO_2(g) + H_2O(l)$　　$\Delta_r H_m^{\ominus} = -1301 kJ \cdot mol^{-1}$

$C(s) + O_2(g) \longrightarrow CO_2(g)$　　$\Delta_r H_m^{\ominus} = -394.1 kJ \cdot mol^{-1}$

$H_2(g) + 1/2O_2(g) \longrightarrow H_2O(l)$　　$\Delta_r H_m^{\ominus} = -285.5 kJ \cdot mol^{-1}$

A. $227 kJ \cdot mol^{-1}$　　B. $621 kJ \cdot mol^{-1}$

C. $1301 kJ \cdot mol^{-1}$　　D. $-2375 kJ \cdot mol^{-1}$

(4) 已知 $NH_3(g)$、$NO(g)$、$H_2O(l)$ 的 $\Delta_f G_m^{\ominus}$ 分别为 $-16.64 kJ \cdot mol^{-1}$、$86.69 kJ \cdot mol^{-1}$、$-237.2 kJ \cdot mol^{-1}$，则反应 $4NH_3(g) + 5O_2(g) \longrightarrow 4NO(g) + 6H_2O(l)$ 的 $\Delta_r G_m^{\ominus}$ $(kJ \cdot mol^{-1})$ 为

(　　)

A. $-133.9$　　B. $-1009.9$　　C. $-1286.6$　　D. 159.5

(5) 已知反应 $N_2O_4(g) \longrightarrow 2NO_2(g)$ 在 600℃时 $K_1^{\ominus} = 1.78 \times 10^4$，转化率为 $a\%$；在 1000℃时 $K_2^{\ominus} = 2.82 \times 10^4$，转化率为 $b\%$，并且 $b > a$，则下列叙述中正确的是

(　　)

A. 由于 1000℃时的转化率大于 600℃时的，所以此反应为放热反应

B. 因为 $K$ 随温度升高而增大，所以此反应的 $\Delta H > 0$

C. 此反应的 $K_p = K_c$

D. 因为 $K$ 随温度升高而增大，所以反应的 $\Delta H < 0$

(6) 800K 时测定反应 $CH_3CHO(g) \longrightarrow CH_4(g) + CO(g)$ 的反应速率数据如下：

| $c(CH_3CHO)/(mol \cdot L^{-1})$ | 0.100 | 0.200 | 0.400 |
|---|---|---|---|
| $r/(mol \cdot L^{-1} \cdot s^{-1})$ | $9.00 \times 10^{-7}$ | $3.60 \times 10^{-6}$ | $1.44 \times 10^{-5}$ |

则此反应的级数应为　　(　　)

A. 0　　B. 1　　C. 2　　D. 4

(7) 某种酶催化反应的活化能为 $50.0 kJ \cdot mol^{-1}$，正常人的体温为 37℃，若病人发烧至 40℃，则此酶催化反应的反应速率增加了　　(　　)

A. 121%　　B. 21%　　C. 42%　　D.1.21%

(8) 由反式 1,2-二氯乙烯异构化为顺式 1,2-二氯乙烯的活化能为 $231.2 kJ \cdot mol^{-1}$，其 $\Delta H$ 为 $4.2 kJ \cdot mol^{-1}$，则该逆反应的活化能 $(kJ \cdot mol^{-1})$ 为　　(　　)

A. 235.4　　B. $-231.2$　　C. 227.0　　D. $-227.0$

3-3　填空题。

(1) 预测下列过程系统 $\Delta S$ 的变化情况。

① 水变成水蒸气，$\Delta S$____0；② 气体等温膨胀，$\Delta S$____0；③ 水与乙醇相溶，$\Delta S$____0；④ 盐从过饱和水溶液中结晶出来，$\Delta S$____0；⑤ 渗透，$\Delta S$____0；⑥ $2CO(g) + O_2(g) = 2CO_2(g)$，$\Delta S$____0；⑦ $2O_3(g) = 3O_2(g)$，$\Delta S$____0；⑧ $H_2(g) + I_2(s) = 2HI(g)$，$\Delta S$____0。

(2) 下列各热力学函数，数值是零的有____________________。

不同状态函数计算方法总结

① $\Delta_f H_m^{\ominus}$ ($O_3$，g，298K)　② $\Delta_f G_m^{\ominus}$ ($I_2$，g，298K)　③ $\Delta_f H_m^{\ominus}$ ($Br_2$，s，298K)；
④ $S_m^{\ominus}$ ($H_2$，g，298K)　⑤ $\Delta_f G_m^{\ominus}$ ($N_2$，g，298K)　⑥ $\Delta_f H_m^{\ominus}$ (C，金刚石，298K)。

(3) 下列量的符号：$Q$，$H$，$U$，$S$，$T$，$G$，$p$，$V$ 中属状态函数的有__________；具有容量性质的有__________；具有强度性质的有__________；绝对值无法测量的有__________。

(4) 一个正在进行的反应，随着反应进行，体系的吉布斯自由能变量必然__________；当 $\Delta_r G$ 等于__________ 时，反应达到__________状态。

(5) 在一定范围内，反应 $2NO + Cl_2 \rightleftharpoons 2NOCl$ 的速率方程为 $r = kc^2(NO) \cdot c(Cl_2)$，

① 该反应的反应级数为________，由此______(能、不能)判断该反应是基元反应。

② 其他条件不变，如果将容器的体积增加到原来的 2 倍，反应速率为原来的________。

③ 如果容器的体积不变，而将 NO 的浓度增加到原来的 3 倍，保持 $Cl_2$ 的浓度不变，反应速率为原来的________。

(6) 反应 $N_2O_4(g) \rightleftharpoons 2NO_2(g)$ 是一个熵________的反应。在恒温恒压下达到平衡，若增大 $n(N_2O_4)$，平衡将__________移动，$n(NO_2)$ 将__________；若向该系统中加入 Ar(g)，$n(NO_2)$ 将__________，$N_2O_4$ 解离度将__________。

(7) $PCl_5(g)$ 分解为 $PCl_3(g)$ 和 $Cl_2(g)$ 的反应是一个吸热反应。以下各种措施对 $PCl_5(g)$ 的解离度 $\alpha$ 有何影响？

① 增加反应体系的温度，$\alpha$____；② 体积不变，增加反应体系的总压，$\alpha$____；

③ 增大反应容器的体积，$\alpha$____；④ 添加气体 He，体系的体积不变，$\alpha$____；

⑤ 加入催化剂，降低正反应的活化能，$\alpha$____。

3-4　写出下列各反应的经验平衡常数和标准平衡常数的表达式。

(1) $2NOCl(g) \rightleftharpoons N_2(g) + Cl_2(g) + O_2(g)$

(2) $Al_2O_3(s) + 3H_2(g) \rightleftharpoons 2Al(s) + 3H_2O(g)$

(3) $NH_4Cl(s) \rightleftharpoons HCl(g) + NH_3(g)$

(4) $2H_2O_2(g) \rightleftharpoons 2H_2O(g) + O_2(g)$

3-5　如图所示，当体系从状态 1 沿 1→$a$→2 发生变化时，体系吸收热量 550J，并对外做功 330J。试问 (1) 当体系仍从状态 1 出发，沿 1→$b$→2 发生变化时，此时体系对外做功 600J，这时体系将吸收多少热量？(2) 如果体系由状态 2 直接回到状态 1，环境对系统做了 500J 的功，则系统将吸收或放出多少热？

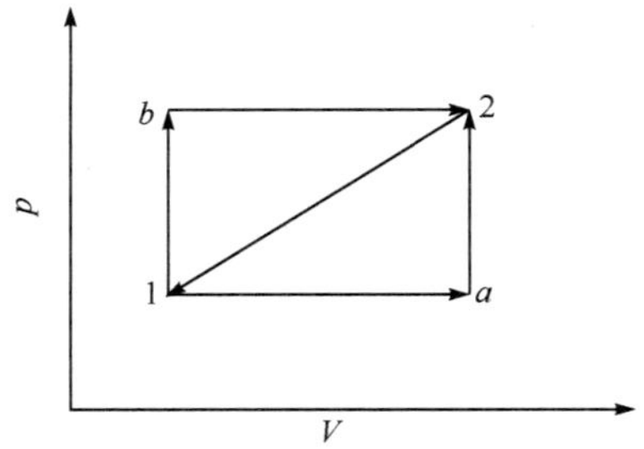


3-6　在 273K 和 101.3kPa 下，2.0mol $H_2(g)$ 和 1.0mol 的 $O_2(g)$ 反应，生成 2.0mol 液态水，共放出 572kJ 的热量，求反应的 $\Delta H$ 和 $\Delta U$。

3-7　已知 298K 时下列化学反应的热化学方程式分别为

(1) $3H_2(g) + N_2(g) = 2NH_3(g)$　　$\Delta_r H_{m,1}^{\ominus} = -92.22 kJ \cdot mol^{-1}$

(2) $2H_2(g) + O_2(g) = 2H_2O(g)$　　$\Delta_r H_{m,2}^{\ominus} = -483.64 kJ \cdot mol^{-1}$

求反应 (3) $4NH_3(g) + 3O_2(g) = 2N_2(g) + 6H_2O(g)$ 在 298K 下的 $\Delta_r H_{m,3}^{\ominus}$。

3-8　试用附录三提供的数据，计算下列反应在 298K 下的 $\Delta_r H_m^\ominus$ 、$\Delta_r S_m^\ominus$ 和 $\Delta_r G_m^\ominus$ 。

(1) $2N_2H_4(l) + N_2O_4(g) \longrightarrow 3N_2(g) + 4H_2O(l)$

(2) $SiO_2$(s,石英) + $4HCl(g) \longrightarrow SiCl_4(g) + 2H_2O(l)$

(3) $2NaOH(s) + CO_2(g) \longrightarrow Na_2CO_3(s) + H_2O(l)$

典型热力学计算例题

3-9　已知反应 $N_2(g) + 3H_2(g) \rightleftharpoons 2NH_3(g)$，试通过计算回答下列问题：

(1) 判断 298K 和 700K 温度下的反应方向如何。

(2) 升高温度还是降低温度对该反应有利？

(3) 求该反应的转变温度。

3-10　在 1105K 时将 3.00mol $SO_3(g)$ 放入 8.00L 的容器中，达到平衡时产生 0.95mol 的 $O_2(g)$。试计算在该温度时，反应 $2SO_2(g) + O_2(g) \rightleftharpoons 2SO_3(g)$ 的 $K^\ominus$ 。

3-11　已知在 298K 时，(1) $2N_2(g) + O_2(g) \rightleftharpoons 2N_2O(g)$，$K_1^\ominus = 4.8\times10^{-37}$；(2) $N_2(g) + 2O_2(g) \rightleftharpoons 2NO_2(g)$，$K_2^\ominus = 8.8\times10^{-19}$。求 $2N_2O(g) + 3O_2(g) \rightleftharpoons 4NO_2(g)$ 的 $K^\ominus$ 。

3-12　试用附录三提供的数据计算化学反应 $2SO_2(g) + O_2(g) \rightleftharpoons 2SO_3(g)$ 在标准状态下，298K 和 800℃时的标准平衡常数。

3-13　有 10.0L 含有 $H_2$、$I_2$ 和 HI 的混合气体，在 425℃时达到平衡，此时体系中分别有 0.100mol $H_2(g)$、0.100mol $I_2(g)$ 和 0.740mol HI(g)。如果再向体系中加 0.500mol HI(g)，重新平衡后，体系中各物质的浓度分别为多少？

3-14　在 35℃时，$6CO_2 + 6H_2O \longrightarrow C_6H_{12}O_6$(葡萄糖) + $6O_2$ 的反应速率常数 $k$ 为 $6.2\times10^{-5}s^{-1}$，活化能 $E_a = 108kJ\cdot mol^{-1}$，试求 45℃时的反应速率常数。

典型动力学计算例题

3-15　下图表示某反应过程的能量变化过程。试计算：

(1) 该反应的反应热；

(2) 正反应的活化能和逆反应的活化能；

(3) 该反应是放热反应还是吸热反应。

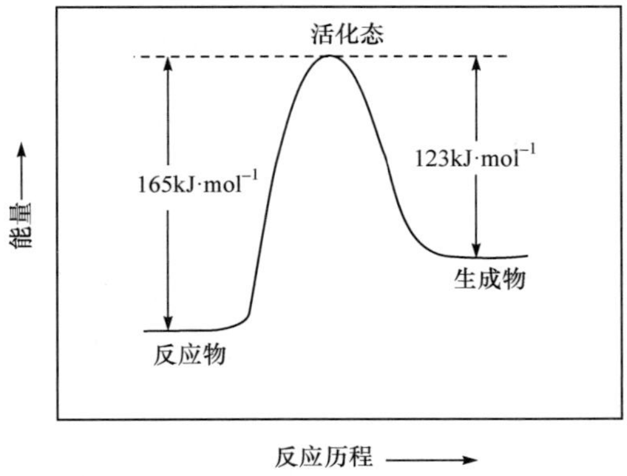


3-16　$N_2O_5$ 的分解反应如下：$2N_2O_5(g) \longrightarrow 4NO_2(g) + O_2(g)$，由实验测得在 67℃时 $N_2O_5$ 的浓度随时间的变化如下：

| $t$/min | 0.0 | 1.0 | 2.0 | 3.0 | 4.0 | 5.0 |
|---|---|---|---|---|---|---|
| $c(N_2O_5)/(mol\cdot L^{-1})$ | 1.00 | 0.71 | 0.50 | 0.35 | 0.25 | 0.17 |

试计算：

(1) 在 0～2.0min 的平均反应速率；

(2) 在第 2.0min 的瞬时速率；

(3) $N_2O_5$ 浓度为 $1.00mol\cdot L^{-1}$ 时的初速率。

3-17　300K 时，反应 $2H_2O_2(aq) = 2H_2O(l) + O_2(g)$ 的活化能为 75.3kJ · mol$^{-1}$。若用 $I^-$催化，活化能降为 56.5kJ · mol$^{-1}$。若用酶催化，活化能降为 25.1kJ · mol$^{-1}$。试计算在相同温度下，该反应用 $I^-$和酶催化时，其反应速率分别是无催化剂时的多少倍。

*3-18　蔗醣在新陈代谢的过程中所发生的总反应为

$$C_{12}H_{22}O_{11}(s) + 12O_2(g) = 12CO_2(g) + 11H_2O(l)$$

假定有 25%的反应热转化为有用功，试计算体重为 65kg 的人登上 3000m 高的山需消耗多少蔗醣。已知 $\Delta_f H_m^\ominus(C_{12}H_{22}O_{11}, s) = -2222$kJ · mol$^{-1}$。

*3-19　血红蛋白(Hb)能与 $O_2$ 或 CO 结合，反应如下：

$$O_2Hb(aq) + CO(g) \rightleftharpoons COHb(aq) + O_2(g)$$

当血液 COHb 和 $O_2$Hb 的浓度比接近于 1 就可导致人死亡，空气中 CO 的分压达到多少就有可能致命？（该反应在体温时 $K^\ominus \approx 200$，设定空气中 $O_2$ 的分压为 $0.2p^\ominus$）

# 第4章　酸碱平衡

【教学目的和要求】

(1) 掌握酸碱质子理论的基本概念。

(2) 掌握弱酸、弱碱解离平衡及影响因素。

(3) 掌握质子平衡式的书写，会用近似式和最简式计算溶液的 pH。

(4) 掌握缓冲溶液的基本原理和缓冲溶液的配制原则。

【教学重点和难点】

(1) 重点内容：酸碱质子理论；弱酸弱碱溶液的解离平衡；稀释定律；各类酸碱溶液 pH 的计算；缓冲溶液的配制。

(2) 难点内容：质子平衡式；各类溶液体系 pH 的计算。

绪论

## 4.1　酸碱理论

酸碱理论

日常生活中，人们几乎天天接触酸碱。醋的主要成分是乙酸，水果和蔬菜(柠檬、葡萄、西红柿等)的酸味来自其中的有机酸，碳酸饮料的酸味来自二氧化碳和水反应产生的氢离子，维生素 C 的酸味来自抗坏血酸，用作泻药的“镁乳”是氢氧化镁的悬浮液，肥皂和洗涤剂成分中不能缺少有机碱或无机碱。世界范围内年产量最大的化学品是硫酸，占第 3 位和第 4 位的则是石灰和氨。这些足以说明酸碱在化学工业中的重要地位，事实上农业和其他工业都离不开酸和碱。

食品酸碱性

酸碱使用如此广泛，人们对酸碱的概念的认识也是逐步深化的。最早的一个定义是阿伦尼乌斯于 1887 年提出的**酸碱电离理论**。该理论在中学教材已有提及，认为在水中电离出的正离子全部是 $H^+$的物质是**酸**；在水中电离出的负离子全部是 $OH^-$的物质是**碱**。酸碱中和反应的实质是

$$H^+ + OH^- \rightleftharpoons H_2O$$

阿伦尼乌斯酸碱电离理论从化学组成上揭示了酸和碱的本质，简单、明确，但是也有明显的局限性。酸碱电离理论难以解释为什么有些物质不能完全电离出 $H^+$或 $OH^-$，却具有明显的酸碱性。例如，$NH_4Cl$、$NaHSO_4$ 显酸性，$Na_2CO_3$、$NaNH_2$ 显碱性。诸如此类的化学事实需要新的酸碱理论加以解释，本章将重点介绍酸碱质子理论和酸碱电子理论。

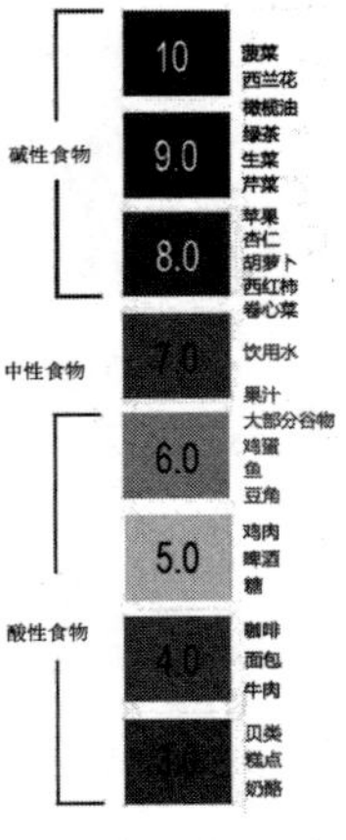


查阅资料解释食品为什么有酸性食品和碱性食品之分。

### 4.1.1　酸碱质子理论

1. 酸碱定义

为了克服电离理论的局限性，1923 年，丹麦化学家布朗斯特和英国化学

家劳莱分别提出了酸碱质子理论。

酸碱质子理论认为：凡是能提供质子的物质是**酸**，即质子给予体；凡是能接受质子的物质是**碱**，即质子接受体。

酸碱质子理论对酸碱的区分只以质子 $H^+$为判据。例如，在水溶液中：

$$HCl \rightleftharpoons Cl^- + H^+$$

$$HAc \rightleftharpoons Ac^- + H^+$$

$$NH_4^+ \rightleftharpoons NH_3 + H^+$$

其中 HCl、HAc、$NH_4^+$ 都能给出质子，所以它们都是酸；酸给出质子后，剩余的 $Cl^-$、$Ac^-$、$NH_3$ 都能接受质子，它们都是碱。由上述例子可见，酸、碱可以是分子，也可以是离子。

2. 共轭酸碱对

酸和碱不是孤立的，而是统一在对质子的关系上，这种关系可表示为

$$\text{酸} \rightleftharpoons \text{碱} + \text{质子}$$

酸给出质子的过程一般是可逆的，体现“酸中含碱，碱可变酸”的对立统一的辩证关系，满足这种相互依存、相互转化的关系称为共轭关系，相应的酸、碱称为**共轭酸碱对**。需要注意的是，共轭酸碱对之间仅相差一个质子 $H^+$。例如，$H_2SO_4$ 的共轭碱是 $HSO_4^-$，而不是 $SO_4^{2-}$；$CO_3^{2-}$ 的共轭酸是 $HCO_3^-$，而不是 $H_2CO_3$。

请问 $(NH_4)_2S(aq)$ 体系中存在几对共轭酸碱对？

在酸碱中有一类物质既可以得质子又可以失质子，这类物质称为两性物质。上述中的 $HSO_4^-$ 可以得到质子成为 $H_2SO_4$，也可以失去质子成为 $SO_4^{2-}$，所以 $HSO_4^-$ 是两性物质。同理，$HCO_3^-$ 和 $H_2PO_4^-$、$HPO_4^{2-}$ 均为两性物质。

3. 酸碱反应实质

酸碱质子理论认为：酸碱反应的实质是**酸碱之间质子的传递**。为了实现酸碱反应，酸在给出质子的同时，必然有另一物质接受质子。因此，酸碱反应实际上是两个共轭酸碱对共同作用的结果，即

$$\text{酸}_1 + \text{碱}_2 \rightleftharpoons \text{碱}_1 + \text{酸}_2$$

（$H^+$ 由酸$_1$ 传递给碱$_2$）

例如，HAc 在水溶液中的解离，由下面两个平衡组成：

$$\underset{\text{酸}_1}{HAc} \rightleftharpoons H^+ + \underset{\text{碱}_1}{Ac^-}$$

$$\underset{\text{碱}_2}{H_2O} + H^+ \rightleftharpoons \underset{\text{酸}_2}{H_3O^+}$$

总反应为

$$\underset{酸_1}{HAc} + \underset{碱_2}{H_2O} \rightleftharpoons \underset{酸_2}{H_3O^+} + \underset{碱_1}{Ac^-}$$

在此平衡中，HAc 将质子传递给 $H_2O$，各自分别生成了共轭碱 $Ac^-$和共轭酸 $H_3O^+$。可见，质子传递过程并不要求反应都在水溶液中进行，也不要求先生成质子再加到碱上，只要质子能从一种物质传递到另一种物质上就可以。因此，酸碱反应可以在非水溶剂、无溶剂条件下进行。比如，HCl 和 $NH_3$ 的反应，无论在水溶液中，还是在气相或苯溶液中，其实质都是一样的，都是 $H^+$转移反应：

$$HCl + NH_3 \rightleftharpoons NH_4^+ + Cl^-$$

$H^+$

酸碱质子理论不仅大大扩大了酸碱的概念和应用范围，并将水溶液和非水溶液统一起来，还重新认识了盐的概念。盐的“水解”其实质就是组成它的酸或碱与溶剂水分子间的质子传递过程。例如，NaAc 水解反应可表示为

$$H_2O + Ac^- \rightleftharpoons HAc + OH^-$$

$H^+$

同理，$NH_4Cl$ 水解可表示为

$$NH_4^+ + H_2O \rightleftharpoons H_3O^+ + NH_3$$

$H^+$

根据质子理论，电离理论中所有的酸、碱、盐的离子平衡，都可归结为质子酸碱反应。不过，该理论不能说明既不提供质子也不接受质子的物质的酸碱性。例如，无法解释 $Al^{3+}$、$BF_3$ 具有明显的酸性。

路易斯
Gilbert Newton Lewis
1875—1946
美国化学家。他提出了共价键的电子理论，并在《原子和分子》一文和《价键与原子和分子结构》一书中做了充分的阐述，对人们了解化学键的本质起了重大作用。1923 年他从电子对的给予和接受角度提出了新的广义酸碱概念，即路易斯酸碱电子理论。

### 4.1.2　酸碱电子理论

1923 年，美国化学家路易斯提出了酸碱电子理论，这一理论弥补了酸碱质子理论的不足，更广泛地定义了酸碱。

路易斯酸是指能作为电子对接受体的物质，如 $BF_3$、$Al^{3+}$、$Cu^{2+}$等；路易斯碱是指能作为电子对给予体的物质，如 $NH_3$、$Cl^-$、$OH^-$等。

根据酸碱电子理论，所有正离子都是酸，所有负离子都是碱，而盐则是酸碱加合物。酸碱之间以共价配位键相结合，并不发生电子转移。可用公式表示为

$$\underset{路易斯酸}{A} + \underset{路易斯碱}{:B} \rightleftharpoons \underset{酸碱加合物}{A:B}$$

下列反应都是路易斯酸碱反应：

$$H^+ + :OH^- \rightleftharpoons H_2O$$

$$Fe + 5:CO \rightleftharpoons Fe(CO)_5$$

$$BF_3 + HF: \rightleftharpoons HBF_4$$

$$Cu^{2+} + 4{:}NH_3 \rightleftharpoons [Cu(NH_3)_4]^{2+}$$

在反应中，路易斯酸是缺电子的，它易于向反应物的电子密度大的部位进攻，所以路易斯酸是一种亲电试剂。路易斯碱是富电子的，它要向反应物的电子密度小的部位进攻，所以路易斯碱是亲核试剂。

路易斯酸碱电子理论将酸碱的概念扩展到极致，而且对化合物特别是配合物的形成和稳定性给予一定的说明，应用范围很广。不过，酸碱电子理论也有不足之处，主要是路易斯酸碱的强度没有统一的标准。例如，$OH^-$和 $NH_3$ 都是路易斯碱，在和质子反应时，碱性 $NH_3 < OH^-$；但和 $Ag^+$ 反应时，AgOH 在液氨中全部解离，而 $[Ag(NH_3)_2]^+$稳定存在，则碱性 $NH_3 > OH^-$。因此，不能简单地比较酸碱的强弱，而要依据具体的反应来判断。为了弥补这一缺陷，皮尔逊等提出了“软硬酸碱理论”。总之，人们对酸碱的认识还在不断深入探索中。

## 4.2　水溶液中的酸碱平衡

根据酸碱质子理论，酸碱在溶液中表现出来的强弱，不仅与酸碱本性有关，同时与溶液的本性有关。例如，HAc 在水中是弱酸，但在液氨中变成较强的酸，因为液氨接受氢离子的能力比水强。水作为最重要的溶剂，也是生物体内广泛存在的溶剂。为此，本章重点讨论水溶液中的酸碱平衡。

### 4.2.1　水的解离平衡与离子积常数

水分子是弱电解质，分子之间存在着弱的质子传递：

$$H_2O + H_2O \rightleftharpoons H_3O^+ + OH^-$$

其中一个水分子给出质子作为酸，另一个水分子接受质子作为碱，这种溶剂分子之间的质子传递反应称为自递平衡。为简便起见，本书将 $H_3O^+$简写为 $H^+$，即

水溶液中的酸碱平衡（一）水和弱酸碱的解离平衡

$$H_2O \rightleftharpoons H^+ + OH^-$$

对水而言，反应的标准平衡常数称为水的质子自递常数，以 $K_w^\ominus$ 表示。

$$K_w^\ominus = \frac{c(H^+)}{c^\ominus} \times \frac{c(OH^-)}{c^\ominus}$$

式中：$c^\ominus$ 为标准浓度（$1mol \cdot L^{-1}$）。为方便书写，本书在平衡常数表达式中常省去 $c^\ominus$，故上式可简写为

$$K_w^\ominus = c(H^+) \cdot c(OH^-) \tag{4-1}$$

$K_w^\ominus$ 也称为**水的离子积常数**。精确实验测得在室温（25℃）时纯水中：

$$c(H^+) = c(OH^-) = 1.0 \times 10^{-7} mol \cdot L^{-1}$$

则

$$K_w^\ominus = 1.0 \times 10^{-14}$$

$K_w^\ominus$ 随温度升高而变大，但变化不明显。为了方便，一般在室温时均采用

$K_w^\ominus = 1.0\times10^{-14}$。

溶液中氢离子或氢氧根离子浓度的改变会导致水的解离平衡的移动，但 $K_w^\ominus = c(H^+)\cdot c(OH^-)$ 保持不变。

### 4.2.2　弱酸、弱碱的解离平衡

1. 酸的解离常数

根据质子理论，弱酸 HA 在水溶液中将发生质子传递反应，并在给定条件下建立下列平衡关系

$$HA + H_2O \rightleftharpoons H_3O^+ + A^-$$

可简写为

$$HA \rightleftharpoons H^+ + A^-$$

根据化学反应平衡原理，在一定温度下，该反应的平衡常数为

$$K_a^\ominus = \frac{c(H^+)\cdot c(A^-)}{c(HA)} \tag{4-2}$$

$K_a^\ominus$ <$10^{-7}$ 的物质是酸还是碱？

反应的平衡常数 $K_a^\ominus$ 就是 HA 的标准解离常数，称为**酸的解离常数**，其值的大小可以衡量酸的强弱。$K_a^\ominus$ 值越大，酸越强；反之，则越弱。一般 $K_a^\ominus$ 为 $10^{-2}$～$10^{-3}$ 的酸为中强酸，为 $10^{-4}$～$10^{-7}$ 的酸为弱酸，$K_a^\ominus$ <$10^{-7}$ 的酸为极弱酸。常见酸的解离平衡常数见附录四。

2. 碱的解离常数

类似地，在水溶液中，某弱碱 B 与水发生质子传递反应，在给定条件下也可建立如下平衡：

$$B + H_2O \rightleftharpoons BH^+ + OH^-$$

反应的标准平衡常数为

$$K_b^\ominus = \frac{c(BH^+)\cdot c(OH^-)}{c(B)} \tag{4-3}$$

$K_b^\ominus$ 就是**碱的解离常数**，其意义与酸的解离常数一样，是衡量碱强弱的重要参数。常见碱的解离平衡常数见附录四。

3. $K_a^\ominus$、$K_b^\ominus$ 和 $K_w^\ominus$ 关系

以 HAc 为例，它在水中的解离平衡常数 $K_a^\ominus$ 如下：

$$HAc \rightleftharpoons H^+ + Ac^-$$

$$K_a^\ominus(HAc) = \frac{c(H^+)\cdot c(Ac^-)}{c(HAc)} = 1.8\times10^{-5}$$

HAc 的共轭碱为 $Ac^-$，它在水中的解离平衡常数 $K_b^\ominus$ 值如下：

$$Ac^- + H_2O \rightleftharpoons HAc + OH^-$$

$$K_b^{\ominus}(Ac^-) = \frac{c(HAc) \cdot c(OH^-)}{c(Ac^-)} = 5.6 \times 10^{-10}$$

结合上述数据，得出酸的解离常数 $K_a^{\ominus}$ 与其共轭碱的解离常数 $K_b^{\ominus}$ 的乘积，恰好等于水的离子积常数 $K_w^{\ominus}$。

$$K_a^{\ominus} \cdot K_b^{\ominus} = \frac{c(H^+) \cdot c(Ac^-)}{c(HAc)} \times \frac{c(HAc) \cdot c(OH^-)}{c(Ac^-)} = c(H^+) \cdot c(OH^-) = K_w^{\ominus}$$

$$K_a^{\ominus} \cdot K_b^{\ominus} = K_w^{\ominus} \qquad (4\text{-}4)$$

为了应用方便，又可写成：

$$pK_a^{\ominus} + pK_b^{\ominus} = pK_w^{\ominus} = 14 \qquad (4\text{-}5)$$

请推导三元弱酸中共轭酸碱对中酸碱解离常数之间的关系。

因此，在计算的过程中，只要知道了酸或碱的解离常数，则其相应的共轭碱或共轭酸的解离常数就可以通过式(4-4)求得。

对于多元弱酸而言，同样，共轭酸碱对中酸的解离常数和它对应共轭碱的解离常数的乘积等于水的离子积常数。值得注意的是，二元弱酸的一级解离常数 $K_{a_1}^{\ominus}$ 与共轭碱解离常数 $K_{b_2}^{\ominus}$ 对应，而 $K_{a_2}^{\ominus}$ 和 $K_{b_1}^{\ominus}$ 相对应。

$$K_{a_1}^{\ominus} \cdot K_{b_2}^{\ominus} = K_{a_2}^{\ominus} \cdot K_{b_1}^{\ominus} = K_w^{\ominus}$$

### 4.2.3　解离度和稀释定律

水溶液中的酸碱平衡（二）解离度和稀释定律

弱电解质的解离程度可以用**解离度**($\alpha$)表示，即

$$解离度(\alpha) = \frac{已解离的弱电解质浓度}{弱电解质初始浓度} \times 100\%$$

解离度$\alpha$及弱酸、弱碱的解离平衡常数之间存在一定的关系，现以一元弱酸(HA)为例说明。设起始浓度为 $c_0$，解离度为$\alpha$：

| | $HA \rightleftharpoons$ | $H^+$ | $+ A^-$ |
|---|---|---|---|
| 起始浓度/($mol \cdot L^{-1}$) | $c_0$ | 0 | 0 |
| 平衡浓度/($mol \cdot L^{-1}$) | $c_0 - c_0\alpha$ | $c_0\alpha$ | $c_0\alpha$ |

$$K_a^{\ominus}(HA) = \frac{c(H^+) \cdot c(A^-)}{c(HA)} = \frac{(c_0 \cdot \alpha)^2}{c_0 - c_0\alpha} = \frac{c_0 \cdot \alpha^2}{1-\alpha}$$

当弱电解质$\alpha < 5\%$时，$1-\alpha \approx 1$，于是可推导得出以下近似关系式

$$\alpha \approx \sqrt{K_a^{\ominus}/c_0} \qquad (4\text{-}6)$$

式(4-6)表明：溶液的解离度近似与其浓度平方根成反比，即浓度越稀，解离度越大，这个关系式称为**稀释定律**。

根据溶液稀释定律，弱酸溶液的浓度越小，则解离度越大，是不是解离出的$H^+$就越多？

$\alpha$和 $K_a^{\ominus}$ 都可用于表示酸的强弱，但$\alpha$随 $c$ 而变；在一定温度下，$K_a^{\ominus}$ 不随 $c$ 而变，是一个常数。

**例 4-1**　氨水是弱碱，当氨水浓度为 0.200mol · $L^{-1}$时，$NH_3 \cdot H_2O$ 的解离度$\alpha$为 0.946%，当浓度为 0.100mol · $L^{-1}$ 时 $NH_3 \cdot H_2O$ 的解离度$\alpha$是多少？

**解**　因为解离度$\alpha < 5\%$，所以可用近似公式计算，即

$$c_1 \cdot \alpha_1^2 = c_2 \cdot \alpha_2^2 = K_b^\ominus$$

$$\alpha_2 = \sqrt{\frac{c_1 \cdot \alpha_1^2}{c_2}} = \sqrt{\frac{0.200 \times 0.00946}{0.100}} = 0.0134 = 1.34\%$$

由此可见，浓度减小一倍，解离度从 0.946%增加到 1.34%。

## 4.3　酸碱溶液中 pH 计算

酸碱解离常数的值反映了某质子酸或质子碱的强度，而溶液的酸碱强度可以用 $c(H^+)$和 pH 两种方式表示，两者之间关系为

$$pH = -\lg c(H^+) \tag{4-7}$$

同样，碱度可以表示为

$$pOH = -\lg c(OH^-) \tag{4-8}$$

在常温下，水溶液中 $pH + pOH = 14$。pH 的应用范围一般是 0～14(溶液中的 $H^+$在 $1 \sim 1.0\times10^{-14} mol \cdot L^{-1}$)，更强的酸性或碱性溶液使用浓度表示更为方便。

### 4.3.1　强酸(碱)溶液

对于强酸(碱)，可认为解离是完全的。所谓强酸(碱)，按一般惯例定义为解离常数大于 10 的酸(碱)。这样，$HClO_4$、$HClO_3$、$HMnO_4$、$HNO_3$、HBr、HCl 及 $H_2SO_4$ 的一级解离都属强酸；碱金属氢氧化物和四烷基铵的氢氧化物都是强碱。

由于强酸在水中几乎是全部电离的，故可根据 $H^+$浓度直接计算其 pH。例如，$0.10 mol \cdot L^{-1}$ 的 HCl 溶液，$c(H^+) = 0.10 mol \cdot L^{-1}$，故 $pH = 1.00$。但是如果强酸浓度很低，如强酸浓度为 $10^{-6} mol \cdot L^{-1}$，与纯水中 $H^+$浓度 $10^{-7} mol \cdot L^{-1}$ 接近，这时，计算酸度除了考虑酸自身解离而来的 $H^+$外，还需要考虑由 $H_2O$ 解离产生的 $H^+$。以下推导从最一般的情况考虑，然后根据具体情况予以简化。

强酸溶液的 pH 可以从提供质子的两个来源考虑：酸的解离和水的解离。

$$HA = H^+ + A^-$$

$$H_2O \rightleftharpoons H^+ + OH^-$$

因强酸实际上是完全解离的，所以由强酸提供的氢离子浓度即为酸的分析浓度 $c_A$；由水提供的氢离子浓度应等于 $K_w^\ominus / c(H^+)$，在溶液中氢离子浓度应是这两部分的总和，即

一元强酸溶液酸度计算公式推导

$$c(H^+) = c_A + \frac{K_w^\ominus}{c(H^+)} \tag{4-9}$$

式(4-9)是计算强酸溶液 $H^+$浓度的精确式，可按下述三种情况作近似处理。

极稀强酸碱溶液pH值计算

(1) 当 $c_A > 10^{-6} mol \cdot L^{-1}$ 时，$c(H^+) = c_A$。

(2) 当 $10^{-8} mol \cdot L^{-1} < c_A < 10^{-6} mol \cdot L^{-1}$ 时，两项均不可忽略，需解一元

二次方程。

(3) 当 $c_A < 10^{-8}\text{mol} \cdot \text{L}^{-1}$ 时，pH ≈ 7。

强碱的情况完全类似，可按强酸的简化原则处理。

### 4.3.2　一元弱酸(碱)溶液

一元弱酸碱溶液质子平衡式

弱酸、弱碱及大部分的盐，由于存在着解离平衡，计算它们的 pH 要复杂得多。本节主要从质子条件式出发，根据具体条件，分清主次，合理取舍，进行溶液中 $H^+$浓度的计算。

1. 质子平衡式

质子平衡不是单纯的物料平衡，也不是单纯的电荷平衡，而是质子得失平衡，即得质子产物的量与失质子产物的量一定相等。

酸碱反应的实质是质子的传递。当反应达到平衡时，碱接受的质子数目与酸给出的质子数目相等，这一原则称为**质子条件**。它的数学表达式称为质子条件式或**质子平衡式**，以 PBE 式表示。通过质子条件式可推导溶液中 $H^+$浓度的计算式。

书写质子条件式要注意以下几点：

(1) 选好质子参考水准(或零水准)。以溶液中大量存在并参与质子转移的物质为质子参考水准，通常是原始的酸碱组分及水。

(2) 写出质子参考水准得到质子后的产物和失去质子后的产物，并将所得到质子后的产物平衡浓度的总和写在等式的一边，所有失去质子后的产物平衡浓度的总和写在等式的另一边，即得到质子条件式。

(3) 在处理多元酸碱时应注意浓度前的系数。

(4) 在质子条件中不应出现作为质子参考水准的物质，因为这些物质不管失去质子或是接受质子都不会生成它本身。

例如，HAc 水溶液：

参考水准

$$HAc \xrightarrow{-H^+} Ac^-$$

$$H_3O^+ \xleftarrow{+H^+} H_2O \xrightarrow{-H^+} OH^-$$

式中将获得质子的产物和失去质子的产物分别写在零水准的两边，然后根据质子得失数目相等，且处于同一体系中，因此直接写出 PBE 式：

$$c(H^+) = c(OH^-) + c(Ac^-)$$

在处理多元酸(碱)溶液的质子条件时，要注意平衡物种前的系数。

例如，$H_2CO_3$ 水溶液：

参考水准

$$H_2CO_3 \xrightarrow{-H^+} HCO_3^-$$

$$H_2CO_3 \xrightarrow{-2H^+} CO_3^{2-}$$

$$H_3O^+ \xleftarrow{+H^+} H_2O \xrightarrow{-H^+} OH^-$$

PBE 式为

$$c(H^+) = c(HCO_3^-) + 2c(CO_3^{2-}) + c(OH^-)$$

**例 4-2**　写出 $NaNH_4HPO_4$ 水溶液的 PBE 式。

**解**　　参考水准

$$NH_4^+ \xrightarrow{-H^+} NH_3$$

$$H_2PO_4^- \xleftarrow{+H^+} HPO_4^{2-} \xrightarrow{-H^+} PO_4^{3-}$$

$$H_3PO_4 \xleftarrow{+2H^+} HPO_4^{2-}$$

$$H_3O^+ \xleftarrow{+H^+} H_2O \xrightarrow{-H^+} OH^-$$

PBE 式为

$$c(H^+)+c(H_2PO_4^-)+2(H_3PO_4)=c(NH_3)+c(PO_4^{3-})+c(OH^-)$$

2. $H^+$浓度的计算

以一元弱酸 HA 为例，其 PBE 式如下：

$$c(H^+)=c(OH^-)+c(A^-)$$

而根据解离平衡有

$$c(A^-)=\frac{K_a^\ominus \cdot c(HA)}{c(H^+)} \text{ 和 } c(OH^-)=\frac{K_w^\ominus}{c(H^+)}$$

一元弱酸碱溶液 $H^+$浓度计算

将以上两式代入 PBE 式中得

$$c(H^+)=\frac{K_a^\ominus \cdot c(HA)}{c(H^+)}+\frac{K_w^\ominus}{c(H^+)}$$

整理得

$$c(H^+)=\sqrt{K_a^\ominus \cdot c(HA)+K_w^\ominus} \tag{4-10}$$

式(4-10)是求算一元弱酸水溶液中 $c(H^+)$的**精确式**。

显然精确式的求解较为麻烦，而且在实际工作中也常常没有必要如此准确。如果允许误差不大于 5%，在计算 $H^+$浓度时可以作以下近似处理。

(1) 如果 $c(HA)\cdot K_a^\ominus \geqslant 20K_w^\ominus$，酸不是太弱，水的解离可以忽略，即 $K_w^\ominus$ 项可以忽略不计，则式(4-10)可变形为

$$c(H^+)=\sqrt{K_a^\ominus \cdot c(HA)} \tag{4-11}$$

设分析浓度为 $c_0$，根据解离平衡原理 $c(HA)=c_0-c(H^+)$，代入式(4-11)得

$$c(H^+)=\sqrt{K_a^\ominus \cdot [c_0-c(H^+)]} \tag{4-12}$$

整理后，得

$$c(H^+)=\frac{-K_a^\ominus+\sqrt{(K_a^\ominus)^2+4K_a^\ominus \cdot c_0}}{2} \tag{4-13}$$

式(4-13)是计算一元弱酸水溶液中 $c(H^+)$的**近似式**。

(2) 如果 $c_0\cdot K_a^\ominus \geqslant 20K_w^\ominus$，$c_0/K_a^\ominus \geqslant 500$ 时，不仅水的解离可以忽略不计，HA 的解离度也很小，可以认为 $c(HA)=c_0-c(H^+)\approx c_0$，式(4-12)可变为

$$c(H^+)=\sqrt{c_0\cdot K_a^\ominus} \tag{4-14}$$

式(4-14)是计算一元弱酸水溶液酸度的**最简式**。

(3) 如果 $c_0 \cdot K_a^\ominus < 20K_w^\ominus$，但 $c_0 / K_a^\ominus \geqslant 500$ 时，则水的解离不可忽略，但 $c(H^+)$ 可忽略，得

$$c(H^+) = \sqrt{c_0 \cdot K_a^\ominus + K_w^\ominus} \tag{4-15}$$

由以上讨论可以看出，酸碱质子理论中溶液酸度计算的基本方法是从 PBE 式出发，根据有关的解离平衡以及解离常数进行推导，并按允许的误差作近似处理，忽略次要组分或次要的计算项从而获得计算式。

**例 4-3**　计算 25℃时 0.10mol·L$^{-1}$ HAc 溶液的 pH 和解离度。已知 $K_a^\ominus(HAc) = 1.8\times10^{-5}$。

**解**　$c_0 \cdot K_a^\ominus \geqslant 20K_w^\ominus$，且 $c_0 / K_a^\ominus > 500$，所以可用最简式求算：

$$c(H^+) = \sqrt{c_0 \cdot K_a^\ominus} = \sqrt{0.10\times1.8\times10^{-5}} = 1.3\times10^{-3}(mol\cdot L^{-1})$$

$$pH = 2.89$$

$$\alpha = \frac{c(H^+)}{c_0}\times100\% = \frac{1.3\times10^{-3}}{0.10}\times100\% = 1.3\%$$

**例 4-4**　计算 25℃时 0.010mol · L$^{-1}$ $CHCl_2COOH$（二氯代乙酸）溶液的 pH。

**解**　已知 $c_0 = 0.010mol\cdot L^{-1}$，$K_a^\ominus = 5.0\times10^{-2}$，$c_0 \cdot K_a^\ominus \geqslant 20K_w^\ominus$，但 $c_0 / K_a^\ominus < 500$，用近似式(4-13)求算

$$\begin{aligned} c(H^+) &= \frac{-K_a^\ominus + \sqrt{(K_a^\ominus)^2 + 4K_a^\ominus \cdot c_0}}{2} \\ &= \frac{-5.0\times10^{-2} + \sqrt{(5.0\times10^{-2})^2 + 4\times5.0\times10^{-2}\times0.010}}{2} \\ &= 8.5\times10^{-3}(mol\cdot L^{-1}) \end{aligned}$$

得　　$pH = 2.10$

对于一般的酸碱体系，通常有现成的公式可以根据条件直接套用。在实际工作中，大多数情况下可以采用最简式计算，只有在对酸度要求较高的场合才需要考虑用近似式。

处理一元弱碱的方法与一元弱酸类似。只需将上面各式中的 $K_a^\ominus$ 换成 $K_b^\ominus$、$c(H^+)$ 换成 $c(OH^-)$ 即可，相应地一元弱碱溶液的 $c(OH^-)$ 浓度求算公式如下：

近似式
$$c(OH^-) = \frac{-K_b^\ominus + \sqrt{(K_b^\ominus)^2 + 4K_b^\ominus \cdot c_0}}{2} \tag{4-16}$$

最简式
$$c(OH^-) = \sqrt{c_0 \cdot K_b^\ominus} \tag{4-17}$$

自然界空气中的 $CO_2$ 溶解于水中形成 $H_2CO_3$ 的解离平衡，使天然降水的 pH 维持在 5.6。但是，人类大量燃煤产生的 $SO_x$ 和 $NO_x$ 使雨水更酸，破坏天然水溶液的酸碱平衡。

**例 4-5**　计算 25℃时 0.10mol·L$^{-1}$ 氨水溶液的 pH。已知 $c_0 = 0.10mol\cdot L^{-1}$，$K_b^\ominus = 1.8\times10^{-5}$。

**解**　由 $c_0 \cdot K_b^\ominus > 20K_w^\ominus$，且 $c_0 / K_b^\ominus > 500$，故可采用最简式计算，得

$$c(OH^-) = \sqrt{c_0 \cdot K_b^\ominus} = \sqrt{0.10\times1.8\times10^{-5}} = 1.3\times10^{-3}(mol\cdot L^{-1})$$

$$pOH = 2.89$$

$$pH = 14.00 - 2.89 = 11.11$$

**例 4-6**　计算 25℃时 0.10mol·L$^{-1}$ NaCN 溶液的 pH。

**解**　查得 HCN 的 $K_a^\ominus = 4.93\times10^{-10}$，根据 $K_w^\ominus = K_a^\ominus \cdot K_b^\ominus$，得

$$K_b^\ominus = \frac{K_w^\ominus}{K_a^\ominus} = 2.03\times10^{-5}$$

由于 $c_0 \cdot K_b^\ominus > 20K_w^\ominus$，且 $c_0 / K_b^\ominus > 500$，故可采用最简式计算，得

$$c(OH^-) = \sqrt{c_0 \cdot K_b^\ominus} = \sqrt{0.10\times2.03\times10^{-5}} = 1.4\times10^{-3}(mol\cdot L^{-1})$$

$$pOH = 2.85,\quad pH = 11.15$$

### 4.3.3　多元弱酸(碱)溶液

多元弱酸(碱)在水溶液中是分步解离的，一般来说多元弱酸的各级解离常数依次减小，即 $K_{a_1}^\ominus > K_{a_2}^\ominus > \cdots > K_{a_n}^\ominus$。如果多元弱酸的解离常数满足 $K_{a_1}^\ominus / K_{a_2}^\ominus > 10^{1.6}$，则可以认为溶液中的 $H^+$主要来源于第一级解离，可忽略其他各级解离。因此，$c(H^+)$可按一元弱酸的计算公式进行计算，多元弱碱也可以做类似处理。

多元弱酸碱溶液 $H^+$浓度计算

根据多元弱酸 pH 计算公式，请计算天然雨水中 $H_2CO_3$ 溶液的浓度。

**例 4-7**　计算 25℃时 $0.10mol\cdot L^{-1}$ $H_2S$ 水溶液的 pH。

**解**　$H_2S$ 是二元弱酸，$K_{a_1}^\ominus = 1.07\times10^{-7}$，$K_{a_2}^\ominus = 1.3\times10^{-13}$，由于 $K_{a_1}^\ominus / K_{a_2}^\ominus > 10^{1.6}$，可按一元弱酸来处理：

$$c_0 \cdot K_{a_1}^\ominus > 20K_w^\ominus,\ 且\ c_0 / K_{a_1}^\ominus > 500$$

$$c(H^+) = \sqrt{c_0 \cdot K_{a_1}^\ominus} = \sqrt{0.10\times1.07\times10^{-7}} = 1.0\times10^{-4}(mol\cdot L^{-1})$$

$$pH = 4.00$$

**例 4-8**　计算 25℃时 $0.10mol\cdot L^{-1}$ $Na_2CO_3$ 溶液的 pH。

**解**　$Na_2CO_3$ 是二元弱碱：

$$K_{b_1}^\ominus = \frac{K_w^\ominus}{K_{a_2}^\ominus} = \frac{1.0\times10^{-14}}{5.6\times10^{-11}} = 1.8\times10^{-4}$$

$$K_{b_2}^\ominus = \frac{K_w^\ominus}{K_{a_1}^\ominus} = \frac{1.0\times10^{-14}}{4.2\times10^{-7}} = 2.4\times10^{-8}$$

由于 $K_{b_1}^\ominus / K_{b_2}^\ominus > 10^{1.6}$，可按一元弱碱来处理，因为 $c_0 \cdot K_{b_1}^\ominus > 20K_w^\ominus$，且 $c_0 / K_{b_1}^\ominus > 500$，故可采用最简式计算

$$c(OH^-) = \sqrt{c_0 \cdot K_{b_1}^\ominus} = \sqrt{0.10\times1.8\times10^{-4}} = 4.2\times10^{-3}(mol\cdot L^{-1})$$

得

$$pOH = 2.38$$

$$pH = 14 - 2.38 = 11.62$$

### 4.3.4　两性物质溶液

两性物质溶液 $H^+$浓度计算

两性物质是一类既能给出质子又能得到质子的物质。其酸碱平衡较为复杂，应根据溶液中的主要化学平衡关系，对 PBE 式进行合理的近似处理。

两性物质溶液酸度计算公式推导

以 NaHA 为例。$H_2A$ 的解离常数为 $K_{a_1}^\ominus$ 和 $K_{a_2}^\ominus$，由质子条件式出发，可以推导得出：

$$c(H^+) = \sqrt{\frac{K_{a_1}^\ominus[K_{a_2}^\ominus \cdot c(HA^-) + K_w^\ominus]}{K_{a_1}^\ominus + c(HA^-)}} \tag{4-18}$$

这是计算 NaHA 水溶液酸度的精确式，在计算时同样可以从具体情况出发作合理的简化处理。

若 $c_0 \cdot K_{a_2}^{\ominus} > 20K_w^{\ominus}$ ，$c_0 > 20K_{a_1}^{\ominus}$，则 $K_{a_1}^{\ominus} + c_0 \approx c_0$，得最简式：

$$c(H^+) = \sqrt{K_{a_1}^{\ominus} \cdot K_{a_2}^{\ominus}} \tag{4-19}$$

利用最简式计算**两性物质**酸度时，只需考虑酸碱解离平衡常数，而与初始浓度无关。

对于其他两性物质，可按类似方法进行处理。例如，计算 $NaH_2PO_4$ 和 $Na_2HPO_4$ 溶液中 $H^+$浓度的最简式如下：

$NaH_2PO_4$ 溶液：$c(H^+) = \sqrt{K_{a_1}^{\ominus} \cdot K_{a_2}^{\ominus}}$

$Na_2HPO_4$ 溶液：$c(H^+) = \sqrt{K_{a_2}^{\ominus} \cdot K_{a_3}^{\ominus}}$

**例 4-9**　计算 25℃时 0.20mol·L$^{-1}$ $NaHCO_3$ 溶液的 pH。

**解**　$NaHCO_3$ 属于 NaHA 型两性物质，$H_2CO_3$ 的 $K_{a_1}^{\ominus} = 4.2 \times 10^{-7}$ ，$K_{a_2}^{\ominus} = 5.6 \times 10^{-11}$ 。由于 $c_0 K_{a_2}^{\ominus} > 20K_w^{\ominus}$ ，$c_0 > 20K_{a_1}^{\ominus}$ ，可用最简式计算

$$c(H^+) = \sqrt{K_{a_1}^{\ominus} \cdot K_{a_2}^{\ominus}} = \sqrt{4.2 \times 10^{-7} \times 5.6 \times 10^{-11}} = 4.8 \times 10^{-9} (mol \cdot L^{-1})$$

$$pH = 8.32$$

**例 4-10**　计算 0.10mol·L$^{-1}$ 甘氨酸（$NH_2CH_2COOH$）溶液的 pH。

**解**　甘氨酸在水溶液中存在下列解离平衡，是一种两性物质：

$$^{+}H_3NCH_2COOH \rightleftharpoons {}^{+}H_3NCH_2COO^- \rightleftharpoons H_2NCH_2COO^-$$

$$K_{a_1}^{\ominus} = 4.5 \times 10^{-3} \qquad K_{a_2}^{\ominus} = 2.5 \times 10^{-10}$$

因 $c_0 \cdot K_{a_2}^{\ominus} > 20K_w^{\ominus}$ ，$c_0 > 20K_{a_1}^{\ominus}$ ，由最简式得到

$$c(H^+) = \sqrt{K_{a_1}^{\ominus} \cdot K_{a_2}^{\ominus}} = \sqrt{4.5 \times 10^{-3} \times 2.5 \times 10^{-10}} = 1.1 \times 10^{-6} (mol \cdot L^{-1})$$

$$pH = 5.96$$

氨基酸是重要的生物化学物质。试用酸碱质子理论判断在强酸性溶液中甘氨酸将变成什么离子，在强碱性溶液中它将变成什么离子，在纯水溶液中将存在怎样的两性离子。

综上所述，计算酸碱溶液中 $H^+$浓度的一般处理方法是：先由质子条件式和平衡常数式相结合得出精确表达式；再根据具体条件处理成近似式或最简式。实际运算中最简式用得最多，近似式其次，而精确式几乎不用。

## 4.4　酸碱平衡的移动

酸碱平衡的移动

酸碱平衡和其他化学平衡一样，也是一个暂时的、相对的动态平衡。当外界条件改变时，旧的平衡被破坏，经过质子转移，重新建立新的平衡，这就是酸碱平衡的移动。

由于酸碱反应大多是在常温常压下的液相中进行，所以只考虑浓度的变化对平衡的影响。

### 4.4.1　同离子效应

在 HAc 溶液中滴加少量甲基橙溶液使其呈红色后，再加入少量 NaAc 固体，不断振荡使其溶解后发现溶液由红色逐渐转变为黄色。之所以出现这样的现象是由于加入 NaAc 后，HAc 的解离平衡向左移动，从而导致溶液的 $H^+$

浓度下降，甲基橙由红色(酸式色)转变为黄色(碱式色)。这种在弱电解质溶液中加入与其含有相同离子的强电解质，使弱电解质的解离度降低的现象称为**同离子效应**。HAc 中加入 NaAc 的平衡式如下：

$$\underset{\longleftarrow\text{平衡逆向移动}}{HAc + H_2O \rightleftharpoons H_3O^+ + Ac^-}$$

**例 4-11**　向 $0.10mol \cdot L^{-1}$ 的 HAc 溶液中加入固体 NaAc，使其浓度为 $0.10mol \cdot L^{-1}$，求此混合溶液的 pH 和解离度 $\alpha$。已知 $K_a^\ominus(HAc) = 1.8\times10^{-5}$，忽略溶液体积变化。

**解**　设 $c(H^+) = x mol \cdot L^{-1}$

| | | | |
|---|---|---|---|
| NaAc 的电离平衡： | $NaAc = Na^+ + Ac^-$ | | |
| 电离后浓度/$(mol \cdot L^{-1})$ | 0 | 0.10 | 0.10 |
| HAc 的电离平衡： | $HAc \rightleftharpoons H^+ + Ac^-$ | | |
| 起始浓度/$(mol \cdot L^{-1})$ | 0.10 | 0 | 0.10 |
| 平衡浓度/$(mol \cdot L^{-1})$ | $0.10 - x$ | $x$ | $0.10 + x$ |

根据平衡常数表达式：

$$K_a^\ominus(HAc) = \frac{c(H^+) \cdot c(Ac^-)}{c(HAc)} = \frac{x(0.10 + x)}{0.10 - x} \approx \frac{0.10x}{0.10}$$

已知 $K_a^\ominus(HAc) = 1.8\times10^{-5}$，求得 $x = 1.8\times10^{-5}(mol \cdot L^{-1})$

$$pH = 4.74$$

$$\alpha = \frac{c(H^+)}{c}\times100\% = \frac{1.8\times10^{-5}}{0.10}\times100\% = 0.018\%$$

与例 4-3 中同浓度 HAc 溶液的解离度数据比较得出，向溶液中加入 NaAc 固体后，HAc 的解离度从 1.3%下降到 0.018%。

### 4.4.2　盐效应

如果加入的强电解质不具有相同离子，同样会破坏原有的平衡，但平衡移动的方向与同离子效应相反，使弱酸、弱碱的解离度增大，这种现象称为**盐效应**。

例如，向 HAc 溶液中加入少量 NaCl 固体。由于 NaCl 的加入大大增加了溶液中离子的总浓度，离子间的相互牵制作用增强，降低了离子重新结合成弱电解质分子的概率，因此解离度也相应增加。

当然，存在同离子效应的同时也存在盐效应，但同离子效应比盐效应要大得多，二者共存时，通常忽略盐效应，只考虑同离子效应。

## 4.5　缓 冲 溶 液

纯水在 25℃时 pH 为 7.00，但只要与空气接触一段时间，因吸收 $CO_2$ 而使 pH 降低到 5.5 左右。1 滴浓 HCl(约 $12.4mol \cdot L^{-1}$)加入 1L 纯水中，可使 $c(H^+)$增加 5000 倍左右(由 $1.0\times10^{-7}mol \cdot L^{-1}$ 增至 $5\times10^{-4}mol \cdot L^{-1}$)，若将 1 滴 NaOH 溶液(约 $12.4mol \cdot L^{-1}$)加入 1L 纯水中，pH 变化也有 3 个单位。可见

缓冲溶液

纯水的 pH 因加入少量的强酸或强碱而发生很大变化。

然而，1 滴浓 HCl 加入 1L HAc-NaAc 混合溶液或 $NaH_2PO_4$-$Na_2HPO_4$ 混合溶液中，$c(H^+)$的增加不到百分之一（由 $1.00\times10^{-7}mol \cdot L^{-1}$ 增至 $1.01\times10^{-7}mol \cdot L^{-1}$），pH 没有明显变化。这种能对抗外来少量强酸、强碱或稍加稀释而不引起溶液 pH 明显变化的作用称为**缓冲作用**；具有缓冲作用的溶液，称为**缓冲溶液**。

缓冲溶液一般由弱酸和它的共轭碱或弱碱和它的共轭酸组成，如 $HAc$-$Ac^-$、$NH_3$-$NH_4^+$、$HCO_3^-$-$H_2CO_3$ 和 $H_2PO_4^-$-$HPO_4^{2-}$ 等。这些弱酸和它的共轭碱或弱碱与它的共轭酸的组合称为**缓冲对**。此外，两性物质如邻苯二甲酸氢钾、饱和酒石酸氢钾等溶液，也可以作为缓冲溶液。

### 4.5.1 缓冲作用原理

?

简要说明何谓缓冲溶液。举例说明缓冲溶液的作用原理。

缓冲溶液为什么具有对抗外来少量酸或碱而保持其 pH 基本不变的性能呢？根据酸碱质子理论，缓冲溶液是由浓度较大的一对共轭酸碱对组成，它们在水溶液中存在以下质子转移平衡：

$$HA + H_2O \rightleftharpoons H_3O^+ + A^-$$

当加入少量强酸时，$H_3O^+$浓度暂时增加，由于同离子效应，平衡将向 $H_3O^+$浓度减小的方向移动，从而部分抵消外加强酸对体系中 $H_3O^+$浓度的影响，可保持 $H_3O^+$浓度基本不变；相反，当加入少量强碱时，$H_3O^+$浓度暂时略有减少，平衡向右移动产生 $H_3O^+$以补充其减少的 $H_3O^+$，使 pH 基本保持不变。由此可知，共轭酸碱对之所以具有缓冲能力是因为质子在共轭酸碱之间发生转移以维持质子浓度基本不变。

当然，如果加入大量强酸或强碱，缓冲溶液中的抗酸成分或抗碱成分将耗尽，缓冲溶液就丧失了缓冲能力。

### 4.5.2 缓冲溶液 pH 的计算

以弱酸 HA 及其共轭碱 NaA 组成的缓冲溶液为例来推导缓冲溶液的计算公式，设其初始浓度分别为 $c_a$ 和 $c_b$，在水溶液中的质子转移平衡为

$$HA + H_2O \rightleftharpoons H_3O^+ + A^-$$

根据平衡常数 $K_a^\ominus = \dfrac{c(H^+)\cdot c(A^-)}{c(HA)}$，得

$$c(H^+) = K_a^\ominus \times \frac{c(HA)}{c(A^-)} \tag{4-20}$$

?

缓冲溶液计算公式中，为什么可以用 $c_a$ 代替 $c(HA)$，$c_b$ 代替 $c(A^-)$进行计算？

上式两边取负对数，得

$$pH = pK_a^\ominus(HA) - \lg\frac{c(HA)}{c(A^-)} \tag{4-21}$$

由于缓冲溶液浓度较大以及同离子效应的存在，可以认为 $c(HA) \approx c_a$，$c(A^-) \approx c_b$，所以：

$$pH = pK_a^{\ominus} - \lg\frac{c_a}{c_b} \tag{4-22}$$

式(4-22)是计算缓冲溶液 pH 的公式。由公式可见，缓冲溶液的 pH 首先取决于弱酸或弱碱的解离常数的大小，其次与共轭酸碱对浓度的比值有关。

?

缓冲溶液若是由弱碱和它的共轭酸组成，其 pH 如何计算？

**例 4-12**　某缓冲溶液由 0.10mol · $L^{-1}$ 的 HAc 和 0.10mol·$L^{-1}$ 的 NaAc 组成。试计算：(1) 该缓冲溶液的 pH；(2) 在上述 100mL 缓冲溶液中加入 0.0010mol HCl 后的 pH(忽略体积变化)。

**解**　(1) $pH = pK_a^{\ominus} - \lg\frac{c_a}{c_b} = -\lg(1.8\times10^{-5}) - \lg\frac{0.10}{0.10} = 4.74$

(2) 加入盐酸后，$H_3O^+$与溶液中的 $Ac^-$结合生成 HAc，从而使 $c(HAc)$增加至 0.11mol · $L^{-1}$，$c(Ac^-)$降低至 0.09mol · $L^{-1}$。

| | $H^+$ | + $Ac^-$ | $\rightleftharpoons$ HAc |
|---|---|---|---|
| 初始浓度/(mol · $L^{-1}$) | 0.01 | 0.10 | 0.10 |
| 反应后浓度/(mol · $L^{-1}$) | $x$ | 0.09 | 0.11 |

代入式(4-22)：

$$pH = pK_a^{\ominus} - \lg\frac{c_a}{c_b} = 4.74 - \lg\frac{0.11}{0.09} = 4.74 - 0.09 = 4.65$$

从计算结果可知，加入少量盐酸后，溶液的 pH 基本不变。

### 4.5.3　缓冲容量和缓冲范围

在 HAc-NaAc 缓冲溶液中，加入少量的强酸、强碱或将溶液适当稀释时，溶液的 pH 基本上保持不变。但是，缓冲溶液的缓冲能力是有限的，如果缓冲溶液的浓度太小、溶液稀释的倍数太大、加入的强酸或强碱的量太大时，溶液的 pH 就会发生较大的变化。

1922 年，范斯莱克(Vanslyke)提出将缓冲容量作为衡量缓冲溶液缓冲能力大小的尺度。**缓冲容量**是指使缓冲溶液 pH 改变 1 个单位所需加入强碱(或强酸)的物质的量。缓冲容量越大，溶液的缓冲能力越强。实验证明，缓冲溶液的缓冲容量取决于缓冲组分的**总浓度**及缓冲组分**浓度比**。当缓冲组分即共轭酸碱对的浓度较大时，缓冲能力较强；当共轭酸碱对的总浓度一定时，二者的浓度比值为 1∶1 时缓冲能力最强。当缓冲比大于 10∶1 或小于 1∶10 时，可认为缓冲溶液丧失了缓冲作用。通常将缓冲溶液能发挥缓冲作用(缓冲比 0.1～10)的 pH 范围称为**缓冲范围**：

$$pH = pK_a^{\ominus} \pm 1 \tag{4-23}$$

可见，各体系相应的缓冲范围取决于它们的 $K_a^{\ominus}$。

### 4.5.4　缓冲溶液的配制

在实际配制一定 pH 的缓冲溶液时，首先要选用 $pK_a^{\ominus}$（或 $pK_b^{\ominus}$）等于或接近于该 pH(或 pOH)的共轭酸碱对。例如，要配制 pH = 5 左右的缓冲溶液，配制缓冲溶液时，需要用干燥的容量瓶严格配制吗？为什么？

可选用 $pK_a^{\ominus}=4.74$ 的 HAc-$Ac^-$缓冲对；配制 pH = 9 左右的缓冲溶液，则可选用 $pK_a^{\ominus}=9.25$ 的 $NH_4^+$-$NH_3$缓冲对。$pK_a^{\ominus}$、$pK_b^{\ominus}$是配制缓冲溶液的主要依据。其次，缓冲溶液应具有足够的缓冲容量。通常缓冲组分的浓度在 0.01～1.0mol·$L^{-1}$，通过调节共轭酸碱的浓度之比，获得所需 pH 的缓冲溶液。在实际应用中，大多数缓冲溶液是加 NaOH 到弱酸溶液或加 HCl 到弱碱溶液中配制而成。最后，缓冲溶液应对反应没有干扰，不与反应物或生成物发生副反应，或产生其他不利影响。

人体血液中存在多种缓冲体系，如 $H_2CO_3$-$HCO_3^-$，$H_2PO_4^-$-$HPO_4^{2-}$，以及血红蛋白等缓冲溶液。它们可以维持人体血液的 pH，使之恒定在 7.35～7.45。当 pH 改变超过 ±0.3 单位时，人将有生命危险。人体中会产生酸性代谢物或碱性代谢物。当人体代谢失衡后，会产生“酸中毒”或“碱中毒”而致命。临床上通过诊断血液中的 $CO_2$ 浓度和 $HCO_3^-$ 浓度，分析确定病人是“酸中毒”还是“碱中毒”，并给予正确治疗。

表 4-1 列出最常用的几种标准缓冲溶液，它们的 pH 是在一定温度下经过准确的实验测得的，目前已被国际上规定作为测定溶液 pH 时的标准参照溶液。

**表 4-1　pH 标准缓冲溶液**

| pH 标准溶液 | pH 标准值(>5℃) |
|---|---|
| 饱和酒石酸氢钾(0.034mol · $L^{-1}$) | 3.56 |
| 0.05mol · $L^{-1}$ 邻苯二甲酸氢钾 | 4.01 |
| 0.025mol · $L^{-1}$ $KH_2PO_4$-0.025mol · $L^{-1}$ $K_2HPO_4$ | 6.86 |
| 0.01mol · $L^{-1}$ 硼砂 | 9.18 |

**例 4-13**　配制 1.0L pH = 9.80、$c(NH_3)=0.10$mol·$L^{-1}$ 的缓冲溶液，需用 6.0mol·$L^{-1}$ $NH_3·H_2O$ 多少毫升和固体$(NH_4)_2SO_4$多少克？已知$(NH_4)_2SO_4$摩尔质量为 132g·$mol^{-1}$。

**解**

$$pH = pK_a^{\ominus} - \lg\frac{c_a}{c_b}$$

$$9.80 = 14 - 4.74 - \lg\frac{c_a}{0.10}$$

得　$$c_a = 0.028(\text{mol}\cdot\text{L}^{-1})$$

加入固体$(NH_4)_2SO_4$　$0.028\times1.0\times1/2\times132=1.8(\text{g})$

$NH_3·H_2O$ 用量　$1.0\times0.10/6.0=0.017\ (\text{L})$

配制方法：称取 1.8g 固体$(NH_4)_2SO_4$溶于少量水中，加入 0.017L 6.0mol·$L^{-1}$ $NH_3·H_2O$，然后加水稀释到 1L 摇匀即可。

缓冲溶液在工业、农业以及生物、医学、化学等领域都有重要意义。例如，土壤中含有 $NaHCO_3$-$H_2CO_3$ 和 $NaH_2PO_4$-$Na_2HPO_4$ 以及腐殖酸及其盐等组成的多种缓冲对，所以土壤能保持一定的 pH 范围，如水稻正常生长要求的适宜 pH 为 6～7。人体血液中有许多缓冲对，这些缓冲对相互制约，使血液 pH 维持在 7.40 ± 0.05。化学上，EDTA 配位滴定法测定 $Ca^{2+}$时 pH 需保持在 10 左右；用氨水分离 $Al^{3+}$和 $Mg^{2+}$，通过控制缓冲溶液 pH 在 9 左右，保证 $Al^{3+}$沉淀完全而 $Mg^{2+}$不沉淀。缓冲溶液在化学上的应用在本课程的后续内容中将继续介绍。

酸碱平衡总结

【拓展材料】

## 魔 酸

1966 年圣诞节，美国 Case Western Keserve 大学，G. A. Olah 教授实验室一位研究人员 J. Lukas 无意中将圣诞节晚会上用过的蜡烛扔进一个酸性溶液($SbF_5 \cdot HSO_3F$)中，结果发现蜡烛很快地溶解了。蜡烛的主要成分是饱和烃，通常是不与强酸、强碱甚至氧化物作用的，这一现象令研究人员非常惊奇，故将此实验溶液送去做核磁共振研究($^{14}C$-NMR)，在核磁共振谱图上竟出现了一个尖锐的特丁基阳离子(碳正离子)峰。从那时起，Olah 实验室人员就给 $SbF_5 \cdot HSO_3F$ 起个绰号为**“魔酸”**(magic acid)，全称为五氟化锑合氟代磺酸，简称氟锑磺酸。

魔酸的酸性很强，其哈米特酸度为 $H_0 = -19.2$，最强的氟锑酸 $H_0 = -31.3$，而纯硫酸 $H_0 = -12$。一般地，人们习惯将酸强度超过 100% $H_2SO_4$ 的酸或酸性介质称为超酸(或超强酸)。

魔酸为何是超强酸呢？其酸性强主要基于：$HSO_3F$(氟磺酸)分子中 F 的电负性大于被取代的 OH，对 S 原子上负电荷密度的吸引力更大些，间接地对 S–O–H 基团中 O–H 键键电子的吸引力也更大些，因而氟磺酸是比硫酸更强的酸。如果能找到某种吸引电子物种进一步吸引氟磺酸中硫原子的负电荷，则可以得到比氟磺酸更强的酸。这一目标可以通过氟磺酸中加入 $SbF_5$ 实现。这种关系呈现于图 4-1。

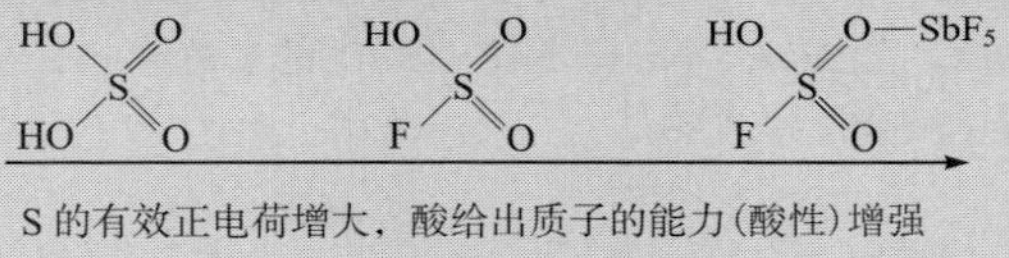


图 4-1 硫酸、氟磺酸和超强质子酸之间的关系

氟锑磺酸既是无机及有机的质子化试剂，又是活性极高的催化剂。它能使几乎所有的有机化合物加合质子，甚至能使甲烷这样极不活泼的分子加合质子，得到五配位碳原子物种 $CH_5^+$。由于超强酸的酸性，过去一些极难或根本无法实现的化学反应，在超强酸的条件下便能顺利进行。例如，正丁烷在超强酸的作用下可以发生碳氢键的断裂，生成氢气，也可以发生碳碳键的断裂生成甲烷，还可以发生异构化生成异丁烷，这些都是普通酸做不到的。

氟锑磺酸还是一种良好的溶剂和腐蚀剂，可以将包括金、铂在内的极不活泼金属氧化溶解。氟锑磺酸通常储存在聚四氟乙烯的容器内。在室温下氟锑磺酸和玻璃作用剧烈，并能溶解烃类有机物，可以将有机含氧化合物脱水炭化，但和含铅塑料玻璃(一种形状似玻璃的透明含铅有机材料，主要成分是全氟聚苯乙烯、聚四氟乙烯和二氟化铅)反应很慢，故一般用含铅塑料玻璃制成的细口瓶盛装。

## 思 考 题

4-1 请总结一下酸碱质子理论、酸碱电离理论与酸碱电子理论之间的不同点。

4-2 下述几个体系的 pH 计算过程中应注意什么问题？

(1)强酸 + 弱酸体系；

(2)强酸 + 弱碱体系。

4-3 什么是同离子效应和盐效应？它们对弱酸弱碱的解离平衡有何影响？

## 习　题

4-1　判断题。

(1) 纯水加热到 100℃时，$K_w^\ominus = 5.8 \times 10^{-13}$，所以溶液呈酸性。（　）

(2) 共轭酸失去质子变成其共轭碱，共轭碱得到质子变成其共轭酸，因此 $H_2CO_3$ 和 $CO_3^{2-}$ 是共轭关系。（　）

(3) 氨水稀释一倍，溶液中 $c(OH^-)$就减为原来 1/2。（　）

(4) 根据 $K_a^\ominus \approx c\alpha^2$，弱酸的浓度越小，则解离度越大，因此酸性越强。（　）

(5) 有一种由 $HAc\text{-}Ac^-$组成的缓冲溶液，若溶液中 $c(HAc) > c(Ac^-)$，则该缓冲溶液抵抗外来酸的能力大于抵抗外来碱的能力。（　）

4-2　选择题。

(1) 下列浓度均为 $0.01mol \cdot L^{-1}$ 的水溶液中 pH 最大的是（　）

A. HCl　B. $H_2S$　C. $NH_3$　D. $NaHCO_3$

(2) 一元弱酸溶液稀释时（　）

A. 电离度和 $H^+$浓度都增大　B. 电离度和 $H^+$浓度都减小

C. 电离度增大，$H^+$浓度减小　D. 电离度减小，$H^+$浓度增大

(3) 在水溶液中能大量共存的一组物质为（　）

A. $H_3PO_4$ 和 $PO_4^{3-}$　B. $H_2PO_4^-$ 和 $PO_4^{3-}$

C. $HPO_4^{2-}$ 和 $PO_4^{3-}$　D. $H_3PO_4$ 和 $HPO_4^{2-}$

(4) 已知相同浓度的盐 NaA、NaB、NaC、NaD 的水溶液 pH 依次增大，则相同浓度的下列稀酸中解离度最大的是（　）

A. HD　B. HC　C.HB　D. HA

(5) 含有 $0.050mol \cdot L^{-1}$HAc 和 $0.025mol \cdot L^{-1}$NaAc 溶液的 pH 为（　）

A. 4.44　B. 4.70　C. 5.00　D. 5.10

(6) 向 HAc 溶液中加入 NaAc，会使（　）

A. HAc 的解离常数减小　B. HAc 的解离度减小

C. 解离常数和 $c(H^+)$减小　D. 溶液的 pH 降低

4-3　填空题。

(1) 写出 $HCO_3^-$、$H_2PO_4^-$、HF 的共轭碱____________，并排列碱性从强到弱的顺序________________。

(2) $0.10mol \cdot L^{-1}Na_2S$ 溶液的 $c(OH^-)$ =________$mol \cdot L^{-1}$，pH =____________。

(3) $0.1mol \cdot L^{-1}NaHSO_3$ 的 pH 应为__________。

(4) 下列 pH = 3.0 的溶液，用等体积的水稀释后，它们的 pH 为：HAc 溶液__________；HCl 溶液______________；HAc-NaAc 溶液____________。

酸碱质子理论与PBE式例题

4-4　用酸碱质子理论判断下列物质哪些是酸(写出其共轭碱)，哪些是碱(写出其共轭酸)，哪些是两性物质(写出其共轭酸和共轭碱)。

$HS^-$　$NH_3$　$OH^-$　$Ac^-$　$H_2PO_4^-$　$H_2O$　HCl　$HSO_4^-$　$S^{2-}$

4-5　查阅附录四中下列各弱酸的 $pK_a^\ominus$ 和弱碱的 $pK_b^\ominus$ 值，求它们的共轭碱和共轭酸的 $pK_b^\ominus$ 和 $pK_a^\ominus$。

(1) HCN　(2) $NH_4^+$　(3) HCOOH　(4) 苯胺

4-6　写出下列各酸、碱水溶液的质子条件式。

(1) $NH_4Cl$　(2) $(NH_4)_2CO_3$　(3) $H_2CO_3$　(4) $NaH_2PO_4$

4-7　计算下列溶液的 pH。

(1) $0.10mol \cdot L^{-1}$ $HNO_2$　(2) $0.10mol \cdot L^{-1}$ $Na_2HPO_4$

(3) $0.10mol \cdot L^{-1}$ $NH_4Ac$　(4) $0.10mol \cdot L^{-1}$ $NH_4Cl$

(5) 0.10mol · $L^{-1}$ $H_2C_2O_4$　　(6) 0.10mol · $L^{-1}$ HCl + 0.10mol · $L^{-1}$ HAc

4-8　(1) 将 300mL 0.20mol·$L^{-1}$ HAc 溶液稀释到多大体积才能使解离度增加一倍？

(2) 计算 0.20mol·$L^{-1}$$NH_3$·$H_2O$ 的 $c(OH^-)$及解离度。

4-9　计算饱和 $H_2S$ 溶液中 $H^+$、$HS^-$、$S^{2-}$的浓度。

4-10　欲配制 250mL pH 为 5.00 的缓冲溶液，问在 125mL 1.0mol · $L^{-1}$ NaAc 溶液中应加入多少毫升 6.0mol · $L^{-1}$ HAc 和多少毫升水？

4-11　在 1.0L 0.20mol · $L^{-1}$ HAc 溶液中应加入多少克 NaAc（忽略体积变化），才能维持 $c(H^+)$的浓度为 $6.5\times10^{-5}$mol · $L^{-1}$？

4-12　分别以 HAc-NaAc 和苯甲酸+苯甲酸钠（HB-NaB）配制 pH = 4.1 的缓冲溶液。试求 $c$(NaAc)/$c$(HAc)和 $c$(NaB)/$c$(HB)。若两种缓冲溶液的酸的浓度都为 0.1mol · $L^{-1}$，哪种缓冲溶液更好？解释。

4-13　在烧杯中盛放 50.00mL 0.20mol · $L^{-1}$ NaAc 溶液，试计算：

(1) 上述 NaAc 溶液的 pH；

(2) 在上述溶液中加入同浓度同体积的 HAc，问混合液的 pH；

(3) 若 (2) 中所加溶液替换成 HCl 溶液，pH 会是多少？

(4) 在 (2) 组成的混合溶液中继续加入 1.00$cm^3$ 1.00mol · $L^{-1}$ HCl 溶液，pH 又会是多少？

混合溶液酸度计算

4-14　某一元酸与 36.12mL 0.100mol·$L^{-1}$ NaOH 溶液完全中和后，再加入 18.06mL 0.100mol·$L^{-1}$ HCl 溶液，测得 pH 为 4.92。计算该弱酸的解离常数。

4-15　100mL 0.20mol · $L^{-1}$ HCl 溶液和 100mL 0.50mol · $L^{-1}$ NaAc 溶液混合后，计算：

(1) 溶液的 pH；

(2) 在混合溶液中加入 10mL 0.50mol · $L^{-1}$ NaOH 后溶液的 pH；

(3) 在混合溶液中加入 10mL 0.50mol · $L^{-1}$ HCl 后溶液的 pH。

*4-16　今有三种酸$(CH_3)_2AsO_2H$、$ClCH_2COOH$、$CH_3COOH$，它们的标准解离常数分别为 $6.4\times10^{-7}$、$1.4\times10^{-5}$、$1.76\times10^{-5}$。试问：

(1) 欲配制 pH = 6.50 缓冲溶液，用哪种酸最好？

(2) 需要多少克这种酸和多少克 NaOH 以配制 1.00L 缓冲溶液，其中酸和它的共轭碱的总浓度等于 1.00mol · $L^{-1}$？

*4-17　欲将 100mL 0.10mol · $L^{-1}$HCl 溶液的 pH 从 1.00 增加至 4.44，需加入固体 NaAc 多少克？（不考虑溶液的体积变化）

*4-18　欲配制 pH = 4.00 的缓冲溶液应该选用 HClO、$H_3BO_3$、HAc 中哪一种最好？配制 1.0L 缓冲溶液需要多少克这种酸和多少克 NaOH？（其中这种酸和它的共轭碱的总浓度等于 1.0mol · $L^{-1}$）

*4-19　人体中的 $CO_2$ 在血液中以 $H_2CO_3$ 和 $HCO_3^-$ 的形态存在，若血液的 pH 为 7.4，求血液中 $H_2CO_3$ 与 $HCO_3^-$ 的摩尔分数比 $x(H_2CO_3)/x(HCO_3^-)$。

# 第 5 章　沉淀溶解平衡

【教学目的和要求】

(1) 了解难溶电解质的沉淀溶解平衡，掌握溶度积常数的概念和溶度积规则，掌握溶度积常数与溶解度的关系。

(2) 能用溶度积规则判断沉淀的生成和溶解，掌握沉淀溶解平衡的移动。

(3) 了解分步沉淀和两种沉淀间的转化及有关计算。

【教学重点和难点】

(1) 重点内容：沉淀溶解平衡和溶度积常数、溶解度与溶度积的换算、沉淀溶解平衡的移动、沉淀的溶解、分步沉淀。

(2) 难点内容：沉淀溶解平衡的移动。

绪论

在含有难溶电解质固体的饱和溶液中，存在着固体与其解离的离子间的平衡，这是一种多相平衡，称为**沉淀溶解平衡**。例如，在 NaCl 溶液中加入 $AgNO_3$ 溶液，会生成白色的 AgCl 沉淀，这种能析出难溶性固态物质的反应称为**沉淀反应**。如果在含有 $CaCO_3$ 的溶液中加入过量的盐酸，则可使沉淀溶解，该反应称为**溶解反应**。与酸碱平衡体系不同，沉淀溶解平衡是一种两相化学平衡体系。这类平衡涉及许多重要的离子反应，在科学实验和生产中常用来制备难溶化合物、分离某些离子、提纯试剂以及进行定性鉴定和定量测定。在什么条件下沉淀才能产生，如何使离子沉淀完全，又怎样使沉淀溶解等，这些都是实际工作中经常遇到的问题。

## 5.1　溶度积原理

### 5.1.1　溶度积常数

溶度积常数与溶解度

当把难溶物如 AgCl 放入水中，受到水分子的溶剂化作用，$Ag^+$ 和 $Cl^-$ 进入溶液，这一过程称为**溶解**。同时，已溶解的部分 $Ag^+$ 和 $Cl^-$ 在无序的运动中，可能碰到 AgCl 固体表面而析出，这个过程称为**沉淀**。在一定的温度下，当溶解与沉淀的速率相等时，溶解与沉淀达到动态的两相平衡，称为**沉淀溶解平衡**。其平衡式可写为：

$$AgCl(s) \underset{\text{沉淀}}{\overset{\text{溶解}}{\rightleftharpoons}} Ag^+(aq) + Cl^-(aq)$$

上述反应的平衡常数可表示为

$$K^{\ominus} = K_{sp}^{\ominus} = c(Ag^+) \cdot c(Cl^-)$$

此平衡常数称为该难溶物质的**溶度积常数**，简称**溶度积**，是表征难溶物溶解能力的特性常数。

对于难溶强电解质 $A_mB_n$ 来讲，其沉淀溶解平衡的通式和平衡常数可表示为

$$A_mB_n(s) \underset{\text{沉淀}}{\overset{\text{溶解}}{\rightleftharpoons}} mA^{n+}(aq) + nB^{m-}(aq)$$

$$K_{sp}^{\ominus} = c^m(A^{n+}) \cdot c^n(B^{m-}) \tag{5-1}$$

与其他平衡常数相同，$K_{sp}^{\ominus}$ 与难溶物的本性以及温度等因素有关。它的大小可以用来衡量难溶物质溶解能力的强弱。

$K_{sp}^{\ominus}$ 可以由实验测定，也可以通过热力学数据(标准吉布斯自由能变 $\Delta_r G_m^{\ominus}$)计算得到。附录六列出了常温下一些难溶电解质的溶度积常数 $K_{sp}^{\ominus}$，计算时可直接引用。

根据物质在水中的溶解度($s$)大小，可将其分为以下几种：

易溶物：

$$s > \frac{1g}{100g\ H_2O}$$

可溶物：

$$s = \frac{0.1 \sim 1g}{100g\ H_2O}$$

微溶物：

$$s = \frac{0.01 \sim 0.1g}{100g\ H_2O}$$

难溶物：

$$s < \frac{0.01g}{100g\ H_2O}$$

严格来讲，绝对不溶物是不存在的。

### 5.1.2　溶度积和溶解度的相互换算

根据溶度积常数的表达式，难溶强电解质的溶度积和溶解度之间可以相互换算，但在换算时应注意溶解度的单位必须采用 $mol \cdot L^{-1}$。

1. AB 型难溶强电解质

设 AB 型难溶强电解质的溶解度为 $s$，在水溶液中的沉淀溶解平衡为

$$AB(s) \rightleftharpoons A^{n+}(aq) + B^{n-}(aq)$$

平衡浓度/($mol \cdot L^{-1}$)　　$s$　　$s$

$$K_{sp}^{\ominus}(AB) = c(A^{n+}) \cdot c(B^{n-}) = s^2$$

$$s = \sqrt{K_{sp}^{\ominus}(AB)} \tag{5-2}$$

**例 5-1**　已知 298K 时 $BaSO_4$ 的溶度积为 $1.1\times10^{-10}$，求 $BaSO_4$ 的溶解度。

**解**　$BaSO_4$ 为 AB 型难溶强电解质，所以

$$s = \sqrt{K_{sp}^{\ominus}(BaSO_4)} = \sqrt{1.1\times10^{-10}} = 1.0\times10^{-5}\ (mol \cdot L^{-1})$$

2. $A_2B$(或 $AB_2$)型难溶强电解质

$$A_2B(s) \rightleftharpoons 2A^{+}(aq) + B^{2-}(aq)$$

平衡浓度/($mol \cdot L^{-1}$)　　$2s$　　$s$

$$K_{sp}^{\ominus}(A_2B) = c^2(A^{+}) \cdot c(B^{2-}) = (2s)^2 \times s = 4s^3$$

$$s = \sqrt[3]{\frac{K_{sp}^{\ominus}(A_2B)}{4}} \tag{5-3}$$

如何理解难溶化合物？难溶化合物在水溶液中的溶解度可否认为是零？

**例 5-2**　已知 298K 时 $Ag_2CrO_4$ 的溶解度为 $2.2\times10^{-2}g \cdot L^{-1}$，求 $Ag_2CrO_4$ 的溶度积。已知 $Ag_2CrO_4$ 的摩尔质量为 $331.8g \cdot mol^{-1}$。

**解**　将溶解度单位 $g \cdot L^{-1}$ 换算为 $mol \cdot L^{-1}$

试推导 $A_3B$(或$AB_3$)型难溶电解质的溶解度与溶度积之间的关系。

$$s(Ag_2CrO_4)=\frac{2.2\times10^{-2}}{331.8}=6.6\times10^{-5}(mol\cdot L^{-1})$$

$Ag_2CrO_4$的沉淀溶解平衡为

$$Ag_2CrO_4(s) \rightleftharpoons 2Ag^+(aq)+CrO_4^{2-}(aq)$$

平衡浓度/$(mol\cdot L^{-1})$　　　$2s$　　　$s$

$$K_{sp}^{\ominus}(Ag_2CrO_4)=c^2(Ag^+)\cdot c(CrO_4^{2-})$$
$$=(2\times6.6\times10^{-5})^2\times6.6\times10^{-5}$$
$$=1.1\times10^{-12}$$

对于相同类型难溶强电解质，可以根据溶度积的大小直接比较它们溶解度的相对高低，如 AgCl、AgBr 和 AgI 的溶度积常数分别为 $1.8\times10^{-10}$、$5.0\times10^{-13}$、$8.3\times10^{-17}$，其溶解度大小顺序依次为 $AgCl > AgBr > AgI$。

对于不同类型的难溶强电解质，不能单从溶度积大小直接判断其溶解度大小，如 AgCl 和 $Ag_2CrO_4$ 的溶度积常数分别为 $1.8\times10^{-10}$ 和 $1.1\times10^{-12}$，溶解度大小分别为 $1.3\times10^{-5}mol\cdot L^{-1}$ 和 $6.6\times10^{-5}mol\cdot L^{-1}$，AgCl 的溶度积比 $Ag_2CrO_4$ 大，但溶解度反而比 $Ag_2CrO_4$ 小。所以对于不同类型的难溶强电解质，只有通过实际计算才能知道它们溶解度的大小。

### 5.1.3　溶度积规则

溶度积原理

对于任一沉淀溶解平衡：

$$A_mB_n(s) \rightleftharpoons mA^{n+}(aq)+nB^{m-}(aq)$$

反应商 $Q=c^m(A^{n+})\cdot c^n(B^{m-})$，在沉淀溶解平衡中 $Q$ 又称为离子积。$Q$ 的表达方式与该物质的 $K_{sp}^{\ominus}$ 表达方式是相同的，但两者的概念有区别。$Q$ 是任意情况下难溶电解质的离子浓度的乘积，其数值不定，随条件改变而改变；而 $K_{sp}^{\ominus}$ 仅是 $Q$ 的一个特例，代入 $K_{sp}^{\ominus}$ 表达式的离子浓度必须是难溶电解质饱和溶液中离子的平衡浓度。

在任何给定的溶液中：

(1) 当 $Q<K_{sp}^{\ominus}$ 时，为不饱和溶液，无沉淀析出，若体系中已有沉淀存在，沉淀将溶解。

(2) 当 $Q=K_{sp}^{\ominus}$ 时，为饱和溶液，达到沉淀溶解平衡状态。

(3) 当 $Q>K_{sp}^{\ominus}$ 时，为过饱和溶液，将有沉淀析出，直至饱和为止。

以上规律称为**溶度积规则**，运用此规则可以判断在一定条件下某溶液中是否有沉淀生成或溶解。

## 5.2　沉淀溶解平衡的移动

### 5.2.1　沉淀的生成

沉淀的生成

根据溶度积规则，在难溶电解质溶液中，如果 $Q>K_{sp}^{\ominus}$，溶液中将有沉淀生成。

**例 5-3**　如果在 10mL 0.010mol · L$^{-1}$ $BaCl_2$溶液中加入 30mL 0.0050mol · L$^{-1}$ $Na_2SO_4$溶液，有无沉淀产生？已知 $K_{sp}^{\ominus}(BaSO_4) = 1.1 \times 10^{-10}$。

**解**　两种溶液混合后，总体积为 40mL，则

$$c(Ba^{2+}) = \frac{0.010\times10}{40} = 2.5\times10^{-3}(mol\cdot L^{-1})$$

$$c(SO_4^{2-}) = \frac{0.0050\times30}{40} = 3.75\times10^{-3}(mol\cdot L^{-1})$$

离子积 $Q = c(Ba^{2+})\cdot c(SO_4^{2-}) = 2.5\times10^{-3}\times3.75\times10^{-3} = 9.4\times10^{-6}$

因为 $Q = 9.4\times10^{-6} > K_{sp}^{\ominus}$，所以有 $BaSO_4$ 沉淀生成。

### 5.2.2　影响难溶电解质溶解度的因素

沉淀溶解平衡与其他化学平衡一样，条件的变化会导致平衡的移动。根据化学平衡移动规律，在难溶电解质溶液中加入含有相同离子的强电解质时，平衡将向生成沉淀的方向移动，导致难溶电解质的溶解度降低，这种现象称为**同离子效应**。

影响难溶电解质溶解度的因素

**例 5-4**　计算 AgCl 在纯水和 1.0mol · L$^{-1}$ HCl 溶液中的溶解度。已知 AgCl 的溶度积为 $K_{sp}^{\ominus}(AgCl) = 1.8\times10^{-10}$ 。

**解**　设 AgCl 在纯水中的溶解度为 $s$mol · L$^{-1}$，AgCl 的沉淀溶解平衡为

$$AgCl(s) \rightleftharpoons Ag^+(aq) + Cl^-(aq)$$

平衡浓度/(mol · L$^{-1}$)　　　　$s$　　　$s$

$$K_{sp}^{\ominus}(AgCl) = c(Ag^+)\cdot c(Cl^-) = s^2$$

$$s = \sqrt{K_{sp}^{\ominus}(AgCl)} = \sqrt{1.8\times10^{-10}}$$

$$s = 1.3\times10^{-5}(mol\cdot L^{-1})$$

设 AgCl 在 1.0mol · L$^{-1}$ HCl 溶液中的溶解度为 $s'$ mol · L$^{-1}$，则

$$AgCl(s) \rightleftharpoons Ag^+(aq) + Cl^-(aq)$$

平衡浓度/(mol · L$^{-1}$)　　　　$s'$　　　$s'+1.0$

因为 AgCl 的溶解度很小，所以 $s' + 1.0 \approx 1.0$

$$K_{sp}^{\ominus}(AgCl) = s'\times1.0$$

$$s' = 1.8\times10^{-10}(mol\cdot L^{-1})$$

同离子效应适用于强酸强碱盐溶液吗？向氯化钠饱和溶液中加盐酸，会降低氯化钠的溶解度而使氯化钠析出吗？

由以上计算可以看出，AgCl 在 HCl 溶液中的溶解度比在纯水中的溶解度小，这就是同离子效应的结果。

实验发现，如果在 AgCl 饱和溶液中加入 $KNO_3$ 固体，会使 AgCl 的溶解度增大。这种在沉淀溶解平衡体系中加入与难溶电解质具有不同离子的强电解质，而使沉淀的溶解度增加的现象称为**盐效应**。盐效应引起的溶解度变化不大，一般情况不予考虑。在实际进行沉淀操作时，为了使沉淀尽可能完全，都要加入过量的沉淀剂，应注意的是，在考虑同离子效应能使沉淀更完全的同时，还应考虑盐效应会使沉淀溶解度增大的影响，通常沉淀剂以过量 20%～

50%为宜。

因为溶液中总存在着沉淀溶解平衡，不论加入的沉淀剂如何过量，总会有极少量的待沉淀离子残留在溶液中。在分析化学中，经过沉淀后，溶液中被沉淀离子的浓度小于 $1.0\times10^{-5}mol\cdot L^{-1}$ 时，一般可认为该离子已被沉淀完全。

有的书上称被沉淀离子的浓度小于 $1.0\times10^{-5}mol\cdot L^{-1}$ 时为**定性沉淀完全**，被沉淀离子的浓度小于 $1.0\times10^{-6}mol\cdot L^{-1}$ 时为**定量沉淀完全**。

沉淀完全是否意味着溶液中该离子的浓度为零？

**例 5-5**　在 $0.01mol\cdot L^{-1}$ 的 $FeCl_3$ 溶液中，欲产生 $Fe(OH)_3$ 沉淀，溶液的 pH 最小为多少？若使 $Fe(OH)_3$ 沉淀完全，溶液的 pH 至少为多少？已知 $K_{sp}^{\ominus}[Fe(OH)_3]=4.0\times10^{-38}$。

**解**　$Fe(OH)_3$ 沉淀在溶液中存在以下平衡：

$$Fe(OH)_3(s) \rightleftharpoons Fe^{3+}(aq)+3OH^-(aq)$$

根据溶度积规则，欲产生 $Fe(OH)_3$ 沉淀，应满足：

$$Q=c(Fe^{3+})\cdot c^3(OH^-)\geqslant K_{sp}^{\ominus}$$

$$c(OH^-)\geqslant\sqrt[3]{\frac{K_{sp}^{\ominus}}{c(Fe^{3+})}}=\sqrt[3]{\frac{4.0\times10^{-38}}{0.01}}=1.6\times10^{-12}(mol\cdot L^{-1})$$

$$pOH=-\lg c(OH^-)=11.80$$

$$pH=14-11.80=2.20$$

即 pH 不得低于 2.2，否则不会出现 $Fe(OH)_3$ 沉淀。

欲使 $Fe(OH)_3$ 沉淀完全，则沉淀后溶液中 $c(Fe^{3+})\leqslant 1.0\times10^{-5}\ mol\cdot L^{-1}$，此时：

$$c(OH^-)=\sqrt[3]{\frac{K_{sp}^{\ominus}}{c(Fe^{3+})}}=\sqrt[3]{\frac{4.0\times10^{-38}}{1.0\times10^{-5}}}=1.6\times10^{-11}(mol\cdot L^{-1})$$

$$pOH=-\lg c(OH^-)=10.80$$

$$pH=14-10.80=3.20$$

通过计算可以看到，当 pH 达到 2.20 时 $Fe(OH)_3$ 开始沉淀，当 pH 达到 3.20 时 $Fe(OH)_3$ 沉淀完全。由此可知，对于难溶金属氢氧化物，从开始产生沉淀到沉淀完全有一个 pH 范围，因此控制酸度对沉淀的生成和沉淀完全起着重要作用。在实际工作中，经常根据金属氢氧化物溶解度的差别，适当控制溶液的 pH，使某些金属离子形成金属氢氧化物沉淀下来，而另一些金属离子仍保留在溶液中，从而达到分离金属离子的目的。

**例 5-6**　在 $0.3mol\cdot L^{-1}$ HCl 溶液中含有 $0.1mol\cdot L^{-1}$ $Cd^{2+}$，室温下通入 $H_2S$ 气体达饱和，是否会有 CdS 沉淀生成？已知 $K_{sp}^{\ominus}(CdS)=8.0\times10^{-27}$，$H_2S$ 的 $K_{a_1}^{\ominus}=1.07\times10^{-7}$，$K_{a_2}^{\ominus}=1.3\times10^{-13}$，$H_2S$ 的饱和浓度为 $0.1mol\cdot L^{-1}$。

**解**　$H_2S$ 在溶液中分两步解离：

$$H_2S \rightleftharpoons H^++HS^- \qquad K_{a_1}^{\ominus}=1.07\times10^{-7}$$

$$HS^- \rightleftharpoons H^++S^{2-} \qquad K_{a_2}^{\ominus}=1.3\times10^{-13}$$

$$H_2S \rightleftharpoons 2H^++S^{2-} \qquad K^{\ominus}$$

在 HCl 溶液中，由于同离子效应，$H_2S$ 电离产生的 $H^+$ 很少，故溶液中 $c(H^+)\approx 0.3mol\cdot L^{-1}$。

$$K^{\ominus}=\frac{c^2(H^+)\cdot c(S^{2-})}{c(H_2S)}=K_{a_1}^{\ominus}\cdot K_{a_2}^{\ominus}$$

$$c(S^{2-})=\frac{K_{a_1}^{\ominus}\cdot K_{a_2}^{\ominus}\cdot c(H_2S)}{c^2(H^+)}=\frac{1.07\times10^{-7}\times1.3\times10^{-13}\times0.1}{0.3^2}=1.5\times10^{-20}(mol\cdot L^{-1})$$

离子积　　$Q = c(Cd^{2+}) \cdot c(S^{2-}) = 0.1 \times 1.5 \times 10^{-20} = 1.5 \times 10^{-21}$

因为 $Q = 1.5 \times 10^{-21} > K_{sp}^{\ominus}$，所以有 CdS 沉淀生成。

### 5.2.3　沉淀的溶解

根据溶度积规则，沉淀溶解的必要条件是 $Q < K_{sp}^{\ominus}$。因此，若能有效地降低沉淀溶解平衡体系中有关离子浓度使 $Q < K_{sp}^{\ominus}$，沉淀平衡将会向沉淀溶解的方向移动。常用的沉淀溶解方法主要有以下几种：

（1）酸碱溶解法。利用酸或碱与难溶电解质的组分离子反应，生成弱电解质或气体，使沉淀溶解平衡向溶解的方向移动，可导致沉淀溶解。例如，为了溶解 $CaCO_3$ 沉淀，可向沉淀平衡体系中加入盐酸，$H^+$ 与 $CO_3^{2-}$ 结合成 $HCO_3^-$ 和 $H_2CO_3$，降低了 $CO_3^{2-}$ 的浓度，从而使 $Q < K_{sp}^{\ominus}$，沉淀溶解。又如，难溶金属氢氧化物，加入酸时生成水，也可以使沉淀溶解：

$$Al(OH)_3(s) + 3H^+(aq) \rightleftharpoons Al^{3+}(aq) + 3H_2O(l)$$

某些溶度积较大的氢氧化物如 $Mg(OH)_2$、$Mn(OH)_2$ 可溶于铵盐中，是由于生成弱碱 $NH_3 \cdot H_2O$ 之故。

$$Mg(OH)_2(s) + 2NH_4^+(aq) \rightleftharpoons Mg^{2+}(aq) + 2NH_3(aq) + 2H_2O(l)$$

两性金属氢氧化物沉淀还可溶于碱溶液中，如 $Zn(OH)_2$ 沉淀在碱中的溶解反应为

$$Zn(OH)_2(s) + 2OH^-(aq) \rightleftharpoons ZnO_2^{2-}(aq) + 2H_2O(l)$$

难溶金属硫化物，在加入酸时分别生成硫化氢，也可以使沉淀溶解：

$$FeS(s) + 2H^+(aq) \rightleftharpoons Fe^{2+}(aq) + H_2S(aq)$$

**例 5-7**　恰好溶解 0.01mol $Mg(OH)_2$，需 1.0L 多大浓度的 $NH_4Cl$ 溶液？已知 $K_{sp}^{\ominus}[Mg(OH)_2] = 1.2 \times 10^{-11}$，$K_b^{\ominus}(NH_3 \cdot H_2O) = 1.8 \times 10^{-5}$。

**解**　$Mg(OH)_2$ 溶于 $NH_4Cl$ 的反应为

$$Mg(OH)_2(s) + 2NH_4^+(aq) \rightleftharpoons Mg^{2+}(aq) + 2NH_3(aq) + 2H_2O(l)$$

$$K^{\ominus} = \frac{c(Mg^{2+}) \cdot c^2(NH_3)}{c^2(NH_4^+)} = \frac{K_{sp}^{\ominus}[Mg(OH)_2]}{[K_b^{\ominus}(NH_3 \cdot H_2O)]^2} = \frac{1.2 \times 10^{-11}}{(1.8 \times 10^{-5})^2} = 3.7 \times 10^{-2}$$

设恰好溶解时，$c(NH_4^+) = x mol \cdot L^{-1}$，此时 $c(Mg^{2+}) = 0.010 mol \cdot L^{-1}$，$c(NH_3) = 0.020 mol \cdot L^{-1}$

$$K^{\ominus} = \frac{0.010 \times 0.020^2}{x^2} = 3.7 \times 10^{-2}$$

解得　　$x = 0.010\ (mol \cdot L^{-1})$

考虑反应消耗及平衡时溶液中存在的 $NH_4^+$，恰好溶解 0.01mol $Mg(OH)_2$ 所需 $NH_4Cl$ 溶液浓度为

$$0.020 + 0.010 = 0.030\ (mol \cdot L^{-1})$$

**例 5-8**　若使 0.10mol ZnS 和 CuS 分别溶解于 1.0L 盐酸中，问各需盐酸的最低浓度为多少？已知：$K_{sp}^{\ominus}(ZnS) = 2.5 \times 10^{-22}$，$K_{sp}^{\ominus}(CuS) = 6.3 \times 10^{-36}$，$H_2S$ 的 $K_{a_1}^{\ominus} = 1.07 \times 10^{-7}$，

沉淀的溶解

?

在含有固体 AgCl 的饱和溶液中，分别加入下列物质，判断对 AgCl 的溶解度有什么影响，并解释。

(1) 盐酸

(2) $AgNO_3$

(3) $KNO_3$

(4) 氨水

?

如果误食可溶性钡盐，造成钡中毒，应尽快用 5.0% 的 $Na_2SO_4$ 溶液给患者洗胃，为什么不使用碳酸钠溶液？

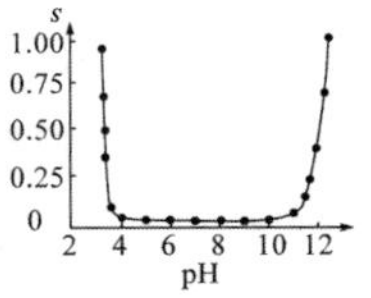


两性金属氢氧化物 $Al(OH)_3$ 的 s-pH 图

$K_{a_2}^{\ominus}=1.3\times10^{-13}$。

**解**　(1)　$ZnS(s)+2H^{+}(aq) \rightleftharpoons Zn^{2+}(aq)+H_2S(aq) \qquad K^{\ominus}$

根据多重平衡常数关系式可推出：

$$K^{\ominus}=\frac{c(Zn^{2+})\cdot c(H_2S)}{c^2(H^{+})}=\frac{K_{sp}^{\ominus}(ZnS)}{K_{a_1}^{\ominus}(H_2S)\cdot K_{a_2}^{\ominus}(H_2S)}$$

所以

$$c(H^{+})=\sqrt{\frac{c(Zn^{2+})\cdot c(H_2S)\cdot K_{a_1}^{\ominus}(H_2S)\cdot K_{a_2}^{\ominus}(H_2S)}{K_{sp}^{\ominus}(ZnS)}}$$

$$=\sqrt{\frac{0.10\times0.10\times1.07\times10^{-7}\times1.3\times10^{-13}}{2.5\times10^{-22}}}=0.24\ (mol\cdot L^{-1})$$

溶解 0.10mol ZnS 还要消耗 0.20mol $H^{+}$，故所需盐酸的最低浓度为

$$0.24+0.20=0.44\ (mol\cdot L^{-1})$$

(2) 同理，对 CuS：

$$c(H^{+})=\sqrt{\frac{c(Cu^{2+})\cdot c(H_2S)\cdot K_{a_1}^{\ominus}(H_2S)\cdot K_{a_2}^{\ominus}(H_2S)}{K_{sp}^{\ominus}(CuS)}}$$

$$=\sqrt{\frac{0.10\times0.10\times1.07\times10^{-7}\times1.3\times10^{-13}}{6.3\times10^{-36}}}=4.7\times10^{6}\ (mol\cdot L^{-1})$$

从计算结果能看出，$H^{+}$要达到如此高的浓度是办不到的，这说明 HCl 不能溶解 CuS。

(2) 氧化还原溶解法。一些溶度积常数很小的金属硫化物，如 CuS、PbS 等，不能溶于盐酸等强酸中，但是如果利用具有氧化性的酸如 $HNO_3$，通过氧化还原反应将 $S^{2-}$ 氧化成单质硫，便可有效降低溶液中 $S^{2-}$ 的浓度，使沉淀溶解。例如：

$$3CuS(s)+2NO_3^{-}(aq)+8H^{+}(aq) \rightleftharpoons 3Cu^{2+}(aq)+2NO(g)+3S(s)+4H_2O(l)$$

(3) 配位溶解法。溶液中加入适当的配位剂，利用配位反应，使难溶盐的组分离子形成可溶性的配离子，从而使沉淀溶解。例如：

$$AgCl(s)+2NH_3 \rightleftharpoons [Ag(NH_3)_2]^{+}+Cl^{-}$$

对于 $K_{sp}^{\ominus}$ 极小的沉淀，单一的溶解手段往往不能奏效，如 HgS，为使其溶解必须使用王水。因为 $HNO_3$ 将 $S^{2-}$ 氧化成单质硫，降低了 $S^{2-}$ 的浓度，同时 HCl 使 $Hg^{2+}$ 生成 $[HgCl_4]^{2-}$ 配离子，从而降低 $Hg^{2+}$ 的浓度，综合因素使 $Q< K_{sp}^{\ominus}$，HgS 沉淀得以溶解。

?

解释下列现象。

(1) $Mg(OH)_2$ 能溶于盐酸也能溶于氯化铵溶液。

(2) AgCl 在纯水中的溶解度比在稀盐酸中的溶解度大。

(3) PbS 在盐酸中的溶解度比在纯水中的溶解度大。

(4) $Ag_2S$ 易溶于硝酸但难溶于硫酸。

(5) HgS 难溶于硝酸但易溶于王水。

分步沉淀

## 5.3　多种沉淀之间的平衡

### 5.3.1　分步沉淀

在实际工作中，体系中常常同时含有多种离子，当加入沉淀剂时，可能几种离子都能与之发生沉淀反应，生成难溶电解质。由于各种难溶电解质的溶度积不同，析出沉淀的先后顺序也不同。随着沉淀剂慢慢地加入，离子积 $Q$ 首先达到溶度积 $K_{sp}^{\ominus}$ 的难溶电解质将会先析出；继续加入沉淀剂，又会有

第二种离子的沉淀析出，这种加入沉淀剂后溶液中发生先后沉淀的现象称为**分步沉淀**。下面通过计算对分步沉淀作定量说明。

**例 5-9**　在浓度均为 0.010mol · L$^{-1}$ KCl 和 KI 的混合溶液中，逐滴加入 $AgNO_3$ 溶液。(1) $Cl^-$和 $I^-$哪个先沉淀？(2) 能否用分步沉淀将两者分离？已知 $K_{sp}^{\ominus}(AgCl)=1.8\times10^{-10}$，$K_{sp}^{\ominus}(AgI)=8.3\times10^{-17}$。

**解**　(1) 根据溶度积规则，AgCl 开始沉淀时所需要的 $Ag^+$ 的浓度为

$$c(Ag^+)=\frac{K_{sp}^{\ominus}(AgCl)}{c(Cl^-)}=\frac{1.8\times10^{-10}}{0.010}=1.8\times10^{-8}(mol\cdot L^{-1})$$

AgI 开始沉淀时所需要的 $Ag^+$ 的浓度为

$$c(Ag^+)=\frac{K_{sp}^{\ominus}(AgI)}{c(I^-)}=\frac{8.3\times10^{-17}}{0.010}=8.3\times10^{-15}(mol\cdot L^{-1})$$

显然 $I^-$开始沉淀所需要的 $Ag^+$浓度远小于沉淀 $Cl^-$所需要的 $Ag^+$浓度。因此，首先析出黄色的 AgI 沉淀。继续加入 $AgNO_3$ 溶液，$I^-$浓度逐渐减小，$Ag^+$浓度逐渐增大，当溶液中 $Ag^+$浓度大于 $1.8\times10^{-8}mol\cdot L^{-1}$时，才有白色的 AgCl 沉淀生成。

(2) AgCl 开始沉淀时，溶液中残留的 $I^-$浓度为

$$c(I^-)=\frac{K_{sp}^{\ominus}(AgI)}{c(Ag^+)}=\frac{8.3\times10^{-17}}{1.8\times10^{-8}}=4.6\times10^{-9}(mol\cdot L^{-1})$$

可见，当 $Cl^-$开始沉淀时，$I^-$浓度已从 0.010mol · L$^{-1}$ 降到了 $4.6\times10^{-9}$mol · L$^{-1}$，小于 $1.0\times10^{-5}mol\cdot L^{-1}$，$I^-$早已沉淀完全，所以能用分步沉淀将两者分离。

利用分步沉淀可以进行离子分离。对于等浓度的同类型难溶强电解质，总是溶度积小的先沉淀，并且溶度积差别越大，分离的效果越好。要注意的是对于不同类型的沉淀，必须通过计算来判断沉淀的先后次序和分离效果，而不能直接根据溶度积判断。

掌握了分步沉淀的规律，适当控制条件，就可达到分离离子的目的。对可生成金属氢氧化物沉淀的离子，可通过控制溶液的 pH 使其分离。

**例 5-10**　若溶液中含有 0.010mol · L$^{-1}$ 的 $Fe^{3+}$和 0.010mol · L$^{-1}$ 的 $Mg^{2+}$，加入 NaOH 使其分离，计算分离两种离子 pH 应控制的范围。已知 $K_{sp}^{\ominus}[Fe(OH)_3]=4.0\times10^{-38}$，$K_{sp}^{\ominus}[Mg(OH)_2]=5.6\times10^{-12}$。

**解**　$Fe(OH)_3$ 沉淀开始生成时

$$c(OH^-)=\sqrt[3]{\frac{K_{sp}^{\ominus}[Fe(OH)_3]}{c(Fe^{3+})}}=\sqrt[3]{\frac{4.0\times10^{-38}}{0.010}}=1.6\times10^{-12}(mol\cdot L^{-1})\qquad pH=2.20$$

$Mg(OH)_2$ 沉淀开始生成时

$$c(OH^-)=\sqrt{\frac{K_{sp}^{\ominus}[Mg(OH)_2]}{c(Mg^{2+})}}=\sqrt{\frac{5.6\times10^{-12}}{0.010}}=2.4\times10^{-5}(mol\cdot L^{-1})\qquad pH=9.38$$

显然，随 NaOH 的加入，$Fe(OH)_3$ 先开始沉淀。

当 $Fe^{3+}$沉淀完全时，$c(Fe^{3+})=1.0\times10^{-5}mol\cdot L^{-1}$，则有

$$c(OH^-)=\sqrt[3]{\frac{K_{sp}^{\ominus}[Fe(OH)_3]}{c(Fe^{3+})}}=\sqrt[3]{\frac{4.0\times10^{-38}}{1.0\times10^{-5}}}=1.6\times10^{-11}(mol\cdot L^{-1})\qquad pH=3.20$$

所以为了分离 $Fe^{3+}$和 $Mg^{2+}$，只要控制 pH 为 3.20～9.38，即可使 $Fe^{3+}$沉淀完全，而 $Mg^{2+}$不沉淀。

### 5.3.2 沉淀的转化

沉淀的转化

在含有某一沉淀的溶液中，加入适当的试剂，将沉淀从一种形式转化为另一种形式，这一过程称为**沉淀的转化**。例如，为了除去附着在锅炉内壁既难溶于水又难溶于酸的 $CaSO_4$ 锅垢，可以用 $Na_2CO_3$ 溶液处理，使其中的 $CaSO_4$ 转化为疏松的、可溶于酸的 $CaCO_3$，以达到清除锅垢的目的。此反应过程可表示为

$$CaSO_4(s) + CO_3^{2-}(aq) \rightleftharpoons CaCO_3(s) + SO_4^{2-}(aq)$$

请举例说明日常生活中遇到的沉淀转化的例子。

转化反应的平衡常数为

$$K^\ominus = \frac{c(SO_4^{2-})}{c(CO_3^{2-})} = \frac{c(Ca^{2+})\cdot c(SO_4^{2-})}{c(Ca^{2+})\cdot c(CO_3^{2-})} = \frac{K_{sp}^\ominus(CaSO_4)}{K_{sp}^\ominus(CaCO_3)} = \frac{9.1\times10^{-6}}{2.8\times10^{-9}} = 3.2\times10^3$$

该沉淀转化反应的 $K^\ominus$ 很大，反应能进行得很完全。沉淀能否转化及转化的程度取决于两种沉淀溶度积的相对大小。一般 $K_{sp}^\ominus$ 大的沉淀容易转化成 $K_{sp}^\ominus$ 小的沉淀，而且两者 $K_{sp}^\ominus$ 相差越大，转化越完全。

**例 5-11** 若在 1.0L $Na_2CO_3$ 溶液中要使 0.010mol 的 $BaSO_4$ 转化为 $BaCO_3$，求 $Na_2CO_3$ 的最初浓度。已知 $K_{sp}^\ominus(BaSO_4)=1.1\times10^{-10}$，$K_{sp}^\ominus(BaCO_3)=5.1\times10^{-9}$。

**解** 反应离子方程式为

$$BaSO_4(s) + CO_3^{2-}(aq) \rightleftharpoons BaCO_3(s) + SO_4^{2-}(aq)$$

设转化反应的平衡常数为 $K^\ominus$

$$K^\ominus = \frac{c(SO_4^{2-})}{c(CO_3^{2-})} = \frac{c(Ba^{2+})\cdot c(SO_4^{2-})}{c(Ba^{2+})\cdot c(CO_3^{2-})} = \frac{K_{sp}^\ominus(BaSO_4)}{K_{sp}^\ominus(BaCO_3)} = \frac{1.1\times10^{-10}}{5.1\times10^{-9}} = 0.022$$

$$c(CO_3^{2-}) = \frac{c(SO_4^{2-})}{0.022} = \frac{0.010}{0.022} = 0.45(mol\cdot L^{-1})$$

因为溶解 0.010mol 的 $BaSO_4$ 需要消耗 0.010mol 的 $Na_2CO_3$，所以 $Na_2CO_3$ 的最初浓度应为 $(0.010+0.45)\,mol\cdot L^{-1}$，即 $0.46mol\cdot L^{-1}$。

沉淀溶解平衡总结

这是溶解度小的沉淀转化为溶解度大的沉淀的例子，$K^\ominus$ 很小，可见要溶解 0.010mol 的 $BaSO_4$ 需要较高浓度的 $Na_2CO_3$。

【拓展材料】

#### 蛀牙及其防治

蛀牙是人类口腔最常见的疾病，它与沉淀溶解平衡密切相关。牙齿表面有一层釉质保护着，釉质的主要成分是难溶化合物羟基磷酸钙 $Ca_5(PO_4)_3OH$（$K_{sp}^\ominus=6.8\times10^{-37}$）。由于溶度积比较小，在一般情况下，它是难以溶解的，所以能起到保护牙齿的作用；当它溶解时，相关离子进入唾液，这个过程称为脱矿化作用：

$$Ca_5(PO_4)_3OH(s) \rightleftharpoons 5Ca^{2+}(aq) + 3PO_4^{3-}(aq) + OH^-(aq)$$

在正常情况下，这个反应向右进行的程度很小。该溶解反应的逆过程称为再矿化作用，是人体自身的防蛀牙的过程。在儿童时期，釉质层(矿化作用)生长比脱矿化作用快；而在成年时期，脱矿化与再矿化作用的速率大致是相等的。

进餐之后，口腔中的细菌分解食物产生有机酸，如乙酸、乳酸。特别是像糖果、冰淇淋和含糖饮料这类高糖含量的食物产生的酸最多，因而导致 pH 减小，促进了牙齿的脱矿化作用，当保护性的釉质层被削弱时，就发生蛀牙：

$$Ca_5(PO_4)_3OH(s) + 7H^+(aq) \rightleftharpoons 5Ca^{2+}(aq) + 3H_2PO_4^-(aq) + H_2O(l)$$

防止蛀牙的最好方法是吃低糖的食物和坚持饭后立即刷牙。用含氟牙膏刷牙能帮助减少蛀牙。这是因为在再矿化过程中 $F^-$ 取代了 $OH^-$：

$$5Ca^{2+}(aq) + 3PO_4^{3-}(aq) + F^-(aq) \rightleftharpoons Ca_5(PO_4)_3F(s)$$

牙齿的釉质层组成发生了变化，氟磷灰石 $Ca_5(PO_4)_3F$ 是更难溶的化合物（$K_{sp}^{\ominus} = 1\times10^{-60}$），而且 $F^-$ 是比 $OH^-$ 更弱的碱，不易与酸反应，从而使牙齿的抗酸能力增强，有利于防止蛀牙。

## 冶金与沉淀反应

湿法冶金中常涉及沉淀反应。这里对铝和镁冶炼中的沉淀反应加以说明。

### 1. 铝

在现代工业和日常生活中，除铁之外，铝是应用最广的金属，也是大家最熟悉的。铝的主要矿石是铝矾土——含水合氧化铝 $Al_2O_3 \cdot nH_2O$ 的混合物，其中常含有 $Fe_2O_3$ 和 $SiO_2$，在电解还原为铝金属之前，必须除去铝矾土中的杂质。采用热的浓 NaOH 溶液与铝矾土反应，铝矾土中的两性氧化物 $Al_2O_3$ 和酸性氧化物 $SiO_2$ 能与 NaOH 溶液反应，生成可溶性的 $Al(OH)_4^-$ 和 $Si(OH)_6^{2-}$，反应式如下：

$$Al_2O_3(s) + 2OH^-(aq) + 3H_2O(l) \rightleftharpoons 2Al(OH)_4^-(aq)$$

$$SiO_2(s) + 2OH^-(aq) + 2H_2O(l) \rightleftharpoons Si(OH)_6^{2-}(aq)$$

碱性氧化物 $Fe_2O_3$ 不反应，经过滤后分离。再向滤液中通入 $CO_2$，使 $Al_2O_3$ 沉淀出来，过滤分离得到纯净的 $Al_2O_3$，反应式如下：

$$2Al(OH)_4^-(aq) + CO_2(g) \rightleftharpoons Al_2O_3(s) + CO_3^{2-}(aq) + 4H_2O(l)$$

### 2. 镁

金属镁是重要的轻合金元素之一，镁铝合金用于飞机制造，镁又是生产铀和钍等的重要还原剂。镁除了以菱镁矿($MgCO_3$)等存在于自然界之外，它的另一重要来源是海水和天然卤水。电解氯化镁生产金属镁的第一步是将海水和卤水中的 $Mg^{2+}$ 分离和富集起来，常采用的方法是石灰法，加热石灰与 $Mg^{2+}$，两者反应生成难溶于水的 $Mg(OH)_2$：

$$Mg^{2+}(aq) + Ca(OH)_2(s) \rightleftharpoons Mg(OH)_2(s) + Ca^{2+}(aq)$$

然后再将 $Mg(OH)_2$ 转化为能用于电解的 $MgCl_2$。

## 思考题

5-1　酸碱电离平衡与沉淀溶解平衡有哪些相同点和不同点？

5-2　溶解度和溶度积在表示难溶电解质的溶解性方面各有哪些优缺点？

## 习题

5-1　判断题。

(1) 用水稀释 $Ag_2CrO_4$ 饱和溶液后，$Ag_2CrO_4$ 的溶度积和溶解度都不变。（　）

(2) 将难溶电解质放入纯水中达到平衡时，电解质离子浓度的乘积就是该物质的溶度积。（　）

(3) 在常温下，$Ag_2CrO_4$ 和 $BaCrO_4$ 的溶度积分别为 $2.0\times10^{-12}$ 和 $1.6\times10^{-10}$，前者小于后者，因此 $Ag_2CrO_4$ 要比 $BaCrO_4$ 难溶于水。 (　　)

(4) 要想使沉淀溶解，必须设法降低其离子浓度。 (　　)

(5) 向 $BaCO_3$ 饱和溶液中加入 $Na_2CO_3$ 固体，会使 $BaCO_3$ 溶解度降低，溶度积减小。 (　　)

(6) 洗涤 $BaSO_4$ 沉淀时，为使沉淀损失减小，就不宜用蒸馏水洗涤，而需使用稀 $H_2SO_4$ 洗涤。 (　　)

5-2　选择题。

(1) 假定难溶化合物 $Sb_2S_3$ 的溶解度为 $x$，则 $Sb_2S_3$ 的溶度积应表示为 (　　)

A. $x^2$　　B. $6x^2$　　C. $x^5$　　D. $108x^5$

(2) AgCl 在下列哪种溶液中的溶解度最小 (　　)

A. 纯水　　B. $0.01mol\cdot L^{-1}$ $CaCl_2$ 溶液

C. $0.01mol\cdot L^{-1}$ NaCl 溶液　　D. $0.04mol\cdot L^{-1}$ $AgNO_3$ 溶液

(3) 下列叙述中正确的是 (　　)

A. 混合离子溶液中，能形成溶度积小的沉淀物一定先沉淀

B. 某离子沉淀完全是指其完全变成了沉淀

C. 凡溶度积大的沉淀一定能转化成溶度积小的沉淀

D. 当溶液中有关物质的离子积小于其溶度积时，该物质就会溶解

(4) 设 AgCl 在水中、$0.01mol\cdot L^{-1}$ $CaCl_2$ 中、$0.01mol\cdot L^{-1}$ NaCl 和 $0.05mol\cdot L^{-1}$ $AgNO_3$ 中的溶解度分别为 $s_0$、$s_1$、$s_2$ 和 $s_3$，这些量之间的正确关系是 (　　)

A. $s_0 > s_1 > s_2 > s_3$　　B. $s_0 > s_2 > s_1 > s_3$

C. $s_0 > s_1 = s_2 > s_3$　　D. $s_0 > s_2 > s_3 > s_1$

(5) 洗涤 AgCl 沉淀，欲使其损失最少，最好选用下列溶液中的 (　　)

A. $NH_3\cdot H_2O$　　B. $Na_2SO_4$　　C. 稀盐酸　　D. $Pb(Ac)_2$

(6) 某溶液含有 $Ag^+$、$Pb^{2+}$、$Ba^{2+}$和 $Sr^{2+}$，各离子浓度均为 $0.01mol\cdot L^{-1}$，在逐滴滴入 $K_2CrO_4$ 溶液时，上述离子产生沉淀的顺序应是下面哪一种？上述离子的铬酸盐的溶度积常数依次为：$2.0\times10^{-12}$、$2.8\times10^{-13}$、$1.2\times10^{-10}$ 和 $2.2\times10^{-5}$ (　　)

A. $Sr^{2+}$、$Ba^{2+}$、$Ag^+$、$Pb^{2+}$　　B. $Pb^{2+}$、$Ag^+$、$Ba^{2+}$、$Sr^{2+}$

C. $Pb^{2+}$、$Ba^{2+}$、$Ag^+$、$Sr^{2+}$　　D. $Sr^{2+}$、$Ag^+$、$Ba^{2+}$、$Pb^{2+}$、

(7) 微溶化合物 $Ag_2CrO_4$ 在 $0.0010mol\cdot L^{-1}$$AgNO_3$ 溶液中的溶解度与 $0.0010mol\cdot L^{-1}$ $K_2CrO_4$ 溶液中的溶解度相比较的结果是 (　　)

A. 较大　　B. 较小　　C. 相等　　D. 大一倍

5-3　填空题。

(1) 溶度积常数是难溶电解质的特性常数，其值大小受_______影响，而与溶液中离子的__________和沉淀量无关。溶液中离子浓度的变化能使沉淀溶解平衡发生_________，但不改变溶度积常数。

(2) 向含有 AgI(s)的饱和溶液中加入 $AgNO_3$(s)，则 $c(I^-)$将____________；若改加入较多的 AgI(s)，则 $c(Ag^+)$将________________；若改加入 AgBr(s)，则 $c(I^-)$____________，而 $c(Ag^+)$将____________。

(3) 某溶液中，$Cl^-$的浓度是 $I^-$浓度的 $1\times10^{10}$ 倍，滴加 $AgNO_3$ 溶液于 100mL 该溶液中，先析出的沉淀是__________。

5-4　已知 298K 时 AgCl 的溶解度为 $1.92\times10^{-3}g\cdot L^{-1}$，求其 $K_{sp}^{\ominus}$；已知 298K 时 $Mg(OH)_2$ 的 $K_{sp}^{\ominus} = 1.2\times10^{-11}$，求其溶解度 $s$。

5-5　已知 $Pb_3(PO_4)_2$ 的溶解度为 $1.37\times10^{-4}g\cdot L^{-1}$，计算 $Pb_3(PO_4)_2$ 的溶度积。

5-6　计算下列各难溶化合物的溶解度(不考虑其他副反应)：

(1) $CaF_2$ 在 0.010mol · $L^{-1}$ $CaCl_2$ 溶液中；

(2) $Ag_2CrO_4$ 在 0.010mol · $L^{-1}$ $AgNO_3$ 溶液中。

5-7　通过计算说明下列情况有无沉淀生成。

(1) 0.010mol · $L^{-1}$ $SrCl_2$ 溶液 2mL 和 0.10mol · $L^{-1}$ $K_2SO_4$ 溶液 3mL 混合；

(2) 1 滴 0.001mol · $L^{-1}$ $AgNO_3$ 溶液与 2 滴 0.0006mol · $L^{-1}$ $K_2CrO_4$ 溶液混合(1 滴按 0.05mL 计算)；

(3) 在 100mL 0.010mol · $L^{-1}$ $Pb(NO_3)_2$ 溶液中加入固体 NaCl 0.5848g(忽略体积改变)。

5-8　50mL 浓度为 0.20mol · $L^{-1}$ 氨水与 50mL 浓度为 0.20mol · $L^{-1}$ $MgCl_2$ 的溶液混合，混合液中是否有 $Mg(OH)_2$ 沉淀生成？若在上述混合溶液中同时加入 1.3g $NH_4Cl$ 固体(忽略溶液体积的变化)，是否有 $Mg(OH)_2$ 沉淀生成？

5-9　在含有 0.0010mol · $L^{-1}$ $Pb^{2+}$和 0.10mol · $L^{-1}$ $Ba^{2+}$的混合液中，滴加 $Na_2SO_4$ 溶液。通过计算说明有无可能将 $Pb^{2+}$和 $Ba^{2+}$分离完全。

5-10　$CaCO_3$ 能溶解在 HAc 中，设在沉淀溶解平衡时，$c$(HAc)为 1.0mol · $L^{-1}$，已知室温下 $H_2CO_3$ 的饱和浓度为 0.040mol · $L^{-1}$，1L 溶液中能溶解多少 $CaCO_3$？HAc 的最初浓度是多少？

5-11　一种混合离子溶液中含有 0.020mol · $L^{-1}$ $Pb^{2+}$和 0.010mol · $L^{-1}$ $Fe^{3+}$，若向溶液中逐滴加入 NaOH 溶液(忽略加入 NaOH 后溶液体积的变化)，问：

(1) 哪种离子先沉淀？

(2) 欲使两种离子完全分离，应将溶液的 pH 控制在什么范围？

5-12　用 0.10mol · $L^{-1}$ $Na_2CO_3$ 溶液 200mL 处理 $BaSO_4$ 沉淀，可使多少克 $BaSO_4$ 转化为 $BaCO_3$？

*5-13　考虑酸效应，计算下列难溶化合物的溶解度：

(1) $CaF_2$ 在 pH = 2.0 的溶液中；

(2) $BaSO_4$ 在 2.0mol · $L^{-1}$ 的 HCl 中；

(3) CuS 在 pH = 0.5 的饱和 $H_2S$ 溶液中。

*5-14　向浓度为 0.10mol · $L^{-1}$ 的 $MnSO_4$ 溶液中滴加 $Na_2S$ 溶液，先生成 MnS 沉淀还是先生成 $Mn(OH)_2$ 沉淀？

# 第 6 章　氧化还原平衡

【教学目的和要求】

（1）掌握氧化还原反应的实质及氧化值、氧化和还原半反应的离子电子式等概念，掌握离子电子法配平氧化还原反应方程式。

（2）了解原电池的组成、工作原理、原电池符号；理解电极反应和电池反应。

（3）掌握标准电极电势的概念及浓度、酸度和沉淀生成对电极电势的影响，掌握能斯特方程式及非标准状态下常见电极的电极电势计算，熟悉电极电势的应用；理解电池标准电动势的理论计算。

（4）理解元素电势图及其应用。

【教学重点和难点】

（1）重点内容：氧化还原反应的基本概念和离子电子法配平氧化还原反应式；能斯特方程式计算电对在非标准状态下的电极电势；电极电势的应用。

（2）难点内容：利用标准电极电势计算化学反应的平衡常数和各类电极的标准电极电势。

绪论

活泼金属锌能从稀盐酸中置换出氢气，放在硫酸铜溶液中的锌片被腐蚀并在锌片表面产生金属铜沉积，这是中学化学中所熟悉的实验现象。这些化学反应与前面两章中所学习的酸碱反应、沉淀反应不同，在反应过程中涉及电子的转移或偏移。这类反应就是氧化还原反应。氧化还原反应是化学中最重要的一类反应，涉及的面很广，与人们生存的空间和衣、食、住、行等都存在着密切关系。

本章将在氧化还原反应的本质、特点、方程式配平和标准电极电势等基本概念的基础上，着重讨论氧化还原反应进行的方向和限度、化学平衡常数确定等知识内容。

氧化还原反应的基本概念

## 6.1　氧化还原反应的基本概念

### 6.1.1　氧化值

?

锌片在硫酸铜溶液中会被腐蚀，在硫酸锌溶液中的铜片是否会给出电子？

大多数氧化还原反应过程中，反应物之间有电子得失。例如，锌片在硫酸铜溶液中被腐蚀并在锌片表面沉积铜的反应中，锌给出的电子转移给溶液中的 $Cu^{2+}$。但有些氧化还原反应，如碳在氧气中燃烧和葡萄糖氧化成 $CO_2$ 及 $H_2O$ 的反应没有电子的转移。另有一些常见的氧化还原反应，电子的得失表现得很不明显。但在氧化还原反应中，元素的氧化值必定发生改变。

IUPAC 将氧化值定义为某元素一个原子的荷电数，这个荷电数是假设将每个键中的电子指定给电负性较大的原子而形成的形式电荷数。简单地说，氧化值是某元素一个原子的表观荷电数。例如，在 NaCl 中，元素氯的电负性比元素钠的电负性大，Na 与 Cl 间的成键电子就指定给 Cl 原子，因而 Na 的氧化值为+1，Cl 的氧化值为−1。确定元素氧化值的规则是：

(1) 单质(如 $O_2$、Fe、$P_4$ 等)的氧化值为零。因为同种元素原子吸引电子的能力(电负性)相同，不会有电子的偏移或转移。

(2) 在多原子分子中，所有原子的氧化值的代数和为零。

(3) 单原子形成的离子的氧化值等于离子所带的电荷。在多原子离子中，所有原子的氧化值的代数和等于离子所带的电荷数。

(4) 氢在化合物中的氧化值一般为+1，但在活泼金属的氢化物(如 NaH、$CaH_2$ 等)中的氧化值为−1。

(5) 氧在化合物中的氧化值一般为−2；在过氧化物(如 $H_2O_2$、$Na_2O_2$)中，氧的氧化值为−1；在超氧化合物(如 $KO_2$)中，氧的氧化值为$-\frac{1}{2}$；在氧的氟化物(如 $O_2F_2$、$OF_2$)中，氧的氧化值则分别为+1 和+2。

(6) 在一般化合物中，碱金属和碱土金属的氧化值分别为+1 和+2，卤素为−1。

根据这些规则，就能简便地计算出分子或离子中某元素的氧化值。元素的氧化值常标在该元素符号的正上方。

按一定规则计算得到的原子表观的或形式上的荷电数，可以是正数，可以是负数，可以是整数，也可以是分数。氧化值是在化合价概念的基础上发展起来的一个经验性概念，它与化合价的概念既有联系又有区别。化合价是表示原子结合成分子时原子个数的比例关系，原子不可能为分数，也不可能为负数，所以化合价也不应为负数或分数。化合价有电价和共价之分，在离子型化合物中，原子的氧化值大多是与该元素离子的电价数相等，如 $CaCl_2$ 中 Ca 的氧化值为+2，化合价为 2。但在共价化合物中，原子的化合价是以元素原子间形成共价键的数目(共价数)表示的，而共价数没有正、负之分，如在 H∶H 、H∶Cl 和 H∶O∶H 分子中，H 和 Cl 的共价数各为 1，O 的共价数为 2。因此，共价数与氧化值的数值可能会不同，有时会相差很大。例如，$NH_3$ 分子中 N 原子的化合价为 3，而氧化值则为−3；$NH_4^+$ 中 N 原子的化合价为 4，而氧化值为−3；又如在 $CH_4$、$C_2H_4$、$CH_2Cl_2$ 和 $CCl_4$ 分子中 C 的共价数均为 4，而氧化值依次为−4、−2、0 和+4。

总结氧化值与化合价的异同点。

### 6.1.2　氧化与还原

引进氧化值概念后，可以说氧化还原反应就是元素原子的氧化值发生变化的反应。例如：

$$Zn + CuSO_4 = ZnSO_4 + Cu$$

式中，Zn 原子的氧化值由 0 升高为+2，Cu 原子的氧化值则由+2 降低为 0。

氧化值升高的过程是氧化的过程，氧化值降低的过程是还原的过程，这

两个过程(也称半反应)可分别表示为

$$Zn - 2e^- = Zn^{2+}$$　　氧化过程(氧化半反应)

$$Cu^{2+} + 2e^- = Cu$$　　还原过程(还原半反应)

氧化还原反应过程中，有物质氧化就必定有物质还原，因此氧化过程和还原过程必定是同时发生的两个过程，且元素氧化值升高的总数必定与元素氧化值降低的总数相等。

在氧化还原反应中，氧化值升高的物质称为**还原剂**，还原剂使另一种物质还原，而本身被氧化，它的反应产物称作**氧化产物**，是氧化值较高、具有一定氧化性的物质；氧化值降低的物质称为**氧化剂**，氧化剂使另一种物质被氧化，本身被还原，它的反应产物称作**还原产物**，是氧化值较低、具有一定还原性的物质。因此，Zn 与 $CuSO_4$ 反应中的各反应物与生成物之间的变化关系可由下列反应式表示：

$$\overset{0}{Zn} + \overset{+2}{Cu}SO_4 = \overset{+2}{Zn}SO_4 + \overset{0}{Cu}$$

还原剂　氧化剂　　　氧化产物　还原产物

每个氧化还原反应均能拆解成**氧化半反应**和**还原半反应**，在半反应的两端分别是同一种元素氧化值不同的两种物质，由氧化剂与它的还原产物或由还原剂与它的氧化产物组成互为共轭关系的两种物质体系，称为**氧化还原电对**(简称**电对**)，电对中氧化值较高的物质称为氧化态物质，氧化值较低的物质称为还原态物质。书写电对时，氧化态物质写在左侧，还原态物质写在右侧，中间用斜线“/”隔开，如 $Zn^{2+}/Zn$ 和 $MnO_4^-/Mn^{2+}$。每个电对中，氧化态物质与还原态物质之间存在下列共轭关系：

$$\text{氧化态} + ne^- \rightleftharpoons \text{还原态}$$

这种关系与质子酸碱中的共轭酸碱对的关系相似，该共轭关系的表达式称为氧化还原半反应。每个电对都对应一个氧化还原半反应。例如：

$$Fe^{3+}/Fe^{2+} \qquad Fe^{3+} + e^- \rightleftharpoons Fe^{2+}$$

$$PbCl_2/Pb \qquad PbCl_2 + 2e^- \rightleftharpoons Pb + 2Cl^-$$

氧化态物质和还原态物质与氧化剂和还原剂间有什么不同?

如有介质参与反应，该介质也应写入半反应中，如 $MnO_4^-$ 在酸性介质中还原成 $Mn^{2+}$的半反应应写成

$$MnO_4^- + 8H^+ + 5e^- \rightleftharpoons Mn^{2+} + 4H_2O$$

在氧化还原电对中，氧化态物质的氧化能力越强，氧化值降低的趋势就越大，还原态物质失电子能力就越弱，反之亦然。在氧化还原反应过程中，一般是按较强氧化剂与较强还原剂间作用的方向进行。

同一种物质既发生了氧化又发生了还原的反应称为自身氧化还原反应。例如：

$$2KClO_3 = 2KCl + 3O_2$$

同一反应物的同一元素的原子在反应中部分被氧化、部分被还原的反应

称为歧化反应，这是自身氧化还原反应的一种特殊类型。例如：

$$Cl_2 + 2NaOH \Longrightarrow NaClO + NaCl + H_2O$$

### 6.1.3　氧化还原反应方程式的配平

配平氧化还原反应方程式的方法有多种，一般采用氧化值法和离子电子法。氧化值法在中学化学中已为大家熟悉，本节只介绍离子电子法，该方法只适用于水溶液中进行的氧化还原反应，但更适用于配平较为复杂的氧化还原反应。

离子电子法配平氧化还原反应

离子电子法的配平原则是氧化剂得电子总数与还原剂失电子总数相等。离子电子法是以水溶液中离子(包括复杂离子)得失电子为基础，因而更能反映溶液中氧化还原反应的本质。按照一定的程序进行配平，可将较为复杂的氧化还原反应方程式的配平过程变得较为简单。具体的配平步骤是：

什么是离子电子式？什么是半反应式？

(1)将基本反应式写成离子反应式。

(2)将离子反应式拆解为氧化半反应和还原半反应。

(3)将两个半反应两边的原子数配平，再用电子将两边的电荷数配平。配平的半反应式称为离子电子式。

(4)将两个离子电子式分别乘以适当的系数，使氧化半反应得电子总数与还原半反应失电子总数相等，然后将这两个半反应相加(必要时应消去重复项)得到配平的离子反应式。

配平半反应式时，如果反应物和生成物内所含的氧原子数不等时，需根据酸、碱介质条件进行调整。在酸性介质中，用 $H^+$和 $H_2O$ 来调整氢原子和氧原子数目；在碱性介质中，可用 $OH^-$和 $H_2O$ 来调整。但在任何条件下不允许 $H^+$和 $OH^-$同时出现在反应式中。具体方法见表 6-1。

**例 6-1**　用离子电子法配平 $KMnO_4$ 在稀硫酸溶液中氧化 $H_2C_2O_4$ 的反应式。

**解**　在酸性介质中，$MnO_4^-$ 氧化 $H_2C_2O_4$，放出 $CO_2$。$H_2C_2O_4$ 是二元弱酸，离子反应式中应写成分子。离子反应式为

$$MnO_4^- + H_2C_2O_4 + H^+ \longrightarrow Mn^{2+} + CO_2 + H_2O$$

| 步 骤 | 示 例 |
|---|---|
| (1)写出两个半反应 | 还原半反应：$MnO_4^- \longrightarrow Mn^{2+}$<br>氧化半反应：$H_2C_2O_4 \longrightarrow CO_2 + H^+$ |
| (2)将半反应式中的原子数和电荷数配平，得到离子电子式 | $MnO_4^- + 8H^+ + 5e^- \longrightarrow Mn^{2+} + 4H_2O$　×2<br>$H_2C_2O_4 - 2e^- \longrightarrow 2CO_2 + 2H^+$　×5 |
| (3)两个离子电子式分别乘以适当的系数后加在一起，消去式中两边所有重复的物质 | $2MnO_4^- + 5H_2C_2O_4 + 6H^+ \Longrightarrow 2Mn^{2+} + 10CO_2 + 8H_2O$ |
| (4)将离子方程式改写成分子反应方程式 | $2KMnO_4 + 5H_2C_2O_4 + 3H_2SO_4 \Longrightarrow 2MnSO_4 + K_2SO_4 + 10CO_2 + 8H_2O$ |
| (5)检查反应前后氧原子的总数是否相等 | 反应前 40 个氧原子，反应后 40 个氧原子，表明方程式已配平 |

将氧化还原反应写成离子反应式时，什么样的物质应该写成离子？

**表 6-1　离子电子法配平氧化还原反应的经验规则**

| 介质种类 | 反应物比生成物 | |
|---|---|---|
| | 多一个氧原子 | 少一个氧原子 |
| 酸性介质 | $+2H^+ \xrightarrow{\text{结合1个氧原子}} +H_2O$ | $+H_2O \xrightarrow{\text{提供1个氧原子}} +2H^+$ |
| 碱性介质 | $+H_2O \xrightarrow{\text{结合1个氧原子}} +2OH^-$ | $+2OH^- \xrightarrow{\text{提供1个氧原子}} +H_2O$ |
| 中性介质 | $+H_2O \xrightarrow{\text{结合1个氧原子}} +2OH^-$ | $+H_2O \xrightarrow{\text{提供1个氧原子}} +2H^+$ |

## 6.2　电 极 电 势

### 6.2.1　原电池

在任何氧化还原反应中都进行着氧化剂得电子的还原过程和还原剂失电子的氧化过程，如将锌片放到 $CuSO_4$ 溶液中，即发生氧化还原反应：

$$Zn + Cu^{2+} = Zn^{2+} + Cu$$

原电池的结构及符号

在反应中，电子从还原剂 Zn 向氧化剂 $Cu^{2+}$ 转移，然而转移的电子没有形成电子流，其原因在于 Zn 与 $Cu^{2+}$ 间直接接触，反应物之间通过热运动发生有效碰撞实现电子转移，质点的热运动是不定向的，不会形成定向有序的电子流，反应的化学能变成了热能，随着氧化还原反应的进行，溶液的温度将会升高。如果将 Zn 的氧化过程和 $Cu^{2+}$ 的还原过程设计成在两个容器中分别进行，使 Zn 与 $Cu^{2+}$ 之间不能直接转移电子，而是让它们之间的电子转移通过一段导线有序地进行，这样，电子沿导线按一定方向移动，就可以获得电流。这种将化学能直接转变为电能的特殊装置称为**原电池**，由锌极与其盐溶液和铜极与其盐溶液组成的原电池称为铜-锌原电池，铜-锌原电池装置示意图见图 6-1。

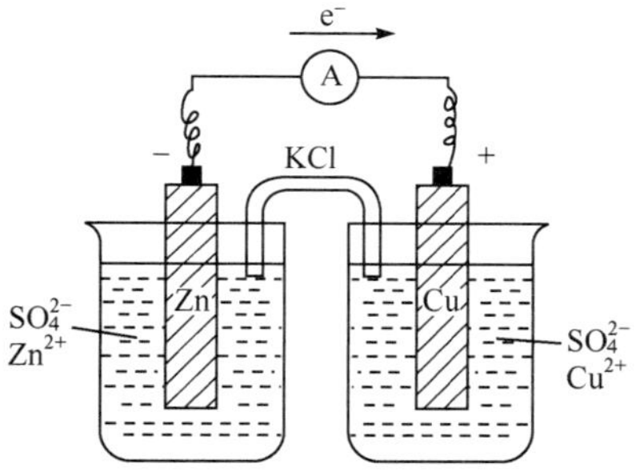

图 6-1　铜-锌原电池装置示意图

在盛有 $ZnSO_4$ 溶液的烧杯中插入锌片，在盛有 $CuSO_4$ 溶液的烧杯中插入铜片，用一个装满饱和 KCl 琼脂凝胶的 U 形管制成的盐桥将两个烧杯中的溶液连接起来，将铜片、锌片用导线与检流计相连成外电路，则可观察到：

(1) 检流计指针发生偏转，说明导线中有电流通过，根据指针偏转方向可以判定电流从铜片流向锌片，铜片是原电池的正极，锌片是原电池的负极。

(2) 铜片表面有金属铜沉积，而锌片被部分溶解。

(3) 取出盐桥，检流计指针回到零点；放入盐桥，指针又发生偏转，表明盐桥起到了使原电池装置构成通路的作用。

在铜锌原电池中，活泼的锌片被部分溶解，是由于锌片上的锌容易失去电子变成 $Zn^{2+}$ 进入溶液，留在锌片上的电子通过导线流到铜片上，溶液中的 $Cu^{2+}$ 在铜片上得到电子而析出金属铜。根据物理学中规定，有电子流入的铜片是原电池的**正极**，电子流出的锌片是原电池的**负极**，即在负极上发生失电子的氧化反应，在正极上发生得电子的还原反应，锌片和铜片上进行的反应分别是：

正极(还原作用)　$Cu^{2+} + 2e^- \longrightarrow Cu$

负极(氧化作用)　$Zn - 2e^- \longrightarrow Zn^{2+}$

总的化学反应　$Zn + Cu^{2+} = Zn^{2+} + Cu$

在原电池中，正极或负极上进行的还原反应和氧化反应称为原电池的**电极反应**，电极反应又称为**半电池反应**；使这两个电极反应的转移电子数相等后相加，即可得到整个原电池所发生的氧化还原反应，称为**电池反应**，也就是 Zn 置换 $Cu^{2+}$的化学反应。

随着反应的进行，$Zn^{2+}$不断进入溶液，过剩的 $Zn^{2+}$将使电极附近的 $ZnSO_4$溶液带正电，就会阻止锌片上的 $Zn^{2+}$继续进入溶液中；同时，由于铜的沉积，铜片附近的 $CuSO_4$溶液因 $Cu^{2+}$减少而带负电，就会阻止 Cu 的继续析出，其结果将使检流计指针很快回到零。如有盐桥时，盐桥中的 $K^+$和 $Cl^-$分别向 $CuSO_4$溶液和 $ZnSO_4$溶液移动，使 $CuSO_4$溶液和 $ZnSO_4$溶液一直保持着电中性，锌的溶解和铜的沉积就能继续进行，电流可以不断产生。因此，盐桥的作用就是使整个装置形成一个电子流动回路，一旦取出盐桥，电流就停止。

?
由活泼性不同的金属与其盐溶液组成的半电池，哪个是原电池的正极？负极上发生什么反应？电子是如何移动的？

由上述分析可以看出，构成原电池必须满足三个条件：

(1)必须有一个自发进行的氧化还原反应；

(2)氧化反应和还原反应需分别在两个电极上进行；

(3)装置内、外都要构成电子流动的通路。

原电池是由两个“半电池”组成的。在铜锌原电池中，锌片和锌盐溶液组成一个“半电池”，铜片和铜盐溶液组成另一个“半电池”，一个实际供电的原电池装置可用简单的电池符号表示，如铜锌原电池可以表示为

$$(-)Zn(s) \mid ZnSO_4(c_1) \parallel CuSO_4(c_2) \mid Cu(s)\ (+)$$

原电池符号的书写有如下规定：

(1)习惯上将发生氧化反应的负极写在左边，发生还原反应的正极写在右边。

(2)用“|”表示电极的两相界面及不相混的两种液体之间的界面。

(3)用“¦¦”表示盐桥，盐桥的左右分别是原电池的负极、正极。

(4)电极物质为溶液时，需要注明其浓度，如为气体需注明分压和温度(如不注明，一般都认为是 25℃，浓度为 $1mol \cdot L^{-1}$ 和分压为 100kPa)。

(5)气体及均相反应的反应物质不能直接作电极，如 $Fe^{3+}/Fe^{2+}$、$H^+/H_2$ 等，需用仅起导电作用的惰性固体材料作电极才能构成半电池，导电材料写在原电池符号的左右两端。

?
盐桥的作用是盐桥中的电解质保持两个半电池的电荷平衡及使电子能通过盐桥形成电子流，对吗？

从理论上讲，只要满足构成原电池的三个条件，就可以将任何一个自发进行的氧化还原反应设计成原电池而获得电能，但真正具有使用价值的化学

电池并不是很多。

习惯上常将发生氧化反应的电极写在原电池符号的左边。写在原电池符号的左边的电极是否一定是负极？

**例 6-2** 写出下列电池反应的电池符号：

$MnO_4^-(0.1mol\cdot L^{-1}) + 5Fe^{2+}(0.1mol\cdot L^{-1}) + 8H^+(1.0mol\cdot L^{-1}) = Mn^{2+}(0.1mol\cdot L^{-1}) + 5Fe^{3+}(0.1mol\cdot L^{-1}) + 4H_2O$

**解** 电极反应为

正极 $MnO_4^- + 8H^+ + 5e^- \rightleftharpoons Mn^{2+} + 4H_2O$

负极 $Fe^{2+} - e^- \rightleftharpoons Fe^{3+}$

由于两个电极都没有金属导体，需用铂片作惰性电极。该电池符号为

$(-)Pt \mid Fe^{2+}(0.1mol\cdot L^{-1}),\ Fe^{3+}(0.1mol\cdot L^{-1}) \parallel MnO_4^-(0.1mol\cdot L^{-1}),\ Mn^{2+}(0.1mol\cdot L^{-1}),\ H^+(1.0mol\cdot L^{-1}) \mid Pt(+)$

**例 6-3** 已知电池符号为

$$(-)Pt \mid Sn^{2+}(c_1),\ Sn^{4+}(c_2) \parallel Cl^-(c_3) \mid Cl_2(p) \mid Pt(+)$$

写出电池反应的反应式。

**解** 根据电池负极发生氧化反应，正极发生还原反应，可以写出：

正极的电极反应式为 $Cl_2 + 2e^- \rightleftharpoons 2Cl^-$

负极的电极反应式为 $Sn^{2+} \rightleftharpoons Sn^{4+} + 2e^-$

将两个电极反应式相加即得电池反应的反应式

$$Cl_2(p) + Sn^{2+}(c_1) = Sn^{4+}(c_2) + 2Cl^-(c_3)$$

### 6.2.2 电极与电极电势的概念

1. 双电层理论

双电层理论与标准电极电势

原电池装置的两个半电池的电极用导线连接起来时就有电流通过，说明两个电极之间存在电势差，即这两个电极一定具有不同的电势，而且正极的电势要高于负极的电势。那么电极的电势是怎样产生的呢？现以金属电极为例讨论这个问题。

金属晶体由金属原子 M、金属离子 $M^{n+}$和自由电子组成。当把金属片插入该金属离子的盐溶液中，在金属与其盐溶液的接触界面上就存在着两种相反的倾向，一种是金属表面构成晶格的金属离子 $M^{n+}$受极性水分子的强烈吸引有进入溶液形成水化离子 $M^{n+}(aq)$的倾向，这种倾向使得金属表面有过剩的自由电子，金属越活泼，溶液越稀，这种倾向越大；另一种是溶液中的 $M^{n+}(aq)$ 由于热运动及金属表面电子的吸引作用，碰撞到金属表面的 $M^{n+}(aq)$有获得电子沉积到金属表面上的倾向，金属越不活泼，溶液越浓，这种倾向越大。当这两种倾向的速率相等时，在金属与其盐溶液之间存在如下平衡：

双电层动画

$$M(s) \underset{沉积}{\overset{溶解}{\rightleftharpoons}} M^{n+}(aq) + ne^-$$

在某一给定浓度的金属盐溶液中，如果金属溶解的倾向大于金属离子沉积的倾向，达到平衡时的最终结果是金属离子进入溶液，金属带负电，靠近金属片附近的溶液界面带正电，在金属片与其盐溶液之间形成双电层结构，

如图 6-2 所示。反之，如果金属离子沉积的倾向大于金属溶解的倾向，就形成了金属带正电，溶液带负电的双电层结构。无论是哪种情况，形成哪种性质的双电层，达到平衡时都会在金属与其盐溶液界面之间产生稳定的电势差，这种存在于金属与其盐溶液双电层之间的电势差称为该金属的**电极电势**。电极电势用符号 $\varphi$ 表示，单位为 V。

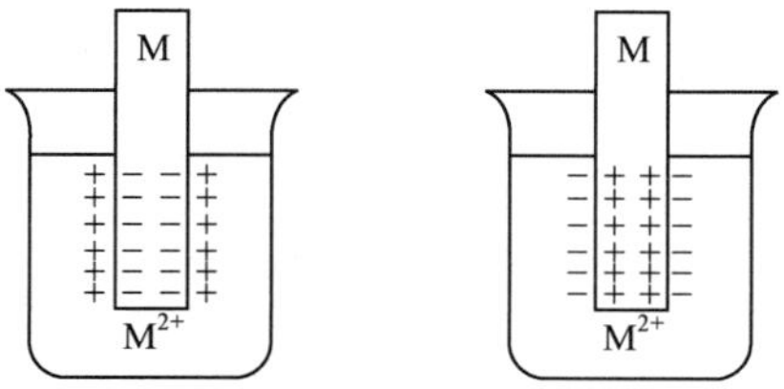


图 6-2　金属的电极电势

金属的电极电势高低与金属本身的活泼性、金属离子在溶液中的浓度和温度有关。由不活泼金属与其盐溶液构成的电极，溶液中金属离子的沉积倾向大于金属片上金属离子的溶解(离子化)倾向，电极电势就高；由活泼金属与其盐溶液构成的电极，电极电势就低。从氧化还原的角度来看，金属电极的电极电势越高，说明该金属的盐溶液中的金属离子的氧化性越强；电极电势越低，金属的还原性越强。因此，可以根据电对的电极电势高低来判断构成电对的物质的氧化还原能力。

？铜锌原电池中，电子总是由 Zn 传递给 $Cu^{2+}$，而不是从 Cu 传递给 $Zn^{2+}$，为什么？

2. 电极的类型

根据电极的组成不同，电极可分成以下五种类型：

(1) 金属-金属离子电极。它是由金属置于同一金属离子的盐溶液中所构成的电极，如 $Cu^{2+}/Cu$ 电对所构成的电极：

常用电极的类型

电极反应　$Cu^{2+} + 2e^- \rightleftharpoons Cu$

电极符号　$Cu(s) \mid Cu^{2+}(c)$

(2) 气体-离子电极。这类电极用一个惰性材料作导体，浸入某种气体和由该种气体所形成的离子溶液中构成，如氯电极：

电极反应　$Cl_2 + 2e^- \rightleftharpoons 2Cl^-$

电极符号　$Pt，Cl_2(p) \mid Cl^-(c)$

(3) 金属-难溶盐-阴离子电极。这类电极的构成较为复杂，是将金属表面涂以该金属难溶盐后，浸入含有该难溶盐阴离子的溶液中所构成。这类电极又称为固体电极，如氯化银电极：

电极反应　$AgCl + e^- \rightleftharpoons Ag + Cl^-$

电极符号　$Ag(s) \mid AgCl(s) \mid Cl^-(c)$

？同一种金属及其盐溶液能否组成原电池？电极组成物质相同的两个半电池能否设计成原电池？

(4) 金属-难溶氧化物电极。这类电极是由金属与其氧化物一起浸入酸溶液中所构成，如锑-氧化锑电极：

电极反应　$Sb_2O_3 + 6H^+ + 6e^- \rightleftharpoons 2Sb + 3H_2O$

电极符号　$Sb(s) \mid Sb_2O_3(s) \mid H^+(c), H_2O$

(5) 均相氧化还原电极。这类电极是将惰性固体导体浸入由同一元素不同氧化值的两种离子(或分子)的溶液中所构成，如铂插在含有 $Fe^{3+}$和 $Fe^{2+}$的溶液中所构成的电极：

电极反应 $Fe^{3+} + e^- \rightleftharpoons Fe^{2+}$

电极符号 $Pt \mid Fe^{3+}(c_1),\ Fe^{2+}(c_2)$

这五类电极中，气体-离子电极和均相氧化还原电极需用不参与电极反应的惰性导电材料作导电体，起到吸附气体或传递电子的作用，其他类型的电极均由参与电极反应的金属作导电体。

### 6.2.3 标准电极电势

1. 标准氢电极

金属与溶液界面间的电极电势如同系统的热力学能($U$)、物质的焓($H$)及吉布斯自由能($G$)等一样，无法测得绝对值。但在处理溶液中物质的氧化还原能力等问题时，还需用到电极电势的大小，因此就像选用海平面为衡量高度的相对标准一样，在电化学中选用标准氢电极(简写为 SHE)作为比较标准，以此得到其他电极的电极电势的相对值。

标准氢电极的结构如图 6-3 所示。将涂有海绵状的疏松铂黑的铂片(镀铂黑的目的是增加电极的表面积，促进对气体的吸附，利于气体与溶液达到平衡)浸入含有 $H^+$ 浓度为 $1.0mol \cdot L^{-1}$ 的硫酸溶液中，并在 298.15K 时不断通入压力为 100kPa 的纯净氢气，使铂黑吸附氢气达到饱和。此时铂黑表面既有 $H_2$，又有 $H^+$，构成了氢电极的电对，铂电极上的电极反应为

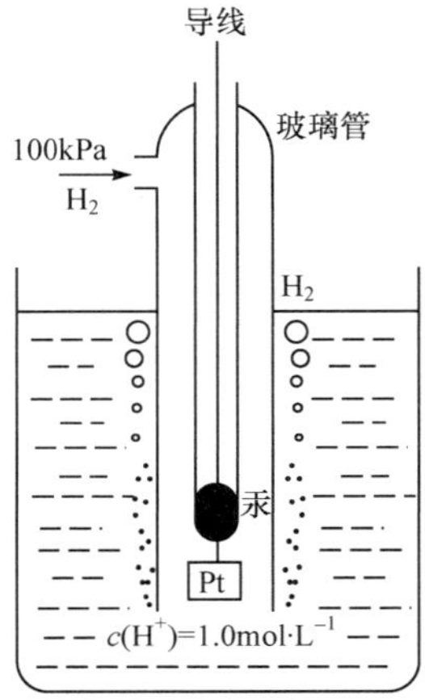

图 6-3 标准氢电极

$$2H^+(aq) + 2e^- \rightleftharpoons H_2(g)$$

这时产生于标准氢电极和硫酸溶液之间的电极电势，称为氢的标准电极电势。在任何温度下都规定标准氢电极的电极电势为零，即

$$\varphi^{\ominus}(H^+/H_2) = 0.000V$$

2. 标准电极电势的测定

参与电极反应的各物种质的浓度均处于标准状态(组成电极的离子浓度为 $1.0mol \cdot L^{-1}$，气体的分压为 100kPa，液体或固体都是纯净物质)时的电极为**标准电极**，将标准氢电极与其他各种标准状态下的电极组成原电池，测得该电池的电动势，即可通过计算得到各种标准电极的标准电极电势，用符号 $\varphi^{\ominus}$ 表示。电对的标准电极电势数值大小与温度有关，通常指温度为 298.15K。例如，测定锌电极的标准电极电势时，可将纯净的锌片插在 $1.0mol \cdot L^{-1}$ 的 $ZnSO_4$ 溶液中组成标准锌电极，将它与标准氢电极用盐桥连接起来，组成一

个原电池，如图 6-4 所示。

原电池的标准电动势 $\varepsilon^{\ominus}$ 是在没有电流通过的情况下，两个电极的电极电势之差，即

$$\varepsilon^{\ominus} = \varphi_{+}^{\ominus} - \varphi_{-}^{\ominus}$$

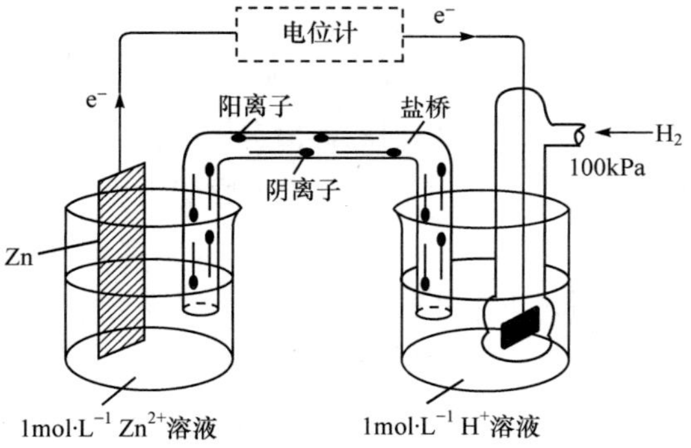


图 6-4　测定锌电极标准电极电势的装置

用检流计根据直流电压表测知电流从氢电极流向锌电极，故氢电极为原电池正极，锌电极为原电池负极。

在 298.15K，用电位计测得由标准氢电极与标准锌电极组成的原电池的电动势 $\varepsilon^{\ominus}$ 为 0.763V，则计算电对 $Zn^{2+}/Zn$ 的标准电极电势为

$$\varphi^{\ominus}(Zn^{2+}/Zn) = \varphi^{\ominus}(H^{+}/H_2) - \varepsilon^{\ominus} = 0.000 - 0.763\,(V) = -0.763\,(V)$$

用同样的方法可以测定铜电极的标准电极电势。在标准铜电极与标准氢电极组成的原电池中，标准铜电极为原电池正极，标准氢电极为原电池的负极，在 298.15K，测得该原电池的标准电动势为 0.337V，则

$$\varphi^{\ominus}(Cu^{2+}/Cu) = \varepsilon^{\ominus} - \varphi^{\ominus}(H^{+}/H_2) = 0.337 - 0.000\,(V) = 0.337\,(V)$$

其他电极的标准电极电势也可用类似的方法得到。但某些能与水反应的电极(如 $Na^{+}/Na$、$F_2/F^{-}$等)的标准电极电势不能用这种方法测得，可由热力学数据通过计算间接得到。然而使用氢电极条件非常严格，电极制作和氢气的纯化也较复杂。在实际测定时，往往用甘汞电极或氯化银电极作为参比电极。

将电对按标准电极电势递增的顺序排列，得到标准电极电势表，常用电对的标准电极电势见附录七。

电对的标准电极电势高，说明电对中氧化态物质在标准状态下得电子还原倾向较大，氧化能力较强，而其相应的还原态物质失电子倾向小，还原能力弱；标准电极电势低，则说明该电对中的还原态物质失电子倾向大，还原能力强，其相应的氧化态物质得电子倾向小，氧化能力弱。因此，在标准电极电势表中，位于左下方的氧化态物质是最强氧化剂，位于右上方的还原态物质是最强还原剂。根据各金属电极的标准电极电势大小，可以排出金属还原性强弱顺序，该顺序与所知的金属活泼性顺序基本一致。

使用标准电极电势表时应注意：

(1)本书所述的电极电势是指电极反应为 $M^{n+} + ne^{-} \rightleftharpoons M$ 的电极电势，

> ? 什么是电极电势？什么是标准电极电势？标准电极电势的正、负号是如何确定的？

> ? 如果规定标准氢电极的电极电势为 1.000V，则可逆电极的电极电势 $\varphi^{\ominus}$值和电池的标准电动势 $\varepsilon^{\ominus}$ 将有何变化？

称为还原电极电势。

试根据金属电对的电极电势确定金属活动性强弱顺序。

(2) 同一物质在不同的酸碱性介质中，其标准电极电势 $\varphi^{\ominus}$ 的数值不同，氧化还原能力也不相同，因此标准电极电势表分为酸表和碱表。$\varphi_{A}^{\ominus}$ 表示在 $c(H^+) = 1.0mol \cdot L^{-1}$ 酸性介质中的标准电极电势；$\varphi_{B}^{\ominus}$ 表示在 $c(OH^-) = 1.0mol \cdot L^{-1}$ 碱性介质中的标准电极电势。查表时应根据电极反应中是否有 $H^+$ 或 $OH^-$ 参与来选择 $\varphi_{A}^{\ominus}$ 或 $\varphi_{B}^{\ominus}$，如在电极反应中没有 $H^+$ 或 $OH^-$ 出现时，应从存在状态来分析。对于与溶液的酸度无关的电极反应，该电对的标准电极电势需在酸表中查找。

查阅电对的标准电极电势时，为什么既要注意介质条件，又要注意物质的氧化值及具体存在形式？

(3) $\varphi^{\ominus}$ 值是衡量物质在水溶液中氧化还原能力大小的物理量，不适用于非水溶液体系和熔融盐。

(4) $\varphi^{\ominus}$ 值反映物质得失电子倾向的大小，是强度性质的物理量，与物质的数量无关，因而与电极反应的书写方式无关。

(5) 标准电极电势是热力学数据，与反应速率无关，即 $\varphi^{\ominus}$ 值只用来讨论反应进行的可能性和反应进行程度，不能讨论反应进行的快慢。

### 6.2.4　原电池电动势的理论计算

电池所做的电功为 $-\Delta_r G_m = W$

$W = Q \cdot \varepsilon$

1mol 电子的电量为 96485C，根据法拉第定律，电量 $Q = n \cdot F$. $F$ 为法拉第常数，其数值为 $96485C \cdot mol^{-1}$，$n$ 为两个电极反应中电子的化学计量数 $n_1$ 和 $n_2$ 的最小公倍数。

在等温等压下自发进行的可逆电池反应的 $\Delta_r G_m < 0$，系统所做的最大非体积功等于系统的吉布斯自由能的减少量。如果非体积功只有电功一种，系统的吉布斯自由能的减少量就等于电池所做的电功。若参与电池反应的各种物质都处于标准状态，电池的电动势即为标准电动势，则得

$$\Delta_r G_m^{\ominus} = -nF\varepsilon^{\ominus} \tag{6-1}$$

这个关系式建立了热力学和电化学之间的联系。如能得知氧化还原反应的 $\Delta_r G_m^{\ominus}$ 数据，并能将该氧化还原反应设计成原电池，就能计算出该电池反应的标准电动势 $\varepsilon^{\ominus}$。如果原电池是由标准电极与某个待测标准电极组成的，就可根据 $\varepsilon^{\ominus}$ 和标准电极的电极电势求得待测标准电极的电极电势 $\varphi^{\ominus}$。反之，测出电池的标准电动势 $\varepsilon^{\ominus}$，计算得到该电池的最大电功和电池中进行的氧化还原反应的 $\Delta_r G_m^{\ominus}$，也就可以根据 $\Delta_r G_m^{\ominus}$ 判断氧化还原反应自发进行的方向和程度。

有哪些热力学数据可以判断氧化还原反应进行的方向？说明判断依据。

**例 6-4**　根据热力学数据，计算锌汞电池在 298K 时的标准电动势 $\varepsilon^{\ominus}$。

**解**　电池反应为

$$Zn(s) + HgO(s) \xlongequal{\quad} ZnO(s) + Hg(l)$$

查热力学数据表得：

$$\Delta_f G_m^{\ominus}(HgO) = -58.43kJ \cdot mol^{-1},\quad \Delta_f G_m^{\ominus}(ZnO) = -318.3kJ \cdot mol^{-1}$$

$$\Delta_r G_m^{\ominus} = \Delta_f G_m^{\ominus}(ZnO) - \Delta_f G_m^{\ominus}(HgO) = -318.3 - (-58.43) = -259.87\,(kJ \cdot mol^{-1})$$

$$\Delta_r G_m^{\ominus} = -nF\varepsilon^{\ominus} = -2 \times 96485\varepsilon^{\ominus}$$

$$\varepsilon^{\ominus} = -259.87 \times 10^3 / (2 \times 96485) = 1.35\,(V)$$

能斯特方程与电极电势的影响因素

### 6.2.5　能斯特方程

标准电极电势 $\varphi^{\ominus}$ 通常是指温度为 298.15K 时，电极反应的各物质在标准

状态下测得的相对电极电势，但实际电极大多是处于非标准状态。那么非标准态下电极反应的电极电势 $\varphi$ 如何求得呢？能斯特方程式给出了 $\varphi$ 的计算式。

对于电极反应

$$a\,\text{氧化态} + ne^- \rightleftharpoons b\,\text{还原态}$$

能斯特方程为

$$\varphi = \varphi^{\ominus} - \frac{RT}{nF}\ln\frac{[c(\text{还原态})]^b}{[c(\text{氧化态})]^a} \tag{6-2}$$

式中：$\varphi$ 为电对在非标准状态时的电极电势；$\varphi^{\ominus}$ 为该电对的标准电极电势；$R$ 为摩尔气体常量；$T$ 为反应的热力学温度；$F$ 为法拉第常量($96485\text{C}\cdot\text{mol}^{-1}$)；$n$ 为电极反应中所转移的电子数；$a$ 和 $b$ 分别表示在电极反应中氧化态和还原态物质前的系数。

能斯特
Walther
Hermann Nernst
1864—1941
德国化学家，物理学家。1920 年获诺贝尔化学奖。

氧化还原反应一般在室温下进行，如未注明反应温度，可认为反应在 298.15K 下进行。在 298.15K 时，将上述数据代入，并将自然对数变换为常用对数，能斯特方程可改写为

$$\varphi = \varphi^{\ominus} - \frac{0.0592}{n}\lg\frac{[c(\text{还原态})]^b}{[c(\text{氧化态})]^a} \tag{6-3}$$

氧化态常用符号 Ox 表示，还原态常用符号 Red 表示，则上式可写成

$$\varphi = \varphi^{\ominus} - \frac{0.0592}{n}\lg\frac{[c(\text{Red})]^b}{[c(\text{Ox})]^a} \tag{6-4}$$

**?** 电极电势 $\varphi$ 的数值与电极反应的书写方法有关吗？为什么？

能斯特方程式是用电极反应中的氧化态物质和还原态物质的有效浓度来表示的。因此，气体参与反应时，应以相对分压($p/p^{\ominus}$)计入；参与反应的纯固体、纯液体的有效浓度是定值，不写入算式中。

应用能斯特方程式时应注意，方程式中的 $c$(氧化态)和 $c$(还原态)不是仅指有氧化值变化的物质，而是包括所有参与电极反应的物质，并且是这些有关物质有效浓度的幂，其幂指数等于电极反应中相应物质前的系数，但固态物质、纯液体和作为溶剂的水的浓度均为定值而不计入能斯特方程中。例如，电极反应：

**?** 能斯特方程中，参与反应的气态和液态物质的浓度是怎样表示的？参与氧化反应的介质应如何表示？

$$NO_3^-(aq) + 4H^+(aq) + 3e^- \rightleftharpoons NO(g) + 2H_2O(l)$$

$$\varphi(NO_3^-/NO) = \varphi^{\ominus}(NO_3^-/NO) - \frac{0.0592}{3}\lg\frac{[p(NO)/p^{\ominus}]}{[c(NO_3^-)]\cdot[c(H^+)]^4}$$

**例 6-5** 计算 25℃时下列电极的电极电势：

(1) Ag 分别浸在 $c(Ag^+)$为 $0.01\text{mol}\cdot\text{L}^{-1}$ 和 $2\text{mol}\cdot\text{L}^{-1}$ 银盐溶液中；

(2) $2H^+(0.10\text{mol}\cdot\text{L}^{-1}) + 2e^- \rightleftharpoons H_2(100\text{kPa})$

**解** (1) 电极反应为 $Ag^+ + e^- \rightleftharpoons Ag$，查表得 $\varphi^{\ominus}(Ag^+/Ag) = 0.7994\text{V}$

$c(Ag^+) = 0.01\text{mol}\cdot\text{L}^{-1}$ 时：

$$\varphi(Ag^+/Ag) = \varphi^{\ominus}(Ag^+/Ag) - \frac{0.0592}{1}\lg\frac{1}{c(Ag^+)}$$

$$= 0.7994 - 0.0592\lg\frac{1}{0.01} = 0.681\,(\text{V})$$

$c(Ag^+) = 2mol \cdot L^{-1}$时：

$$\varphi(Ag^+/Ag) = \varphi^\ominus(Ag^+/Ag) - \frac{0.0592}{1}\lg\frac{1}{c(Ag^+)}$$

$$= 0.7994 - 0.0592\lg\frac{1}{2} = 0.8172(V)$$

(2) $$\varphi(H^+/H_2) = \varphi^\ominus(H^+/H_2) - \frac{0.0592}{2}\lg\frac{[p(H_2)/p^\ominus]}{[c(H^+)]^2}$$

$$= 0.000 - \frac{0.0592}{2}\lg\frac{100/100}{(0.10)^2} = -0.059(V)$$

计算结果说明，增大电对中氧化态物质的浓度或减小还原态物质的浓度，该电对的电极电势升高，氧化剂夺取电子的能力增强；反之，增大电对中还原态物质的浓度或减小氧化态物质的浓度，会使电对的电极电势降低。同理，当电极反应系统中加入某种试剂(如沉淀剂、配位剂等)，使参与电极反应的氧化态物质或还原态物质与这种试剂作用生成沉淀(或配位化合物、弱电解质)，引起有关物质的浓度发生改变，导致电对的电极电势的变化。

**例 6-6** 已知 $\varphi^\ominus(Ag^+/Ag) = 0.7994V$，$K_{sp}^\ominus(AgCl) = 1.8\times10^{-10}$。在含有 $Ag^+$的溶液中加入 NaCl 溶液，生成 AgCl 沉淀，若达到平衡后，溶液中 $Cl^-$的浓度 $c(Cl^-) = 1.00mol \cdot L^{-1}$，计算此时的电极电势。

**解** 电极反应的能斯特方程为

$$\varphi^\ominus(AgCl/Ag) = \varphi(Ag^+/Ag) = \varphi^\ominus(Ag^+/Ag) - \frac{0.0592}{1}\lg\frac{1}{c(Ag^+)}$$

由于溶液中的 $Ag^+$生成 AgCl，且 $c(Cl^-) = 1.00mol \cdot L^{-1}$，则

$$c(Ag^+) = \frac{K_{sp}^\ominus(AgCl)}{c(Cl^-)} = \frac{1.8\times10^{-10}}{1.00} = 1.8\times10^{-10}(mol \cdot L^{-1})$$

$$\varphi(Ag^+/Ag) = 0.7994 - 0.0592\lg\frac{1}{1.8\times10^{-10}} = 0.7994 - 0.5769 = 0.2225(V)$$

含 $Ag^+$溶液中加入 NaCl，由于生成 AgCl 沉淀，降低了电对中氧化态物质的浓度，电对的电极电势显著降低，氧化态的氧化能力大为减弱。

有 $H^+$或 $OH^-$参与的电极反应，当溶液的酸度发生变化时，电对的电极电势就会变化，使电对中的氧化态物质的氧化能力或还原态物质的还原能力随之发生改变。例如，$KMnO_4$和 $K_2Cr_2O_7$是常用的氧化剂，在不同酸度的溶液中，它们的氧化能力有很大的差异。以 $K_2Cr_2O_7$为例，$K_2Cr_2O_7$的电极反应为

$$Cr_2O_7^{2-} + 14H^+ + 6e^- \rightleftharpoons 2Cr^{3+} + 7H_2O \qquad \varphi^\ominus(Cr_2O_7^{2-}/Cr^{3+}) = 1.33V$$

能斯特方程式为

$$\varphi(Cr_2O_7^{2-}/Cr^{3+}) = \varphi^\ominus(Cr_2O_7^{2-}/Cr^{3+}) - \frac{0.0592}{6}\lg\frac{[c(Cr^{3+})]^2}{[c(Cr_2O_7^{2-})]\cdot[c(H^+)]^{14}}$$

如果 $c(Cr_2O_7^{2-})$和 $c(Cr^{3+})$ 均为 $1.0mol \cdot L^{-1}$，当 $c(H^+) = 0.01mol \cdot L^{-1}$时：

$$\varphi(Cr_2O_7^{2-}/Cr^{3+}) = 1.33 - \frac{0.0592}{6}\lg\frac{1.0}{(1.0\times0.01)^{14}} = 1.05(V);$$

当 $c(H^+) = 3.0mol \cdot L^{-1}$ 时：

$$\varphi(Cr_2O_7^{2-}/Cr^{3+}) = 1.33 - \frac{0.0592}{6}\lg\frac{1.0}{(1.0\times3.0)^{14}} = 1.396(V)$$

当反应在中性溶液中进行时，$c(H^+) = 10^{-7}mol \cdot L^{-1}$：

$$\varphi(Cr_2O_7^{2-}/Cr^{3+}) = 1.33 - \frac{0.0592}{6}\lg\frac{1.0}{(1.0\times10^{-7})^{14}} = 0.363(V)$$

计算结果表明，溶液中酸浓度仅改变 3 倍，电对($Cr_2O_7^{2-}/Cr^{3+}$)的电极电势即明显增大，$K_2Cr_2O_7$ 的氧化能力随酸度的增大而增强，而电对($Cr_2O_7^{2-}/Cr^{3+}$)在中性溶液中的电极电势明显减小。因而在有介质参与的电极反应中，酸度的改变对电对电极电势的影响要大得多。与 $Cr_2O_7^{2-}$ 一样，大多数含氧酸根(如 $MnO_4^-$、$NO_3^-$、$BiO_3^-$等)都是在强酸性溶液中呈现出强氧化性。但是，对于没有 $H^+$或 $OH^-$参与的电极反应，溶液酸度的改变不会影响其电极电势。

?

电对的氧化态在碱性介质中的氧化能力与碱度的关系是怎样的?

## 6.3　电极电势的应用

在电化学中，电极电势数据具有重要的意义。电对的电极电势的大小，标志着组成电对的物质在水溶液中获得电子或失去电子能力的大小，能够定量地衡量物质氧化性或还原性的强弱，因而具有多方面的实际应用。例如，根据标准电极电势或电极电势的计算值计算电池电动势，判断氧化剂或还原剂的相对强弱，选择氧化剂或还原剂，判断氧化还原反应自发进行方向和氧化还原反应进行次序，确定氧化还原反应进行程度等，还可用于某些平衡常数及电极组成成分浓度的求算。

?

标准电极电势高的电对一定是原电池的正极吗?

?

原电池的电动势与离子浓度的关系如何？电极电势与离子浓度的关系如何?

### 6.3.1　计算原电池的电动势

标准原电池的电动势可由热力学数据计算求得，也可由电极的电极电势计算得到。两个电极组成原电池时，电极电势代数值大的电极是原电池的正极，代数值小的电极是原电池的负极，原电池的电动势与电极电势的关系是：

$$\varepsilon^{\ominus} = \varphi_+^{\ominus} - \varphi_-^{\ominus}$$

非标准原电池的电动势须先由能斯特方程分别计算两个电对的电极电势，再由下式求算：

$$\varepsilon = \varphi_+ - \varphi_-$$

**例 6-7**　某电极电势待定的原电池符号为

$$Cu \mid Cu^{2+}(0.020mol \cdot L^{-1}) \parallel Sn^{4+}(3.0mol \cdot L^{-1}),\ Sn^{2+}(0.05mol \cdot L^{-1}) \mid Pt$$

计算该原电池在 298.15K 时的电动势，标明正、负极。

**解**　查表得 $\varphi^{\ominus}(Sn^{4+}/Sn^{2+}) = 0.154V$，$\varphi^{\ominus}(Cu^{2+}/Cu) = 0.337V$。由能斯特方程式得

$$\varphi(Sn^{4+}/Sn^{2+}) = \varphi^{\ominus}(Sn^{4+}/Sn^{2+}) - \frac{0.0592}{2}\lg\frac{c(Sn^{2+})}{c(Sn^{4+})}$$

$$= 0.154 - \frac{0.0592}{2}\lg\frac{0.05}{3.0} = 0.207(V)$$

$$\varphi(Cu^{2+}/Cu) = \varphi^{\ominus}(Cu^{2+}/Cu) - \frac{0.0592}{2}\lg\frac{1}{c(Cu^{2+})}$$

$$= 0.337 - \frac{0.0592}{2}\lg\frac{1}{0.020} = 0.287\,(V)$$

由于 $\varphi(Sn^{4+}/Sn^{2+}) < \varphi(Cu^{2+}/Cu)$，因此电对$(Cu^{2+}/Cu)$为原电池的正极，电对$(Sn^{4+}/Sn^{2+})$为原电池的负极。原电池电动势为

$$\varepsilon = \varphi_{+} - \varphi_{-} = 0.287 - 0.207 = 0.080\,(V)$$

### 6.3.2　判断氧化还原反应的进行方向

电极电势的应用（一）判断氧化还原反应进行的方向

在第 3 章已经讨论了在等温、等压下进行的自发过程可由反应的吉布斯自由能变来判断，本章也已推得氧化还原反应标准吉布斯自由能变与原电池电动势的关系

$$\Delta_r G_m^{\ominus} = -nF\varepsilon^{\ominus} < 0$$

若将发生氧化过程和还原过程的两个电极反应组成原电池，计算原电池的电动势 $\varepsilon$ 或 $\varepsilon^{\ominus}$，则可以看出：当 $\varepsilon$ 或 $\varepsilon^{\ominus}$ 大于零，即 $\Delta_r G_m^{\ominus} < 0$ 时，该氧化还原反应能向正反应方向自发进行；而 $\varepsilon$ 或 $\varepsilon^{\ominus}$ 小于零，即 $\Delta_r G_m^{\ominus} > 0$ 时，该氧化还原反应能向逆反应方向自发进行。

$\varphi^{\ominus}(H_3AsO_4/H_3AsO_3) = 0.5748V$，$\varphi^{\ominus}(I_2/I^-) = 0.5345V$，通过计算判断 $H_3AsO_3$ 与 $I_2$ 在 $pH = 3.0$ 及 $c(H^+) = 4.0mol \cdot L^{-1}$ 时的自发反应方向。分析反应能发生逆转的原因。

**例 6-8**　试判断反应 $Fe^{2+} + Ag^+ \rightleftharpoons Fe^{3+} + Ag$ 在下列条件下的反应方向。

（1）$c(Fe^{2+}) = c(Fe^{3+}) = 1.0mol \cdot L^{-1}$，$c(Ag^+) = 1.0mol \cdot L^{-1}$；

（2）$c(Fe^{2+}) = c(Ag^+) = 0.10mol \cdot L^{-1}$，$c(Fe^{3+}) = 1.0mol \cdot L^{-1}$。

**解**　（1）查表得 $\varphi^{\ominus}(Fe^{3+}/Fe^{2+}) = 0.771V$，$\varphi^{\ominus}(Ag^+/Ag) = 0.7994V$。

将这两个标准态的电对组成原电池时，电对$(Ag^+/Ag)$的电极电势较大，是原电池的正极；电对$(Fe^{3+}/Fe^{2+})$的电极电势较小，是原电池的负极，即在两种氧化态中，$Ag^+$的氧化能力强于$Fe^{3+}$，而$Fe^{2+}$还原能力强于还原态 Ag。因此，在强氧化剂$Ag^+$与强还原剂$Fe^{2+}$之间的反应自发进行，即正反应方向是自发进行的反应方向。此时由这两个电对组成的原电池的电动势为

$$\varepsilon^{\ominus} = 0.7994 - 0.771 = 0.028\,(V)$$

（2）非标准态的两个电对的电极电势分别为

$$\varphi(Ag^+/Ag) = \varphi^{\ominus}(Ag^+/Ag) - 0.0592\lg\frac{1}{c(Ag^+)} = 0.7994 - 0.0592\lg\frac{1}{0.10} = 0.740\,(V)$$

$$\varphi(Fe^{3+}/Fe^{2+}) = \varphi^{\ominus}(Fe^{3+}/Fe^{2+}) - 0.0592\lg\frac{c(Fe^{2+})}{c(Fe^{3+})} = 0.771 - 0.0592\lg\frac{0.10}{1.0} = 0.830\,(V)$$

反应在强氧化剂$Fe^{3+}$与强还原剂 Ag 之间自发进行，即向逆反应方向进行。由这两个电对组成的原电池的电动势为

$$\varepsilon = 0.830 - 0.740 = 0.090\,(V)$$

当电极物质的浓度或反应体系酸度变化时，由于电对的电极电势变化，可导致反应方向发生逆转。但电极物质浓度变化对电对的电极电势影响是有限的，而电极反应中的酸度变化对电对的电极电势影响要大得多。通常，当两个电对的标准电极电势之差大于 0.2V 时，就可不考虑电极物质浓度的影响；或当两标准电极电势之差大于 0.5V，可忽略酸度的影响，此时才可由 $\varepsilon^{\ominus}$ 直接判断反应方向。

当溶液系统中有电极电势大小不等的几个电对时，可根据电对的电极电势大小来判断氧化还原反应发生的次序，或选择合适的反应试剂来控制反应。

**例 6-9**　判断在含有 $Fe^{2+}$、$Ni^{2+}$、$Mn^{2+}$和 $Sn^{4+}$的混合溶液中加入还原剂锌粉时，金属离子被还原的次序。

**解**　查表得 $\varphi^{\ominus}(Fe^{2+}/Fe) = -0.440V$，$\varphi^{\ominus}(Ni^{2+}/Ni) = -0.257V$，$\varphi^{\ominus}(Sn^{4+}/Sn^{2+}) = 0.154V$，$\varphi^{\ominus}(Mn^{2+}/Mn) = -1.18V$，$\varphi^{\ominus}(Zn^{2+}/Zn) = -0.763V$

锌粉作还原剂发生氧化过程，在组成原电池时应是原电池的负极，原电池的电动势应大于零。将这 5 个电对组成原电池时，电动势分别为

$$\varepsilon_1^{\ominus} = \varphi^{\ominus}(Fe^{2+}/Fe) - \varphi^{\ominus}(Zn^{2+}/Zn) = -0.440 - (-0.763) = 0.323(V)$$

$$\varepsilon_2^{\ominus} = \varphi^{\ominus}(Ni^{2+}/Ni) - \varphi^{\ominus}(Zn^{2+}/Zn) = -0.257 - (-0.763) = 0.506(V)$$

$$\varepsilon_3^{\ominus} = \varphi^{\ominus}(Sn^{4+}/Sn^{2+}) - \varphi^{\ominus}(Zn^{2+}/Zn) = 0.154 - (-0.763) = 0.917(V)$$

$$\varepsilon_4^{\ominus} = \varphi^{\ominus}(Mn^{2+}/Mn) - \varphi^{\ominus}(Zn^{2+}/Zn) = -1.18 - (-0.763) = -0.417(V)$$

可知，锌不能将混合溶液中的 $Mn^{2+}$还原成 Mn，可将 $Fe^{2+}$、$Ni^{2+}$和 $Sn^{4+}$还原成金属原子。

由于电对($Sn^{4+}/Sn^{2+}$)和电对($Zn^{2+}/Zn$)组成的原电池的电动势最大，即电对($Sn^{4+}/Sn^{2+}$)与电对($Zn^{2+}/Zn$)的电极电势相差最大，$Sn^{4+}$是混合溶液中最强的氧化剂，随着 $Sn^{4+}$浓度不断减小，导致电对($Sn^{4+}/ Sn^{2+}$)的电极电势不断下降，当 $\varphi(Sn^{4+}/Sn^{2+})$降低到等于 $\varphi(Ni^{2+}/Ni)$时，$Sn^{4+}$和 $Ni^{2+}$将同时被 Zn 还原，当这两个电对的电极电势降低到等于 $\varphi(Fe^{2+}/Fe)$时，$Fe^{2+}$才会被 Zn 还原。

因此，锌粉还原混合溶液中金属离子的次序是 $Sn^{4+}$、$Ni^{2+}$和 $Fe^{2+}$。

?

试判断在含有 $Br^-$、$I^-$和 $S^{2-}$的酸性混合溶液中加入氧化剂 $MnO_2$ 时发生氧化还原反应的次序。

### 6.3.3　确定氧化还原反应的平衡常数

水溶液中进行的氧化还原反应是可逆的，反应进行的程度可由氧化还原反应的平衡常数大小来衡量，那么这个平衡常数能否由电池电动势计算得到呢？

电极电势的应用（二）判断氧化还原反应进行的程度

?

有几种方法可以求算氧化还原反应的平衡常数？

在热力学中已经得知标准吉布斯自由能变与标准平衡常数关系式：

$$\Delta_r G_m^{\ominus} = -RT\ln K^{\ominus}$$

而标准吉布斯自由能变与原电池电动势的关系为

$$\Delta_r G_m^{\ominus} = -nF\varepsilon^{\ominus}$$

合并这两个关系式，得

$$nF\varepsilon^{\ominus} = RT\ln K^{\ominus}$$

即

$$\ln K^{\ominus} = \frac{nF\varepsilon^{\ominus}}{RT}$$

在 298.15K 时，代入 $R$ 和 $F$ 的数据，得

$$\lg K^{\ominus} = \frac{n \cdot \varepsilon^{\ominus}}{0.0592} \tag{6-5}$$

式中：$n$ 是电池反应转移的电子数。因此，知道原电池的标准电动势和氧化还原反应中所转移的电子数，即可计算出氧化还原反应的平衡常数。

**例 6-10**　将 Zn 粒放入 $0.10mol \cdot L^{-1}$ $CuSO_4$ 溶液中，计算反应达到平衡后溶液中 $Cu^{2+}$的浓度。

**解**　由反应 $Cu^{2+} + Zn \rightleftharpoons Cu + Zn^{2+}$ 可知：

正极的电极反应：

$$Cu^{2+} + 2e^- \rightleftharpoons Cu \qquad \varphi^\ominus(Cu^{2+}/Cu) = 0.337V$$

负极的电极反应：

$$Zn - 2e^- \rightleftharpoons Zn^{2+} \qquad \varphi^\ominus(Zn^{2+}/Zn) = -0.763V$$

$$\varepsilon^\ominus = \varphi^\ominus(Cu^{2+}/Cu) - \varphi^\ominus(Zn^{2+}/Zn) = 0.337 - (-0.763) = 1.100(V)$$

$$\lg K^\ominus = \frac{n \cdot \varepsilon^\ominus}{0.0592} = \frac{2 \times 1.100}{0.0592} = 37.16$$

$$K^\ominus = \frac{c(Zn^{2+})}{c(Cu^{2+})} = 10^{37.16} = 1.4 \times 10^{37}$$

反应的平衡常数相当大，说明该反应进行得很完全。当 $c(Zn^{2+}) = 0.10mol \cdot L^{-1}$ 时，则有：

$$c(Cu^{2+}) = \frac{c(Zn^{2+})}{K^\ominus} = \frac{0.10}{1.4 \times 10^{37}} = 7.1 \times 10^{-39}(mol \cdot L^{-1})$$

> ？电对Ⅰ和电对Ⅱ转移电子的数目分别为 $n_1$ 和 $n_2$，并且 $n_1 \neq n_2$，如何计算该氧化还原反应的标准平衡常数？

发生反应的两电对的标准电极电势差值越大，原电池电动势 $\varepsilon^\ominus$ 就越大，反应的平衡常数越大，反应进行得越彻底；反之，反应的平衡常数越小，反应越不易进行完全。

### 6.3.4　测定电动势计算弱酸解离平衡常数和难溶电解质溶度积常数

电对的电极电势与电极溶液中离子浓度有关，当反应液中有弱电解质生成或发生沉淀反应、配位反应时，将引起溶液中离子浓度的改变，所组成的原电池的电动势将随之改变。若将这样的电对组成原电池，并测定其电动势，就可以计算出溶液中组成离子的浓度，进而可以求算出难溶电解质的溶度积常数、弱电解质的解离常数和配位化合物的稳定常数。

**例 6-11**　现有氢电极 $H_2(100kPa) | H^+(c = ?)$，该电极所用的溶液由浓度均为 $0.20mol \cdot L^{-1}$ 的弱酸(HA)及其钠盐(NaA)所组成。若将该氢电极与饱和甘汞电极 $[\varphi(Hg_2Cl_2/Hg) = 0.2415V]$ 组成原电池，测得其电动势为 0.5189V，并知氢电极为原电池负极，计算该氢电极的电极溶液的 pH 和弱酸 HA 的解离常数。

**解**

$$\varepsilon = 0.5189 = \varphi_+ - \varphi_- = 0.2415 - \varphi(H^+/H_2)$$

则

$$\varphi(H^+/H_2) = 0.2415 - 0.5189 = -0.2774(V)$$

$$\varphi(H^+/H_2) = \varphi^\ominus(H^+/H_2) - \frac{0.0592}{2}\lg\frac{p(H_2)/p^\ominus}{[c(H^+)]^2} = -\frac{0.0592}{2}\lg\frac{100/100}{[c(H^+)]^2}$$

即

$$-0.2774 = -0.0592pH$$

$$pH = 4.69$$

弱酸(HA)与其钠盐(NaA)的混合溶液是缓冲溶液，所以

$$pH = pK_a^\ominus(HA) + \lg\frac{c(NaA)}{c(HA)} = pK_a^\ominus(HA) + \lg\frac{0.20}{0.20}$$

$$K_a^\ominus(HA) = 10^{-4.69} = 2.0 \times 10^{-5}$$

> ？对于电极反应 $2O_2 + 4H^+ + 4e^- \rightleftharpoons 2H_2O$，当 $p(O_2) = 100kPa$ 时，酸度对电极电势影响的关系式是（　　）。
> (1) $\varphi = \varphi^\ominus + 0.0592pH$
> (2) $\varphi = \varphi^\ominus - 0.0592pH$
> (3) $\varphi = \varphi^\ominus + 0.0184pH$
> (4) $\varphi = \varphi^\ominus - 0.0184pH$

**例 6-12**　已知 25℃时，$\varphi^\ominus(Ag^+/Ag) = 0.7994V$，$\varphi^\ominus(AgCl/Ag) = 0.2223V$，求 $K_{sp}^\ominus(AgCl)$。

**解**　由于 $\varphi^\ominus(Ag^+/Ag) > \varphi^\ominus(AgCl/Ag)$，将这两个电对组成原电池时，电对 $(Ag^+/Ag)$ 为原电池的正极，电对 $(AgCl/Ag)$ 为负极，电极反应分别为

$$Ag^+ + e^- \rightleftharpoons Ag$$

$$AgCl + e^- \rightleftharpoons Ag + Cl^-$$

电池反应为

$$Ag^{+} + Cl^{-} \rightleftharpoons AgCl$$

$$K^{\ominus} = \frac{1}{[c(Ag^{+})]\cdot[c(Cl^{-})]} = \frac{1}{K_{sp}^{\ominus}(AgCl)}$$

$$\lg K^{\ominus} = \frac{n\cdot\varepsilon^{\ominus}}{0.0592} = \frac{1\times(0.7994-0.2223)}{0.0592} = 9.75$$

$$\lg K_{sp}^{\ominus}(AgCl) = -\lg K^{\ominus} = -9.75$$

$$K_{sp}^{\ominus}(AgCl) = 10^{-9.75} = 1.8\times10^{-10}$$

### 6.3.5　溶液 $H^+$浓度的计算和溶液 pH 的测定

当电池反应在一定的介质条件下进行，参与电池反应的各种物质的浓度或分压都确定时，可以由测得的原电池电动势，通过能斯特方程计算含氢电对的电极溶液中的 $H^+$ 浓度。也可将氧化还原反应设计成原电池，根据原电池电动势来求算氧化还原反应自发进行时，反应溶液的 $H^+$ 应控制在什么浓度范围。

溶液$H^+$浓度计算和溶液pH测定

**例 6-13**　实验室中常用 $MnO_2$ 与盐酸溶液作用制取 $Cl_2$，反应式为

$$MnO_2 + 4HCl = MnCl_2 + Cl_2 + 2H_2O$$

若要使该反应能够进行，盐酸的最低浓度必须是多少?

**解**　查表得 $\varphi^{\ominus}(MnO_2/Mn^{2+}) = 1.224V$，$\varphi^{\ominus}(Cl_2/Cl^{-}) = 1.3579V$

氧化还原反应拆成两个半反应，其电极反应为

$$MnO_2 + 4H^{+} + 2e^{-} \rightleftharpoons Mn^{2+} + 2H_2O$$

$$Cl_2 + 2e^{-} \rightleftharpoons 2Cl^{-}$$

当反应能自发进行时，$MnO_2$ 发生还原生成 $Mn^{2+}$，$Cl^-$发生氧化生成 $Cl_2$，电对($MnO_2$/$Mn^{2+}$)应为原电池的正极，电对($Cl_2$/ $Cl^-$)应为原电池的负极，电池的 $\varepsilon>0$。

设 HCl 溶液的浓度为 $x$mol · L$^{-1}$，因 HCl 在溶液中全部解离，$c(H^+) = c(Cl^-)$，则

$$\left\{\varphi^{\ominus}(MnO_2/Mn^{2+}) - \frac{0.0592}{2}\lg\frac{c(Mn^{2+})}{[c(H^{+})]^4}\right\} - \left\{\varphi^{\ominus}(Cl_2/Cl^{-}) - \frac{0.0592}{2}\lg\frac{[c(Cl^{-})]^2}{p(Cl_2)/p^{\ominus}}\right\} > 0$$

$$(1.224 - \frac{0.0592}{2}\lg\frac{1}{x^4}) - (1.3579 - \frac{0.0592}{2}\lg\frac{x^2}{100/100}) > 0$$

$$\frac{0.0592}{2}\lg\frac{x^2}{100/100} - \frac{0.0592}{2}\lg\frac{1}{x^4} = \frac{0.0592}{2}\lg(x^2\cdot x^4) > 1.3579 - 1.224 = 0.1339$$

$$\lg x > \frac{0.1339\times2}{0.0592\times6} = 0.754$$

$$x = c(HCl) > 10^{0.754} = 5.68\,(mol\cdot L^{-1})$$

?

25℃时，用玻璃电极和饱和甘汞电极在 $a(H^+) = 1.0\times10^{-4}$ 的 HCl 溶液中测得电动势为 0.3354V。换用待测溶液时，测得电动势为 0.3850V，计算待测溶液的pH。

## 6.4　元素电势图及其应用

### 6.4.1　元素电势图

许多非金属元素和过渡金属元素都具有多种氧化态。不同的氧化态之间可以组成多个氧化还原电对，并有相应的标准电极电势。有时将某种元素的各种不同氧化态物质按氧化值降低的顺序从左到右排列，在组成电对的两种

元素电势图及其应用

氧化态之间用一条直线连接起来，连线的上方标出这个氧化还原电对的标准电极电势。这种表示一种元素不同氧化态之间标准电极电势的关系图称为**元素标准电极电势图**，简称**元素电势图**。例如，元素铁有氧化值分别为+3、+2和0的3种氧化态，在酸性溶液中可以组成3个电对：

$$Fe^{2+} + 2e^- \rightleftharpoons Fe \qquad \varphi^\ominus = -0.440V$$

$$Fe^{3+} + 3e^- \rightleftharpoons Fe \qquad \varphi^\ominus = -0.036V$$

$$Fe^{3+} + e^- \rightleftharpoons Fe^{2+} \qquad \varphi^\ominus = 0.771V$$

元素铁的电势图为

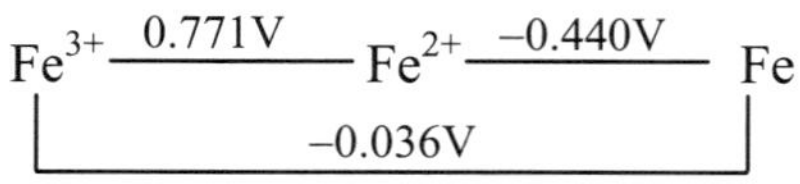


元素电势图将分散在标准电极电势表中的同一元素的不同氧化值的电对的电极电势集中在一起，能清楚而又方便地反映该元素各种氧化态物质在水溶液中的氧化还原能力强弱。例如，元素铁在酸性溶液中，电对($Fe^{3+}$/ $Fe^{2+}$)的标准电极电势为 0.771V，电对($Fe^{2+}$/Fe)的标准电极电势为–0.440V，由于前者的标准电极电势高，氧化态 $Fe^{3+}$的氧化能力要比 $Fe^{2+}$强得多，即在相同条件下，$Fe^{3+}$的稳定性要比 $Fe^{2+}$差。

根据电极溶液的酸碱性不同，元素电势图有两类，其电极电势分别用 $\varphi_A^\ominus$ 和 $\varphi_B^\ominus$ 表示。$\varphi_A^\ominus$ 表示元素各电对在 pH = 0 的酸溶液中的电极电势；$\varphi_B^\ominus$ 表示元素各电对在 pH = 14 的碱溶液中的电极电势。氯元素电势图分别为

> ? 同一元素的几种氧化态中，氧化值高的氧化态一定具有强氧化能力，对吗？

酸性溶液（$\varphi_A^\ominus$ /V）：

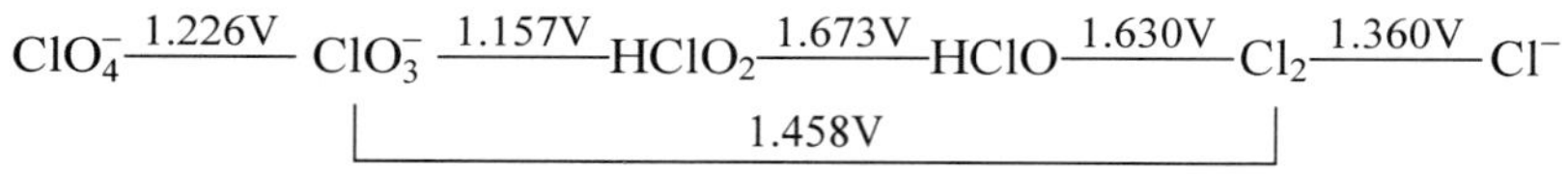


碱性溶液（$\varphi_B^\ominus$ /V）：

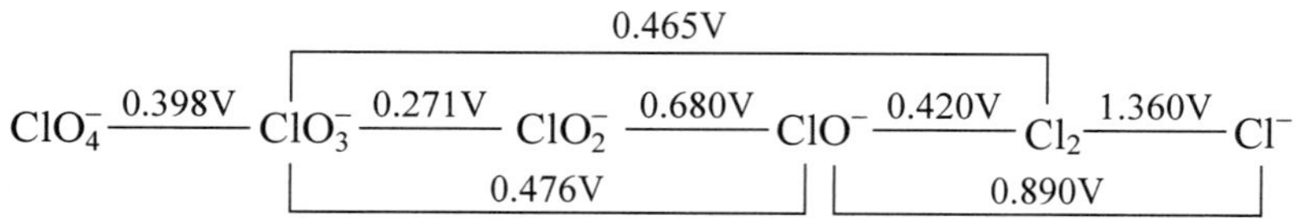


从这两个元素电势图上可以得知，在酸碱性不同的溶液中，同一元素相同电对的标准电极电势不同。通常，电对的 $\varphi_A^\ominus$ 比 $\varphi_B^\ominus$ 大得多，因此 $ClO_4^-$、$ClO_3^-$、$HClO_2$、HClO 在酸性溶液中都具有强氧化性，其氧化能力比在碱性溶液中强得多；而在碱性溶液中，只有电对($Cl_2$/$Cl^-$)的电极电势最大，即 $Cl_2$ 在碱性溶液中仍有较强的氧化性，而 $ClO_2^-$的还原性最强。

元素的电势图可以包括全部氧化态，也可根据需要只列出其中的一部分，如在酸性溶液中：

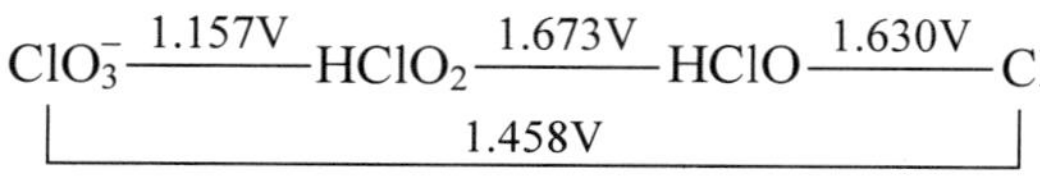

### 6.4.2　元素电势图的应用

在无机化学中，元素电势图有许多重要用途，现介绍如下两种应用。

1. 判断某种氧化态能否发生歧化反应

在氧化还原反应基本概念的章节中，已经提到歧化反应是自氧化还原反应的一种特殊类型，是同一反应物的同一元素的原子在反应中部分被氧化、部分被还原的氧化还原反应。$Cl_2$ 与水作用生成 HCl 和 HClO 的反应就是一个歧化反应。那么，什么样的物质能发生歧化反应？歧化反应的产物是什么？根据元素电极电势图，可以方便地判断哪种氧化态能发生歧化反应。例如，某元素有三种氧化态的电势图为

$$A \xrightarrow{\varphi^\ominus_{左}} B \xrightarrow{\varphi^\ominus_{右}} C$$

氧化值最高的物质 A 只能被还原，而氧化值最低的物质 C 只能被氧化，都不符合发生歧化反应的条件。只有位于中间的氧化态物质 B 才有可能发生歧化反应，即物质 B 既是氧化剂(发生还原)，又是还原剂(发生氧化)，其电极反应分别为

$$B \rightleftharpoons A + n_1e^- \quad 氧化过程，原电池的负极$$

$$B + n_2e^- \rightleftharpoons C \quad 还原过程，原电池的正极$$

电池反应自发进行时：

$$\varepsilon^\ominus = \varphi^\ominus_+ - \varphi^\ominus_- > 0$$

则

$$\varphi^\ominus_+ > \varphi^\ominus_-$$

即

$$\varphi^\ominus_{右} > \varphi^\ominus_{左}$$

因此，当 $\varphi^\ominus$(B/C) > $\varphi^\ominus$(A/B)时，电极电势低的电对(A/B)中的还原态物质 B 才具有较强的还原性，才会与电极电势高的电对(B/C)中的具有较强氧化性的物质 B 发生氧化还原反应。由于元素电势图是按氧化值依次减小的顺序排列的，电对(A/B)排在元素电势图的左面，电对(B/C)排在元素电势图的右面，当物质 B 能发生歧化反应时，这两个相邻电对的标准电极电势须满足 $\varphi^\ominus_{右} > \varphi^\ominus_{左}$ ($\varepsilon^\ominus = \varphi^\ominus_+ - \varphi^\ominus_- > 0$)的条件。如果 $\varphi^\ominus_{右} < \varphi^\ominus_{左}$，物质 B 就不能发生歧化反应，而是发生物质 A 和 C 生成物质 B 的逆向反应。

?

根据锡元素电极电势图，解释 Fe 还原 $Sn^{4+}$时，只能生成 $Sn^{2+}$ 而不生成 Sn 的原因。

**例 6-14**　根据元素电势图 $MnO_2 \xrightarrow{0.95V} Mn^{3+} \xrightarrow{1.51V} Mn^{2+}$，判断能否发生歧化反应，并计算自发反应的 $K^\ominus$和 $\Delta_rG^\ominus_m$。

**解**　$\varphi^\ominus(Mn^{3+}/Mn^{2+}) > \varphi^\ominus(MnO_2/Mn^{3+})$，符合 $\varphi^\ominus_{右} > \varphi^\ominus_{左}$，因此 $Mn^{3+}$能发生歧化反应，生成 $MnO_2$ 和 $Mn^{2+}$。反应式为

$$2Mn^{3+} + 2H_2O \rightleftharpoons MnO_2 + Mn^{2+} + 4H^+$$

电子转移数 $n = 1$

$$\lg K^\ominus = \frac{n \cdot \varepsilon^\ominus}{0.0592} = \frac{1 \times (1.51 - 0.95)}{0.0592} = 9.46$$

$$K^{\ominus} = 10^{9.46} = 2.9\times10^{9}$$

$$\Delta_r G_m^{\ominus} = -nF\varepsilon^{\ominus} = -1\times96485\times10^{-3}\times(1.51-0.95) = -54.0\,(\text{kJ}\cdot\text{mol}^{-1})$$

2. 利用元素电势图求算未知电对的标准电极电势

利用元素电势图能计算出未知电对的标准电极电势，这是元素电势图的另一个重要的应用。某元素的电势图如下：

$$\text{A}\xrightarrow{\varphi^{\ominus}(\text{A/B}),\ \Delta G_1^{\ominus}}\text{B}\xrightarrow{\varphi^{\ominus}(\text{B/C}),\ \Delta G_2^{\ominus}}\text{C}$$

$$\underbrace{\qquad\qquad\varphi^{\ominus}(\text{A/C}),\ \Delta G_3^{\ominus}\qquad\qquad}$$

在三个电对中，若已知两个电对的标准电极电势，就能计算出另一个电对的未知电极电势。其计算式是根据标准自由能变与电对标准电极电势间的关系，以及自由能变只与反应系统的始态、终态有关而与途径无关的赫斯定律推导而得：

$$\varphi^{\ominus}(\text{A/C}) = \frac{n_1\varphi^{\ominus}(\text{A / B}) + n_2\varphi^{\ominus}(\text{B / C})}{n_1 + n_2} \tag{6-6}$$

推而广之，若元素电势图中有若干个相邻电对：

$$\text{A}\xrightarrow[n_1]{\varphi_1^{\ominus}}\text{B}\xrightarrow[n_2]{\varphi_2^{\ominus}}\text{C}\cdots\text{D}\xrightarrow[n_i]{\varphi_i^{\ominus}}\text{I}$$

$$\underbrace{\qquad\qquad\varphi^{\ominus}(\text{A/I})\qquad\qquad}$$

则未知电对(A/I)的电极电势可按下式求算：

$$\varphi^{\ominus} = \frac{n_1\varphi_1^{\ominus} + n_2\varphi_2^{\ominus} + \cdots + n_i\varphi_i^{\ominus}}{n_1 + n_2 + \cdots + n_i} \tag{6-7}$$

但应注意，算式中所指的 $n$ 是电极反应中元素的一个原子转移的电子数目。例如，电对($Cl_2/Cl^-$)的电极反应为

$$\frac{1}{2}\text{Cl}_2 + \text{e}^- \rightleftharpoons \text{Cl}^- \qquad\qquad n = 1$$

**例 6-15**　25℃时元素锰在酸性溶液中的电势图为

$$\text{MnO}_4^-\xrightarrow{0.558\text{V}}\text{MnO}_4^{2-}\xrightarrow{2.24\text{V}}\text{MnO}_2\xrightarrow{0.907\text{V}}\text{Mn}^{3+}\xrightarrow{1.541\text{V}}\text{Mn}^{2+}\xrightarrow{-1.185\text{V}}\text{Mn}$$

计算电对($MnO_4^{2-}$ / $Mn^{2+}$)和电对($MnO_2/Mn^{2+}$)的标准电极电势。

**解**　$$\varphi^{\ominus}(\text{MnO}_4^{2-}/\text{Mn}^{2+}) = \frac{2.24\times2+0.907\times1+1.541\times1}{2+1+1} = 1.73\,(\text{V})$$

$$\varphi^{\ominus}(\text{MnO}_2/\text{Mn}^{2+}) = \frac{0.907\times1+1.541\times1}{1+1} = 1.224\,(\text{V})$$

总结

【拓展材料】

## 化 学 电 池

**电池**是指能将化学能、热力学能、光能、原子能等能量形式转化为电能的装置。电池可分为**化学电池**及**物理电池**两大类。日常生活中使用的都是通过化学反应直接获得放

电电压稳定且电流持续的化学电池，而类似太阳能电池或热感应电力电池则属物理电池。化学电池因具有能量转换效率高、工作性能稳定、工作范围广、携带和使用方便等优点而被广泛使用。

化学电池可按不同的分类方法进行分类，大体上可分为三大类：

(1) 按电解液种类不同分类，有以氢氧化钾水溶液为主要电解质的**碱性电池**，如碱性锌锰电池、镍镉电池、镍氢电池等；有以盐溶液为介质的**中性电池**，如锌锰干电池等；有以硫酸水溶液为介质的**酸性电池**，如铅酸蓄电池；还有主要以有机溶液为介质的**有机电解液电池**，如锂电池、锂离子电池等。

(2) 按工作性质和恢复电池贮存电能的特性不同分类，有**一次电池**，也称原电池，即不能再充电的电池，如锌锰干电池和银锌碱性电池等；**二次电池**，又称**蓄电池**，俗称可充电电池，即可以反复充电使用的电池，如锂离子电池和铅酸蓄电池等。

(3) 按电池所用正、负极材料不同，分为锌系列电池，如锌锰电池；镍系列电池，如镉镍电池；铅系列电池，如铅酸蓄电池；锂系列电池，如锂镁电池；二氧化锰系列电池，如锌锰电池；空气(氧气)系列电池，如锌空气电池。

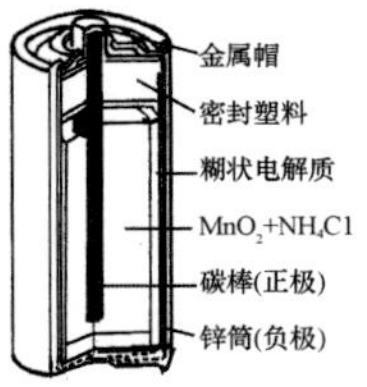

干电池

下面仅对生活中常用到的干电池和锂离子电池的原理、结构等知识作简单介绍。

### 1. 干电池

钮扣电池

干电池是一次性电池，因电源装置中的电解质是不能流动的糊状物，所以称为**干电池**。普通干电池大都是锌锰电池，它以锌皮制成的圆筒形外壳作负极，圆筒内有 $NH_4Cl$ 作为电解质，少量 $ZnCl_2$、惰性填料及水调成糊状电解质，四周裹以掺有 $MnO_2$ 的糊状电解质的石墨碳棒作正极，两电极间的电势差为 1.5V。

干电池放电就是氯化铵与锌的电解反应，电池的总反应为

$$Zn + 2MnO_2 + 2NH_4^+ \longrightarrow Zn^{2+} + Mn_2O_3 + 2NH_3 + H_2O$$

电池符号可表示为

$$(-)Zn \mid ZnCl_2，NH_4Cl\ (糊状) \,\vdots\vdots\, MnO_2 \mid C\ (石墨)\ (+)$$

锌锰干电池的电极反应是不可逆的，负极锌被消耗，电压逐渐下降，就不能继续使用；锌锰干电池在使用过程中产生的氨气被石墨吸附，在放电过程中容易发生气胀或漏液，不宜长时间连续使用，使用寿命不长。碱性锌锰干电池的电池外壳由不锈钢压成筒状，正极由电解二氧化锰粉、石墨粉、KOH 溶液和黏合剂组成，负极是由汞齐化的锌粉及用碱溶解的羧甲基纤维素组成的锌膏，电解液为 40%KOH 溶液。电池的总反应为

$$Zn + 2MnO_2 + 2H_2O \longrightarrow Zn^{2+} + 2MnOOH + 2OH^-$$

碱性干电池能在较低温度下工作，大电流放电能力高，电能容量和放电时间比普通干电池增加几倍。

### 2. 锂离子电池

锂离子电池以碳素材料为负极，以锂离子嵌入化合物如 $LiCoO_2$、$LiMn_2O_4$、$LiFePO_4$、$Li_2FePO_4F$ 为正极材料，目前多采用锂铁磷酸盐，正、负极间用渗透性很强的亚微米级微孔的聚乙烯薄膜作隔离材料，电解液为有机溶剂。充电时，加在电池两极的电势使正极释放出锂离子，经过电解质嵌入负极的片层结构的碳中，负极处于富锂状态；放电时，锂离子则从片层结构的碳中析出，重新和正极的化合物结合，由锂离子在正、负极间往返嵌入/脱嵌和插入/脱插而产生电流。锂离子电池可根据不同的电子产品的要求做成纽扣形(纽扣电池，也称扣式电池，是指外形尺寸像一颗小纽扣的电池)、扁平长方形、圆柱形、长方形及扣式，也可将几个电池串联在一起组成电池组。

锂离子电池内部结构如图 6-5 所示。以锂铁磷酸盐为正极材料时，电极反应为

锂电池原理

正极　充电时　$LiFePO_4 \xlongequal{\quad} Li_{1-x}FePO_4 + xLi + xe^-$

　　　放电时　$Li_{1-x}FePO_4 + xLi + xe^- \xlongequal{\quad} LiFePO_4$

负极　充电时　$xLi + xe^- + 6C \xlongequal{\quad} Li_xC_6$

　　　放电时　$Li_xC_6 \xlongequal{\quad} xLi + xe^- + 6C$

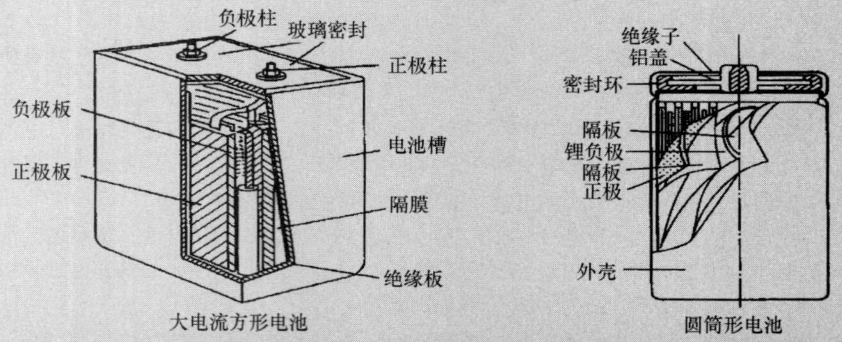


图 6-5　锂离子电池内部结构

单节锂离子电池的电压为 3.6V（有的产品为 3.7V），具有质量轻、容量大、电压稳定、能在−20～60℃温度范围内正常工作、使用寿命长、充电效率高、无记忆效应等优点，因而得到了普遍应用——目前灵巧型的手机、笔记本电脑和许多数码设备都采用了锂离子电池作电源。

## 思　考　题

6-1　什么是氧化和还原？什么是氧化还原反应？氧化还原反应的实质是什么？氧化态物质和还原态物质与氧化剂和还原剂间有什么不同？

6-2　化合价与氧化值的区别是什么？确定元素氧化值的原则有哪些？氧化和还原与氧化值之间有什么关系？

6-3　组成原电池的两个电极上各发生什么反应？电子是如何移动的？电池液中的离子又是怎样移动的？怎样表示氧化还原电对的组成？

6-4　什么是电极电势、标准电极电势、标准电极、氢标准电极？电极电势是怎样测得的？标准还原电极电势大小的意义是什么？

6-5　电池标准电动势、氧化还原反应的标准自由能变与平衡常数 $K^\ominus$之间有什么关系？如何用这些数据判断氧化还原反应自发进行的方向及氧化还原反应进行程度？

6-6　应用能斯特方程进行计算时应注意哪些问题？怎样根据电极电势确定氧化还原反应自发进行的方向？怎样根据原电池原理求算弱酸 $K_a^\ominus$ 和难溶电解质 $K_{sp}^\ominus$ 等常数？

6-7　什么是自身氧化还原反应和歧化反应？什么是元素电势图？如何根据元素电势图判断发生歧化反应的可能性？

## 习　　题

6-1　判断题。

(1) 氧化数发生改变的物质不是还原剂就是氧化剂。　(　　)

(2) 电极电势表中所列的电极电势值就是相应电极双电层的电势差。　(　　)

(3) 若氧化还原反应的两电对转移电子的数目不等，当反应达到平衡时，氧化剂电对的电极电势必定与还原剂电对的电极电势相等。　(　　)

(4) 氧化还原电极的氧化态和还原态浓度相等时的电势也是标准电极电势。　(　　)

(5) 电对的电极电势值大小可以衡量物质得失电子的难易程度。　(　　)

(6) 因为 $\varphi^{\ominus}(Cl_2/Cl^-) > \varphi^{\ominus}(MnO_2/Mn^{2+})$，所以绝对不能用 $MnO_2$ 与盐酸作用制取 $Cl_2$。　(　　)

6-2　填空题。

(1) 与酸碱反应、沉淀反应不同，氧化还原反应的本质是________________，因此氧化剂在反应过程中__________、__________、__________。

(2) 使用能斯特方程式时必须注意________________，________________，________________。

(3) $H_2O_2$ 是一种常用的氧化剂或还原剂，因为它的还原产物是__________，而它的氧化产物是__________。根据它的电极电势(酸性介质中 $\varphi^{\ominus} = 1.77V$，碱性介质中 $\varphi^{\ominus} = 0.68V$)，$H_2O_2$ 一般在__________介质中作还原剂，其电极反应为________________________。

6-3　选择题。

(1) 在电极反应 $S_2O_8^{2-} + 2e^- \underset{\Delta}{\rightleftharpoons} 2SO_4^{2-}$ 中，下列叙述中正确的是　(　　)

A. $S_2O_8^{2-}$ 是正极，$SO_4^{2-}$ 是负极　　B. $S_2O_8^{2-}$ 被氧化，$SO_4^{2-}$ 被还原

C. $S_2O_8^{2-}$ 是氧化剂，$SO_4^{2-}$ 是还原剂　　D. $S_2O_8^{2-}$ 是氧化态，$SO_4^{2-}$ 是还原态

(2) 用能斯特方程式计算电对 $MnO_2/Mn^{2+}$ 的电极电势时，下列叙述正确的是　(　　)

A. $H^+$ 浓度的变化对 $\varphi$ 的影响比 $Mn^{2+}$ 浓度变化影响大

B. 溶液稀释时，浓度的比值不变，$\varphi$ 值也不改变

C. 能斯特方程式只能计算电对 $MnO_2/Mn^{2+}$ 在 25℃时的电极电势

D. $Mn^{2+}$ 浓度增大则 $\varphi$ 增大

(3) 已知 $\varphi^{\ominus}(Ag^+/Ag) = 0.7994V$，$K_{sp}^{\ominus}(AgCl) = 1.8\times10^{-10}$，若在半电池 Ag | $Ag^+(1mol \cdot L^{-1})$ 中加入 KCl 变成半电池 Ag，AgCl(s) | $KCl(1mol \cdot L^{-1})$，则其电极电势将　(　　)

A. 增加 0.577V　B. 降低 0.577V　C. 增加 0.220V　D. 降低 0.220V

(4) 在标准态时 $A + B^{2+} = A^{2+} + B$ 和 $A + C^{2+} = A^{2+} + C$ 都是自发进行的反应，其中 A、B 和 C 都是金属单质，则标准态时 $B^{2+}$ 和 C 之间的反应是　(　　)

A. 自发进行的反应　　B. 正处于平衡状态

C. 非自发反应　　D. 不能断定的反应

6-4　指出下列物质中画线元素的氧化值。

(1) $\underline{N}_2O$　$\underline{N}H_3$　$H\underline{N}O_3$　$H\underline{N}_3$　$\underline{N}H_4NO_3$　$Na\underline{N}O_2$

(2) $H_2\underline{O}_2$　$K\underline{O}_2$　$H_3\underline{P}O_3$　$\underline{P}H_3$　$Na_3\underline{As}O_3$　$\underline{Mn}O(OH)_2$

6-5　用离子电子法配平下列反应式。

(1) $H_2O_2 + PbS \longrightarrow PbSO_4 + H_2O$(酸性介质)

(2) $S_2O_8^{2-} + Mn^{2+} + H_2O \longrightarrow MnO_4^- + SO_4^{2-} + H^+$

(3) $MnO_4^{2-} + H_2O \longrightarrow MnO_4^- + MnO_2 + OH^-$

(4) $ClO^- + CrO_2^- \longrightarrow Cl^- + CrO_4^{2-}$(碱性介质)

6-6　写出下列电极反应的离子电子式、电对符号和电极符号。

(1) $Br_2(l) \longrightarrow BrO_3^-$

(2) $Fe(s) \longrightarrow Fe^{2+}$

(3) $AgCl(s) \longrightarrow Ag(s) + Cl^-$

(4) $HNO_2 \longrightarrow NO(g) + H_2O$

氧化还原典型
例题解析-反应方向

6-7　写出下列原电池的电极反应和电池反应。

(1) (−)Pt | $Fe^{2+}(c^{\ominus})$，$Fe^{3+}(0.10mol \cdot L^{-1})$ ¦¦ $Co^{3+}(c^{\ominus})$，$Co^{2+}(0.10mol \cdot L^{-1})$ | Pt

(2) $(-)Ag(s), AgCl(s) \mid Cl^-(1.0mol \cdot L^{-1}) \,\vdots\vdots\, Cl^-(0.10mol \cdot L^{-1}) \mid Cl_2(g) \mid Pt$

6-8　(1) 根据 $\varphi_A^\ominus$ 值，将下列物质按氧化能力由弱到强的顺序排列，并写出它们在酸性介质中的还原产物。

$$KMnO_4 \quad K_2Cr_2O_7 \quad Br_2 \quad Cu^{2+} \quad Sn^{4+} \quad Ag^+ \quad Fe^{2+}$$

(2) 根据 $\varphi_B^\ominus$ 值，将下列电对中还原态物质按还原能力由强到弱的顺序排列。

$$Fe(OH)_3/Fe(OH)_2 \quad ClO^-/Cl^- \quad MnO_4^-/MnO_2 \quad O_2/OH^- \quad Ag(NH_3)_2^+/Ag$$

6-9　有下列电极反应：(A) $MnO_4^- + 8H^+ + 5e^- \rightleftharpoons Mn^{2+} + 4H_2O$

(B) $Fe^{2+} + 2e^- \rightleftharpoons Fe$

(C) $Ag^+ + e^- \rightleftharpoons Ag$

(D) $PbO_2 + 4H^+ + 2e^- \rightleftharpoons Pb^{2+} + 2H_2O$

根据标准电极电势值，回答下列问题：

(1) 上列物质中，哪个是最强的氧化剂？哪个是最强的还原剂？

(2) 上列物质中，哪些物质可将 $Fe^{2+}$还原成 Fe？

(3) 上列物质中，哪些物质可将 Ag 氧化成 $Ag^+$？

(4) 由上列电极反应组成的原电池中，写出标准电动势最小的原电池的电池反应式。

6-10　根据标准电极电势，指出下列各组物质中哪些可以共存，哪些不能共存，说明原因。

(1) $Fe^{3+}$，$I^-$　(2) $Cr_2O_7^{2-}$，$Br^-$　(3) $Ag^+$，$Fe^{2+}$　(4) $BrO_3^-$，$Br^-(H^+)$

(5) Sn，$Sn^{4+}$　(6) $MnO_2$，$Cu^{2+}\ (H^+)$　(7) $NO_2^-$，$AsO_4^{3-}(OH^-)$

6-11　写出下列电池反应中发生还原过程的电对的能斯特方程式，并计算该电对的电极电势(298.15K)。

(1) $Cl_2(100kPa) + 2Fe^{2+}(0.10mol \cdot L^{-1}) = 2Cl^-(0.50mol \cdot L^{-1}) + 2Fe^{3+}(0.20mol \cdot L^{-1})$

(2) $2Ag + 2H^+(0.10mol \cdot L^{-1}) + 2I^-(0.20mol \cdot L^{-1}) = 2AgI(s) + H_2(100kPa)$

(3) $MnO_2(s) + H_2O_2(1.0mol \cdot L^{-1}) + 2H^+(0.20mol \cdot L^{-1}) = Mn^{2+}(0.50mol \cdot L^{-1}) + O_2(50kPa) + 2H_2O$

(4) $H_3AsO_4(0.54mol \cdot L^{-1}) + 2Ag(s) + 2HCl(0.70mol \cdot L^{-1}) = H_3AsO_3(0.82mol \cdot L^{-1}) + 2AgCl(s) + H_2O$

6-12　当溶液中 $H^+$的浓度增大时，下列氧化剂的氧化能力是增强、减弱还是不变？

(1) $Cl_2$　(2) $BrO_3^-$　(3) $F_2$　(4) $Fe^{3+}$　(5) $H_2O_2$　(6) $MnO_4^-$

6-13　计算 298.15K 时 $O_2\,(p = 100kPa)$ 分别在 pH = 7 和 pH = 12 水溶液中的电极电势 $\varphi(O_2/OH^-)$。

6-14　已知 $\varphi^\ominus(Ag^+/Ag) = 0.7995V$，$K_{sp}^\ominus(AgCl) = 1.8\times10^{-10}$，求电极反应 $AgCl(s) + e^- \rightleftharpoons Ag + Cl^-$ 的标准电极电势。

6-15　已知 $K_a^\ominus(HCN) = 4.93\times10^{-10}$，计算电极反应 $2HCN + 2e^- \rightleftharpoons H_2 + 2CN^-$ 的 $\varphi^\ominus$。

氧化还原典型
例题解析-平衡常数

6-16　在 $Ag^+$、$Cu^{2+}$浓度分别为 $0.010mol \cdot L^{-1}$ 和 $0.10mol \cdot L^{-1}$ 的混合溶液中加入铁粉，哪一种金属离子先被还原？当第二种离子开始被还原时，第一种离子在溶液中的浓度为多少？

6-17　已知某原电池的正极是氢电极，$p(H_2) = 100kPa$，负极的电极电势是恒定的。当氢电极中 pH = 4.008 时，该电池的电动势为 0.412V；如果氢电极中所用的溶液改为一未知 $c(H^+)$的缓冲溶液，重新测得原电池的电动势为 0.427V。计算该缓冲溶液的 $H^+$浓度和 pH。若缓冲溶液中 $c(HA) = c(A^-) = 1.0mol \cdot L^{-1}$，求该弱酸的解离常数 $K_a^\ominus$。

6-18　已知原电池 $(-)Ag \mid Ag^+(0.010mol \cdot L^{-1}) \,\vdots\vdots\, Ag^+(0.10mol \cdot L^{-1}) \mid Ag(+)$，向负极加入 $K_2CrO_4$溶液，使 $Ag^+$生成 $Ag_2CrO_4$沉淀，并使 $c(CrO_4^{2-}) = 0.10mol \cdot L^{-1}$，测得 298.15K 时该原电池的电动势 $\varepsilon = 0.26V$。试计算 $K_{sp}^\ominus(Ag_2CrO_4)$。

*6-19　已知溴元素在酸性介质中的元素电势图为

$$BrO_4^- \xrightarrow{1.76V} BrO_3^- \xrightarrow{1.49V} HBrO \xrightarrow{1.59V} Br_2 \xrightarrow{1.07V} Br^-$$

试求电对($BrO_3^-/Br^-$)的 $\varphi^\ominus$。指出常温下溴的哪些氧化态不稳定、易发生歧化反应，写出相应的反应式。

*6-20　将氢电极插入含有 $0.50mol \cdot L^{-1}$ HA 和 $0.10mol \cdot L^{-1}$ $A^-$的缓冲溶液中，作为原电池的负极；将银电极插入含有 AgCl 沉淀和 $1.0mol \cdot L^{-1}$ $Cl^-$的 $AgNO_3$溶液中。已知 $p(H_2) = 100kPa$ 时测得原电池的电动势为 0.450V，$\varphi^\ominus(Ag^+/Ag) = 0.799V$。

(1) 写出电池符号及电池反应式；

(2) 计算正、负极的电极电势；

(3) 计算负极溶液中的 $c(H^+)$和 HA 的解离常数。

*6-21　由电对($Br_2/Br^-$)和($Co^{3+}/Co^{2+}$)组成的原电池，其标准态时的电池电动势为 0.775V，已知溴电极为负极，$\varphi^\ominus(Br_2/Br^-) = 1.065V$。回答下列问题：

(1) 写出该电池的反应方程式；

(2) $\varphi^\ominus(Co^{3+}/Co^{2+})$为多少?

(3) 已知 $K_{sp}^\ominus[Co(OH)_3] = 1.6\times10^{-44}$，$\varphi^\ominus\{[Co(OH)_3]/[Co(OH)_2]\} = 0.17V$，$K_{sp}^\ominus[Co(OH)_2]$为多少?

(4) 若将 $AgNO_3$ 溶液加入溴电极中，电池的电动势增大、减小还是不变?

(5) 当 $c(Co^{2+}) = 0.010mol \cdot L^{-1}$，计算其他条件不变时的电池电动势。

# 第 7 章 配位化合物与配位解离平衡

【教学目的和要求】

(1) 了解配位化合物的定义、组成、分类，掌握配位化合物的命名。

(2) 掌握配位化合物的解离平衡常数，掌握配位平衡的移动及其应用。

【教学重点和难点】

(1) 重点内容：配位化合物的组成与命名，配位化合物的解离平衡常数，配位平衡的移动。

(2) 难点内容：配位化合物的解离平衡常数，配位平衡移动的计算。

绪论

维尔纳
Gottlob Werner
1866 –1919
瑞士无机化学家。他的主要著作有《立体化学手册》，《论无机化合物的结构》，《无机化学领域的新观点》等。因创立配位学说而获得1913年诺贝尔化学奖。

## 7.1 配位化合物

**配位化合物**简称**配合物**，又称**络合物**，是一类组成复杂的化合物。1704年普鲁士人狄斯巴赫偶然制得第一个配合物——$Fe_4[Fe(CN)_6]_3$(普鲁士蓝)。1893年，瑞士化学家维尔纳提出配位理论学说，从此配位化学的研究得到迅速发展。

配位化合物具有多种独特的性能，在工业分析、生命科学、环境保护、医药工业、催化合成、金属防腐等方面有着广泛的应用，在科学研究和生产实践中起着越来越重要的作用。配位化学是无机化学的一个重要分支，其研究领域已渗透到有机化学、结构化学、分析化学、催化动力学、生命科学等前沿学科。

### 7.1.1 配位化合物的组成

维尔纳的配位理论学说认为配合物中有一个金属离子或原子处于配合物的中央，称为**中心离子**；在它周围按一定几何构型围绕着一些带负电荷的阴离子或中性分子，称为**配位体**；中心离子和配位体构成配合物的**内界**，在化学式中写在方括号内；距中心离子较远的其他离子称为外界离子，构成配合物的**外界**，在化学式中写在方括号之外。

配合物一般是由内界与外界构成。内界离子称为**配离子**，外界离子一般为简单离子，配离子与相反电荷的离子（外界）以离子键结合成电中性的配合物，如$[Cu(NH_3)_4]SO_4$、$K_3[Fe(CN)_6]$等。若内界不带电荷，称为配合分子，也称为配合物，如$[CoCl_3(NH_3)_3]$、$[Ni(CO)_4]$等，没有外界。配合物的组成如图 7-1 所示。

配位化合物的组成

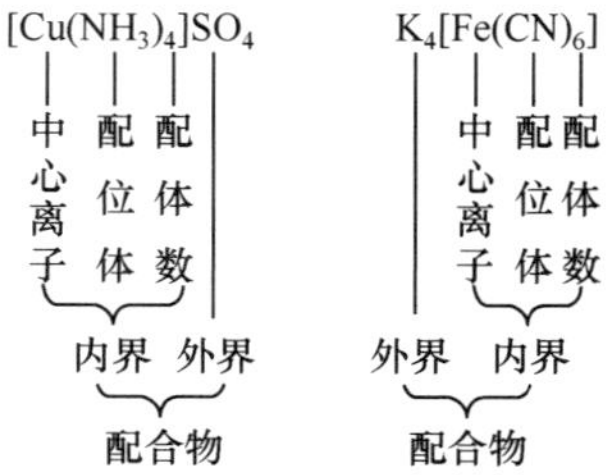

图 7-1 配合物组成示意图

1. 中心离子

中心离子位于内界的中心，常见的中心离子为过渡金属元素离子，如 $Cr^{3+}$、$Fe^{3+}$、$Cu^{2+}$、$Ni^{2+}$、$Co^{2+}$等，也可以是中性原子和高氧化态的非金属元素，如$[Ni(CO)_4]$中的 Ni 原子，$[SiF_6]^{2-}$中的 Si(Ⅳ)。

2. 配位体

与中心离子结合的中性分子或阴离子称为配位体，简称**配体**，如 $NH_3$、$H_2O$、$OH^-$、$CN^-$、$Cl^-$等。提供配体的物质称为**配位剂**，如 KCN、NaF 等，有时配位剂本身就是配体，如 $NH_3$、$H_2O$ 等。

配体中提供孤电子对、与中心离子(或原子)以配位键直接相结合的原子称为**配位原子**，如 $NH_3$ 中的 N 原子，$CN^-$中的 C 原子。配位原子必须具有孤电子对，大多是电负性较大的非金属元素的原子，如 O、S、N、C、卤素原子等。

根据一个配体中所含配位原子的数目不同，将配体分为**单齿配体**和**多齿配体**。单齿配体中只含有一个配位原子，如 $NH_3$、$OH^-$、$X^-$、$CN^-$、$SCN^-$等。多齿配体中含有两个或两个以上的配位原子，如草酸根 $C_2O_4^{2-}$、乙二胺 $NH_2C_2H_4NH_2$(en)、乙二胺四乙酸(EDTA，常用 $H_4Y$ 表示)等。多齿配体的多个配位原子可以同时与一个中心离子结合，形成具有环状结构的配合物。

常见的配体和配位原子见表 7-1。

**表 7-1　常见的配体和配位原子**

| 配体种类 | | 实例 | 配位原子 |
|---|---|---|---|
| 单齿配体 | | CO，$CN^-$，$C_2H_4$ | C |
| | | $NH_3$，NO，$RNH_2$，$NO_2^-$，$NCS^-$，$C_5H_5N$(吡啶) | N |
| | | $H_2O$，ROH，$RCOO^-$，$OH^-$，$ONO^-$ | O |
| | | $F^-$，$Cl^-$，$Br^-$，$I^-$ | X |
| | | $H_2S$，RSH，$SCN^-$ | S |
| 多齿配体 | 双齿 | 乙二胺　$H_2\ddot{N}-CH_2-CH_2-\ddot{N}H_2$ | N |
| | | 草酸根 $C_2O_4^{2-}$ | O |
| | 三齿 | 二乙基三胺<br>$H_2\ddot{N}-CH_2-CH_2-\ddot{N}H-CH_2-CH_2-\ddot{N}H_2$ | N |
| | 四齿 | 氨基三乙酸<br>$\ddot{N}(CH_2CO\ddot{O}^-)_3$ | N<br>O |
| | 五齿 | 乙二胺三乙酸根离子<br>$[\ddot{O}=C(O)-CH_2-\ddot{N}H-CH_2-CH_2-\ddot{N}-[CH_2-C(=\ddot{O})O]_2]^{3-}$ | N<br>O |
| | 六齿 | 乙二胺四乙酸(EDTA)根离子<br>$[[\ddot{O}=C(O)-CH_2]_2-\ddot{N}-CH_2-CH_2-\ddot{N}-[CH_2-C(=\ddot{O})O]_2]^{4-}$ | N<br>O |

普鲁士蓝是一种深蓝色的颜料，在画图和青花瓷器中应用，是狄斯巴赫意外发现的。有一次他将草木灰和牛血混合在一起进行焙烧，再用水浸取焙烧后的物质，过滤掉不溶解的物质后，得到清亮的溶液，将溶液蒸浓以后，便析出一种黄色的晶体。当狄斯巴赫将这种黄色晶体放进三氯化铁的溶液中，便产生了一种颜色很鲜艳的蓝色沉淀。

20 年以后，化学家才了解了普鲁士蓝是什么物质，也掌握了它的生产方法。原来，草木灰中含有碳酸钾，牛血中含有碳和氮两种元素，这两种物质发生反应便可得到亚铁氰化钾，这便是狄斯巴赫得到的黄色晶体，它与三氯化铁反应后，得到亚铁氰化铁，也就是普鲁士蓝。

3. 配位数

配合物中与中心离子(或原子)直接以配位键相结合的配位原子的数目称为中心离子(或原子)的**配位数**。一般中心离子都具有特征的配位数。常见的配位数为 2、4、6，也有少数配位数为奇数 1、3、5、7。

在单齿配体形成的配合物中，中心离子的配位数等于单齿配体个数。例如，在$[Ag(NH_3)_2]^+$中，中心离子 $Ag^+$的配位数为 2；在$[Fe(CN)_6]^{4-}$中，中心离子 $Fe^{2+}$的配位数为 6。

在多齿配体形成的配合物中，中心离子的配位数不等于配体的数目。例如，$[Pt(en)_2]^{2+}$中的 en 是双齿配体，有两个配位原子，$Pt^{2+}$的配位数是 4 而不是 2。因此，对于多齿配合物，中心离子的配位数等于配体的个数乘以该配体中配位原子的个数。

影响配位数的因素很多，主要是中心离子和配体的电荷数以及中心离子和配体的半径。一般来说中心离子电荷越多，吸引配体的能力越强，配位数就越大。例如，$[PtCl_4]^{2-}$中 $Pt^{2+}$的配位数为 4，而$[PtCl_6]^{2-}$中 $Pt^{4+}$的配位数为 6。中心离子的半径越大，其周围能容纳配体的空间就越大，配位数也就越大。例如，$r(B^{3+}) < r(Al^{3+})$，在$[BF_4]^-$中，$B^{3+}$的配位数是 4，而在$[AlF_6]^{3-}$中，$Al^{3+}$的配位数是 6。

配体带电荷越多，相互间排斥力增大，不利于形成高配位数。对于同一中心离子而言，配体半径越大，配位数就越小。此外配位数的大小与形成配合物时的外界条件(如浓度、温度等)也有关。

4. 配离子的电荷数

配离子的电荷数等于中心离子和配体电荷数的代数和，如$[Fe(CN)_6]^{4-}$的电荷是 $+2+(-1)\times 6=-4$；也可由外界离子所带的电荷总数决定，如$[Co(en)_3]Cl_3$，外界 3 个 $Cl^-$，总电荷数为−3，则配离子所带的电荷为+3。

### 7.1.2　配位化合物的命名

配位化合物的命名遵循一般无机化合物的命名原则，命名时阴离子在前，阳离子在后。若外界是简单负离子如 $Cl^-$、$OH^-$等，则称作“某化某”；若外界是复杂负离子如$SO_4^{2-}$、$NO_3^-$等，则称作“某酸某”；若外界是正离子，配离子是负离子，则将配阴离子看成复杂的酸根离子，称作“某酸某”。

配位化合物的命名

配合物内界的命名顺序为：配体数(用一、二、三等数字表示)→ 配体名称→“合”字 → 中心离子名称 → 中心离子氧化数(加括号，用罗马数字Ⅰ、Ⅱ、Ⅲ等注明)。例如，$[Cu(NH_3)_4]SO_4$命名为硫酸四氨合铜(Ⅱ)。

若配离子内含有两个以上不同配体，则配体之间用“·”隔开，不同配体的命名顺序为：

(1) 先无机配体，后有机配体。

例如，$[Co(en)_2(NO_2)Cl]SCN$：硫氰酸一氯·一硝基·二乙二胺合钴(Ⅲ)。

(2) 先阴离子类配体，后阳离子类配体，最后分子类配体。

例如，$[Co(NO_2)_2(NH_3)_4]Cl$：氯化二硝基 · 四氨合钴(Ⅲ)。

(3) 同类配体的名称则按其配位原子元素符号的英文字母顺序排列。

例如，$[Co(NH_3)_5(H_2O)]Cl_3$：三氯化五氨 · 一水合钴(Ⅲ)。

(4) 同类配体的配位原子也相同时，则将含较少原子数的配体排在前。

例如，$[Pt(NO_2)(NH_3)(NH_2OH)(Py)]Cl$：氯化硝基 · 氨 · 羟氨 · 吡啶合铂(Ⅱ)(配体数为 1 时，“一”字可以省略)。

命名下列配合物，并指出中心离子及氧化数、配位体及配位数。

$K_2[PtCl_6]$

$Na_2[SiF_6]$

$[CoCl(NH_3)_5]Cl_2$

$[CoCl(NO_2)(NH_3)_4]^+$

(5) 配位原子相同，配体中所含原子数目也相同，则按在结构式中与配位原子直接相连的配体中的其他原子的元素符号的英文字母顺序排列。

例如，$NH_2^-$ 和 $NO_2^-$，则 $NH_2^-$ 在前。

某些易混淆的配体按配位原子的不同分别命名为

—ONO(以 O 配位)：亚硝酸根　　—$NO_2$(以 N 配位)：硝基

—SCN(以 S 配位)：硫氰根　　—NCS(以 N 配位)：异硫氰根

下面列举一些配合物的命名。

(1) 含配阳离子的配合物：

| | |
|---|---|
| $[Pt(NH_3)_6]Cl_4$ | 四氯化六氨合铂(Ⅳ) |
| $[Co(NH_3)_6]Cl_3$ | 三氯化六氨合钴(Ⅲ) |
| $[CrCl_2(H_2O)_4]Cl$ | 一氯化二氯 · 四水合铬(Ⅲ) |

(2) 含配阴离子的配合物：

| | |
|---|---|
| $K_4[Fe(CN)_6]$ | 六氰合铁(Ⅱ)酸钾 |
| $K[PtCl_5(NH_3)]$ | 五氯 · 一氨合铂(Ⅳ)酸钾 |
| $K_2[SiF_6]$ | 六氟合硅(Ⅳ)酸钾 |

(3) 电中性配合物：

| | |
|---|---|
| $[Fe(CO)_5]$ | 五羰基合铁 |
| $[Co(NO_2)_3(NH_3)_3]$ | 三硝基 · 三氨合钴(Ⅲ) |
| $[PtCl_4(NH_3)_2]$ | 四氯 · 二氨合铂(Ⅳ) |

本书简单介绍了配合物的命名方法，对特殊或复杂的配合物命名可参见中国化学会《化学命名原则》(科学出版社，1984 年)中配位化合物部分。

某些常见配合物通常用习惯命名。例如，$[Ag(NH_3)_2]^+$ 称为银氨配离子，$[Cu(NH_3)_4]^{2+}$ 称为铜氨配离子，$H_2[SiF_6]$称为氟硅酸，$K_3[Fe(CN)_6]$称为铁氰化钾(俗名赤血盐)，$K_4[Fe(CN)_6]$称为亚铁氰化钾(俗名黄血盐)。

### 7.1.3　配位化合物的类型

配合物的范围极其广泛。根据其结构特征，可将配合物分为以下几种类型。

配位化合物的类型

1. 简单配合物

由单齿配体与中心原子直接配位形成的配合物称为简单配合物。在简单配合物的分子或离子中，只有一个中心原子，且每个配体只有一个配位原子与中心原子结合，如$[Ag(NH_3)_2]^+$、$[Fe(CN)_6]^{4-}$、$[Cu(NH_3)_4]^{2+}$等。

2. 螯合物

由多齿配体和中心原子结合而成具有环状结构的配合物称为螯合物。例如，$Cu^{2+}$ 能与乙二胺形成两个五元环的螯合物。

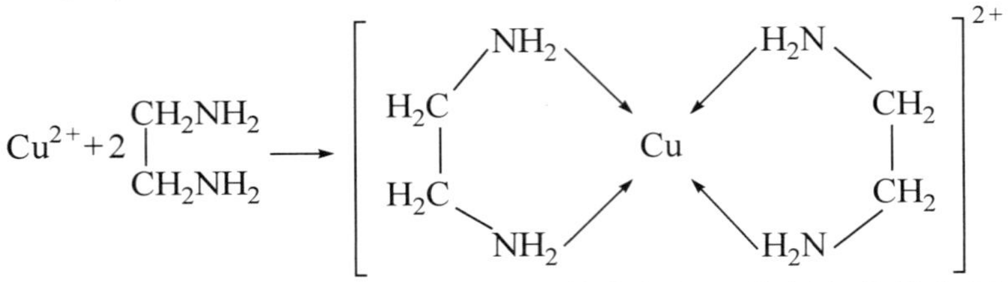


含有多齿配体、并能和中心离子形成螯合物的配位剂也称螯合剂，它们大多是含有 N、P、O、S 等配位原子的有机化合物。例如，以两个 O 原子为配位原子的螯合剂：草酸根 $C_2O_4^{2-}$、羟基乙酸根 $HOCH_2COO^-$ 等；以 O、N 为配位原子的螯合剂：氨基乙酸 $NH_2CH_2COOH$、乙二胺四乙酸 EDTA 等。这类既含有氨基又含有羧基的螯合剂称为氨羧螯合剂，其中以 EDTA 最为重要，它可以和绝大多数金属离子形成稳定的配离子。用 EDTA 标准溶液可以滴定几十种金属离子，通常所谓的配位滴定法主要是指 EDTA 滴定法。

3. 新型特殊配合物

20 世纪 50 年代发展起来的新型配合物大致有金属羰基配合物、金属簇状配合物、金属夹心型配合物、大环配体配合物等几类。

1) 金属羰基配合物

$Fe(CO)_5$ 的立体结构图

金属羰基配合物是金属元素与配体 CO 所形成的配合物。已知的金属羰基配合物的金属元素全部是过渡金属元素，氧化态都很低，有的甚至低于零。金属羰基配合物是典型的共价化合物，难溶于水，易溶于非极性有机溶剂，熔点低，易升华，挥发性大，有毒。

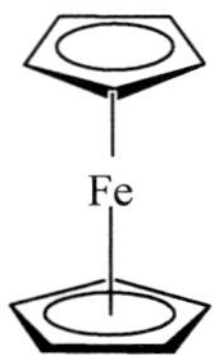


二茂铁的结构图

金属羰基配合物用途广泛，利用羰基配合物的分解可制备纯金属。例如，将铁先制成易挥发的 $Fe(CO)_5$，使之与杂质分离后再将 $Fe(CO)_5$ 蒸气喷入温度高于 200℃的容器内进行分解，以制得纯的细铁粉，用于制磁铁芯和催化剂。羰基配合物如 $Ni(CO)_4$ 或 $Fe(CO)_5$ 作为汽油的抗震剂代替四乙基铅可以减少汽车尾气中铅的污染。羰基配合物还广泛用作某些有机合成反应的催化剂。

2) 金属簇状配合物

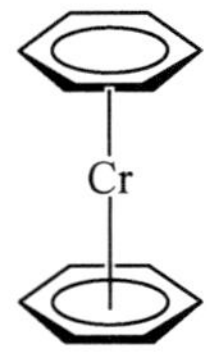


二苯铬的结构图

金属簇状配合物是具有金属-金属键的一类多核配合物，是以成簇的金属原子构成金属骨架而形成的多面体分子，如 $Co_2(CO)_8$ 和 $(W_6Cl_{12})Cl_6$ 等，其中金属骨架常由低氧化态的过渡金属组成，目前已合成的簇状配合物有千余种。

某些簇状配合物具有特殊的催化活性、生物活性和导电性能。例如，固氮酶的活性中心——铁钼蛋白即是簇状配合物，$PbMo_6S_8$ 在 13.3K 以下是一种超导体。簇状配合物在配位催化、材料科学等领域正日益发挥出重要作用。

3) 金属夹心型配合物

过渡金属原子和具有离域 π 键的平面分子（如环戊二烯和苯等）形成的配

合物称为夹心型配合物。在这类配合物中，通常配体的平面与键轴垂直，中心离子对称地夹在两平行的配体之间，具有夹心面包式的结构。

在夹心型配合物中最典型的是二茂铁 $Fe(C_5H_5)_2$ 和二苯铬 $Cr(C_6H_6)_2$。二茂铁是易升华的橙色固体，不溶于水而溶于有机溶剂。二茂铁及其衍生物可用作火箭燃料的添加剂，以改善燃烧性能；还可用作汽油的抗震剂，有消烟节能的作用；同时可作为硅树脂和橡胶的熟化剂、紫外光的吸收剂等。二苯铬是苯夹心型配合物中最稳定的，是反磁性的棕色晶体，在 200～250℃时，二苯铬可作为乙烯聚合的催化剂。

4) 大环配体配合物

大环配体配合物其中一类是以冠醚为配体的配合物。冠醚是一类新型配体，其中的氧原子可部分或全部参与配位。由于具有大环分子结构，冠醚和金属离子形成的配合物具有特殊的稳定性，在碱金属、碱土金属配位化学的基础研究中占有重要地位。同时，冠醚配合物在离子分离、提取及有机合成中也有重要作用。在大环配体中除了含氧原子的冠醚配体，还有含氮、硫的大环配体，它们形成的配合物在自然界中也存在。例如，人体血液中具有载氧能力的血红素是卟啉的亚铁配合物，结构式见图 7-2；在植物光合作用中起重要作用的叶绿素是具有卟啉环的镁配合物。

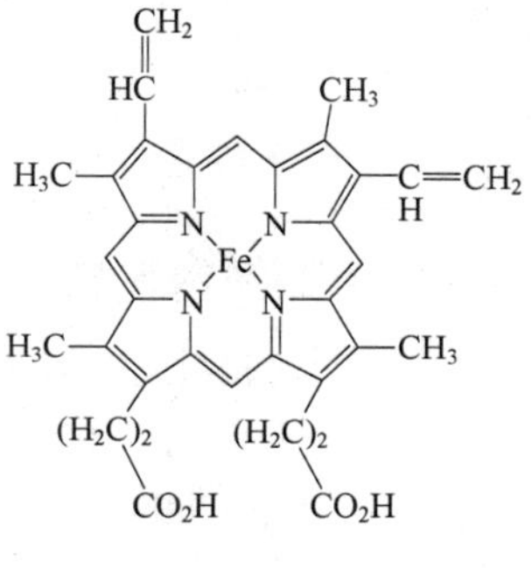

图 7-2　血红素结构

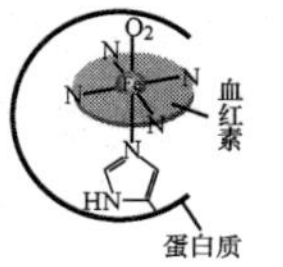


血红素是血红蛋白的组成部分。Fe 原子从血红素分子的下方键合了蛋白质链上的 1 个 N 原子，圆盘上方键合的 $O_2$ 分子则来自空气。血红蛋白本身不含图中表示出来的那个 $O_2$ 分子，它与通过呼吸作用进入人体的 $O_2$ 分子结合形成氧合血红蛋白，通过血流将氧输送至全身各个部位。

### *7.1.4　配位化合物的异构现象

两种或两种以上的化合物具有相同的化学式，但结构和性质均不相同，则互称同分异构体，这种现象称为同分异构现象。在配合物和配位离子中，这种异构现象相当普遍，一般分为结构异构和空间异构两大类。

#### 1. 结构异构

结构异构是由原子间连接方式不同引起的异构现象，包括电离异构、水合异构、配位异构、键合异构等。

电离异构、水合异构、配位异构是由于离子在内外界分配不同或配位体在配位阳、阴离子间分配不同所形成的结构异构体，它们的颜色及化学性质均不相同。例如，红色的 $[CoSO_4(NH_3)_5]Br$ 与紫色的 $[CoBr(NH_3)_5]SO_4$ 属于电离异构。而键合异构是由配位体中不同的原子与中心离子配位所形成的结构异构体，如 $[CoNO_2(NH_3)_5]Cl_2$ 与 $[CoONO(NH_3)_5]Cl_2$ 属于键合异构，前者以硝基为配体，而后者则是以亚硝酸根为配体。

#### 2. 空间异构

空间异构是指配位体相同、内外界相同，而仅是配位体在中心离子周围空间分布不同的一些配合物，分为几何异构和旋光异构。

1) 几何异构

在配合物中，多种配体围绕中心有不同排布而产生几何异构体，最常见的是顺反异构

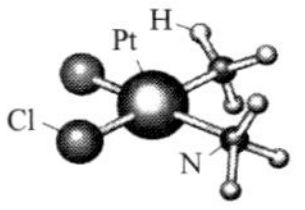


顺式 $PtCl_2(NH_3)_2$ 立体结构图

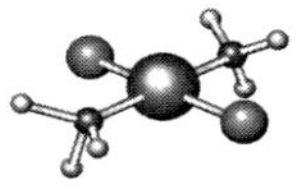

反式 $PtCl_2(NH_3)_2$ 立体结构图

体。例如，$PtCl_2(NH_3)_2$ 有两种几何异构体，结构式如下：

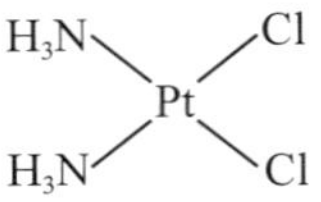

顺式

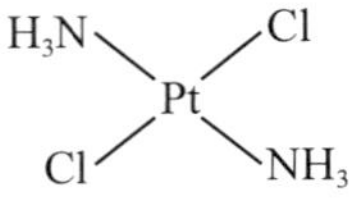

反式

顺式异构体非中心对称，是一种很好的抗癌药物，称为顺铂；而反式异构体呈中心对称，不具有任何抗癌作用。

2）旋光异构

旋光异构体是指两种异构体的对称关系类似于人的左手和右手，互成镜像关系但永远不能完全重叠的异构体。旋光异构体的熔点相同，但光学性质不同，其中一种称为右旋旋光异构体，另一种称为左旋旋光异构体。动植物体内含有许多具有旋光活性的有机化合物，这类配合物对映体在生物体内的生理功能有极大的差异。例如，存在于烟草中的天然左旋尼古丁对人体的毒性比实验室制得的右旋尼古丁大得多。

## 7.2　配离子在溶液中的解离平衡

配位解离平衡常数

### 7.2.1　配位解离平衡常数

在水溶液中，配离子是以比较稳定的结构单元存在的，但仍有少量的解离现象。例如，$[Cu(NH_3)_4]^{2+}$ 配离子在水溶液中可在一定程度上解离为 $Cu^{2+}$和 $NH_3$，同时，$Cu^{2+}$和 $NH_3$ 又会重新结合生成$[Cu(NH_3)_4]^{2+}$，最后达到平衡状态。

$$Cu^{2+} + 4NH_3 \rightleftharpoons [Cu(NH_3)_4]^{2+}$$

配离子形成反应达到平衡时的平衡常数，称为配离子的**稳定常数**，用 $K_f^\ominus$ 表示。

$$K_f^\ominus = \frac{c([Cu(NH_3)_4]^{2+})}{c(Cu^{2+}) \cdot c^4(NH_3)} \tag{7-1}$$

$K_f^\ominus$ 的大小反映了配位反应完成的程度，$K_f^\ominus$ 值越大，表示该配离子在水中越稳定。不同的配离子具有不同的稳定常数。附录五列出了一些常见配离子的稳定常数。

配离子的稳定性除了可以用 $K_f^\ominus$ 表示外，也可以用配离子的解离程度表示。例如，$[Cu(NH_3)_4]^{2+}$在水溶液中解离反应如下：

$$[Cu(NH_3)_4]^{2+} \rightleftharpoons Cu^{2+} + 4NH_3$$

其平衡常数为

$$K_d^\ominus = \frac{c(Cu^{2+}) \cdot c^4(NH_3)}{c([Cu(NH_3)_4]^{2+})} \tag{7-2}$$

式中：$K_d^\ominus$ 为配合物的**不稳定常数**（或解离常数）。$K_d^\ominus$ 越大，说明配离子的解离程度越大，在水溶液中越不稳定。显然 $K_{\mathrm{d}}^{\ominus}=\dfrac{1}{K_{\mathrm{f}}^{\ominus}}$。

实际上，在溶液中配离子的形成反应是分步进行的，每一步都有一个稳定常数，称为**逐级稳定常数**(或分步稳定常数)。以$[Cu(NH_3)_4]^{2+}$配离子的形成为例：

$$Cu^{2+}+NH_3 \rightleftharpoons [Cu(NH_3)]^{2+} \qquad K_{\mathrm{f1}}^{\ominus}=\frac{c([Cu(NH_3)]^{2+})}{c(Cu^{2+})\cdot c(NH_3)}=10^{4.30}$$

$$[Cu(NH_3)]^{2+}+NH_3 \rightleftharpoons [Cu(NH_3)_2]^{2+} \qquad K_{\mathrm{f2}}^{\ominus}=\frac{c([Cu(NH_3)_2]^{2+})}{c([Cu(NH_3)]^{2+})\cdot c(NH_3)}=10^{3.62}$$

$$[Cu(NH_3)_2]^{2+}+NH_3 \rightleftharpoons [Cu(NH_3)_3]^{2+}$$

$$K_{\mathrm{f3}}^{\ominus}=\frac{c([Cu(NH_3)_3]^{2+})}{c([Cu(NH_3)_2]^{2+})\cdot c(NH_3)}=10^{2.97}$$

$$[Cu(NH_3)_3]^{2+}+NH_3 \rightleftharpoons [Cu(NH_3)_4]^{2+}$$

$$K_{\mathrm{f4}}^{\ominus}=\frac{c([Cu(NH_3)_4]^{2+})}{c([Cu(NH_3)_3]^{2+})\cdot c(NH_3)}=10^{2.43}$$

总反应：　$Cu^{2+}+4NH_3 \rightleftharpoons [Cu(NH_3)_4]^{2+}$

根据多重平衡规则，逐级稳定常数的乘积等于该配离子的总稳定常数：

$$K_{\mathrm{f}}^{\ominus}=K_{\mathrm{f1}}^{\ominus}\cdot K_{\mathrm{f2}}^{\ominus}\cdot K_{\mathrm{f3}}^{\ominus}\cdot K_{\mathrm{f4}}^{\ominus}=10^{13.32}$$

在多配体的配位平衡中，配离子的逐级稳定常数彼此相差不大，因此在计算离子浓度时必须考虑各级配离子的存在。但在实际工作中，生成配合物时一般加入过量的配位剂，这时可认为金属离子绝大部分处在最高配位数的状态，其他低配位数的离子可忽略不计，只需用总的稳定常数 $K_{\mathrm{f}}^{\ominus}$ 进行计算，从而使计算大为简化。

将逐级稳定常数依次相乘，就得到各级**累积稳定常数**，用 $\beta_i^{\ominus}$ 表示。例如，$[Cu(NH_3)_4]^{2+}$各级累积稳定常数 $\beta_i^{\ominus}$ 与各逐级稳定常数 $K_{\mathrm{f}i}^{\ominus}$ 及配离子的总稳定常数 $K_{\mathrm{f}}^{\ominus}$ 的关系如下：

$$Cu^{2+}+NH_3 \rightleftharpoons [Cu(NH_3)]^{2+} \qquad \beta_1^{\ominus}=K_{\mathrm{f1}}^{\ominus}=\frac{c([Cu(NH_3)]^{2+})}{c(Cu^{2+})\cdot c(NH_3)}$$

$$Cu^{2+}+2NH_3 \rightleftharpoons [Cu(NH_3)_2]^{2+} \qquad \beta_2^{\ominus}=K_{\mathrm{f1}}^{\ominus}\cdot K_{\mathrm{f2}}^{\ominus}=\frac{c([Cu(NH_3)_2]^{2+})}{c(Cu^{2+})\cdot c^2(NH_3)}$$

$$Cu^{2+}+3NH_3 \rightleftharpoons [Cu(NH_3)_3]^{2+} \qquad \beta_3^{\ominus}=K_{\mathrm{f1}}^{\ominus}\cdot K_{\mathrm{f2}}^{\ominus}\cdot K_{\mathrm{f3}}^{\ominus}=\frac{c([Cu(NH_3)_3]^{2+})}{c(Cu^{2+})\cdot c^3(NH_3)}$$

$$Cu^{2+}+4NH_3 \rightleftharpoons [Cu(NH_3)_4]^{2+} \qquad \beta_4^{\ominus}=K_{\mathrm{f1}}^{\ominus}\cdot K_{\mathrm{f2}}^{\ominus}\cdot K_{\mathrm{f3}}^{\ominus}\cdot K_{\mathrm{f4}}^{\ominus}=K_{\mathrm{f}}^{\ominus}$$

利用配离子的稳定常数 $K_{\mathrm{f}}^{\ominus}$，可计算配合物溶液中有关离子的浓度。

**例 7-1**　计算含有 0.01mol · L$^{-1}$ 氨水的 0.01mol · L$^{-1}$ $[Ag(NH_3)_2]^+$溶液中 $Ag^+$的浓度。已知 $[Ag(NH_3)_2]^+$ 的 $K_f^\ominus = 1.12\times10^7$。

**解**　设平衡时 $Ag^+$的浓度为 $x$mol · L$^{-1}$，

$$Ag^+ + 2NH_3 \rightleftharpoons [Ag(NH_3)_2]^+$$

| | $Ag^+$ | $2NH_3$ | $[Ag(NH_3)_2]^+$ |
|---|---|---|---|
| 起始浓度/(mol · L$^{-1}$) | 0 | 0.01 | 0.01 |
| 平衡浓度/(mol · L$^{-1}$) | $x$ | $0.01 + 2x$ | $0.01 - x$ |

由于平衡时溶液中 $c(Ag^+)$很小，所以：

$$0.01 + 2x \approx 0.01 \quad 0.01 - x \approx 0.01$$

将上述各项平衡浓度代入稳定常数表达式：

$$K_{稳}^\ominus = \frac{c([Ag(NH_3)_2]^+)}{c(Ag^+)\cdot c^2(NH_3)} = \frac{0.01}{x0.01^2} = 1.12\times10^7$$

$$x = 8.93\times10^{-6}\ (mol \cdot L^{-1})$$

平衡时 $Ag^+$的浓度为 $8.93\times10^{-6}$mol · L$^{-1}$。

### 7.2.2　配位解离平衡的移动

配位平衡是建立在一定条件下的动态平衡，当外界条件改变时，配位平衡会发生移动。溶液 pH 的变化、沉淀剂的加入、另一配位剂或金属离子的加入、氧化剂或还原剂的存在等，都将影响配位平衡，在新的条件下建立新的平衡。该过程涉及配位平衡与其他化学平衡的多重平衡。

1. 配位平衡与酸碱平衡

配位解离平衡的移动（一）配位平衡与酸碱平衡

配合物的配体多为酸根离子或弱碱，如 $C_2O_4^{2-}$ 、$S_2O_3^{2-}$ 、$F^-$、$CN^-$、$CO_3^{2-}$ 、$NO_2^-$ 、$NH_3$ 等，当溶液中 $H^+$ 浓度增大时，配体与 $H^+$ 发生相应反应，使配体浓度降低，配位平衡向配离子解离的方向移动，配离子稳定性降低，这种现象称为**配体的酸效应**。配体的酸效应实际上是包含了配位平衡和酸碱平衡的多重平衡。

例如，在$[FeF_6]^{3-}$溶液中加入少量酸，平衡向$[FeF_6]^{3-}$解离的方向移动。

$$[FeF_6]^{3-} \rightleftharpoons Fe^{3+} + 6F^-$$

$$+$$

$$6H^+ \rightleftharpoons 6HF$$

总反应：　$$[FeF_6]^{3-} + 6H^+ \rightleftharpoons Fe^{3+} + 6HF$$

$$K^\ominus = \frac{c(Fe^{3+})\cdot c^6(HF)}{c([FeF_6]^{3-})\cdot c^6(H^+)} = \frac{c(Fe^{3+})\cdot c^6(HF)}{c([FeF_6]^{3-})\cdot c^6(H^+)}\cdot\frac{c^6(F^-)}{c^6(F^-)} = \frac{1}{K_f^\ominus\cdot(K_a^\ominus)^6}$$

$K^\ominus$ 是多重平衡常数。从上式中可以看出 $K_f^\ominus$ 越小，$K_a^\ominus$ 越小，则 $K^\ominus$ 越大，即配合物稳定性越弱，生成的酸越弱，则平衡向右移动的趋势越大，配离子越容易被破坏。

另一方面，当溶液的酸度降低到一定程度时，某些易水解的金属离子和 $OH^-$ 反应，生成氢氧化物沉淀，使金属离子浓度降低，导致配位平衡向配离子解离的方向移动，这种现象称为金属离子的**水解效应**。例如，在含$[FeF_6]^{3-}$配离子的溶液中加入少量碱或用水稀释时，$Fe^{3+}$会发生水解。

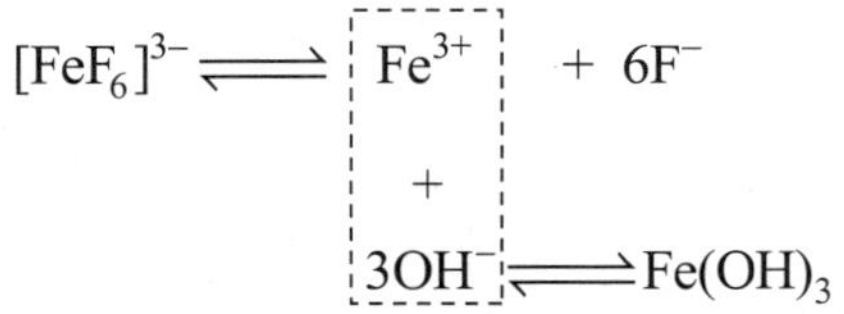


总反应：　　$[FeF_6]^{3-} + 3OH^- \rightleftharpoons Fe(OH)_3 + 6F^-$

因此，要形成稳定的配离子，常需控制适当的酸度范围。

2. 配位平衡与沉淀溶解平衡

配位平衡和沉淀溶解平衡之间也是可以互相转化的。一些难溶盐的沉淀可因形成配离子而溶解，有些配离子也可因加入沉淀剂生成沉淀而被破坏。转化反应的难易可用转化反应平衡常数的大小衡量。转化反应平衡常数与配离子的稳定常数以及沉淀的溶度积常数有关。

配位解离平衡的移动（二）配位平衡与沉淀溶解平衡

例如，在含$[Ag(NH_3)_2]^+$ 的溶液中加入 KI，有黄色的 AgI 沉淀生成。

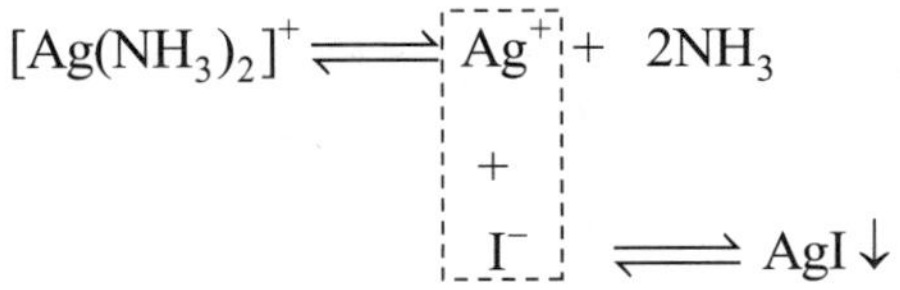


总反应：　　$[Ag(NH_3)_2]^+ + I^- \rightleftharpoons AgI\downarrow + 2NH_3$

多重平衡常数 $K^\ominus$ 的表达式为

$$K^\ominus = \frac{c^2(NH_3)}{c([Ag(NH_3)_2]^+)\cdot c(I^-)} = \frac{c^2(NH_3)}{c([Ag(NH_3)_2]^+)\cdot c(I^-)}\cdot\frac{c(Ag^+)}{c(Ag^+)} = \frac{1}{K_f^\ominus\cdot K_{sp}^\ominus}$$

可见生成沉淀的 $K_{sp}^\ominus$ 越小，配合物的稳定性越弱（$K_f^\ominus$ 越小），则 $K^\ominus$ 越大，配离子越容易被破坏而转化为沉淀。

在沉淀中加入适当配位剂，能否破坏沉淀溶解平衡，也取决于 $K_{sp}^\ominus$ 和 $K_f^\ominus$ 的相对大小，$K_{sp}^\ominus$ 和 $K_f^\ominus$ 值越大则沉淀越容易溶解。

**例 7-2**　向 $0.10mol\cdot L^{-1}$ $[Ag(CN)_2]^-$ 溶液（含有 $0.10mol\cdot L^{-1}$ 的 $CN^-$）中加入 KI 固体，假设 $I^-$ 的最初浓度为 $0.10mol\cdot L^{-1}$，是否有 AgI 沉淀生成？已知 $[Ag(CN)_2]^-$ 的 $K_f^\ominus = 1.3\times10^{21}$，AgI 的 $K_{sp}^\ominus = 8.3\times10^{-17}$。

**解**　设$[Ag(CN)_2]^-$ 解离产生的 $Ag^+$浓度为 $x mol\cdot L^{-1}$，有

| | $Ag^+$ | $+\ 2CN^-$ $\rightleftharpoons$ | $[Ag(CN)_2]^-$ |
|---|---|---|---|
| 起始浓度/$(mol\cdot L^{-1})$ | 0 | 0.10 | 0.10 |
| 平衡浓度/$(mol\cdot L^{-1})$ | $x$ | $0.10+2x$ | $0.10-x$ |

由于平衡时溶液中 $c(Ag^+)$很小，所以

$$0.10 + 2x \approx 0.10 \quad 0.10 - x \approx 0.10$$

将各项平衡浓度代入稳定常数表达式：

$$K_f^\ominus = \frac{c([Ag(CN)_2]^-)}{c(Ag^+) \cdot c^2(CN^-)} = \frac{0.10}{x \cdot 0.10^2} = 1.3 \times 10^{21}$$

$$x = c(Ag^+) = 7.7 \times 10^{-21}\ (mol \cdot L^{-1})$$

加入 KI 固体后　　$c(I^-) = 0.10 mol \cdot L^{-1}$

离子积　　$Q = c(Ag^+) \cdot c(I^-) = 7.7 \times 10^{-21} \times 0.10 = 7.7 \times 10^{-22}$

由于 $K_{sp}^\ominus(AgI) = 8.3 \times 10^{-17}$，$Q < K_{sp}^\ominus$，故没有 AgI 沉淀生成。

**例 7-3**　计算 AgBr 在 $1.0 mol \cdot L^{-1}$ $Na_2S_2O_3$ 溶液中的溶解度。

**解**　由附录查得$[Ag(S_2O_3)_2]^{3-}$的 $K_f^\ominus = 2.9 \times 10^{13}$，AgBr 的 $K_{sp}^\ominus = 5.0 \times 10^{-13}$。

设 AgBr 在 $Na_2S_2O_3$ 溶液中的溶解度为 $x mol \cdot L^{-1}$，

$$AgBr + 2S_2O_3^{2-} \rightleftharpoons [Ag(S_2O_3)_2]^{3-} + Br^-$$

平衡浓度/$(mol \cdot L^{-1})$　　$1.0 - 2x$　　$x$　　$x$

稳定常数的表达式为

$$K^\ominus = \frac{c([Ag(S_2O_3)_2]^{3-}) \cdot c(Br^-)}{c^2(S_2O_3^{2-})} = \frac{c([Ag(S_2O_3)_2]^{3-}) \cdot c(Br^-)}{c^2(S_2O_3^{2-})} \cdot \frac{c(Ag^+)}{c(Ag^+)} = K_f^\ominus \cdot K_{sp}^\ominus$$

$$= 2.9 \times 10^{13} \times 5.0 \times 10^{-13} = 14.5$$

$$K^\ominus = \frac{x^2}{(1.0 - 2x)^2} = 14.5$$

解得　　$x = 0.44\ (mol \cdot L^{-1})$

**例 7-4**　计算完全溶解 0.10mol 的 AgCl 和完全溶解 0.10mol 的 AgI，至少需 1L 多大浓度的氨水？已知 AgCl 的 $K_{sp}^\ominus = 1.8 \times 10^{-10}$，AgI 的 $K_{sp}^\ominus = 8.3 \times 10^{-17}$，$[Ag(NH_3)_2]^+$ 的 $K_f^\ominus = 1.12 \times 10^7$。

**解**　AgCl 在 $NH_3$ 中的溶解反应为

$$AgCl + 2NH_3 \rightleftharpoons [Ag(NH_3)_2]^+ + Cl^-$$

$$K^\ominus = \frac{c([Ag(NH_3)_2]^+) \cdot c(Cl^-)}{c^2(NH_3)} = \frac{c([Ag(NH_3)_2]^+) \cdot c(Cl^-)}{c^2(NH_3)} \cdot \frac{c(Ag^+)}{c(Ag^+)} = K_f^\ominus \cdot K_{sp}^\ominus$$

AgCl 溶解后全部转化为$[Ag(NH_3)_2]^+$，忽略配离子解离，对溶液中各离子浓度作近似处理，即 $c[Ag(NH_3)_2]^+ = c(Cl^-) = 0.10 mol \cdot L^{-1}$。

$$c(NH_3) = \sqrt{\frac{c([Ag(NH_3)_2]^+) \cdot c(Cl^-)}{K_f^\ominus \cdot K_{sp}^\ominus}} = \sqrt{\frac{0.10 \times 0.10}{1.12 \times 10^7 \times 1.8 \times 10^{-10}}} = 2.2\ (mol \cdot L^{-1})$$

溶解 0.10mol AgCl 需要的 $NH_3$ 的量至少应为溶解沉淀所需要的 $NH_3$ 的量加上维持平衡所需要的 $NH_3$ 的量。因此，需要 $NH_3$ 的浓度至少为 $0.10 \times 2 + 2.2 = 2.4 (mol \cdot L^{-1})$。

同理，完全溶解 AgI，则

$$AgI + 2NH_3 \rightleftharpoons [Ag(NH_3)_2]^+ + I^-$$

$$c(NH_3) = \sqrt{\frac{c([Ag(NH_3)_2]^+) \cdot c(I^-)}{K_f^\ominus \cdot K_{sp}^\ominus}} = \sqrt{\frac{0.10 \times 0.10}{1.12 \times 10^7 \times 8.3 \times 10^{-17}}} = 3.3 \times 10^3\ (mol \cdot L^{-1})$$

实际上氨水不可能达到如此大的浓度，所以用氨水不能溶解 AgI。

配位解离平衡的移动（三）配位平衡与氧化还原平衡

3. 配位平衡与氧化还原平衡

氧化还原反应和配位反应之间也是相互影响的。氧化还原电对的电极电势随着配合物的形成会发生变化，进而会改变其氧化还原能力的相对强弱。这是由于配合物的形成使金属离子的浓度发生变化，从而导致电极电势发生变化。

**例 7-5**　已知 $\varphi^{\ominus}(Au^+/Au) = 1.692\ V$，$[Au(CN)_2]^-$的 $K_f^{\ominus} = 2.0\times10^{38}$，计算 $\varphi^{\ominus}([Au(CN)_2]^-/Au)$ 的值。

**解**　已知电极和未知电极的实质相同。首先计算$[Au(CN)_2]^-$在标准状态下达平衡时解离出的 $Au^+$ 浓度

$$[Au(CN)_2]^- \rightleftharpoons Au^+ + 2CN^-$$

$$K^{\ominus} = \frac{1}{K_f^{\ominus}} = \frac{c(Au^+)\cdot c^2(CN^-)}{c([Au(CN)_2]^-)}$$

根据题意，配离子$[Au(CN)_2]^-$和配体 $CN^-$ 的浓度均为 $1mol\cdot L^{-1}$，则有

$$c(Au^+) = \frac{1}{K_f^{\ominus}} = \frac{1}{2.0\times10^{38}}\ (mol\cdot L^{-1})$$

将 $Au^+$浓度代入能斯特方程式：

$$\begin{aligned}\varphi^{\ominus}([Au(CN)_2]^-/Au) &= \varphi(Au^+/Au)\\ &= \varphi^{\ominus}(Au^+/Au) - 0.0592\lg\frac{1}{c(Au^+)}\\ &= 1.692 - 0.0592\lg(2.0\times10^{38})\\ &= -0.575(V)\end{aligned}$$

由例 7-5 知，氧化型(如 $Au^+$)形成配离子，导致电极电势减小，氧化型的氧化能力降低，还原型(如单质 Au)的还原能力增强。

4. 配位平衡间的转化

若在配离子溶液中加入另一配位剂，配位平衡一般向生成更稳定配离子的方向移动。两种配离子的稳定常数相差越大，转化越容易、越完全。转化反应的难易可以用转化反应平衡常数来衡量。

配位解离平衡的移动（四）配位平衡间的转化

**例 7-6**　在$[Fe(SCN)_6]^{3-}$溶液中加入 NaF，则$[Fe(SCN)_6]^{3-}$将转化为更稳定的$[FeF_6]^{3-}$，求该转化反应的平衡常数。

**解**　转化反应式为

$$[Fe(SCN)_6]^{3-} + 6F^- \rightleftharpoons [FeF_6]^{3-} + 6SCN^-$$

$$\begin{aligned}K^{\ominus} &= \frac{c([FeF_6]^{3-})\cdot c^6(SCN^-)}{c([Fe(SCN)_6]^{3-})\cdot c^6(F^-)} = \frac{c([FeF_6]^{3-})\cdot c^6(SCN^-)}{c([Fe(SCN)_6]^{3-})\cdot c^6(F^-)}\cdot\frac{c(Fe^{3+})}{c(Fe^{3+})}\\ &= \frac{K_f^{\ominus}([FeF_6]^{3-})}{K_f^{\ominus}([Fe(SCN)_6]^{3-})} = \frac{1.0\times10^{16}}{2.29\times10^{3}} = 4.4\times10^{12}\end{aligned}$$

配位平衡总结

例 7-6 中计算所得的平衡常数很大，说明转化得很完全。

【拓展材料】

## 配位化合物的应用

### 1. 配位化合物在工业生产上的应用

1) 金属的提纯

大部分过渡金属可与 CO 形成羰基化合物，如金属镍粉可在温和条件下(43～50℃)直

接与 CO 反应，得到液态的 $Ni(CO)_4$，$Ni(CO)_4$ 在稍高的温度下分解便可制得纯镍：

$$Ni(s) + 4CO \rightleftharpoons Ni(CO)_4(l)$$

羰基配合物本身毒性较大，应用时必须注意。

2) 贵金属的湿法冶金

在冶金工业中，常利用配离子的生成来分离、制备许多重要物质。例如，Au 是惰性金属，它在矿物中的提取是利用 $CN^-$ 生成 $[Au(CN)_2]^-$ 配离子，再将 $[Au(CN)_2]^-$ 溶液与 Zn 作用而得到单质金。

$$4Au + 8CN^- + 2H_2O + O_2 \rightleftharpoons 4[Au(CN)_2]^- + 4OH^-$$

$$2[Au(CN)_2]^- + Zn \rightleftharpoons 2Au + [Zn(CN)_4]^{2-}$$

3) 配位催化方面的应用

在有机合成工业中很多反应是利用配位催化来实现的。例如，乙烯在常温常压下与 $O_2$ 反应可制备乙醛。$C_2H_4$ 首先与催化剂中的 $Pd^{2+}$ 配位，在形成配合物的过程中，使 C═C 双键活化，促使反应发生。

4) 电镀与电镀液的处理

在电镀工业中，为获得致密、光亮的镀层，必须在电镀液中加入较强的配位剂，使欲镀的金属离子先与配位剂生成稳定的配离子，从而控制金属离子的还原速度。因此，电镀液中配体的种类和数量决定镀液与镀层的性能。

例如，电镀黄铜（Cu-Zn 合金），所用的电镀液为 $[Cu(CN)_4]^{2-}$ 和 $[Zn(CN)_4]^{2-}$ 的混合液，它们的电极电势接近：$\varphi^{\ominus}([Cu(CN)_4]^{2-}/Cu) = -1.25V$，$\varphi^{\ominus}([Zn(CN)_4]^{2-}/Zn) = -1.26V$。在同一外加电压下，溶液中的 $Cu^{2+}$ 与 $Zn^{2+}$ 在阴极上同时放电而析出，形成合金镀层。

### 2. 在生命科学中的应用

生命体中存在着许多金属配合物，它们对生命的各种代谢活动、能量转换和传递、电荷转移、$O_2$ 的输送等都起着重要的作用。

例如，铁的配合物血红素担负着人体血液中输送 $O_2$ 的任务；植物的叶绿素是镁的配合物；生物体中起特殊催化作用的酶，几乎都含以配合物形式存在的金属元素，如铁酶、铜酶、锌酶等，在生命过程中起着重要作用。

医学上，常利用配位反应治疗疾病。例如，EDTA 能与 $Pb^{2+}$、$Hg^{2+}$ 形成稳定的可溶于水且不被人体吸收的螯合物随新陈代谢排出体外，达到缓解 $Hg^{2+}$、$Pb^{2+}$ 中毒的目的。柠檬酸钠也是治疗职业性铅中毒的有效药物，它能与 $Pb^{2+}$ 形成稳定配合物并迅速排出体外。此外，许多金属配合物还具有杀菌、抗癌的作用，如 $[Pt(NH_3)_2Cl_2]$（顺铂）具有明显的抗癌作用。

## 思　考　题

7-1　请明确下述术语的含义。

配体、配位原子、配位数、螯合物、多齿配体、螯合剂

7-2　说出常见配体的结构式、名称、价态、配位原子的类别和数目。

7-3　举例说明稳定常数、不稳定常数、逐级稳定常数、累积稳定常数，并明确它们的关系。

7-4　配位解离平衡计算与酸碱解离平衡计算、沉淀溶解平衡计算过程有何异同点？

7-5　请总结稳定常数与酸碱解离平衡常数、溶度积之间的异同。

## 习　　题

7-1　判断题。

(1) 配合物由内界和外界组成。　　(　　)

(2) 易形成配离子的金属元素是元素周期表中的过渡金属元素。　　（　　）

(3) 配合物中由于存在配位键，所以配合物都是弱电解质。　　（　　）

(4) 配位数是中心离子（或原子）接受配位体的数目。　　（　　）

(5) 同一种中心离子与有机配位体形成的配合物往往要比与无机配位体形成的配合物更稳定。　　（　　）

7-2　选择题。

(1) 已知某化合物的组成为 $CoCl_3 \cdot 5NH_3 \cdot H_2O$，其水溶液呈弱酸性，加入强碱并加热至沸，有氨放出，同时产生 $Co_2O_3$ 沉淀；加 $AgNO_3$ 溶液于另一份该化合物的溶液中，有 AgCl 沉淀生成，过滤后，再加入 $AgNO_3$ 溶液而无变化，但加热至沸又产生 AgCl 沉淀，其质量为第一次沉淀量的 1/2，该化合物的化学式为　　（　　）

A. $[CoCl_2(NH_3)_5]Cl \cdot H_2O$　　B. $[Co(NH_3)_5H_2O]Cl_3$

C. $[CoCl(NH_3)_5]Cl_2 \cdot H_2O$　　D. $[CoCl_2(NH_3)_4]Cl \cdot NH_3 \cdot H_2O$

(2) 在配位化合物 $[Co(en)_2(OX)]NO_3$ 中，en 是乙二胺，OX 是草酸根，则中心离子的氧化数和配位数为　　（　　）

A. +2 和 3　　B. +2 和 4　　C. +2 和 6　　D. +3 和 6

(3) 乙二胺四乙酸根 $(^-OOCCH_2)_2NCH_2CH_2N(CH_2COO^-)_2$ 可提供的配位原子数为　　（　　）

A. 2　　B. 4　　C. 6　　D. 8

(4) 已知 $[Ag(NH_3)_2]^+$ 的 $K_f^{\ominus}=1.12\times10^7$，则在含有 $0.20mol \cdot L^{-1}$ 的 $[Ag(NH_3)_2]^+$ 和 $0.20mol \cdot L^{-1}$ $NH_3$ 的混合溶液中，$Ag^+$ 的浓度($mol \cdot L^{-1}$)为　　（　　）

A. $8.9\times10^{-7}$　　B. $4.5\times10^{-7}$　　C. $2.2\times10^{-7}$　　D. $8.9\times10^{-8}$

(5) 在 $0.1mol \cdot L^{-1}$ 的下列溶液中，$c(Ag^+)$ 最大的是　　（　　）

A. $[Ag(S_2O_3)_2]^{3-}$　　B. $[Ag(NH_3)_2]^+$　　C. $[Ag(CN)_2]^-$　　D. 无法区分

7-3　填空题。

(1) 配位化合物 $[Pt(NH_3)_4Cl_2][HgI_4]$ 的名称是________________，配阳离子的中心离子是__________，配位数为__________，配位原子为__________。

(2) 配位化合物碳酸一氯 · 一羟基 · 四氨合铂(Ⅳ)的化学式是______________；中心离子的配位数为________，其配位原子有____________；配合物的内界是______________。

(3) 已知 $[CuY]^{2-}$、$[Cu(en)_2]^{2+}$、$[Cu(NH_3)_4]^{2+}$ 的累积稳定常数分别为 $6.3\times10^{18}$、$4\times10^{19}$ 和 $1.4\times10^{14}$，则这三种配离子的稳定性由小到大排列的顺序是________________。

7-4　$0.10mol \cdot L^{-1}$ $AgNO_3$ 溶液 50mL，加入密度为 $0.932g \cdot mL^{-1}$ 含 $NH_3$ 18.24%的氨水 30mL 后，加水稀释至 100mL，求此溶液中 $Ag^+$、$Ag(NH_3)_2^+$ 和 $NH_3$ 的浓度。

7-5　10mL $0.10mol \cdot L^{-1}$ $CuSO_4$ 溶液与 10mL $6.0mol \cdot L^{-1}$ $NH_3 \cdot H_2O$ 混合达平衡，计算溶液中 $Cu^{2+}$、$NH_3 \cdot H_2O$、$[Cu(NH_3)_4]^{2+}$ 的浓度。若向此混合溶液中加入 0.010mol NaOH 固体，是否有 $Cu(OH)_2$ 沉淀生成？

7-6　500mL 浓度为 $1.0mol \cdot L^{-1}$ 的 $Na_2S_2O_3$ 溶液可溶解 AgBr 多少克？

7-7　写出下列反应的方程式并计算平衡常数。

(1) AgI 溶于 KCN 溶液中；

*(2) AgBr 微溶于氨水中，溶液酸化后又析出沉淀（两个反应）。

7-8　50mL $0.1mol \cdot L^{-1}$ $AgNO_3$ 溶液与等量的 $6mol \cdot L^{-1}$ 氨水混合后，向此溶液中加入 0.119g KBr 固体，有无 AgBr 沉淀析出？如欲阻止 AgBr 析出，原混合溶液中氨的初浓度至少应为多少？

7-9　0.08mol $AgNO_3$ 溶解在 1L $Na_2S_2O_3$ 溶液中形成 $Ag(S_2O_3)_2^{3-}$，过量的 $S_2O_3^{2-}$ 浓度为

配位平衡与沉淀溶解平衡结合的典型例题

$0.2mol \cdot L^{-1}$。欲得到卤化银沉淀，所需 $I^-$和 $Cl^-$的浓度各为多少？能否得到 AgI、AgCl 沉淀？

*7-10　分别计算 $Zn(OH)_2$ 溶于氨水生成 $Zn(NH_3)_4^{2+}$和生成 $Zn(OH)_4^{2-}$时的平衡常数。若溶液中 $NH_3$ 和 $NH_4^+$的浓度均为 $0.1mol \cdot L^{-1}$，则 $Zn(OH)_2$ 溶于该溶液中主要生成哪一种配离子？

*7-11　在 1.0L $0.10mol \cdot L^{-1}$ $[Ag(NH_3)_2]^+$ 溶液中，加入 0.20mol KCN 晶体(忽略因加入固体而引起的溶液体积的变化)，求溶液中$[Ag(NH_3)_2]^+$、$[Ag(CN)_2]^-$、$NH_3$ 及 $CN^-$的浓度。

*7-12　已知 $\varphi^\ominus(Ag^+/Ag) = 0.7994V$，计算 $[Ag(NH_3)_2]^+ + e^- \rightleftharpoons Ag + 2NH_3$ 体系的标准电极电势。

*7-13　电极反应 $Au^{3+} + 3e^- \rightleftharpoons Au$，$\varphi^\ominus = 1.50V$，若向溶液中加入足够的 $Cl^-$以形成 $[AuCl_4]^-$，而且使溶液中 $Cl^-$及$[AuCl_4]^-$配离子的平衡浓度为 $1.00mol \cdot L^{-1}$，此时，电极电势降为 1.00V，计算反应 $Au^{3+} + 4Cl^- \rightleftharpoons [AuCl_4]^-$ 的 $K_f^\ominus$ 值。

# 第 8 章　滴定分析法

【教学目的和要求】

(1) 了解分析化学的任务、作用，掌握分析方法的分类和定量分析的一般过程。

(2) 理解滴定分析法对化学反应的要求，熟悉常用的滴定方式、标准溶液的配制方法，掌握基准物质应具备的条件。

(3) 掌握四大滴定的基本原理和相关应用，了解指示剂的作用原理、常用指示剂的使用条件。

(4) 掌握滴定分析法的有关计算。

【教学重点和难点】

(1) 重点内容：酸碱滴定中化学计量点、突跃范围的计算及指示剂的选择；沉淀滴定法基本原理、应用；氧化还原指示剂的基本原理、氧化还原滴定曲线、常用氧化还原滴定方法；配位滴定基本原理、条件稳定常数、酸效应曲线、提高配位滴定选择性的方法、配位滴定的应用。

(2) 难点内容：酸碱滴定中化学计量点、突跃范围的计算；条件电极电势、氧化还原滴定过程的电极电势计算；条件稳定常数、酸效应曲线、提高配位滴定选择性的方法。

绪论

定量分析概论

## 8.1　定量分析概论

### 8.1.1　分析化学的任务和作用

分析与农业

分析与国防

土壤分析

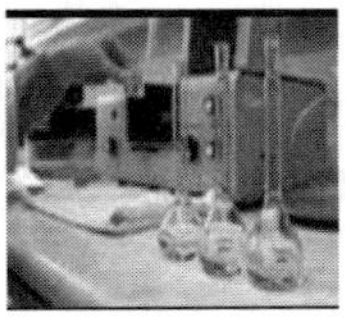
水质分析

分析化学是研究获取物质化学组成和结构信息的分析方法及相关理论的科学，是化学学科的一个重要分支，其主要任务是鉴定物质的化学组成（元素、离子、官能团或化合物）、测定物质中有关组分的相对含量、确定物质的结构（化学结构、晶体结构、空间分布）和存在形态（价态、配位态、结晶态）及其与物质性质之间的关系等。

分析化学在科学研究和人类各项活动中都发挥着重要作用。国民经济、国防建设、资源开发以及人们的衣、食、住、行、用等各个方面，都与分析化学密切相关。在现代科学的四大领域（生命科学、信息科学、材料科学和环境科学）以及人们当前所面临的资源、能源、人口、粮食、环境这“五大危机”中，所有问题的发现和解决，都离不开分析化学。

此外，分析化学还直接影响着科学技术的发展，影响着人们物质文明和社会财富的创造，影响着人类生存和政治决策的重大问题。一个国家分析化学的发展状况，已经成为衡量其科学技术研究水平高低的主要标志之一。

在学科特点上，分析化学是一门实践性很强的学科。因此，在学习过程中，必须注意理论与实践的结合，在注重理论课学习的同时，加强基本操作技术的培养和锻炼。只重视理论，忽视实验，是学不好分析化学的。通过实验课的动手实践，提高操作技能，并加深对理论知识的理解和掌握，准确地树立“量”的概念，为后继课程的学习和将来的工作及科学研究奠定基础。

### 8.1.2 分析方法的分类

分析化学根据分析任务、分析对象、测定原理、操作方法和具体要求的不同，可分为许多不同的类别。

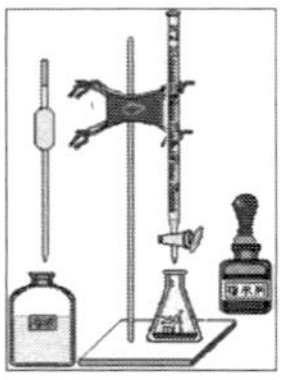
滴定分析

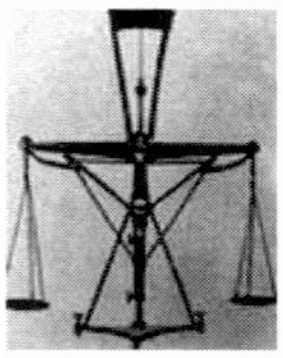
重量分析

1. 定性分析和定量分析

按分析任务不同，分析化学可分为**定性分析**和**定量分析**。定性分析的任务是鉴定物质由哪些元素或离子组成，对于有机物质还需要鉴定其官能团和分子结构；定量分析的任务是测定物质各组成部分的具体含量。通常在进行定量分析前应做定性分析，这是因为定量分析方法的选择和方案的拟定，与物质的定性组成即试样的主要成分(或官能团)和主要杂质有关。但是在许多情况下，尤其是工业生产中的原料、半成品和成品等，它们的主要成分和主要杂质往往是已知的，常常不需要进行定性分析，只需进行定量分析。

2. 化学分析和仪器分析

按照分析方法依据的原理，分析化学可分为**化学分析法**和**仪器分析法**。以物质的化学反应为基础的分析方法称为**化学分析法**。这类方法历史悠久，是经典的分析方法，也是分析化学的基础。目前，对常量组分的测定大多采用这类方法。化学分析法在定量分析中主要有滴定分析法和重量分析法。

(1)滴定分析法：将一种已知准确浓度的试剂溶液滴加到被测组分的溶液中，直到恰好与被测组分反应完全。由消耗的试剂溶液体积计算被测组分的含量，称为滴定分析法。

(2)重量分析法：根据某一化学反应及一系列操作，使试样中的被测组分定量地转化成一种纯粹的、有固定组成的物质(一般多为沉淀)，称量所得反应产物的质量，从而计算被测组分的含量，这样的分析方法称为重量分析法。

以测定物质的物理性质或物理化学性质及其变化为基础的分析方法，称为物理或物理化学分析法，由于这类分析方法都需要较复杂的分析仪器，故一般又称为**仪器分析法**。仪器分析法包括光学分析法、电化学分析法及色谱法等，这将在第10章中详细介绍。

3. 无机分析和有机分析

根据分析对象不同，分析化学可以分为**无机分析**和**有机分析**。前者分析的是无机物，后者分析的是有机物。由于无机物和有机物在其组成和结构上的差异，它们在分析上的要求和分析手段也不尽相同。无机物所含元素的种类很多，通常要求鉴定被测物质是由哪些元素、离子、原子团或化合物组成的，各组分的相对含量是多少。与无机分析不同，由于组成有机物的元素(C、H、O、N、S 等)为数不多，但结构复杂，所以对有机物不仅要做元素分析，更重要的是进行官能团分析和结构分析。无机分析和有机分析应用于国民经济各部门中，形成了许多特定对象的分析。例如，金属与合金分析、硅酸盐材料分析、药物分析、食品分析、土壤分析、水质分析和大气分析等。

4. 常量、微量和痕量分析

根据分析试样中待测组分的含量多少，可以分为**常量分析**、**半微量分析**、**微量分析**和**痕量分析**。各种分析方法的试剂用量列于表 8-1 中。

?

常量分析、半微量分析、微量分析、痕量分析之间在一定条件下是否可以实现转换？

**表 8-1　各种分析方法的试剂用量**

| 方 法 | 所需试样质量/mg | 所需试液体积/mL | 待测组分的含量/% |
|---|---|---|---|
| 常量分析 | ≥100 | ≥10 | ≥1 |
| 半微量分析 | 10～100 | 10～1 | 0.01～1 |
| 微量分析 | 0.1～10 | 1～0.01 | 0.01～1 |
| 痕量分析 | ≤0.1 | ≤0.01 | ≤0.01 |

分析试样中待测组分的含量≥1%的称常量组分分析。分析试样中待测组分的含量在 0.01%～1%的称微量组分分析。分析试样中待测组分的含量≤0.01%的称痕量组分分析。根据分析试样的用量多少，分析方法可以分为常量分析(试样量≥0.1g)、半微量分析(试样量 0.01～0.1g)、微量分析(试样量 0.0001～0.01g)和痕量(超微量)分析(试样量≤0.0001g)。

另外，根据分析的目的不同，分析工作又可分为例行分析、快速分析、仲裁分析等。

大气采样器

水质采样器

粉尘采样器

### 8.1.3　定量分析过程

定量分析的过程一般由采样、样品的制备、分解、干扰组分的分离、分析测定、结果的计算及评价等几个环节组成。

1. 试样的采集

在实际分析过程中，首先要保证采集的试样均匀并具有代表性，否则，无论分析工作多么认真、准确，都毫无意义，因为这样的分析结果仅能代表试样的部分组成。通常，分析的对象是大量的、不均匀的(如矿石、土壤等)，而分析所取的试样量很少(一般不足 1g)。另外，分析的对象也是多种多样，有气体、液体、固体等。因此，在进行分析测定之前，必须根据具体情况，做好试样的采集和处理，然后再进行分析。

1) 气体、液体样品的采集

气体和液体大都是均匀的，在采集样品时，主要考虑样品的流动以及在贮存和预处理时可能发生的性质变化。一般常采用减压法、真空法、流入换气法等，将气体样品直接导入适当的容器，也可用适当的液体溶剂吸收或固体吸附剂吸附富集气体等。对于液体样品，如管道中、河流中、湖泊中的液体样品，采用不同出水点、不同深度、不同位置多点取样，以便得到有充分代表性的样品。

四分法

2) 固体样品的采集

经常遇到的固体样品有矿石、土壤、合金、化工产品、粮食、饲料等。对于组成较为均匀的，如化工产品、面粉、盐类等，可在不同部位取样，混匀，即可作为分析试样。可根据样品量的多少、包装及存放方式的不同等，采用不同的取样方式并确定取样量。

2. 试样的分解

在实际分析工作中，除干法分析外，通常要先将试样分解，将待测组分定量转入溶液后再进行测定。在分解试样的过程中，应遵循以下几个原则：试样的分解必须完全；在分解试样的过程中，待测组分不能有损失；不能引入待测组分和干扰物质。根据试样的性质和测定方法的不同，常用的分解方法有溶解法、熔融法和干式灰化法等。

1) 溶解法

采用适当的溶剂，将试样溶解后制成溶液的方法，称为溶解法。常用的溶剂有水、酸和碱等。

(1) 水溶法：对于可溶性的无机盐，可直接用蒸馏水溶解制成溶液。

(2) 酸溶法：多种无机酸及混合酸常用作溶解试样的溶剂，利用这些酸的酸性、氧化性及配位性，使被测组分转入溶液。

(3) 碱溶法：碱溶法的主要溶剂为 NaOH、KOH 或少量的 $Na_2O_2$、$K_2O_2$。常用来溶解两性金属，如铝、锌及其合金以及它们的氢氧化物或氧化物，也可用于溶解酸性氧化物，如 $MoO_3$、$WO_3$ 等。

2) 熔融法

熔融法是将试样与酸性或碱性熔剂混合，利用高温下试样与熔剂发生的多相反应，使试样组分转化为易溶于水或酸的化合物。该法是一种高效的分解方法。但要注意，熔融时需加入大量的熔剂(一般为试样的 6～12 倍)而会引入干扰。另外，熔融时由于坩埚材料的腐蚀，也会引入其他组分。根据所用熔剂的性质和操作条件，可将熔融法分为酸熔、碱熔和半熔法。

(1) 酸熔法：适用于碱性试样的分解，常用的熔剂有 $K_2S_2O_7$、$KHSO_4$、$KHF_2$、$B_2O_3$ 等。

(2) 碱熔法：适用于酸性试样的分解，常用的熔剂有 $Na_2CO_3$、$K_2CO_3$、NaOH、KOH、$Na_2O_2$ 和它们的混合物等。

(3) 半熔法：又称烧结法，是在低于熔点的温度下，将试样与熔剂混合加热至熔融。由于温度比较低，不易损坏坩埚而引入杂质，但加热所需时间较长。例如，800℃时，用 $Na_2CO_3$ + ZnO 分解矿石或煤；用 MgO + $Na_2CO_3$ 分解矿石、煤或土壤等。

一般情况下，优先选用简便、快速、不易引入干扰的溶解法分解样品。熔融法分解样品时，操作费时费事，且易引入坩埚杂质，所以应根据试样的性质及操作条件，选择合适的坩埚，尽量避免引入干扰。

3）干式灰化法

常用于分解有机试样或生物试样。在一定温度下，于马弗炉内加热，使试样分解、灰化，然后用适当的溶剂将剩余的残渣溶解。根据待测物质挥发性的差异，选择合适的灰化温度，以免造成分析误差。也可用氧气瓶燃烧法，该法是将试样包裹在定量滤纸内，用铂片夹牢，放入充满氧气并盛有少量吸收液的锥形瓶中进行燃烧，试样中的硫、磷、卤素及金属元素将分别形成硫酸根、磷酸根、卤素离子及金属氧化物或盐类等溶解在吸收液中。对于有机物中碳、氢元素的测定，通常用燃烧法，将其定量转变为 $CO_2$ 和 $H_2O$。

高温马弗炉

微波消解仪

除以上几种常用分解方法外，还有在密封容器中进行加热，使试样和溶剂在高温、高压下快速反应而分解的压力溶样法；还有目前已被人们普遍接受、特点较为明显的微波溶样法，即利用微波能，将试样、溶剂置于密封的、耐压、耐高温的聚四氟乙烯容器中进行微波加热溶样。微波溶样法可大大简化操作步骤、节省时间和能源，且不易引入干扰，同时减少了对环境的污染，原本需数小时处理分解的样品，只需几分钟即可顺利完成。

3. 干扰组分的分离

若试样组成简单，测定时各组分之间互不干扰，则将试样制成溶液后，即可选择合适的分析方法进行直接测定。但实际工作过程中，试样的组成往往较为复杂，测定时彼此相互干扰，所以在测定某一组分之前，常需进行干扰组分的分离。分离工作非常重要，不仅要将干扰排除，被测组分也不能有损失。近几年来，分离方法进展很快，对于微量或痕量组分的测定，在分离干扰的同时，还需将被测组分富集，以提高分析方法的灵敏度。常用的分离方法有沉淀分离法、溶剂萃取分离法、离子交换分离法和色谱分离法等。

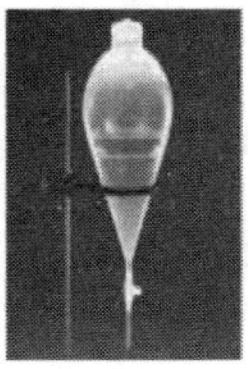

萃取

1）沉淀分离法

沉淀分离法是利用沉淀反应使待测组分与干扰组分分离的方法。该法依据溶度积原理，是一种经典的分离方法，主要有氢氧化物沉淀法、硫化物沉淀法和共沉淀法。

2）溶剂萃取分离法

萃取分离法是利用物质在两种互不混溶的溶剂中溶解性能的不同而进行分离的方法。该方法既可用于主体组分，也可用于分离、富集痕量组分，是分析化学中广泛应用的分离方法。

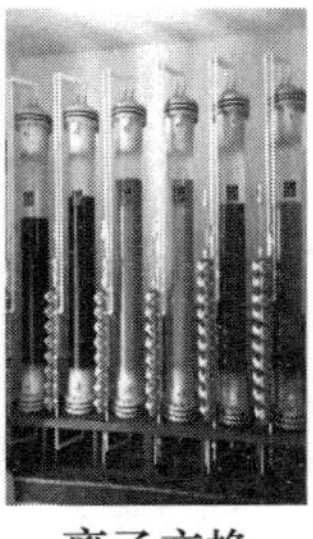

离子交换

3）离子交换分离法

离子交换分离法是利用离子交换树脂与溶液中离子发生交换，而离子与离子交换树脂的交换能力不同，被交换到树脂上的离子可选用适当的洗脱剂依次洗脱，从而达到彼此之间的分离。与溶剂萃取不同，离子交换分离是基于物质在固相和液相之间的分配。这种方法分离效率高，既能用于带相反电荷的离子间的分离，也能实现带相同电荷和性质相近的物质的离子之间的分离，还广泛地应用于微量组分的富集和高纯物质的制备等。其主要缺点是分离时间较长，耗费洗脱液较多，因此在实验室中只用来解决比较困难的分离问题。

4) 色谱分离法

凝胶色谱

色谱分离法又称层析法，是一种物理化学分离法。这类方法分离效果好，操作简便，主要用于有机物的分离，目前已发展成为一门内容十分丰富的学科。色谱分离法是利用组分在不相混溶的两相中分配的差异而进行分离的。其中一相为固定相，另一相为流动相。当流动相对固定相做相对移动时，待分离组分在两相之间反复进行分配，使它们之间微小的分配差异得到放大，造成其迁移速度的差别，从而得到分离。

色谱分离法可以有不同的分类方法。按分离的机理可将色谱分离法分为吸附色谱法、分配色谱法、凝胶色谱法和离子交换色谱法。根据流动相的聚集状态，又可分为液相色谱法和气相色谱法。以固定相的形状及操作方式分类，可分为柱色谱、纸色谱和薄层色谱。

### 4. 分析方法的选择

随着科学技术的快速发展，新的分析方法不断问世，对同一样品、同一物质的测定，有着多种不同的分析方法。为使分析结果满足准确度、灵敏度等方面的要求，应根据具体情况，从以下几个方面考虑，选择合适的分析方法。

1) 测定的具体要求

?

在满足分析要求的前提下，在实际情况下一般分析方法的优选原则是什么？

分析的对象种类繁多，涉及面也很广。例如，相对原子质量的测定、产品的分析，对结果的准确度要求很高；微量成分、痕量组分的分析，对灵敏度要求很高；而对中间体的控制分析，首先要考虑快速。

2) 被测组分含量

对常量组分的测定，一般选用滴定分析法，这种方法准确、简便。但当准确度要求更高、滴定分析不能满足时，再考虑选用操作较为繁琐的重量分析法；对于微量、痕量组分的分析，则首先要考虑选用灵敏度高的仪器分析法。

3) 被测组分的性质

分析方法是依据被测组分的性质而建立起来的。例如，试样具有酸、碱或氧化还原的性质，就可考虑酸碱滴定或氧化还原滴定分析法。如果被测组分是过渡金属，则可利用其配位的性质，选择配位滴定分析法，当然也可利用其直接或间接的光学、电学、动力学等方面的性质，选择仪器分析的方法。

4) 干扰物质的影响

分析样品时，还必须考虑干扰的影响。当然，可以采取适当的分离措施进行分离，但分离操作一般较为麻烦，且容易引入其他的干扰。如果有选择性很高的分析方法，通过测定条件的控制即可排除干扰，则应首先考虑选用。

5) 实验室设备和技术条件

除要考虑试样的性质、测定结果的要求等因素外，还要考虑实验室所具备的条件，如实验室的温度、湿度、仪器及其性能、操作人员的业务能力等。如果条件具备，应首选标准方法进行分析测定。

综上所述，由于样品的种类繁多，分析要求不尽相同，分析方法各异，灵敏度、准确度、选择性、适应对象等都有很大的差别，所以应根据试样的组成、性质、含量、测定要求、干扰情况及实验室条件等因素综合考虑，选择准确、灵敏、迅速、简便、节约、选择性好、自动化程度高、合适的分析方法。

5. 分析结果计算及评价

整个分析过程的最后一个环节是计算待测组分的含量，一般根据化学计量关系，采用“等物质的量”的原则进行，结果出来后，还要对分析结果进行评价，判断分析结果的准确度、灵敏度、选择性等是否达到要求。

请联系中学内容概括分析结果主要有哪些表示方法？

## 8.2 滴定分析法概述

### 8.2.1 滴定分析法及有关术语

**滴定分析法**又称**容量分析法**，这种方法一般是将一种已知准确浓度的试剂溶液滴加到一定体积的被测物质的溶液中，直到所加的试剂与被测物质按化学计量关系定量反应完全，然后根据试剂溶液的浓度和用量计算出被测物质的含量。

滴定分析法概述（一）术语及分类

在此，已知准确浓度的试剂溶液称为**标准溶液**，又称**滴定剂**。将滴定剂由滴定管逐滴滴加到被测物质溶液的操作称为**滴定**。标准溶液与被测物质按照化学反应的计量关系正好完全反应的这一点称为**化学计量点**。化学计量点的到达常借助于指示剂颜色的突变来确定，在滴定过程中，指示剂恰好发生颜色变化的转变点称为**滴定终点**。实际分析操作中，滴定终点与化学计量点不一定完全一致，由此造成的分析误差称为**滴定误差**，也称为**终点误差**。

滴定分析法简便、快速、成熟，适用范围广泛，方法准确度较高，一般情况下，滴定的相对误差控制在±0.1%以内，通常用于常量组分和半微量组分的测定。目前，滴定分析法仍然是定量分析中最重要、最常用的分析方法。

### 8.2.2 滴定分析法对化学反应的要求和滴定方式

1. 滴定分析法对化学反应的要求

化学反应有很多，但不是所有的反应都能用于滴定分析，只有具备下列条件的反应才能用于滴定分析：

(1) 必须具有确定的化学计量关系，即反应按一定的反应方程式进行，这是定量的基础。

(2) 反应必须定量进行，通常要求反应的完全程度达到 99.9%以上。

(3) 必须具有较快的反应速率。对于速率较慢的反应，可用加热或加催化剂等简便方法来加快反应的进行。

(4) 必须有适当的方法确定终点，常用的是加入合适的指示剂，也可由滴定过程中的电位突变来指示终点。

(5) 共存物不干扰测定，或有合适的消除干扰的方法。

2. 滴定分析法的分类

1) 按反应类型分类

(1) 酸碱滴定法：以酸碱中和反应为基础的滴定分析法，如用标准碱溶液测定酸，或用标准酸溶液测定碱。

(2) 沉淀滴定法：以沉淀反应为基础的滴定分析法称为沉淀滴定法，如银量法。

(3) 配位滴定法：以配位反应为基础的滴定分析法称为配位滴定法，又称为络合滴定法，主要为 EDTA 滴定法。

(4) 氧化还原滴定法：以氧化还原反应为基础的滴定分析法，如高锰酸钾法、重铬酸钾法、碘量法等。

2) 按滴定方式分类

(1) 直接滴定法：满足滴定分析法对化学反应 5 个要求的反应，即可用标准溶液直接滴定待测物质。这是滴定分析中最常用和最基本的滴定方式，如用 NaOH 滴定 HAc、用 EDTA 滴定 $Ca^{2+}$、$Mg^{2+}$等。

(2) 返滴定法：当试液中待测物质与滴定剂反应很慢、无合适指示剂或用滴定剂直接滴定固体试样反应不能立即完成时，可用返滴定法。实验时先准确地加入过量标准溶液，与试液中的待测物质或固体试样进行反应，待反应完全后，再用另一种标准溶液滴定剩余的标准溶液。例如，测定 $CaCO_3$ 的含量时，先加入已知过量的 HCl 标准溶液，待反应完全后再用 NaOH 标准溶液回滴剩余的 HCl。

(3) 置换滴定法：当待测组分所参与的反应不按一定反应式进行或伴有副反应时，可先用适当试剂与待测组分反应，使其定量地置换为另一种物质，再用标准溶液滴定这种物质，这种滴定方法称为置换滴定。例如，$Na_2S_2O_3$ 不能直接滴定 $K_2Cr_2O_7$，因为它们之间无确定的化学计量关系。所以，操作时先在酸性 $K_2Cr_2O_7$ 溶液中加入过量的碘化钾，定量析出碘后再用 $Na_2S_2O_3$ 溶液滴定。

(4) 间接滴定法：对于不能与滴定剂直接发生反应的物质，可以通过另外的化学反应，用间接滴定法进行滴定。例如，$Ca^{2+}$不能与 $KMnO_4$ 标准溶液直接滴定，而将其定量沉淀为 $CaC_2O_4$，过滤洗净，溶于稀酸后，就可用 $KMnO_4$ 溶液滴定 $C_2O_4^{2-}$，从而间接求得 $Ca^{2+}$含量。

### 8.2.3　标准溶液的配制

如前所述，标准溶液是已知准确浓度的溶液。配制标准溶液一般有两种方法，即直接法和间接法。

滴定分析法概述（二）标准溶液配制及滴定计算

1. 直接法

准确称取一定量的物质，溶解后配成一定体积的溶液，根据物质的质量和体积即可计算出该标准溶液的准确浓度。能用来直接配制标准溶液的或标定溶液浓度的物质称为**基准物质**。基准物质应符合以下要求：

(1) 物质的组成应与它的化学式完全相符。例如，$Na_2B_4O_7 \cdot 10H_2O$（硼砂），其结晶水的含量也要与化学式完全相等。

(2) 试剂纯度应足够高。一般选用优级纯试剂或分析纯试剂，其纯度要在99.9%以上。化学纯试剂和实验试剂是不能用作基准物质的。

(3) 性质稳定，一般条件下不吸潮，不风化失水，不易被空气氧化，不失结晶水，不易分解等。

(4) 基准物质尽可能有较大的摩尔质量，以减少称量误差，提高准确度。

**药品纯度标识**

G.R.—优级纯

A.R.—分析纯

C.P.—化学纯

L.R.—实验试剂

分析化学中常用的基准物质列于表 8-2。

**表 8-2　常用的基准物质**

| 滴定方法 | 标准溶液 | 基准物质 | 优、缺点 |
|---|---|---|---|
| 酸碱滴定 | HCl | $Na_2CO_3$ | 便宜，易得纯品，易吸湿 |
| | | $Na_2B_4O_7 \cdot 10H_2O$ | 易得纯品，不易吸湿，摩尔质量大，湿度小时会失结晶水 |
| | NaOH | $C_6H_4 \cdot COOH \cdot COOK$ | 易得纯品，不吸湿，摩尔质量大 |
| | | $H_2C_2O_4 \cdot 2H_2O$ | 便宜，结晶水不稳定，纯度不理想 |
| 配位滴定 | EDTA | 金属 Zn 或 ZnO | 纯度高，稳定，既可在 pH = 5～6 又可在 pH = 9～10 应用 |
| 氧化还原滴定 | $KMnO_4$ | $Na_2C_2O_4$ | 易得纯品，稳定，无显著吸湿 |
| | $K_2Cr_2O_7$ | $K_2Cr_2O_7$ | 易得纯品，非常稳定，可直接配制标准溶液 |
| | $Na_2S_2O_3$ | $K_2Cr_2O_7$ | 易得纯品，非常稳定，可直接配制标准溶液 |
| | $I_2$ | 升华碘 | 纯度高，易挥发，水中溶解度很小 |
| | | $As_2O_3$ | 能得纯品，产品不吸湿，剧毒 |
| | $KBrO_3$ | $KBrO_3$ | 易得纯品，稳定 |
| | $KBrO_3$ + 过量 KBr | $KBrO_3$ | 易得纯品，稳定 |
| 沉淀滴定 | $AgNO_3$ | $AgNO_3$ | 易得纯品，防止光照及有机物沾污 |
| | | NaCl | 易得纯品，易吸湿 |

请了解常用的基准物质和它们的特征。

2. 间接法

大多数标准溶液因为所用物质不纯、性质不稳定、易挥发等原因不符合基准物质的条件，不能直接配制，只能采用间接配制法。首先配成近似浓度溶液，然后再用基准物质或另一物质的标准溶液标定它的准确浓度，这一过程也称**标定**。例如，配制 $0.10mol \cdot L^{-1}$ NaOH 标准溶液，只能先称取 NaOH 4g，

邻苯二甲酸氢钾或草酸标定 NaOH 的反应计量关系是怎样的？

加水溶解，稀释至约 1L，然后用基准物邻苯二甲酸氢钾或草酸标定它的准确浓度。

### 8.2.4　滴定分析法中的计算

1. 滴定剂与被滴物质之间的计量关系

设滴定剂 A 与被滴物质 B 之间有下列反应：

$$aA + bB \rightleftharpoons cC + dD$$

依据上述滴定反应中 A 与 B 的化学计量数，即反应的系数比为 $\frac{a}{b}$，则有：

$$n_B = \frac{b}{a} n_A \quad (8\text{-}1)$$

式中：$n_B$ 为被滴物质的物质的量(mol)；$n_A$ 为滴定剂的物质的量(mol)。

例如，在酸性溶液中，$KMnO_4$ 与 $Na_2C_2O_4$ 的反应为

$$2MnO_4^- + 5C_2O_4^{2-} + 16H^+ \rightleftharpoons 2Mn^{2+} + 10CO_2 + 8H_2O$$

即 $KMnO_4$ 与 $Na_2C_2O_4$ 的反应系数比为 $\frac{2}{5}$，则

$$n(Na_2C_2O_4) = \frac{5}{2} n(KMnO_4)$$

2. 标准溶液浓度的计算

1) 直接配制法

准确称取一定量($m_A$)基准物质 A，配制准确的体积 $V_A$(L)，已知物质 A 的摩尔质量为 $M_A$，则标准溶液的浓度为

$$c_A = \frac{m_A}{M_A \cdot V_A} (\text{mol} \cdot \text{L}^{-1}) \quad (8\text{-}2)$$

2) 间接配制法

若以固体基准物质标定标准溶液，称取基准物质质量为 $m_A$，其摩尔质量为 $M_A$，滴定反应的系数比为 $b/a$，则标准溶液的浓度为

$$c_B = \frac{b}{a} \cdot \frac{m_A}{M_A \cdot V_B} (\text{mol} \cdot \text{L}^{-1}) \quad (8\text{-}3)$$

若以已知准确浓度为 $c_A$ 的标准溶液来标定某待标定溶液的准确浓度 $c_B$，则有公式：

$$c_B = c_A \cdot \frac{b}{a} \cdot \frac{V_A}{V_B} (\text{mol} \cdot \text{L}^{-1}) \quad (8\text{-}4)$$

**滴定度**是指 1mL 标准溶液相当于被测物质的质量。常用 $T_{待测物/滴定剂}$ 表示，单位为 $g \cdot mL^{-1}$。在生产单位的批量分析中使用方便。

3. 待测组分含量的计算

若准确称取试样的质量为 $m_s$(g)，经实验测得其中待测组分 B 的质量为 $m_B$(g)，则待测组分 B 的含量用质量分数 $w_B$ 表示为

$$w_B = \frac{m_B}{m_s} \quad (8\text{-}5)$$

依据滴定反应的化学计量关系，常以下面公式计算：

$$w_{B}=\frac{b}{a}\cdot\frac{c_{A}V_{A}M_{B}}{m_{s}} \tag{8-6}$$

式中：滴定体积 $V_A$ 的单位为 L；$c_A$ 以单位 $mol\cdot L^{-1}$ 表示。

## 8.3　酸碱滴定法

酸碱滴定是以酸碱反应为基础的滴定分析法，一般的酸、碱以及能与酸、碱直接或间接进行质子传递的物质，几乎都可以利用酸碱滴定法测定。

本节是在已学过酸碱平衡理论和数学处理方法的基础上，讨论酸碱滴定法的基本原理和应用。

### 8.3.1　酸碱指示剂

1. 酸碱指示剂的变色原理

酸碱指示剂

由于一般酸碱反应本身无外观的变化，因此通常需要加入能在化学计量点附近发生颜色变化的物质来指示化学计量点。这些随溶液 pH 改变而发生颜色变化的物质，称为**酸碱指示剂**。

酸碱指示剂一般是有机弱酸或有机弱碱，其共轭酸碱对由于结构不同而具有不同的颜色。当溶液的 pH 变化时，共轭酸失去质子转变为共轭碱，或共轭碱得到质子转变为共轭酸，共轭酸碱之间的变化引起溶液颜色的变化从而起到指示终点的作用。下面以常用指示剂酚酞、甲基橙为例对酸碱指示剂的作用原理加以说明。

**酚酞**是二元弱酸(以 $H_2In$ 表示)，是一种单色指示剂。当溶液 pH 升高时，酚酞先释放一个质子，形成无色的离子 $HIn^-$，然后再释放出一个质子成为醌式结构的红色离子 $In^{2-}$。溶液呈强碱性时，进一步转化成羟酸盐式离子 $[In(-OH)]^{3-}$，使溶液褪色。其结构变化的可逆过程可用如下简式表示：

$$\underset{\text{无色分子}}{H_2In}\underset{H_3O^+}{\overset{OH^-}{\rightleftharpoons}}\underset{\text{无色离子}}{HIn^-}\underset{H_3O^+}{\overset{OH^-}{\rightleftharpoons}}\underset{\text{红色离子}}{In^{2-}}\underset{H_3O^+}{\overset{\text{浓碱}}{\rightleftharpoons}}\underset{\text{无色离子}}{[In(-OH)]^{3-}}$$

**甲基橙**则是一种有机弱碱，是一种双色指示剂，在水溶液中存在如下平衡：

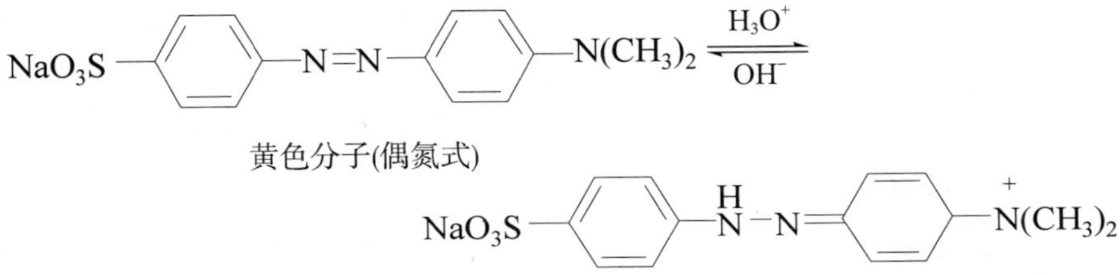


黄色分子(偶氮式)　　红色离子(醌式)

由平衡关系可以看出，当溶液 $H^+$浓度增大时，甲基橙主要以醌式结构存在，溶液显红色，当溶液 $H^+$浓度降低时，甲基橙主要以偶氮式结构存在，溶液由红色变为黄色。

2. 酸碱指示剂的变色范围

为进一步说明指示剂颜色变化与酸度的关系，用 HIn 表示复杂的有机弱酸指示剂的分子式，则其在水溶液中存在以下解离平衡：

$$\underset{\text{酸式色}}{\mathrm{HIn}} \rightleftharpoons \mathrm{H^+} + \underset{\text{碱式色}}{\mathrm{In^-}}$$

其标准平衡常数表达式为

$$K_a^{\ominus}(\mathrm{HIn}) = \frac{c(\mathrm{H^+}) \cdot c(\mathrm{In^-})}{c(\mathrm{HIn})}$$

变形得

$$\frac{c(\mathrm{In^-})}{c(\mathrm{HIn})} = \frac{K_a^{\ominus}(\mathrm{HIn})}{c(\mathrm{H^+})} \tag{8-7}$$

甲基橙、酚酞、混合指示剂

从式(8-7)可以看出，酸碱指示剂颜色的转变依赖于 $c(\mathrm{In^-})/c(\mathrm{HIn})$。而共轭酸碱对的浓度比是由两个因素决定的：指示剂的平衡常数 $\mathrm{p}K_a^{\ominus}(\mathrm{HIn})$ 和溶液的酸度。对一定的指示剂而言，在指定条件下 $\mathrm{p}K_a^{\ominus}(\mathrm{HIn})$ 是一个常数。因此，指示剂颜色的转变就完全由溶液中的 $\mathrm{H^+}$ 浓度所决定，若溶液中 $\mathrm{H^+}$浓度发生变化，$c(\mathrm{In^-})/c(\mathrm{HIn})$ 随之发生变化，溶液的颜色也发生变化。

目前常用 pH 试纸是利用混合指示剂的原理制成的。若把甲基红、溴百里酚蓝、酚酞三种指示剂按一定比例混合，溶于乙醇后配成混合指示剂。这种混合指示剂可随 pH 变化逐渐变色：

| pH | 颜色 |
| --- | --- |
| <4 | 红 |
| 5 | 橙 |
| 6 | 黄 |
| 7 | 绿 |
| 8 | 青 |
| 9 | 蓝 |
| >10 | 紫 |

由式(8-7)可知，当 $c(\mathrm{H^+}) = K_a^{\ominus}(\mathrm{HIn})$ 时，即 $\mathrm{pH} = \mathrm{p}K_a^{\ominus}(\mathrm{HIn})$，这时溶液的颜色是 HIn 和 $\mathrm{In^-}$两者颜色各占一半的混合色，称为中间色，此时溶液的 pH 称为该指示剂的**理论变色点**，数值上等于 $\mathrm{p}K_a^{\ominus}(\mathrm{HIn})$，其意义是指示剂变色的转折点。肉眼辨别颜色的能力有限，当 $c(\mathrm{In^-})/c(\mathrm{HIn}) < 1/10$ 时，仅能看到指示剂酸式色；当 $c(\mathrm{In^-})/c(\mathrm{HIn}) > 10$ 时，仅能看到指示剂碱式色；当 $1/10 < c(\mathrm{In^-})/c(\mathrm{HIn}) < 10$ 时，看到的是酸式和碱式的混合色。

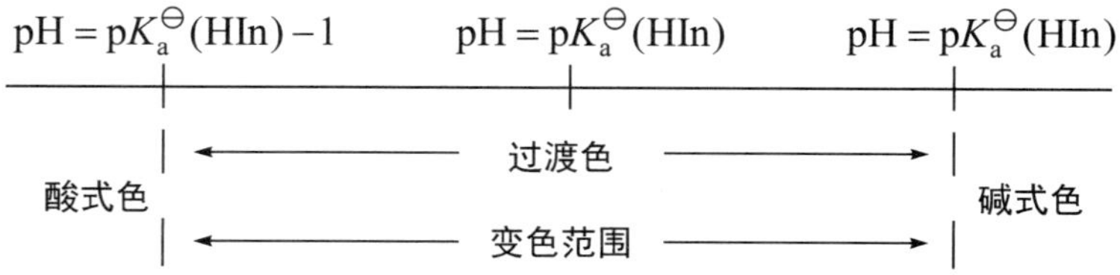


因此，$\mathrm{pH} = \mathrm{p}K_a^{\ominus}(\mathrm{HIn}) \pm 1$ 就是指示剂变色的 pH 范围，称为指示剂的**理论变色范围**。不同的指示剂，其 $\mathrm{p}K_a^{\ominus}(\mathrm{HIn})$ 不同，所以其变色范围也不相同。由上可知指示剂的变色范围应该是 2 个 pH 单位。但实测的各种指示剂的变色范围并不都是 2 个 pH 单位，这是因为指示剂的实际变色范围不是计算出来的，而是依靠肉眼观察得到的。肉眼对各种颜色的敏感程度不同，加上指示剂的两种颜色之间相互掩盖，导致实测值与理论值有一定差异。表 8-3 列出了一些常用酸碱指示剂的变色范围。

**表 8-3　几种常用酸碱指示剂及其变色范围**

| 指示剂 | 变色范围 | 颜色变化 | $pK_a^{\ominus}(HIn)$ | 常用溶液 |
|---|---|---|---|---|
| 百里酚蓝(TB) | 1.2～2.8 | 红～黄 | 1.7 | 0.1%的 20%乙醇溶液 |
| 甲基橙(MO) | 3.1～4.4 | 红～黄 | 3.4 | 0.05%的水溶液 |
| 甲基红(MR) | 4.4～6.2 | 红～黄 | 5.2 | 0.1%的 60%乙醇溶液或其钠盐水溶液 |
| 酚酞(PP) | 8.0～9.6 | 无～红 | 9.1 | 0.5%的 90%乙醇溶液 |
| 百里酚酞(TP) | 9.4～10.6 | 无～蓝 | 10.0 | 0.1%的 90%乙醇溶液 |

指示剂的变色范围越小越好，这样在化学计量点时，微小的 pH 改变使指示剂变色敏锐。酸碱滴定中选择的指示剂的 $K_a^{\ominus}(HIn)$ 应尽可能接近化学计量点的 pH，以减小终点误差。对于需要将酸度控制在较窄区间的反应体系，可以采用混合指示剂来指示酸度的变化。

### 8.3.2　滴定曲线

在酸碱滴定中，必须选择适宜的指示剂，使滴定终点与化学计量点尽量吻合，以减少滴定误差。为此，应当了解滴定过程中溶液 pH 的变化，特别是化学计量点前后 pH 的变化情况。以滴定过程中所加入的酸或碱标准溶液的量为横坐标，以所得混合溶液的 pH 为纵坐标，所绘制的关系曲线称为**酸碱滴定曲线**。利用此曲线就可正确地选择指示剂来确定滴定终点。下面分别讨论几种常见的酸碱滴定曲线和指示剂选择。

1. 强碱(酸)滴定强酸(碱)

HCl、$HNO_3$、$H_2SO_4$、NaOH、KOH 等强酸强碱之间的相互滴定，由于它们在水溶液中是全部电离的，故酸以 $H^+(H_3O^+)$形式存在，碱以 $OH^-$形式存在，滴定过程的基本反应为

一元强酸碱的滴定

$$H^+ + OH^- \rightleftharpoons H_2O$$

1) 酸碱滴定曲线和滴定突跃

现以 0.1000mol · $L^{-1}$ NaOH 溶液滴定 20.00mL 0.1000mol · $L^{-1}$ HCl 溶液为例讨论。滴定各阶段 pH 计算的公式和结果列于表 8-4。

**表 8-4　用 0.1000mol · $L^{-1}$ NaOH 溶液滴定 20.00mL 同浓度 HCl 溶液**

<table>
<tr><th colspan="2">滴定阶段</th><th>$V(NaOH)$/mL</th><th>$c(H^+)$计算式</th><th colspan="2">pH</th></tr>
<tr><td rowspan="4">化学计量点前</td><td>滴定前</td><td>0.00</td><td>$c(H^+) = c_a$</td><td colspan="2">1.00</td></tr>
<tr><td>滴定 90%</td><td>18.00</td><td rowspan="3">$c(H^+) = \dfrac{c_aV_a - c_bV_b}{V_a + V_b}$</td><td colspan="2">2.28</td></tr>
<tr><td>滴定 99%</td><td>19.80</td><td colspan="2">3.30</td></tr>
<tr><td>滴定 99.9%</td><td>19.98</td><td rowspan="3">滴定突跃</td><td>4.30</td></tr>
<tr><td>化学计量点</td><td>滴定 100%</td><td>20.00</td><td>$c(H^+) = \sqrt{K_w^{\ominus}}$</td><td>7.00</td></tr>
<tr><td rowspan="3">化学计量点后</td><td>滴定 100.1%</td><td>20.02</td><td rowspan="3">$c(OH^-) = \dfrac{c_bV_b - c_aV_a}{V_a + V_b}$</td><td>9.70</td></tr>
<tr><td>滴定 101%</td><td>20.20</td><td colspan="2">10.70</td></tr>
<tr><td>滴定 110%</td><td>22.00</td><td colspan="2">11.68</td></tr>
</table>

以 NaOH 溶液的加入量为横坐标，对应的溶液的 pH 为纵坐标作图，就得到图 8-1 所示的滴定曲线。

从图 8-1 可知，当滴定剂的加入量从 0.00mL 增加到 19.98mL 时，滴定剂的加入量增加了 19.98mL，而溶液的 pH 从 1.00 增加到 4.30(*A* 点)，pH 增幅为 3.30。而当滴定剂加入量从 19.98mL 增加到 20.02mL 时，也就是说此时滴定剂加入量只增加了 0.04mL，而溶液的 pH 却从 4.30 增加到 9.70(*B* 点)，pH 增幅高达 5.40。当继续增加滴定剂的量时，pH 的变化又趋于缓慢。在整个滴定过程中，化学计量点前后 pH 变化最大的阶段称为**滴定突跃**。通常将化学计量点前后 ± 0.1%范围内 pH 的急剧变化区间称为**酸碱滴定突跃范围。**

如果用 0.1000mol · $L^{-1}$ HCl 溶液滴定 20.00mL 同浓度 NaOH 溶液，则可得到一条与上述滴定曲线形状相同但位置对称的滴定曲线，如图 8-1 虚线所示。

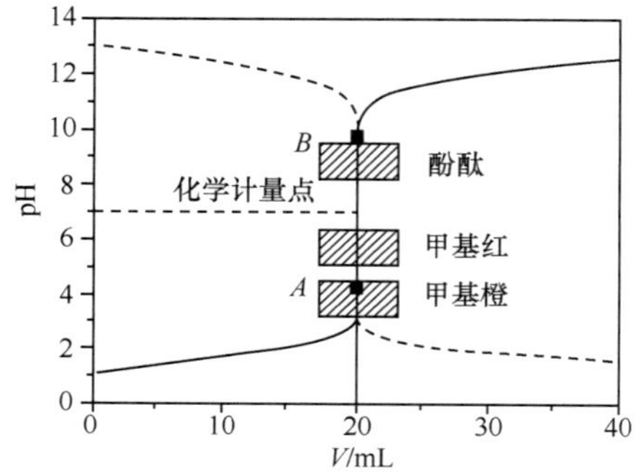


图 8-1　强酸和强碱的滴定曲线

—— 0.1000mol · $L^{-1}$ NaOH 溶液滴定 20.00mL 同浓度 HCl 溶液的滴定曲线

--- 0.1000mol · $L^{-1}$ HCl 溶液滴定 20.00mL 同浓度 NaOH 溶液的滴定曲线

2)指示剂的选择

在滴定分析中正确选择指示剂是十分重要的，指示剂的选择主要以滴定突跃范围为依据。显然，最理想的指示剂应该恰好在化学计量点时变色。实际上凡是指示剂的变色范围与滴定突跃范围全部或部分重合的指示剂都可以用来指示终点。在上例中，滴定突跃范围为 pH 4.30～9.70，因此酚酞(8.0～9.6)、甲基红(4.4～6.2)、甲基橙(3.1～4.4)均适用。

3)影响滴定突跃的因素

滴定突跃的大小与溶液的浓度有关。如果溶液浓度改变，化学计量点的 pH 依然不变，但滴定突跃发生了变化，如图 8-2 所示。当用浓度为 1.0mol · $L^{-1}$ 的 NaOH 滴定相同浓度的 HCl 时，pH 突跃范围为 3.3～10.7；当浓度为 0.1mol · $L^{-1}$ 时，pH 突跃范围为 4.3～9.7；当浓度为 0.01mol · $L^{-1}$ 时，pH 突跃范围最小为 5.3～8.7。由此可见，滴定体系的浓度越小，滴定突跃范围就越小。因此，浓度大小是影响滴定突跃的因素之一。除此以外，滴定突跃的大小还与酸、碱本身的强弱有关。

?

请总结影响滴定突跃范围大小的因素，并指出如何尽可能保证滴定突跃范围达到滴定要求。

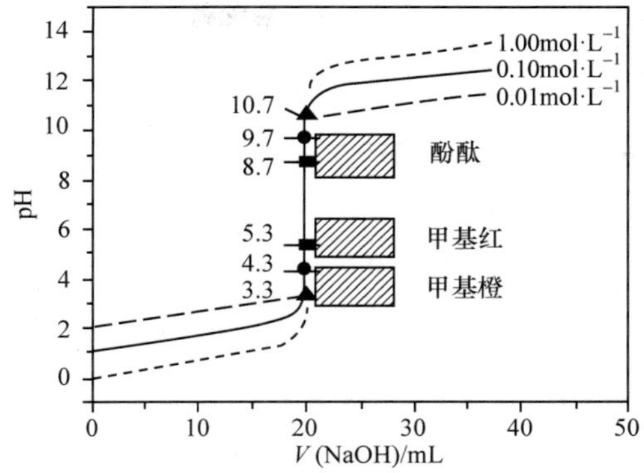


图 8-2　浓度对滴定曲线的影响

可见，酸、碱的浓度降低 10 倍时，突跃范围将减少 2 个 pH 单位，因而在选择指示剂时也应考虑酸、碱浓度对突跃范围的影响。例如，上述酸碱的三种不同浓度滴定，前两种浓度的滴定均可选择甲基橙作指示剂，而第三种浓度的滴定甲基橙不再适用。

由实验和计算可知，如果酸、碱浓度小于 $10^{-4}$mol · $L^{-1}$ 时，其滴定突跃范围已不明显，无法用一般指示剂指示滴定终点，故不能准确进行滴定。因此，在分析工作中，通常采用 0.1～0.01mol · $L^{-1}$ 的酸、碱标准溶液。

对于强酸滴定强碱，可以参照以上办法处理，首先了解滴定曲线的情况，特别是化学计量点、滴定突跃，然后根据滴定突跃选择一种合适的指示剂。

2. 强碱(酸)滴定一元弱酸(碱)

强碱和弱酸在反应时，反应的物质的量之比等于它们的化学计量数之比。

$$OH^- + HA \rightleftharpoons A^- + H_2O$$

以 0.1000mol · $L^{-1}$ NaOH 溶液滴定 20.00mL 同浓度 HAc 溶液为例，讨论强碱滴定一元弱酸的滴定曲线及指示剂的选择。

一元弱酸碱的滴定

1) 滴定开始前

体系的酸度取决于 HAc 的起始浓度。

$$c(H^+) = \sqrt{c_0 \cdot K_a^\ominus} = \sqrt{0.1000 \times 1.8 \times 10^{-5}} = 1.3 \times 10^{-3}(\text{mol} \cdot L^{-1})$$

$$pH = 2.88$$

2) 滴定开始至化学计量点前

这阶段生成的 NaAc 与剩余的 HAc 组成缓冲体系。

例如，当加入 NaOH 溶液 19.98mL 时，即相对误差为−0.1%时：

$$pH = pK_a^\ominus - \lg\frac{c_a}{c_b}$$

$$c_a = c(\text{HAc}) = \frac{0.02 \times 0.1000}{20.00 + 19.98} = 5.0 \times 10^{-5}(\text{mol} \cdot L^{-1})$$

$$c_b = c(\text{NaAc}) = \frac{19.98 \times 0.1000}{20.00 + 19.98} = 5.0 \times 10^{-2}(\text{mol} \cdot L^{-1})$$

$$pH = 4.74 - \lg\frac{5.0 \times 10^{-5}}{5.0 \times 10^{-2}} = 7.74$$

3）化学计量点时

HAc 被全部中和，生成 NaAc，所以

$$c(OH^-)=\sqrt{c\cdot K_b^\ominus}$$

$$c=\frac{20.00\times0.1000}{20.00+20.00}=5.0\times10^{-2}(mol\cdot L^{-1})$$

且
$$pK_b^\ominus=14.00-pK_a^\ominus=14.00-4.74=9.26$$

$$c(OH^-)=\sqrt{5.0\times10^{-2}\times5.6\times10^{-10}}=5.3\times10^{-6}(mol\cdot L^{-1})$$

$$pOH=5.28$$

$$pH=14.00-pOH=14.00-5.28=8.72$$

4）化学计量点后

这个阶段溶液的 pH 与强碱滴定强酸类似，过量的 NaOH 抑制 $Ac^-$的解离，pH 主要由过量 NaOH 浓度决定。例如，当过量 0.02mL NaOH 溶液时，即相对误差为+0.1%时：

$$c(OH^-)=\frac{0.1000\times0.02}{20.00+20.02}=5.0\times10^{-5}$$

$$pH=9.70$$

按上述方法可以对整个滴定过程的 pH 逐一计算（表 8-5），并绘制滴定曲线见图 8-3。

**表 8-5　用 0.1000mol · $L^{-1}$ NaOH 溶液滴定 20.00mL 同浓度 HAc 溶液**

<table>
<tr><th colspan="2">滴定阶段</th><th>$V$(NaOH)/mL</th><th>$c(H^+)$计算式</th><th colspan="2">pH</th></tr>
<tr><td rowspan="4">化学计量点前</td><td>滴定前</td><td>0.00</td><td>$c(H^+)=\sqrt{c_0\cdot K_a^\ominus}$</td><td colspan="2">2.88</td></tr>
<tr><td>滴定 90%</td><td>18.00</td><td rowspan="3">$c(H^+)=K_a^\ominus\frac{c(HA)}{c(A^-)}$</td><td colspan="2">5.71</td></tr>
<tr><td>滴定 99%</td><td>19.80</td><td colspan="2">6.74</td></tr>
<tr><td>滴定 99.9%</td><td>19.98</td><td rowspan="3">滴定突跃</td><td>7.74</td></tr>
<tr><td>化学计量点</td><td>滴定 100%</td><td>20.00</td><td>$c(H^+)=\frac{K_w^\ominus}{c(OH^-)}=\frac{K_w^\ominus}{\sqrt{c\cdot K_b^\ominus}}$</td><td>8.72</td></tr>
<tr><td rowspan="4">化学计量点后</td><td>滴定 100.1%</td><td>20.02</td><td rowspan="4">$c(OH^-)=\frac{c_bV_b-c_aV_a}{V_a+V_b}$</td><td>9.70</td></tr>
<tr><td>滴定 101%</td><td>20.20</td><td colspan="2">10.70</td></tr>
<tr><td>滴定 110%</td><td>22.00</td><td colspan="2">11.68</td></tr>
<tr><td>滴定 200%</td><td>40.00</td><td colspan="2">12.52</td></tr>
</table>

由图 8-3 可见，强碱滴定弱酸的滴定曲线形状与强碱滴定强酸（虚线）相比有以下不同：

（1）滴定突跃范围变小。同样的滴定浓度，由于 HAc 是弱酸，滴定开始前溶液中的 $H^+$浓度就低，所以曲线起点高。滴定突跃只有约 2 个 pH 单位，即 pH ＝ 7.74～9.70。此外，从图 8-4 中还可以看出，$K_a^\ominus$ 越大滴定突跃范围就越大；反之，$K_a^\ominus$ 越小滴定突跃范围就越小。当 $K_a^\ominus<10^{-9}$ 时已无明显突跃，利用一般的酸碱指示剂已无法判断滴定终点。

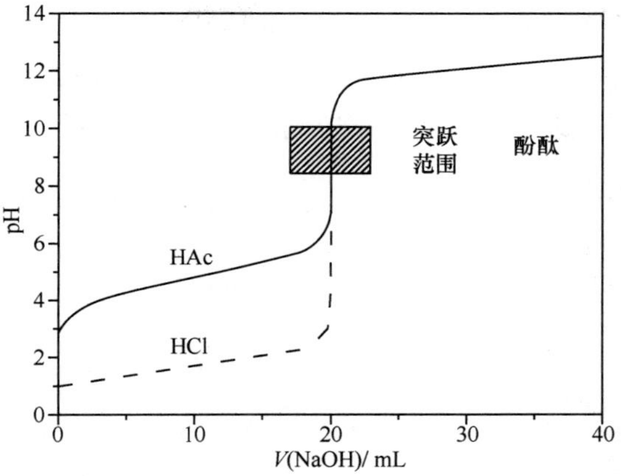


图 8-3　0.1000mol · $L^{-1}$ NaOH 溶液滴定 20.00mL 同浓度 HAc 溶液的滴定曲线

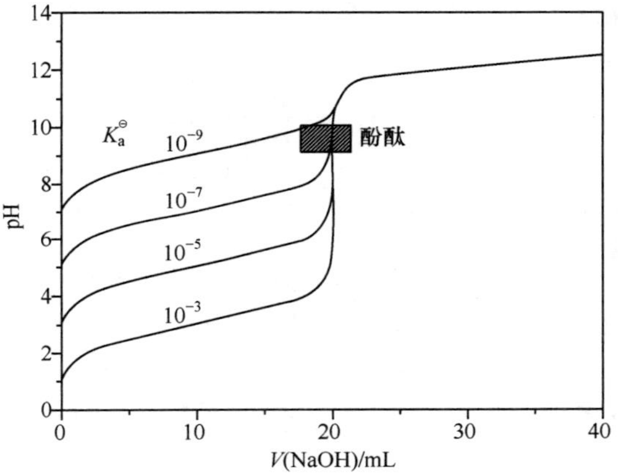


图 8-4　NaOH 溶液滴定不同强度弱酸溶液的滴定曲线

强酸(如 HCl)滴定相同浓度的弱碱(如 $NH_3$)，其滴定突跃范围有何规律？滴定曲线趋势图如何？应选何种指示剂？

(2)化学计量点前的转折不如前一种类型明显，这主要是由于缓冲体系的形成。滴定开始后，pH 升高较快，随着滴定的进行，HAc 浓度不断降低，而 $Ac^-$浓度逐渐增大，溶液中形成了 HAc-$Ac^-$缓冲体系，故 pH 变化缓慢，滴定曲线较为平坦，随着滴定的继续进行，缓冲体系被破坏，接近化学计量点时，产生滴定突跃。

(3)化学计量点时溶液不是中性，而是弱碱性，这主要是由终点产物 $Ac^-$ 引起的。

酸碱滴定突跃计算和指示剂选择

根据这种滴定类型的滴定突跃范围，显然只能选择在弱碱性区域内变色的指示剂，如酚酞，变色范围 pH = 8.0～9.6，滴定由无色→粉红色，也可选择百里酚酞。

强酸滴定一元弱碱同样可以参照以上方法处理，滴定曲线的特点与强碱滴定一元弱酸相似，但化学计量点不是弱碱性，而是弱酸性，故应选择在弱酸性区域内变色的指示剂，如甲基橙、甲基红等。

(4)滴定可行性判断。由以上的计算过程可知，强碱(酸)滴定弱酸(碱)突跃范围与弱酸(碱)的浓度及其解离常数有关。考虑到借助指示剂观察终点有 0.3pH 单位的不确定性，如果要求滴定误差控制在 ± 0.1%范围内，就要求 $c_0 \cdot K_a^{\ominus}$(或$c_0 \cdot K_b^{\ominus}$) ≥$10^{-8}$，这就是一元弱酸(或弱碱)能否**被准确滴定的判据**。当然，如果允许误差可以放宽，相应判断条件也可降低。

**例 8-1**　下列物质能否用酸碱滴定法直接准确滴定？若能，计算化学计量点时的 pH，并选择合适的指示剂。

(1) $0.10mol \cdot L^{-1}$ $H_3BO_3$　　(2) $0.10mol \cdot L^{-1}$ $NH_4Cl$　　(3) $0.10mol \cdot L^{-1}$ NaCN

**解**　(1) $0.10mol \cdot L^{-1}$ $H_3BO_3$

$$K_a^{\ominus} = 7.3\times10^{-10}\text{，}\quad c_0 \cdot K_a^{\ominus} = 7.3\times10^{-10}\times0.1 = 7.3\times10^{-11} < 10^{-8}$$

所以不能直接被准确滴定。

(2) $0.10mol \cdot L^{-1}$ $NH_4Cl$

$NH_3 \cdot H_2O$ 的 $K_b^{\ominus} = 1.8\times10^{-5}$，则 $NH_4^+$ 的 $K_a^{\ominus} = 5.6\times10^{-10}$

$$c_0 \cdot K_a^{\ominus} = 5.6\times10^{-10}\times0.1 = 5.6\times10^{-11} < 10^{-8}$$

所以不能直接被准确滴定。

(3) $0.10mol \cdot L^{-1}$ NaCN

$$K_b^{\ominus} = K_w^{\ominus} / K_a^{\ominus} = \frac{10^{-14}}{4.9\times10^{-10}} = 2.0\times10^{-5}$$

$$c_0 \cdot K_b^{\ominus} = 2.0\times10^{-5}\times0.1 = 2.0\times10^{-6} > 10^{-8}$$

所以能直接被准确滴定。

若用 $0.1000mol \cdot L^{-1}$ HCl 滴定，化学计量点时

$$c(H^+) = \sqrt{c \cdot K_a^{\ominus}} = \sqrt{\frac{0.1}{2}\times4.9\times10^{-10}} = 5.6\times10^{-6}(mol \cdot L^{-1})$$

$$pH = 5.30$$

可选择甲基红作指示剂。

### 3. 多元酸、混酸以及多元碱的滴定

这种滴定类型与前两种滴定类型相比具有不同的特点。其一，由于是多元体系，滴定过程的情况较为复杂，涉及能否分步滴定或分别滴定；其二，滴定曲线的计算也较复杂，一般均通过实验测得；其三，滴定突跃相对来说也较小，因而一般允许误差也较大。

对于多元酸，由于它们含有多个质子，而且在水中是逐级解离的，因而首先应根据 $c_0 \cdot K_{a_n}^{\ominus} \geq 10^{-8}$ 判断各个质子能否被准确滴定，然后根据 $K_{a_n}^{\ominus}/K_{a_{n+1}}^{\ominus} \geq 10^4$(允许误差 ± 1%)来判断能否实现分步滴定，再由化学计量点时溶液的 pH 选择合适的指示剂。

多元酸碱及混酸的滴定

以 $0.10mol \cdot L^{-1}$ NaOH 溶液滴定同浓度的 $H_3PO_4$ 溶液为例，说明多元酸的滴定。

$H_3PO_4$ 在水中分三级解离：

$$H_3PO_4 \rightleftharpoons H^+ + H_2PO_4^- \qquad pK_{a_1}^{\ominus} = 2.12$$

$$H_2PO_4^- \rightleftharpoons H^+ + HPO_4^{2-} \qquad pK_{a_2}^{\ominus} = 7.21$$

$$HPO_4^{2-} \rightleftharpoons H^+ + PO_4^{3-} \qquad pK_{a_3}^{\ominus} = 12.32$$

显然，$c_0 \cdot K_{a_3}^{\ominus} \ll 10^{-8}$，所以直接滴定 $H_3PO_4$ 只能进行到 $HPO_4^{2-}$。其次，

$K_{a_1}^{\ominus}/K_{a_2}^{\ominus}>10^4$，$K_{a_2}^{\ominus}/K_{a_3}^{\ominus}>10^4$，表明可以实现分步滴定。从 $H_3PO_4$ 的滴定曲线(图 8-5)知有两个较为明显的滴定突跃。

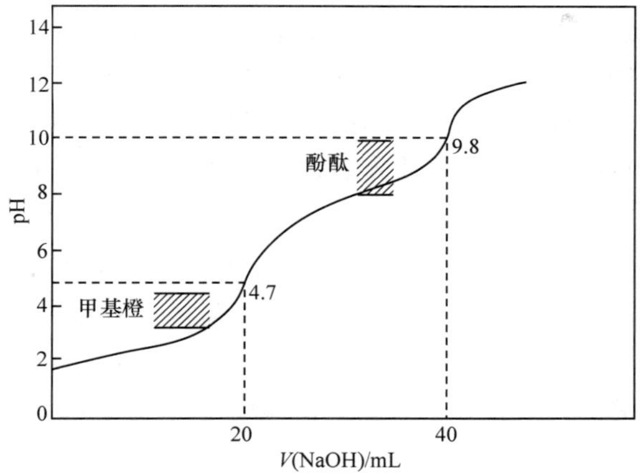


图 8-5　NaOH 溶液滴定 $H_3PO_4$ 溶液的滴定曲线

第一化学计量点生成 $NaH_2PO_4$，其为酸式盐，则：

$$c(H^+)=\sqrt{K_{a_1}^{\ominus}\cdot K_{a_2}^{\ominus}}$$

$$pH_1=\frac{1}{2}\times(pK_{a_1}^{\ominus}+pK_{a_2}^{\ominus})=\frac{1}{2}\times(2.12+7.21)=4.66$$

对于这一终点，一般可选择甲基橙为指示剂。

第二化学计量点产生 $Na_2HPO_4$，仍为酸式盐，则：

$$c(H^+)=\sqrt{K_{a_2}^{\ominus}\cdot K_{a_3}^{\ominus}}$$

$$pH_2=\frac{1}{2}\times(pK_{a_2}^{\ominus}+pK_{a_3}^{\ominus})=\frac{1}{2}\times(7.21+12.32)=9.76$$

用百里酚酞作指示剂(变色范围 9.4～10.6)。

多元碱一般是指多元酸与强碱作用生成的盐，如 $Na_2CO_3$、$Na_2B_2O_7$ 等。其滴定处理方法和多元酸相似，只需将相应计算公式、判别式中的 $K_a^{\ominus}$ 换成 $K_b^{\ominus}$。例如，用 0.10mol · L$^{-1}$ HCl 溶液滴定同浓度 $Na_2CO_3$ 溶液，由 $Na_2CO_3$ 的 $pK_{b_1}^{\ominus}=3.75$、$pK_{b_2}^{\ominus}=7.63$ 可知，$c_0\cdot K_{b_1}^{\ominus}$ 及 $c_0\cdot K_{b_2}^{\ominus}$ 均满足准确滴定的要求，且 $K_{b_1}^{\ominus}/K_{b_2}^{\ominus}\approx 10^4$，基本上能实现分步滴定。

?
查阅资料分析强酸与弱酸混合后能被分别准确滴定的条件。

对于混合酸，强酸与弱酸混合的情况较为复杂。而两种弱酸(HA+HA′)混合的体系，同样先应分别判断它们能否被准确滴定，再根据 $\dfrac{c(HA)\cdot K_a^{\ominus}(HA)}{c(HA')\cdot K_a^{\ominus}(HA')}\geqslant 10^4$ 判断能否实现分步滴定。

### 8.3.3　酸碱标准溶液的配制与标定

酸碱滴定中最常用的标准溶液是 0.10mol · L$^{-1}$ HCl 溶液和 0.10mol · L$^{-1}$ NaOH 溶液，有时也用 $H_2SO_4$ 溶液和 $HNO_3$ 溶液。

1. 盐酸标准溶液

HCl 标准溶液是不能直接配制的，而是先配成近似所需浓度，然后用基准物质进行标定。常用的基准物质有无水碳酸钠和硼砂。

无水碳酸钠($Na_2CO_3$)：易制得纯品，价格便宜，但吸湿性强，因此使用前必须在 270～300℃加热干燥约 1h，然后存放于干燥器中备用。注意加热温度不要超过 300℃，否则将有部分 $Na_2CO_3$ 分解为 $Na_2O$。标定时，采用甲基橙-靛蓝作指示剂。标定的反应为

以吸水后的 $Na_2CO_3$ 直接标定盐酸，则分析结果会怎样？若高温加热后含部分 $Na_2O$，分析结果又会怎样？

$$Na_2CO_3 + 2HCl \!=\!=\!= 2NaCl + CO_2 + H_2O$$

用碳酸钠标定盐酸的主要缺点是其摩尔质量($106.0g \cdot mol^{-1}$)较小，称量误差较大。

硼砂($Na_2B_4O_7 \cdot 10H_2O$)：硼砂水溶液实际上是同浓度的 $H_3BO_3$ 和 $H_2BO_3^-$ 的混合液：

$$B_4O_7^{2-} + 5H_2O \!=\!=\!= 2H_3BO_3 + 2H_2BO_3^-$$

硼砂作为基准物质的主要优点是摩尔质量大($381.4g \cdot mol^{-1}$)，称量误差小，且稳定，易制得纯品。其缺点是在空气中易风化失去部分结晶水，因此需要保存在相对湿度为 60%(糖和食盐的饱和溶液)的恒湿器中。$H_3BO_3$ 是很弱的酸 $K_a^\ominus = 5.8\times10^{-10}$，其共轭碱 $H_2BO_3^-$ 具有较强的碱性 $K_b^\ominus = 1.75\times10^{-5}$。用 $0.10mol \cdot L^{-1}$ HCl 溶液滴定 $0.05mol \cdot L^{-1}$ $Na_2B_4O_7 \cdot 10H_2O$ 溶液的反应为

$$B_4O_7^{2-} + 2H^+ + 5H_2O \!=\!=\!= 4H_3BO_3$$

在化学计量点时，$H_3BO_3$ 浓度为 $0.10mol \cdot L^{-1}$，溶液 pH 可由下式计算得到：

$$c(H^+) = \sqrt{c \cdot K_a^\ominus} = \sqrt{0.10\times5.8\times10^{-10}} = 7.6\times10^{-6}(mol \cdot L^{-1}),$$

$$pH = 5.12$$

可选用甲基红作指示剂。

2. 氢氧化钠标准溶液

NaOH 具有很强的吸湿性，又易吸收空气中的 $CO_2$，因此也不能直接配制标准溶液，而是先配制成近似所需浓度的溶液，然后进行标定。常用来标定氢氧化钠溶液的基准物质有草酸、邻苯二甲酸氢钾等。

草酸($H_2C_2O_4 \cdot 2H_2O$)是二元弱酸，其 $K_{a_1}^\ominus = 6.5\times10^{-2}$，$K_{a_2}^\ominus = 6.1\times10^{-5}$。$K_{a_1}^\ominus/K_{a_2}^\ominus < 10^4$，只能一次性滴定至 $C_2O_4^{2-}$，选用酚酞作指示剂。

草酸稳定性较高，在相对湿度为 50%～90% 时不风化，也不吸水，可保存于密闭容器中，但因其摩尔质量($126.1g \cdot mol^{-1}$)不太大，为减少称量误差，可以将草酸配成较高浓度的溶液，标定时移取部分溶液。

邻苯二甲酸氢钾($KHC_8H_4O_4$)易溶于水，不含结晶水，在空气中不吸水，易保存，摩尔质量($204.2g \cdot mol^{-1}$)较大，所以是标定碱液的良好基准物质。

由于它的 $K_{a_2}^{\ominus}=3.9\times10^{-6}$，滴定产物为邻苯二甲酸钾钠，呈弱碱性，选用酚酞作指示剂。

由于 NaOH 强烈吸收空气中的 $CO_2$，因此在 NaOH 溶液中常含有少量的 $Na_2CO_3$。用该 NaOH 溶液作标准溶液，若滴定时用甲基橙或甲基红作指示剂，则其中的 $Na_2CO_3$ 被中和至 $CO_2$ 和 $H_2O$；若用酚酞作指示剂，则其中的 $Na_2CO_3$ 仅被中和至 $NaHCO_3$。这样就使滴定引进误差。

此外，在蒸馏水中也含有 $CO_2$，形成 $H_2CO_3$，能与 NaOH 反应，但反应速率不太快。当用酚酞作指示剂时，常使滴定终点不稳定，稍放置，粉红色褪去，这是由于 $CO_2$ 不断转化为 $H_2CO_3$，直至溶液中 $CO_2$ 转化完毕为止。因此，当选用酚酞作指示剂时，需煮沸蒸馏水以消除 $CO_2$ 的影响。

配制不含 $CO_3^{2-}$ 的 NaOH 溶液的最好的方法是：先配制 NaOH 的饱和溶液(约 50%)，此时 $Na_2CO_3$ 溶液因溶解度小，作为不溶物下沉于溶液底部，取上层清液，用煮沸而除去 $CO_2$ 的蒸馏水稀释至所需浓度。NaOH 溶液放置过久浓度会发生改变，应重新标定。

### 8.3.4　滴定方式和应用实例

酸碱滴定法广泛应用于工业、农业、医药、食品等方面。例如，食醋中总酸度的测定，天然水的总碱度的测定，土壤、肥料中氮、磷含量的测定及混合碱的分析等都可用酸碱滴定法。常用的滴定方式有四类，即直接滴定法、间接滴定法、返滴定法和置换滴定法。本节通过实例介绍前两种。

酸碱滴定方式和应用实例

1. 直接滴定法

强酸和某些弱酸($c_0\cdot K_a^{\ominus}\geqslant10^{-8}$)可用标准碱溶液直接滴定，强碱和某些弱碱($c_0\cdot K_b^{\ominus}\geqslant10^{-8}$)也可用标准酸溶液直接滴定。

**应用实例：** 测定烧碱样品中 NaOH 和 $Na_2CO_3$ 的含量

烧碱(NaOH)在生产和贮存过程中因吸收空气中的 $CO_2$ 而产生部分 $Na_2CO_3$。因此，在测定烧碱中 NaOH 含量的同时，常需要测定 $Na_2CO_3$ 的含量，称为混合碱的分析。最常用的方法是双指示剂法。

测定烧碱中 NaOH 和 $Na_2CO_3$ 含量，可选用酚酞和甲基橙两种指示剂，所以称为双指示剂法。具体方法如下：首先以酚酞为指示剂，用 HCl 标准溶液滴定至溶液红色刚消失，记录所用 HCl 体积为 $V_1$(mL)，此时混合碱中 NaOH 全部被中和，而 $Na_2CO_3$ 仅中和到 $NaHCO_3$，此为第一终点。然后再加入甲基橙指示剂，继续用 HCl 标准溶液滴定至黄色恰好变为橙色为止，即为第二终点，又消耗的 HCl 的用量记录为 $V_2$ (mL)。

双指示剂法整个滴定过程如图 8-6 所示，同时还可以根据每一步所用滴定剂的量判断混合碱的组成(表 8-6)。

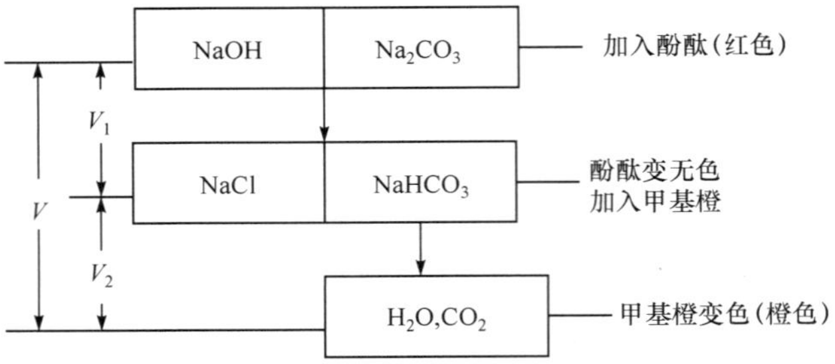


图 8-6　双指示剂法测定 $Na_2CO_3$ 和 NaOH 混合碱含量示意图

**表 8-6　混合碱组成与滴定剂体积关系**

| $V_1$ 和 $V_2$ 的关系 | $V_1 > V_2$ $V_2 \neq 0$ | $V_1 < V_2$ $V_2 \neq 0$ | $V_1 = V_2$ | $V_1 \neq 0$ $V_2 = 0$ | $V_1 = 0$ $V_2 \neq 0$ |
|---|---|---|---|---|---|
| 混合碱组成 | $OH^- + CO_3^{2-}$ | $HCO_3^- + CO_3^{2-}$ | $CO_3^{2-}$ | $OH^-$ | $HCO_3^-$ |

**例 8-2**　某纯碱试样 1.000g，溶于水后，以酚酞为指示剂，耗用 $0.2500mol \cdot L^{-1}$ HCl 溶液 20.40mL；再以甲基橙为指示剂，继续用 $0.2500mol \cdot L^{-1}$ HCl 溶液滴定，共耗去 48.86mL，求试样中各组分的相对含量。

**解**　$V_1 = 20.40mL$，　$V_2 = 48.86 - 20.40 = 28.46(mL)$，$V_2 > V_1$，可见试样为 $Na_2CO_3$ 和 $NaHCO_3$。

$$w(Na_2CO_3) = \frac{c(HCl) \cdot V_1 \cdot M(Na_2CO_3)}{m} = \frac{0.2500 \times 20.40 \times 106.0 \times 10^{-3}}{1.000} = 54.06\%$$

$$w(NaHCO_3) = \frac{c(HCl) \cdot (V_2 - V_1) \cdot M(NaHCO_3)}{m}$$

$$= \frac{0.2500 \times (28.46 - 20.40) \times 84.01 \times 10^{-3}}{1.000} = 16.93\%$$

2. 间接滴定法

如果待测组分与滴定剂之间不发生化学反应或反应不完全，则可考虑使用间接滴定法。例如，极弱的酸或碱以及本身不是酸或碱的一些物质，经过适当化学处理后再用酸碱滴定进行测定的方法即属于间接滴定法。

**应用实例：**蒸馏法测定含氮化合物中的氮

氮是生物生命活动过程中不可缺少的元素之一。对于蛋白质、生物碱或土壤肥料等含氮化合物中氮含量的测定，通常是将试样进行适当处理，使各种含氮化合物中的氮都转化为 $NH_4^+$，再进行测定。通常有两种方法：蒸馏法和甲醛法。

其中蒸馏法是根据以下反应进行的：

$$NH_4^+(aq) + OH^-(aq) \xrightarrow{\triangle} NH_3(g) + H_2O(l)$$

$$NH_3(g) + HCl(aq)(过量) \longrightarrow NH_4^+(aq) + Cl^-(aq)$$

$$OH^-(aq) + HCl(aq)(剩余) \longrightarrow Cl^-(aq) + H_2O(l)$$

即在 $(NH_4)_2SO_4$ 或 $NH_4Cl$ 试样中加入过量 NaOH 溶液，加热煮沸，将蒸馏出

的 $NH_3$ 用过量但已知量的 HCl 或 $H_2SO_4$ 标准溶液吸收，作用后剩余的酸再以甲基红或甲基橙为指示剂，用 NaOH 标准溶液滴定，这样就能间接求得 $(NH_4)_2SO_4$ 或 $NH_4Cl$ 的含量。

蒸馏出来的 $NH_3$ 也可用过量但不需计量的 $H_3BO_3$ 溶液吸收，再用 HCl 标准溶液滴定生成的 $H_2BO_3^-$，选择甲基红作指示剂。采用 $H_3BO_3$ 作吸收剂的优点在于：$H_3BO_3$ 在整个过程中不被滴定，其浓度和体积不需要很准确，只需保证过量即可。

$$NH_3(g) + H_3BO_3(aq) \longrightarrow NH_4^+(aq) + H_2BO_3^-(aq)$$

$$HCl\ (aq) + H_2BO_3^-(aq) \longrightarrow H_3BO_3(aq) + Cl^-(aq)$$

对于有机含氮化合物，可用浓 $H_2SO_4$ 消化处理以破坏有机物，反应需加 $CuSO_4$ 作催化剂。试样消化分解反应完全后，有机物中氮转化为 $NH_4^+$，按上述蒸馏法测定，此法称为凯氏定氮法。

**例 8-3** 将 2.000g 黄豆用浓 $H_2SO_4$ 进行消化处理，得到被测试液，然后加入过量的 NaOH 溶液，将释放出来的 $NH_3$ 用 50.00mL、0.6700mol·L$^{-1}$ HCl 溶液吸收，多余的 HCl 采用甲基橙指示剂，以 0.6520mol·L$^{-1}$ NaOH 30.10mL 滴定至终点。计算黄豆中氮的质量分数。

**解**

$$w(\text{N}) = \frac{[c(\text{HCl}) \cdot V(\text{HCl}) - c(\text{NaOH}) \cdot V(\text{NaOH})] \cdot M(\text{N})}{m}$$

$$= \frac{(0.6700 \times 50.00 - 0.6520 \times 30.10) \times 14.01 \times 10^{-3}}{2.000} = 9.72\%$$

## 8.4 沉淀滴定法

### 8.4.1 沉淀滴定法概述

沉淀滴定法概述与莫尔法

沉淀滴定法是利用沉淀反应来进行的滴定分析方法。要求沉淀的溶解度小，即反应需定量、完全；沉淀的组成要固定，即被测离子与沉淀剂之间要有准确的化学计量关系；沉淀的反应速率快；沉淀吸附的杂质少；且要有适当的指示剂指示终点。由于上述条件的限制，能用于沉淀滴定法的反应并不多，目前有实用价值的主要是形成难溶性银盐的反应。例如：

$$Ag^+ + Cl^- \rightleftharpoons AgCl\downarrow$$

$$Ag^+ + SCN^- \rightleftharpoons AgSCN\downarrow$$

以这类反应为基础的沉淀滴定法称为**银量法**。银量法主要用于测定 $Cl^-$、$Br^-$、$I^-$、$CN^-$、$SCN^-$和 $Ag^+$等离子及含卤素的有机化合物。本章主要讨论银量法。

### 8.4.2 莫尔法

莫尔法是以 $K_2CrO_4$ 为指示剂，在中性或弱碱性介质中用 $AgNO_3$ 标准溶液测定卤素混合物含量的方法。

1. 方法原理

银量法主要用于化学工业和冶金工业，如烧碱厂中食盐水的测定，电解液中 $Cl^-$ 的测定，环境检测中 $Cl^-$ 的测定。

在含有 $Cl^-$ 的中性或弱碱性溶液中，以 $K_2CrO_4$ 作指示剂，用 $AgNO_3$ 标准溶液直接滴定 $Cl^-$。有关反应式为

$$Ag^+ + Cl^- \rightleftharpoons AgCl\downarrow \text{(白色)} \qquad K_{sp}^{\ominus} = 1.8\times10^{-10}$$

$$2Ag^+ + CrO_4^{2-} \rightleftharpoons Ag_2CrO_4\downarrow \text{(砖红色)} \qquad K_{sp}^{\ominus} = 1.1\times10^{-12}$$

由于 AgCl 的溶解度比 $Ag_2CrO_4$ 的溶解度小，因此在用 $AgNO_3$ 标准溶液滴定时，AgCl 先析出沉淀。当滴定至化学计量点时，微过量的 $Ag^+$ 与 $CrO_4^{2-}$ 反应析出砖红色的 $Ag_2CrO_4$ 沉淀，指示滴定终点的到达。

2. 滴定条件

莫尔法的滴定条件主要是控制溶液中 $K_2CrO_4$ 的浓度和溶液的酸度。

用 $AgNO_3$ 标准溶液滴定 $Cl^-$ 时，指示剂 $K_2CrO_4$ 的用量对于终点指示有较大的影响。如果 $K_2CrO_4$ 的浓度过大，终点将提早出现，浓度过小，终点将拖后，均影响滴定的准确度，滴定到化学计量点时出现 $Ag_2CrO_4$ 沉淀最为适宜。根据溶度积原理，化学计量点时，溶液中：

$$c(Ag^+) = c(Cl^-) = \sqrt{K_{sp}^{\ominus}(AgCl)}$$

此时恰有 $Ag_2CrO_4$ 沉淀出现，则：

$$c(CrO_4^{2-}) = \frac{K_{sp}^{\ominus}(Ag_2CrO_4)}{c^2(Ag^+)} = \frac{1.1\times10^{-12}}{1.8\times10^{-10}} = 0.0061\ \ (mol\cdot L^{-1})$$

实验证明，滴定终点时，$K_2CrO_4$ 的浓度为 $0.005mol\cdot L^{-1}$ 较为适宜，滴定误差小于 0.1%。

溶液的酸度以保持中性或弱碱性（pH = 6.5～8.5）为宜。在酸性溶液中不生成 $Ag_2CrO_4$ 沉淀：

$$Ag_2CrO_4 + H^+ \rightleftharpoons 2Ag^+ + HCrO_4^-$$

在强碱性或在氨性溶液中，$AgNO_3$ 会发生其他反应：

$$2Ag^+ + 2OH^- \rightleftharpoons Ag_2O\downarrow + H_2O$$

$$Ag^+ + 2NH_3 \rightleftharpoons [Ag(NH_3)_2]^+$$

因此，如果溶液酸性太强，可用 $Na_2B_4O_7\cdot 10H_2O$ 或 $NaHCO_3$ 中和；如果溶液碱性太强，可用稀 $HNO_3$ 溶液中和；在氨性溶液中，滴定的 pH 范围应控制在 6.5～7.2。

3. 应用范围

莫尔法主要用于测定氯化物中的 $Cl^-$ 和溴化物中的 $Br^-$。当 $Cl^-$ 和 $Br^-$ 共存时，测得的是它们的总量。莫尔法不宜测定 $I^-$ 和 $SCN^-$，因为滴定生成的 AgI 和 AgSCN 沉淀表面会强烈吸附 $I^-$ 和 $SCN^-$，使滴定终点提前出现，造成较大的滴定误差。此法也不适用于以 $Cl^-$ 滴定 $Ag^+$，因滴定前 $Ag^+$ 与 $CrO_4^{2-}$ 生成的

$Ag_2CrO_4$转化为 AgCl 的速率很慢。

此外莫尔法的选择性较差，凡能与 $Ag^+$生成沉淀的阴离子，如 $PO_4^{3-}$、$AsO_4^{3-}$、$S^{2-}$、$CO_3^{2-}$、$C_2O_4^{2-}$等，能与 $CrO_4^{2-}$生成沉淀的阳离子，如 $Ba^{2+}$、$Pb^{2+}$、$Hg^{2+}$等，以及能与 $Ag^+$形成配合物的物质如 $NH_3$、EDTA 等都对测定有干扰。

为什么莫尔法的选择性比较差？

### 8.4.3　福尔哈德法

福尔哈德法是在酸性介质中，以铁铵矾$[NH_4Fe(SO_4)_2 \cdot 12H_2O]$作指示剂来确定滴定终点的一种银量法。根据滴定方式的不同，福尔哈德法分为直接滴定法和返滴定法两种。

福尔哈德法

1. 直接滴定法——测定 $Ag^+$

在含有 $Ag^+$的 $HNO_3$ 介质中，以铁铵矾作指示剂，用 $NH_4SCN$ 标准溶液直接滴定，先析出 AgSCN 白色沉淀，当滴定到化学计量点时，微过量的 $SCN^-$ 与 $Fe^{3+}$ 结合生成红色的$[Fe(SCN)]^{2+}$，指示终点到达，其反应为

$$Ag^+ + SCN^- \rightleftharpoons AgSCN\downarrow(\text{白色}) \qquad K_{sp}^{\ominus} = 1.0\times10^{-12}$$

$$Fe^{3+} + SCN^- \rightleftharpoons [Fe(SCN)]^{2+}\downarrow(\text{红色}) \qquad K_f^{\ominus} = 200$$

滴定一般在硝酸溶液中进行，酸度控制在 $0.1\sim1mol \cdot L^{-1}$。酸度太低，$Fe^{3+}$会发生水解而析出沉淀。另外在滴定过程中，不断生成的 AgSCN 沉淀能吸附溶液中的 $Ag^+$，使 $Ag^+$浓度降低，以致红色过早出现，因此在滴定过程中需剧烈摇动，使被吸附的 $Ag^+$释放出来以减小误差。

2. 返滴定法——测定 $Cl^-$、$Br^-$、$I^-$、$SCN^-$

福尔哈德法测定 $Cl^-$、$Br^-$、$I^-$和 $SCN^-$时应采用返滴定法，即在酸性($HNO_3$ 介质)待测溶液中，先加入一定量过量的 $AgNO_3$ 标准溶液，再用铁铵矾作指示剂，用 $NH_4SCN$ 标准溶液回滴剩余的 $Ag^+$。

在滴定时，存在 AgCl 和 AgSCN 两种沉淀，为防止 $Ag^+$被沉淀吸附，计量点前需充分振荡。但在化学计量点后，稍过量的 $SCN^-$会与 $Fe^{3+}$形成红色的$[Fe(SCN)]^{2+}$，也会使 AgCl 转化为溶解度更小的 AgSCN 沉淀。此时剧烈振荡会促使沉淀转化，而使溶液红色消失。

$$AgCl\downarrow + SCN^- \rightleftharpoons AgSCN\downarrow + Cl^-$$

要使红色不消失，需继续滴加 $SCN^-$溶液，这会给测定带来较大的误差。为了避免上述现象的发生，通常采用以下两种方法：

(1) 试液中加入一定量过量的 $AgNO_3$ 标准溶液之后，将溶液煮沸，使 AgCl 沉淀凝聚，然后滤去沉淀，并用稀 $HNO_3$ 充分洗涤沉淀，洗涤液并入滤液中，然后用 $NH_4SCN$ 标准溶液滴定滤液中的过量 $Ag^+$。

(2) 在滴加 $NH_4SCN$ 标准溶液之前，加入有机溶剂如硝基苯(有毒)。用力摇动后，有机溶剂将 AgCl 沉淀包住，使 AgCl 沉淀与外部溶液隔离，阻止

AgCl 沉淀转化为 AgSCN 沉淀，从而消除了沉淀转化的影响。

当用返滴定法测定 $Br^-$和 $I^-$时不存在沉淀转化的问题。但在测定 $I^-$时，应先加入过量的 $AgNO_3$ 溶液，后加指示剂。否则 $Fe^{3+}$将与 $I^-$反应析出 $I_2$，影响测定结果的准确度。

**例 8-4**　称量基准物质 NaCl 0.7526g，溶于 250.0mL 容量瓶中并稀释至刻度，摇匀。移取 25.00mL，加入 40.00mL $AgNO_3$ 溶液，滴定剩余的 $AgNO_3$ 时，用去 18.25mL $NH_4SCN$ 溶液。直接滴定 40.00mL $AgNO_3$ 溶液时，需要 42.60mL $NH_4SCN$ 溶液。求 $AgNO_3$ 和 $NH_4SCN$ 的浓度。

**解**　与 NaCl 反应的 $AgNO_3$ 溶液体积为

$$40.00-\frac{40.00\times 18.25}{42.60}=22.86(\text{mL})$$

$$c(\text{AgNO}_3)=\frac{0.7526\times\dfrac{25.00}{250.0}}{58.44\times 22.86\times 10^{-3}}=0.05633(\text{mol}\cdot\text{L}^{-1})$$

$$c(\text{NH}_4\text{SCN})=\frac{0.05633\times 40.00}{42.60}=0.05289(\text{mol}\cdot\text{L}^{-1})$$

由于福尔哈德法在酸性介质中进行，许多弱酸根离子（如 $PO_4^{3-}$、$CrO_4^{2-}$、$AsO_4^{3-}$ 等）的存在不影响测定，因此选择性高于莫尔法。但强氧化剂、氮的低价氧化物、铜盐、汞盐等能与 $SCN^-$作用，对测定有干扰，需预先除去。

### 8.4.4　法扬斯法

法扬斯法是以吸附指示剂确定滴定终点的一种银量法。

法扬斯法

吸附指示剂是一类有机染料，它的阴离子在溶液中易被带正电荷的胶状沉淀吸附，吸附后结构改变，从而引起颜色的变化，指示滴定终点的到达。现以 $AgNO_3$ 标准溶液滴定 $Cl^-$，荧光黄作指示剂为例，说明吸附指示剂的作用原理。

荧光黄是一种有机弱酸，用 HFI 表示，在水溶液中解离的阴离子 $FI^-$呈黄绿色：

$$\text{HFI} \rightleftharpoons \text{H}^+ + \underset{\text{黄绿色}}{\text{FI}^-}$$

在化学计量点前，溶液中 $Cl^-$过量，AgCl 沉淀吸附过量的 $Cl^-$而带负电荷，$FI^-$不被吸附，溶液呈黄绿色。化学计量点后，微过量的 $AgNO_3$ 可使 AgCl 沉淀吸附 $Ag^+$形成 $AgCl\cdot Ag^+$而带正电荷，此时荧光黄阴离子 $FI^-$被吸附，结构发生变化呈现粉红色，指示终点的到达。

$$\text{AgCl}\cdot\text{Ag}^+ + \underset{\text{黄绿色}}{\text{FI}^-} \xrightarrow{\text{吸附}} \underset{\text{粉红色}}{\text{AgCl}\cdot\text{Ag}\cdot\text{FI}}$$

如果用 NaCl 滴定 $Ag^+$，则指示剂的颜色变化正好相反。

为使终点颜色变化明显，使用吸附指示剂时应该注意的是：

(1) 尽量使沉淀的比表面大一些，有利于加强吸附，使发生在沉淀表面的颜色变化明显，还要阻止卤化银凝聚，保持其胶体状态。通常加入糊精作保护胶体。

(2) 溶液浓度不宜太稀，否则生成沉淀很少，终点颜色变化不明显。

(3) 溶液酸度要适当。常用的吸附指示剂多为有机弱酸，酸度的大小与指示剂的解离常数有关，解离常数大，酸度可以大些。

三个沉淀滴定法

(4) 避免强光照射。卤化银沉淀对光敏感，易分解析出银使沉淀变为灰黑色，影响滴定终点的观察。

(5) 胶体微粒对指示剂的吸附能力要适当，应略小于对被测离子的吸附能力。例如，卤化银对卤化物和几种吸附指示剂的吸附能力的次序为 $I^- > SCN^- > Br^- >$ 曙红 $> Cl^- >$ 荧光黄。因此，滴定 $Cl^-$ 应选荧光黄，不能选曙红。

## 8.5　氧化还原滴定法

### 8.5.1　氧化还原反应的特点

氧化还原滴定法是以氧化还原反应为基础的滴定分析方法，既可用滴定剂直接测定氧化性物质或还原性物质，也可间接地测定一些能与滴定剂定量发生反应的无机物或有机物。氧化还原反应与离子间瞬间完成的酸碱中和、沉淀等反应不同，有如下特点：

氧化还原反应的特点

(1) 由于氧化还原反应是发生电子转移的反应，反应的机理比较复杂，往往是多步完成的反应，除了主反应外，有时还会发生副反应，使反应物之间没有确定的化学计量关系。

(2) 氧化还原反应与介质条件有关，相同的反应物在不同介质中进行反应时的生成物可能各不相同，相应电对的条件电极电势值也不同。

(3) 电子在氧化剂与还原剂间转移时会遇到很多阻力，电子转移速度减慢，需要一定的时间才能完成，在很大程度上影响了氧化还原反应的进行。有些根据热力学理论推断可以进行甚至能充分进行的氧化还原反应，由于反应速率太慢，不能用于氧化还原滴定分析。通常可考虑反应物浓度、温度和催化剂等影响因素，加快氧化还原反应速率。

如何判断一个氧化还原反应能否反应完全？能定量进行完全的氧化还原反应是否就能应用于氧化还原滴定？为什么？

因此，尽管氧化还原反应很多，但只有符合一定条件的氧化还原反应才能应用于滴定分析。除了需从热力学理论分析氧化还原反应进行的可能性之外，还应考虑反应机理、反应速率、反应条件及滴定条件等问题。氧化还原滴定对滴定反应的要求有：

(1) 氧化还原反应要按一定的化学计量关系定量地进行，且进行得相当完全，一般要求氧化剂与还原剂的标准电极电势差值大于 0.4V。

(2) 反应速率要快，或可以采用加热、加催化剂等方法加快反应。

(3) 有适当的方法指示反应终点。

### 8.5.2　影响氧化还原反应速率的因素

1. 反应物浓度

影响氧化还原反应速率的因素

由于氧化还原反应机理较复杂，因此不能简单地按总的氧化还原反应方程式来判断反应物浓度对反应速率的影响程度。一般来说，增大反应物的浓度都能加快反应速率；对于有 $H^+$ 或 $OH^-$ 参与的氧化还原反应，增大溶液酸度或碱度也能加速反应进行。

2. 反应温度

温度对氧化还原反应的影响是很复杂的。对于大多数氧化还原反应来说，升高温度可加快反应速率。例如，$KMnO_4$ 在酸性溶液中与 $H_2C_2O_4$ 的反应，在常温下反应速率很慢，常将溶液加热到 70～80℃加快反应速率。但当反应系统中有挥发性、易受热分解或受热时易被空气氧化等物质时，就不能采用加热的方法提高反应速率。

有哪些主要因素会影响氧化还原反应速率？如何能够加速反应的完成？在分析中是否都能利用加热的方法来加速反应的进行？为什么？

3. 催化剂

催化剂往往通过改变反应机理、降低反应活化能来影响氧化还原反应速率，其作用机理非常复杂。例如，$KMnO_4$ 与 $H_2C_2O_4$ 在酸性溶液中的反应速率很慢，加入 $Mn^{2+}$ 或有 $Mn^{2+}$ 生成时，就能催化反应快速进行。

### 8.5.3　条件电极电势

电极反应 $a\text{Ox} + ne^- \rightleftharpoons b\text{Red}$ 的电极电势能通过能斯特方程计算：

$$\varphi = \varphi^{\ominus} - \frac{0.0592}{n}\lg\frac{[c(\text{Red})]^b}{[c(\text{Ox})]^a}$$

即电对的电极电势与氧化态物质和还原态物质的浓度有关。但离子间存在不可忽略的相互作用，且氧化态物质和还原态物质可能发生配位、缔合、水解等副反应而存在其他型体，从而改变了电对组成物质的有效浓度。如果不考虑上述两个影响因素，由能斯特方程计算得到的电极电势与实际测量值之间有明显的差异。例如，电对 $(Fe^{3+}/Fe^{2+})$ 的电极反应是不受介质酸度影响的，$\varphi^{\ominus}(Fe^{3+}/Fe^{2+}) = 0.771\text{V}$。但当 $c(Fe^{3+}) = c(Fe^{2+}) = 1\text{mol}\cdot\text{L}^{-1}$ 时，实际测得电对 $(Fe^{3+}/Fe^{2+})$ 在 $0.1\text{mol}\cdot\text{L}^{-1}$ HCl 溶液中的电极电势为 0.73V，在 $1\text{mol}\cdot\text{L}^{-1}$ HCl 溶液中的电极电势为 0.70V，在 $3\text{mol}\cdot\text{L}^{-1}$ HCl 溶液中的电极电势为 0.68V，均低于 $\varphi^{\ominus}(Fe^{3+}/Fe^{2+})$，显示了电对的电极电势大小与溶液的酸度有关。其原因在于 $Fe^{3+}$、$Fe^{2+}$ 与 $H_2O$ 及 $Cl^-$ 均有副反应发生，即在溶液系统中，除了有 $Fe^{3+}$ 和 $Fe^{2+}$ 外，还有 $Fe(OH)^{2+}$、$Fe(OH)_2^+$、$FeCl^{2+}$、$[FeCl_6]^{3-}$、$FeCl^+$、$FeCl_2$ 等多种存在形式，使溶液中 $Fe^{3+}$ 和 $Fe^{2+}$ 有效浓度低于其分析浓度；其次，当溶液的酸度改变时，也会使溶液系统中的各种存在形式的浓度随之发生变化，计算得到的电极电势与实际测量值有较大差异。

条件电极电势

副反应系数定义为某离子的所有型体的浓度之和（分析浓度）与电极反应中所表示离子的浓度的比值，如对水中的 $Fe^{3+}$，有 $\alpha = c(Fe^{3+})/[Fe^{3+}]$。其中 $c$ 是指分析浓度。

要使电对电极电势的理论计算值与实际测量值相符，须用反映组分有效浓度的**活度系数** $\gamma$ 和**副反应系数** $\alpha$ 分别校正溶液的离子浓度和发生副反应时对参与电极反应的各物质浓度的影响。对电极反应：

$$a\text{Ox} + ne^- \rightleftharpoons b\text{Red}$$

$$\text{Ox 的有效浓度} = c(\text{Ox})\cdot\frac{\gamma(\text{Ox})}{\alpha(\text{Ox})}$$

$$\text{Red 的有效浓度} = c(\text{Red})\cdot\frac{\gamma(\text{Red})}{\alpha(\text{Red})}$$

常温常压下的能斯特方程为

$$\varphi = \varphi^{\ominus} - \frac{0.0592}{n}\lg\frac{\left[\dfrac{c(\text{Red})\cdot\gamma(\text{Red})}{\alpha(\text{Red})}\right]^b}{\left[\dfrac{c(\text{Ox})\cdot\gamma(\text{Ox})}{\alpha(\text{Ox})}\right]^a}$$

$$= \varphi^{\ominus} - \frac{0.0592}{n}\lg\frac{[\gamma(\text{Red})]^b\cdot[\alpha(\text{Ox})]^a}{[\gamma(\text{Ox})]^a\cdot[\alpha(\text{Red})]^b} - \frac{0.0592}{n}\lg\frac{[c(\text{Red})]^b}{[c(\text{Ox})]^a}$$

同一个氧化还原电对在不同离子强度条件下的活度系数$\gamma$ 和副反应系数 $\alpha$ 各不相同，而且反应在不同离子强度条件下的活度系数$\gamma$ 和副反应系数$\alpha$ 都不易求得，但对于确定的氧化还原反应，在一定条件下其在不同离子强度条件下的活度系数$\gamma$ 和副反应系数$\alpha$ 应是个定值，此时，上式中的前两项可以合并成一个常数，用符号 $\varphi^{\ominus\prime}$ 表示，称为电对(Ox/Red)的**条件电极电势**：

$$\varphi^{\ominus\prime} = \varphi^{\ominus} - \frac{0.0592}{n}\lg\frac{[\gamma(\text{Red})]^b\cdot[\alpha(\text{Ox})]^a}{[\gamma(\text{Ox})]^a\cdot[\alpha(\text{Red})]^b} \tag{8-8}$$

则：

$$\varphi = \varphi^{\ominus\prime} - \frac{0.0592}{n}\lg\frac{[c(\text{Red})]^b}{[c(\text{Ox})]^a} \tag{8-9}$$

由式(8-8)可知，条件电极电势的大小不仅与该电对的标准电极电势有关，还与不同离子强度条件下的活度系数$\gamma$ 和副反应系数$\alpha$ 有关，即条件电极电势除了与标准电极电势一样，受温度影响外，还与影响氧化还原电对中氧化态的氧化能力及还原态的还原能力等外界因素有关。**只有当氧化态物质和还原态物质的活度均为 1mol · L$^{-1}$，并校正了特定条件下各种因素影响后的实际电极电势时，条件电极电势才是个定值**。条件电极电势是由实验测得的，一般可在分析化学手册中查得，书后附录八有部分数据。但与氧化还原电对的标准电极电势相比，氧化还原电对的条件电极电势数据仍然很少。例如，在实际应用时，没有相同条件下的条件电极电势 $\varphi^{\ominus\prime}$ 时，可选用相近条件的 $\varphi^{\ominus\prime}$ 代替，或用标准电极电势作近似计算。

?
如何理解条件电极电势？条件电极电势与标准电极电势的关系是什么？影响条件电极电势的外界因素有哪些？为什么在实际工作中应采用条件电极电势？

### 8.5.4 氧化还原滴定曲线

氧化还原滴定法与酸碱滴定法、沉淀滴定法等滴定分析方法一样，随着滴定剂的不断加入和氧化还原反应的进行，溶液系统中的各种物质的浓度随之发生改变，溶液系统的电极电势也不断变化，并在化学计量点附近出现突跃。溶液系统在滴定过程中的电极电势变化规律也可由滴定曲线来表示。下面以 0.1000mol · L$^{-1}$ $Ce(SO_4)_2$ 标准溶液在 1.0mol · L$^{-1}$ $H_2SO_4$ 溶液中滴定 20.00mL 0.1000mol · L$^{-1}$ $Fe^{2+}$为例，说明滴定过程中溶液系统电极电势的计算方法及滴定曲线的绘制。

氧化还原滴定曲线

滴定反应式为

$$Ce^{4+} + Fe^{2+} \rightleftharpoons Ce^{3+} + Fe^{3+}$$

电极反应分别为

氧化剂的还原过程　$Ce^{4+} + e^- \rightleftharpoons Ce^{3+}$　$\varphi^{\ominus\prime}(Ce^{4+}/Ce^{3+}) = 1.44V$

还原剂的氧化过程　$Fe^{2+} - e^- \rightleftharpoons Fe^{3+}$　$\varphi^{\ominus\prime}(Fe^{3+}/Fe^{2+}) = 0.68V$

在氧化还原滴定过程中，整个溶液系统的电极电势可分为几个阶段来计算。

1. 未发生反应时的 $Fe^{2+}$溶液的电极电势

在常温常压下放置的 $Fe^{2+}$溶液，有少量 $Fe^{2+}$被空气氧化，故在溶液中有 $Fe^{3+}$存在，但无法确定其准确浓度，因此无法求算在此状态下的溶液系统的电极电势，还原性溶液在此时的电极电势往往是根据实验值外推得到。

2. 加入氧化剂 $Ce^{4+}$，反应进行到 99.9% $Fe^{2+}$被氧化时的电极电势

这个反应阶段的特点是加入的 $Ce^{4+}$的量要比溶液系统中的 $Fe^{2+}$的总量少，$Ce^{4+}$全部反应完，并生成相应的还原态物质 $Ce^{3+}$。溶液中还有剩余的 $Fe^{2+}$，当反应达到平衡时，溶液系统的氧化剂电对与还原剂电对的电极电势相等，即

$$\varphi(Ce^{4+}/Ce^{3+}) = \varphi(Fe^{3+}/Fe^{2+})$$

因此，溶液系统在各个平衡点时的电极电势可以用任何一个便于计算电极电势的电对来表示。由于 $Ce^{4+}$已全部反应，生成相应量的 $Fe^{3+}$，但溶液中的 $Ce^{4+}$平衡浓度无法准确算出，剩余的 $Fe^{2+}$的量可根据氧化还原反应方程式算出，溶液系统在此阶段的电极电势由能斯特方程计算电对($Fe^{3+}/Fe^{2+}$)的电极电势较为方便，算式为

$$\varphi = \varphi^{\ominus\prime}(Fe^{3+}/Fe^{2+}) - 0.0592\lg\frac{c(Fe^{2+})}{c(Fe^{3+})}$$

3. $Ce^{4+}$与 $Fe^{2+}$恰好完全反应时的电极电势

当 $Ce^{4+}$与 $Fe^{2+}$恰好反应完全时，两个电对的能斯特方程分别为

$$\varphi(Ce^{4+}/Ce^{3+}) = \varphi_1^{\ominus\prime}(Ce^{4+}/Ce^{3+}) - 0.0592\lg\frac{c(Ce^{3+})}{c(Ce^{4+})} \tag{8-10}$$

$$\varphi(Fe^{3+}/Fe^{2+}) = \varphi_2^{\ominus\prime}(Fe^{3+}/Fe^{2+}) - 0.0592\lg\frac{c(Fe^{2+})}{c(Fe^{3+})} \tag{8-11}$$

由于溶液中 $Ce^{4+}$和 $Fe^{2+}$平衡浓度很小，不易准确算出。但溶液系统的电极电势 $\varphi_{计} = \varphi(Ce^{4+}/Ce^{3+}) = \varphi(Fe^{3+}/Fe^{2+})$，将两电对的电极电势相加得

$$\varphi_{计} = \frac{\varphi(Ce^{4+}/Ce^{3+}) + \varphi(Fe^{3+}/Fe^{2+})}{2}$$

$$= \frac{\varphi_1^{\ominus\prime}(Ce^{4+}/Ce^{3+}) + \varphi_2^{\ominus\prime}(Fe^{3+}/Fe^{2+})}{2} - 0.0592\lg\left[\frac{c(Fe^{2+})}{c(Fe^{3+})} \times \frac{c(Ce^{3+})}{c(Ce^{4+})}\right]$$

在化学计量点时，$c(Ce^{3+}) = c(Fe^{3+})$，$c(Ce^{4+}) = c(Fe^{2+})$

$$\varphi_{计} = \frac{\varphi_1^{\ominus\prime}(Ce^{4+}/Ce^{3+}) + \varphi_2^{\ominus\prime}(Fe^{3+}/Fe^{2+})}{2} = \frac{1.44 + 0.68}{2}\ (V) = 1.06\ (V)$$

4. 加入过量氧化剂时的电极电势

这个反应阶段的特点是过量加入的 $Ce^{4+}$的量要比溶液系统中的 $Fe^{2+}$的总量多，$Fe^{2+}$全部反应完，消耗相应的 $Ce^{4+}$，溶液中还有剩余的 $Ce^{4+}$。但 $Fe^{2+}$的平衡浓度不易准确算出，溶液系统在此阶段的电极电势由能斯特方程计算电对($Ce^{4+}/Ce^{3+}$)的电极电势较为方便，算式为

$$\varphi = \varphi^{\ominus\prime}(Ce^{4+}/Ce^{3+}) - 0.0592\lg\frac{c(Ce^{3+})}{c(Ce^{4+})}$$

当滴定剂滴定了 0.999～1.001 的 $Fe^{2+}$时，溶液的电极电势出现突跃，溶液在滴定突跃前的电极电势为

$$\varphi = \varphi_2^{\ominus\prime}(Fe^{3+}/Fe^{2+}) - 0.0592\lg\frac{c(Fe^{2+})}{c(Fe^{3+})} = 0.68 - 0.0592\lg\frac{1-0.999}{0.999} = 0.86(V)$$

溶液在滴定突跃后的电极电势为

$$\varphi = \varphi_1^{\ominus\prime}(Ce^{4+}/Ce^{3+}) - 0.0592\lg\frac{c(Ce^{3+})}{c(Ce^{4+})} = 1.44 - 0.0592\lg\frac{1}{1.001-1} = 1.26(V)$$

按上述方法计算并将计算结果汇总可得到表 8-7。

> **?** 为什么可以用氧化剂电对和还原剂电对中的任一个电对的电势来计算氧化还原滴定过程中溶液的电势?

**表 8-7　在 1mol · $L^{-1}$ $H_2SO_4$ 溶液中，用 0.1000mol · $L^{-1}$ $Ce(SO_4)_2$ 滴定 20.00mL 0.1000mol · $L^{-1}$ $FeSO_4$**

| 滴入 $Ce^{4+}$溶液体积 $V$/mL | $\frac{c(Fe^{2+})}{c(Fe^{3+})}$ | $\frac{c(Ce^{4+})}{c(Ce^{3+})}$ | 电极电势$\varphi$/V | |
|---|---|---|---|---|
| 0.00 | 无法知道 | | 无法计算 | |
| 4.00 | ≈ 4 | | 0.64 | |
| 10.00 | ≈ 1 | | 0.68 | |
| 18.00 | ≈ 0.11 | | 0.74 | |
| 19.98 | $\approx 10^{-3}$ | | 0.86 | 滴定突跃 |
| 20.00 | | | 1.06 | 滴定突跃 |
| 20.02 | | $\approx 10^{-3}$ | 1.26 | 滴定突跃 |
| 22.00 | | $\approx 10^{-1}$ | 1.38 | |
| 40.00 | | 1 | 1.44 | |

> **?** 如何估计氧化还原滴定突跃的电势范围?如何计算化学计量点的电势?

图 8-7 是根据上述方法得到的数据绘制的滴定曲线。

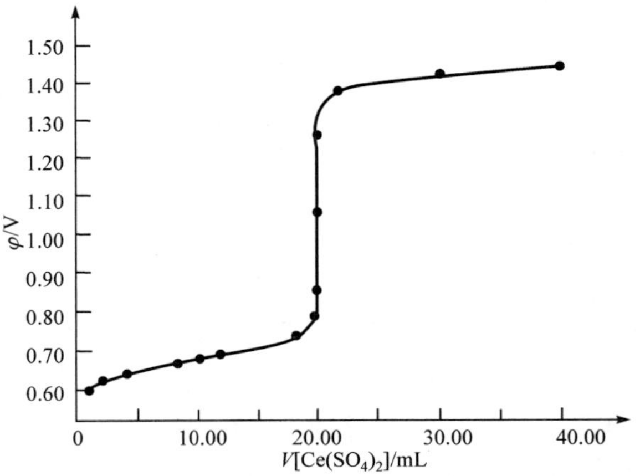


图 8-7　0.1000mol · $L^{-1}$ $Ce^{4+}$滴定 0.1000mol · $L^{-1}$ $Fe^{2+}$的滴定曲线(1mol · $L^{-1}$ $H_2SO_4$)

由表 8-7 的电极电势数据和图 8-7 滴定曲线可以看出，滴定剂加入量在化学计量点前后 0.1%时，溶液的电极电势发生急剧变化，有一个电极电势变化相当大的滴定突跃。这个滴定突跃对指示剂的选用有重要作用。

化学计量点在氧化还原滴定曲线上的位置与氧化剂和还原剂的电子转移数有何关系?

电对 ($Ce^{4+}/Ce^{3+}$) 和电对 ($Fe^{3+}/Fe^{2+}$) 的电极反应中，氧化态物质和还原态物质的系数相同，这样的电对称为**对称电对**；氧化态物质和还原态物质的系数不相同的电对称为**不对称电对**。对于由对称电对间进行的氧化还原反应来说，化学计量点的电极电势恰好位于滴定突跃的中点，滴定曲线基本是以化学计量点作中心对称的。

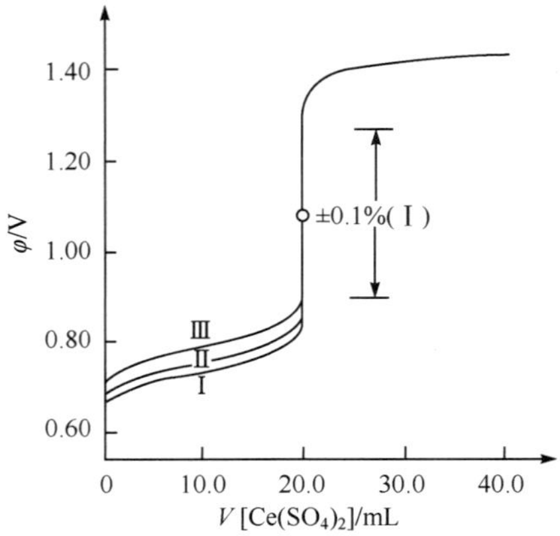


图 8-8　0.1000mol · $L^{-1}$ $Ce(SO_4)_2$ 标准溶液在不同介质中滴定 20.00mL 0.1000 mol · $L^{-1}$ $FeSO_4$ 时的滴定曲线

I. 1mol · $L^{-1}$ $H_2SO_4$ 溶液中 $\varphi^{\ominus\prime} = 0.68V$

II. 1mol · $L^{-1}$ HCl 溶液中 $\varphi^{\ominus\prime} = 0.70V$

III. 1mol · $L^{-1}$ $HClO_4$ 溶液中 $\varphi^{\ominus\prime} = 0.73V$

滴定突跃范围的大小与发生滴定反应的两个电对的条件电极电势大小及介质条件有关。两电对的条件电极电势差值越大，滴定突跃范围越大。

例如，$Ce(SO_4)_2$ 标准溶液滴定 $Fe^{2+}$时的滴定突跃电势为 0.86～1.26V，用 $KMnO_4$ 标准溶液滴定 $Fe^{2+}$ 时的滴定突跃电势增为 0.86～1.46V。在不同的介质条件下，同一个滴定反应的条件电极电势不同，滴定突跃范围大小也就不同。图 8-8 是 0.1000mol · $L^{-1}$ $Ce(SO_4)_2$ 标准溶液在不同介质中滴定 20.00mL 0.1000 mol · $L^{-1}$ $FeSO_4$ 时的滴定曲线。

### 8.5.5　氧化还原指示剂

常用的氧化还原指示剂

氧化还原滴定分析中常用指示剂来指示滴定终点的到达，实际应用于氧化还原滴定分析的指示剂分为以下三类。

1. 自身指示剂

有些滴定剂或被滴定物质本身具有较深的颜色，而反应产物是无色或浅色的，则在滴定反应定量完成时就会有明显的颜色变化，无需另加指示剂就能指示终点到达。这种起着指示剂作用的试剂称为自身指示剂。例如，$KMnO_4$ 溶液中的 $MnO_4^-$ 呈紫红色，具有很强的着色能力，在酸性溶液中的还原产物为近于无色的 $Mn^{2+}$。在化学计量点到达时，稍过量的 $KMnO_4$(溶液中只有 $2\times10^{-6}$mol · $L^{-1}$ 的 $MnO_4^-$，相当于 100mL 溶液中加入 0.01mL 0.02mol · $L^{-1}$ $KMnO_4$ 溶液)就能显示出可被觉察到的浅粉红色，指示出滴定终点的到达。$KMnO_4$ 作为指示剂，溶液在终点前后颜色的变化是相当灵敏的，稍许过量所引起的误差通常可被忽略，只有在更精确的测定时才需要作空白校正。

2. 特殊指示剂

这类物质本身不具有氧化性或还原性，不参与氧化还原滴定反应，但能与滴定剂、被滴定物或滴定反应的生成物以某种方式形成特殊颜色，从而根据这种颜色的出现或消失来判断滴定终点的到达。例如，可溶性淀粉本身是无色的，与碘溶液(有碘化物存在)能生成深蓝色的吸附配合物。在溶液中只要有 $4\times10^{-5}\text{mol}\cdot\text{L}^{-1}$ 的碘，就呈现鲜明的蓝色。当碘被还原为 $I^-$时，蓝色就立即消失。故在碘量法中，淀粉是一种灵敏而变色迅速的指示剂。

又如，无色的 KSCN 溶液是用于 $Fe^{3+}$标准溶液滴定 $Sn^{2+}$的指示剂。在化学计量点附近，稍许过量的 $Fe^{3+}$就与 KSCN 结合生成鲜红色的配合物，起到指示终点的作用。

3. 氧化还原指示剂

大多数氧化还原滴定分析中使用的氧化还原指示剂是具有氧化还原性质的有机物。它的氧化态和还原态有不同的结构而呈现不同的颜色，在氧化还原滴定中发生氧化态与还原态的互变，从而能观察到溶液颜色的变化来判断滴定终点。例如，用 In (Ox)和 In (Red)分别表示氧化还原指示剂的氧化态和还原态，指示剂电对的电极反应可表示为

**二苯胺磺酸钠的变色原理**

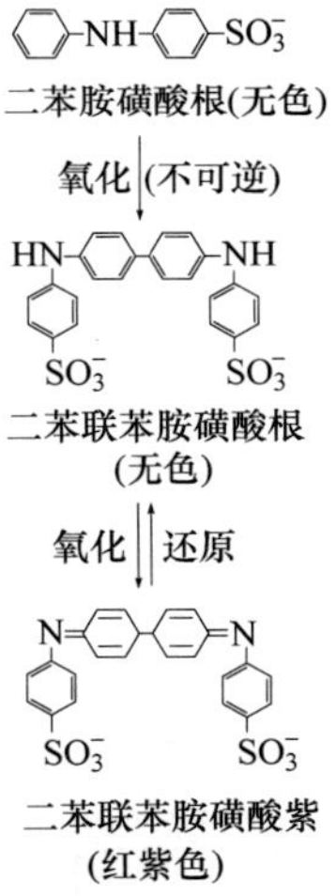


$$\text{In(Ox)} + ne^- \rightleftharpoons \text{In(Red)}$$

随着氧化还原滴定的进行，溶液系统的电极电势$\varphi$随之变化，指示剂的氧化态和还原态的浓度及其比值也将变化，指示剂电对的电极电势为

$$\varphi[\text{In(Ox)/In(Red)}] = \varphi^{\ominus}[\text{In(Ox)/In(Red)}] - \frac{0.0592}{n}\lg\frac{c[\text{In(Red)}]}{c[\text{In(Ox)}]}$$

溶液中 $\frac{c[\text{In(Red)}]}{c[\text{In(Ox)}]}=1$ 时，指示剂呈现氧化态与还原态颜色各占一半时的中间混合色，此时 $\varphi[\text{In(Ox)/In(Red)}] = \varphi^{\ominus}[\text{In(Ox)/In(Red)}]$，称为指示剂的变色点。当 $\frac{c[\text{In(Red)}]}{c[\text{In(Ox)}]}$ 为 $\frac{1}{10}\sim\frac{10}{1}$ 时，指示剂将由一种颜色经过变色点的中间混合色过渡到另一种颜色，即氧化还原指示剂的变色范围为 $\varphi^{\ominus}[\text{In(Ox)/In(Red)}] - \frac{0.0592}{n} \sim \varphi^{\ominus}[\text{In(Ox)/In(Red)}] + \frac{0.0592}{n}$。在实际工作中，采用条件电极电势更为合理，则指示剂的**变色范围**为

$$\varphi^{\ominus'}[\text{In(Ox)/In(Red)}] \pm \frac{0.0592}{n}$$

亚甲基蓝、二苯胺、二苯胺磺酸钠、邻二氮菲-亚铁等是氧化还原滴定中常用的氧化还原指示剂。

与酸碱滴定选用指示剂的原则一样，氧化还原滴定中，适宜的氧化还原指示剂的变色范围的全部或大部分应处在滴定突跃内。在实际分析工作中，选用指示剂时还应考虑到：

(1) 因指示剂的变色范围较小，所选用的氧化还原指示剂变色点的电极电

?

氧化还原指示剂的变色原理和选择原则与酸碱指示剂有何异同?

势与化学计量点的电极电势应尽量接近。

(2) 要减小有色组分对滴定终点颜色判断的影响，宜选用单色指示剂，或将溶液中某些有色物质掩蔽起来或转化成无色或浅色物质。

(3) 在滴定过程中的氧化还原指示剂也会消耗一定量的滴定剂，若滴定剂的浓度很小时，氧化还原指示剂所耗用的滴定剂体积就较大，对分析结果的影响就不能忽略，此时应做空白试验，进行空白校正。

### 8.5.6　氧化还原滴定前的预处理

氧化还原滴定前的预处理

在氧化还原滴定时，需用合适的氧化剂或还原剂将被测组分转变为能与滴定剂按化学计量关系定量、迅速进行滴定反应的价态，这个处理步骤称为氧化还原滴定前的预处理。例如，用重铬酸钾法测定含铁试样中的总铁含量，除了需用合适的试剂将试样处理成试样溶液外，还需将溶液中的 Fe(Ⅲ)全部还原成 Fe(Ⅱ)，才能用 $K_2Cr_2O_7$ 标准溶液滴定，这就是对试样进行的预处理。

氧化还原预处理的方法应满足如下条件：

(1) 预处理反应能将被测组分定量地氧化或还原成适宜的价态。

(2) 预处理反应能迅速完成。

(3) 过量的预处理试剂应易于除去，或转变为不参与滴定反应的物质。

(4) 预处理试剂应具有良好的选择性，不引入干扰成分。

试样预处理的氧化剂有 $(NH_4)_2S_2O_8$、$NaBiO_3$、$H_2O_2$、$KIO_3$ 等，$SnCl_2$、$TiCl_3$、$H_2S$ 则是常用的还原剂。

### 8.5.7　常用氧化还原滴定方法

氧化还原滴定法可用氧化剂滴定还原性物质，也可用还原剂滴定氧化性物质。但由于还原剂易被氧化而引起浓度变化，因此在实际工作中，常用氧化剂作为滴定剂。氧化还原滴定法根据所用的氧化性标准溶液名称不同分为高锰酸钾法、重铬酸钾法、碘量法、铈量法、溴酸盐法等，各种方法都有各自的特点和应用范围。

#### 1. 重铬酸钾法

常用的氧化还原滴定分析法（一）重铬酸钾法

重铬酸钾是一种强氧化剂，在酸性溶液中，$Cr_2O_7^{2-}$（橘红色）被还原成 $Cr^{3+}$（绿色），其电极反应为

$$Cr_2O_7^{2-} + 14H^+ + 6e^- \rightleftharpoons 2Cr^{3+} + 7H_2O \qquad \varphi^\ominus = 1.33V$$

该电对在不同酸性介质和不同酸度溶液中的条件电极电势不同（见附录八）。由于 $\varphi^\ominus(Cr_2O_7^{2-}/Cr^{3+})$ 略小于 $\varphi^\ominus(Cl_2/Cl^-)$，$Cr_2O_7^{2-}$ 在酸性溶液中不能氧化 $Cl^-$，因此重铬酸钾法中，可以用盐酸控制酸性溶液的酸度。但当 HCl 浓度太高或溶液煮沸时，也会有部分 $K_2Cr_2O_7$ 被 $Cl^-$ 还原。

$K_2Cr_2O_7$ 容易提纯。将化学纯的 $K_2Cr_2O_7$ 经过重结晶、150℃干燥后，即可得到纯度达 99.9%、不含结晶水、可用于直接法配制标准溶液的基准物质；$K_2Cr_2O_7$ 溶液十分稳定，即使加热也不会分解；保存在密封容器中的 $K_2Cr_2O_7$

溶液，可以储存较长时间而浓度不变。由于 $K_2Cr_2O_7$ 还原生成绿色的 $Cr^{3+}$，对 $K_2Cr_2O_7$ 的橙色有掩盖作用，因此重铬酸钾法需要另加氧化还原指示剂指示终点。另外，$K_2Cr_2O_7$ 有毒，使用时应注意废液的处理，以免污染环境。重铬酸钾法的应用介绍如下。

1）铁的测定

测定含铁试样中的总铁含量是重铬酸钾法的主要应用，滴定反应式为

$$Cr_2O_7^{2-} + 6Fe^{2+} + 14H^+ \rightleftharpoons 2Cr^{3+} + 6Fe^{3+} + 7H_2O$$

其方法是将含铁试样用盐酸溶解，在热的浓盐酸溶液中用 $SnCl_2$ 将大部分 Fe(Ⅲ)还原为 $Fe^{2+}$。然后以钨酸钠作指示剂，用稍过量的 $TiCl_3$ 还原剩余的 Fe(Ⅲ)。Fe(Ⅲ)全部还原时，溶液呈蓝色，再滴加稀 $K_2Cr_2O_7$ 溶液至蓝色刚的褪去，以除去过量的 $TiCl_3$。然后在 $H_3PO_4$ 介质中（也可以用 $H_2SO_4$-$H_3PO_4$ 介质）立即用 $K_2Cr_2O_7$ 标准溶液滴定，以免空气中的氧氧化 $Fe^{2+}$而引起误差。测定铁含量时，常用二苯胺磺酸钠作指示剂，$\varphi^{\ominus'} = 0.85V$，变色范围为 0.82～0.88V。随着滴定过程的进行，电对（$Fe^{3+}/Fe^{2+}$）的电极电势将随之增高，如按 $\varphi^{\ominus'}(Fe^{3+}/Fe^{2+}) = 0.68V$（$1mol \cdot L^{-1}$ $H_2SO_4$ 溶液中）计算，滴定突跃为 0.86～1.26V，此时二苯胺磺酸钠变色点的电极电势在滴定突跃范围之外，即滴定终点将提前到达，产生较大的负误差。为了减少滴定终点误差，需在滴定试样溶液中加入 $H_3PO_4$，$H_3PO_4$ 能提供一定的酸度，补充了 $Cr_2O_7^{2-}$ 氧化 $Fe^{2+}$时消耗的 $H^+$，但其主要作用是与黄色的 $Fe^{3+}$生成无色而稳定的$[Fe(HPO_4)]^+$配阳离子，减小了溶液中游离的 $Fe^{3+}$浓度，使电对（$Fe^{3+}/Fe^{2+}$）在 99.9%$Fe^{2+}$被氧化时的电极电势降低至 0.79V。化学计量点附近的电极电势范围变为 0.79～1.06V，二苯胺磺酸钠变色范围全部落在滴定突跃范围内，避免了指示剂提前氧化变色而引起的误差。无色配离子的生成又消除了水化 $Fe^{3+}$的黄色，有利于终点颜色的观察。

2）水体中化学耗氧量（COD）的测定

**化学耗氧量**又称**化学需氧量**，是指在一定体积水体中的还原性物质被强氧化剂氧化时所消耗的氧化剂的量，换算成以 $mg \cdot L^{-1}$ 表示的氧含量。COD 是反映水体受还原性物质污染程度的综合性指标。水体中的还原性物质包括有机物、亚硝酸盐、亚铁盐和硫化物等。由于废水中物质大部分是有机物，因此 COD 是量度水体中有机物相对含量及有机物污染程度的一个重要指标。

COD的测定

重铬酸钾法常用于测定含 $Cl^-$较高的工业废水和生活污水的 COD。测定原理是：在水样中加入一定量过量的 $K_2Cr_2O_7$ 标准溶液，在 $Ag_2SO_4$ 催化下加热回流，使与有机物及还原性物质反应完全后，以邻二氮菲-亚铁为指示剂，用 $FeSO_4$ 标准溶液滴定过量的 $K_2Cr_2O_7$，根据消耗的 $K_2Cr_2O_7$ 量换算得到化学需氧量。例如，要得到水样中有机物的含量，应分别测出各种还原性无机物的含量，从消耗的 $K_2Cr_2O_7$ 总量中减去这些还原性物质对 $K_2Cr_2O_7$ 的消耗量，即是有机物的含量。

BOD的测定

常用的氧化还原滴定分析法（二）高锰酸钾法

2. 高锰酸钾法

1) 概述

高锰酸钾是常用的强氧化剂，其氧化能力强于 $K_2Cr_2O_7$，故高锰酸钾法较重铬酸钾法有更广泛的应用。$KMnO_4$ 的氧化能力与溶液的酸度有关，在微酸性、中性或弱碱性介质中的电极反应为

$$MnO_4^- + 2H_2O + 3e^- \rightleftharpoons MnO_2 + 4OH^- \qquad \varphi^{\ominus} = 0.588V$$

在强酸性条件下，$MnO_4^-$ 被还原成接近无色的 $Mn^{2+}$，电极反应为

$$MnO_4^- + 8H^+ + 5e^- \rightleftharpoons Mn^{2+} + 4H_2O \qquad \varphi^{\ominus} = 1.51V$$

在强碱性条件下，$MnO_4^-$ 被还原成绿色的 $MnO_4^{2-}$，电极反应为

$$MnO_4^- + e^- \rightleftharpoons MnO_4^{2-} \qquad \varphi^{\ominus} = 0.564V$$

在微酸性、中性或弱碱性介质中，由于电对（$MnO_4^-/MnO_2$）的电极电势不是很高，$MnO_4^-$ 的还原产物是棕褐色 $MnO_2$ 沉淀，溶液呈浑浊，对滴定终点的判断有妨碍，很少用于滴定分析中。在强酸性介质中有很高的电极电势，故高锰酸钾法常在强酸性介质中进行，溶液呈 $KMnO_4$ 的紫红色时，即为滴定终点。而在强碱性介质中，$KMnO_4$ 能与很多有机化合物反应，且反应速率要比在酸性条件下更快，因此 $KMnO_4$ 滴定分析有机试样（如甘油、甲醇、苯酚、水杨酸和葡萄糖等）常在强碱性介质中进行。

在不同酸介质和酸度条件下，电对($MnO_4^-/Mn^{2+}$)的条件电极电势不同。例如，在 $1mol \cdot L^{-1}$ $HClO_4$ 溶液中，$\varphi^{\ominus\prime} = 1.45V$；在 $8.0mol \cdot L^{-1}$ $H_3PO_4$ 溶液中，$\varphi^{\ominus\prime} = 1.27V$；在 4.5～$7.51mol \cdot L^{-1}$ $H_2SO_4$ 溶液中，$\varphi^{\ominus\prime} = 1.49$～$1.50V$。由于 $MnO_4^-$ 能在酸性介质中氧化 $Cl^-$，$HNO_3$ 具有氧化性，能氧化被滴定的还原性物质，$H_3PO_4$ 和 HAc 的酸性较弱，故通常选用 $H_2SO_4$ 来控制高锰酸钾法中的强酸性条件。

$KMnO_4$ 溶液作滴定剂时，根据被滴定物质的性质不同，可采用不同的滴定方式。

(1) 直接滴定还原性物质。$Fe^{2+}$、$H_2O_2$、$C_2O_4^{2-}$、$NO_2^-$、As(Ⅲ)等还原性物质可用 $KMnO_4$ 标准溶液直接滴定。

(2) 返滴定法测定氧化性物质。某些氧化性物质[该电对的 $\varphi_A^{\ominus}$ 应低于 $\varphi_A^{\ominus}(MnO_4^-/Mn^{2+})$]不能用 $KMnO_4$ 溶液滴定，可采用返滴定法测定。例如，测定 $MnO_2$ 时，先在试样溶液中加入一定量过量的还原性物质，如 $FeSO_4$ 或 $Na_2C_2O_4$ 等，待 $MnO_2$ 与之作用完毕后，再用 $KMnO_4$ 标准溶液滴定过量的还原性物质。这种滴定方法还可测定 $PbO_2$、$CrO_4^{2-}$、$ClO_3^-$、$BrO_3^-$ 等氧化性物质的含量。

(3) 间接滴定法测定一些非氧化性物质。例如，测定 $Ca^{2+}$ 时，先将试样中的 $Ca^{2+}$ 沉淀为 $CaC_2O_4$，将沉淀过滤洗净后，溶于热的稀硫酸中，然后用 $KMnO_4$

标准溶液滴定溶液中的 $H_2C_2O_4$，由滴定时所耗用的 $KMnO_4$ 溶液体积间接计算 $Ca^{2+}$ 的含量。

凡是能与 $C_2O_4^{2-}$ 作用定量生成草酸盐沉淀的金属离子(如 $Ba^{2+}$、$Mg^{2+}$、$Zn^{2+}$、$Cu^{2+}$、$Pb^{2+}$、$Ag^{+}$ 等)都能用这种间接滴定法测定。

紫红色的 $KMnO_4$ 溶液本身就可以指示滴定终点，这是高锰酸钾法的最大优点。但与重铬酸钾法相比，其缺点也是明显的，主要是：$KMnO_4$ 不易纯化，见光易分解，商品 $KMnO_4$ 试剂中常含有少量杂质，因此不能用直接法配制标准溶液；配好的标准溶液不够稳定，标定后不能长期保存；$\varphi_A^\ominus(MnO_4^-/Mn^{2+})$ 较高，氧化能力强，能与水中和空气中的许多还原性物质发生作用，也就会存在较严重的干扰；滴定反应的反应机理较复杂，容易发生副反应。因此，用 $KMnO_4$ 溶液作滴定剂时，须严格控制滴定反应的条件。

2) $KMnO_4$ 溶液的配制

市售 $KMnO_4$ 试剂纯度一般为 99%～99.5%，常含有少量 $MnO_2$、硫酸盐和硝酸盐等其他杂质。$MnO_2$ 能加速 $KMnO_4$ 的分解，甚至光、热、酸和碱等都能促使 $KMnO_4$ 分解；同时，蒸馏水中也常含有微量还原性物质，能与 $MnO_4^-$ 缓慢作用，生成的 $MnO(OH)_2$ 沉淀也会促使 $KMnO_4$ 分解，使配制好的 $KMnO_4$ 溶液浓度发生变化，故其标准溶液不能用直接法配制。通常先配制成近似浓度的溶液，再进行标定。配制步骤如下：

> ? 总结高锰酸钾法和重铬酸钾法的优缺点。

(1) 称取稍多于理论计算量的 $KMnO_4$，溶于一定体积的蒸馏水中。

(2) 将所配制的近似浓度溶液加热至沸，保持微沸约 1h，然后放置 2～3 天(或将溶液在暗处放置 7～10 天)，使蒸馏水中可能存在的还原性物质完全氧化。

(3) 用微孔玻璃漏斗或玻璃棉过滤除去 $MnO(OH)_2$ 沉淀。将过滤后的 $KMnO_4$ 溶液贮存于棕色试剂瓶中并置于阴暗处，以避免光对 $KMnO_4$ 的催化分解。

> ? 为除去 $KMnO_4$ 溶液中析出的沉淀，不能通过放在漏斗上的滤纸进行过滤，而需用微孔玻璃漏斗过滤，为什么？

(4) 标定 $KMnO_4$ 溶液浓度。

标定 $KMnO_4$ 溶液浓度的基准物质有 $H_2C_2O_4 \cdot H_2O$、$Na_2C_2O_4$、$As_2O_3$、$(NH_4)_2C_2O_4$、$(NH_4)_2Fe(SO_4)_2 \cdot 6H_2O$ 和纯铁丝等，其中易提纯、性质稳定的 $Na_2C_2O_4$ 最为常用。在 $H_2SO_4$ 溶液中 $MnO_4^-$ 与 $C_2O_4^{2-}$ 反应的反应式为

$$2MnO_4^- + 5C_2O_4^{2-} + 16H^+ = 2Mn^{2+} + 10CO_2 + 8H_2O$$

为使标定反应定量进行，应注意控制以下滴定条件：

(i) 温度。为加快标定 $KMnO_4$ 溶液浓度的反应速率，滴定反应需控制在 70～85℃进行。该反应在 60℃以下的反应速率很小，但反应温度超过 90℃时易发生 $H_2C_2O_4$ 部分分解：

$$H_2C_2O_4 = CO_2\uparrow + CO\uparrow + H_2O$$

导致 $V(KMnO_4)$ 减少，$c(KMnO_4)$ 偏高。

(ii) 酸度。标定 $KMnO_4$ 溶液浓度时，溶液应有足够的酸度，酸度过低，$MnO_4^-$ 会部分被还原成 $MnO_2$；酸度过高，会促使 $H_2C_2O_4$ 分解。一般在开始

滴定时，溶液的酸度控制在 0.50～1.0mol · $L^{-1}$，在滴定终点时溶液的酸度为 0.20～0.50mol · $L^{-1}$。

(iii) 速度。在酸性溶液中 $MnO_4^-$ 与 $C_2O_4^{2-}$ 的反应，尽管经过加热，但滴定开始阶段的反应速率仍很缓慢，若在开始滴定时 $KMnO_4$ 的滴加速度太快，滴入的 $KMnO_4$ 将来不及与 $C_2O_4^{2-}$ 完全反应，在热的酸性溶液中发生分解反应，而影响标定结果：

$$4MnO_4^- + 12H^+ = 4Mn^{2+} + 5O_2 + 6H_2O$$

$Mn^{2+}$能催化该反应，利用反应生成的 $Mn^{2+}$起自身催化作用可加快反应进行。

用草酸作基准物标定 $KMnO_4$ 溶液浓度，加入的 $KMnO_4$ 溶液未完全褪色前，不能继续加入 $KMnO_4$ 溶液，为什么?

(iv) 滴定终点。微过量的 $MnO_4^-$ 自身的粉红色指示终点，由于空气中的还原性气体和灰尘可与 $MnO_4^-$ 缓慢作用，$MnO_4^-$ 被还原而褪色，因此当溶液中出现的粉红色在半分钟不褪色即可认为达到终点。

3) 高锰酸钾法的应用示例

(1) 直接滴定法——$H_2O_2$ 含量测定。在酸性溶液中，$H_2O_2$ 可定量地被 $KMnO_4$ 氧化，放出 $O_2$。

$$2MnO_4^- + 5H_2O_2 + 6H^+ = 2Mn^{2+} + 5O_2 + 8H_2O$$

该反应与 $MnO_4^-$ 和 $C_2O_4^{2-}$ 的反应相似，滴定开始的前 1～3 滴溶液褪色很慢，随着反应进行，生成的 $Mn^{2+}$的催化作用可加快反应速率。双氧水容易分解，滴定前不能加热，并应使滴定反应尽快完成。商品双氧水中常加入少量乙酰苯胺等有机化合物作稳定剂，这些有机化合物大多能被 $KMnO_4$ 氧化，使测定结果偏高，宜采用碘量法或铈量法测定这种双氧水中的 $H_2O_2$ 含量。

请设计一个分析混合溶液中甲酸、乙酸含量的实验方案(原理、简单步骤和计算式)。

碱金属、碱土金属的过氧化物均可采用同样的方法进行测定。在生物化学中，利用适量过量的 $H_2O_2$ 分解过氧化氢酶，再用 $KMnO_4$ 标准溶液滴定剩余的 $H_2O_2$，间接测定过氧化氢酶的含量。

(2) 间接滴定法——甲酸含量的测定。甲酸是具有还原性的饱和一元羧酸，能在强碱性溶液中被 $KMnO_4$ 氧化，反应式为

$$HCOO^- + 2MnO_4^- + 3OH^- \rightleftharpoons CO_3^{2-} + 2MnO_4^{2-} + 2H_2O$$

过量的 $KMnO_4$ 与甲酸反应完全后，将溶液酸化，$MnO_4^{2-}$ 歧化为 $MnO_4^-$ 和 $MnO_2$。

$$3MnO_4^{2-} + 4H^+ \rightleftharpoons 2MnO_4^- + MnO_2\downarrow + 2H_2O$$

过滤除去 $MnO_2$，滤液中再准确加入过量的 $Fe^{2+}$标准溶液，使溶液中所有的高价态的锰都还原成 $Mn^{2+}$，最后用 $KMnO_4$ 标准溶液滴定酸性溶液中过量的 $Fe^{2+}$，根据 $KMnO_4$ 标准溶液两次加入的量及 $FeSO_4$ 的量计算 HCOOH 的浓度。

### 3. 碘量法

常用的氧化还原滴定分析法（三）碘量法

1) 概述

碘量法是利用 $I_2$ 的氧化性和 $I^-$的还原性进行滴定分析的方法。电对的电极反应为

$$I_2 + 2e^- \rightleftharpoons 2I^- \qquad \varphi^{\ominus}(I_2/I^-) = 0.5345V$$

由标准电极电势可知，$I_2$ 是较弱氧化剂，能氧化电极电势比 $\varphi^{\ominus}(I_2/I^-)$ 低的电对中的强还原态物质。$Sn^{2+}$、$S^{2-}$、$S_2O_3^{2-}$ 和维生素 C 等可以用标准碘溶液直接进行滴定分析，这种方法称为**直接碘量法**或**碘滴定法**；而 $I^-$是中等强度的还原剂，能被电极电势比 $\varphi^{\ominus}(I_2/I^-)$ 高的电对中的强氧化态物质如 $CrO_4^{2-}$、$MnO_4^-$、$BrO_3^-$ 等氧化成 $I_2$，定量析出的 $I_2$ 再用 $Na_2S_2O_3$ 标准溶液滴定，这种滴定分析方法称为**间接碘量法**或**滴定碘法**。碘量法在有机物质分析中应用较广。

碘量法用淀粉溶液作指示剂，淀粉与 $I_2$ 作用形成蓝色吸附配合物，灵敏度很高，溶液中 $c(I_2) = 10^{-5} mol \cdot L^{-1}$ 时也能显示蓝色。当溶液呈现蓝色(直接碘量法)或蓝色刚好消失(间接碘量法)即为滴定终点。

碘量法进行滴定分析时的误差主要来自 $I_2$ 的挥发和 $I^-$ 在酸性溶液中被空气氧化。应避免加热，使析出 $I_2$ 的反应在室温和暗处进行，加入过量的 KI 使 $I_2$ 形成 $I_3^-$ 配离子，并在滴定时避免剧烈摇动溶液防止 $I_2$ 挥发。室温下溶液中 KI 含量约为 4%时，可忽略 $I_2$ 的挥发。

能否用 $KMnO_4$ 标准溶液直接标定 $Na_2S_2O_3$ 溶液浓度？为什么？

$I^-$ 被空气氧化的反应式为

$$4I^- + O_2 + 4H^+ = 2I_2 + 2H_2O$$

在中性介质中没有催化剂存在的情况下，该氧化反应进行很慢。随着溶液酸度增大，或直接受到光照射，反应速率加快。

2)标准溶液的配制与标定

$I_2$ 溶液和 $Na_2S_2O_3$ 溶液是碘量法分析时所需用的标准溶液。

(1) $I_2$ 溶液。升华碘的纯度高，但由于 $I_2$ 易挥发及对天平的腐蚀，不宜在分析天平上准确称量，另外 $I_2$ 在水中的溶解度很小。通常在托盘天平上称取一定量的 $I_2$ 溶解在 KI 溶液中，溶解后稀释至一定体积，保存于棕色玻璃瓶中。可用 $As_2O_3$ 基准物在中性或弱碱性溶液中(pH ≈ 8)标定 $I_2$ 溶液，也可用已标定好的 $Na_2S_2O_3$ 标准溶液标定。$I_2$ 与 $Na_2S_2O_3$ 的反应必须在中性或弱酸性溶液中进行。在强酸性溶液中，$Na_2S_2O_3$ 会发生分解反应：

碘量法的误差主要来源有哪些？应怎样避免？

$$S_2O_3^{2-} + 2H^+ = SO_2 + S\downarrow + H_2O$$

在碱性溶液中的 $I_2$ 除了会发生歧化反应外：

$$3I_2 + 6OH^- \rightleftharpoons IO_3^- + 5I^- + 3H_2O$$

还与 $Na_2S_2O_3$ 发生副反应：

$$S_2O_3^{2-} + 4I_2 + 10OH^- \rightleftharpoons 2SO_4^{2-} + 8I^- + 5H_2O$$

配制、标定和保存 $I_2$ 标准溶液时，应注意哪些事项?加入 KI 的作用是什么?

(2) $Na_2S_2O_3$ 溶液。配制 $Na_2S_2O_3$ 溶液所用的 $Na_2S_2O_3 \cdot 5H_2O$ 结晶因易风化、潮解和含有少量杂质等而不能用直接法配制。新配成的 $Na_2S_2O_3$ 溶液不稳定，易与水中溶解的 $CO_2$、空气中的 $O_2$ 作用，以及被水中的微生物分解，使溶液浓度发生变化：

$$S_2O_3^{2-} + H_2CO_3 \rightleftharpoons HSO_3^- + HCO_3^- + S\downarrow$$

$$2S_2O_3^{2-} + O_2 \rightleftharpoons 2SO_4^{2-} + 2S\downarrow$$

$$Na_2S_2O_3 \xrightleftharpoons{\text{微生物}} Na_2SO_3 + S$$

配制 $Na_2S_2O_3$ 溶液时，应使用新煮沸(除去水中溶解的 $CO_2$、$O_2$ 和杀灭微生物)并冷却到室温的蒸馏水，并加少量 $Na_2CO_3$(0.02%)使溶液呈微碱性，抑制微生物生长。配制好的溶液应贮存于棕色玻璃瓶中，在暗处放置 8～14 天后标定。若溶液出现浑浊，应重新配制。

标定 $Na_2S_2O_3$ 溶液的基准物有 $K_2Cr_2O_7$、$KBrO_3$、$I_2$、$Cu^{2+}$等，应用最多的是 $K_2Cr_2O_7$。在酸性溶液中 $K_2Cr_2O_7$ 与过量 KI 在暗处放置 5min，使反应完全。定量析出的 $I_2$，以淀粉为指示剂，在弱酸性条件下用 $Na_2S_2O_3$ 溶液滴定，滴定反应式为

$$I_2 + 2S_2O_3^{2-} \rightleftharpoons 2I^- + S_4O_6^{2-}$$

淀粉是碘量法的专属指示剂，在直接碘量法和间接碘量法中，淀粉溶液的加入有何不同?为什么?

碘溶液常与 $Na_2S_2O_3$ 溶液配合使用，在相互滴定中，加入淀粉的时间有所不同。用 $I_2$ 溶液滴定 $Na_2S_2O_3$ 溶液时，可在滴定开始时加入淀粉；用 $Na_2S_2O_3$ 溶液滴定 $I_2$ 溶液，淀粉应在近终点时加入。其原因是大量存在的 $I_2$ 与淀粉结合成很牢固的蓝色吸附配合物，在滴定终点附近滴入的 $Na_2S_2O_3$ 溶液很难与 $I_2$－淀粉配合物中的 $I_2$ 作用，导致褪色不明显而产生滴定误差。

3) 碘量法的应用示例

(1) 直接碘量法——维生素 C 的含量测定。

维生素 C 分子中的烯二醇基具有较强的还原性，可被 $I_2$ 定量地氧化成二酮基，反应式为

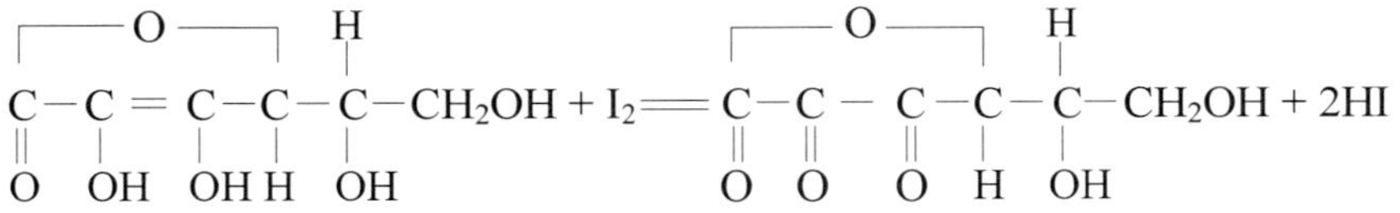

溶解氧测定是生化需氧量(BOD)测定中一个比较重要的环节。请查阅资料了解化学需氧量(COD)和 BOD 的测定有什么实际意义?两者有什么关系?

在碱性条件下利于该反应向右进行。但维生素 C 的还原性很强，在碱性溶液中极易被空气氧化，因此常在 HAc 介质中，以淀粉为指示剂，用 $I_2$ 标准溶液进行滴定。

(2) 间接碘量法——水中溶解氧(DO)的测定。

水体中溶解氧的含量是水体一个非常重要的指标。碘量法测定溶解氧的依据是利用氧的氧化性，在碱性环境中将低价锰氧化成高价锰，生成四价锰的氢氧化物沉淀。加酸后，氢氧化物沉淀溶解并与 $I^-$ 反应，析出游离 $I_2$。以淀粉为指示剂，以 $Na_2S_2O_3$ 标准溶液滴定析出的 $I_2$，可计算溶解氧的含量。

## 8.6　配位滴定法

配位滴定法是以生成配位化合物的反应为基础的滴定分析方法。一般是用配位剂作为标准溶液，直接或间接滴定被测金属离子。

配位反应具有极大的普遍性。但不是所有的配位反应都可以用来进行配

位滴定，能用于配位滴定的配位反应必须具备一定的条件：

(1)配位反应必须完全，即生成的配合物的稳定常数足够大。

(2)配位反应要有严格的计量关系，配位比要恒定，最好无逐级配位现象。

(3)配位反应必须迅速，并有适当的方法检出终点。

大多数金属离子与单齿配体形成的配合物稳定性较差，存在着逐级配位现象，且各级配合物的稳定常数彼此相差不大。因此，除个别反应(如 $Ag^+$ 与 $CN^-$、$Hg^{2+}$与 $Cl^-$等反应)外，单齿配体大多数不能用于滴定分析，它们在配位滴定中一般用来掩蔽干扰离子。

目前成熟的配位滴定法大多采用螯合剂作为滴定剂。螯合剂与金属离子配位时形成低配位比的具有环状结构的螯合物，稳定性高，而且能够减少甚至消除逐级配位现象。因此这类配位反应在配位滴定中获得广泛应用。

最广泛使用的一类螯合剂是氨羧螯合剂(氨羧配位剂)。这是一类含有—$N(CH_2COOH)_2$基团的有机化合物。氨羧配位剂分子中含氨氮和羧氧两种配位原子，几乎能与所有金属离子发生配位反应。配位滴定法中，应用最广、最重要的一种氨羧配位剂是乙二胺四乙酸(EDTA)，用 EDTA 标准溶液可以滴定几十种金属离子。通常所谓的配位滴定法，主要是指 EDTA 滴定法。

### 8.6.1　EDTA 及其配合物

EDTA及其配合物

乙二胺四乙酸简称 EDTA，是一种四元弱酸，通常用 $H_4Y$ 表示。EDTA 为白色无水结晶粉末。室温时溶解度很小(22℃时溶解度为 0.02g/100mL $H_2O$)，因此在配位滴定中，通常用其二钠盐 $Na_2H_2Y\cdot 2H_2O$，也简称为 EDTA。EDTA 二钠盐溶解度较大(22℃时溶解度为 11.1g/100mL $H_2O$，浓度约为 $0.3mol\cdot L^{-1}$，pH 约为 4.4)，可以满足常量分析的要求。

在水溶液中，EDTA 的两个羧基上的氢转移到氮原子上，形成双偶极离子：

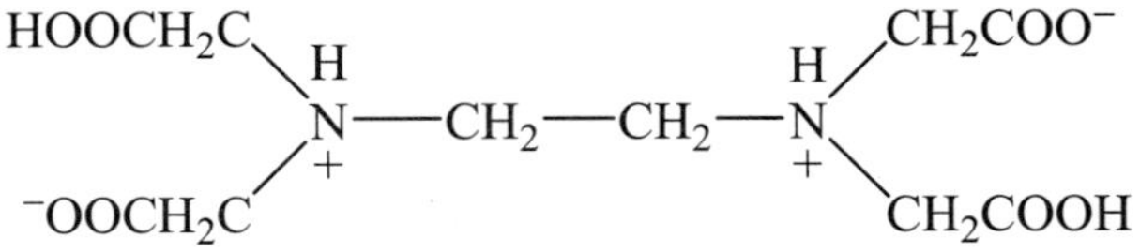


当 EDTA 溶解于酸度较大的溶液中时，两个羧酸根可以再接受两个 $H^+$，这时 EDTA 就相当于一个六元酸，用 $H_6Y^{2+}$表示。因此，在酸性溶液中 EDTA 存在六级解离平衡，以 $H_6Y^{2+}$、$H_5Y^+$、$H_4Y$、$H_3Y^-$、$H_2Y^{2-}$、$HY^{3-}$ 和 $Y^{4-}$ 七种型体存在。各级解离常数参见附录四。

在一定的 pH 下，EDTA 存在的型体可能不止一种，但总有一种型体是主要的，具体见表 8-8。

**表 8-8　不同 pH 范围 EDTA 各型体的主要存在形式**

| pH | < 0.90 | 0.90～1.60 | 1.60～2.00 | 2.00～2.67 | 2.67～6.16 | 6.16～10.26 | > 10.26 |
|---|---|---|---|---|---|---|---|
| 主要型体 | $H_6Y^{2+}$ | $H_5Y^+$ | $H_4Y$ | $H_3Y^-$ | $H_2Y^{2-}$ | $HY^{3-}$ | $Y^{4-}$ |

各种型体的分布系数与溶液 pH 的关系如图 8-9 所示。在这 7 种型体中只

有 $Y^{4-}$可以与金属离子直接配位。所以如果只考虑 pH 条件，则 pH 增大对配位是有利的。

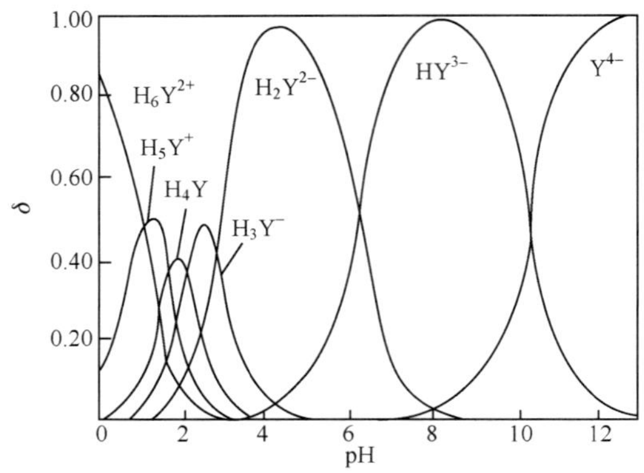


图 8-9　EDTA 溶液中各种型体分布图

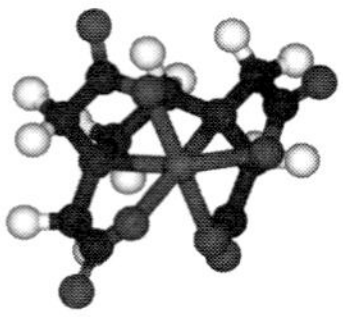

$Co^{3+}$与 EDTA 形成的螯合物立体模型

EDTA 的配位能力很强，它几乎能与所有的金属离子形成配合物。每个 EDTA 分子中含有六个配位原子，配位原子在种类和数量上都能满足一个金属离子的配位要求。所以，一般情况下 EDTA 与金属离子都能形成配位比为 1∶1 的配合物，无逐级配位现象。

EDTA 配合物的稳定性高，能与金属离子形成具有多个五元环结构的螯合物，配位反应一般进行得比较完全。铁原子与 EDTA 配合物的结构式如图 8-10 所示。

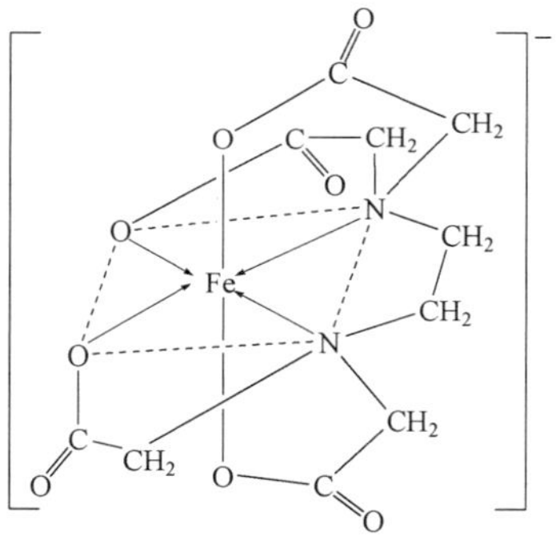

图 8-10　$Fe^{3+}$与 EDTA 形成的螯合物结构式

由于金属离子与 EDTA 形成 1∶1 的配合物，为了方便讨论，略去各组分电荷，配位反应常简写为

$$M + Y \rightleftharpoons MY$$

配合物 MY 的稳定常数为

$$K_{MY}^{\ominus} = \frac{c(MY)}{c(M) \cdot c(Y)}$$

请总结 EDTA 与金属离子形成配合物的特点。

附录九列出的是常见的金属离子与 EDTA 形成的配合物的稳定常数 $K_{MY}^{\ominus}$，从表中数据可以看出绝大多数金属离子与 EDTA 形成的配合物都相当稳定。

此外，EDTA 配合物易溶于水，配位反应速率快。无色金属离子与 EDTA 形成无色配合物，这有利于指示剂确定终点。有色金属离子形成的配合物颜色比金属离子的颜色更深，见表 8-9 所列。因此，在滴定有色金属离子时，要控制其浓度不要太大，否则，使用指示剂确定终点时将发生困难。

**表 8-9　有色金属离子-EDTA 螯合物**

| 离　子 | 离子颜色 | 螯合物颜色 | 离　子 | 离子颜色 | 螯合物颜色 |
|---|---|---|---|---|---|
| $Co^{3+}$ | 粉红色 | 紫红色 | $Fe^{3+}$ | 浅黄色 | 黄色 |
| $Cr^{3+}$ | 灰绿色 | 深紫色 | $Mn^{2+}$ | 浅粉红色 | 紫红色 |
| $Ni^{2+}$ | 浅绿色 | 蓝绿色 | $Cu^{2+}$ | 浅蓝色 | 深蓝色 |

### 8.6.2　配位反应的副反应系数与条件稳定常数

1. 副反应和副反应系数

配位滴定的副反应系数与条件稳定常数

在配位滴定过程中，配位反应中涉及的化学平衡是很复杂的，除了存在 EDTA 与金属离子的主反应外，还存在许多副反应。所有存在于配位滴定中的化学反应，可以用下式表示：

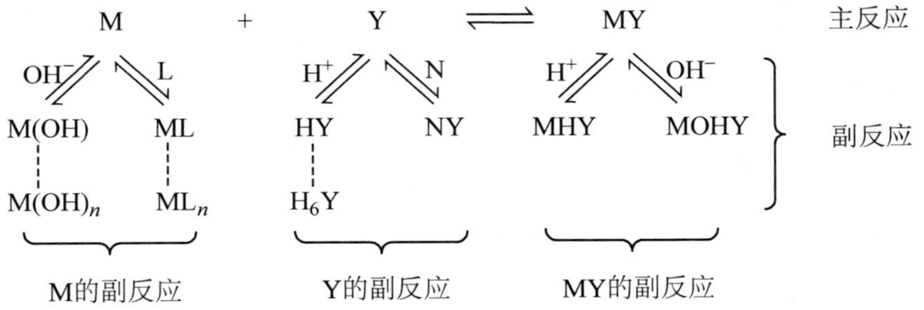


式中：L 是其他配位剂；N 是其他金属阳离子。在 EDTA 配位滴定中，存在三方面的副反应：① 金属离子的水解效应以及与 EDTA 外的配位剂的配位效应；② EDTA 配位剂的酸效应以及与目标金属离子以外的金属离子的配位效应；③ 生成的酸式配合物 MHY 以及碱式配合物 MOHY 的副反应。这些副反应的发生都将影响主反应进行的程度。前两类不利于主反应的进行，第三类有利于主反应的进行，但因反应程度很小，可以忽略不计。

为了定量地表示副反应进行的程度，引入副反应系数的概念。**副反应系数**是描述副反应对主反应影响程度的量度，以 $\alpha$ 表示。求得未参加主反应的组分 M 或 Y 的总浓度与平衡浓度 $c(\mathrm{M})$或 $c(\mathrm{Y})$的比值，就得到副反应系数 $\alpha$。

配位滴定中的影响因素很多，在一般情况下，主要考虑 EDTA 的酸效应和 M 的配位效应。下面着重讨论这两种副反应及副反应系数。

2. EDTA 的酸效应与酸效应系数

在 EDTA 的七种型体中，只有 $Y^{4-}$可以与金属离子 M 进行配位，而 $Y^{4-}$是一种碱，其浓度受 $H^+$ 的影响，配位能力随着 $H^+$ 浓度的增加而降低，这种现象称为**酸效应**。酸效应的大小用**酸效应系数$\alpha_{Y(H)}$**来衡量。酸效应系数表示在一定酸度下，未参加主反应的 EDTA 的总浓度$c(Y')$与配位体系中 EDTA 的平衡浓度$c(Y)$之比。

$$\alpha_{Y(H)}=\frac{c(Y')}{c(Y)}=\frac{c(Y)+c(HY)+c(H_2Y)+\cdots+c(H_6Y)}{c(Y)}$$

$$=1+\frac{c(HY)}{c(Y)}+\frac{c(H_2Y)}{c(Y)}+\cdots+\frac{c(H_6Y)}{c(Y)}$$

$$=1+c(H^+)\cdot\beta_1^H+c^2(H^+)\cdot\beta_2^H+\cdots+c^6\cdot\beta_6^H \tag{8-12}$$

式中：$\beta_n^H$ 为 Y 的累积稳定常数。由式(8-12)可知 $\alpha_{Y(H)}$仅是 $c(H^+)$的函数，酸度越大，$\alpha_{Y(H)}$越大，副反应越严重，越不利于 M 与 Y 的主反应。所以，仅考虑酸效应时，低酸度对滴定是有利的。根据式(8-12)可以计算出任意酸度下的 $\alpha_{Y(H)}$，附录十列出了 EDTA 在不同 pH 时的酸效应系数。

3. 金属离子的副反应与副反应系数

在 EDTA 滴定中，金属离子 M 发生副反应，使得金属离子参加主反应的能力降低。金属离子 M 的副反应系数用 $\alpha_M$ 来表示。$\alpha_M$ 表示未参加主反应的金属离子总浓度 $c(M')$ 与游离的金属离子浓度 $c(M)$ 的比值。

在进行配位滴定时，为了掩蔽干扰离子，常加入某些其他的配位剂 L，这些配位剂称为辅助配位剂。配位剂 L 与被滴定的金属离子发生的副反应称为**配位效应**，其副反应系数用 $\alpha_{M(L)}$表示：

$$\alpha_{M(L)}=\frac{c(M)+c(ML)+c(ML_2)+\cdots+c(ML_n)}{c(M)}$$

$$=1+\beta_1^{\ominus}\cdot c(L)+\beta_2^{\ominus}\cdot c^2(L)+\cdots+\beta_n^{\ominus}\cdot c^n(L) \tag{8-13}$$

式中：$\beta_n^{\ominus}$ 为金属离子与配位剂 L 形成配合物的各级累积稳定常数。

在酸度较低溶液中滴定 M 时，金属离子会发生水解副反应，也就是由溶液中的 $OH^-$与金属离子 M 形成羟基配合物，其副反应系数用 $\alpha_{M(OH)}$表示：

$$\alpha_{M(OH)}=\frac{c(M)+c[M(OH)]+c[M(OH)_2]+\cdots+c[M(OH)_n]}{c(M)}$$

$$=1+\beta_1^{\ominus}\cdot c(OH^-)+\beta_2^{\ominus}\cdot c^2(OH^-)+\cdots+\beta_n^{\ominus}\cdot c^n(OH^-) \tag{8-14}$$

式中：$\beta_n^{\ominus}$ 为金属离子羟基配合物的各级累积稳定常数。

对含有辅助配位剂 L 的溶液，$\alpha_M$ 应包括 $\alpha_{M(L)}$和 $\alpha_{M(OH)}$两项，即

$$\alpha_M=\frac{c(M')}{c(M)}$$

$$=\frac{c(M)+c(ML)+c(ML_2)+\cdots+c(ML_n)+c[M(OH)]+c[M(OH)_2]+\cdots+c[M(OH)_n]}{c(M)}$$

$$=\alpha_{M(L)}+\alpha_{M(OH)}-1$$

(8-15)

常见金属离子的 $\lg\alpha_{M(OH)}$ 值可查附录十一。

4. 条件稳定常数

金属离子 M 与滴定剂 Y 反应时，如果没有副反应发生，配合物的稳定常数可用下式表示：

$$K_{MY}^{\ominus}=\frac{c(MY)}{c(M)\cdot c(Y)} \tag{8-16}$$

在一定温度下，$K_{MY}^{\ominus}$ 不受溶液酸度、其他配位剂等外界条件的影响，是一个常数，故也称为绝对稳定常数。但是，在实际滴定中，副反应往往是不可避免的，由于副反应的存在，溶液中未参与主反应的金属离子总浓度与 EDTA 总浓度都会发生变化，主反应的平衡会发生移动，配合物的实际稳定性下降。此时用 $K_{MY}^{\ominus}$ 衡量配合物的实际稳定性就会产生较大的误差。对此常用**条件稳定常数**来衡量配合物的实际稳定性。条件稳定常数用 $K_{MY}^{\ominus\prime}$ 表示，有：

?
配合物的稳定常数与条件稳定常数有什么不同？为什么要引用条件稳定常数？

$$K_{MY}^{\ominus\prime}=\frac{c(MY')}{c(M')\cdot c(Y')}=K_{MY}^{\ominus}\cdot\frac{\alpha_{MY}}{\alpha_M\cdot\alpha_Y} \tag{8-17}$$

将式(8-17)两边取对数，得

$$\lg K_{MY}^{\ominus\prime}=\lg K_{MY}^{\ominus}+\lg\alpha_{MY}-\lg\alpha_M-\lg\alpha_Y \tag{8-18}$$

式中：$\alpha_{MY}$、$\alpha_M$、$\alpha_Y$ 分别表示 MY、M、Y 的副反应系数。多数情况下 MY 的副反应可以忽略不计，若滴定体系中只存在酸效应与配位效应，则：

$$\lg K_{MY}^{\ominus\prime}=\lg K_{MY}^{\ominus}-\lg\alpha_{M(L)}-\lg\alpha_{Y(H)} \tag{8-19}$$

由于各种副反应中最严重的往往是配位剂 Y 的酸效应，所以一般情况下只考虑酸效应，此时：

$$\lg K_{MY}^{\ominus\prime}=\lg K_{MY}^{\ominus}-\lg\alpha_{Y(H)} \tag{8-20}$$

由此可见，使用条件稳定常数能更准确地判断金属离子和 EDTA 的配位情况。

**例 8-5**　计算 pH = 2.0、pH = 5.0 时的 $\lg K_{ZnY}^{\ominus\prime}$。

**解**　查表，得 $\lg K_{ZnY}^{\ominus}=16.50$。

查表，得 pH = 2.0 时，$\lg\alpha_{Y(H)}=13.51$；pH = 5.0 时，$\lg\alpha_{Y(H)}=6.45$。

将数据代入式(8-20)计算：

pH = 2.0 时，$\lg K_{ZnY}^{\ominus\prime}=16.50-13.51=2.99$

pH = 5.0 时，$\lg K_{ZnY}^{\ominus\prime}=16.50-6.45=10.05$

从例 8-5 可以看出，尽管 $\lg K_{ZnY}^{\ominus}$ 高达 16.50，但是在 pH = 2.0 时，由于存在严重的酸效应，使得 $\lg K_{ZnY}^{\ominus\prime}$ 只有 2.99，此时 ZnY 配合物已极不稳定；而在 pH = 5.0 时，酸效应系数则低得多，此时 $\lg K_{ZnY}^{\ominus\prime}$ 仍有 10.05，配位反应进行得很完全。由此可见，在配位滴定中控制合适的酸度是极其重要的。

### 8.6.3　配位滴定曲线

配位滴定曲线

在配位滴定中，配位滴定曲线反映了配位剂的加入量与待测金属离子浓度之间的变化关系。一般以加入 EDTA 的体积为横坐标，金属离子 M 浓度的负对数 pM 为纵坐标。

现以 pH = 12.0 时，用 $0.01000mol \cdot L^{-1}$ 的 EDTA 溶液滴定 20.00mL $0.01000mol \cdot L^{-1}$ 的 $Ca^{2+}$溶液为例，绘制滴定曲线(只考虑配位剂的酸效应)。

查表得：$\lg K^{\ominus}_{CaY} = 10.69$；pH = 12.0 时，$\lg \alpha_{Y(H)} = 0.01$，所以 $\lg K^{\ominus\prime}_{CaY} = 10.69 - 0.01 = 10.68$，即 $K^{\ominus\prime}_{CaY} = 4.8 \times 10^{10}$。

与酸碱滴定曲线相同，配位滴定曲线也可以分为滴定前、滴定开始至计量点前、计量点时及计量点后四个部分进行讨论。

1) 滴定前

溶液中只有 $Ca^{2+}$，$c(Ca^{2+}) = 0.01000mol \cdot L^{-1}$，所以 pCa = 2.00。

2) 滴定开始至计量点前

在这一阶段，溶液中 $Ca^{2+}$是过量的，忽略生成的配合物 CaY 的解离，按剩余的 $Ca^{2+}$浓度来计算 pCa。

当滴入的 EDTA 溶液体积为 18.00mL 时：

$$c(Ca^{2+}) = 0.01000 \times \frac{20.00 - 18.00}{20.00 + 18.00} = 5.3 \times 10^{-4}(mol \cdot L^{-1})$$

$$pCa = 3.30$$

当滴入的 EDTA 溶液体积为 19.98mL 时：

$$c(Ca^{2+}) = 0.01000 \times \frac{20.00 - 19.98}{20.00 + 19.98} = 5.0 \times 10^{-6}(mol \cdot L^{-1})$$

$$pCa = 5.30$$

3) 计量点时

$Ca^{2+}$与 EDTA 完全反应，$Ca^{2+}$来自于配合物 CaY 的解离，此时 $c(Ca^{2+}) = c(Y')$。

$$c(CaY) = 0.01000 \times \frac{20.00}{20.00 + 20.00} = 5.0 \times 10^{-3}(mol \cdot L^{-1})$$

$$K^{\ominus\prime}_{CaY} = \frac{c(CaY)}{c(Ca^{2+}) \cdot c(Y')} = \frac{c(CaY)}{c^2(Ca^{2+})}$$

$$c(Ca^{2+}) = \sqrt{\frac{c(CaY)}{K^{\ominus\prime}_{CaY}}} = \sqrt{\frac{5.0 \times 10^{-3}}{4.8 \times 10^{10}}} = 3.2 \times 10^{-7}(mol \cdot L^{-1})$$

$$pCa = 6.50$$

4) 计量点后

溶液中 $c(Y')$取决于过量的 EDTA，当加入的 EDTA 溶液为 20.02mL 时：

$$c(Y') = 0.01000 \times \frac{20.02 - 20.00}{20.02 + 20.00} = 5.0 \times 10^{-6}(mol \cdot L^{-1})$$

因在计量点附近 EDTA 过量很少，可近似认为 $c(CaY) = 5.0 \times 10^{-3} mol \cdot L^{-1}$，

将数据代入下式：

$$K_{\text{CaY}}^{\ominus'} = \frac{c(\text{CaY})}{c(\text{Ca}^{2+}) \cdot c(\text{Y}')}$$

$$c(\text{Ca}^{2+}) = \frac{c(\text{CaY})}{c(\text{Y}') \cdot K_{\text{CaY}}^{\ominus'}} = \frac{5.0 \times 10^{-3}}{5.0 \times 10^{-6} \times 4.8 \times 10^{10}} = 2.1 \times 10^{-8} (\text{mol} \cdot \text{L}^{-1})$$

$$\text{pCa} = 7.70$$

根据以上方法，可以计算出滴定过程中各点的 pCa，列于表 8-10 中。

**表 8-10　pH = 12.0 时用 0.01000mol · L$^{-1}$ EDTA 滴定 20.00mL 0.01000mol·L$^{-1}$ $Ca^{2+}$时溶液中 pCa 的变化**

| 加入 EDTA 的体积/mL | $Ca^{2+}$浓度/ (mol · L$^{-1}$) | pCa |
|---|---|---|
| 0.00 | 0.010 | 2.0 |
| 18.00 | $5.3 \times 10^{-4}$ | 3.3 |
| 19.98 | $5.0 \times 10^{-6}$ | 5.3 |
| 20.00 | $3.2 \times 10^{-7}$ | 6.5 |
| 20.02 | $2.1 \times 10^{-8}$ | 7.7 |
| 20.20 | $2.1 \times 10^{-9}$ | 8.7 |
| 40.00 | $2.1 \times 10^{-11}$ | 10.7 |

由表 8-10 可知，pH = 12 时，当加入 EDTA 的量为 19.98～20.02mL，即加入计量点时所需量的 99.9%～100.1%时，pCa 的值由 5.3 突变为 7.7，突跃范围为 2.4 个 pCa 单位。

其他各 pH 条件下，也可按此方法进行计算。以 pCa 为纵坐标，以加入 EDTA 的体积或滴定分数为横坐标，作图得到滴定曲线。不同 pH 条件下，以 0.01000mol · L$^{-1}$ EDTA 滴定 0.01000mol · L$^{-1}$ $Ca^{2+}$的滴定曲线见图 8-11 所示。

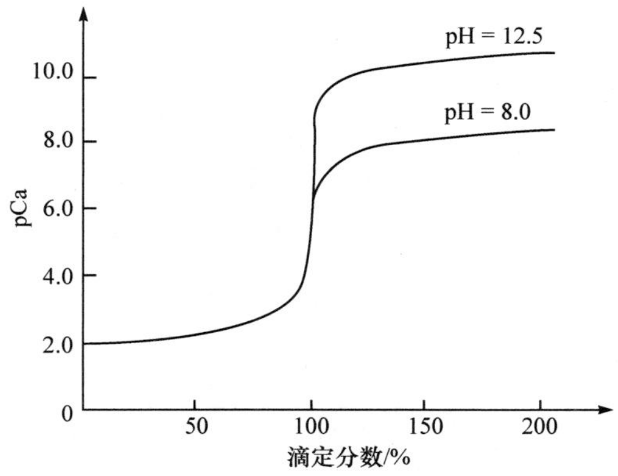


图 8-11　不同 pH 条件下的滴定曲线

滴定突跃的大小是决定滴定准确度的重要依据，滴定突跃越大，就越容易准确地指示终点。影响滴定突跃的主要因素是被测金属离子的浓度和配合物的条件稳定常数。

1) 金属离子浓度 $c_M$ 的影响

图 8-12 是在 $K_{MY}^{\ominus\prime}$ 一定时，用 EDTA 滴定不同浓度金属离子时的滴定曲线。从图中可以看出，金属离子浓度影响的是滴定突跃范围的上限，浓度越大，滴定曲线起点越低，滴定突跃越大，反之则相反。

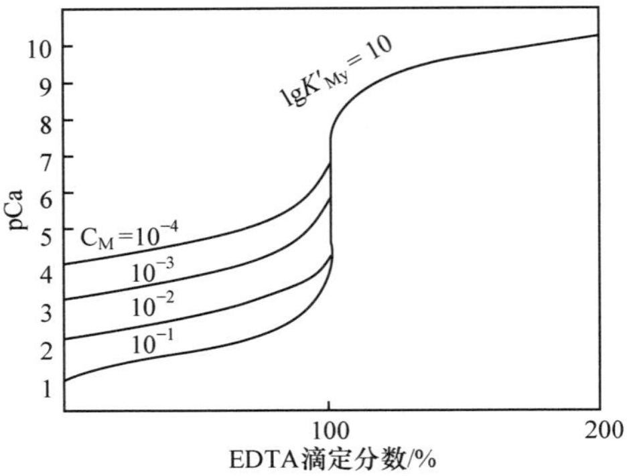


图 8-12　不同浓度溶液的滴定曲线

2) 配合物的条件稳定常数的影响

图 8-13 是在金属离子浓度一定的情况下，不同的条件稳定常数的滴定曲线。由图可看出配合物的条件稳定常数 $K_{MY}^{\ominus\prime}$ 影响的是滴定突跃范围的下限，$\lg K_{MY}^{\ominus\prime}$ 越大，滴定突跃越大。

请总结在配位滴定中影响滴定突跃范围大小的主要因素。

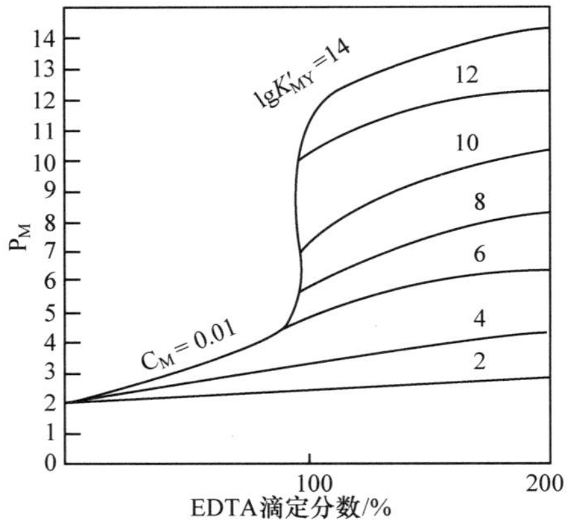


图 8-13　不同 $K_{MY}^{\ominus\prime}$ 的滴定曲线

由式 $\lg K_{MY}^{\ominus\prime}=\lg K_{MY}^{\ominus}-\lg\alpha_{Y(H)}$ 可知，$\lg K_{MY}^{\ominus\prime}$ 的大小取决于 $\lg K_{MY}^{\ominus}$ 和 $\lg\alpha_{Y(H)}$ 的值。当酸度一定时，配合物越稳定，即 $\lg K_{MY}^{\ominus}$ 越大，则 $\lg K_{MY}^{\ominus\prime}$ 越大，滴定突跃范围越大；当 $\lg K_{MY}^{\ominus}$ 一定时，pH 增大，$\lg\alpha_{Y(H)}$ 减小，$\lg K_{MY}^{\ominus\prime}$ 增大，突跃范围增大(图 8-13)。可见，若单从酸度一个因素考虑，增大 pH 对滴定是有利的，但是 pH 过大，会相应地增大金属离子水解的程度，反而使 $\lg K_{MY}^{\ominus\prime}$ 减小。

综上所述，一个金属离子能否被准确滴定取决于滴定时突跃范围的大小，影响滴定突跃大小的主要因素是 $c_M$ 和 $K_{MY}^{\ominus\prime}$。实践和理论都已证明，用指示剂指示终点时，只有满足 $c_M \cdot K_{MY}^{\ominus\prime} \geqslant 10^6$，滴定才会有明显的突跃，才能使滴定的终点误差在 ± 0.1%以内。所以 EDTA 准确直接滴定单一金属离子的条件为

$$c_M \cdot K_{MY}^{\ominus\prime} \geqslant 10^6 \quad 或 \quad \lg(c_M \cdot K_{MY}^{\ominus\prime}) \geqslant 6 \tag{8-21}$$

当金属离子的浓度 $c_M$ 为 0.010mol · L$^{-1}$ 时，则有：

$$K_{MY}^{\ominus\prime} \geqslant 10^8 \quad 或 \quad \lg K_{MY}^{\ominus\prime} \geqslant 8 \tag{8-22}$$

**例 8-6**　请问在 pH = 5.0 时，能否用 EDTA 准确滴定 $Ca^{2+}$和 $Zn^{2+}$？假设两种离子浓度都为 0.010mol · L$^{-1}$。

**解**

$$\lg K_{CaY}^{\ominus\prime} = \lg K_{CaY}^{\ominus} - \lg \alpha_{Y(H)} = 10.69 - 6.45 = 4.24 < 8$$

$$\lg K_{ZnY}^{\ominus\prime} = \lg K_{ZnY}^{\ominus} - \lg \alpha_{Y(H)} = 16.50 - 6.45 = 10.05 > 8$$

由此可见，pH = 5.0 时，EDTA 不能准确滴定 $Ca^{2+}$，但可以准确滴定 $Zn^{2+}$。

### 8.6.4　配位滴定所允许的最低 pH 和酸效应曲线

配位滴定所允许的最低pH和酸效应曲线

因为不同的金属离子与 EDTA 形成的配合物的稳定性差别较大，所以它们受溶液酸度的影响各不相同。滴定金属离子的最低 pH(最高酸度)，可以用以下方法确定。

设滴定体系中只存在酸效应，则根据单一金属离子能被准确滴定的条件有：

$$\lg K_{MY}^{\ominus\prime} = \lg K_{MY}^{\ominus} - \lg \alpha_{Y(H)} \geqslant 8$$

得

$$\lg \alpha_{Y(H)} \leqslant \lg K_{MY}^{\ominus} - 8 \tag{8-23}$$

将不同配合物的 $\lg K_{MY}^{\ominus}$ 代入式(8-23)，求得 $\lg \alpha_{Y(H)}$，查附录 EDTA 在不同 pH 时的酸效应系数，就可以得到准确滴定金属离子的最低 pH。以金属离子的 $\lg K_{MY}^{\ominus}$ 为横坐标，最低 pH 为纵坐标作图，所得到的曲线即为 EDTA 的**酸效应曲线**(或称林邦曲线)，如图 8-14 所示。

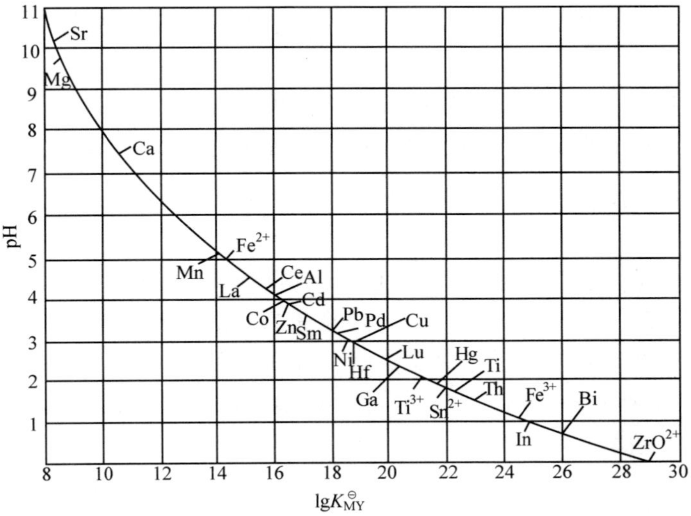


图 8-14　EDTA 的酸效应曲线

利用酸效应曲线不仅可以查得单独滴定某种金属离子时所允许的最低pH，确定一定的pH范围内能滴定的离子及干扰滴定的离子种类，还可以判断共存金属离子分步滴定的可能性。在实际滴定中，若pH太高，金属离子就会发生水解甚至会生成氢氧化物沉淀，从而影响EDTA配合物的形成，对滴定不利。因此，对不同的金属离子，因其性质不同在滴定中有不同的最高允许pH(最低酸度)。而最高允许pH可由金属氢氧化物的溶度积求得。

在配位滴定中控制适当的酸度有什么重要意义？实际应用时应如何全面考虑选择滴定时的pH？

**例 8-7**　计算用 $0.020\text{mol}\cdot\text{L}^{-1}$ EDTA 溶液滴定等浓度的 $Zn^{2+}$时的适宜酸度范围。

**解**　查表，得 $\lg K^{\ominus}_{ZnY}=16.50$

$$\lg \alpha_{Y(H)} \leqslant \lg K^{\ominus}_{MY}-8=16.50-8=8.50$$

查酸效应曲线或查表可知：EDTA 滴定 $Zn^{2+}$的最低 pH 约为 4.0。为了防止 $Zn(OH)_2$ 沉淀生成，必须满足：

$$c(Zn^{2+})\cdot c^2(OH^-) \leqslant K^{\ominus}_{sp}$$

$$c(OH^-) \leqslant \sqrt{\frac{K^{\ominus}_{sp}}{c\left(Zn^{2+}\right)}}=\sqrt{\frac{1.2\times10^{-17}}{0.020}}=2.4\times10^{-8}(\text{mol}\cdot\text{L}^{-1})$$

即 pH≤6.4，EDTA 滴定 $Zn^{2+}$的最高 pH 约为 6.4，所以 $0.020\text{mol}\cdot\text{L}^{-1}$ EDTA 溶液滴定等浓度的 $Zn^{2+}$时的适宜酸度为 4.0～6.4。

总之，在配位滴定中必须严格控制溶液的酸度。又因为在滴定过程中，随着配合物的生成，不断有$H^+$释放出来：

$$M^{n+}+H_2Y^{2-} \rightleftharpoons MY^{(4-n)-}+2H^+$$

因此，在滴定中通常需要用缓冲溶液来控制溶液的酸度基本保持不变。

### 8.6.5　金属指示剂

金属指示剂

1. 金属指示剂的作用原理

在配位滴定中，通常利用一种能与金属离子生成有色配合物的显色剂来指示溶液中金属离子浓度的变化从而确定终点的到达。这种显色剂称为**金属指示剂**。

金属指示剂是一些具有配位能力的有机染料，在一定条件下与被滴定的金属离子反应，形成一种与游离指示剂本身颜色显著不同的配合物。

$$\underset{\phantom{甲色}}{M} + \underset{甲色}{In} \rightleftharpoons \underset{乙色}{MIn}$$

在滴定前加入金属指示剂，则In与少量待测金属离子M形成配合物MIn，此时溶液呈现MIn的颜色(乙色)。随着EDTA的加入，游离金属离子逐步形成MY配合物，待接近化学计量点时，继续加入的EDTA夺取了指示剂配合物MIn中的金属离子M，使指示剂In游离出来，此时溶液显示游离In的颜色(甲色)，指示滴定终点的到达。

$$\underset{乙色}{MIn} + Y \rightleftharpoons MY + \underset{甲色}{In}$$

例如，指示剂铬黑 T 在 pH = 10 时呈蓝色，它能与 $Mg^{2+}$ 形成红色的配合物。若在 pH = 10 时用 EDTA 滴定 $Mg^{2+}$，滴定开始前加入少量铬黑 T，铬黑 T 与溶液中的部分 $Mg^{2+}$形成配合物 MgIn，此时溶液呈红色。随着 EDTA 的加入，EDTA 逐渐与游离的 $Mg^{2+}$反应。在化学计量点附近，$Mg^{2+}$的浓度降至很低，继续加入的 EDTA 进而夺取了 MgIn 中的 $Mg^{2+}$，使铬黑 T 游离出来，此时溶液呈现出游离指示剂铬黑 T 的蓝色，指示滴定终点到达。

2. 金属指示剂应具备的条件

能与金属离子发生显色反应的有机化合物很多，但只有一小部分可以用作金属指示剂，作为金属指示剂必须具备以下条件：

(1) 金属指示剂配合物 MIn 与指示剂 In 的颜色应有显著不同，这样终点颜色变化才明显。金属指示剂多是有机弱酸或弱碱，颜色随 pH 而变化，因此必须控制合适的 pH 范围。例如，铬黑 T 在水溶液中有如下平衡：

$$\underset{\substack{\text{红}\\ \text{pH} < 6.3}}{H_2In^-} \underset{+H^+}{\overset{-H^+}{\rightleftharpoons}} \underset{\text{蓝}}{HIn^{2-}} \underset{+H^+}{\overset{-H^+}{\rightleftharpoons}} \underset{\substack{\text{橙}\\ \text{pH} > 11.6}}{In^{3-}}$$

由于铬黑 T 与金属离子形成的配合物为红色，显然铬黑 T 只有在 pH 范围为 6.3～11.6 时使用，终点由红色变成蓝色，颜色变化才显著。

(2) 金属指示剂与金属离子形成的配合物 MIn 的稳定性要适当，既要有足够的稳定性，又要比金属与 EDTA 形成的配合物 MY 的稳定性略小。如果稳定性过低，则未到达化学计量点时 MIn 就会分解，终点提前出现，变色不敏锐，影响滴定的准确度。如果稳定性过高，以至于在计量点附近，EDTA 不能夺取 MIn 中的 M，而使终点推迟，甚至不变色，得不到终点。

(3) 指示剂与金属离子的反应必须进行迅速、灵敏，且有良好的变色可逆性。

(4) 金属指示剂应易溶于水，不易变质，便于使用和保存。

3. 常用金属指示剂

配位滴定法中，所用的金属指示剂种类繁多，现重点介绍几种金属指示剂。

1) 铬黑 T

铬黑 T 简称 EBT，是在弱碱性溶液中滴定 $Mg^{2+}$、$Zn^{2+}$、$Pb^{2+}$、$Ca^{2+}$等离子的常用指示剂。如前所述，pH < 6.3 时，EBT 在水溶液中呈红色，pH > 11.6 时 EBT 呈橙色，而 EBT 与金属离子形成的配合物颜色为红色，所以只能在 pH 为 6.3～11.6 时使用，在此酸度范围内，其自身为蓝色。

铬黑 T 固体相当稳定，但其水溶液仅能保存几天，这是由于铬黑 T 在溶液中易发生聚合而失效，因此常将 EBT 与干燥的纯 NaCl 按 1∶100 混合均匀，研细，密闭保存。

2) 钙指示剂

钙指示剂简称 NN，纯品为黑紫色粉末，一般使用固体，用 NaCl 粉末稀释后使用。NN 在 pH = 12～13 时能与 $Ca^{2+}$形成红色配合物，其自身为蓝色。

测定时，如果有少量 $Mg^{2+}$ 存在，则 $Mg^{2+}$ 在此 pH 下已生成 $Mg(OH)_2$ 沉淀，不会干扰 $Ca^{2+}$ 的测定。

3）二甲酚橙

二甲酚橙简称 XO，在 $pH < 6.0$ 时呈黄色，与金属离子形成的配合物为红色，常用于滴定 $Pb^{2+}$、$Zn^{2+}$、$Cd^{2+}$、$Hg^{2+}$、$Ti^{3+}$ 等金属离子。

4. 金属指示剂在使用中存在的问题

1）指示剂的封闭现象

有的指示剂与某些金属离子形成的配合物 MIn 比相应的 EDTA 配合物 MY 更稳定，以至于滴加过量的 EDTA 时，仍不能从 MIn 中夺取 M 而变色，使溶液始终呈现 MIn 的颜色，无法指示终点，这种现象称为**指示剂的封闭**。例如，在 pH = 10 的条件下，使用铬黑 T 为指示剂，用 EDTA 滴定水中钙镁总量时，水中微量的 $Al^{3+}$、$Fe^{3+}$、$Cu^{2+}$、$Ni^{2+}$、$Co^{2+}$ 等离子对铬黑 T 有封闭作用。解决的办法是加入掩蔽剂，使干扰离子生成更稳定的配合物，从而不再与指示剂作用。$Al^{3+}$、$Fe^{3+}$ 对铬黑 T 的封闭可加三乙醇胺予以消除；$Cu^{2+}$、$Co^{2+}$、$Ni^{2+}$ 可用 KCN 掩蔽；$Fe^{3+}$ 也可先用抗坏血酸还原为 $Fe^{2+}$，再加 KCN 掩蔽。

2）指示剂的僵化现象

有些指示剂或其金属配合物在水中的溶解度太小，使得滴定剂与金属指示剂配合物（MIn）之间的交换反应缓慢，变色不敏锐，终点拖长，这种现象称为**指示剂僵化**。解决的办法是加入适当的有机溶剂或加热，以增大其溶解度，从而加快反应速率。例如，用 PAN 作指示剂时，经常加入酒精或在加热的条件下滴定。

3）指示剂的氧化变质现象

金属指示剂大多为含双键的有色化合物，易被日光、氧化剂、空气所分解，在水溶液中多不稳定，日久会变质。所以金属指示剂常配成固体混合物使用，以延长其使用时间。例如，铬黑 T 和钙指示剂常用固体 NaCl 或 KCl 作稀释剂来配制。

### 8.6.6　提高配位滴定选择性的方法

提高配位滴定选择性的方法

以上讨论的是单一金属离子配位滴定的情况，在实际工作中，遇到的样品往往比较复杂，常有多种离子共存。在这种情况下，EDTA 所具有的广泛配位性这一特点，就成了一个明显的缺点。因此，如何提高配位滴定的选择性，是配位滴定中的重要问题。现常用控制酸度、使用掩蔽剂以及利用解蔽作用等手段来提高配位滴定的选择性。

1. 控制酸度进行分步滴定

溶液中有 M、N 两种金属离子共存，它们均可与 EDTA 形成配合物，且 $K_{MY}^{\ominus\prime} > K_{NY}^{\ominus\prime}$。当用 EDTA 滴定时，若 M 与 N 两种离子浓度相同，则首先被滴定的是 M，当 $K_{MY}^{\ominus\prime}$ 与 $K_{NY}^{\ominus\prime}$ 相差足够大时，就可以准确滴定 M，而 N 不干扰。根据理论推导，则要准确选择滴定 M，而又要求共存的 N 不干扰，一般必须同时满足：

$$\frac{c_M \cdot K_{MY}^{\ominus\prime}}{c_N \cdot K_{NY}^{\ominus\prime}} \geqslant 10^6 \text{和} K_{MY}^{\ominus\prime} \geqslant 10^8$$

这时，N 对 M 干扰产生的误差就在 ±0.1%内，符合一般分析工作的要求。滴定 M 离子后，若 N 离子满足单一离子准确滴定的条件 $K_{NY}^{\ominus\prime} \geqslant 10^8$，则又可继续滴定 N 离子，此时 EDTA 可分别滴定 M 和 N。

**例 8-8**　溶液中 $Fe^{3+}$ 和 $Al^{3+}$ 浓度均为 0.02mol · $L^{-1}$，如用相同浓度 EDTA 滴定，问：(1)能否选择性滴定 $Fe^{3+}$？(2)求滴定 $Fe^{3+}$ 的酸度范围。

**解**　(1)查表可知 $K_{FeY}^{\ominus} = 10^{25.10}$，$K_{AlY}^{\ominus} = 10^{16.30}$，由于同一溶液中 EDTA 的酸效应一定，所以有：

$$\frac{c(Fe^{3+}) \cdot K_{FeY}^{\ominus\prime}}{c(Al^{3+}) \cdot K_{AlY}^{\ominus\prime}} = \frac{K_{FeY}^{\ominus}}{K_{AlY}^{\ominus}} = \frac{10^{25.10}}{10^{16.30}} = 10^{8.8} > 10^6$$

因此只要满足 $K_{FeY}^{\ominus\prime} = 10^{25.10} > 10^8$，就可以通过控制溶液酸度来选择滴定 $Fe^{3+}$，而 $Al^{3+}$不干扰。

(2)滴定 $Fe^{3+}$ 的酸度范围的计算，根据 $\lg\alpha_{Y(H)} \leqslant \lg K_{MY}^{\ominus} - 8 = 25.10 - 8 = 17.10$，查酸效应曲线或查表可知，EDTA 滴定 $Fe^{3+}$的最低 pH 约为 1.2。考虑 $Fe^{3+}$的水解：

$$c(OH^-) \leqslant \sqrt[3]{\frac{K_{sp}^{\ominus}}{c(Fe^{3+})}} = \sqrt[3]{\frac{4.0\times10^{-38}}{0.020}} = 1.3\times10^{-12}(mol \cdot L^{-1})$$

即 pH ≈ 2.1 时，$Fe^{3+}$发生水解，所以可以控制 pH = 1.2～2.1 滴定 $Fe^{3+}$。从酸效应曲线可以看出此 pH 范围内，$Al^{3+}$不被滴定。

需要指出，在确定滴定的适宜 pH 范围时，还应注意所选用指示剂的合适 pH 范围。例如，滴定 $Fe^{3+}$时，用磺基水杨酸作指示剂，在 pH = 1.5～2.1 时，它与 $Fe^{3+}$形成的配合物呈现紫红色。若控制在该 pH 范围内，用 EDTA 直接滴定 $Fe^{3+}$，终点由紫红色变黄色，$Al^{3+}$不干扰。

### 2. 使用掩蔽的方法进行分别滴定

若被测金属离子 M 的配合物与干扰离子 N 的配合物的稳定常数相差不够大，就不能用控制酸度的方法进行分步滴定。这时可利用加入掩蔽剂来降低干扰离子的浓度以消除干扰。掩蔽方法按掩蔽反应类型的不同分为配位掩蔽法、沉淀掩蔽法和氧化还原掩蔽法等，其中配位掩蔽法应用最广。

1)配位掩蔽法

**配位掩蔽法**是通过加入能与干扰离子形成更稳定配合物的配位剂掩蔽干扰离子，从而能够更准确滴定待测离子。例如，用 EDTA 滴定水中的 $Ca^{2+}$、$Mg^{2+}$ 时，$Fe^{3+}$、$Al^{3+}$ 对测定有干扰，此时可加入三乙醇胺，使之与 $Fe^{3+}$、$Al^{3+}$ 生成更稳定的配合物，从而不干扰 $Ca^{2+}$和 $Mg^{2+}$的测定。实际工作中常用的配位掩蔽剂见表 8-11。

**表 8-11　一些常用的掩蔽剂**

| 名　称 | pH 范围 | 被掩蔽的离子 | 备　注 |
| --- | --- | --- | --- |
| KCN | ＞8 | $Co^{2+}$、$Ni^{2+}$、$Cu^{2+}$、$Zn^{2+}$、$Hg^{2+}$、$Cd^{2+}$、$Ag^+$ 及铂族元素 | 剧毒！须在碱性溶液中使用 |
| $NH_4F$ | 4～6<br>≈10 | $Al^{3+}$、$Ti^{IV}$、$Sn^{4+}$、$Zr^{4+}$、$W^{VI}$<br>$Mg^{2+}$、$Ca^{2+}$、$Sr^{2+}$、$Ba^{2+}$及稀土元素 | |

?

如何利用掩蔽和解蔽作用测定 $Ni^{2+}$、$Zn^{2+}$、$Mg^{2+}$ 混合溶液中各组分的含量？

续表

| 名　称 | pH 范围 | 被掩蔽的离子 | 备　注 |
|---|---|---|---|
| 三乙醇胺 | ≈10 | $Al^{3+}$、$Sn^{4+}$、$Ti^{IV}$、$Fe^{3+}$ | 先在酸性溶液中加入三乙醇胺，再调 pH |
| 2，3-二巯基丙醇 | ≈10 | $Hg^{2+}$、$Cd^{2+}$、$Zn^{2+}$、$Bi^{3+}$、$Pb^{2+}$、$Ag^{+}$ | |
| 邻二氮菲 | 5～6 | $Cu^{2+}$、$Co^{2+}$、$Ni^{2+}$、$Cd^{2+}$、$Hg^{2+}$ | |

2）沉淀掩蔽法

加入选择性沉淀剂，使其与干扰离子形成沉淀，并在不分离沉淀的情况下进行配位滴定，这种掩蔽方法称为**沉淀掩蔽法**。例如，在 $Ca^{2+}$、$Mg^{2+}$共存的溶液中，用 EDTA 滴定 $Ca^{2+}$时，$Mg^{2+}$干扰 $Ca^{2+}$的滴定，常加入 NaOH 溶液，使溶液 pH > 12，则 $Mg^{2+}$ 生成 $Mg(OH)_2$ 沉淀，这时 EDTA 就可直接滴定 $Ca^{2+}$了。

沉淀掩蔽法不是一种理想的掩蔽方法，应用不多。因为某些沉淀反应进行得不够完全，造成掩蔽效率有时不太高，加上沉淀的吸附现象，既影响滴定准确度又影响终点观察。

3）氧化还原掩蔽法

当某种价态的共存离子对滴定有干扰时，可以加入一种氧化剂或还原剂，改变干扰离子价态，以消除干扰。例如，用 EDTA 滴定 $Bi^{3+}$、$Zr^{4+}$、$Th^{4+}$等离子时，溶液中如果存在 $Fe^{3+}$就会有干扰（$\lg K^{\ominus}_{FeY^{-}} = 25.10$）。在滴定前可加入抗坏血酸，将 $Fe^{3+}$还原成 $Fe^{2+}$，由于 $Fe^{2+}$的 EDTA 配合物稳定性较差（$\lg K^{\ominus}_{FeY^{2-}} = 14.32$），因而可以消除 $Fe^{3+}$的干扰。

有些元素的低价态（如 $Cr^{3+}$）干扰 EDTA 的滴定，而高价态（如 $Cr_2O_7^{2-}$，$CrO_4^{2-}$）不干扰，可先将其氧化为高价态消除干扰。

3. 利用解蔽作用提高选择性

掩蔽干扰离子进行滴定后，再加入一种试剂，使被掩蔽的离子重新释放出来，称为**解蔽**，所用试剂称为**解蔽剂**。解蔽后，可再对此离子进行滴定。

例如，测定溶液中的 $Pb^{2+}$和 $Zn^{2+}$时，可先在氨性酒石酸溶液中用 KCN 掩蔽 $Zn^{2+}$，以铬黑 T 为指示剂，用 EDTA 滴定 $Pb^{2+}$后，加入甲醛作为解蔽剂，破坏$[Zn(CN)_4]^{2-}$，使 $Zn^{2+}$重新释放出来，即可用 EDTA 继续滴定 $Zn^{2+}$。能被甲醛解蔽的还有$[Cd(CN)_4]^{2-}$，而 $Cu^{2+}$、$Co^{2+}$、$Ni^{2+}$等离子与 $CN^{-}$生成的配合物稳定性高，不易被甲醛解蔽。

如果采用以上方法均不能消除干扰离子的影响，则可以选用其他的氨羧配位剂作为滴定剂，或者预先将干扰离子分离出来，再滴定被测离子。

### 8.6.7　配位滴定的应用

配位滴定法的应用

1. EDTA 标准溶液的配制与标定

EDTA 标准溶液的浓度一般为 0.01～0.05mol · $L^{-1}$，采用 EDTA 二钠盐（$Na_2H_2Y \cdot 2H_2O$，相对分子质量为 372.24）配制。由于水和其他试剂中常含有金属离子，EDTA 标准溶液配制后应加以标定。标定 EDTA 的基准物质很多，如金属 Zn、Cu、Bi 及 ZnO、$CaCO_3$、$MgSO_4 \cdot 7H_2O$ 等。为了测定的准确度高，标定的条件应尽可能与测定条件相接近。如果能用被测元素的高纯金属或化合物作基准物质，则系统误差可基本消除。

若长时间贮存 EDTA 溶液，应置于聚乙烯塑料瓶或硬质玻璃瓶中，这样其浓度可基本保持不变；若贮存于普通玻璃瓶中，由于玻璃中的 $Ca^{2+}$等金属离子会与 EDTA 发生反应，EDTA 的浓度不断下降。

2. 滴定方式和应用示例

配位滴定有多种不同的滴定方式，包括直接滴定、返滴定、置换滴定、间接滴定等。采用适当的滴定方式，不仅可以扩大配位滴定的应用范围，而且可以提高配位滴定的选择性。

1) 直接滴定法

直接滴定法是配位滴定中的基本方法。这种方法是将试样处理成溶液后，调节至所需的酸度，加入指示剂及其他必要试剂，再用 EDTA 标准溶液直接滴定被测离子。在多数情况下，直接法引入的误差较小，操作简便、快速。只要金属离子与 EDTA 的配位反应能满足直接滴定的要求，应尽可能地采用直接滴定法。采用直接滴定法，必须符合以下几个条件：

(1) 配位反应的速率很快，且该配合物的 $c_{\mathrm{M}} \cdot K_{\mathrm{MY}}^{\ominus\prime} \geqslant 10^6$。

(2) 在滴定条件下，被测离子不发生水解或沉淀反应。

(3) 有变色敏锐的指示剂，且没有封闭现象。

实际上大多数金属离子都可采用直接滴定法。例如，用 EDTA 测定水的总硬度。测定水的总硬度实际上是测定水中 $Ca^{2+}$、$Mg^{2+}$的总量，并将其折算成 $CaCO_3$(或 CaO) 的质量以计算硬度，以每升水中含 $CaCO_3$(或 CaO) 的质量 (mg) 来表示水的硬度。具体方法是量取一定体积的水样，用 $NH_3$-$NH_4Cl$ 缓冲液控制溶液的 pH ≈ 10，以铬黑 T 为指示剂，用 EDTA 标准溶液直接滴定至溶液由酒红色变为纯蓝色，即为滴定终点。

?
配位滴定中，不同的滴定方式分别适用于何种情况？试举例说明。

若要分别测定 $Ca^{2+}$、$Mg^{2+}$的含量，则可另取同量试液，加入 NaOH 调节溶液酸度至 pH > 12。此时镁以 $Mg(OH)_2$ 沉淀形式被掩蔽，选用钙指示剂为指示剂，用 EDTA 滴定 $Ca^{2+}$，得到钙含量，由前后两次测定之差，即得到镁含量。

2) 返滴定法

返滴定法是在一定条件下，在试液中加入定量且过量的 EDTA 标准溶液，使待测离子反应完全后，再用另一种金属离子的标准溶液滴定剩余的 EDTA，由 EDTA 标准溶液和金属离子标准溶液的浓度和用量，计算出待测离子的含量。

返滴定法适用于以下一些情况：

(1) 被测离子与 EDTA 反应速率慢。

(2) 被测离子在滴定的 pH 下会发生水解等副反应。

> 用返滴定法测定铝离子含量时：首先在 pH 约为 3 时加入过量的EDTA并加热，使铝离子配位，试说明选择此 pH 的理由。

(3) 由于封闭等原因，无适宜的指示剂。

EDTA 测定 $Al^{3+}$就属于这类情况，因此需用返滴定法测定 $Al^{3+}$。例如，测定复方氢氧化铝等铝盐药物中的 $Al_2O_3$的含量时，$A1^{3+}$与 EDTA 配位反应速率缓慢，而且对二甲酚橙指示剂有封闭作用，酸度不高时，$A1^{3+}$还易发生一系列水解反应，形成多种多核羟基配合物，因此 $A1^{3+}$不能直接滴定。为此可先在试液中加入定量并过量的 EDTA 标准溶液，调节 pH = 3.5，煮沸以加速 $A1^{3+}$与 EDTA 的反应。冷却后，调节 pH 至 5～6，以二甲酚橙为指示剂，用 $Zn^{2+}$标准溶液滴定过量的 EDTA，然后进行计算。

3) 置换滴定法

置换滴定法有两种情况。一种情况是将被测离子和干扰离子先与 EDTA 都反应完全，然后加入另一配位剂夺取被测离子而置换出与被测离子相当量的 EDTA，再用另一种金属离子标准溶液滴定置换出的 EDTA。

例如，用返滴定法测定可能含有 Cu、Pb、Zn、Fe 等杂质离子的某复杂试样中的 $A1^{3+}$时，实际测得的是这些离子的总量。为了得到准确的 $A1^{3+}$量，在返滴定至终点后，加入 $NH_4F$，$F^-$与溶液中的 $AlY^-$反应，生成更为稳定的 $AlF_6^{3-}$，置换出与 $Al^{3+}$相当量的 EDTA：

$$AlY^- + 6F^- + 2H^+ \rightleftharpoons AlF_6^{3-} + H_2Y^{2-}$$

再用 $Zn^{2+}$标准溶液滴定置换出的 EDTA，由此可得 $A1^{3+}$ 的准确含量。

另一种情况是用被测离子 M 置换出另一配合物 NL 中的 N 离子，用 EDTA 滴定 N 离子以测定 M 离子的含量。例如，$Ag^+$与 EDTA 的配合物不够稳定（$\lg K^{\ominus}_{AgY} = 7.32$），不能用 EDTA 直接滴定。若在 $Ag^+$试液中加入过量的 $Ni(CN)_4^{2-}$，则会发生如下置换反应：

$$2Ag^+ + [Ni(CN)_4]^{2-} \rightleftharpoons 2[Ag(CN)_2]^- + Ni^{2+}$$

再以氨性缓冲溶液调节 pH = 10，以紫脲酸铵为指示剂，用 EDTA 滴定置换出的 $Ni^{2+}$，即可求得 $Ag^+$的含量。

4) 间接滴定法

有些金属离子（如 $Li^+$、$Na^+$、$K^+$等）与 EDTA 生成的配合物不稳定，有些非金属离子（如 $SO_4^{2-}$ 、$PO_4^{3-}$ 等）和 EDTA 不反应，可以采用间接滴定法测定它们的含量。

例如，可将 $K^+$沉淀为 $K_2Na[Co(NO_2)_6] \cdot 6H_2O$，沉淀过滤洗涤后，用酸溶解，再用 EDTA 滴定其中的 $Co^{3+}$，就可间接求出 $K^+$含量。又如，$PO_4^{3-}$ 可沉淀为 $MgNH_4PO_4 \cdot 6H_2O$，过滤洗涤沉淀，将其溶解，调节 pH = 10，以铬黑 T 为指示剂，用 EDTA 滴定溶液中的 $Mg^{2+}$，即测得 $PO_4^{3-}$ 的含量。

【拓展材料】

## “蛋白精”的骗局

许多人喝牛奶是为了补钙，不过如果留心国内鲜牛奶包装上的标注，一般没有列出钙的含量，标明的营养成分含量只有两种：脂肪和蛋白质。鲜牛奶有全脂、低脂、脱脂之分，其脂肪含量各不相同，而且在脂肪被视为健康杀手的今天，一般人不会在乎脂肪含量是否达标。蛋白质才是牛奶中的主要营养成分，鲜牛奶包装上都会注明蛋白质含量为 100mL≥2.9g，以表明符合鲜牛奶的国家标准(100mL≥2.95g)。

生鲜牛奶的蛋白质含量一般在 3%以上，所以一般都能达到国家标准，除非向原奶中兑水。要提防有人拿水卖出奶的价钱，就有必要在收购生鲜牛奶时检测蛋白质的含量。根据蛋白质的化学性质，有几种检测方法，各有优缺点。食品工业上普遍采用的、被定为国家标准的是凯氏定氮法。这是 19 世纪后期丹麦人约翰·凯达尔发明的方法，原理很简单：蛋白质含有氮元素，用强酸处理样品，使蛋白质中的氮元素释放出来，测定氮的含量，就可以算出蛋白质的含量。牛奶蛋白质的含氮率约 16%，根据国家标准，将测出的氮含量乘以 6.38，就是蛋白质含量。所以凯氏定氮法实际上测的不是蛋白质含量，而是通过测氮含量来推算蛋白质含量，显然，如果样品中还有其他化合物含有氮，这个方法就不准确了。通常情况下，这不是问题，因为食物中的主要成分只有蛋白质含有氮，其他主要成分(碳水化合物、脂肪)都不含氮，因此凯氏定氮法是一种很准确的测定蛋白质含量的方法。但是如果有人向样品中偷加含氮的其他物质，就可以骗过凯氏定氮法获得虚假的蛋白质高含量，用兑水牛奶冒充原奶。

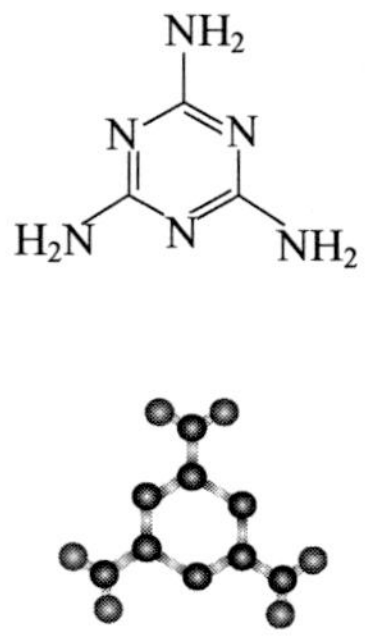

三聚氰胺结构图

常用的一种冒充蛋白质的含氮物质是尿素。不过尿素的含氮量(46.6%)不是很高，溶解在水中会发出刺鼻的氨味，容易被觉察，而且用一种简单的检测方法(格里斯试剂法)就可以查出牛奶中是否加了尿素。所以后来造假者就改用三聚氰胺了。三聚氰胺含氮量高达 66.6%(含氮量越高意味着能冒充越多的蛋白质)，白色无味，没有简单的检测方法(要采用高性能液相色谱检测)，是理想的蛋白质冒充物。三聚氰胺是一种重要的化工原料，广泛用于生产合成树脂、塑料、涂料等，目前的价格大约是每吨 12000 元。在生产三聚氰胺过程中，会出现废渣，废渣中还含有 70%的三聚氰胺。造假者用来冒充蛋白质的就是三聚氰胺渣，有些“生物技术公司”在网上推销“蛋白精”，其实就是三聚氰胺渣。在饲料、奶制品中添加“蛋白精”冒充蛋白质。

三聚氰胺是怎么加到牛奶中的呢？有两种可能途径。一种是奶站加到原奶中，这样做有一定的局限，因为三聚氰胺微溶于水，常温下溶解度为 $3.1g \cdot L^{-1}$。也就是说，100mL 水可以溶解 0.31g 三聚氰胺，含氮 0.2g，相当于 1.27g 蛋白质，由此可以算出，要达到 100mL≥2.95g 蛋白质的要求，100mL 牛奶最多只能兑 75mL 水(并加入 0.54g 三聚氰胺)。另一种途径是在奶粉制造过程中加入三聚氰胺，这就不受溶解度限制了，想加多少都可以。

三聚氰胺之所以被不法之徒当成“蛋白精”来用，可能是认为它毒性很低，吃不死人。大鼠口服三聚氰胺，半致死量(毒理学常用指标，指能导致一半的实验对象死亡)大约为每千克体重 3g，和食盐相当。大剂量喂食大鼠、兔、狗也未观察到明显的中毒现象。三聚氰胺进入体内后似乎不能被代谢，而是从尿液中原样排出，但是动物实验也表明，长期喂食三聚氰胺能出现以三聚氰胺为主要成分的肾结石、膀胱结石。我们无法拿人体做实验，而即使患肾结石的人曾经服用过偷加了三聚氰胺的食物，也很难确定三聚氰胺就是罪魁祸首，除非患者的食物来源很单一，如只吃配方奶粉的婴儿——没想到还真有人敢拿婴儿来做实验证明了它能吃死人！

有人认为既然蛋白质检测法的缺陷导致了致命的造假，还不如干脆取消蛋白质检测，默许牛奶兑水。其实凯氏定氮法的缺陷并不难弥补，只要多一道步骤即可：先用三氯乙酸处理样品。三氯乙酸能让蛋白质形成沉淀，过滤后，分别测定沉淀和滤液中的氮含量，就可以知道蛋白质的真正含量和冒充蛋白质的氮含量。这是生物化学的常识，也是检测牛奶氮含量的国际标准(ISO 8968)。

## 思　考　题

8-1　能用于滴定分析的化学反应必须符合哪些条件？在四大滴定中这些条件具体化后有哪些异同点？

8-2　总结要准确进行定量分析所要注意的事项。

8-3　从滴定突跃计算、操作、指示剂作用原理及选择原则等方面总结分析四大滴定各有何特点。

## 习　　题

8-1　判断题。

(1) 酸碱滴定中以强碱滴定相同浓度的不同弱酸时，弱酸解离常数越大，则滴定突跃范围越大。（　）

(2) 莫尔法主要用于测定 $Cl^-$、$Br^-$，而不适用于测定 $I^-$，这是因为在计量点时生成的 AgI 沉淀不稳定。（　）

(3) 用福尔哈德法测定 $Cl^-$时，为了防止 AgCl 沉淀转化为 AgSCN 沉淀，可采取加热煮沸过滤或加入硝基苯的方法。（　）

(4) 只要氧化还原反应的平衡常数足够大，该滴定反应就能很快地进行完全。（　）

(5) 在氧化还原滴定中，影响突跃范围大小的主要因素是电对的条件电极电势之差和溶液的浓度。（　）

(6) 配位滴定中，副反应的发生均不利于主反应的进行。（　）

(7) 配位滴定中，酸效应系数越小，生成的配合物稳定性越高。（　）

(8) 配位滴定中，须使溶液的酸度比测定该离子所允许的最高酸度要高。（　）

8-2　选择题。

(1) 试样用量为 0.1～10mg 的分析称为（　），试样体积在 1～10mL 的分析称为（　）

A. 常量分析　　B. 半微量分析　　C. 微量分析　　D. 痕量分析

(2) 0.01mol · $L^{-1}$ 某一元弱酸能被强碱准确滴定的条件式为（　）

A. $K_a^\ominus \geqslant 10^{-6}$　　B. $K_a^\ominus \geqslant 10^{-8}$　　C. $K_b^\ominus \geqslant 10^{-6}$　　D. $K_b^\ominus \geqslant 10^{-8}$

(3) 沉淀滴定对化学反应及沉淀物的要求是（　）

A. 反应定量进行　　B. 沉淀的 $K_{sp}^\ominus \geqslant 10^{-8}$

C. 沉淀应是无色的　　D. 沉淀不产生吸附

(4) 莫尔法用 $AgNO_3$ 标准溶液滴定 NaCl 时，应选用的指示剂是（　）

A. KCNS　　B. $K_2Cr_2O_7$

C. $K_2CrO_4$　　D. $NH_4Fe(SO_4)_2 \cdot 12H_2O$

(5) 用铬酸钾指示剂法进行沉淀滴定时，滴定应在下列哪种 pH 的溶液中进行（　）

A. <2　　B. 3.4～6.5　　C. 6.5～10.5　　D. >10.5

(6) 若两电对在反应中电子转移数分别为 1 和 2，要使反应有 99.9%的完成程度，这两个电对的条件电极电势之差应大于（　）

A. 0.12V　　B. 0.24V　　C. 0.27V　　D. 0.36V

E. 0.40V

(7) 已知在酸性介质中，$\varphi^{\ominus\prime}(Cr_2O_7^{2-}/Cr^{3+}) = 1.00V$，$\varphi^{\ominus\prime}(Fe^{3+}/Fe^{2+}) = 0.68V$。用 0.03333mol · $L^{-1}$ $K_2Cr_2O_7$ 标准溶液滴定 0.2000mol · $L^{-1}$ $Fe^{2+}$溶液，计量点的电极电势为（　）

A. 1.10V　　B. 0.96V　　C. 0.95V　　D. 0.92V

(8) 用 EDTA 作滴定剂时，下列叙述中错误的是　(　　)

A. 在酸度较高的溶液中可形成 MHY 配合物

B. 在碱性较高的溶液中可形成 MOHY 配合物

C. 不论形成 MHY 或 MOHY，均有利于配位滴定反应

D. 不论溶液 pH 大小，只形成 MY 一种形式配合物

(9) 在非缓冲溶液中用 EDTA 滴定金属离子时，溶液的 pH 将　(　　)

A. 升高　B. 降低　C. 不变　D. 与金属离子价态无关

(10) EDTA 直接法进行配位滴定时，终点所呈现的颜色是　(　　)

A. 金属指示剂-被测金属配合物的颜色　B. 游离的金属指示剂的颜色

C. EDTA-被测定金属配合物的颜色　D. 上述 A 与 C 的混合色

8-3　填空题。

(1) $0.30mol \cdot L^{-1}$ 的 $H_2A(pK_{a_1}^{\ominus}=2, \ pK_{a_2}^{\ominus}=4)$ 溶液，以 $0.30mol \cdot L^{-1}$ NaOH 标准溶液滴定，将出现一个滴定突跃，化学计量点时产物为__________，这时溶液的 pH 为__________。

(2) 用吸收了 $CO_2$ 的标准 NaOH 溶液测定工业 HAc 的含量时，分析结果会_______；如以甲基橙为指示剂，用此溶液测定工业 HCl 的含量时，分析结果会_________（偏高，偏低，无影响）。

(3) 莫尔法之所以要控制 pH 范围在________内，是因为在酸性溶液中会使________降低，使终点_______；若碱性过高，则会使________沉淀为_______。酸性过强，则可用酚酞作指示剂，用______调节；而若碱性过强，则可用_______中和。

(4) 福尔哈德法测定应在_______介质中进行，原因是防止_______水解。在测定______时，指示剂应________，以防止_______与_______反应。

(5) 使用吸附指示剂时应注意：①控制溶液的酸碱性，使指示剂______；②增大____________的表面积，可以通过加入________________来实现；③防止________。

(6) 氧化还原指示剂变色的电势范围为 $\varphi$=______________________，选择指示剂的原则是使指示剂的__________处于滴定曲线的__________范围内，________越接近________，结果越________。

(7) 配制 EDTA 标准溶液应使用__________水，该溶液应贮存在_________瓶中，或_______瓶中，标定 EDTA 的__________条件应尽量与测定时的____________一致。

(8) 能用配位滴定法直接测定单一金属离子的条件是______________。

(9) 在配位滴定中，提高滴定时的 pH，有利的是_____________，但不利的是_____________，故存在着滴定的最低 pH 和最高 pH。

(10) 测定 $Ca^{2+}$、$Mg^{2+}$共存的硬水中各种组分的含量，其方法是在 pH =_______，用 EDTA 滴定测得_____________。另取同体积硬水加入_____________，使 $Mg^{2+}$ 成为___________，再用 EDTA 滴定测得_____________。

8-4　下列酸或碱能否准确进行滴定？

(1) $0.1mol \cdot L^{-1}$ HF　(2) $0.1mol \cdot L^{-1}$ HCN

(3) $0.1mol \cdot L^{-1}$ $NH_4Cl$　(4) $0.1mol \cdot L^{-1}$ 吡啶

8-5　下列多元酸溶液能否被准确进行分步滴定？

(1) $0.1mol \cdot L^{-1}$ $H_2C_2O_4$　(2) $0.1mol \cdot L^{-1}$ $H_2S$

(3) $0.1mol \cdot L^{-1}$ 柠檬酸　(4) $0.1mol \cdot L^{-1}$ 酒石酸

8-6　用 $0.1000mol \cdot L^{-1}$HCl 滴定 20.00mL $0.1000mol \cdot L^{-1}$ $NH_3$ 至化学计量点时，溶液的 pH 是多少？滴定突跃范围是多少？应选用何种指示剂？

8-7　某一含有 $Na_2CO_3$、$NaHCO_3$ 及杂质的试样 0.6061g，加水溶解，用 $0.2120mol \cdot L^{-1}$ HCl 溶液滴定至酚酞终点，用去 20.50mL；继续滴定至甲基橙终点，又用去 24.08mL。求

$Na_2CO_3$ 和 $NaHCO_3$ 的质量分数。

8-8　有 1L 含有 8.500g $KHC_2O_4 \cdot H_2C_2O_4 \cdot 2H_2O$ 的溶液，写出该溶液用作酸或还原剂时的基本单元，计算以该基本单元表示的 $KHC_2O_4 \cdot H_2C_2O_4 \cdot 2H_2O$ 溶液的浓度。

8-9　以 $K_2Cr_2O_7$ 标准溶液测定 1.000g 样品中的 Fe 的含量，要使滴定管读得的体积读数刚好等于样品中铁的质量分数的数值，则在 1L $K_2Cr_2O_7$ 溶液中应含有多少克 $K_2Cr_2O_7$？[$M(K_2Cr_2O_7) = 294.19g \cdot mol^{-1}$，$M(Fe) = 55.85g \cdot mol^{-1}$]

8-10　将 0.8857g 某含铬试样中的铬氧化成 $Cr_2O_7^{2-}$，加酸酸化后再加入 25.00mL 0.1020mol · L$^{-1}$ $FeSO_4$ 标准溶液，加入 $c(1/5KMnO_4) = 0.01860mol \cdot L^{-1}$ $KMnO_4$ 溶液回滴过量的 $FeSO_4$，用去 $KMnO_4$ 溶液 5.64mL。计算试样中铬的质量分数。

8-11　试剂厂生产 $FeCl_3 \cdot 6H_2O$ 试剂，国家规定二级品含量不少于 99.0%，三级品含量不少于 98.0%。为了检验某批产品的质量，称取 0.5000g 样品，溶于水，加 3mL HCl 和 2g KI，最后用 0.09875mol · L$^{-1}$ $Na_2S_2O_3$ 标准溶液滴定至终点，用去 18.55mL。该产品属于哪一级？

8-12　为测定水体中的化学耗氧量(COD)，常采用 $K_2Cr_2O_7$ 法。移取某废水样 100.0mL，用硫酸酸化后，加入 25.00mL 0.02000mol · L$^{-1}$ 的 $K_2Cr_2O_7$ 溶液，在 $Ag_2SO_4$ 存在下煮沸以氧化水样中还原性物质，再以试铁灵为指示剂，用 0.1000mol · L$^{-1}$ 的 $FeSO_4$ 溶液滴定剩余的 $Cr_2O_7^{2-}$，用去 19.74mL。计算该废水样的化学耗氧量($O_2$, mg · L$^{-1}$)。

8-13　pH = 4.0 时，能否用 EDTA 准确滴定 0.01mol · L$^{-1}$ $Fe^{2+}$？pH = 6.0、8.0 时呢？

8-14　含 0.01mol · L$^{-1}$ $Pb^{2+}$、0.01mol · L$^{-1}$ $Ca^{2+}$的 0.1mol · L$^{-1}$ $HNO_3$ 溶液中，能否用 0.01mol · L$^{-1}$ EDTA 准确滴定 $Pb^{2+}$？若可以，应在什么 pH 下滴定而 $Ca^{2+}$不干扰？

8-15　在 25.00mL 含 $Ni^{2+}$、$Zn^{2+}$的溶液中加入 50.00mL 0.01500mol · L$^{-1}$ EDTA 溶液，用 0.01000mol · L$^{-1}$ $Mg^{2+}$返滴定过量的 EDTA，用去 17.52mL，然后加入二巯基丙醇解蔽 $Zn^{2+}$，释放出 EDTA，再用去 22.00mL $Mg^{2+}$溶液滴定。计算原试液中 $Ni^{2+}$、$Zn^{2+}$的浓度。

8-16　用 0.01060mol · L$^{-1}$ EDTA 标准溶液滴定水中钙和镁的含量，取 100.00mL 水样，以铬黑 T 为指示剂，在 pH = 10 时滴定，消耗 EDTA 标准溶液 31.30mL。另取一份 100.00mL 水样，加入 NaOH 呈强碱性，使 $Mg^{2+}$ 生成 $Mg(OH)_2$ 沉淀，以钙指示剂指示终点，用 EDTA 标准溶液滴定，用去 19.20mL，试计算：

(1)水的总硬度(以 $CaCO_3$ mg · L$^{-1}$ 表示)；

(2)水中钙和镁的含量(以 $CaCO_3$ mg · L$^{-1}$ 和 $MgCO_3$ mg · L$^{-1}$ 表示)。

*8-17　称取含有 $H_2C_2O_4 \cdot 2H_2O$、$KHC_2O_4$ 和 $K_2SO_4$ 的混合物 2.7612g，溶于水后转移至 100mL 容量瓶。吸取试液 10.00mL，以酚酞作指示剂，用 0.1920mol · L$^{-1}$ NaOH 溶液滴定至终点时耗去 16.25mL。另取一份 10.00mL 试液用硫酸酸化并加热后，用 0.03950mol · L$^{-1}$ $KMnO_4$ 溶液滴定，消耗 $KMnO_4$ 溶液 19.95mL。求算固体混合物中各组分的质量分数。

*8-18　某一元弱酸(HA)纯品 1.250g，用水溶解后定容至 50.00mL，用 41.20mL 0.0900mol · L$^{-1}$ NaOH 标准溶液滴定至化学计量点。加入 8.24mL NaOH 溶液时，溶液 pH 为 4.30。求：

(1)弱酸的摩尔质量(g · mol$^{-1}$)；

(2)弱酸的解离常数；

(3)化学计量点的 pH；

(4)选用何种指示剂？

*8-19　0.5000mol · L$^{-1}$ $HNO_3$ 溶液滴定 0.5000mol · L$^{-1}$ $NH_3 \cdot H_2O$ 溶液。试计算滴定分数为 0.50 及 1.00 时溶液的 pH。应选用何种指示剂？

# 第 9 章　物质结构基础

【教学目的和要求】

(1) 理解原子核外电子运动的特性；了解波函数表达的意义；掌握四个量子数的量子化条件及其物理意义；理解原子轨道角度分布图、电子云角度分布图和径向分布函数图。

(2) 掌握原子核外电子排布规则；理解多电子原子轨道能级交错现象；理解元素的基本性质及其元素周期性变化规律。

(3) 理解离子键的特征；掌握价键理论的基本要点及共价键的类型和特点；了解价层电子对互斥理论和分子轨道理论，掌握杂化轨道理论；掌握分子间作用力及氢键；理解离子极化作用和离子变形性及对化合物性质的影响规律。

(4) 了解金属键理论；了解晶体的特征，理解不同种类晶体的结构、性质。

【教学重点和难点】

(1) 重点内容：原子轨道与核外电子运动状态的量子数；常见元素基态原子的核外电子排布式和价电子构型；屏蔽效应、钻穿效应；元素周期性；杂化轨道的类型；共价键的饱和性和方向性；分子间作用力；氢键对化合物性质的影响。

(2) 难点内容：波函数、原子轨道与电子云角度分布图；价层电子对互斥理论预测分子构型；分子轨道理论；离子极化现象；晶体的结构与性质。

绪论

有限的元素为何能形成如此繁多的物质？例如，非金属元素 C 可形成 $CH_4$、$CO_2$、CO、$CS_2$、$CCl_4$ 等不同的物质。不同的物质为何具有不同的特性？例如，碳与硅属于同一主族，可 $CO_2$ 是分子晶体，$SiO_2$ 是原子晶体。物质之间的化学反应为何遵循基本的化学原理和规律？要从根本上回答这些问题，就必须从微观的角度来研究物质，掌握物质的内部组成和结构，了解组成物质至关重要的微粒——原子的结构。自然界的物质是由种类不同的原子所组成的。在一般的化学反应中，原子核并不发生变化，与化学关系更密切的是核外电子的运动状态的改变。因此，研究原子结构，主要是研究核外电子的运动状态。

## 9.1　核外电子的运动状态

### 9.1.1　氢原子光谱和玻尔理论

氢原子的线性光谱与玻尔理论

1911 年英国物理学家卢瑟福通过 $\alpha$ 粒子散射实验提出了原子的含核模

型：原子由带正电荷的原子核及带负电荷的电子组成，原子核在原子的中心，原子中大部分为空的，电子围绕原子核旋转。此模型正确解释了原子的组成问题。然而对核外电子的分布规律和运动状态，以及近代原子结构理论的研究和确立，却是从氢原子光谱开始的。

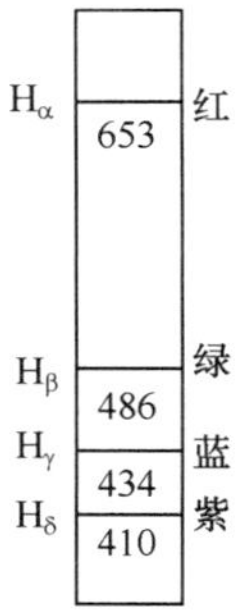

氢原子可见光区线性光谱图
图中数字为光谱线波长 $\lambda$/nm

1. 氢原子光谱

氢原子光谱是最简单的原子光谱。将一只装有低压气体的放电管通过高压电流，则氢气放出玫瑰红色光，用分光棱镜在可见、紫外、红外光区可得到一系列按波长次序排列的不连续氢光谱。气态原子被火花、电弧或其他方法激发产生的光，经棱镜分光后，可得到不连续的线状光谱，这种线状光谱称为**原子光谱**。

氢原子光谱在可见光区(波长为 400～760nm)有四条比较明显的谱线，分别用 $H_\alpha$，$H_\beta$，$H_\gamma$，$H_\delta$ 表示。1885 年，瑞士物理学家巴尔麦将氢原子光谱在可见光区中各谱线的波长总结为经验公式：

$$\frac{1}{\lambda}=R_\infty\left(\frac{1}{2^2}-\frac{1}{n^2}\right) \tag{9-1}$$

卢瑟福
Ernest Rutherford
1871—1937
20 世纪最伟大的实验物理学家之一。在放射性和原子结构等方面做出了重大贡献，被称为近代原子核物理学之父。

式中：$\lambda$ 为波长；$R_\infty$ 为里德堡常量，其值为 $1.097\times10^7\,m^{-1}$；$n$ 为大于 2 的正整数。随后，在紫外区和红外区又发现了氢光谱的若干组谱线。1913 年瑞典物理学家里德堡提出了适用所有氢光谱的通式，并指出巴尔麦公式只是其中 $n_1=2$ 的一个特例：

$$\frac{1}{\lambda}=R_\infty\left(\frac{1}{n_1^2}-\frac{1}{n_2^2}\right) \tag{9-2}$$

式中：$n_1$ 和 $n_2$ 为正整数，且 $n_2>n_1$。

如何解释氢原子线状光谱的实验事实？当时被科学界承认的卢瑟福原子模型已无能为力。按照经典磁学理论，如果电子绕核做圆周运动，它应该不断发射连续的电磁波，那么原子光谱应该是连续的，而且电子的能量应该因此而逐渐降低，并最后堕入原子核。然而事实是原子既没有湮灭，原子光谱也不是连续的。那么氢光谱与氢原子核外电子的运动状态有怎样的关系？

玻尔
Niels Henrik David Bohr
1885—1962
丹麦物理学家，“哥本哈根学派”的创始人。

2. 玻尔理论

丹麦年轻的物理学家玻尔从普朗克的量子学说和爱因斯坦的光子学说的成功中获得灵感，于 1913 年在卢瑟福核型原子模型的基础上，结合普朗克和爱因斯坦的思想，冲破了旧观念的束缚，大胆地提出了氢原子结构的玻尔理论，其要点如下：

(1) 电子只能围绕原子核在某些特定的圆形轨道上绕核运动，在这些轨道上运动的电子既不放出能量，也不吸收能量。

(2) 电子在不同轨道上运动时，其能量是不同的。在离核越远的轨道上，能量越高；在离核越近的轨道上，能量越低。轨道的这些不同的能量状态称为**能级**，其中能量最低的状态称为**基态**，其余能量高于基态的状态称为**激发**

**态**。原子轨道的能量是量子化的，这些轨道上的电子运动的角动量 $m\upsilon r$ ，必须是 $h/2\pi$ 的整数倍，即

$$m\upsilon r = nh/2\pi \tag{9-3}$$

式中：$n$ 为量子数，其值可取 1、2、3 等正整数；$m$ 为电子的质量，单位为 kg；$\upsilon$ 为电子的运动速度；$r$ 为轨道的半径；$h$ 为普朗克常量，其值为 $6.626\times10^{-34}\,\text{J}\cdot\text{s}$ 。此关系式称为**玻尔的量子化条件**。玻尔根据上述假设及经典力学的规律，计算得到氢原子基态时轨道的半径为 52.9pm，称为玻尔半径，用符号 $a_0$ 表示。

氢原子轨道的能量为

$$E_n = -2.179\times10^{-18}\frac{1}{n^2}(\text{J}) \tag{9-4}$$

当 $n=1$ ，轨道半径为 52.9pm，能量为 $E_1 = -2.179\times10^{-18}\,\text{J}$ ，是离核最近、能量最低的轨道，这时的能量状态是氢原子的基态或最低能级。

(3) 只有当电子在能量不同的轨道之间跃迁时，原子才会吸收或放出能量。当电子从能量较高的轨道($E_2$)跃迁到能量较低的轨道( $E_1$)时，原子以光子的形式放出能量，释放出光的频率与轨道能量的关系为

$$\Delta E = E_2 - E_1 = h\nu \tag{9-5}$$

式中：$\nu$ 为频率；$E$ 为能量；$h$ 为普朗克常量。

玻尔理论成功地解释了氢原子光谱。当原子从外界接受能量时，电子就会跃迁到能量较高的激发态。而处于激发态的电子是不稳定的，它会自发地跃迁回能量较低的轨道，同时将能量以光的形式发射出来。发射出的光的频率，取决于跃迁前后两种轨道间的能量差。由于轨道的能量是不连续的，所发射出的光的频率也是不连续的，因此得到的氢原子光谱是**线状光谱**。

玻尔理论成功地解释了氢原子和类氢离子(如 $He^+$、$Li^{2+}$等)的光谱，为近代原子结构理论的发展作出了重大的贡献。玻尔因此获得了 1922 年的诺贝尔物理学奖。玻尔理论虽然引入了量子化的概念，但还是以经典理论为基础，无法解释多电子原子光谱和氢原子光谱的精细结构(每一条谱线实际上是若干条谱线)，因此被随后发展起来的量子力学理论所代替。

### 9.1.2　微观粒子的特性

微观粒子与宏观物体的性质和运动规律不同，它既有波动性又有粒子性，并且不可能同时准确测定微粒的位置和动量。

微观粒子的特性

#### 1. 微观粒子的波粒二象性

1905 年，爱因斯坦提出光电学说，说明光具有波粒二象性，并用以下两式表示光的波粒二象性：

$$E = h\nu \tag{9-6}$$

$$P = \frac{h}{\lambda} \tag{9-7}$$

德布罗意
Louis Victor de Broglie
1892—1987
法国物理学家。1892年8月15日生于下塞纳的迪那普。1924年获得巴黎大学博士学位。因发现电子的波动性获得了1929年的诺贝尔物理学奖。1933年当选为法国科学院院士。

式中：$E$ 和 $P$ 为光量子的能量和动量，代表粒子性；$\nu$ 和 $\lambda$ 为频率和波长，代表波动性，而波粒二象性通过普朗克常量($h$)联系在一起。

1924年，法国青年物理学家德布罗意大胆地提出电子也具有波粒二象性的假说，并预言：对于质量为 $m$，运动速率为 $\upsilon$ 的电子，实物粒子动量为 $P$，其相应的波长 $\lambda$ 可由下式给出：

$$\lambda=\frac{h}{m\upsilon}=\frac{h}{P} \tag{9-8}$$

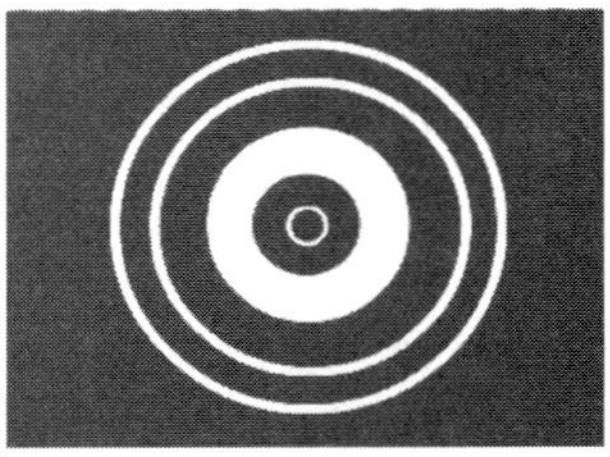

图 9-1　电子衍射图

德布罗意的假设在1927年由电子衍射实验得到了证实。美国物理学家戴维孙和革末使一束电子流加速并通过金属单晶体，得到了与 X 射线衍射图像相似的衍射环纹图(图 9-1)，说明电子的运动必须用统计规律来描述，确认了电子具有波动性。

从图 9-1 电子衍射图可以看出，衍射强度大的地方，电子出现的机会多，即电子出现的概率大(图中亮的环纹)，衍射强度小的地方，电子出现的概率小(图中暗的环纹)。

2. 海森堡不确定原理

在经典力学中，可以用准确的位置和速度(或动量)来描述一个宏观物体的运动状态。但对于具有波粒二象性的电子，其运动状态不能用经典力学来描述。1927年，德国物理学家海森堡提出：不可能同时测定电子的位置和动量(或速度)，这就是著名的**海森堡不确定原理**。其数学表达式为

$$\Delta x\cdot\Delta P_x\approx h \tag{9-9}$$

式中：$\Delta x$ 表示坐标上电子在 $x$ 方向的位置误差；$\Delta P_x$ 表示电子在 $x$ 方向的动量误差。式(9-9)表明，电子运动与宏观物体运动具有完全不同的特点，不能同时准确地确定它的位置和动量。电子的位置确定得越准确($\Delta x$ 越小)，则电子的动量就确定得越不准确($\Delta P_x$ 越大)；反之，电子的动量确定得越准确，电子的位置就确定得越不准确。

海森堡
Werner Heisenberg
1901—1976
德国理论物理学家，生于维尔兹堡，矩阵力学的创建者。1932年获得诺贝尔物理学奖。

海森堡的不确定原理否定了玻尔提出的原子结构模型，指出具有一定运动速率的电子，其位置是不确定的，不可能沿着固定的轨道运动。

### 9.1.3　核外电子运动状态的描述

1. 薛定谔方程

1926年薛定谔借助于德布罗意的预言，从电子具有波粒二象性出发，通过与光的波动方程进行类比，提出了描述电子运动状态的波动方程——薛定谔方程。它是描述微观粒子运动的基本方程，是二阶偏微分方程：

薛定谔方程与核外电子运动状态的描述

$$\frac{\partial^2\psi}{\partial x^2}+\frac{\partial^2\psi}{\partial y^2}+\frac{\partial^2\psi}{\partial z^2}=-\frac{8\pi^2 m}{h^2}(E-V)\psi \tag{9-10}$$

式中：$E$ 为体系的总能量，等于势能与动能之和；$V$ 为势能，表示原子核对电子的吸引能；$m$ 为电子的质量；$h$ 为普朗克常量；$x$、$y$、$z$ 为电子的空间坐标；$\psi$ 为波函数，是薛定谔方程的解。

**薛定谔方程的物理意义**是：对于每一个质量为 $m$、在势能为 $V$ 的势场中运动的电子来说，薛定谔方程的每一个合理的解 $\psi$ 就表示电子的一种运动状态，与这个解相应的 $E$ 就是电子在这一运动状态下的能量。求解薛定谔方程，需要较深的数学知识。

薛定谔
Erwin Schrödinger
1887—1961
奥地利物理学家，概率波动力学的创始人。1926 年薛定谔提出用波动方程描述微观粒子运动状态的理论，后称薛定谔方程，奠定了波动力学的基础。他与狄拉克共同获得 1933 年诺贝尔物理学奖。

2. 概率密度和电子云

$\psi$ 本身并没有明确的物理意义，但波函数绝对值的平方 $|\psi^2|$ 就有明确的物理意义，它表示核外空间某处电子出现的概率密度，即

$$概率 = 概率密度 \times 体积 = |\psi^2|\,d\tau$$

式中：$d\tau$ 为空间的微体积。

电子云是用小黑点分布的疏密程度来表示电子在核外空间各处出现的概率密度相对大小的图形。小黑点密集的地方，表示电子出现的概率密度较大，即单位体积内电子出现的概率较大，反之就越小。因此，电子云实际上是概率密度 $|\psi^2|$ 的形象化表示。

图 9-2(a) 为氢原子 1s 电子云图。除了用黑点表示电子云外，有时将概率密度相同的各点连成许多曲面，这种图称为**电子云等概率密度图**，如图 9-2(b)。严格说，电子云是没有明确边界的，就是离核较远的地方，电子仍有出现的可能。但实际上，在离核较远的区域，电子出现的概率很小，可以忽略不计。因此，通常将把 90%以上电子云包括在内的等密度面作为电子云的界面图，如图 9-2(c) 所示。

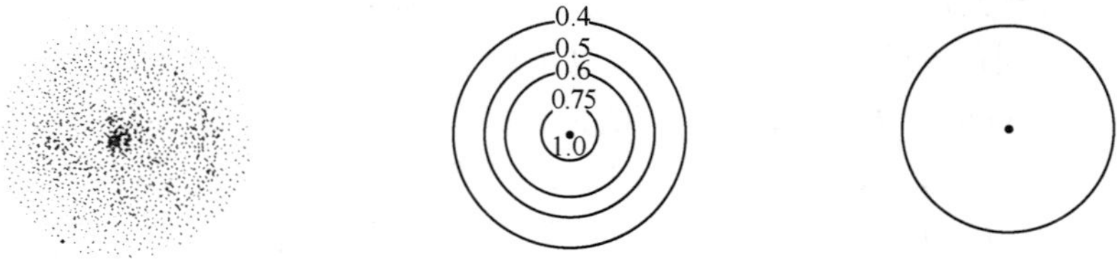


(a) 电子云黑点图　(b) 电子云等概率密度图　(c) 电子云界面图

图 9-2　氢原子的 1s 电子云图

3. 波函数与原子轨道

波函数 $\psi$ 是描述核外电子运动状态的数学表达式，可以通过求解薛定谔方程得到。它不是一个具体的数值，而是一个三维 $(x, y, z)$ 空间坐标函数，由三个量子数 $n, l, m$ 所决定，通常用 $\psi_{n,l,m}(x, y, z)$ 表示。为了便于数学处理，用球坐标代替直角坐标，得到 $\psi_{n,l,m}(r, \theta, \phi)$。

电子在核外空间的运动状态可以用波函数 $\psi$ 来描述。$\psi$ 中的 $n, l, m$ 要

符合一定的条件，其数值一定，电子在空间的运动状态也就确定。量子力学中，将原子中三个量子数都有确定值的波函数称为一条**原子轨道**。例如，$n=1$，$l=0$，$m=0$ 所描述的波函数 $\psi_{1,0,0}$ 称为 1s 原子轨道，它的函数式为

$$\psi_{1,0,0}(r,\theta,\phi)=\sqrt{\frac{1}{\pi a_0^3}}\mathrm{e}^{-r/a_0}$$

4. 四个量子数

四个量子数

在解薛定谔方程中，可以得到多个解，但并非每个解都能满足量子力学的要求。要得到具有特定物理意义的解，须引进三个称之为量子数的参数 $n$、$l$ 和 $m$。这三个量子数具有一定的物理含义，取值要符合下述规则：

$$n=1，2，3，\cdots，\infty$$

$$l=0，1，2，3，\cdots，(n-1)$$

$$m=0，\pm1，\pm2，\cdots，\pm l$$

凡是符合这些取值限制的 $\psi$ 都是薛定谔方程的解。

另外用精密分光镜发现的原子光谱中的精细结构表明，核外电子除了空间运动外，还有另外一种运动形式。为解释此现象，又提出了第四个量子数，用 $m_s$ 表示，称为自旋量子数。

1) 主量子数 $n$

**主量子数**决定电子出现概率最大的区域离原子核的平均距离，也是决定电子能量高低的主要因素。$n$ 越大，表示电子的能量越高。

当 $n=1$、2、3、4、5、6、7 时，分别称为第一、二、三、四、五、六、七电子层，用相对应的符号 K、L、M、N、O、P、Q 表示。

根据电子的能量差异和主要运动区域的不同，核外电子分别处于不同的电子层，原子由里向外对应的电子层符号分别为 K, L, M, N, O, P, Q。

2) 角量子数 $l$

**角量子数**决定电子空间运动的角动量，确定原子轨道的形状，反映电子在空间不同角度的分布情况。在多电子原子中，$n$ 与 $l$ 同时决定电子能量的高低，当 $n$ 相同时，$l$ 越大，电子的能量越高。对于一定的 $n$ 值，$l$ 的取值受 $n$ 的制约，$l$ 可取 0，1，2，⋯，$(n-1)$ 共 $n$ 个值。当 $l=0$，1，2，3 时，分别称为 s、p、d、f 亚层。例如，$n=1$ 时，$l=0$，只有 s 亚层；$n=2$ 时，$l=0$，1，有 s、p 亚层；$n=3$ 时，$l=0$，1，2，有 s、p、d 亚层；$n=4$ 时，$l=0$，1，2，3，有 s、p、d、f 亚层。

3) 磁量子数 $m$

**磁量子数**决定原子轨道在空间的伸展方向。$m$ 的取值受 $l$ 的限制，对于给定的 $l$ 值，$m$ 可取 $m=0$，$\pm1$，$\pm2$，⋯，$\pm l$ 共 $2l+1$ 个值。例如，当 $l=0$ 时，$m$ 可取 0，s 亚层只有 1 个原子轨道；当 $l=1$ 时，$m=-1$，0，+1，p 亚层有 3 个原子轨道，分别是 $p_x$，$p_y$，$p_z$ 轨道；同理可推知，d 亚层有 5 个原子轨道，f 亚层有 7 个原子轨道。在多电子原子中，$n$ 和 $l$ 相同，但 $m$ 不同的各原子轨道能量相同，也称为**简并轨道**或**等价轨道**。

量子力学中，称能量相等的原子轨道为**简并轨道**，单电子原子中，$n$ 相同的原子轨道称为简并轨道。

**例 9-1**　推算 $n=2$ 的原子轨道数目，并分别用三个量子数 $n$、$l$、$m$ 描述。

**解**　$n=2$，则 $l=0,1$。当 $l=0$ 时，$m=0$；$l=1$ 时，$m=-1, 0, 1$。原子轨道数目有 4 条，分别为

| | | | | |
|---|---|---|---|---|
| $n$ | 2 | 2 | 2 | 2 |
| $l$ | 0 | 1 | 1 | 1 |
| $m$ | 0 | −1 | 0 | +1 |

表 9-1 列出了原子轨道与量子数之间的关系。

**表 9-1　原子轨道与量子数之间的关系**

| $n$ | 电子层 | $l$ | 电子亚层 | $m$ | 轨道数 |
|---|---|---|---|---|---|
| 1 | K | 0 | 1s | 0 | 1 |
| 2 | L | 0 | 2s | 0 | 1 |
| | | 1 | 2p | −1，0，+1 | 3 |
| 3 | M | 0 | 3s | 0 | 1 |
| | | 1 | 3p | −1，0，+1 | 3 |
| | | 2 | 3d | −2，−1，0，+1，+2 | 5 |
| 4 | N | 0 | 4s | 0 | 1 |
| | | 1 | 4p | −1，0，+1 | 3 |
| | | 2 | 4d | −2，−1，0，+1，+2 | 5 |
| | | 3 | 4f | −3，−2，−1，0，+1，+2，+3 | 7 |

1928 年英国物理学家狄拉克(Paul Adrien Maurice Dirac)提出了一个电子运动的相对论性量子力学方程，即狄拉克方程。利用这个方程研究氢原子能级分布时，考虑有自旋角动量的电子做高速运动时的相对论性效应，给出了氢原子能级的精细结构，且与实验符合。从这个方程还可自动导出电子的自旋量子数为 1/2。

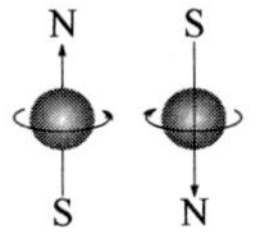


自旋量子数

4) 自旋量子数 $m_s$

自旋量子数是描述电子的自旋运动状态的量子数。$m_s$ 的取值为+1/2 和 −1/2，分别表示电子自旋的两种相反方向。电子自旋方向常用箭头“↑”和“↓”表示。自旋量子数不能从求解薛定谔方程得到，但可以从狄拉克方程和实验得到。

综上所述，$n$，$m$ 和 $l$ 三个量子数可以确定电子的一个空间运动状态，即一个原子轨道。例如，$n=3$、$l=1$、$m=0$ 就可以确定一个原子轨道，表示为 $\psi_{3,1,0}$ 或称 3p 轨道。而 $n$、$l$、$m$ 和 $m_s$ 四个量子数可以确定核外电子的运动状态。例如，在原子核外第四电子层上 4s 亚层的 4s 轨道内，以自旋方向+1/2 为特征的电子的运动状态可以用 $\psi_{4,0,0,+1/2}$ 描述。

**例 9-2**　用四个量子数描述 $n=3$，$l=1$ 的所有电子的运动状态。

**解**　对于确定的 $n=3$，$l=1$，对应的 $m=-1, 0, +1$，有三条轨道，每条轨道容纳两个自旋方向相反的电子，因此有 6 个电子的运动状态，分别对应如下：

| | | | | | | |
|---|---|---|---|---|---|---|
| $n$ | 3 | 3 | 3 | 3 | 3 | 3 |
| $l$ | 1 | 1 | 1 | 1 | 1 | 1 |
| $m$ | −1 | −1 | 0 | 0 | +1 | +1 |
| $m_s$ | +1/2 | −1/2 | +1/2 | −1/2 | +1/2 | −1/2 |

试写出原子序数 19 的元素的价电子的四个量子数（依次为 $n, l, m, m_s$）。

### 9.1.4　波函数的空间图像

波函数 $\psi_{n,\ l,\ m}(r,\theta,\phi)$ 通过变量分离可分解为两个函数的乘积：

$$\psi_{n,\ l,\ m}(r,\theta,\phi)=R_{n,\ l}(r)\cdot Y_{l,\ m}(\theta,\phi) \tag{9-11}$$

式中：$R_{n,\ l}(r)$ 为波函数的径向部分，称**径向波函数**，它只随电子离核距离 $(r)$ 变化，含有 $n,l$ 两个量子数；$Y_{l,\ m}(\theta,\phi)$ 为波函数的角度部分，称**角度波函数**，它随角度 $(\theta,\phi)$ 而变化，含有 $l,m$ 两个量子数。

原子轨道与电子云的角度分布图

1. 原子轨道和电子云的角度分布图

**原子轨道角度分布图**是以 $Y(\theta,\ \phi)$ 角度波函数随角度（$\theta,\ \phi$）变化作图，从坐标原点（原子核位置）出发，引出不同（$\theta,\ \phi$）角度的直线，使其长度等于该角度的 $Y$ 值，连接直线的端点，在空间构成一个立体曲面，即为原子轨道角度分布图。曲线上每点到原点的距离代表这个角度（$\theta,\ \phi$）上 $Y$ 值的大小。例如，$p_z$ 原子轨道角度分布图的作图。解薛定谔方程可得：

$$Y_{p_z}=\sqrt{\frac{3}{4\pi}}\cos\theta \tag{9-12}$$

$Y_{p_z}$ 函数比较简单，它只与 $\theta$ 有关而与 $\phi$ 无关。

然后计算不同 $\theta$ 的 $Y_{p_z}$ 值，由此作 $Y_{p_z}$ - $\cos\theta$ 图，就可得到两个相切于原点的圆，如图 9-3 所示。

将图 9-3 绕 $z$ 轴旋转 180°，就可得到两个外切于原点的球面所构成的 $p_z$ 原子轨道角度分布的立体图。球面上任意一点至原点的距离代表在该角度（$\theta,\ \phi$）上 $Y_{p_z}$ 数值的大小；$xy$ 平面上下的正、负号表示 $Y_{p_z}$ 的值为正值或负值。这正、负号并不代表电荷的正、负，但 $Y_{p_z}$ 的极大值空间取向将对原子之间能否成键及成键的方向起着重要作用。整个球面表示 $Y_{p_z}$ 随 $\theta$ 和 $\phi$ 角度变化的规律。采用同样方法，根据各原子轨道的 $Y(\theta,\ \phi)$ 函数式，可作出 $p_x$、$p_y$ 及五种 d 轨道的角度分布图。部分原子轨道的角度分布图见图 9-4。

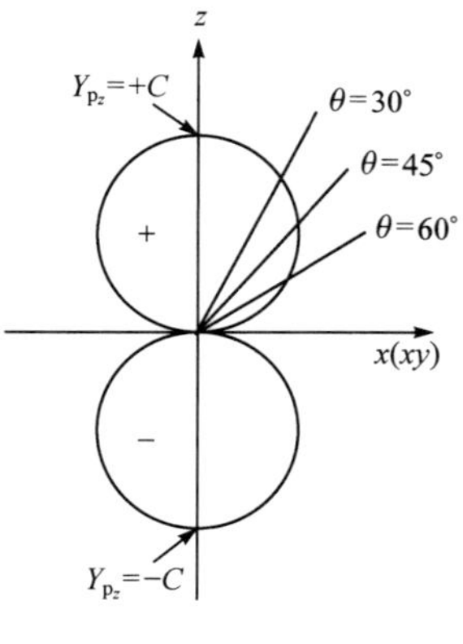


图 9-3　$p_z$ 轨道的角度分布图

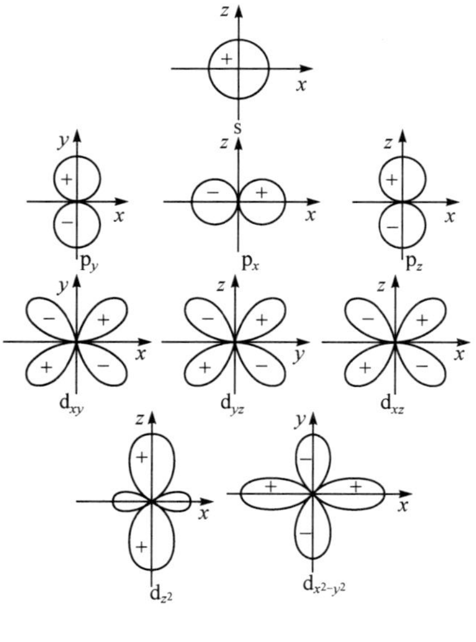


图 9-4　氢原子 s 、p 、d 原子轨道角度分布图

由于$Y_{l,m}(\theta, \phi)$只与$l$，$m$有关，与主量子数$n$无关，所以只要量子数$l$，$m$相同，它们的原子轨道角度分布图就是相同的。

电子在空间不同方向出现的概率密度大小可以用电子云角度分布图表示。以$Y^2(\theta, \phi)$随角度$(\theta, \phi)$变化作图，得到电子云角度分布图，如图 9-5 电子云角度分布图。

原子轨道角度分布图和电子云的角度分布图基本相似，它们之间的区别主要有以下几点：

(1)电子云的角度分布图比相应的原子轨道角度分布图要“瘦”些。这是因为$Y(\theta, \phi)$的绝对值小于 1，$Y^2(\theta, \phi)$值更小。

(2)除 s 轨道外，原子轨道角度分布图中有正、负号之分，而电子云的角度分布图没有正、负号之分，因$Y^2(\theta, \phi)$总是正值。

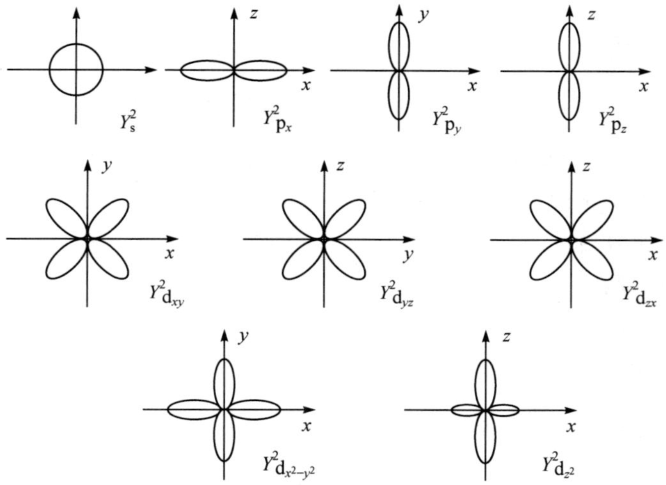


图 9-5　氢原子 s 、 p 、 d 电子云角度分布图

2. 电子云径向分布图

电子云径向分布图是反映电子云随半径$r$变化的图形。由图 9-6 可知，1s 态电子，若以原子核为球心，距原子核距离为$r$、厚度为$dr$的一薄层球壳，

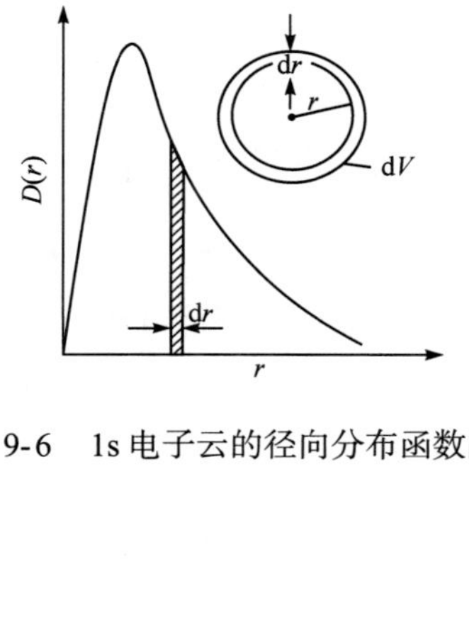


图 9-6　1s 电子云的径向分布函数图

其体积为$4\pi r^2\mathrm{d}r$，则电子在此薄球壳的微体积内出现的概率为

$$|\psi|^2\cdot 4\pi r^2\mathrm{d}r = R^2(r)\cdot 4\pi r^2\mathrm{d}r \tag{9-13}$$

令$D(r) = R^2(r)\cdot 4\pi r^2$，称为径向分布函数。以$D(r)$对$r$作图，此图形称为径向分布函数图(图 9-7)。

由氢原子的电子云径向分布图，可以得出如下几点结论：

3d 电子的径向分布函数图有几个峰？代表什么含义？

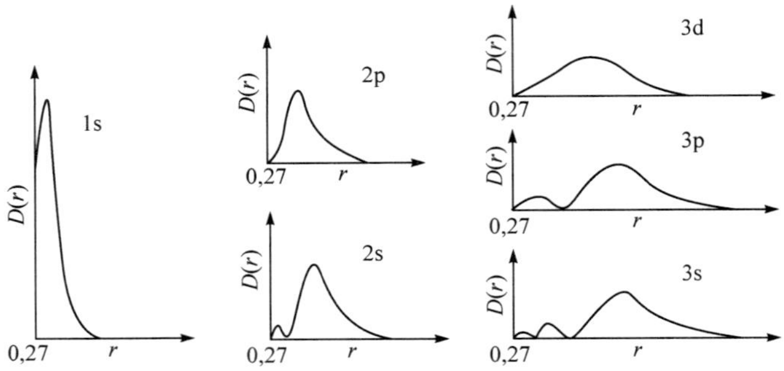


图 9-7　氢原子电子云径向分布函数图

(1) 1s 轨道在距核 52.9pm 处有极大值，说明基态氢原子的电子在$r = 52.9\mathrm{pm}$的薄球壳内出现的概率最大。

(2) 峰的数目为$n-l$。例如，4s 有四个峰，4p 有三个峰。当$n$相同时，$l$越小，峰就越多。

(3) 当$l$相同时，$n$越大，主峰(具有最大值的吸收峰)离核越远；当$n$相同时，电子离核的距离相近。

### *3. 屏蔽效应和钻穿效应

1) 屏蔽效应

在多电子原子中，核外电子不仅受到原子核的吸引，而且受到其他电子的排斥。由于电子的运动特性，要准确地确定电子之间的排斥作用是不可能的。通常采用一种近似的处理方法，即把其余电子对某个指定电子的排斥作用简单地看成是它们抵消了一部分核电荷。这种将其他电子对某个指定电子的排斥作用归结为对核电荷的抵消作用称为**屏蔽效应**。其他每一个电子抵消的核电荷称为**屏蔽常数**，用$\sigma$表示，剩余的核电荷称为**有效核电荷数**，用$Z^* = Z - \sigma$表示。

这样一来，多电子原子能量计算公式为

$$E_n = -2.179\times 10^{-18}\left(\frac{Z^*}{n}\right)^2 = -2.179\times 10^{-18}\left(\frac{Z-\sigma}{n}\right)^2 \tag{9-14}$$

在考虑屏蔽效应时需注意，一般只考虑内层电子对外层电子的屏蔽作用，即内层电子对外层电子的屏蔽作用较大，同层电子间屏蔽作用较小，而外层电子对内层电子的屏蔽作用可忽略。

2) 钻穿效应

若电子在核附近出现的概率较大，就可以较好地避免其他电子对它的屏蔽，而受到较大有效核电荷的吸引，因而其能量较低；同时，它也可以对其他电子起屏蔽作用，使其他

电子的能量升高。这种由于电子在核附近处出现的概率不同，因而其能量不同的现象称为**钻穿效应**。

例如，从图 9-8 氢原子的 3d 和 4s 径向分布图可知，4s 由于有小峰钻到离核很近处，对降低轨道能量影响较大，超过了主量子数大对轨道能量升高的作用，因此 4s 轨道的能量低于 3d 轨道。

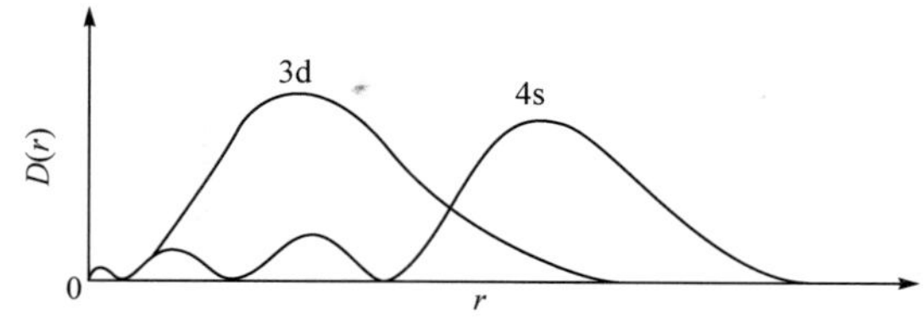


图 9-8　氢原子的 3d 和 4s 径向分布图

$n$ 相同、$l$ 不同的各个电子的钻穿效应为 $ns > np > nd > nf$

因此，不难理解钻穿作用越大的电子，受其他电子的屏蔽作用较小，受原子核引力强。

原子轨道近似能级图与基态原子的核外电子排布规则

## 9.2　核外电子排布与元素周期表

除氢原子和类氢离子外，其他元素的原子核外都多于一个电子，称为**多电子原子**。多电子原子中电子不仅受核的吸引，而且电子之间存在相互作用，其势能函数比较复杂，导致多电子原子的波动方程不能精确求解。多电子原子的运动状态同样可以用 $\psi_{n,l,m}(x, y, z)$ 来描述（角度波函数与氢原子的完全一致，只是径向波函数不同）。但其能量与氢原子不同，整个原子的能量等于核外运动电子的能量之和。因此，描述多电子原子的运动状态，关键是解决原子中各电子的运动状态。

### 9.2.1　原子轨道近似能级图

在多电子原子中，原子轨道的能量同样取决于主量子数 $n$ 和角量子数 $l$。1939 年美国化学家鲍林根据光谱实验，总结出多电子原子中原子轨道的近似能级图（图 9-9），可以表示各原子轨道能量的相对高低。图中每个小圆圈代表一个原子轨道。

由鲍林近似能级图可以看出：

(1) $n$ 值相同时，轨道能级则由 $l$ 值决定，称**能级分裂**；$l$ 越大，轨道的能量越高。例如，$E(4s) < E(4p) < E(4d) < E(4f)$。

(2) 当 $l$ 值相同时，主量子数 $n$ 越大，原子轨道的能量越高。例如，$E(1s) < E(2s) < E(3s) < E(4s)$。

(3) 同一亚层（$n$ 和 $l$ 均相同）的轨道能量相同。例如，$E(2p_x) = E(2p_y) = E(2p_z)$。

(4) 当 $n$、$l$ 均不相同时，$n$ 值较大的轨道的能量可能低于 $n$ 值较小的轨道的能量。例如，$E(4s) < E(3d)$, $E(5s) < E(4d)$，称为**能级交错**。

有的书上原子轨道用小方框“□”或短线“—”表示。

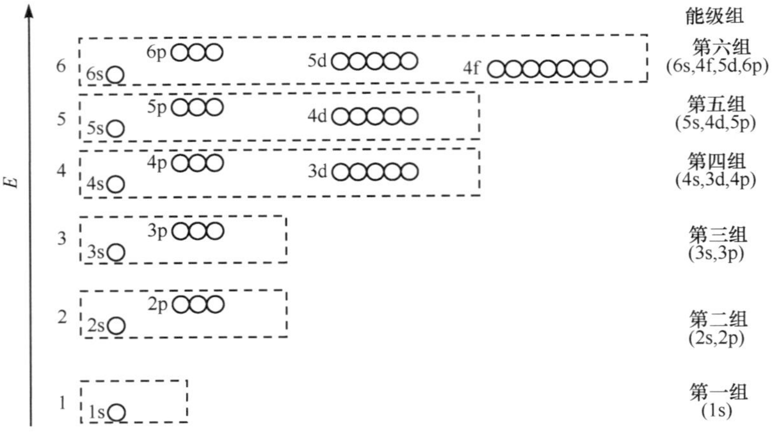


图 9-9　原子轨道近似能级图

我国化学家徐光宪提出，用 $(n+0.7l)$ 表示轨道能量的高低，$(n+0.7l)$ 越大，原子轨道的能量越高。$(n+0.7l)$ 值整数部分相同的为一个能级组，见表 9-2。

徐光宪
1920—2015
中国科学院院士、北京大学教授。研究领域横跨物理化学、核燃料化学、配位化学、萃取化学、稀土化学等。荣膺 2008 年度国家最高科学技术进步奖。

**表 9-2　徐光宪的能级分组规则**

| 能级 | 1s | 2s | 2p | 3s | 3p | 4s | 3d | 4p | 5s | 4d | 5p |
|---|---|---|---|---|---|---|---|---|---|---|---|
| $n+0.7l$ | 1.0 | 2.0 | 2.7 | 3.0 | 3.7 | 4.0 | 4.4 | 4.7 | 5.0 | 5.4 | 5.7 |
| 能级组 | 1 | 2 | | 3 | | 4 | | | 5 | | |

上述原子轨道能量高低的顺序，对于理解核外价电子层结构的形成具有很大帮助。但是，随着核外电子的不断填充，其内部电子层的各能级会发生变化。能够明确体现电子层中各能级电子的填充不断变化的能级图为科顿(Cotton)近似能级图。

## 9.2.2　核外电子排布规则

核外电子在原子轨道上的分布称为核外电子排布。根据原子光谱实验和量子力学理论，原子核外电子排布应遵守三个原理：**泡利不相容原理**，**能量最低原理**和**洪德规则**。

### 1. 泡利不相容原理

1925 年，美籍奥地利物理学家泡利根据光谱分析结果和元素在周期表中的位置，提出了泡利不相容原理：在同一原子中，不可能有状态相同的两个电子存在；或者说，在同一原子中，没有四个量子数完全的电子，即每一条轨道内最多只能容纳两个自旋相反的电子。例如，Ca 原子 4s 轨道上的 2 个电子，用 $n$，$l$，$m$，$m_s$ 一组量子数来描述其运动状态，一个是 $n=4$，$l=0$，

$m = 0$，$m_s$=+1/2，另一个只能是 $n = 4$，$l = 0$，$m = 0$，$m_s = -1/2$。

2. 能量最低原理

多电子原子处于基态时，在不违背泡利不相容原理的前提下，核外电子总是尽可能优先占有能量最低的轨道，使体系能量达到最低，这就是能量最低原理。

请查阅科顿近似能级图，与鲍林近似能级图作比较。

3. 洪德规则

洪德根据大量光谱实验，提出电子在等价轨道上分布时，总是尽可能以自旋平行的方向分占不同的轨道，这样体系能量可降到最低。当等价轨道处于半充满（$p^3$，$d^5$，$f^7$）、全充满（$p^6$，$d^{10}$，$f^{14}$）、全空（$p^0$，$d^0$，$f^0$）时是比较稳定的。

例如，基态 N 原子的电子排布式为 $1s^22s^22p^3$，其中 2p 轨道上的三个电子分占三条 p 轨道[↑][↑][↑]，而不是[↑↓][↑][ ]。一个等价轨道上只有一个电子时这个电子称为**未成对电子**，有两个电子时则称为**成对电子**。显然基态 N 原子有 3 个未成对电子。一个原子的未成对电子数目与它的成键能力有密切关系。

泡利
Wolfgang Ernst Pauli
1900—1958
美籍奥地利物理学家。其主要成就是量子力学、量子场论和基本粒子理论的贡献。

又如，原子序数 24 的 Cr 的基态电子排布式为 $1s^22s^22p^63s^23p^63d^54s^1$。由于能级交错，电子先填入 4s 轨道，再填入 3d 轨道。又根据洪德规则，等价轨道处在半充满状态时原子更稳定，所以 4s 上有 1 个电子到了 3d 上。同理，Cu 的基态电子排布式为 $1s^22s^22p^63s^23p^63d^{10}4s^1$，而不是 $1s^22s^22p^63s^23p^63d^9 4s^2$。

发生化学反应时，仅价电子发生变化。价电子所在的电子层称为**价电子层**，因此**价电子层结构**（又称**价电子构型**）在化学反应中最重要。主族元素将 $n$s、$n$p 电子称为价电子，副族元素(除镧系、锕系外)将($n-1$)d 和 $n$s 电子称为价电子。

在书写电子排布式时，通常将内层已达到稀有气体电子层结构的部分用稀有气体的元素符号加方括号表示，称为**原子芯**或**原子实**。

例如，26 号元素 Fe 的基态原子电子排布式为 $1s^22s^22p^63s^23p^63d^64s^2$，可以书写为[Ar]$3d^64s^2$；47 号元素 Ag 的基态原子电子排布式可以书写为[Kr]$4d^{10}5s^1$。

洪德
Friedrich Hund
1896—1997
德国理论物理学家。洪德在量子力学兴起前后对原子和分子结构做了大量先驱工作。

离子的电子排布式可通过在基态原子的电子排布式基础上得到或失去电子得到。需注意在填电子时 4s 电子比 3d 低，但填满电子后 4s 的能量比 3d 高，因此形成离子时，先失去 4s 上的电子。例如：

$Fe^{2+}$：[Ar]$3d^64s^0$（失去 4s 上的 2 个电子）；

$Fe^{3+}$：[Ar]$3d^54s^0$（先失去 4s 上的 2 个电子，再失去 3d 上的 1 个电子）。

光谱实验结果证明，多数元素原子基态的电子构型符合上述 3 项排布规则，但也有例外：

41 号元素 Nb 的基态原子电子排布式为[Kr]$4d^45s^1$，而不是[Kr]$4d^35s^2$；

电子层结构与元素周期律

门捷列夫
Dmitri Ivanovich Mendeleev
1834—1907
19 世纪俄国化学家。他发现了元素周期律，并就此发表了世界上第一份元素周期表。他的名著、伴随着元素周期律而诞生的《化学原理》，在 19 世纪后期和 20 世纪初被国际化学界公认为标准著作，前后共出了 8 版，影响了一代又一代的化学家。

78 号元素 Pt 的基态原子电子排布式为$[Xe]4f^{14}5d^{9}6s^{1}$，而不是$[Xe]4f^{14}5d^{8}6s^{2}$。

### 9.2.3　电子层结构与元素周期律

在化学发展史中，元素周期表的出现是化学发展的重要里程碑。1862 年 2 月，俄国化学家门捷列夫公布了世界上第一张化学元素周期表。

到目前为止，人类已发现了 118 种元素。原子的价电子层结构随原子序数的增加呈现周期性变化，同时原子的价电子层结构的周期性变化又使原子半径、有效核电荷呈周期性变化，从而使元素的性质发生周期性变化。元素的性质随着原子序数递增而呈现周期性变化的规律，称为**元素周期律**。它反映了元素性质随原子序数递增而呈现的周期性变化规律。

#### 1. 周期与能级组

元素周期表共有七个横行，每一横行为一个周期，共有**七个周期**。

元素在周期表中所属周期数等于该元素基态原子的电子层数，等于该元素的能级组，也等于元素原子的最外电子层的主量子数。

各周期所包含的元素的数目等于相应能级组中的原子轨道所能容纳的电子总数。周期与能级组的关系见表 9-3。

**表 9-3　周期与能级组的关系**

| 周　期 | 能级组 | 能级组中原子轨道 | 元素数目 | 电子最大容量 | 周期名称 |
|---|---|---|---|---|---|
| 1 | Ⅰ | 1s | 2 | 2 | 特短周期 |
| 2 | Ⅱ | 2s 2p | 8 | 8 | 短周期 |
| 3 | Ⅲ | 3s 3p | 8 | 8 | 短周期 |
| 4 | Ⅳ | 4s 3d 4p | 18 | 18 | 长周期 |
| 5 | Ⅴ | 5s 4d 5p | 18 | 18 | 长周期 |
| 6 | Ⅵ | 6s 4f 5d 6p | 32 | 32 | 超长周期 |
| 7 | Ⅶ | 7s 5f 6d 6p | 32 | 32 | 超长周期 |

**例 9-3**　试说明第七周期共有 32 种元素。

**解**　按电子排布的规律，第七周期从 7s 能级开始填充电子，然后依次为 5f、6d、7p。7s 有一个原子轨道，5f 有七个原子轨道，6d 有五个原子轨道，7p 有三个原子轨道，共有 16 个原子轨道，最多能填充 32 个电子，因此第七周期共有 32 种元素。

#### 2. 族与价电子构型

元素周期表共有 18 个纵行，除第八、九、十纵行为第 Ⅷ 族外，其余 15 个纵行，每一个纵行为一个族。元素周期表共有 16 个族，除了稀有气体（ⅧA 族）和 Ⅷ 族外，还有七个**主族**和七个**副族**。它们是由价电子构型确定的：

(1) ⅠA～ⅡA：价电子构型为 $ns^{1\sim2}$，其电子数即为族数，A 称为主族。

(2) ⅢA～ⅦA：价电子构型为 $ns^2np^{1\sim6}$，此时$(n-1)$d 亚层已饱和，$n$s、$n$p 轨道上的电子数总和即为族数；特别地，当外层 s、p 轨道上全充满时，则称为ⅧA 族。

(3) ⅠB～ⅦB，Ⅷ：价电子构型为 $(n-1)d^{1\sim8}ns^2$；当次外层的 d 轨道的电子数加上最外层 s 轨道的电子数小于等于 7 时，则为ⅢB～ⅦB 族，电子数即为族数，B 称为副族；当次外层的 d 轨道的电子数加上最外层 s 轨道的电子数为 8～10 时，则统称为 Ⅷ 族；当次外层的 d 轨道的电子数加上最外层 s 轨道的电子数大于等于 11 时，此时 $(n-1)d$ 轨道上充满电子，价电子构型为 $(n-1)d^{10}ns^{1\sim2}$，称为ⅠB～ⅡB 族，族数即为 $ns$ 轨道上的电子数。

3. 区与价电子构型

根据原子的电子层结构的特征，又可以将周期表中元素所在位置分为 s、p、d、ds 和 f 区，如图 9-10 所示。

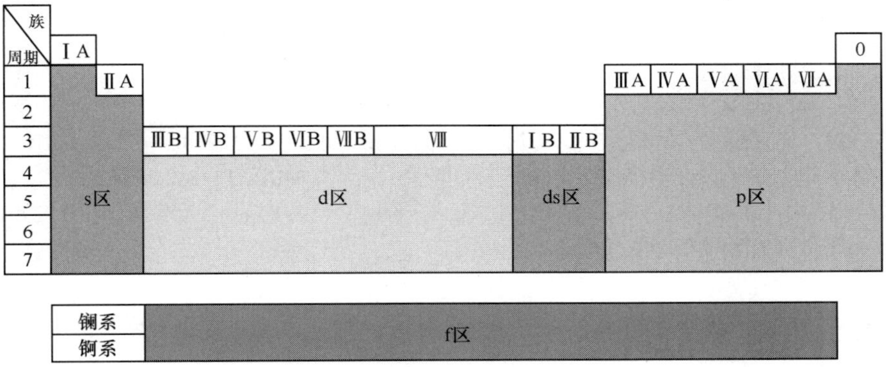


图 9-10 周期表中元素的分区

(1) s 区元素：价电子构型为 $ns^{1\sim2}$，包括ⅠA 族元素和ⅡA 族元素。

(2) p 区元素：除 He 元素外，价电子构型为 $ns^2np^{1\sim6}$，包括ⅢA～ⅦA 族元素和ⅧA 族元素。

(3) d 区元素：价电子构型为 $(n-1)d^{1\sim9}ns^{1\sim2}$，包括ⅢB～ⅦB 族元素和Ⅷ族元素，又称过渡元素。

(4) ds 区元素：价电子构型为 $(n-1)d^{10}ns^{1\sim2}$，包括ⅠB 和ⅡB 族元素。

(5) f 区元素：价电子构型为 $(n-1)f^{0\sim14}(n-1)d^{0\sim2}ns^2$，包括镧系和锕系元素。

4. 元素的氧化数与价电子构型

元素参加化学反应时，原子常失去或获得电子以使其最外电子层结构达到 2、8 或 18 电子结构。元素的氧化数取决于价电子的数目，而价电子的数目则取决于原子的价电子构型。

显然，**元素的最高正氧化数等于价电子总数。**

对于主族元素，次外电子层已经饱和，所以最外层电子就是价电子。元素呈现的最高氧化数就是该元素所属的族数(除 F、O 外)。随着原子核电荷数的增加，主族元素的氧化数呈现周期性的变化。

对于副族元素，除了最外层电子是价电子外，未饱和的次外层 $(n-1)$ 的

d 电子，甚至(n－2)的 f 电子也是价电子。

ⅢB～ⅦB 族元素原子的 ns 亚层和(n －1)d 亚层的电子均为价电子，因此元素的最高氧化数也等于价电子总数。

但ⅠB 和Ⅷ族元素的氧化数变化规律性差；ⅡB 的最高氧化数为+2。

原子的价电子构型与其在周期表中的位置有较密切的关系。根据元素的原子序数，可以写出价电子构型，并推断它在周期表中的位置。

**例 9-4**　已知某元素的原子序数为 22，试写出该元素原子的电子排布式，并指出它在周期表中的位置(周期、族、区)。判断有几个未成对电子，最高氧化数是多少。

**解**　电子构型可表示为［Ar］$3d^24s^2$，价电子构型为 $3d^24s^2$，其中最外层电子的主量子数 $n=4$，所以它属于第四周期的元素。最外层电子和次外层电子总数为 4，所以它位于第ⅣB 族，属于 d 区元素。未成对电子数为 2，最高氧化数为+4。

**例 9-5**　元素的原子序数小于 36，当该元素原子失去 3 个电子后，它的角量子数 $l=2$ 的轨道内的电子数恰好半充满。

(1)写出此元素原子的电子排布式；

(2)该元素属于哪一周期，哪一族，哪一区？元素符号是什么？

**解**　元素的原子序数小于 36，且它的正离子 $M^{3+}$的核外有 5 个 3d 电子。可知该元素最外层还应有 2 个 4s 电子和 1 个 3d 电子。因此，该元素的电子排布式为［Ar］$3d^64s^2$。价电子构型为 $3d^64s^2$，故为第四周期的副族元素。价电子数为 8，故应为第 Ⅷ 族，d 区元素。该元素是原子序数为 26 的 Fe。

### 9.2.4　原子性质的周期性

元素性质的周期性

由于原子的电子层结构的周期性，与电子层有关的元素的一些性质(如原子半径和电负性)也呈周期性变化。

1. 原子半径

电子具有波粒二象性，在原子核外各处都可能出现，只是概率大小不同而已，所以单个原子并不存在明确的界面。通常所说的原子半径是根据该原子存在的不同形式来定义的。

一般所说的原子半径有三种类型：

(1)**共价半径**：同种元素的两个原子以共价单键连接时，它们核间距的一半称为原子的共价半径。核间距可以通过晶体衍射或光谱实验测得。

(2)**范德华半径**：在分子晶体中，分子之间以范德华力结合时，非键合原子核间距的一半称为范德华半径。

(3)**金属半径**：在金属单质的晶体中，金属原子之间采用密堆积的方式结合在一起，其相邻金属原子核间距的一半称为金属半径。

同一元素原子的金属半径一般比共价半径大 10%～15%，范德华半径又比金属半径大得多。原子半径的大小主要由有效核电荷 $Z^*$和核外电子的层数决定。表 9-4 为周期表中部分元素的原子半径数据。

**表 9-4　周期表中各元素的原子半径**(单位：pm)

| ⅠA | | | | | | | | | | | | | | | | | 0 |
|---|---|---|---|---|---|---|---|---|---|---|---|---|---|---|---|---|---|
| H 37 | | | | | | | | | | | | | | | | | He 54 |
| Li 156 | Be 105 | | | | | | | | | | | B 91 | C 77 | N 71 | O 60 | F 67 | Ne 80 |
| Na 186 | Mg 160 | | | | | | | | | | | Al 143 | Si 117 | P 111 | S 104 | Cl 99 | Ar 96 |
| K 231 | Ca 197 | Sc 161 | Ti 145 | V 131 | Cr 125 | Mn 118 | Fe 125 | Co 125 | Ni 124 | Cu 128 | Zn 133 | Ga 123 | Ge 122 | As 116 | Se 115 | Br 114 | Kr 99 |
| Rb 243 | Sr 215 | Y 180 | Zr 160 | Nb 143 | Mo 136 | Tc 135 | Ru 132 | Rh 132 | Pd 138 | Ag 144 | Cd 149 | In 151 | Sn 140 | Sb 145 | Te 139 | I 138 | Xe 109 |
| Cs 265 | Ba 210 | La 187 | Hf 159 | Ta 143 | W 137 | Re 138 | Os 134 | Ir 136 | Pt 139 | Au 144 | Hg 147 | Tl 189 | Pb 175 | Bi 155 | Po 167 | At 145 | Rn — |

注：引自 MacMillian. Chemical and Physical Data(1992)。

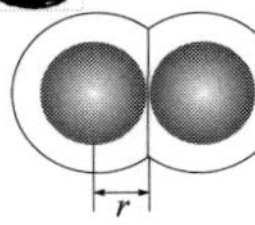


共价半径

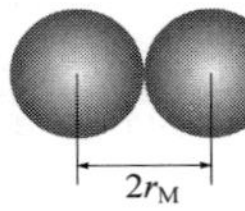


金属半径

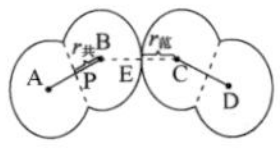


氯原子的共价半径与范德华半径

原子半径变化规律可归纳为：

(1) 同一周期从左到右，原子半径逐渐减小，但主族元素比副族元素减小幅度大。这是由于主族元素从左到右，新增加的电子都填充在最外层，它对于同层的电子屏蔽作用较小。副族元素从左到右新增加的电子填充在次外层 d 轨道上，它对外层的电子屏蔽作用较大。

(2) 同一主族由上而下，原子半径逐渐增大。这是由于从上而下，电子层数依次增加。同一副族由上而下，原子半径变化趋势与主族相同，但原子半径增大的幅度较小。

(3) 镧系元素从左到右，原子半径的变化趋势也是逐渐减少的，但变化的幅度较小。这是由于镧系元素增加的电子填充在外数第三层的 $(n-2)$f 的轨道上，对外层电子的屏蔽效应更大，因此最外层的 $n$s 轨道上电子受原子核的吸引力较差，导致原子半径很接近。通常将镧系元素整个系列的原子半径缩小不明显的现象称为**镧系收缩**。

### 2. 电离能

影响电离能大小的因素有：有效核电荷、原子半径和原子的电子构型。

使气态的基态原子失去一个电子形成+1 氧化态气态离子所需要的能量称为**第一电离能**，符号 $I_1$。

$$E(g) \longrightarrow E^+(g) + e^- \qquad I_1$$

再从正离子相继失去电子所需的最小能量则称为第二、第三、…电离能。

$$E^+(g) \longrightarrow E^{2+}(g) + e^- \qquad I_2$$

$$E^{2+}(g) \longrightarrow E^{3+}(g) + e^- \qquad I_3$$

电离能还能说明元素呈现的氧化数，如 Al 的 $I_1$、$I_2$、$I_3$ 远小于 $I_4$，故 Al 常形成+3 氧化数。

各级电离能的数值关系为 $I_1 < I_2 < I_3 < \cdots$。SI 单位为 $J \cdot mol^{-1}$，电离能的单位为 $kJ \cdot mol^{-1}$。由于原子失去电子必须消耗能量，克服核对外层电子的引力，所以电离能总为正值。图 9-11 为第一电离能与原子序数的关系图。在同一周期中，从碱金属到稀有气体，电离能呈增大趋势。过渡元素从左到右，电离能增加不显著，且没有规律。稀有气体原子具有稳定的电子层结构，在同一周期中电离能最大。同一主族元素，从上到下，电离能减小。一些主族元素的第一电离能数据参见附录十二。

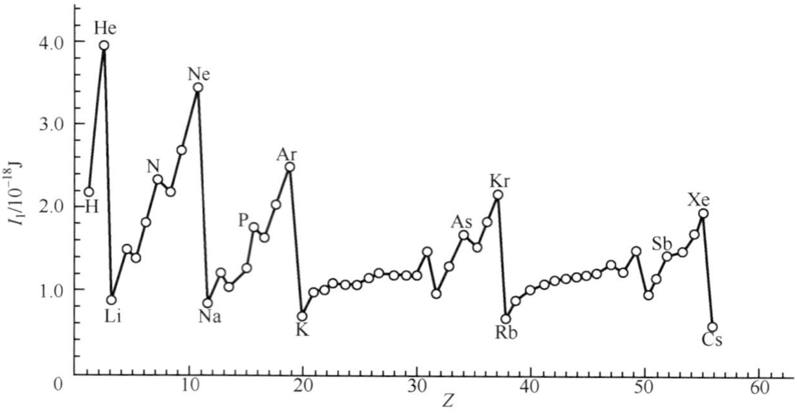


图 9-11　一些元素的第一电离能周期性规律示意图

图 9-11 曲线中有小起伏，如 N、P、As 元素的电离能较高的原因是其 $ns^2np^3$ 的构型，p 亚层半充满，一个 p 电子破坏了半充满状态，电离能较高。

电离能和电子亲和能只是从一个侧面反映原子得失电子能力的强弱，原子难失去电子并不等于一定容易得到电子，而难得到电子也不一定就容易失去电子，因此并不能以电离能来衡量元素的金属性或用电子亲和能来衡量元素的非金属性。

3. 电子亲和能

与元素电离能相对的是元素的电子亲和能，即一个气态的基态原子得到一个电子，形成气态的负离子时所放出的能量，称为该元素的**第一电子亲和能**，符号 $A_1$，单位为 $kJ \cdot mol^{-1}$。基态的气态负离子再得到一个电子，放出的能量称为**第二电子亲和能**，符号 $A_2$，依次类推。

例如：　$O(g) + e^- \longrightarrow O^-(g)$　　$A_1 = -140.0 kJ \cdot mol^{-1}$

$O^-(g) + e^- \longrightarrow O^{2-}(g)$　　$A_2 = +844.2\ kJ \cdot mol^{-1}$

一般元素的第一电子亲和能 $A_1$ 为负值，相当于系统能量降低；而第二电子亲和能 $A_2$ 为正值，这是由于负离子带负电排斥外来电子，如要结合电子必须吸收能量以克服电子的斥力。电子亲和能的大小取决于元素的原子半径和电子层结构，如图 9-12 为一些元素的电子亲和能周期性规律示意图。一些主族元素的第一电子亲和能数据见附录十三。

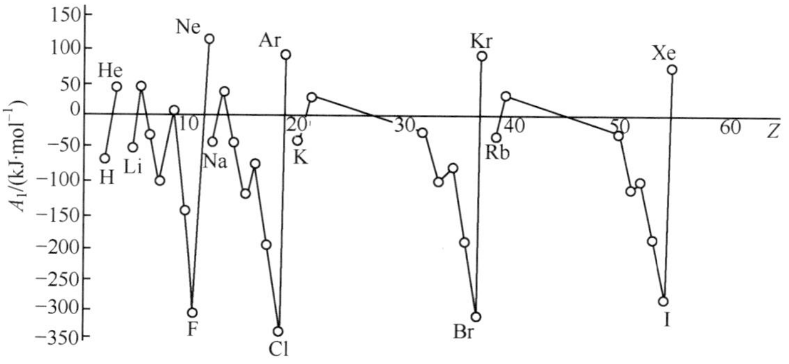


图 9-12　一些元素的电子亲和能周期性规律示意图

同一周期元素，从左到右原子的有效核电荷逐渐增大，原子半径逐渐减小，同时由于最外层电子数逐渐增多，易与电子结合成 8 电子稳定结构，元素的电子亲和能的绝对值逐渐增大，至卤素原子绝对值达到最大值。VA 族元素的电子亲和能的绝对值较小；碱土金属电子亲和能为正值；稀有气体元素电子亲和能最大。

同一主族元素，从上到下，电子亲和能总的趋势是增大的，但变化不是很规律，原因较复杂。比较特殊的是 N 的电子亲和能为正值。另外，电子亲和能绝对值最大的是 Cl，而不是 F。

需要注意的是：①鲍林电负性是一个相对值，本身没有单位；②自 1932 年鲍林提出电负性概念后，有不少人对这个问题提出探讨，由于计算方法不同，电负性数据也不尽相同，计算时尽量采用同一套数据。

4. 电负性

为了比较不同元素原子在分子中对成键电子的吸引能力，1932 年鲍林首先提出了电负性的概念。通常将原子在分子中吸引成键电子的能力称为元素的**电负性**($\chi$)。它较全面地反映了元素金属性和非金属性的强弱。

鲍林利用一定的规则和数据得到了各元素的电负性。部分元素的电负性见附录十四。其中有机化学中重要的几种元素的电负性如下：C(2.5)、H(2.1)、O(3.5)、N(3.0)、S(2.5)、P(2.1)、Cl(3.0)、Br(2.8)、F(4.0)、Si(1.8)。

元素的电负性越大，非金属性就越强，元素的电负性越小，金属性就越强。一般来说，非金属元素的电负性大于 2.0，金属元素的电负性小于 2.0，但不能作为划分金属和非金属的绝对界限。

电负性数据是研究化学键性质的重要参数。电负性差值大的元素之间的化学键以离子键为主，电负性相同或相近的非金属元素以共价键结合，电负性相等或相近的金属元素以金属键结合。

电负性变化规律可以总结如下：

(1) 同一周期中，元素的电负性从左向右逐渐增大。原因是半径减小，有效核电荷增加，增强了原子核吸引电子的能力。

(2) 在同一主族中，从上至下元素的电负性逐渐减小。原因是半径增大，有效核电荷变化不大，原子核吸引电子能力下降。

(3) 副族元素的电负性变化不是很规律，总的变化趋势是同一副族元素(除ⅢB 外)从上至下电负性逐渐增大。

(4) 周期表中电负性最大的元素是 F(4.0)，说明其非金属性最强；而电负性最小的是金属 Cs(0.7)，说明其金属性最强。

(5) 同一种元素，因其价态或氧化态不同，其电负性大小也不同。一般地，高价态的电负性大于低价态的电负性。

## 9.3　化学键理论

分子是参与化学反应的基本单元之一，又是保持物质基本化学性质的最小微粒。在自然界中，除了稀有气体为单原子分子以外，其他元素的原子都是以原子之间相互结合而成的分子或晶体的形式存在。例如，氧分子由两个氧原子结合而成；干冰是众多的 $CO_2$ 分子按一定规律组合形成的分子晶体；而纯铜以众多铜原子结合形成金属晶体的形式存在。分子或晶体之所以能稳定存在，是由于分子或晶体中的原子之间存在强烈的相互作用。化学上将分子或晶体中直接相邻的原子(或离子)间的强烈相互作用称为化学键。化学键主要有**离子键**、**共价键**和**金属键**三种类型。

除分子内原子之间存在强烈相互作用之外，在分子之间还普遍存在着一种较弱的相互作用力，从而使大量的分子聚集成液体或固体。通常将这种存在于分子之间的较弱作用力称为**分子间力**或**范德华力**。本节将在原子结构理论的基础上，介绍离子键理论和共价键理论。

### 9.3.1　离子键理论

离子键

1916 年，德国化学家柯塞尔根据稀有气体具有特殊稳定性的事实，提出了离子键理论。该理论认为，稀有气体的化学性质之所以非常稳定，是因为稀有气体原子的最外电子层具有稳定的 8 电子构型。其他不具备这种稳定构型的原子，在反应中能得到或失去电子而使各自的最外电子层达到稳定的 8 电子构型，并由得失电子所生成的阴、阳离子靠静电作用形成离子键。

实际上，阴、阳离子在形成离子键时，阳离子的最外电子层并非都是 8 电子构型。很多副族元素的离子，其最外电子层有 9～18 个电子，这些离子无论是在晶体还是在溶液中都是很稳定的。所以柯塞尔的离子键理论具有一定的局限性。

离子键的形成条件：①元素的电负性差较大，一般$\Delta\chi > 1.7$；②易形成稳定离子，达到稀有气体的稳定结构；③形成离子键，释放能量大。

1. 离子键的形成

当电负性小的活泼金属原子(如 Na、K 等)与电负性大的活泼非金属原子(如 F、Cl 等)在一定条件下相遇时，活泼的金属原子失去最外层电子形成带正电荷的阳离子，而活泼的非金属原子得到电子形成带负电荷的阴离子。例如，当钠原子和氯原子相遇时，钠原子失去最外层的 1 个电子，成为带正电荷的钠离子($Na^+$)；氯原子得到 1 个电子，成为带负电荷的氯离子($Cl^-$)。此过程可用下式表示：

$$n\mathrm{Na}(2s^2 2p^6 3s^1) - ne^- \longrightarrow n\mathrm{Na}^+(2s^2 2p^6)$$

$$n\mathrm{Cl}(3s^2 3p^5) + ne^- \longrightarrow n\mathrm{Cl}^-(3s^2 3p^6)$$

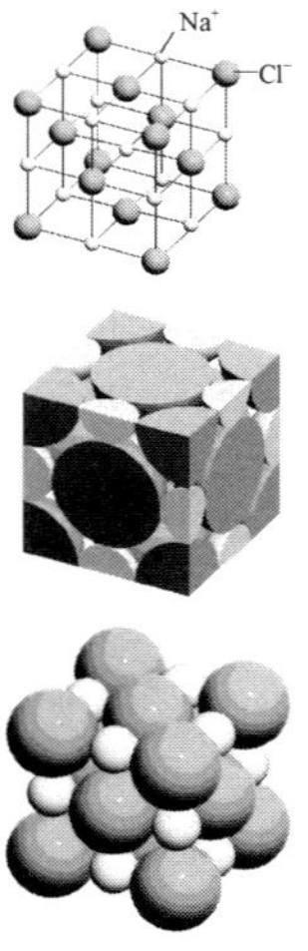

NaCl 晶体三种示意图

阴、阳离子之间由于静电引力相互吸引。当它们充分接近时，原子核之间及电子之间的排斥作用增大，当阴、阳离子之间吸引作用和排斥作用达到平衡时，系统的能量降到最低，阴、阳离子间形成稳定的化学键。这种通过阴、阳离子间的静电作用而形成的化学键称为**离子键**。由离子键形成的化合物称为**离子型化合物**。

2. 离子键的特征

离子键是由原子得失电子所形成的阴、阳离子之间靠静电作用而形成的化学键，因此阴、阳离子所带的电荷越多，离子的核间距离越小，离子间的引力则越强，离子键就越稳定。

阴、阳离子的电荷分布是球形对称的，它在空间各个方向与带相反电荷的离子的静电作用是相同的，并不存在某一方向吸引力更大的问题，因此离子键**没有方向性**。

由于离子的电荷分布是均匀的，每一个阴离子或阳离子可以同时在各方向上与多个带相反电荷的离子产生静电作用，且带相反电荷离子的数目并不受阴、阳离子本身所带电荷的限制，所以离子键**没有饱和性**。

例如，在 NaCl 晶体中，每个 $Na^+$并非只吸引 1 个 $Cl^-$，而是同时吸引多个 $Cl^-$；每个 $Cl^-$也同时吸引多个 $Na^+$。

但这并不是说一个阴、阳离子周围排列的带相反电荷离子的数目可以是任意的。实际上，在离子晶体中，每一个阴、阳离子周围排列的带相反电荷离子的数目都是固定的。

离子化合物的性质在很大程度上取决于离子键的强度，而离子键的强度又与离子半径、离子电荷和电子构型相关。

1) 离子的半径

离子半径是指阴、阳离子相互作用形成离子键时表现出来的有效半径，可根据离子晶体中阴、阳离子的核间距测出，并假定阴、阳离子的平衡核间距为阴、阳离子的半径之和。至今已提出多种推算离子半径的方法，附录十五列出了一些常见的离子半径。

基于离子键的特点，在离子晶体中无法分辨出一个个独立的“分子”。例如，在 NaCl 晶体中，不存在 NaCl 分子，所以 NaCl 是氯化钠的化学式，而不是分子式。

(1) 同一主族的元素电荷相同的离子半径，随电子层数增加而增大。例如：

$$r(Li^+) < r(Na^+) < r(K^+) < r(Rb^+) < r(Cs^+)$$

$$r(F^-) < r(Cl^-) < r(Br^-) < r(I^-)$$

(2) 同一周期的电子层结构相同的阳离子的半径，随离子电荷增加而减小；而阴离子的半径随离子电荷增加而增大。例如：

$$r(Na^+) > r(Mg^{2+}) > r(Al^{3+})$$

$$r(F^-) < r(O^{2-})$$

离子半径常用鲍林推算的数据，称为**鲍林离子半径**。鲍林离子半径是利用核电荷数和屏蔽常数推算出的。

(3) 同一元素阴离子半径大于原子半径，阳离子半径小于原子半径，且正电荷越高，半径越小。例如：

$$r(S^{2-}) > r(S)$$

$$r(Fe^{3+}) < r(Fe^{2+}) < r(Fe)$$

一般来说，离子半径越小，离子间引力越大，离子键越牢固。

2) 离子的电荷

离子键的本质是库仑力，当离子的半径相近时，离子的电荷越高，对带相反电荷的离子的吸引力越强，离子键的强度就越大，形成的离子型化合物的熔点也越高。例如，CaO 的熔点 (2590℃) 比 KF (856℃) 高。

3) 离子的电子构型

一般来说，简单阴离子的外层电子构型大多具有稀有气体稳定的电子构型，而阳离子则随元素在周期表中的不同位置，显示出多种电子构型。阳离子的电子构型一般分为以下几种：

(1) 2 电子构型：外层电子构型为 $1s^2$，如 $Li^+$、$Be^{2+}$等。

(2) 8 电子构型：外层电子构型为 $ns^2np^6$，如 $Na^+$、$Ca^{2+}$、$Al^{3+}$等。

(3) 18 电子构型：外层电子构型为 $ns^2np^6nd^{10}$，如 $Ag^+$、$Zn^{2+}$等。

(4) 18＋2 电子构型：次外层有 18 个电子，最外层有 2 个电子，外层电子构型为 $(n-1)s^2(n-1)p^6(n-1)d^{10}ns^2$，如 $Sn^{2+}$、$Pb^{2+}$等。

(5) 9～17 电子构型：最外层有 9～17 个电子，电子构型为 $ns^2np^6nd^{1\sim9}$，如 $Cr^{3+}$、$Fe^{3+}$等。

离子的电子构型对离子晶体性质的影响一般较离子电荷和半径的影响小。

离子的电子构型对化合物性质有一定的影响。例如，$Na^+$和 $Cu^+$电荷相同，离子半径也几乎相等（分别为 95pm 和 96pm），但 NaCl 易溶于水，CuCl 不溶于水。这主要是由于 $Na^+$和 $Cu^+$具有不同的电子构型。

3. 晶格能

离子键的强度通常用晶格能来度量。晶格能是指由相互远离的阴、阳气态离子结合生成 1mol 离子晶体时放出的能量，用符号 $U$ 表示，单位为 $kJ \cdot mol^{-1}$。晶格能可利用 Born-Haber 循环计算得到。现以 KBr 为例，可以设想反应分为以下几个步骤进行：

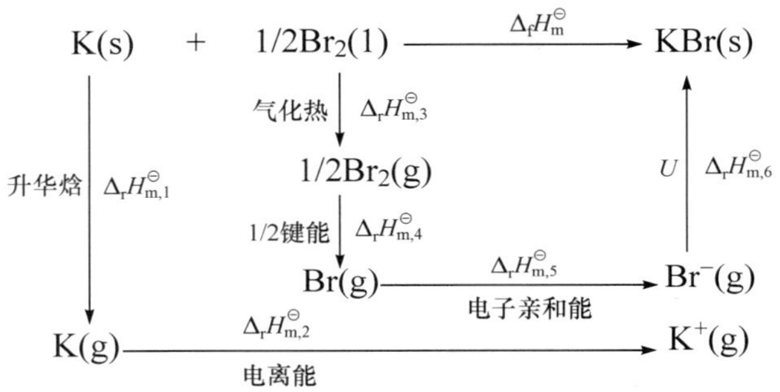


$\Delta_r H_{m,1}^\ominus = 89.2 kJ \cdot mol^{-1}$　　$\Delta_r H_{m,2}^\ominus = 418.8 kJ \cdot mol^{-1}$

$\Delta_r H_{m,3}^\ominus = 15.5 kJ \cdot mol^{-1}$　　$\Delta_r H_{m,4}^\ominus = 96.5 kJ \cdot mol^{-1}$

$\Delta_r H_{m,5}^\ominus = -324.7 kJ \cdot mol^{-1}$　　$\Delta_f H_m^\ominus = 295.3 kJ \cdot mol^{-1}$

根据赫斯定律，KBr 的晶格能为

$$\Delta_f H_m^\ominus = \Delta_r H_{m,1}^\ominus + \Delta_r H_{m,2}^\ominus + \Delta_r H_{m,3}^\ominus + \Delta_r H_{m,4}^\ominus + \Delta_r H_{m,5}^\ominus + \Delta_r H_{m,6}^\ominus$$

$$\Delta_r H_{m,6}^\ominus = -689.1 kJ \cdot mol^{-1}$$

$$U = -689.1 kJ \cdot mol^{-1}$$

晶格能的大小常用来比较离子键的强度和晶体的牢固程度。离子化合物的晶格能越大，表示阴、阳离子间结合力越强，晶体越牢固，因此晶体的熔点越高，硬度越大。

晶体类型相同时，晶格能大小与阴、阳离子电荷数的乘积成正比，与它们之间的距离 $r_0$ ($r_0 = r_+ + r_-$) 成反比。晶格能越大，阴、阳离子间结合力越强，晶体熔点越高、硬度越大。表 9-5 给出了几种离子化合物的晶格能和熔点。

表 9-5　晶格能与离子晶体的物理性质(298.15K)

| 晶　体 | $Z_+$，$Z_-$ | $r_0$/pm | $U$ / (kJ·mol$^{-1}$) | m. p./℃ | 硬　度 |
|---|---|---|---|---|---|
| NaF | +1,−1 | 231 | 923 | 993 | |
| NaCl | +1,−1 | 282 | 786 | 801 | |
| NaBr | +1,−1 | 298 | 747 | 747 | |
| NaI | +1,−1 | 323 | 704 | 661 | |
| MgO | +2,−2 | 205 | 3791 | 2852 | 6.5 |
| CaO | +2,−2 | 240 | 3401 | 2614 | 4.5 |
| SrO | +2,−2 | 257 | 3223 | 2430 | 3.5 |
| BaO | +2,−2 | 275 | 3054 | 1928 | 3.3 |

### 9.3.2　共价键理论

离子键理论能很好地说明离子型化合物的形成和特点，但它不能说明单质分子(如 $H_2$、$Cl_2$ 等)的形成，也不能说明电负性相差较小的两种元素形成的分子，如 HCl、$H_2O$ 等。1916 年美国化学家路易斯提出了共价键理论。他认为分子中每个原子应具有稳定的稀有气体原子的电子层结构，这种稳定的结构是通过原子间共用一对电子来实现。这种原子间通过共用电子对而形成的化学键称为**共价键**。路易斯的共价键理论初步揭示了共价键与离子键的区别，但它不能解释共价键的方向性，也不能解释为什么有些分子的中心原子最外层电子数虽然少于 8 个(如 $BeCl_2$、$BF_3$ 等)，但这些分子仍能稳定存在。直至 1927 年海特勒和伦敦将量子力学的成就成功地应用于最简单的分子 $H_2$ 的结构解释上，人们对共价键的本质才有较深刻的理解。

共价键

1. 价键理论

1)共价键的本质

海特勒和伦敦用量子力学处理两个氢原子组成的 $H_2$ 分子时得到如图 9-13 的结果：当电子自旋方向相反的两个氢原子相互接近时，两个原子轨道发生重叠，随着核间距减小，体系能量逐渐降低。当核间距减小到平衡距离时，能量降低到最低值，如图 9-14(a)，这种状态称为 **$H_2$ 分子的基态**。当两个氢原子的电子自旋方向相同，随着核间距的减小，两个氢原子间发生排斥作用。这是因为两个自旋方向相同的未成对电子不发生原子轨道的重叠，导致两个氢原子核间电子的概率密度几乎等于零，如图 9-14(b)。这时体系能量逐渐升高，处于不稳定状态，称为**排斥态**。

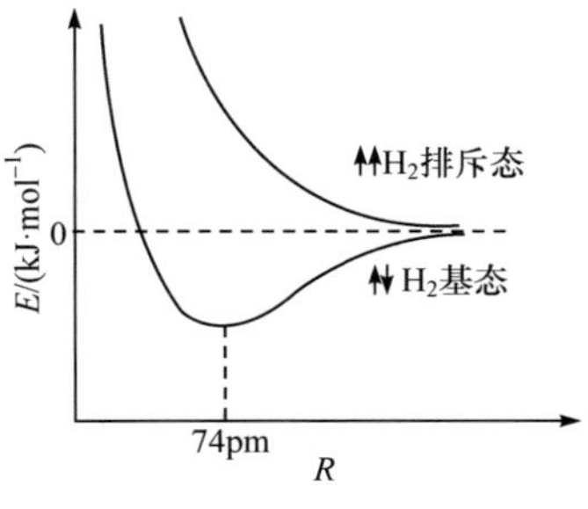


图 9-13　$H_2$ 形成过程能量随核间距离变化

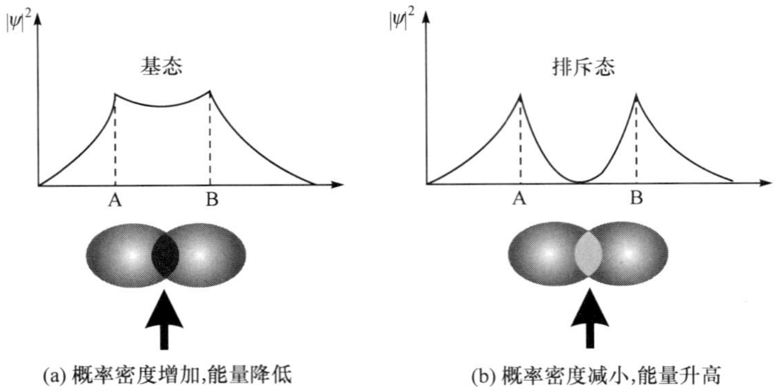


图 9-14　$H_2$分子等基态与排斥态间电子的概率密度示意图

由此可见，电子自旋相同的两个氢原子接近时，系统能量升高，且比两个远离的氢原子能量高，因此不能形成稳定的分子。而电子自旋方式相反的两个氢原子以核间距 $R_0$ (实验值为 74pm)相结合时，比两个远离的氢原子能量低，可以形成稳定的分子。

2) 价键理论的基本要点和共价键的特性

美国化学家鲍林将海特勒和伦敦对氢分子的处理结果推广到其他双原子和多原子分子中，建立了**现代价键理论**。基本要点如下：

(1) 两原子接近时，自旋方向相反的未成对的价电子可以配对，形成稳定的共价键。

(2) 一个原子有几个未成对的电子，就可以形成几个共价键。因此，一个原子所形成的共价键的数目通常受未成对电子数目的限制。这就是**共价键的饱和性**。

例如，N 原子由于含有三个未成对电子，因此两个 N 原子间能形成叁键，即形成 N≡N 分子。

如何理解共价键具有饱和性和方向性?

(3) 两未成对电子是通过原子轨道重叠成键的。原子轨道重叠时，重叠越多，两核间电子出现的概率密度就越大，形成的共价键就越牢固，因此共价键尽可能沿着原子轨道最大重叠的方向形成，这称为**原子轨道最大重叠原理**。

在原子轨道中，除了 s 轨道呈球形对称无方向性外，其他原子轨道在空间都有一定的伸展方向。在形成共价键时，只有成键原子轨道在一定方向上才会产生最大程度的重叠，形成稳定的共价键。这就是**共价键的方向性**。

以 HCl 分子的形成为例，当氢原子的 1s 轨道与氯原子含有未成对电子的 $3p_x$ 轨道重叠时，沿着非 $x$ 轴方向原子轨道重叠程度很小[图 9-15(a)]或不能重叠[图 9-15(b)]，形成很弱的化学键或不能成键，只有沿 $x$ 轴方向重叠才能达到最大程度的重叠，形成稳定的共价键[图 9-15(c)]。

3) 共价键的类型和特点

根据形成共价键时原子轨道重叠方式的不同，共价键可分为 σ 键和 π 键。

(1) σ 键。

两个原子轨道沿键轴(两个原子核间连线)方向以“头碰头”的方式进行重叠所形成的共价键称为 σ 键[图 9-16(a)]。σ 键特点是原子轨道的重叠部分对于键轴呈圆柱形对称。σ 键满足了原子轨道最大重叠原理，因此共价单键都是 σ 键。若键轴为 $x$ 轴，s-s、s-$p_x$、$p_x$-$p_x$ 原子轨道的重叠可形成 σ 键。

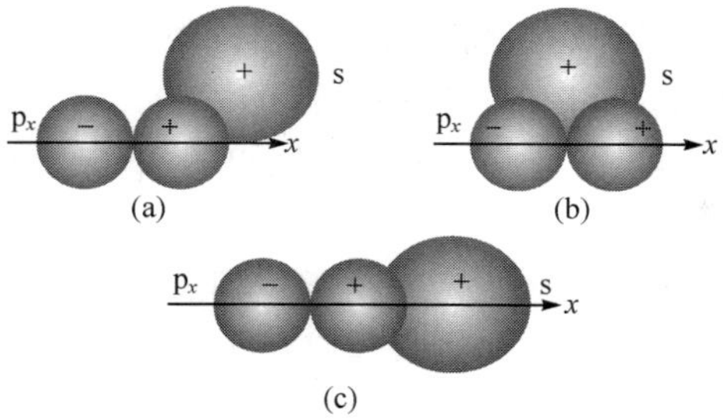


图 9-15　HCl 分子成键示意图

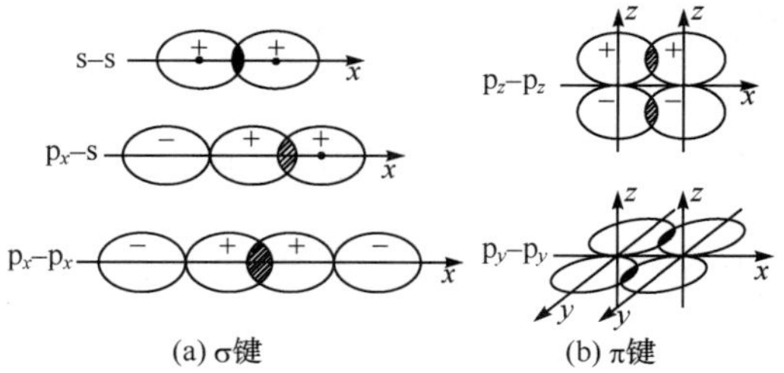


图 9-16　σ 键和 π 键重叠方式示意图

(2) π 键。

两个原子轨道沿键轴（$x$ 轴）方向以“肩并肩”的方式进行重叠所形成的共价键称为 π 键[图 9-16(b)]。π 键的特点是原子轨道的重叠部分对等地分布在包括键轴在内的平面上、下两侧，形状相同，符号相反，呈镜面反对称。$p_y$-$p_y$ 和 $p_z$-$p_z$ 原子轨道的重叠可形成 π 键。

从原子轨道的重叠程度来看，形成 σ 键时原子轨道重叠程度比形成 π 键时要大，所以 σ 键的稳定性高于 π 键，π 键是化学反应的积极参与者。

两个原子形成共价单键时，原子轨道总是沿键轴方向达到最大程度的重叠，所以单键都是 σ 键；形成共价双键时，有一个 σ 键和一个 π 键；形成共价三键时，有一个 σ 键和两个 π 键。

例如，在形成 $N_2$ 时，N 原子最外层有三个未成对电子，其分布为 $2p_x^1 2p_y^1 2p_z^1$。当两个 N 原子沿着 $x$ 轴相互靠近时，一个 N 原子的 $p_x$ 轨道与另一个 N 原子的 $p_x$ 轨道以“头碰头”的方式重叠，形成一个 σ 键；而两个 N 原子中垂直于 $x$ 轴的两个 $p_y$ 轨道和两个 $p_z$ 轨道只能沿 $x$ 轴以“肩并肩”的方式重叠，形成两个互相垂直的 π 键，如图 9-17 所示。

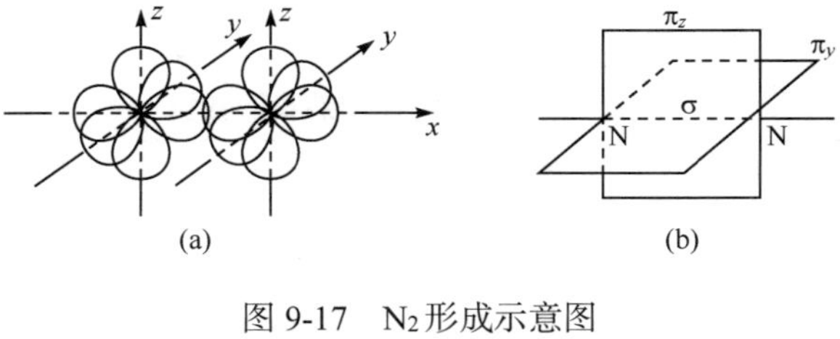


图 9-17　$N_2$ 形成示意图

按共用电子对提供的方式不同，共价键又可分为**正常共价键**和**配位共价键**两种类型。由一个原子单独提供共用电子对而另一个原子提供空轨道而形成的共价键称为配位共价键，简称配位键。配位键用箭号“→” 表示，箭头方向由提供电子对的原子指向接受电子对的原子。

例如，在 CO 分子中，C 原子的 2 个成单的 2p 电子与 O 原子的 2 个成单的 2p 电子配对形成一个 σ 键和一个 π 键，O 原子中已成对的 1 对 2p 电子还可与 C 原子的 1 个 2p 空轨道形成一个配位键。所以 CO 分子结构式可表示为

$$:\mathrm{C} \overset{\leftarrow}{=} \mathrm{O}:$$

**形成配位键的条件**是：

(1) 提供共用电子对的原子的最外层有孤电子对。

(2) 接受共用电子对的原子的最外层有可接受孤电子对的空轨道。

应该注意，正常共价键和配位共价键的区别仅在于成键的形成过程中，在键形成以后，两者就无区别了。

4) 共价键参数

共价键通常用“化学键参数”来描述，包括键能、键长、键角和键的极性。

(1) 键能。**键能**($E$)通常是指在标准状态下气态分子形成气态原子时，每种键所需要能量的平均值。

对于双原子分子，键能等于分子的键的**解离能**($D$)，即在双原子分子中，于 100kPa、298.15K 下将气态分子断裂成气态原子所需要的能量。

键的解离能 $D$ 是指断裂或形成分子中某一化学键需消耗或放出的能量。

例如，对于 $H_2$ 分子：

$$\mathrm{H_2(g)} \longrightarrow \mathrm{2H(g)} \qquad E(\mathrm{H—H}) = D(\mathrm{H—H}) = 423\mathrm{kJ \cdot mol^{-1}}。$$

对于多原子分子，每一个键的解离能并不相同，键能应为同种键解离能的平均值。

例如，$NH_3$ 含有三个 N—H 键：

$$\mathrm{NH_3(g)} \longrightarrow \mathrm{H(g)} + \mathrm{NH_2(g)} \qquad D_1 = 435.1\mathrm{kJ \cdot mol^{-1}}$$

$$\mathrm{NH_2(g)} \longrightarrow \mathrm{H(g)} + \mathrm{NH(g)} \qquad D_2 = 397.5\mathrm{kJ \cdot mol^{-1}}$$

$$\mathrm{NH(g)} \longrightarrow \mathrm{H(g)} + \mathrm{N(g)} \qquad D_3 = 338.9\mathrm{kJ \cdot mol^{-1}}$$

三个 $D$ 值不同，因此键能为

$$E(N—\mathrm{H}) = \frac{D_1 + D_2 + D_3}{3} = 390.5\mathrm{kJ \cdot mol^{-1}}$$

一般来说，键能越大，化学键越牢固。

(2) 键长。分子中成键的两个原子核间的平衡距离称为**键长**，用符号 $l$ 表示。可通过电子衍射、分子光谱实验测定键长。键能与键长存在着一定关系，一般来说，成键原子间的键长越短，表示该键越强，分子越稳定，如表 9-6 所示。

C≡C 键键能比 C—C 键大，是否可以说前者比较稳定？

**表 9-6　某些键能和键长的数据**

| 共价键 | 键能/(kJ · mol⁻¹) | 键长/pm | 共价键 | 键能/(kJ · mol⁻¹) | 键长/pm |
|---|---|---|---|---|---|
| H—H | 436.00 | 74.1 | C—C | 346 | 154 |
| H—F | 568.6±1.3 | 91.7 | C═C | 610.0 | 134 |
| H—Cl | 431.4 | 127.5 | C≡C | 835.1 | 120 |
| H—Br | 366±2 | 141.4 | O═O | 497.3±0.2 | 120.7 |
| H—I | 299±1 | 160.9 | N≡N | 948.9±6.3 | 109.8 |

(3) 键角。**键角**是指分子中两个相邻化学键之间的夹角，反映分子的空间构型。例如，$CO_2$ 中 O═C═O 键角 ($\theta$) 为 180°，且两个 C—O 键长相等，说明 $CO_2$ 分子构型是直线型。如果知道了某分子内全部化学键的键长和键角的数据，那么这些分子的几何构型便可确定 (表 9-7)。

**表 9-7　部分分子的化学键的键长、键角和分子构型**

| 分　子 | 键长 $l$/pm | 键角/(°) | 分子构型 |
|---|---|---|---|
| $CO_2$ | 116.2 | 180 | 直线形 |
| $NO_2$ | 120 | 134 | V 形 |
| $NH_3$ | 100.8 | 107.3 | 三角锥形 |
| $CCl_4$ | 177 | 109.5 | 正四面体形 |

键角可以用实验方法测定，可以根据中心原子的杂化轨道波函数计算，也可以根据 VSEPR 模型定性估算。

(4) 键的极性。当两个电负性不同的原子之间成键时，由于吸引电子能力的不同，导致共用电子对偏向一方。两个原子核正电荷中心和原子的负电荷中心不重合时，就称键有了极性，称为**极性共价键**。例如，H—Cl 分子中的共价键就是极性共价键。例如，两个同元素原子间成键，电荷中心重合，则称为**非极性共价键**，如 $H_2$、$O_2$ 分子中的共价键就是非极性共价键。

### *2. 分子轨道理论

分子轨道理论

价键理论较好地阐明了共价键的形成，并成功预测了分子的空间构型，但也有其局限性。例如，$O_2$ 按价键理论应为双键结构 $:\ddot{O}::\ddot{O}:$，分子内无未成对电子。但这与事实不符，实验测定 $O_2$ 分子具有顺磁性，表明 $O_2$ 分子有未成对电子。又如，$H_2^+$ 分子离子只有一个未成对电子也能稳定存在。这些价键理论均无法解释。1932 年前后，莫立根、洪德和伦纳德-琼斯等先后提出了**分子轨道理论**，简称 MO 法。该方法以量子力学为基础，将原子电子层结构的主要概念推广到分子体系中，很好地说明了上述事实，从另一方面揭示了共价分子形成的本质。本教材对该理论的介绍仅限于第一、二周期的同核双原子分子。

1) 分子轨道理论的基本要点

(1) 分子轨道理论把分子作为一个整体考虑，认为分子中的各原子的电子在整个分子空间范围内运动，其运动状态可用相应的分子轨道波函数 $\psi$ 来表示，称为**分子轨道(MO)**。

(2) 分子轨道由**原子轨道(AO)**线性组合而成。分子轨道的数目与参与组合的原子轨道数目相等。例如，$H_2$ 分子中的两个 H，有两个 $\psi_{1s}$，可组合成两个分子轨道：

$$\psi_{\rm I} = C_1\psi_1 + C_2\psi_2 \qquad (9\text{-}15)$$

$$\psi_{\rm II}^* = C_1\psi_1 - C_2\psi_2 \qquad (9\text{-}16)$$

原子轨道线性相加组成的分子轨道称为**成键分子轨道** ($\psi_{\rm MO}$)，如 σ、π 分子轨道，其能量低于组合前原子轨道的能量；原子轨道线性相减组成的分子轨道称为**反键分子轨道** ($\psi_{\rm MO}^*$)，如 $\sigma^*$、$\pi^*$ 分子轨道，能量高于组合前原子轨道的能量。如图 9-18 所示，其中 $E_a$ 和 $E_b$ 为原子轨道的能量，$E_{\rm I}$ 和 $E_{\rm II}$ 分别为成键分子轨道和反键分子轨道的能量。

(3) 原子轨道线性加减组成分子轨道时必须符合**对称性匹配**、**能量相近**和**最大重叠原则**。

(4) 分子中所有电子在分子轨道的排布遵守**泡利不相容原理**、**能量最低原理**和**洪德规则**。

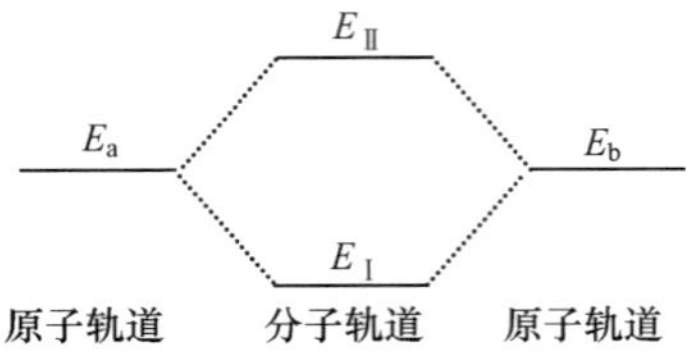


图 9-18　分子轨道的形成

2)分子轨道理论应用

(1)同核双原子分子的分子轨道能级图。

每种分子的分子轨道都有确定的能量，不同种分子的分子轨道能量是不同的。分子轨道的能级顺序目前主要由光谱实验数据确定。将分子轨道的能级的高低排列起来，就可获得分子轨道的能级图。图 9-19 为同核双原子分子的分子轨道能级图。

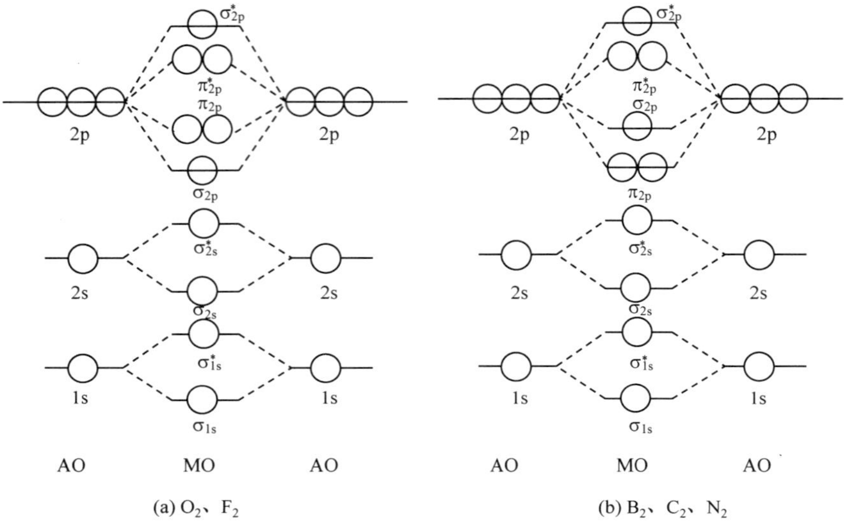


图 9-19　同核双原子分子的分子轨道能级图

第二周期同核双原子分子的分子轨道能级图有两种类型，图 9-19(a)适用于原子序数大的 $O_2$、$F_2$ 等分子，图 9-19(b)适用于原子序数小的 $B_2$、$C_2$、$N_2$ 双原子分子。比较分子轨道能级示意图可知，两图的$\sigma_{2p}$ 和$\pi_{2p}$ 能级次序不同。(a)图中 2s 和 2p 轨道能量差较大，当两个相同原子靠近时，不会发生能级交错现象，所以$\sigma_{2p}$ 能级比$\pi_{2p}$ 能级低；(b)图中 2s 和 2p 轨道能量差较小，当两个相同原子靠近时，发生能级交错现象，所以$\sigma_{2p}$ 能级比$\pi_{2p}$ 能级高。根据不同的分子选择适当能级顺序，遵循电子排布规则可写出相应的分子轨道表示式。分子轨道中有未成对电子的分子具有顺磁性，无未成对电子的则具有反磁性。

(2)键级与键的强弱。

分子轨道理论中，用键级表示键的牢固程度，通常键级越大，分子越稳定。

$$键级 = \frac{1}{2}(成键轨道的电子数 - 反键轨道的电子数) \tag{9-17}$$

例如，$N_2$ 的键级为 3，$O_2$ 的键级为 2，$H_2$ 的键级为 1。键级也可以是分数，如 $H_2^+$ 的键级为 0.5。

键级只能定性地推断键能的大小，粗略地预测分子结构的稳定性。

对于同核双原子分子，由于内层分子轨道上都已充填了电子，成键分子轨道上的电子使分子系统的能量降低与反键分子轨道上的电子使分子系统的能量升高基本相同，互相抵消，可以认为它们对键的形成没有贡献，所以键级也可用下式计算：

$$键级 = \frac{1}{2}(外层成键轨道的电子数 - 外层反键轨道的电子数) \tag{9-18}$$

(3)应用实例。

**例 9-6**　试分析氢分子离子 $H_2^+$ 和 $He_2$ 分子能否存在。

**解**　$H_2^+$ 中只有一个 1s 电子，所以其分子轨道电子排布式为 $H_2^+[(\sigma_{1s})^1]$

可用键级表示分子中键的个数，其键级为

$$键级 = \frac{1-0}{2} = \frac{1}{2}$$

可见键级不为零，$H_2^+$ 能稳定存在。

$He_2$ 分子分子轨道能级示意图如下：

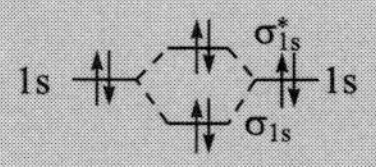


AO　MO　AO

$He_2$ 分子电子排布式为

$$He_2[(\sigma_{1s})^2(\sigma_{1s}^*)^2]$$

$$键级 = \frac{2-2}{2} = 0$$

故 $He_2$ 分子不存在。

**例 9-7**　写出 $O_2$ 分子的电子排布式，计算键级，并判断是否有顺磁性。

**解**　$O_2$ 分子的电子按图 9-19(a)分子轨道能级图填充，所以电子排布式为

$$[KK(\sigma_{2s})^2(\sigma_{2s}^*)^2(\sigma_{2p_x})^2(\pi_{2p_y})^2(\pi_{2p_z})^2(\pi_{2p_y}^*)^1(\pi_{2p_z}^*)^1]$$

$$键级 = \frac{8-4}{2} = 2$$

有未成对电子存在，有顺磁性。

### 3. 多原子分子的空间构型

1)价层电子对互斥理论

分子的立体结构决定了分子许多重要性质。例如，分子的极性、分子间力的大小、分子在晶体中的排列方式等。

价层电子对互斥理论

实验证实，属于同一通式的分子或离子，其结构可能相似，也可能完全不同。例如，$H_2S$ 和 $H_2O$ 属同一通式 $H_2A$，结构很相似，都是 V 形分子，仅夹角度数稍有差别；而 $CO_3^{2-}$ 和 $SO_3^{2-}$ 属同一通式 $AO_3^{2-}$，结构却不同，前者是平面三角形，后者是立体的三角锥形。

分子可通过实验测定键参数如键长、键角后确定空间构型。

1940 年，由西奇威克和鲍威尔根据能量最低原理提出，后经吉利斯皮和尼霍姆发展了一种能确定、解释简单共价分子或离子的空间结构的理论，称之为**价层电子对互斥理论**(VSEPR)。

(1)价层电子对互斥理论的基本要点。

价层电子对互斥理论认为：

(i)共价分子(或离子)可用通式 $AB_mL_n$ 表示，其中 A 为中心原子，B 为配位原子或含有一个配位原子的基团，$m$ 为配位原子的个数(中心原子的成 σ

键电子对数)，L 表示中心原子 A 的价电子层中的孤电子对，$n$ 为孤电子对的数目。中心原子 A 价电子对的数目用 VP 表示：

$$VP = m + n$$

其中 $m$ 可由分子式直接得到，$n$ 可由下式得出：

$$n = \frac{\text{中心原子A 的价电子总数} - m|\text{配位原子化合价}| - \text{离子电荷数}}{2} \tag{9-19}$$

式中：离子电荷数为代数值，即要带正、负号。若计算结果不为整数，则应进为整数。

(ii)分子或离子的空间构型取决于中心原子的价层电子对数 VP。共价分子或离子中心的价层电子对由于静电排斥作用而趋向彼此远离，尽可能采取对称结构，使分子之间彼此排斥作用为最小。

(iii)在考虑价电子对排布时，还应考虑成键电子对与孤电子对的区别。成键电子对受两个原子核吸引，电子云比较紧缩；而孤电子对只受中心原子的吸引，电子云比较“肥大”，对邻近的电子对的斥力就较大。所以不同的电子对之间的斥力大小顺序为

孤电子对-孤电子对 > 孤电子对-成键电子对 > 成键电子对-成键电子对

为使分子处于最稳定的状态，分子构型总是保持价电子对间的斥力为最小。

(iv)中心原子若形成共价双键或共价叁键，仍按共价单键处理。但由于双键或叁键中成键电子较多，斥力也较大，对分子构型也有影响。斥力大小的顺序为

叁键 > 双键 > 单键

(2)分子构型与电子对空间构型的关系。

当孤电子对数 $n = 0$ 时，说明中心原子 A 周围只有成键电子对，且成键电子对数目 $m$ 和价电子对数 VP 相等，此时分子构型和价电子对空间构型一致。当孤电子对数 $n \neq 0$ 时，说明中心原子 A 周围成键电子对和孤电子对共存，则须考虑孤电子对的位置，孤电子对可能会有几种可能的排布方式，对比这些排布方式中电子对排斥作用的大小，选择斥力最小的排布方式，满足能量最低状态，即为分子具有的稳定构型(表 9-8)。

**例 9-8**　求 $PO_4^{3-}$ 和 $OF_2$ 的孤电子对数 $n$ 和价电子对数 VP，并推测分子空间构型。

**解**　根据 VSEPR 理论可知：

$PO_4^{3-}$的孤电子对数　$n = [5 - 4\times 2 - (-3)]/2 = 0$

价电子对数　$VP = m + n = 4 + 0 = 4$

价电子对 VP 的排布为正四面体形，无孤电子对，所以分子空间构型也是正四面体形。

$OF_2$的孤电子对数　$n = (6 - 2\times 1)/2 = 2$

价电子对数　$VP = m + n = 2 + 2 = 4$

价电子对 VP 的排布为正四面体形，其中两对为孤电子对，所以分子空间构型为 V 形。

**表 9-8　价层电子对与分子空间构型的对应关系**

| 价层电子对数 | 价层电子对空间构型 | 成键电子对数 | 孤电子对数 | 分子类型 $AB_mL_n$ | 分子空间构型 | 实　例 |
|---|---|---|---|---|---|---|
| 2 | 直线形 | 2 | 0 | $AB_2$ | 直线形  | $BeCl_2$ $CO_2$ |
| 3 | 平面三角形 | 3 | 0 | $AB_3$ | 平面三角形 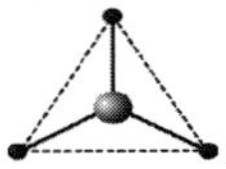 | $BF_3$ $SO_3$ |
| | | 2 | 1 | $AB_2L$ | V 形 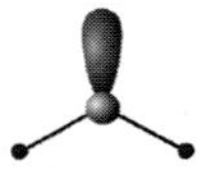 | $PbCl_2$ $SO_2$ |
| 4 | 四面体形 | 4 | 0 | $AB_4$ | 四面体形 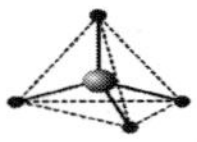 | $CH_4$ $SO_4^{2-}$ |
| | | 3 | 1 | $AB_3L$ | 三角锥形 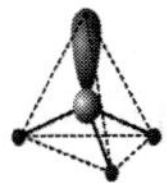 | $NH_3$ $SO_3^{2-}$ |
| | | 2 | 2 | $AB_2L_2$ | V 形 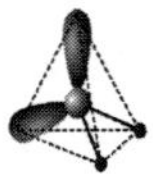 | $H_2O$ $ClO_2^-$ |
| 5 | 三角双锥形 | 5 | 0 | $AB_5$ | 三角双锥形 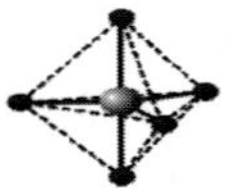 | $PCl_5$ |
| | | 4 | 1 | $AB_4L$ | 四面体形 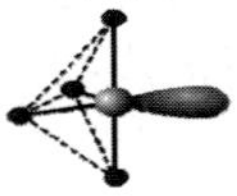 | $SF_4$ $TeCl_4$ |
| | | 3 | 2 | $AB_3L_2$ | T 形 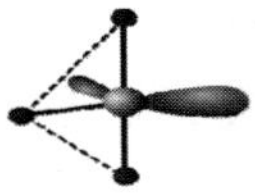 | $ClF_3$ $BrF_3$ |
| | | 2 | 3 | $AB_2L_3$ | 直线形  | $XeF_2$ $I_3^-$ |

若配体数和电子对数一致，各电子对均为成键电子对，则分子构型和电子对构型一致。当配体数少于电子对数时，一部分电子成为成键电子对，另一部分电子成为孤电子对，确定孤电子对的位置，分子构型才能确定。

$NH_3$ 和 $H_2O$ 中，中心原子都含有 4 个电子对，由于 $NH_3$ 中有一对孤电子对，$H_2O$ 中有两对孤电子对，因此 $H_2O$ 中的键角小于 $NH_3$ 的键角。

$H_2O$ 和 $CO_2$ 都是 $AB_2$ 型分子，空间构型是否相同?

续表

| 价层电子对数 | 价层电子对空间构型 | 成键电子对数 | 孤电子对数 | 分子类型 $AB_mL_n$ | 分子空间构型 | 实　例 |
|---|---|---|---|---|---|---|
| 6 | 八面体形 | 6 | 0 | $AB_6$ | 八面体形 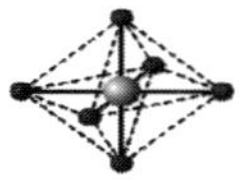 | $SF_6$ |
| | | 5 | 1 | $AB_5L$ | 四方锥形 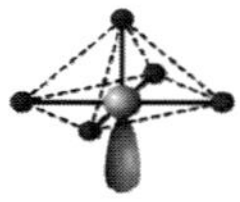 | $IF_5$ $[SbF_5]^{2-}$ |
| | | 4 | 2 | $AB_4L_2$ | 四方形  | $XeF_4$ $ICl_4^-$ |

？计算 $TeCl_4$ 分子和 $SO_4^{2-}$ 的价层电子对数。

杂化轨道理论

2) 杂化轨道理论

价键理论简明地描述了共价键的本质，并成功地解释了共价键的饱和性和方向性等特点，但在解释多原子分子的成键和空间构型时遇到了困难。例如，甲烷 $CH_4$ 分子中 C 原子的价电子构型为 $2s^22p^2$，有两个未成对电子，故只能形成两个共价键，与 H 的最简单化合物应为 $CH_2$。但实验结果指出分子式为 $CH_4$，其空间构型为正四面体。为了解释多原子分子的空间构型，1931 年鲍林和斯莱特提出了杂化轨道理论，进一步丰富和发展了价键理论。

(1) 杂化轨道理论的基本要点。

(i) 原子在形成分子时，为了增强成键能力，同一原子中能量相近的不同类型的原子轨道重新组合，形成能量、形状和方向与原轨道不同的新的原子轨道。这种原子轨道重新组合的过程称为**原子轨道的杂化**，所形成的新的原子轨道称为**杂化轨道**。

？原子轨道的杂化为什么要求是同一原子中能量相近的不同类型的原子轨道的组合？原子轨道为什么要杂化？

(ii) 杂化轨道的成键能力大于杂化前的原子轨道。这是因为杂化轨道在空间的伸展方向发生了变化，其相应的电子云分布更为集中。另外，杂化轨道之间尽量远离，使成键电子之间的斥力减小。

(iii) 杂化所形成的杂化轨道的数目等于参加杂化的原子轨道的数目。

(2) 杂化轨道的类型与分子的空间构型。

由于参加杂化的原子轨道的类型和数目不同，因此可组成不同类型的杂化轨道。本章只讨论中心原子用 *n*s 轨道和 *n*p 轨道组合而成的杂化轨道及以此杂化轨道所形成的分子的空间构型。

(i) sp 杂化。

由 1 个 *n*s 轨道和 1 个 *n*p 轨道参与的杂化称为 **sp 杂化**，所形成的杂化轨道称为 sp 杂化轨道。sp 杂化轨道的特点是每个杂化轨道中含有 1/2 的 s 轨道和 1/2 的 p 轨道成分，2 个杂化轨道间的夹角为 180°(图 9-20)。

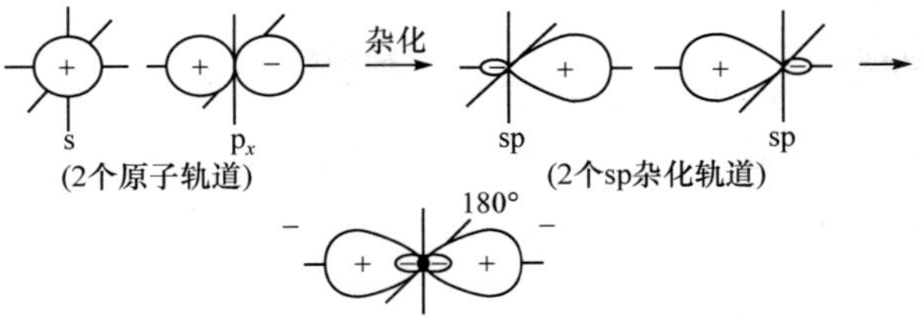


图 9-20　sp 杂化过程和 sp 杂化轨道角度分布

以气态 $BeCl_2$ 分子为例。基态 Be 原子的电子构型为 $1s^22s^2$，在 Cl 原子的影响下，Be 原子的 1 个 2s 轨道上的电子被激发到 2p 轨道上，2s 轨道与 1 个 2p 轨道经杂化形成两个能量、形状完全相同的 sp 杂化轨道，每个杂化轨道中有一个未成对电子。Be 原子用 2 个 sp 杂化轨道分别与 2 个 Cl 原子含有未成对电子的 3p 轨道进行重叠，形成了 2 个 sp-p 的 σ 键。由于 Be 原子所提供的 2 个 sp 杂化轨道间的夹角是 180°，因此所形成的 $BeCl_2$ 分子的空间构型为直线形(图 9-21)。

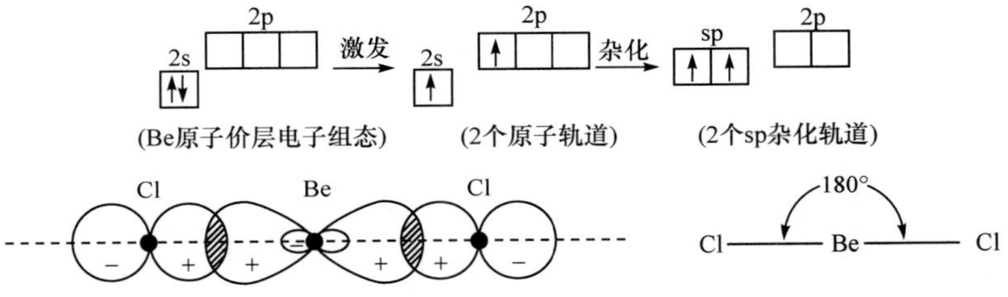


图 9-21　$BeCl_2$ 分子的形成

(ii) $sp^2$ 杂化。

由 1 个 *n*s 轨道和 2 个 *n*p 轨道参与的杂化称为 **$sp^2$ 杂化**，所形成的 3 个杂化轨道称为 $sp^2$ 杂化轨道。$sp^2$ 杂化轨道的特点是每个杂化轨道都含有 1/3 的 s 轨道和 2/3 的 p 轨道成分，杂化轨道间的夹角为 120°，呈平面正三角形。

例如，$BF_3$ 分子中基态的 B 原子价电子构型是 $2s^22p^1$，在 F 原子的影响下，B 原子的 1 个 2s 轨道上的电子被激发到 2p 轨道上，2s 轨道与 2 个 2p 轨道经杂化形成 3 个能量、形状完全相同的 $sp^2$ 杂化轨道，每一个 $sp^2$ 杂化轨道中有 1 个未成对电子。B 原子用 3 个 $sp^2$ 杂化轨道分别与 3 个 F 原子含有未成对电子的 3p 轨道重叠，形成 3 个 $sp^2$-p 的 σ 键。由于 B 原子所提供的 3 个 $sp^2$ 杂化轨道间的夹角为 120°，所以 $BF_3$ 分子空间构型是平面正三角形(图 9-22)。

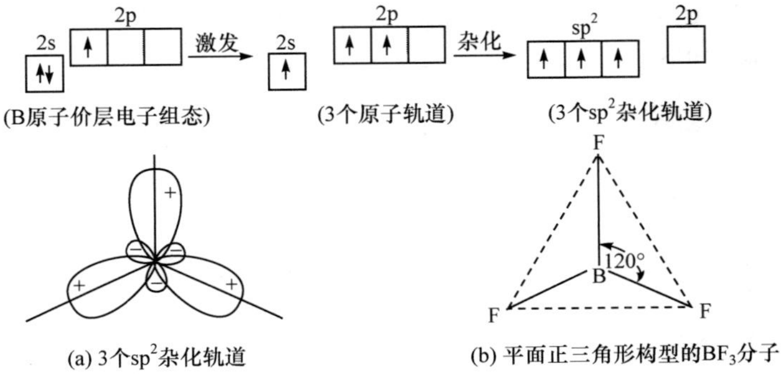


图 9-22　$sp^2$ 杂化及 $BF_3$ 分子的空间构型

(iii) 等性 $sp^3$ 杂化。

由 1 个 *n*s 轨道和 3 个 *n*p 轨道参与的杂化称为 **$sp^3$ 杂化**，所形成的 4 个杂化轨道称为 $sp^3$ 杂化轨道。$sp^3$ 杂化轨道的特点是每个杂化轨道中含有 1/4 的 s 轨道和 3/4 的 p 轨道成分，杂化轨道间的夹角为 109.5°，空间构型为正四面体形。

以 $CH_4$ 分子为例。基态的 C 原子最外层电子构型是 $2s^22p^2$，在 H 原子的影响下，C 原子的 1 个 2s 轨道和 3 个 2p 轨道进行 $sp^3$ 杂化，形成 4 个 $sp^3$ 杂化轨道，每个杂化轨道中有 1 个未成对电子。C 原子用 4 个 $sp^3$ 杂化轨道分别与 4 个 H 原子的 1s 轨道进行重叠，形成 4 个 $sp^3$-s 的 σ 键。由于 C 原子所提供的 4 个 $sp^3$ 杂化轨道间的夹角为 109.5°，所以生成的 $CH_4$ 分子的空间构型为正四面体(图 9-23)。

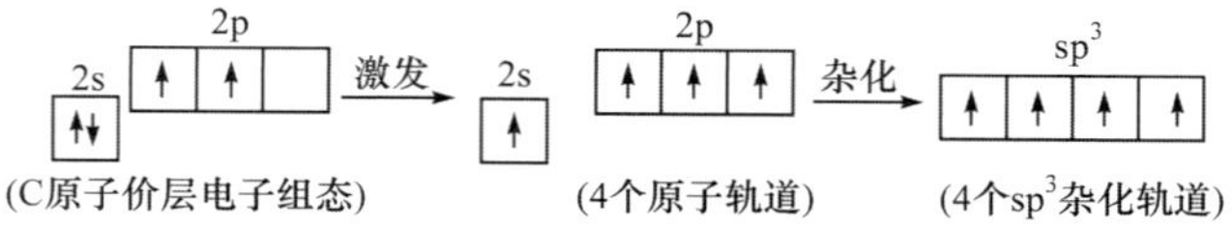

(a) 4个$sp^3$杂化轨道　　(b) 正四面体构型的$CH_4$分子

图 9-23　$sp^3$ 杂化及 $CH_4$ 分子的空间构型

(iv) 不等性 $sp^3$ 杂化。

利用杂化轨道理论也能解释 $NH_3$ 分子和 $H_2O$ 分子的空间构型。

在 $NH_3$ 分子中，N 原子也采取 $sp^3$ 杂化。由于 N 原子比 C 原子多一个电子，4 个 $sp^3$ 杂化轨道中有一个杂化轨道被孤电子对占据。N 原子用 3 个各含 1 个未成对电子的 $sp^3$ 杂化轨道分别与 3 个 H 原子的 1s 轨道进行重叠，形成 3 个 N—H 键，剩下一个 $sp^3$ 杂化轨道上的孤电子对没有成键，由于孤电子对的电子云在 N 原子的周围较密集，对 3 个 N—H 键的电子云有较大的排斥作用，使 N—H 键之间的键角被压缩到 107.3°。$NH_3$ 分子的空间构型为三角锥形(图 9-24)。

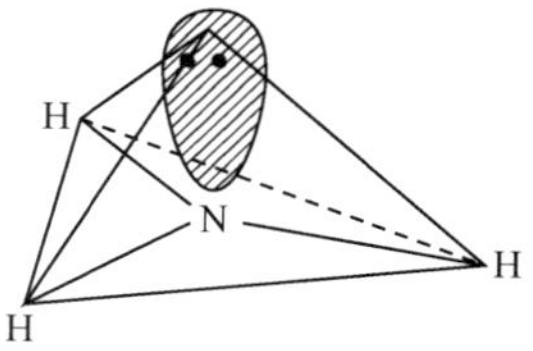


图 9-24　$NH_3$ 分子的空间构型

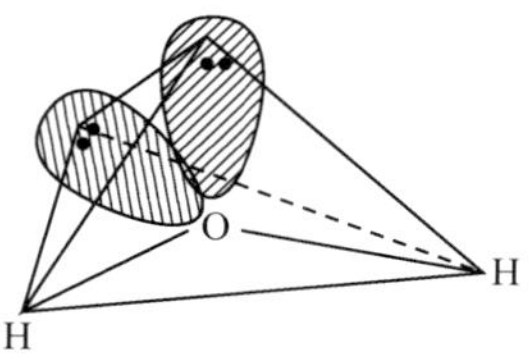


图 9-25　$H_2O$ 分子的空间构型

?

在 $sp^2$ 和 sp 杂化轨道中是否也存在不等性杂化?

同理可知，$H_2O$ 分子中 O 同样采取 $sp^3$ 杂化。由于 2 对孤电子对的 2 个 O—H 键的成键电子对有更大的排斥作用，O—H 键的键角被压缩到 104.5°。$H_2O$ 的空间构型为 V 型(图 9-25)。

在 $NH_3$ 和 $H_2O$ 分子中，由于孤电子对的存在，各杂化轨道所含成分不同的杂化称为**不等性杂化**。

此外，还有 $sp^3d$ 和 $sp^3d^2$ 等杂化类型，过渡元素原子$(n-1)$d 轨道与 $n$s、$n$p 轨道还能形成其他类型的杂化轨道。

表 9-9 列出了常见 sp 型杂化轨道和分子的空间结构。

**表 9-9　sp 型杂化轨道和分子的空间结构**

| 杂化类型 | sp | $sp^2$ | $sp^3$ | | |
|---|---|---|---|---|---|
| 杂化轨道排布 | 直线形 | 三角形 | 四面体 | | |
| 杂化轨道中孤电子对数 | 0 | 0 | 0 | 1 | 2 |
| 分子空间构型 | 直线形 | 三角形 | 正四面体 | 三角锥形 | 角形 |
| 实例 | $BeCl_2$ | $BF_3$ | $CCl_4$ | $NH_3$ | $H_2O$ |
| 键角 | 180° | 120° | 109.5° | 107.3° | 104.5° |

杂化轨道理论成功地解释了众多共价分子的形成及空间构型问题。如果已知分子的空间构型，利用杂化轨道理论可以很好地解释其成键情况，并说明其空间构型产生的原因。但是，在很多情况下，如果不了解分子的空间构型，就无法判断其分子中原子轨道的杂化类型。

### *9.3.3　金属键理论

金属键理论

金属晶体的结构表明金属中每个金属原子周围排列着尽可能多的原子。金属的导电性、导热性及其良好的延展性也说明金属内部的作用力与离子键、共价键等有区别。为了说明金属原子间的作用力，最早提出的理论是金属键改性共价键理论。

#### 1. 金属键改性共价键理论的基本要点

金属是由金属原子、金属离子和自由电子组成的。整个金属晶体中，所有原子和离子共用能够流动的自由电子，就像共价键中成键原子共用电子对一样，因此称为改性共价键。

该理论认为，在固态或液态金属中，价电子可以自由地从一个原子到另一个原子，也就是说，在金属中某一瞬间可以同时存在正、负离子，正是这些瞬间存在的离子产生的结合力将金属原子结合在一起。

#### 2. 金属键改性共价键理论对金属特性的解释

(1) 由于电子在金属晶体内部可以自由流动，因此金属具有导电性和导热性。

(2) 电子可以吸收可见光，并将吸收的部分光发射出来，使金属具有特定的金属光泽。

(3) 紧密堆积在一起的金属原子受外力发生变形时，并不会破坏金属键，所以金属具有良好的延展性，如图 9-26 所示。

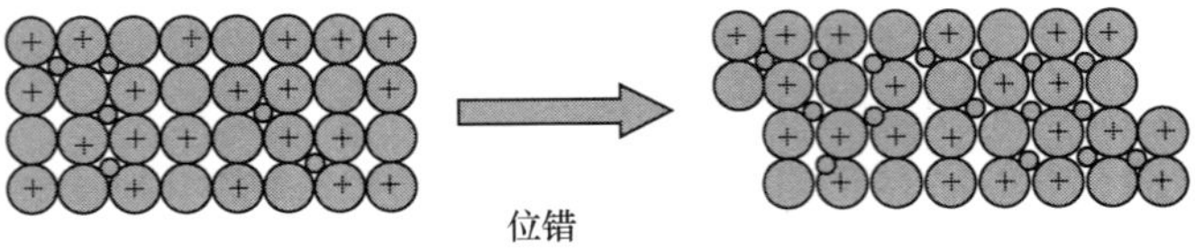


图 9-26　金属键不受外力形变的影响

## 9.4　晶 体 结 构

固态物质可分为**晶体**和**非晶体**。自然界绝大多数物质都是晶体，如食盐(NaCl)、石英($SiO_2$)、方解石($CaCO_3$)、组成人骨和牙齿的羟基磷灰石[$Ca_{10}(PO_4)_6(OH)_2$]等均为晶体。

### 9.4.1　晶体的特征

1. 晶体有一定的几何外形

从外观上看，晶体具有明显的几何构型，非晶体没有。例如，食盐晶体是立方体，冰雪晶体为六角形。

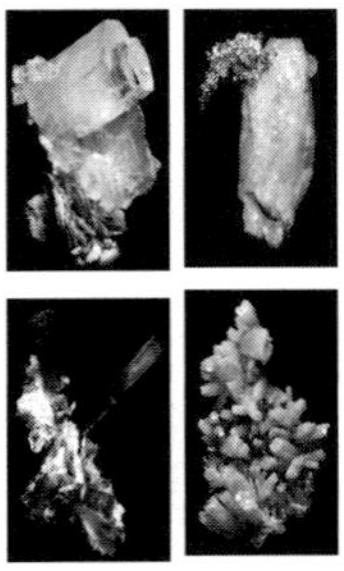

不同类型晶体

2. 晶体有固定的熔点

在一定压力下，加热晶体使其到达某一温度(熔点)时，晶体即熔化。在晶体没有完全熔化之前，继续加热，温度几乎不变，吸收的热能用于使晶体变为液体，直到晶体完全熔化后温度才继续上升，这说明晶体具有固定的熔点。而非晶体如玻璃、松香、橡胶、石蜡、沥青等加热到一定温度时开始软化，继续加热变为黏度很大的熔体，再加热熔体的黏度变小，同时温度继续上升，这说明非晶体没有固定的熔点。

3. 晶体具有各向异性的性质

晶体的各向异性是指晶体的一些性质(光学、力学、电学等性质)从晶体的不同方向测定的结果常常是不同的。例如，石墨晶体内，平行于石墨层的方向比垂直于石墨层方向的热导率要大 4～6 倍，电导率要大约 5000 倍。而非晶体都是各向同性的。

### 9.4.2　晶体结构的描述与分类

晶体结构与分类

1. 晶格与晶胞

晶体的外部形状是规整的，通过肉眼或显微镜就可以看到。应用 X 射线研究晶体的结构表明，组成晶体质点(分子、原子、离子)以确定位置的点在空间做周期性重复的有规则的排列。如果将晶体中的每个结构单元抽象为一个点，将许多点等距离地排列成一行直线点阵，许多行的直线点阵等距离地平行排列成一个平面点阵，许多平面点阵等距离平行排列即形成三维空间点阵，这一套点的组合就称为**点阵**。将这些点联结在一起，空间点阵即为**晶格**，又称空间格子。晶体上的点称为结点(又称**质点**)。空间点阵是晶体结构最基本的特征，如图 9-27 所示。

晶格中含有晶体结构中最具代表性的最小的重复单位为单元晶胞，简称为**晶胞**。晶胞既包括晶格的形式和大小，也包括位于晶格结点上的微粒。晶胞在空间平移无隙地堆砌而成**晶体**。

晶胞的特征可用 6 个**晶胞参数**来表示：三个边长 $a$、$b$、$c$，还有 $bc$，$ca$，$ab$ 所成的夹角 $\alpha$、$\beta$、$\gamma$ (图 9-28)。

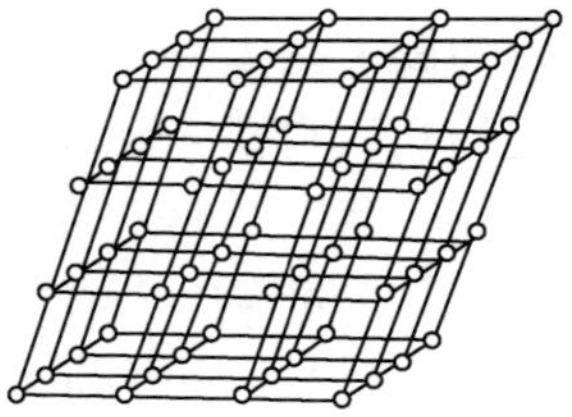

图 9-27　晶格

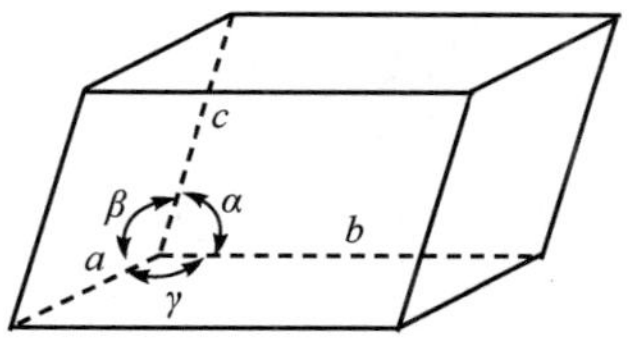


图 9-28　晶胞参数

2. 晶系与晶格

自然界中晶体有成千上万种，根据晶体结构的对称性，将晶体的空间结构划分为七个晶系，分别是：立方晶系、四方晶系、正交晶系、单斜晶系、三斜晶系、六方晶系、三方晶系。七个晶系及其晶胞参数列于表 9-10 中。

七个晶系根据晶胞中质点排列方式的不同可衍生出十四种晶格。

**表 9-10　七个晶系**

| 晶　系 | 晶胞的尺度和角度 | | 晶体实例 |
|---|---|---|---|
| 立方晶系 | $a = b = c$ | $\alpha = \beta = \gamma = 90°$ | NaCl |
| 四方晶系 | $a = b \neq c$ | $\alpha = \beta = \gamma = 90°$ | $SnO_2$ |
| 正交晶系 | $a \neq b \neq c$ | $\alpha = \beta = \gamma = 90°$ | $HgCl_2$ |
| 单斜晶系 | $a \neq b \neq c$ | $\alpha = \gamma = 90° \neq \beta$ | $KClO_3$ |
| 三斜晶系 | $a \neq b \neq c$ | $\alpha \neq \beta \neq \gamma$ | $CuSO_4 \cdot 5H_2O$ |
| 六方晶系 | $a = b \neq c$ | $\alpha = \beta = 90°\ \gamma = 120°$ | AgI |
| 三方晶系 | $a = b = c$ | $120° > \alpha = \beta = \gamma \neq 90°$ | $Al_2O_3$ |

3. 晶胞内质点总数的计算

晶胞中，位于顶点的质点有八分之一属于该晶胞；位于边棱上的质点有四分之一属于该晶胞；位于平面上的质点有二分之一属于该晶胞；位于晶胞内部的质点则完全属于该晶胞。

4. 晶体的分类

晶体可按对称性和质点的排列规律分为上述七个晶系和十四种晶格。但晶体的性质不仅和结构单元有关，更主要的是和质点间结合力的性质有密切关系。根据晶胞质点间作用力的性质的不同，又可将晶体分成离子晶体、原子晶体、金属晶体和分子晶体四种基本类型。金属晶体可由前述金属键理论解释，下面介绍其他几种晶体的性质。

### 9.4.3　离子晶体

NaCl 型

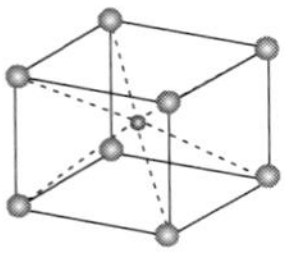

CsCl 型

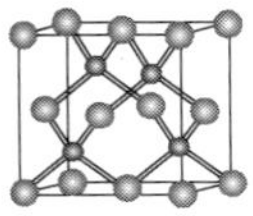

ZnS 型

1. 离子晶体的特点

由正、负离子通过离子键结合形成的晶体称为**离子晶体**。在离子晶体中，正、负离子按照一定的格式交替排列，具有一定的几何构型。例如，氯化钠、氯化铯晶体中，它们晶格结点上排列的是正离子和负离子，晶格结点间的作用力是离子键。一般负离子半径较大，可看成是负离子的等径圆球作密堆积，而正离子有序地填在四面体孔隙或八面体孔隙中。离子晶体的熔点、沸点高，硬度大，但较脆。其相对密度大，挥发性小，大多数可溶于水，在熔化或溶于水时可导电。

2. 典型的离子晶体

离子晶体中正、负离子在空间的排列情况是多种多样的。只含有一种正离子和一种负离子，且两者电荷数相同的离子晶体称为 AB 型离子晶体，常见的有三种晶格：NaCl 型面心立方晶格、CsCl 型简单立方晶格、ZnS 型面心立方晶格。

表 9-11 列出了五种最常见类型离子晶体的空间结构特征。

在离子晶体中，正、负离子的空间排布不同，因而空间结构也不同。晶胞是晶体结构的基本重复单位，了解晶胞中离子的种类及分布，也就了解了相应晶体的空间结构。

**表 9-11　五种类型离子晶体的空间结构特征**

| 类　型 | 负离子晶格 | 正离子占据空隙 | 正、负离子配位数 | 每个晶胞含有离子 |
|---|---|---|---|---|
| CsCl | 简单立方 | 八面体(也是简单立方晶格) | 8∶8 | $Cs^+$∶$Cl^-$ = 1∶1 |
| NaCl | 面心立方 | 八面体(也是面心立方晶格) | 6∶6 | $Na^+$∶$Cl^-$ = 4∶4 |
| 立方 ZnS<br>(闪锌矿) | 面心立方 | 八面体(也是面心立方晶格) | 4∶4 | $Zn^{2+}$∶$S^{2-}$ = 4∶4 |
| $CaF_2$<br>(萤石) | 简单立方 | 立方体空隙($Ca^{2+}$呈面心立方晶格) | 8∶4 | $Ca^{2+}$∶$F^-$ = 4∶8 |
| $TiO_2$<br>(金红石) | 四方体心 | 八面体($Ti^{4+}$呈压缩的体心立方晶格) | 6∶3 | $Ti^{4+}$∶$O^{2-}$ = 2∶4 |

3. 离子的极化现象

食盐

对于很多离子化合物来说，它们的一些性质如在水中的溶解度、熔点等有较大差别。例如，AgCl 几乎不溶于水，$FeCl_3$ 的熔点仅 579K，看来它们是共价性较显著的化合物。为什么这些正、负离子组成的化合物具有显著的共价化合物的特性呢？正是离子极化作用导致上述结果。

1) 离子极化

离子极化

离子和分子一样，也有变形性。离子在外电场或其他离子的影响下，原子核与电子云会发生相对位移而变形的现象称为**离子极化**。离子晶体中，正离子的电场可使负离子发生极化，即正离子吸引负离子的电子云，从而使负离子发生变形；同时，负离子的电场可使正离子发生极化，即负离子排斥正离子的电子云而使正离子发生变形。离子极化强弱取决于离子的极化力和离子的变形性。

2) 离子的极化力

**离子的极化力**强弱与离子的电荷、离子的半径及离子的电子构型等因素有关。离子电荷越多，半径越小，产生的电场越强，离子的极化力越强。当离子的电荷相同、半径相近时，离子的电子构型决定离子极化力的强弱。正离子失去外层电子，离子半径较小，通常极化力较强。

3) 离子的变形性

离子变形性大小主要取决于离子半径大小，与离子电荷和电子构型也有关系。通常离子半径越大，变形性越大。对电子构型相同的离子，负离子的变形性大于正离子的变形性。离子的变形性大小可用离子极化率来度量。在电场一定时，离子极化率越大，离子的变形性越大。

试判断 $F^-$、$Cl^-$、$Br^-$、$I^-$离子变形性的大小。

4) 离子的附加极化作用

负离子被极化后，在一定程度上增强了负离子对正离子的极化作用，结果正离子变形被极化。正离子被极化后，又增加了它对负离子的极化作用。这种加强的极化作用称为**附加极化**。

试解释 AgCl、AgBr、AgI 的溶解度依次递减的原因。

5) 离子极化对化合物键型的影响

当极化力强、变形性大的正离子与变形性大的负离子相互作用时，由于正、负离子相互极化作用显著，正、负离子间的核间距缩短，电子云相互重叠，引起化学键型的变化，即可能从离子键逐步过渡到共价键，如图 9-29 所示。

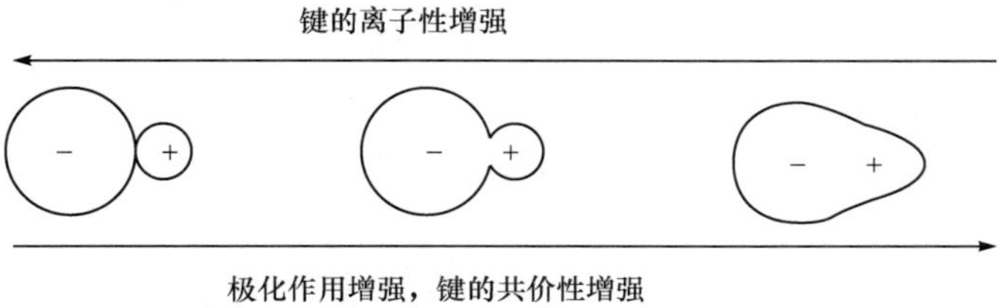


图 9-29　离子的极化对键型的影响

6) 离子极化对化合物性质的影响

(1) **熔点和沸点降低**。例如，$BeCl_2$，$Be^{2+}$半径最小，又是 2 电子构型，

因此 $Be^{2+}$有很大的极化能力，使 $Cl^-$发生比较显著的变形，$Be^{2+}$和 $Cl^-$之间的键有较显著的共价性，因此 $BeCl_2$ 具有较低的熔、沸点(410℃)。

(2) **溶解度降低。** 离子极化使离子键逐步向共价键过渡，根据相似相溶的原理，离子极化的结果必然导致化合物在水中溶解度的降低。

(3) **化合物的颜色加深。** 阴、阳离子相互极化的结果使化合物电子能级改变，致使激发态和基态间的能量差变小。所以，只要吸收可见光部分的能量即可引起激发，从而呈现颜色。极化作用越强，激发态和基态能量差越小，化合物的颜色就越深。例如，AgF(白)、AgCl(白)、AgBr(淡黄)、AgI(黄)。

### 9.4.4　分子晶体

**分子晶体**中晶胞的结构单元是分子，通过分子之间的作用力相结合。在分子晶体中，分子之间的作用力是分子间力(范德华力和氢键)。例如，气体分子能凝聚成液体、固体主要是分子间力作用的结果，其作用力虽小，但对物质的物理性质的影响很大。分子晶体的熔点很低，如碘晶体和干冰晶体。分子晶体多数是电的不良导体。一般非金属单质、非金属化合物分子和有机化合物大多数形成分子晶体。例如，碘、硫、氢化物、卤化物、非金属硫化物、尿素等。

#### 1. 分子的极性

任何分子都是由带正电的原子核和带负电的电子所组成。分子的极性与化学键的极性及分子的空间构型有关。如果分子中化学键都是非极性键或分子的空间构型是完全对称的，则正、负电荷中心重合，为**非极性分子**；如果分子中的化学键有极性键，而且分子的空间构型是不对称的，则正、负电荷中心不相重合，为**极性分子**。例如，$NH_3$ 和 $BF_3$ 两种分子，虽然 N—H 键和 B—F 键都是极性键，但具有平面三角形构型的 $BF_3$ 分子，其正、负电荷中心重合，为非极性分子；而具有三角锥形的 $NH_3$ 分子，正、负电荷中心不重合，为极性分子。

分子的极性

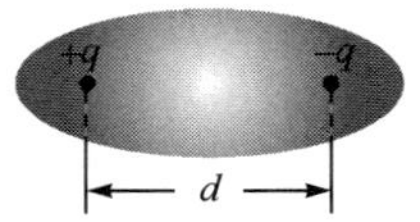

图 9-30　偶极矩的表示方法

分子的极性大小常用**偶极矩**($\mu$)来衡量。偶极矩(图 9-30)等于正、负电荷中心间的距离($d$)与正、负电荷中心所带电量($q$)的乘积，即

$$\mu = qd \tag{9-20}$$

比较 $CO_2$ 和 $SO_2$ 的极性大小。

式中：$\mu$ 单位为库仑·米(C·m)；$d$ 单位为米(m)；$q$ 单位为库仑(C)。实验中常用德拜(deb)来表示：

$$1\text{deb} = 3.336 \times 10^{-30}\text{C} \cdot \text{m} \tag{9-21}$$

例如，$H_2O$ 的偶极矩为

$$\mu(H_2O) = 6.17 \times 10^{-30}\text{C} \cdot \text{m} = 1.85\text{deb}$$

根据偶极矩的定义，可以这样认为，一个分子有无极性，看其正电荷中心和负电荷中心是否重合，若重合，即 $d = 0$，则 $\mu = 0$，分子无极性。双原子分子的偶极矩即为极性键的键矩，多原子分子的偶极矩是各键矩的矢量和。

例如，在 $CO_2$ 分子中，C 原子带正电荷，两个 O 原子分别带一定的负电荷，由于 O 原子在 C 原子左右呈对称分布，因而负电荷中心也重合在 C 原子上，因此分子的 $\mu$ 为零，分子无极性，如图 9-31(a)。在 $H_2O$ 分子中，O 原子带负电荷，形成负电中心，两个 H 原子分别带一定的正电，但由于两个 H 原子不是以 O 原子为中心对称的，因而正电荷中心实际上落在了两个氢原子之间连线的中点上，未与负电荷中心相重合。因此，$H_2O$ 分子的 $\mu$ 大于零，分子为极性的，如图 9-31(b)。

图 9-31 中箭头的方向是指电荷被吸引的方向，如(b)中是指电子云从 H 被吸引到 O。

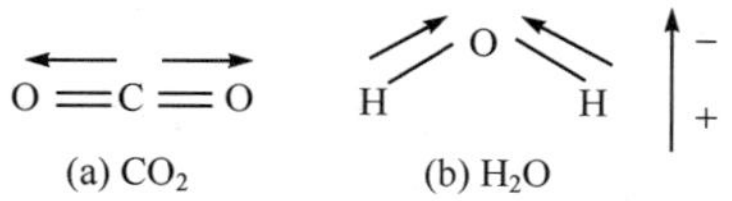


图 9-31　非极性分子和极性分子的偶极矩

偶极矩可以通过实验方法测得。表 9-12 列出一些分子的偶极矩。偶极矩的大小可表示一个物质极性的大小，如 $H_2O$、HF 是强极性物质。

通过实验测得 $CO_2$ 分子的偶极矩为零，说明正、负电荷中心重合，由此推断其应为直线性分子。

**表 9-12　一些分子的电偶极矩与分子空间构型**

| 分　子 | $\mu/(10^{-30}$ C · m) | 分子空间构型 | 分　子 | $\mu/(10^{-30}$ C · m) | 分子空间构型 |
|---|---|---|---|---|---|
| $H_2$ | 0 | 直线形 | $SO_2$ | 5.28 | V 形 |
| $N_2$ | 0 | 直线形 | $CHCl_3$ | 3.63 | 四面体 |
| $CO_2$ | 0 | 直线形 | CO | 0.33 | 直线形 |
| $CS_2$ | 0 | 直线形 | $O_3$ | 1.67 | V 形 |
| $CCl_4$ | 0 | 正四面体 | HF | 6.47 | 直线形 |
| $CH_4$ | 0 | 正四面体 | HCl | 3.60 | 直线形 |
| $H_2S$ | 3.63 | V 形 | HBr | 2.60 | 直线形 |
| $H_2O$ | 6.17 | V 形 | HI | 1.27 | 直线形 |
| $NH_3$ | 4.29 | 三角锥形 | $BF_3$ | 0 | 平面正三角形 |

## 2. 分子的变形性

极性分子的固有偶极矩称为**永久偶极**。由不断运动的电子和不停振动的原子核在某一瞬间的相对位移造成分子正、负电荷中心分离引起的偶极称为**瞬间偶极**。当在外电场作用下，分子的正、负电荷中心均产生相对位移，这样产生的偶极矩称为**诱导偶极**，诱导偶极矩用 $\Delta\mu$ 表示。如图 9-32 所示，无论是极性分子还是非极性分子，在外电场作用下都会产生诱导偶极，因此极性分子的偶极矩将增加。

分子的取向、极化和变形，不仅在电场中发生，而且在相邻分子间也可发生。

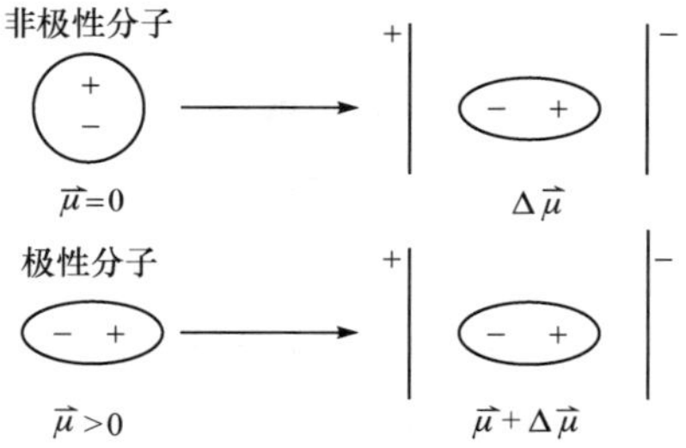


图 9-32　外电场对分子极性的影响

同离子极化现象一样，外电场使分子中的电子云分布发生变形，产生诱导偶极矩的现象称为**分子的极化**。分子在外电场作用下，正、负电荷中心产生相对位移，分子发生变形，称为**分子的变形性**。外电场越强，分子的变形性越大，诱导偶极矩越大。

### 3. 分子间力

在分子之间存在着较弱的相互作用力，其作用能比化学键约小几十倍或几百倍，这种分子之间的相互作用力称为分子间作用力。通常也把分子间力称为**范德华力**。分子间以范德华力相互结合形成的晶体称为**分子晶体**。分子间作用力按产生的原因和特点可分为**取向力**、**诱导力**和**色散力**。

分子间的作用力

1）取向力

当两个极性分子相互接近时，极性分子的永久偶极间发生同极相斥、异极相吸（图 9-33），使分子发生相对的转动而取向，使永久偶极处于异极相邻状态，在分子之间产生静电作用。

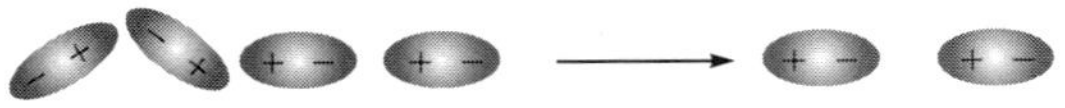

图 9-33　极性分子之间的作用

这种由永久偶极之间的取向而产生的分子间作用力称为**取向力**。取向力的大小与极性分子的分子偶极矩及分子间的距离有关。分子的偶极矩越大，取向力就越大；分子间的距离越大，取向力就越弱。

2）诱导力

当极性分子与非极性分子相互接近时，在极性分子永久偶极的影响下，非极性分子的正、负电荷中心发生相对位移，从而产生诱导偶极。极性分子的永久偶极与非极性分子的诱导偶极之间产生静电作用，该作用力称为**诱导力**（图 9-34）。

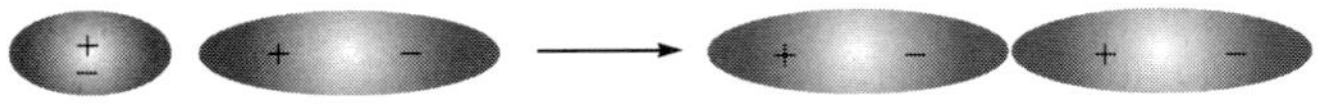

图 9-34　极性分子与非极性分子之间的作用

同样，当极性分子相互接近时，除了取向力外，在永久偶极的相互影响下，极性分子也会产生诱导偶极，产生诱导力。

诱导力随分子的极性增大而增大，也随分子的变形性增大而增大。当分子间的距离增大时，诱导力也会减弱。

3）色散力

由瞬间偶极所产生的作用力称为**色散力**（图 9-35）。虽然瞬间偶极存在时间极短，但是这种情况不断出现，因此色散力始终存在。

总结一下：分子间力有几种类型？它们是怎样产生的？它们分别存在于哪种类型的分子间？

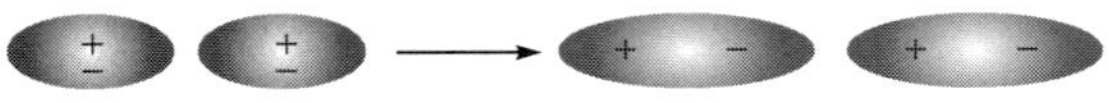

图 9-35　非极性分子之间的作用

色散力主要与分子的变形性有关，分子的变形性越大，色散力越强。由于电子与原子核的相互运动，不仅在非极性分子中会产生瞬间偶极，而且在极性分子中也会产生瞬间偶极。因此，不仅非极性分子之间存在色散力，而且非极性分子与极性分子之间及极性分子之间也存在色散力。一般来说，分子的相对分子质量越大，色散力就越大。

**分子间力有以下特点：**

(1)分子间力较弱，一般为 2～30kJ · $mol^{-1}$，比化学键小 1～2 个数量级。

(2)分子间力是静电引力，没有饱和性和方向性，作用范围为几百 pm。

(3)三种力中，对于大多数分子来说色散力是主要的，只有极性很大的分子，取向力才比较显著；而诱导力通常很小，如表 9-13 所示。

**表 9-13　一些物质的分子间力**　(单位：kJ · $mol^{-1}$)

| 分 子 | 取向力 | 诱导力 | 色散力 | 总 和 |
|---|---|---|---|---|
| $H_2$ | 0 | 0 | 0.17 | 0.17 |
| Ar | 0 | 0 | 8.49 | 8.49 |
| Xe | 0 | 0 | 17.41 | 17.41 |
| CO | 0.003 | 0.008 | 8.74 | 8.85 |
| HCl | 3.30 | 1.10 | 16.82 | 21.22 |
| HBr | 1.09 | 0.71 | 28.25 | 30.25 |
| $NH_3$ | 13.30 | 1.55 | 14.73 | 29.58 |
| $H_2O$ | 36.36 | 1.92 | 9.00 | 47.28 |

分子间力对物质的物理性质如熔点、沸点、溶解度、表面张力和黏度等有较大的影响。一般来说，结构相似的同系列物质相对分子质量越大，分子变形性就越大，分子间力就越强，物质的熔点、沸点就越高。例如，卤素 $F_2$、$Cl_2$ 、$Br_2$ 和 $I_2$ 的熔点、沸点随相对分子质量增大而依次升高，这是因为色散力随相对分子质量增加。在常温下 $F_2$、$Cl_2$ 是气体，$Br_2$ 是液体，而 $I_2$ 是固体。稀有气体的熔点、沸点也是随着相对分子质量的增大而升高的。

4. 氢键

HCl、HBr 和 HI 的熔点、沸点随着相对分子质量的增加而升高，这主要是因为色散力增大。HF 相对分子质量最小，沸点却比 HCl、HBr 和 HI 高，$H_2O$ 和 $NH_3$ 的沸点在同系物中也较高(图 9-36)，这是由于这些分子之间还存在一种新的作用力——氢键。

氢键

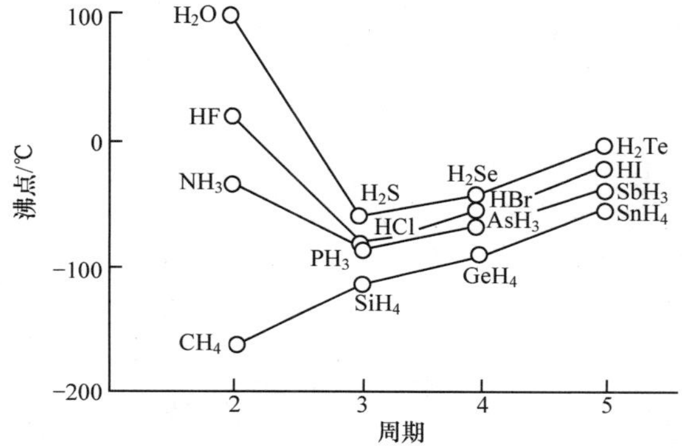


图 9-36　氢化物沸点变化趋势

氢原子核外仅有 1 个电子。当氢原子与电负性大、原子半径较小的 X 原子(F、O 或 N)以共价键结合后，共用电子对强烈地偏向 X 原子一方，使氢原子几乎变成了“裸核”。“裸核”的体积很小，又没有内层电子，不被其他原子的电子所排斥，还能与另一个电负性大、原子半径较小的 Y 原子(F、O 或 N)中的孤电子对产生静电吸引作用。这种产生在氢原子与电负性大的原子的孤电子对之间静电吸引作用称为氢键。图 9-37 为水分子之间存在的氢键。

常见氢键的强弱顺序为

F—H···F >
O—H···O >
N—H···N
O—H···O >
O—H···Cl >
O—H···S

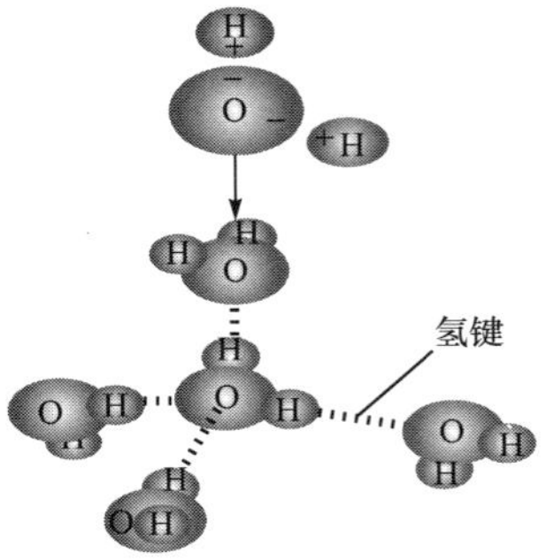


图 9-37　水分子之间的氢键

氢键通常用 X—H···Y 表示，其中 X 和 Y 代表 F、O、N 等电负性大、半径较小的非金属元素的原子。X 和 Y 两个核间的距离为氢键的键长。氢键的键能在分子间作用力的范围内，比化学键的键能小得多。

氢键与分子间作用力不同，它具有**方向性**和**饱和性**。氢键的方向性是指形成氢键时，尽可能 X—H···Y 在同一直线上，这样可使 X 和 Y 之间距离最远，两原子电子间斥力最小。形成分子内氢键时，由于结构的限制，X—H···Y 往往不能在同一直线上。氢键的饱和性是指 1 个 X—H 只能与 1 个 Y 原子形成氢键。原因是当 X—H 与 1 个 Y 原子形成 X—H···Y 后，如果再有 1 个 Y 原子靠近，则这个原子受到 X—H···Y 上的 X、Y 原子的排斥力远大于 H 原子核对它的吸引力，使 X—H···Y 上的 H 原子不可能再与第二个 Y 原子形成第二个氢键。

氢键可分为分子间氢键和分子内氢键两种类型。一个分子的 X—H 键与另一个分子的 Y 原子所形成的氢键称为**分子间氢键**[图 9-38(a)]。一个分子的 X—H 键与该分子内的 Y 原子所形成的氢键称为**分子内氢键**。例如，邻硝基苯酚分子内存在分子内氢键[图 9-38(b)]。

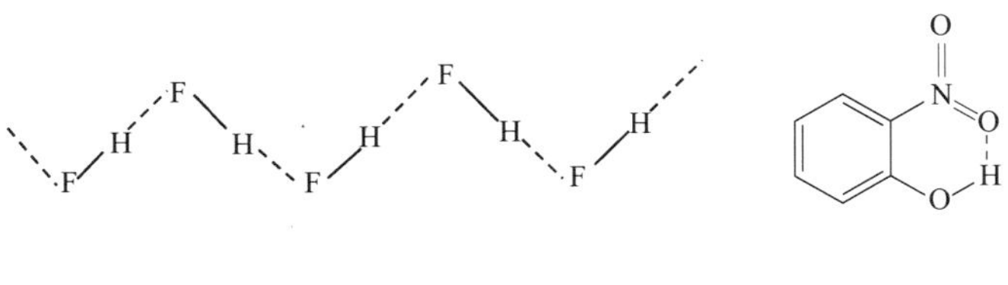

(a)　(b)

图 9-38　分子间氢键(a)和分子内氢键(b)

氢键的形成对化合物的物理性质产生一定的影响。分子间形成氢键时，使分子间产生了较大的吸引力，因而化合物的熔点和沸点升高。溶液中如果溶质分子与溶剂分子之间形成氢键，将使溶质与溶剂分子间结合力增强，导致溶质的溶解度增大。例如，冰是分子间氢键的一个典型代表，由于分子必须按氢键的方向性排列，它的排列不是最紧密的，因此冰的密度小于液态水。同时，因为冰有氢键，必须吸收大量的热才能使其断裂，所以其熔点大于同族的 $H_2S$。

氢键及冰的结构

而形成分子内氢键，常会使化合物的熔点、沸点、气化热、溶化热降低。典型的例子是对硝基苯酚和邻硝基苯酚，如图 9-39 所示。若溶质分子生成分子内氢键，则在极性溶剂中的溶解度减小，而在非极性溶剂中的溶解度增大。

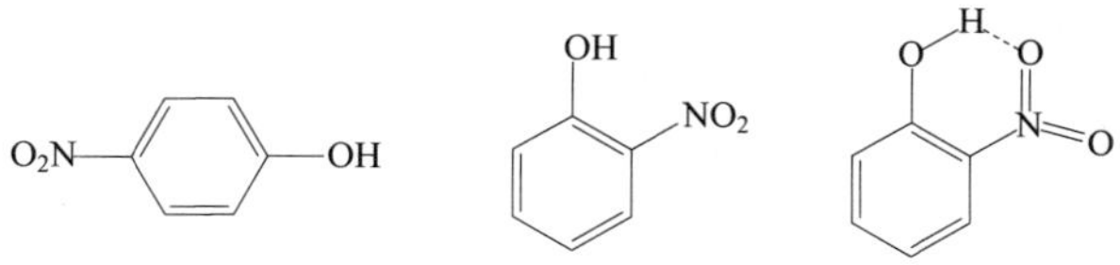


无分子内氢键 m.p.113~114℃　　形成分子内氢键 m.p.44~45℃

图 9-39　对、邻硝基苯酚的氢键的差异

冰花

### 9.4.5　原子晶体

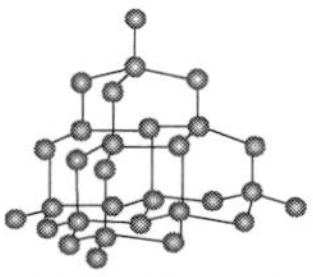

金刚石的晶体结构

原子晶体是以具有方向性、饱和性的共价键为骨架形成的晶体。原子晶体中组成晶胞的结构单元是中性原子，结构单元之间以强大的共价键相联系。金刚石是最典型的原子晶体，其形成三维骨架网络结构。

原子晶体具有很高的熔点和沸点，是不良导体，即使在熔融时导电性也很差，在大多数溶剂中都不溶解。

典型的原子晶体还有 $SiO_2$、AlN、BN、SiC 等。

### 9.4.6　多键型晶体

有一些晶体在结构单元之间存在着几种不同的作用力，这类晶体称为**多键型晶体**(也称混合键型晶体)，典型的例子是石墨，见图 9-40。石墨为层状结构，同层的每个碳原子以 $sp^2$ 杂化轨道与相邻三个碳原子形成 σ 共价键，键角为 120°，连接成无限的六角形的蜂巢状片层结构，键长为 142pm。相邻两层间的距离为 335pm，相对较远，因此层与层之间引力较弱，与分子间力相仿。此外，每个碳原子 $sp^2$ 杂化后都还有一个垂直于层平面的 p 轨道，每个 p 轨道上都有一个自旋方向相同的未成对电子。这些 p 轨道相互平行，肩并肩重叠，形成了有多个原子轨道参加的大 π 键。由于大 π 键的形成，这些电子可以在整个石墨晶体的层平面上运动，相当于金属晶体中的自由电子，因此石墨具有金属光泽和导电、导热性。石墨晶体兼有原子晶体、金属晶体和分子晶体的特征，是一种多键型晶体。

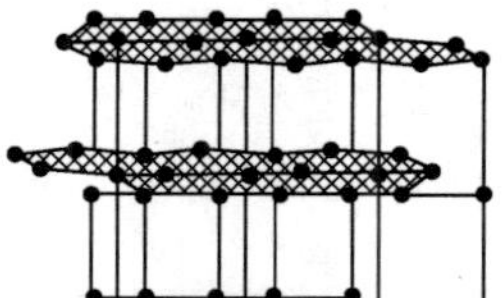

图 9-40　石墨的层状结构

具有多键型结构的晶体还有云母、黑磷等。

四种典型晶体结构类型与性质的关系如表 9-14 所示。

**表 9-14　各类晶体的结构特点及性质**

| 晶体类型 | 离子晶体 | 分子晶体 | | 原子晶体 | 金属晶体 |
|---|---|---|---|---|---|
| 晶格结点微粒 | 正、负离子 | 非极性分子 | 极性分子 | 原子 | 金属原子、离子 |
| 结合力 | 离子键 | 分子间力 | 分子间力（氢键） | 共价键 | 金属键 |
| 晶体特征 | 硬而脆，大多数溶于极性溶剂，熔融状态能导电，熔、沸点高 | 可溶于非极性溶剂或极性弱的溶剂，熔、沸点很低，易升华 | 硬度小，能溶于极性小的溶剂，溶于水时能导电，熔、沸点低 | 硬度很大，熔、沸点很高，在大多数溶剂中不溶，导电性差 | 有硬有软，有延展性、金属光泽，导电性好，熔、沸点一般较高 |
| 实　例 | NaCl, BaO<br>CsC, MgO | $H_2$, $CO_2$,<br>$O_2$, $S_8$ | $H_2O$, HCl<br>$SO_2$, $NH_3$ | $SiO_2$, BN, B,<br>金刚石 | Na ,W<br>Ag, Cu |

【拓展材料】

## 硅基太阳能电池

“硅”是地球上储藏最丰量的材料之一。自从 19 世纪科学家们发现了晶体硅的半导体特性后，已将其应用于硅基太阳能电池的研发和大规模生产。对太阳能电池材料一般的要求有：半导体材料的禁带不能太宽，要有较高的光电转换效率，材料本身对环境不造成污染，便于工业化生产且性能稳定。基于以上几个方面考虑，硅是最理想的太阳能电池材料，这也是目前在太阳能电池领域硅基太阳能电池占主导地位的主要原因。

硅基太阳能电池

硅基电池包括多晶硅、单晶硅和非晶硅电池三种。产业化晶体硅电池的效率可达到 14%～20%（单晶体硅电池 16%～20%，多晶体硅 14%～16%）。目前产业化太阳能电池中，单晶硅和多晶硅太阳能电池所占比例近 90%。硅基电池广泛应用于并网发电、离网发电、商业应用等领域。

### 1. 单晶硅太阳能电池

单晶硅太阳能电池是以高纯的单晶硅棒为原料的太阳能电池，是当前开发得最快的一种太阳能电池。它的构造和生产工艺已定型，产品广泛用于空间和地面。单晶硅的电池制作中，一般都采用表面织构化、发射区钝化、分区掺杂等技术，开发的电池主要有平面单晶硅电池和刻槽埋栅电极单晶硅电池。提高转化效率主要是靠单晶硅表面微结构处理和分区掺杂工艺。通过采用光刻照相技术将电池表面织构化，制成倒金字塔结构，制得的电池转化效率超过 23%。

### 2. 多晶硅薄膜太阳能电池

多晶硅薄膜电池除采用再结晶工艺外，还采用了几乎所有制备单晶硅太阳能电池的技术，这样制得的太阳能电池转换效率明显提高。由于多晶硅薄膜电池所使用的硅远较单晶硅少，又无效率衰退问题，并且有可能在廉价材料上制备，其成本远低于单晶硅电池，而效率高于非晶硅薄膜电池，因此多晶硅薄膜电池不久将会在太阳能电池市场上占据主导地位。

### 3. 非晶硅太阳能电池

非晶硅的优点在于其对于可见光谱的吸光能力很强(比结晶硅强 500 倍)，所以只要薄薄的一层就可以将光子的能量有效吸收。而且这种非晶硅薄膜生产技术非常成熟，不仅可以节省大量的材料成本，也使得制作大面积太阳能电池成为可能。其缺点是转化率低(5%～7%)，而且存在光致衰退(所谓的 S-W 效应，即光电转换效率会随着光照时间的延续而衰减，使电池性能不稳定)。因此，在太阳能发电市场上没有竞争力，而多用于功率小的小型电子产品市场，如电子计算器、玩具等。

硅基太阳能电池转换效率无疑是最高的，而且由于硅基太阳能电池一般采用钢化玻璃以及防水树脂进行封装，因此其坚固耐用，使用寿命一般可达 15 年，最高可达 25 年。硅原材料成本的不断下降，使硅基太阳能电池具备强有力的竞争力。

## 思　考　题

9-1　试区别下列名词的含义。

(1) 基态与激发态　(2) 电子云与原子轨道

(3) 孤电子对与成键电子对　(4) 原子轨道、杂化轨道与分子轨道

(5) 共价键与配位键　(6) 极性分子与非极性分子

(7) 化学键、分子间力、氢键　(8) σ 键与 π 键

(9) 固有偶极、诱导偶极与瞬时偶极　(10) 电子云和原子轨道的角度分布图

9-2　试述下列名词的含义。

概率密度、简并轨道、原子半径、电离能、亲和能、电负性、偶极矩、极化率、键能、晶胞

9-3　简述玻尔理论的要点和局限性。

9-4　总结四个量子数的含义、取值规则。

9-5　总结核外电子的填充规则及注意事项。

9-6　总结元素周期表中元素核外电子构型与元素在周期表中位置(周期、族、区)及元素的一些性质(如最大氧化数、未成对电子数等)之间的关系。

9-7　试举例说明元素性质的周期性递变规律，并指出与元素核外电子构型的关系。

9-8　试总结价层电子对互斥理论与杂化轨道理论的要点，并思考它们在应用于共价分子空间构型判断时的异同点。

9-9　总结晶体常见的类型及基本性质(熔点、沸点、硬度等)。

9-10　如何从分子间作用力的概念理解“相似相溶”原则?

9-11　离子极化作用的主要影响因素有哪些? 离子极化作用对物质性质有何影响?

## 习　　题

9-1　判断题。

(1) 基态氢原子的能量具有确定值，但它的核外电子的位置不确定。　(　　)

(2) p 轨道的空间构型为哑铃状，每一个球形代表一条原子轨道。　(　　)

(3) 磁量子数 $m$ 决定原子轨道在空间的取向。　(　　)

(4) 某原子的价电子构型为 $2s^22p^2$，若用四个量子数表示 $2p^2$ 两个价电子的运动状态，则分别为 2，2，0，−1/2 和 2，2，1，+1/2。　(　　)

(5) ⅥB 族的所有元素的价电子层排布均为 $3d^44s^2$。　(　　)

(6) 电离能大的元素，其电子亲和能也大。　(　　)

(7) $CO_2$分子与$SO_2$分子之间存在着色散力、诱导力和取向力。（　）

(8) HF、HCl、HBr和HI的相对分子质量依次增大，分子间力依次增强，故其熔点、沸点依次升高。（　）

(9) 离子的极化作用使化合物在水中的溶解度变小。（　）

9-2　选择题。

(1) 薛定谔方程中，波函数$\psi$描述的是（　）

A. 原子轨道　B. 概率密度

C. 核外电子的运动轨迹　D. 核外电子的空间运动状态

(2) 下面几种描述核外电子运动的说法中，较正确的是（　）

A. 电子绕原子核做圆周运动　B. 电子在离核一定距离的球面上运动

C. 电子在核外一定的空间范围内运动　D. 现在还不可能正确描述核外电子运动

(3) 以波函数$\psi(n,l,m)$表示原子轨道时，正确的表示是（　）

A. $\psi(3,2,0)$　B. $\psi(3,1,1/2)$　C. $\psi(3,3,2)$　D. $\psi(4,0,-1)$

(4) 3d轨道的磁量子数可能有（　）

A. 1，2，3　B. 0，1，2　C. 0，±1　D. 0，±1，±2

(5) 若将氮原子的电子排布式写成$1s^2 2s^2 2p_x^2 2p_y^1$，它违背（　）

A. 能量守恒原理　B. 泡利不相容原理　C. 能量最低原理　D. 洪德规则

(6) 铜原子的价层电子排布式为（　）

A. $3d^9 4s^2$　B. $3d^{10} 4s^1$　C. $3d^6 4s^2$　D. $3s^1 3d^{10}$

(7) 在$l$=3的亚层中，最多能容纳的电子数是（　）

A. 2　B. 6　C. 10　D. 14

(8) 在第四周期中，未成对电子数为3的元素有几个（　）

A. 1　B. 2　C. 3　D. 4

(9) 下列各组分子中，化学键均有极性，但分子偶极矩均为零的是（　）

A. $NO_2$、$PCl_3$、$CH_4$　B. $NH_3$、$BF_3$、$H_2S$

C. $N_2$、$CS_2$、$PH_3$　D. $CS_2$、$BCl_3$、$PCl_5$

(10) $BCl_3$分子的空间构型是平面三角形，而$NCl_3$分子的空间构型是三角锥形，则$NCl_3$的分子构型是下列哪种杂化引起的（　）

A. $sp^3$杂化　B. 不等性$sp^3$杂化　C. $sp^2$杂化　D. sp杂化

(11) 有A、B、C三种主族元素，若A元素阴离子与B、C元素的阳离子具有相同的电子层结构，且B的阳离子半径大于C，则这三种元素的电负性大小次序是（　）

A. B < C < A　B. A < B < C　C. C < B < A　D. B < A < C

(12) 关于杂化轨道的一些说法，正确的是（　）

A. $CH_4$分子中的$sp^3$杂化轨道是由H原子的1s轨道与C原子的2p轨道混合起来而形成的

B. $sp^3$杂化轨道是由同一原子中$n$s轨道和$n$p轨道混合起来形成的4个$sp^3$杂化轨道

C. 凡是中心原子采取$sp^3$杂化轨道成键的分子，其几何构型都是正四面体

D. 凡$AB_3$型分子的共价化合物，其中心原子A均采用$sp^3$杂化轨道成键

(13) 石墨中，层与层之间的结合力是（　）

A. 共价键　B. 离子键　C. 金属键　D. 范德华力

9-3　填空题。

(1) 由于微观粒子具有________性和________性，所以对微观粒子的运动状态只能用统计的规律来说明，原子核外电子的运动状态可由______________来描述。

(2) ${}^{27}_{13}Al$原子核外基态电子排布式是_________，其原子实表示为________，它的三个价电子的运动状态可分别用量子数组____________________表示。

(3) 原子序数为 24 的元素，其基态原子核外电子排布为________，这是因为遵循了________。基态原子中有________个未成对电子，最外层价电子的量子数为________，次外层上价电子的磁量子数分别为________，自旋量子数为________。

(4) $M^{3+}$的 3d 轨道上有 6 个电子，则 M 属于________周期________族________区元素，原子序数为________。

(5) 下列气态原子在基态时，未成对电子的数目分别是：$_{13}Al$________，$_{16}S$________，$_{21}Sc$________，$_{24}Cr$________。

(6) 一般来说，一个原子的电负性大小取决于________，其规律为________。

(7) 邻氨基苯酚和对氨基苯酚两种异构体中，前者的熔、沸点________后者，而较易溶于水的是________，这是因为它存在________。

(8) 化合物 $CF_4$、$CCl_4$、$CBr_4$ 和 $CI_4$ 都是________，固体中分子间的相互作用力是________，它们的熔点由高到低排列的顺序是________，这是因为________。

(9) 下列各对分子之间存在的相互作用力是

① $CHCl_3$ 与 $CH_3Cl$ 分子之间存在________________。

② $H_2O$ 与 $C_2H_5OH$ 分子之间存在________________。

③ 苯与 $CCl_4$ 分子之间存在________________。

④ $CO_2$ 气体分子之间存在________________。

9-4　简答题。

(1) 下列各组电子构型中哪些属于基态？哪些属于原子的激发态？哪些是错误的？

A. $1s^22s^12p^2$　　B. $1s^22s^22d^1$　　C. $1s^23s^1$

D. $1s^22s^22p^43s^1$　　E. $1s^22s^32p^4$　　F. $1s^22s^22p^63s^23p^63d^54s^1$

(2) 填充下表（不查元素周期表）。

| 原子序数 | 电子排布 | 价电子构型 | 周期 | 族 | 区 | 未成对电子数 |
|---|---|---|---|---|---|---|
| | $[Ar]3d^54s^2$ | | | | | |
| 18 | | | | | | |
| | | $4s^2$ | | | | |
| | | | 4 | ⅡB | | |

(3) $PCl_3$ 的空间构型是三角锥形，键角为 107.3°；$SiCl_4$ 是四面体形，键角为 109.5°，试用杂化轨道理论加以说明。

(4) 指出下列化合物的中心原子可能采取的杂化类型，并预测其分子的空间构型及分子的极性。

① $HgCl_2$　② $BCl_3$　③ $SiH_4$　④ $PH_3$　⑤ $H_2O$

(5) 运用价层电子对互斥理论解释 $CO_2$、$SO_3$、$SO_4^{2-}$、$NH_4^+$、$CO_3^{2-}$、$H_3O^+$、$SiF_6^{2-}$、$NO_2^+$、$BrF_2^+$ 的空间构型。

(6) 判断下列各组物质熔点由大到小的顺序，并说明理由。

① NaF、KF、MgO、KCl　② $SiF_4$、SiC、$SiBr_4$

③ AlN、$NH_3$、$PH_3$　④ $K_2S$、$CS_2$、$CO_2$

不同晶体熔沸点高低判断的典型例题

*(7) 试写出 $O_2$、$O_2^+$、$O_2^-$、$O_2^{2+}$ 分子轨道电子排布式，计算其键级，比较其稳定性，并说明其磁性。

# 第 10 章　仪器分析法选介

【教学目的和要求】

(1) 了解紫外-可见分光光度法的特点及应用，理解紫外-可见分光光度法分析的基本理论，掌握分光光度计的基本组成及测定方法。

(2) 了解原子吸收光谱法的基本原理及其应用，掌握原子吸收分光光度计的原理及使用方法。

(3) 了解电位分析法、色谱法的基本原理及应用。

【教学重点和难点】

(1) 重点内容：紫外-可见分光光度计的基本组成及测定方法；原子吸收分光光度计的原理、组成及使用方法。

(2) 难点内容：显色反应及其影响因素，测量条件的选择；原子吸收的定量分析方法。

## 10.1　紫外-可见分光光度法

绪论

什么是紫外-可见分光光度法？具有哪些特点？

紫外-可见分光光度法是仪器分析中应用最广泛的分析方法之一。该方法具有较高的灵敏度，适用于微量组分的测定，所测试液的浓度下限可达 $10^{-5}$～$10^{-6}mol \cdot L^{-1}$（达 μg 量级），在某些条件下甚至可测定 $10^{-7}mol \cdot L^{-1}$ 的物质（达 ng 量级）。此外，紫外-可见分光光度法还具有选择性好、准确度高、分析成本低、操作简便、快速等优点，目前广泛应用于化工、冶金、地质、医学、食品、制药及环境监测等领域。

### 10.1.1　概述

每种物质都有其特有的、固定的吸收光谱曲线，可根据吸收光谱上的某些特征波长处的吸光度的高低判别或测定该物质的含量。根据物质对不同波长的单色光的吸收程度不同而对物质进行定性和定量分析的方法称为**分光光度法**（又称吸光光度法）。按所用的光的波谱区域不同又可分为可见分光光度法(400～780nm)、紫外分光光度法(200～400nm)和红外分光光度法(3000～30000nm)。其中紫外分光光度法和可见分光光度法合称紫外-可见分光光度法。由于波长为 200～780nm 光辐射的能量主要与物质中原子的价电子的能级跃迁相适应，可以导致这些电子的跃迁，所以紫外-可见分光光度法又称电子光谱法。

### 10.1.2　光吸收的基本定律

1. 单色光与互补光

光吸收的基本定律

具有同一种波长的光，称为**单色光**。纯单色光很难获得。含有多种波长的光称为**复合光**，如日光。凡是能被肉眼感觉到的光称为**可见光**，波长范围为 400～780nm。凡波长小于 400nm 的紫外光或波长大于 780nm 的红外光均不能被人的眼睛感觉出，这些波长范围的光是看不到的。在可见光的范围内，不同波长的光刺激眼睛后会产生不同颜色的感觉，但由于受到人的视觉分辨能力的限制，实际上是一个波段的光引起的。图 10-1 列出了各种色光的近似波长范围。

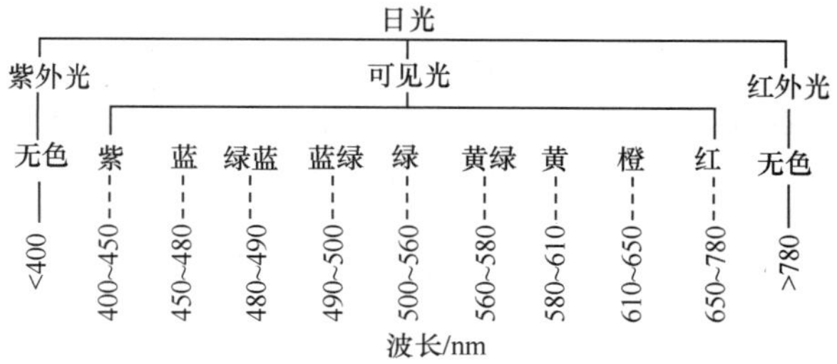


图 10-1　各种色光的波长

2. 物质对光的选择性吸收

$K_2CrO_4$溶液为什么呈现黄色？

溶液之所以呈现不同的颜色，是与它对光的选择性吸收有关。当一束白光通过一有色溶液时，某些波长的光被溶液吸收，其他波长的光不被吸收而透过溶液，溶液的颜色由透过光波长所决定。如果两种颜色的光按适当的强度比例混合后组成白光，则这两种有色光称为**互补色**，如图 10-2 所示。成直线关系的两种光可混合成白光。例如，当一束白光通过 $KMnO_4$ 溶液时，该溶液选择性地吸收了 500～560nm 的绿色光，而将其他的色光两两互补成白光而通过，只剩下紫红色光未被互补，所以 $KMnO_4$ 溶液呈现紫红色。物质的颜色是物质对光有选择性吸收的结果。究竟某种溶液最易选择吸收什么波长的光，可用实验方法来确定，即用不同波长的单色光透过有色溶液，测量溶液对每一波长的吸光度。然后以波长为横坐标，吸光度为纵坐标作图可得一条曲线，称为**光吸收曲线**。每种有色物质溶液的吸收曲线都有一个最大吸收值，所对应的波长为最大吸收波长（$\lambda_{max}$）。一般定量分析就选用该波长进行测定，这时灵敏度最高。如有干扰物质存在时，光吸收曲线重叠，应根据干扰较小、吸光度尽可能大的原则选择测量波长。对不同物质的溶液，其最大吸收波长不同，此特性可作为物质定性分析的依据。对同一物质，溶液浓度不同，最大吸收波长相同，而吸光度值不同。因此，吸收曲线是吸光光度法中选择测定波长的重要依据。

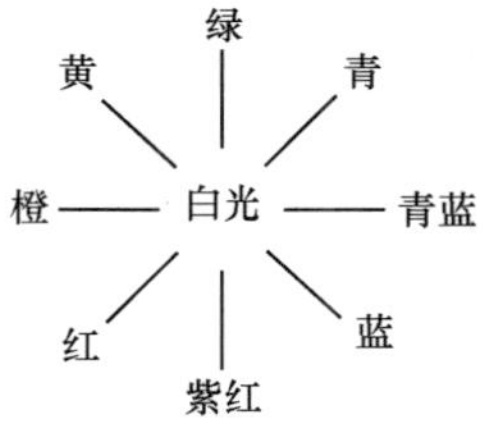


图 10-2　光色互补示意图

朗伯
Johann Heinrich Lambert
1728—1777
德国数学家。

比尔
August Beer
1825—1863
德国物理学家、数学家。

3. 朗伯-比尔定律

当一束平行的单色光通过一均匀的吸光物质溶液时，吸光物质吸收了光能，光的强度将减弱，其减弱的程度同入射光的强度、溶液层的厚度、溶液的浓度成正比，表示它们之间的定量关系的定律称为**朗伯-比尔(Lambert-Beer)定律**，这是各类吸光光度法定量测定的依据。朗伯-比尔定律数学表达式为

$$A=\lg\frac{I_0}{I}=abc \tag{10-1}$$

式中：$I_0$ 为入射光强度；$I$ 为透射光强度；$a$ 为比例常数，与吸光物质性质、入射光波长及温度等因素有关，称为**吸光系数**；$b$ 为液层厚度，通常以 cm 为单位；$c$ 为溶液浓度。朗伯-比尔定律的物理意义是当一束平行单色光垂直通过某一均匀非散射的吸光物质时，其吸光度 $A$ 与吸光物质的浓度 $c$ 及吸收层厚度 $b$ 成正比。朗伯-比尔定律不仅适用于溶液，也适用于均匀的气体和固体状态的吸光物质。

若 $c$ 以 $mol \cdot L^{-1}$ 为单位，则 $a$ 用 $k$ 表示，单位为 $cm^{-1} \cdot mol^{-1} \cdot L$，则式(10-1)可改写为

$$A=kbc \tag{10-2}$$

$k$ 反映用吸光光度法测定某物质的灵敏度。$k$ 值越大灵敏度越高。$k$ 为 $10^4$～$5\times10^4$ 时是中等灵敏度；$k>10^5$ 为高灵敏度；$k<10^4$ 为低灵敏度。

式中：$k$ 称为**摩尔吸光系数**，是各种吸光物质在特定波长和溶剂下的一个特征常数，数值上等于在 1cm 厚的溶液中吸光物质为 $1mol \cdot L^{-1}$ 时的吸光度。$k$ 是吸光物质的吸光能力的量度，是定性鉴定的重要参数之一，也可用以估量定量分析方法的灵敏度，即 $k$ 值越大，表示该吸光物质对某一波长的吸光能力越强，则方法的灵敏度越高。为了提高定量分析的灵敏度，必须选择合适的试剂与被测物生成 $k$ 值大的配合物，及具有最大 $k$ 值的波长的单色光作为入射光。通常由实验结果计算 $k$ 值时，是以被测物质的总浓度代替吸光物质的浓度，这样计算的 $k$ 值实际上是**表观摩尔吸光系数**。$k$ 和 $a$ 的关系为 $k=Ma$，$M$ 为物质的摩尔质量。由式(10-1)可见如果光通过溶液时完全不被吸收，则 $I=I_0$，即 $I/I_0=1$。透过光 $I$ 值越小，则 $I/I_0$ 的比值越小，因此将 $I/I_0$ 称为**透光度 $T$**，则：

$$A=\lg\frac{1}{T}=abc \quad 或 \quad A=\lg\frac{1}{T}=kbc \tag{10-3}$$

**例 10-1** 浓度为 25.0μg/50mL 的 $Cu^{2+}$ 溶液，用双环乙酮草酰二腙分光光度法测定，于波长 600nm 处用 2.0cm 比色皿测得 $T=50.1\%$，求吸光系数 $a$ 和摩尔吸光系数。已知 $M(Cu)=64.0g \cdot mol^{-1}$。

**解** 已知 $T=0.501$，则 $A=-\lg T=0.300$，$b=2.0cm$，

$$c=\frac{25.0\times10^{-6}}{50.0\times10^{-3}}=5.00\times10^{-4}(g\cdot L^{-1})$$

根据朗伯-比尔定律 $A=abc$，

$$a=\frac{A}{bc}=\frac{0.300}{2.0\times5.00\times10^{-4}}=3.00\times10^{2}(L\cdot g^{-1}\cdot cm^{-1})$$

而 $k=Ma=64.0\times3.00\times10^{2}=1.92\times10^{4}(L\cdot mol^{-1}\cdot cm^{-1})$

**例 10-2**　某有色溶液，当用 1cm 比色皿时，其透光度为 $T$，若改用 2cm 比色皿，则透光度应为多少？

**解**　由 $A = -\lg T = abc$ 可得

$$T = 10^{-abc}$$

当 $b_1 = 1$cm 时，$T_1 = 10^{-ac} = T$。

当 $b_2 = 2$cm 时，$T_2 = 10^{-2ac} = T^2$。

朗伯-比尔定律的适用条件：① 单色光；② 吸光质点形式不变；③ 稀溶液。

4. 偏离朗伯-比尔定律的原因

根据 $A = kbc$ 这一关系式，以 $A$ 对 $c$ 作图，应为一通过原点的直线，通常称为**工作曲线**(或称**标准曲线**)。但是有时会发生在工作曲线的高浓度端发生偏离的情况，如图 10-3 中虚线所示，即在该实验条件下，当浓度大于 $c_1$ 时，偏离了朗伯-比尔定律。引起偏离的原因很多，主要原因如下。

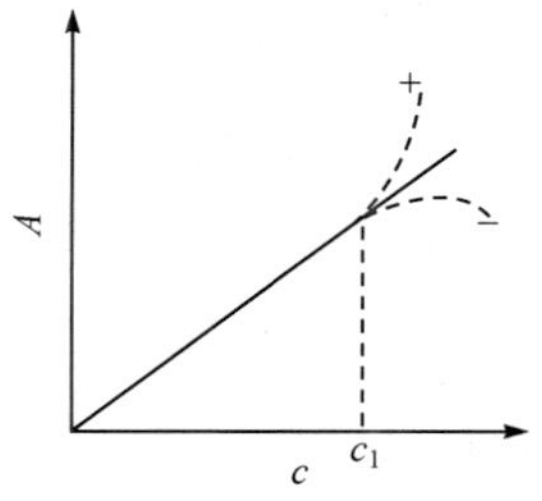

图 10-3　吸光光度法工作曲线

图 10-3 中，“+”表示正偏差，“−”表示负偏差。

1) 朗伯-比尔定律的局限性

朗伯-比尔定律是一个有限制性的定律，它假设了吸收粒子之间是无相互作用的，因此仅在稀溶液的情况下才适用。在高浓度(通常 $c > 0.01\text{mol} \cdot \text{L}^{-1}$)时，由于吸光物质的分子或离子间的平均距离缩小，相邻的吸光微粒(分子或离子)的电荷分布互相影响，从而改变了吸光物质对光的吸收能力。由于这种相互影响的过程同溶液浓度有关，因此使吸光度 $A$ 与浓度 $c$ 之间的线性关系发生了偏离。

2) 非单色入射光引起的偏离

严格地讲，朗伯-比尔定律仅在入射光为单色光时才是正确的，实际上一般分光光度计中的单色器获得的光束不是严格的单色光，而是具有较窄波长范围的复合光带，这些非单色光会引起对朗伯-比尔定律的偏离，而不是定律本身不正确，这是由仪器条件的限制造成的。

现假定入射光由 $\lambda_1$ 和 $\lambda_2$ 两种波长的光组成，溶液吸光物质对 $\lambda_1$ 和 $\lambda_2$ 光的吸收都服从朗伯-比尔定律，则：

$$\text{对}\lambda_1 \qquad A_1 = \lg\frac{I_{01}}{I_1} = k_1bc, \quad I_1 = I_{01}10^{-k_1bc}$$

$$\text{对}\lambda_2 \qquad A_2 = \lg\frac{I_{02}}{I_2} = k_2bc, \quad I_2 = I_{02}10^{-k_2bc}$$

测定时，总的入射光强为 $I_{01} + I_{02}$，透过光强为 $I_1 + I_2$，因此该光通过溶液后的吸光度 $A$ 为

$$A = \lg\frac{I_{01} + I_{02}}{I_1 + I_2} = \lg\frac{I_{01} + I_{02}}{I_{01}10^{-k_1bc} + I_{02}10^{-k_2bc}}$$

当入射光为 $\lambda_1$ 和 $\lambda_2$ 时，如 $k_1 = k_2 = k$，则 $A = kbc$，$A$ 与 $c$ 呈线性关系；反之，如 $k_1 \neq k_2 \neq k$，则 $A \neq kbc$，则 $A$ 与 $c$ 不成线性关系。$k_1$ 与 $k_2$ 相差越大，

对比尔定律的偏离则越严重。另外，在实际工作中尽量选择对吸光物质具有最大吸收波长的光作为入射光，它不仅在定量时灵敏度最高，而且从吸收曲线来看，吸光物质在峰值处有一个较小的平坦区，此时 $k$ 值随波长的变动最小，可得到较好的线性关系。因此，入射光波长的选择对朗伯-比尔定律的偏离也有影响。

3) 溶液本身的原因引起的偏离

摩尔吸光系数 $k$ 与溶液的折光指数 $n$ 有关，溶液浓度在 $0.01\text{mol}\cdot\text{L}^{-1}$ 或更低时，$n$ 基本上是一个常数，说明朗伯-比尔定律只适用于低浓度的溶液。浓度过高会偏离朗伯-比尔定律。朗伯-比尔定律是建立在均匀、非散射的溶液基础之上的，如果介质不均匀，呈胶体、乳浊、悬浮状态，则入射光除了被吸收外，还会有反射、散射的损失，因而实际测得的吸光度增大，导致对朗伯-比尔定律的偏离。另外，由于被测物质在溶液中发生缔合、解离或溶剂化、互变异构、配合物的逐级形成等化学原因，对朗伯-比尔定律也产生偏离，这类原因所造成的误差称为化学误差。

### 10.1.3　显色反应及其影响因素

显色反应及其影响因素

1. 显色反应

将试样中的待测组分转变成有色化合物的反应称为**显色反应**。许多无机离子无色，有些金属水合离子有色，但它们的吸光系数值很小，通常必须选一适当的试剂与其发生化学反应，从而转化为有色化合物，再进行吸光度测定，所用的试剂称**显色剂**。显色反应一般要求为：①选择性好，显色剂最好只与一种被测组分起显色反应；②灵敏度高，灵敏度的高低可从摩尔吸光系数来判断，其值越大则灵敏度越高；③有色化合物性质稳定；④显色剂与有色物颜色差别大；⑤显色反应易于控制，保证测定结果有良好的准确度和重现性。

如何通过实验确定显色剂的适宜用量?

2. 显色反应的影响因素

实际工作中，为了提高准确度，在选定显色剂后必须了解影响显色反应的因素，控制其最佳分析条件。显色反应的主要影响因素如下。

1) 显色剂的用量

在显色反应中存在下列平衡：

$$\text{M(被测离子)} + \text{R(显色剂)} \rightleftharpoons \text{MR(有色配合物)}$$

为了保证显色反应尽可能地进行完全，一般需要加入过量显色剂，但不是显色剂越多越好。对于有些显色反应，显色剂加入太多，反而会引起副反应，对测定不利。例如，用 $SCN^-$ 作显色剂测定 $Mo^{5+}$ 时，要求生成 $Mo(SCN)_5$ 的红色配合物，而 $SCN^-$ 浓度过高时，则生成 $Mo(SCN)_6^-$ 浅红色配合物，致使其吸光度值降低。若 $SCN^-$ 浓度过低，则生成 $Mo(SCN)_3^{2+}$ 浅红色配合物，也使吸光度降低。当以 $SCN^-$ 作显色剂测定 $Fe^{3+}$ 时，随 $SCN^-$ 浓度的增大，会逐级生成颜色更深的不同配位数的配合物，使其吸光度值增大。这说明必须严格控制显色剂的用量，以得到准确的测定结果。在具体测定中，显色剂的适宜用量常通过实验方法来确定。

2) 酸度

(1) 酸度对显色剂浓度的影响。显色剂大多数是有机弱酸，溶液酸度的变化将影响显色剂的平衡浓度，并影响显色反应的完全程度，适宜的 pH 通过实验确定：作 $A$-pH 曲线(其他条件不变)，从中找出 $A$ 较大且基本不变的 pH 范围。

(2) 酸度对显色剂颜色的影响。当显色剂为有机弱酸时，它本身具有酸碱指示剂的性质，在不同 pH 的情况下，显色剂的分子和离子状态具有不同的颜色，可能干扰测定。

(3) 酸度对配合物组成的影响。对于某些逐级形成配合物的显色反应，在不同的酸度时，将生成不同配位比的配合物。例如，磺基水杨酸与 $Fe^{3+}$的显色反应，当溶液 pH 为 2～3 时，生成 1∶1 的红紫色配合物；pH 为 4～7 时，生成 1∶2 的棕橙色配合物；pH 为 8～10 时，生成 1∶3 的黄色配合物；当 pH > 12 时，生成 $Fe(OH)_3$沉淀。因此，必须严格控制溶液 pH，才能得到准确的测定结果。

(4) 酸度对被测离子存在状态的影响。大部分高价金属离子都易水解，当溶液的酸度降低时，会产生一系列羟基配离子或多核羟基配离子，因此金属离子的水解对于显色反应的进行是不利的，故溶液的酸度不能太低。

3) 溶剂的影响

许多有色配合物在水中解离度较大，而在有机溶剂中的解离度较小。例如，$Fe(SCN)^{2+}$在丙酮溶液中，配合物颜色变深，从而提高了测定的灵敏度。有些配合物易溶于有机溶剂，如用适当的有机溶剂将其萃取出来，再测定萃取液的吸光度，这种方法称为**萃取比色法**。该法优点是：分离了杂质，提高了方法的选择性；将有色物质浓缩到有机溶剂的小体积内，降低了它的解离度，从而提高了测定的灵敏度；方法比较简单、方便、快速。

4) 显色温度和显色时间

在一般情况下，多数显色反应在室温下能很快地进行，但有些反应受温度影响很大，室温下反应很慢，须加热至一定温度(如磷钼蓝法测定磷，其发色温度为 55～60℃)才能进行完全。有些反应在高温下不稳定，反应生成物易褪色，因此对不同的显色反应，必须选择合适的温度，合适的显色温度要通过实验确定。

由于反应速度不同，完成显色反应的时间也各异，有些反应瞬时完成，而且完成后有色化合物能长时间稳定。有的反应虽然能快速完成，但产物由于反应很快分解，对于后一种情况，就应当在显色完成后立即测量其吸光度。因此，必须根据条件实验确定显色时间及测量吸光度的时间。

### 10.1.4 紫外-可见分光光度计

紫外-可见
分光光度计

紫外分光光度计
主要部件及吸收曲线

分光光度计所采用的分光光度法在定量分析领域中的应用已有数十年的历史，至今仍是实验室中最常用的分析方法之一。随着现代科学仪器的不断网络化成了现代紫外-可见分光光度计新的增长点。

紫外-可见分光光度计可以分为单光束分光光度计、双光束分光光度计和双波长分光光度计，各种型号的紫外-可见分光光度计就其基本结构来说，都是由 5 个基本部分组成(图 10-4)，即光源、单色器、吸收池、检测器及读数系统。

图 10-4　分光光度计组成部件框图

各部件的作用及性能简介如下：

1）光源

1854 年，杜包斯克(Duboscq)和奈斯勒(Nessler)等将朗伯-比尔定律理论应用于定量分析化学领域，并且设计了第一台比色计。到 1918 年，美国国家标准局制成了第一台紫外-可见分光光度计。此后，紫外-可见分光光度计经不断改进，又出现自动记录、自动打印、数字显示、微机控制等各种类型的仪器，使光度法的灵敏度和准确度也不断提高，其应用范围也不断扩大。

光源发出所需波长范围内的连续光谱，有足够的光强度且稳定。在可见、近红外光区测量时，常用钨灯或碘钨灯(320～2500nm)作为光源，在紫外区用氢灯、氘灯(180～375nm)、氙灯作光源。

2）单色器

单色器的作用是从连续光谱中分离出所需要的窄波段的光束，它是分光光度计的核心部件，其性能影响到测定的灵敏度、选择性和工作曲线的线性范围。常用的单色器为棱镜或光栅。用玻璃制成的棱镜色散力强，但只能在可见光区工作；石英棱镜工作波长为 185～4000nm，在紫外区有较好的分辨力，而且适用于可见光区和近红外区。棱镜的特点是波长越短，色散程度越好，越向长波一侧越差。所以用棱镜的分光光度计，其波长刻度在紫外区可达到 0.2nm，而在长波段只能达到 5nm。有的分光系统是衍射光栅，即在石英或玻璃的表面上刻划许多平行线，刻线处不透光，于是通过光的干涉和衍射现象，较长的光波偏折的角度大，较短的光波偏折的角度小，因而形成光谱。棱镜单色器的原理示意图见图 10-5。

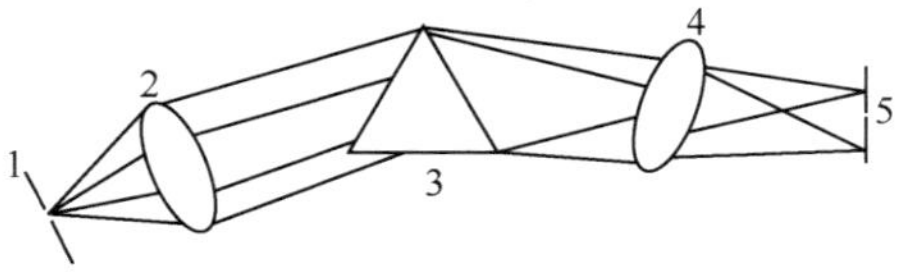


图 10-5　棱镜单色器的原理示意图

1. 入射狭缝；　2. 准直透镜；　3. 棱镜；　4. 聚焦棱镜；　5. 出射狭缝

3）吸收池

吸收池用于盛放试样液，也称**比色皿**。吸收池根据材料不同有玻璃吸收池和石英吸收池，前者用于可见区，后者用于紫外区。使用时应注意吸收池放置的位置，使其透光面垂直于光束方向。要注意保持吸收池的光洁，而指纹、油渍或四壁的积垢都会影响透光率，特别要注意透光面不受磨损。

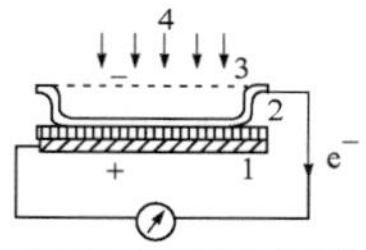


硒光电池示意图

1. 铁片；2. 半导体硒；3. 金属薄膜；4. 入射光线

4) 检测系统

检测系统是一种光电转换元件，利用光电效应使透过光强度能转换成电流进行测量。这种光电转换器对测定波长范围内的光要有快速、灵敏的响应，所产生的光电流必须与照射在检测器上的光强度成正比。常用的光电转换器有两种，一是光电池，二是光电管。光电池的种类繁多，最常见的是硒光电池。光电池受光照射产生的电流较大，可直接用微电流计量出。但是，连续照射一段时间会产生疲劳现象而使光电流下降，要在暗中放置一段时间才能恢复。因此，使用时不宜长期照射，随用随关，以防止光电池因疲劳而产生误差。光电管装有一个阴极和一个阳极，阴极是用对光敏感的金属（多为碱土金属的氧化物）做成，当光照射到阴极且达到一定能量时，金属原子中电子发射出来。光越强，光波的振幅越大，电子放出越多。电子是带负电的，被吸引到阳极上而产生电流。光电管产生电流很小，需要放大。分光光度计中常用电子倍增光电管，在光照射下所产生的电流比其他光电管要大得多，这就提高了测定的灵敏度。

5) 读数指示器

读数指示器的作用是把光电流或放大的信号以适当方式显示或记录下来。低档仪器为刻度显示；中高档仪器为数字显示，自动扫描记录。

### 10.1.5　紫外-可见分光光度测定的方法

紫外-可见分光光度的测定方法

紫外-可见分光光度是进行定量分析使用最广泛、最有效的手段之一。其用于定量分析的优点是：可用于无机及有机体系；一般可检测 $10^{-4}$～$10^{-5}$mol · L$^{-1}$ 的微量组分，通过某些特殊方法（如胶束增溶）可检测 $10^{-6}$～$10^{-7}$mol · L$^{-1}$ 的组分；准确度高，一般相对误差 1%～3%，有时可降至百分之零点几。

当试样的吸光度值超过 0.8 或小于 0.2 时，应如何处理？

1. 单组分定量测定

1) 分析条件的选择

(1) 溶剂的选择：所选择的溶剂应易于溶解样品并不与样品作用，且在测定波长区间内吸收小，不易挥发。

(2) 测定浓度的选择：溶液吸光度值为 0.2～0.8 时误差小（$A = 0.434$ 时误差最小），因此可根据样品的摩尔吸光系数确定最佳浓度。

(3) 测定波长的选择：一般选择最大吸收波长以获得高的灵敏度及测定精度。但在所选择的测定波长下其他组分不应有吸收，否则需选择其他吸收峰。

2) 单组分的定量方法

(1) 标准曲线法：配制不同浓度的标准溶液，由低浓度至高浓度依次测定其吸收光谱，作一定波长下浓度与吸光度的关系曲线，在一定范围内应得到通过原点的直线，即标准曲线。通过标准曲线可求得未知样品的浓度。

(2) 吸光系数法：将待测溶液与某一标准溶液，在相同的条件下，测定各自的吸光度，建立朗伯-比尔定律方程，解方程求出未知样品浓度与含量。

(3)标准加入法：样品组成比较复杂，难于制备组成匹配的标样时用标准加入法。将待测试样分成若干等份，分别加入不同($0, c_1, c_2, \cdots, c_n$)已知量的待测组分配制溶液。按加入待测试样浓度由低至高依次测定上述溶液的吸收光谱，作一定波长下浓度与吸光度的关系曲线，得到一条直线。若直线通过原点，则样品中不含待测组分；若不通过原点，将直线在纵轴上的截距延长与横轴相交，交点离开原点的距离为样品中待测组分的浓度。

2. 多组分的定量方法

当试样中有两种或两种以上的组分共存时，可根据各组分的吸收光谱的重叠程度，选用不同的定量方法。如果混合物各组分的吸收峰互不干扰，这时可按单组分的测定方法，选择测定波长，分别测定各组分的含量；若各组分的吸收峰相互重叠，可采用解联立方程法、等吸收点法、双波长法等解决测量中的干扰问题。

### 10.1.6 紫外-可见分光光度法的误差和测量条件的选择

紫外-可见分光光度法的误差和测量条件的选择

1. 紫外-可见分光光度法的误差

(1)溶液偏离朗伯-比尔定律引起的误差表现为：$A$-$c$ 曲线的线性较差，常出现弯曲。其主要原因有两个：一是吸光物质不稳定，发生解离、缔合等；二是单色光的纯度差。

(2)干扰物质引起的误差。常见的干扰物质对显色反应的影响表现为干扰离子本身有颜色，在测量条件下有吸收，或发生水解、析出沉淀等，影响吸光度的测量。例如，干扰离子与显色剂生成更稳定的无色配合物，消耗显色剂，使被测离子显色反应不完全，或干扰离子与显色剂生成有色配合物而干扰测定。

(3)仪器测量误差。任何光度计都有一定的仪器测量误差，该误差可能来源于：入射光源的不稳定；吸收池玻璃的薄厚不均匀；池壁不够平行，表面有水迹、油污或划痕等；光电池不灵敏、疲劳现象及检流计的刻度不准，使光电流测量不够准确等。

(4)主观误差。由操作不当引起的误差称为主观误差，应尽量避免或减少。

2. 测量条件的选择

1)选择适当的显色剂

可见分光光度法只能测定有色溶液，对于无色溶液，必须加入显色剂，使被测物质生成稳定的有色物质。显色剂必须具备下列条件：

(1)灵敏度高。当显色后的有色物质摩尔吸光系数 $k$ 值大于 $10^4$ 时，可认为灵敏度较高。

(2)选择性好。尽可能选择只与被测物显色或被测物所显颜色与共存物所显颜色有明显差异的显色剂。

(3) 生成的有色物质应有确定的组成。

(4) 生成的有色物质应稳定。

(5) 显色剂在测定波长处无明显吸收。

2) 选择合适的测定条件

(1) 波长的选择：无干扰物质存在时，根据吸收曲线，入射光波长的选择应以溶液的$\lambda_{max}$为宜，此时 $k$ 值最大，测定时灵敏度和准确度最高。但当有干扰存在时，应根据具体情况兼顾灵敏度和选择性确定波长。

(2) 显色剂的用量：通常加入过量的显色剂，一般通过实验从 $A$-$c$ 曲线确定合适的用量。

(3) 溶液的酸度：显色剂多为有机弱酸，酸度改变直接影响显色剂的平衡浓度，从而影响显色反应的进行程度，适当的酸度可通过实验从 $A$-pH 曲线确定。

(4) 显色时间和温度：合适的时间和温度也是通过实验从 $A$-$t$ (时间)、$A$-$T$ (温度) 曲线确定。

(5) 光度计读数范围的选择：光度计读数误差是经常遇到的测量误差，当透光度读数太大或太小时，微小的透光度读数误差会造成相当大的浓度相对误差。调节被测溶液浓度使溶液吸光度值为 0.2～0.8，此时误差小。

3) 参比溶液的选择

在吸光光度分析中，选择适当的参比溶液是非常重要的。通常参比溶液的选择应考虑以下两点：

(1) 如显色剂仅与被测组分反应的产物有吸收，其他试剂均无吸收，可以用纯溶剂作参比溶液。如显色剂和其他试剂略有吸收，则应用不含被测组分的试剂溶液作参比溶液。

(2) 如显色剂与试剂中干扰物质也发生反应，且产物在所选择的波长处也有吸收，则可选合适的掩蔽剂将被测组分掩蔽后，再加显色剂和其他试剂，以此溶液作为参比溶液。

4) 共存离子的干扰及其消除

为消除共存离子的干扰，常通过控制显色反应的酸度，或加入掩蔽剂，或预先通过离子交换等方法予以分离。

?

(1) 干扰组分与显色剂有反应又无法掩蔽消除时，应如何选择参比溶液？

(2) 如不能通过控制酸度和掩蔽的办法消除干扰，则采用什么方法？

### 10.1.7　紫外-可见分光光度法应用实例

紫外-可见分光光度法已广泛应用于各个领域的科学研究，如化学平衡的研究、有机物纯度测定等。在生物学中，大部分应用于生物成分的鉴定和结构的研究，如动植物脂肪酸的分析，蛋白质、氨基酸的测定，核酸的测定以及某些生物性能(如酶的结构)作用机理、活性的测定等。在环境监测领域，紫外-可见分光光度法广泛用于水及大气中多种污染物的浓度测定，如水中氨氮的纳氏试剂比色法测定、水中铬的测定、空气中 $SO_2$ 及氮氧化物的测定等。

现以 721 型分光光度计测定水中铁的含量，即邻菲罗啉分光光度法测定水中铁的含量为例，介绍该方法的应用。

**测定原理**：亚铁离子($Fe^{2+}$)与邻菲罗啉生成稳定的橙红色配合物，橙红色配合物的吸光度与浓度的关系符合朗伯-比尔定律。水中三价铁离子可用盐酸羟胺还原为亚铁离子，即可测定总铁。

**测定步骤**：

(1)邻菲罗啉铁吸收曲线的绘制。

吸取标准铁盐溶液 2.0mL 于 50mL 容量瓶中，加入 5mL HAc-NaAc 缓冲溶液，2.5mL 盐酸羟胺溶液，5mL 邻菲罗啉溶液，用蒸馏水稀释至刻度，摇匀，放置 10min，用 3cm 比色皿，以蒸馏水作参比溶液，用分光光度计在波长 440～600nm 分别测定其吸光度 $A$。

以波长为横坐标，吸光度 $A$ 为纵坐标，绘制邻菲罗啉铁的吸收曲线，求出最大 $A$ 值时的波长$\lambda$。

(2)标准曲线的绘制。

分别吸取铁的标准溶液 0、1.0mL、2.0mL、3.0mL、4.0mL、5.0mL、6.0mL、7.0mL 于 8 个 50mL 容量瓶中，依次分别加入 5mL HAc-NaAc 缓冲溶液，2.5mL 盐酸羟胺溶液，5mL 邻菲罗啉溶液，用蒸馏水稀释至刻度，摇匀，放置 10min，然后用分光光度计在其最大吸收波长处测吸光度，以不加铁的试剂溶液作参比。

以吸光度为纵坐标，铁含量(mg，50mL)为横坐标，绘制出标准曲线。

(3)试样中铁含量的测定。

吸取试样溶液 10mL(其中含铁 0.02～0.06mg)于 50mL 容量瓶中，按绘制标准曲线的操作，加入各种试剂使之显色，用水稀释至刻度，摇匀。以不加铁的试剂溶液作参比，于分光光度计上测得吸光度 $A$，由标准曲线查得相应的铁含量，计算出试样的含铁浓度。

## 10.2　原子吸收光谱法

瓦尔什
Alan Walsh
1916—1998
澳大利亚科学家，火焰原子吸收光谱法创始人。

原子吸收光谱法又称**原子吸收分光光度分析法**，是 20 世纪 50 年代由澳大利亚物理学家瓦尔什提出，在 60 年代发展起来的一种金属元素分析方法。它是基于含待测组分的原子蒸气对其光源辐射出来的待测元素的特征谱线的吸收作用来进行定量分析的。由于原子吸收分光光度计中所用空心阴极灯的专属性很强，因此该方法测定的选择性、准确性和灵敏度均较高，是一种很好的金属元素定量分析法。自从发明以来，已广泛应用在矿物、金属、陶瓷、水泥、化工产品、土壤、食品、血液、生物体、环境污染物等试样中的金属元素的测定。

### 10.2.1　原子吸收光谱法的基本原理

1. 共振线与吸收线

原子光谱是由于其价电子在不同能级间发生跃迁而产生的。当原子受到外界能量的激发时，根据能量的不同，其价电子会跃迁到不同的能级上。电子从基态跃迁到能量最低的第一激发态时要吸收一定的能量，同时由于其不稳定，会在很短的时间内跃迁回基态，并以光波的形式辐射出同样的能量。这种谱线称为**共振发射线**(称**共振线**)；电子从基态跃迁到第一激发态所产生的吸收谱线称**共振吸收线**(亦称**共振线**)。

原子吸收光谱法与紫外分光光度法在定量原理上是否相同?

根据$\Delta E = h\nu$可知，各种元素的原子结构及其外层电子排布不同，则核外电子从基态受激发而跃迁到其第一激发态所需要的能量也不同，同样，再跃迁回基态时所发射的光波频率即元素的共振线也不同，所以这种共振线就是元素的特征谱线。加之从基态跃迁到第一激发态的直接跃迁最易发生，因此对于大多数的元素来说，共振线就是元素的灵敏线。

在原子吸收分析中，就是利用处于基态的待测原子蒸气对从光源辐射的共振线的吸收来进行的。

2. 吸收定律与谱线轮廓

让不同频率的光(入射光强度为$I_{0\nu}$)通过待测元素的原子蒸气,则有一部分光将被吸收，其透光强度与原子蒸气的宽度(火焰的宽度 $L$)的关系，同有色溶液吸收入射光的情况类似，遵从朗伯-比尔定律：

$$A = \lg\left(I_{0\nu} / I_{\nu}\right) = K_{\nu}L \tag{10-4}$$

式中：$K_{\nu}$ 为吸光系数，所以有

$$I_{\nu} = I_{0\nu} \cdot 10^{-K_{\nu}L} \tag{10-5}$$

吸光系数 $K_{\nu}$ 将随光源频率的变化而变化。

这种情况可称为原子蒸气在特征频率$\nu_0$处有吸收线。若将 $K_{\nu}$随$\nu$的变化关系作图则可得具有一定的宽度吸收谱线，通常称为**谱线的轮廓**。

3. 积分吸收与峰值吸收

在原子吸收分析中，常将原子蒸气所吸收的全部能量称为**积分吸收**，即吸收线下所包括的整个面积。依据经典色散理论，积分吸收与单位体积原子蒸气中吸收辐射的原子数成简单的线性关系，它是原子吸收分析法的一个重要理论基础。1955 年，瓦尔什提出以锐线光源来测量谱线的峰值吸收，并以峰值吸收值代表吸收线的积分值。

根据光源发射线半宽度$\Delta\nu_e$小于吸收线的半宽度$\Delta\nu_a$的条件，经过数学推导与处理，可得到吸光度与原子蒸气中待测元素的基态原子数 $N_0$存在线性关系，即

$$A = kN_0L \tag{10-6}$$

为实现峰值吸收的测量，除要求光源的发射线半宽度 $\Delta\nu_e < \Delta\nu_a$ 外，还必须使发射线的中心频率恰好与吸收线的中心频率相重合。这就是为什么在测定时需要一个用待测元素的材料制成的锐线光源作为特征谱线发射源的原因。

4. 原子吸收定量基础

在原子吸收分析仪中，常用火焰原子化法将试液进行原子化，在一定的温度和一定的火焰宽度($L$)条件下，待测试液对特征谱线的吸收程度(吸光度)与待测组分的浓度的关系符合朗伯-比尔定律：

$$A = K'c \tag{10-7}$$

因此，可通过测量试液的吸光度确定待测元素的含量，这就是原子吸收法的定量基础。

### 10.2.2　原子吸收分光光度计

原子吸收分光光度计分为单光束型和双光束型。其基本结构与一般的分光光度计相似，由光源、原子化系统、光路系统和检测系统等四个部分组成，见图 10-6。

原子吸收
分光光度计

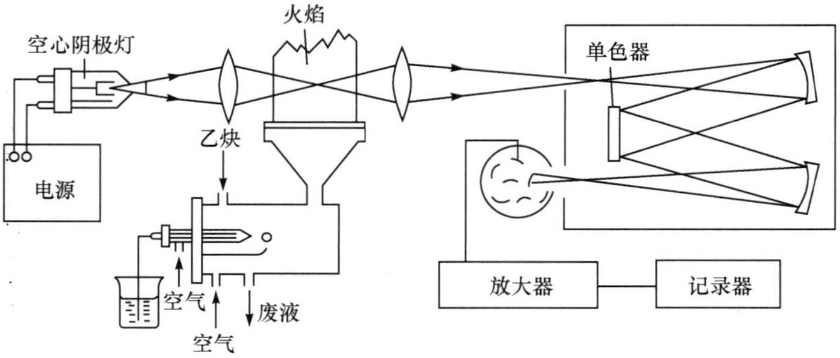


图 10-6　原子吸收分光光度计基本构造示意图

1. 光源

为测出待测元素的峰值吸收，必须使用锐线光源，即能发射半宽度很窄的特征谱线的光源。根据原子吸收对光源的基本要求，能发射锐线光谱的光源有蒸气放电灯、无极放电灯和空心阴极灯等，但目前以空心阴极灯的应用较为普遍。

空心阴极灯

空心阴极灯发射的主要是阴极元素的光谱，因此用不同的待测元素作阴极材料，即可制成各种待测元素的空心阴极灯。但为避免发生光谱干扰，制灯时一般选择的是纯度较高的阴极材料和内充气体(常为高纯氖或氩)，以使阴极元素的共振线附近不含内充气体或杂质元素的强谱线。

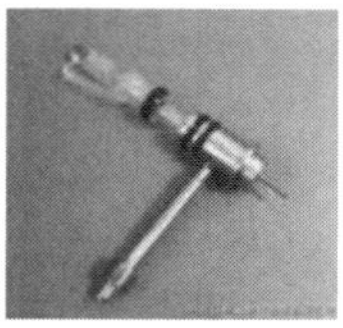

雾化器

2. 原子化系统

原子化系统的作用是将待测试液中的元素转变成原子蒸气。具体方法有火焰原子化法和无火焰原子化法两种，火焰原子化法简单、快速，对大多数元素都有较高的灵敏度和较低的检测限，应用最广。

燃烧器

火焰原子化装置是由雾化器和燃烧器两部分组成，雾化器的作用是将试液雾化；燃烧器的作用是将已雾化成很细的雾滴的试液，经蒸发、干燥、熔化、解离等步骤，使之变成游离的基态原子，进而可以得出基态原子对特征谱线的吸收情况。

3. 光学系统

原子吸收分光光度计的光路系统分为外部光路系统和分光系统。外部光路系统的作用是使光源发射出来的共振线准确地透过被测试液的原子化蒸气，并投射到单色器的入射狭缝上。分光系统的作用是将由入射狭缝投射出的被待测试液的原子蒸气吸收后的透射光，经反射镜、色散元件光栅及出射狭缝，最后照射到光电检测器 PM 上，以备光电转换。

4. 检测系统

检测系统包括检测器、放大器、对数转换器及显示装置等。

从狭缝照射出来的光先由光电检测器（光电倍增管）转换为电讯号，经放大器将讯号放大后，再传给对数转换器，并根据 $I_\nu / I_{0\nu} = 10^{-K_\nu L}$ 将放大后的讯号转换为光度测量值，最后在显示装置上显示出来。

### 10.2.3　原子吸收的定量分析方法

1. 标准曲线法

配制一组浓度由低到高、大小合适的标准溶液，依次在相同的实验条件下喷入火焰，然后测定各种浓度标准溶液的吸光度，以吸光度 $A$ 为纵坐标，标准溶液浓度 $c$ 为横坐标作图，则可得到 $A$-$c$ 关系曲线(标准曲线)。在同一条件下，喷入试液，并测定其吸光度 $A_x$ 值，以 $A_x$ 在 $A$-$c$ 曲线上查出相应的浓度 $c_x$ 值。

2. 标准加入法

在正常情况下，我们并不完全知道待测试液的准确组成，这样欲配制组成相似的标准溶液就很难进行。而采取标准加入法，可弥补这种不足。

标准曲线法与标准加入法各有何优缺点？

取相同体积的试液两份，置于两个完全相同的容量瓶(A 和 B)中。另取一定量的标准溶液加入到 B 瓶中，将 A 和 B 均稀释到刻度后，分别测定它们的吸光度。若试液的待测组分浓度为 $c_x$，标准溶液的浓度为 $c_0$，A 液的吸光度为 $A_x$，B 液的吸光度为 $A_0$，则根据朗伯-比尔定律有

$$A_x = k \cdot c_x$$
$$A_0 = k \cdot (c_0 + c_x)$$

所以

$$c_x = A_x \cdot c_0 / (A_0 - A_x) \tag{10-8}$$

实际工作中多采用作图法，即取若干份(至少四份)同体积试液，放入相同容积的容量瓶中，并从第二份开始依次按比例加入待测试液的标准溶液，最后稀释到同刻度。若原试液中待测元素的浓度为 $c_x$，则加入标准溶液后的试液浓度依次为 $c_x + c_0$、$c_x + 2c_0$、$c_x + 4c_0$…，相对应吸光度为 $A_x$、$A_1$、$A_2$…。

以 $A$ 对标准溶液的加入量作图，则得到一条直线，该直线并不通过原点，而是在纵轴上有一截距 $b$，这个 $b$ 值的大小反映了标准溶液加入量为零时溶液的吸光度，即原待测试液中待测元素的存在所引起的光吸收效应。如果外推直线与横轴交于一点 $b'$，则 $|ob'| = c_x$。

### 10.2.4　测试条件的选择原则

为什么要用锐线光源？

原子吸收光谱法采用的是锐线光源，应用的是共振吸收线，吸收线的数目比发射线的数目少得多，谱线相互重叠的概率较小；而且原子吸收跃迁的起始状态为基态，基态原子数目受温度的影响较小，所以 $N_0$ 近似等于总原子数。因此，在原子吸收光谱分析法中，干扰一般较少。但在实际工作中，一些干扰还是不容忽视的，主要有三类：①光谱干扰，主要产生于光源和原子化器；②物理干扰，主要是指试样在转移、蒸发过程中的某些物理因素的变化而引起的干扰效应，主要影响试样喷入火焰的速度、雾化效率、雾滴大小及其分布、溶剂与固体微粒的蒸发等；③化学干扰，是指一种由待测元素与其他组分之间的化学作用所引起的干扰效应，此效应主要对待测元素的原子化效率产生影响。由于化学干扰对试样中不同的元素的影响各不相同，并随火焰温度、状态和部位、其他组分的存在、雾滴的大小等条件的变化而变化，所以是原子吸收光谱法的主要干扰源。

所以，在实际测试中应综合权衡，做好分析测试最佳条件的选择。通常主要考虑原子吸收分光光度计的操作条件有：元素灵敏线、灯电流、火焰、燃烧器的高度及狭缝宽度等。

1. 分析线的选择

待测元素的特征谱线就是元素的共振线(也称元素的灵敏线)，也称待测元素的分析线。在测试待测试液时，为了获得较高的灵敏度，通常选择元素的共振线作为分析线，但并非在任何情况下都作这样的选择，有时还需要根据具体情况，通过实验确定。

2. 灯电流的选择

空心阴极灯作为光度计的光源，其主要任务是辐射出能用于峰值吸收的待测元素的特征谱线，必须选择有良好发射性能的空心阴极灯，其灯电流确定的基本原则是：在保证光谱稳定并具有适宜强度的条件下，应使用最低的工作电流。

3. 火焰的确定

对装配有火焰原子化器的光度计来说，火焰选择是否恰当直接关系到待测元素的原子化效率，即基态原子的数目。这就需要根据试液的性质选择火焰的温度；根据火焰的温度，再选择火焰的组成，但同时要考虑在测定的光谱区间内，火焰本身是否有强吸收。因为组成不同的火焰其最高温度有明显的差异，所以对于难解离化合物的元素，应选择温度较高的火焰，如空气-$C_2H_2$、$N_2O$-$C_2H_2$等。反之，应选择低温火焰，以免引起电离干扰。当然，确定火焰类型后，还应通过实验进一步确定燃气与助燃气的比例。

4. 燃烧器的高度

对于不同性质的元素，其基态原子浓度随燃烧器的高度即火焰的高度的分布是不同的。所以，测定时应根据待测元素的性质，仔细调节燃烧器的高度，使光束从 $N_0$ 最大的火焰区穿过，以获得最佳的灵敏度。

5. 狭缝宽度

在原子吸收光谱分析法中，谱线重叠的可能性一般比较小，因此测定时可选择较宽的狭缝，从而使光强增大，提高信噪比。但还应考虑到单色器分辨能力的大小、火焰背景的发射强弱以及吸收线附近是否有干扰线或非吸收线的存在等。

如果单色器的分辨能力强、火焰背景的发射弱、吸收线附近无干扰线，则可选择较宽的狭缝，否则应选择较窄的狭缝。

总之，对于通常所遇到的上述条件，原则上均应以实验手段确定最佳操作条件。

## 10.3　电位分析法

### 10.3.1　电位分析法的基本原理

利用原电池两电极间的电位差或电位变化，测定物质含量的方法，称为**电位分析法**。电位分析法分为直接电位法与电位滴定法。通过测量原电池的电动势，采用直接测定有关离子活度或浓度的方法，称**直接电位法**。通过测量滴定过程中原电池电动势的变化确定滴定终点的分析法，称为**电位滴定法**。电位分析法一般需要两个电极：一个是指示电极，其电极电势与待测离子的浓度有关，能指示待测离子的浓度变化；另一个是参比电极，其电极电势具有恒定的数值，不受待测离子浓度变化的影响。

法拉第
Michael Faraday
1791—1867
英国物理学家、化学家。制作了世界上第一台电动机，发现了电磁感应现象，提出了电场和磁场的概念，发现了电解第一和第二定律，开创了电化学领域，被尊称为“电化学之父”。

实际工作中，常用以上两种电极与待测溶液组成工作电池进行测定。

设电池为：参比电极 $\|\mathrm{M}^{n+}|\mathrm{M}$，则有

$$\begin{aligned}\varepsilon &= \varphi_{+} - \varphi_{-} \\ &= \varphi_{\mathrm{M}^{n+}/\mathrm{M}} - \varphi_{参比} \\ &= \varphi^{\ominus}_{\mathrm{M}^{n+}/\mathrm{M}} + \frac{RT}{nF}\ln\alpha_{\mathrm{M}^{n+}} - \varphi_{参比} \\ &= K + \frac{RT}{nF}\ln\alpha_{\mathrm{M}^{n+}}\end{aligned} \tag{10-9}$$

式中：$\varepsilon$ 为电池电动势；$\varphi_{+}$ 为正极的电极电势；$\varphi_{-}$ 为负极的电极电势；$\varphi_{参比}$ 为参比电极的电极电势。

在一定温度下，$\varphi^{\ominus}_{\mathrm{M}^{n+}/\mathrm{M}}$、$\varphi_{参比}$ 都是常数，只要测出电动势 $\varepsilon$ 就可求得 $\alpha_{\mathrm{M}^{n+}}$，这种方法即为直接电位法。

若 $M^{n+}$ 是被测离子，在滴定过程中，电极电势 $\varphi_{M^{n+}/M}$ 将随 $\alpha_{M^{n+}}$ 变化而变化，$\varepsilon$ 也随之不断改变。在计量点附近，$\alpha_{M^{n+}}$ 发生突变，相应地 $\varepsilon$ 也有较大的变化。通过测量 $\varepsilon$ 的变化确定滴定终点的方法称为电位滴定法。

### 10.3.2　参比电极

参比电极是测定电池电动势、计算电极电势的基础。要求参比电极的电极电势已知，且稳定、重现性好、容易制备。

标准氢电极是最重要、最准确的参比电极。但其制作复杂，且铂黑易中毒，一般不用。实际工作中常用的参比电极是甘汞电极(图 10-7)和 Ag-AgCl 电极。

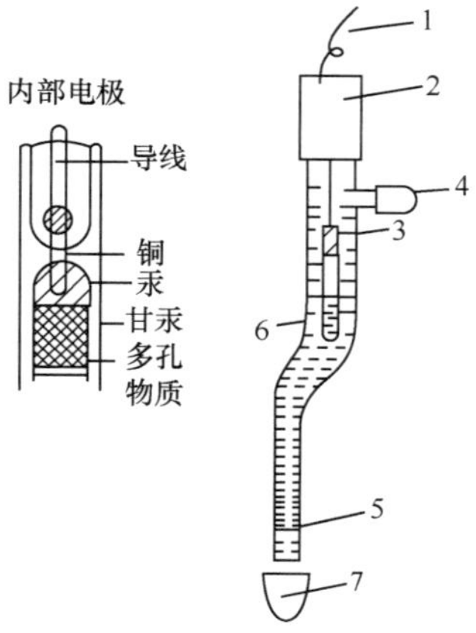


图 10-7　甘汞电极结构示意图

1. 电极引线； 2. 绝缘帽； 3. 内部电极； 4. 封装口；
5. 纤维塞； 6. KCl 溶液； 7. 电极胶盖

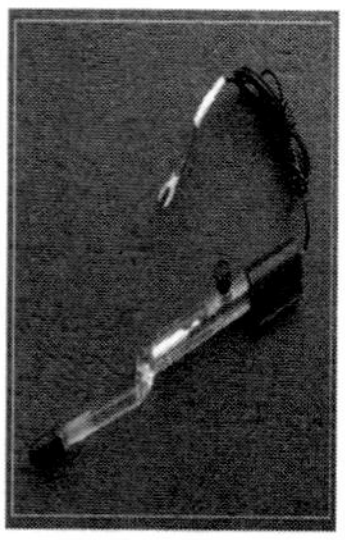

甘汞电极

### 10.3.3　指示电极

指示电极的电极电势随被测离子活度变化而变化。因而要求指示电极的电极电势与待测离子活度之间的关系符合能斯特公式，且电极选择性高、重现性好、响应速度快、使用方便。

金属-金属离子电极、金属-金属难溶盐电极及惰性电极在特定情况下都可作指示电极。但它们的选择性都不如离子选择性电极高，应用受到一定限制。

离子选择性电极又称**膜电极**，其膜电位是通过敏感膜选择性地进行离子交换和扩散而产生的。

离子选择性电极有多种，其中最基础、最常用的是 pH 玻璃电极和氟离子选择性电极。

玻璃电极

### 10.3.4　pH 的测定

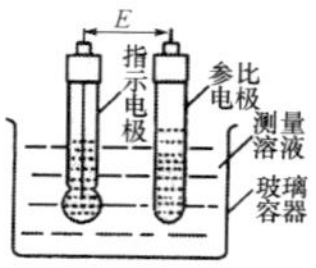


pH 的测定

测定溶液的 pH 常用 pH 玻璃电极(图 10-8)作指示电极，甘汞电极作参比电极，与待测溶液组成工作电池。

(–)Ag，AgCl|HCl|玻璃膜|试液($\alpha_{H^+}$)||KCl(饱和)|$Hg_2Cl_2$, Hg(+)

$$\begin{aligned}\varepsilon &= \varphi(\text{Hg}_2\text{Cl}_2/\text{Hg}) - \varphi(\text{玻璃}) \\ &= \varphi(\text{Hg}_2\text{Cl}_2/\text{Hg}) - (K - 0.0592\text{pH}_{\text{试}}) \\ &= K' + 0.0592\text{pH}_{\text{试}} \end{aligned} \tag{10-10}$$

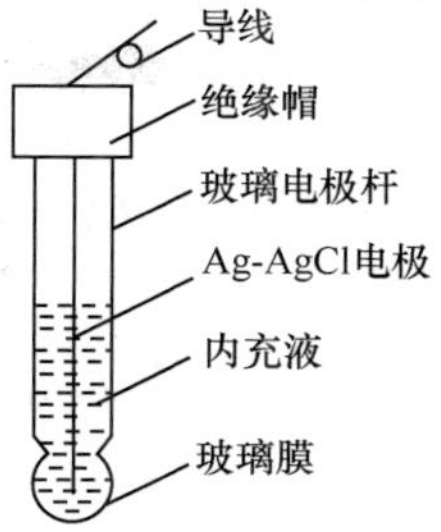

图 10-8　玻璃电极示意图

由上式可知，电池电动势 $\varepsilon$ 与试液的 pH 成直线关系，这是测定 pH 的理论依据。其中 $K'$ 除包括内、外参比电极电势等常数外，还包括难于测量与计算的液接电势和不对称电势，因而需以已知 pH 的标准缓冲溶液为基准，比较待测溶液和标准缓冲溶液的两个工作电池的电动势求得待测试液的 pH。

(–)玻璃电极|标准溶液($s$)或未知液($x$)||参比电极(+)

式中：$x$ 为待测溶液；$s$ 为标准溶液，其 pH 分别为 $\text{pH}_x$ 和 $\text{pH}_s$。

pH 计/酸度计

$$\varepsilon_s = K' + \frac{2.303RT}{F}\text{pH}_s$$

$$\varepsilon_x = K' + \frac{2.303RT}{F}\text{pH}_x$$

两式相减得

$$\text{pH}_x = \text{pH}_s + \frac{\varepsilon_x - \varepsilon_s}{2.303\dfrac{RT}{F}} \tag{10-11}$$

式(10-11)中 $\text{pH}_s$ 已知，通过测量 $\varepsilon_s$、$\varepsilon_x$ 即可求得 $\text{pH}_x$。国际纯粹与应用化学联合会(IUPAC)建议将此式作为 pH 的实用定义，通常也称为 pH 标度。在测量时，应使所选用的标准溶液的 $\text{pH}_s$ 与 $\text{pH}_x$ 相接近，以提高准确度。

### 10.3.5　离子选择性电极的应用

1. 测定离子活(浓)度的基本原理

测定离子活度时，常用离子选择性电极与参比电极组成工作电池。其电池电动势与离子活度之间关系的一般式如下：

$$\varepsilon = K \pm \frac{2.303RT}{nF}\lg a_i \tag{10-12}$$

当离子选择性电极作正极时，对阳离子选择响应的电极，公式取“+”号，对阴离子响应的电极，公式取“–”号。若离子选择性电极作负极，则正好相反。一定条件下，通过测量电池电动势，即可求得待测离子活度。

在化学分析中，一般要求测定的是浓度，而 $a = \gamma \cdot c$，$\gamma$ 为活度系数。因而在标准溶液和待测溶液中需加入离子强度缓冲调节剂(TISAB)，使溶液中离子强度 $I$ 基本相同，则 $\gamma$ 不变。

$$\varepsilon = K' + \frac{2.303RT}{nF}\lg \gamma_i c_i = K + \frac{2.303RT}{nF}\lg c_i \quad (10\text{-}13)$$

此时，电池电动势 $\varepsilon$ 与溶液浓度对数 $\lg c_i$ 成直线关系，测出 $\varepsilon$，即可求出溶液浓度 $c_i$。

2. 测定离子浓度的方法

1) 标准曲线法

将一系列已知浓度的标准溶液，用指示电极与参比电极构成工作电池，分别测其电动势，然后绘制 $\varepsilon_i$ -$\lg c_i$ 标准曲线，在同样条件下测出待测溶液的 $\varepsilon_x$ 值，即可从标准曲线上查出被测试液的浓度 $c_x$。

用氟电极测 $F^-$的浓度时，常用的 TISAB 组为 NaCl(1mol · $L^{-1}$)、HAc(0.25mol · $L^{-1}$)、NaAc(0.75mol · $L^{-1}$)及柠檬酸钠(0.001mol · $L^{-1}$)。它除固定离子强度外，还起缓冲溶液的 pH、掩蔽干扰离子的作用。

2) 标准加入法

当待测溶液的组成比较复杂，离子强度较大时，就难以使它的 $\gamma$ 同标准溶液一致，这时可采用标准加入法。即先测定未知样的电动势，再加入少量已知浓度的标准溶液，在相同的条件下测定其电动势即可求出未知样的浓度。此时有

$$c_x = \frac{V_s c_s}{V_x + V_s}(10^{\Delta\varepsilon/S} - 1)^{-1} \quad (10\text{-}14)$$

式中：$c_x$ 为未知样品浓度；$c_s$ 为标准样品浓度；$V_s$ 为标准样品的体积；$V_x$ 为加入样品的体积；$S = 2.303RT/nF$；$\Delta\varepsilon$ 为加入标样后电动势的增量。

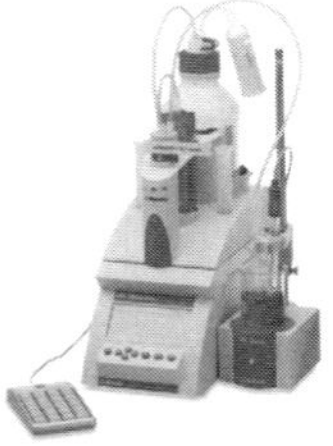
电位滴定仪

3. 影响测定准确度的因素

电动势的测量、干扰离子的存在、测定的温度、溶液的 pH 及电势平衡时间等因素都会影响测定的准确度。

### 10.3.6　电位滴定法

电位滴定法是借助指示电极电极电势的变化以指示化学计量点的到达。确定滴定终点的方法有 $E$-$V$ 曲线法、$E/V$-$V$ 曲线法和二级微商法。

电位滴定法不受溶液颜色、浑浊等限制，对滴定反应用指示剂指示终点有困难时，可采用电位滴定法。电位滴定法还可用于确定一些化学平衡常数，如弱酸和弱碱的解离常数、配离子稳定常数等。

## 10.4　色谱分析法

### 10.4.1　色谱分析法概述

色谱分析法简称**色谱法**或**层析法**，是一种物理或物理化学分离分析方法。从 20 世纪初起，特别是在近 50 年中，由于气相色谱法、高效液相色谱法及

薄层扫描法的飞速发展而形成一门专门的科学——色谱学。色谱法已广泛应用于各个领域，成为多组分混合物的最重要的分析方法，在各学科中起着重要作用。历史上曾有两次诺贝尔化学奖是授予色谱研究工作者的：1948 年瑞典科学家蒂塞利乌斯因电泳和吸附分析的研究而获奖，1952 年英国的马丁和辛格因发展了分配色谱而获奖；此外在 1937～1972 年期间的 12 次诺贝尔奖的研究中，色谱法都起了关键的作用。

色谱法创始于 20 世纪初，1906 年俄国植物学家茨维特将碳酸钙放在竖立的玻璃管中，从顶端倒入植物色素的石油醚浸取液，并用石油醚冲洗。在管的不同部位形成色带，因而命名为色谱。管内填充物称为**固定相**，冲洗剂称为**流动相**。随着其不断发展，色谱法不仅用于有色物质的分离，而且大量用于无色物质的分离。虽然“色”已失去原有意义，但色谱法名称仍沿用至今。

20 世纪 30 与 40 年代相继出现了薄层色谱法与纸色谱法。50 年代气相色谱法兴起，将色谱法提高到分离与“在线”分析的新水平，奠定了现代色谱法的基础。1957 年诞生了毛细管色谱分析法。60 年代推出了气相色谱-质谱联用技术，有效地弥补了色谱法定性特征差的弱点。70 年代高效液相色谱法的崛起，为难挥发、热不稳定及高分子样品的分析提供了有力手段，扩大了色谱法的应用范围，将色谱法又推进到一个新的里程碑。80 年代初出现了超临界流体色谱法，兼有气相色谱与高效液相色谱的某些优点。80 年代末飞速发展起来的高效毛细管电泳法更令人瞩目，其柱效高，理论塔板数可达 $10^7 m^{-1}$。该法对于生物大分子的分离具有独特优点。

色谱法主要是利用物质在流动相与固定相之间的分配系数的差异而实现分离。色谱法与光谱法的主要区别在于色谱法具有分离及分析两种功能，而光谱法不具备分离功能。色谱法是先将混合物中各组分分离，而后逐个分析，因此是分析混合物最有力的手段。这种方法还具有高灵敏度、高选择性、高效能、分析速度快及应用范围广等优点。

色谱法可从不同的角度进行分类：

(1) 按流动相与固定相的分子聚集状态分类。在色谱法中流动相可以是气体、液体和超临界流体，这些方法相应称为气相色谱法、液相色谱法和超临界流体色谱法等。按固定相为固体(如吸附剂)或液体，气相色谱法又可分为气-固色谱法与气-液色谱法；液相色谱法又可分为液-固色谱法及液-液色谱法。

(2) 按操作形式分类，可分为柱色谱法、平板色谱法、电泳法等类别。柱色谱法是将固定相装于柱管内构成色谱柱，色谱过程在色谱柱内进行。按色谱柱的粗细等，又可分为填充柱色谱法、毛细管柱色谱法及微填充柱色谱法等类别。气相色谱法、高效液相色谱法及超临界流体色谱法等属于柱色谱法范围。

平板色谱法是色谱过程在固定相构成的平面状层内进行的色谱法，又分为**纸色谱法**(用滤纸作固定液的载体)、**薄层色谱法**(将固定相涂在玻璃板或铝

蒂塞利乌斯
Arne Wilhelm Kaurin Tiselius
1902—1971
瑞典科学家。主要从事胶体溶液中悬浮蛋白质的电泳分离研究。1948 年获诺贝尔化学奖。

马丁
Archer John Porter Martin
1910—2002
英国分析化学家。

辛格
Richard Laurence Millington Synge
1914—1994
英国科学家，分配色谱法发明人之一，获 1952 年诺贝尔化学奖。

茨维特
Michael
Semenovich
Tsweet
1872—1919
俄国植物学家。他最重大的贡献是发明了分析化学和有机化学中极重要的实验方法——色谱法。

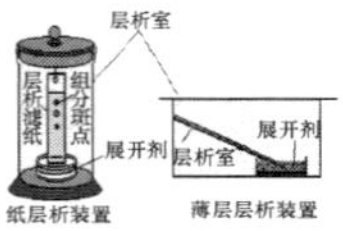


纸色谱

液相色谱

箔板等板上)及**薄膜色谱法**(将高分子固定相制成薄膜)等，这些都属于液相色谱法范围。

毛细管电泳法的分离过程在毛细管内进行，利用组分在电场作用下的迁移速度不同进行分离。

(3) 按色谱过程的分离机制分类，可分为分配色谱法、吸附色谱法、离子交换色谱法、空间排阻色谱法及亲和色谱法等类型。

### 10.4.2　色谱法的基本原理

1. 色谱过程

色谱过程是物质分子在相对运动的两相间分配“平衡”的过程。混合物中，若两个组分的分配系数不等，则被流动相携带移动的速度不等——差速迁移，从而被分离。

吸附柱色谱法的操作及色谱过程如图 10-9 所示。将含有 A、B 两组分的样品加到色谱柱的顶端，A、B 均被吸附到固定相上。然后用适当的流动相冲洗，当流动相流过时，已被吸附在固定相上的两种组分又溶解于流动相中而被解吸，并随着流动相向前移行，已解吸的组分遇到新的吸附剂颗粒，又再次被吸附，如此在色谱柱上不断地发生吸附、解吸、再吸附、再解吸的过程。若两种组分的理化性质存在着微小的差异，则在吸附剂表面的吸附能力也存在微小的差异，经过重复后微小的差异积累起来就变成了大的差异，其结果就是吸附能力弱的 B 先从色谱柱中流出，吸附能力强的 A 后流出色谱柱，使各组分得到分离。

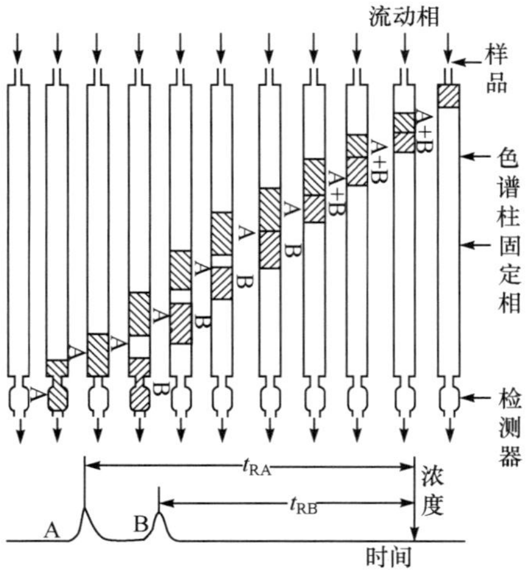


图 10-9　色谱过程示意图

2. 基本类型色谱法的分离原理

(1) 分配色谱法。分配色谱法利用被分离组分在固定相或流动相中的溶解度差别而实现分离。其固定相为液体的气相色谱和液相色谱都属于分配色谱法的范围。

(2) 吸附色谱法。吸附色谱法利用被分离组分对固体表面活性吸附中心吸附能力的差别而实现分离。其固定相为固体吸附剂，大部分气固色谱法和液固色谱法都属于吸附色谱法。

(3) 离子交换色谱法。离子交换色谱法利用被分离组分离子交换能力的差别而实现分离。其固定相为离子交换树脂，按可交换离子的电荷符号可分为阳离子交换树脂和阴离子交换树脂。

(4) 空间排阻色谱法。空间排阻色谱法根据被分离组分分子的大小差异进行分离。其固定相是多孔性填料凝胶，故此法又称为凝胶色谱法，也称为分子排阻色谱法。该色谱法按流动相的不同分为两类：以有机溶剂为流动相称为凝胶渗透色谱法；以水溶液为流动相称为凝胶过滤色谱法。凝胶色谱法的分离机制与前三种色谱法完全不同，它只取决于凝胶的孔径大小与被分离组分基团尺寸之间的关系，与流动相的性质无关。

以上是四种基本类型的色谱法，这四类色谱法都可用于液相色谱法，而气相色谱法主要用前两类。此外，还有其他分离机制的色谱法。近年来最常见的一种色谱法是化学键合相色谱法，从分离机制讲，键合相色谱法并未超出上述基本类型，但是对于特定固定相在特定实验条件下，哪一种机制起主要作用仍是当前研究较多的问题。

### 3. 色谱流出曲线

色谱图以组分的浓度变化作纵坐标，流出时间作横坐标，这种曲线称为色谱流出曲线(图 10-10)。下面介绍相关的一些概念。

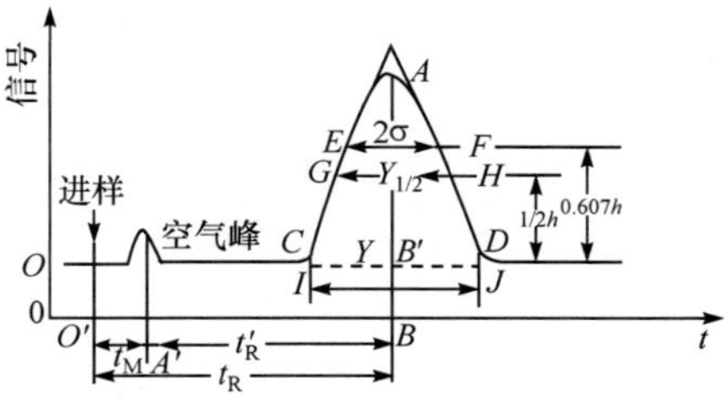


图 10-10　色谱流出曲线

(1) 基线：操作条件稳定后，仅有流动相通过检测器时，仪器检测到的信号称为基线。

(2) 峰高：色谱峰顶点与基线之间的垂直距离称为色谱峰高。

(3) 色谱峰区域宽度。

(i) 标准偏差 σ：0.607 倍峰高处色谱峰宽度的一半。

(ii) 半峰宽：

$$Y_{1/2} = 2\sigma\sqrt{2\ln 2} \tag{10-15}$$

(iii) 峰底宽度(基线宽度)：

$$Y = 4\sigma \tag{10-16}$$

(4) 保留值。

(i) 用时间表示的保留值。

死时间 $t_M$：从进样到惰性气体峰出现极大值的时间。

保留时间 $t_R$：从进样到出现色谱峰最高值所需的时间。

调整保留时间 $t'_R$：保留时间与死时间之差。

(ii) 用体积表示的保留值。

保留体积 $V_R$：保留时间与载气平均流速的乘积。

$$V_R = t_R \cdot F_0 \tag{10-17}$$

式中：$F_0$ 为柱出口处的载气流量，单位为 $mL \cdot min^{-1}$。

死体积 $V_M$：死时间与载气平均流速的乘积。

$$V_M = t_M \cdot F_0 \tag{10-18}$$

调整保留体积 $V'_R$：保留体积与死体积之差。

$$V'_R = V_R - V_M \tag{10-19}$$

(5) 分配系数与容量因子。

(i) 分配过程。物质在固定相和流动相之间发生的吸附、脱附和溶解、挥发的过程，称为分配过程。

(ii) 分配系数。在一定温度下组分在两相之间分配达到平衡时的浓度比称为分配系数 $K$：

$$K = \frac{\text{组分在固定相中的浓度}}{\text{组分在流动相中的浓度}} = \frac{c_S}{c_M}$$

(iii) 容量因子(分配比，$k$)。在实际工作中，也常用容量因子(分配比)来表征色谱分配平衡过程。分配比是指在一定温度和压力下，组分在两相间分配达到平衡时的质量比：

$$k = \frac{\text{组分在固定相中的质量}}{\text{组分在流动相中的质量}} = \frac{m_S}{m_M}$$

### 10.4.3　色谱法的发展趋势

色谱法是分析化学中发展最快、应用最广的方法之一。这是因为现代色谱法具有分离与“在线”分析两种功能，能解决组分复杂的样品分析问题，而且可以制备纯组分。色谱法在药物分析中有着极为重要的地位，各国药典都收载了许多色谱分析方法。1995 年版《中国药典》二部收载 623 个品种的色谱方法，用于纯度检查、定性鉴别和含量测定，一部收载 434 个品种的色谱方法，用于中药的鉴定和含量测定。

毛细管电泳仪

色谱法的发展趋势主要有两个方面：一方面是色谱方法及其硬件的进一步研究；另一方面是联用技术的发展。

1. 新型固定相和检测器的研究

虽然已有很多种类的色谱固定相，但新型固定相仍然不断出现，从而使色谱分析方法的应用越来越广泛。例如，各种手性固定相的出现使手性药物的分析变得十分方便，大大促进了手性药物的立体选择性研究。从 1985 年以来发展了内表面反相固定相等几种浸透限制固定相，允许体液如血浆等直接进样。1989 年又出现了灌注色谱固定相，用于各种生物大分子的分离分析。此外，还有各种特殊用途的固定相的研制。新型检测器也在不断研制，如蒸发光散射检测器和半导体激光荧光检测器等。后者对靛菁绿标记后的白蛋白的最低检测限为 1.3pmol，优于普通光度法达两个数量级。

2. 色谱新方法的研究

目前色谱方法的研究仍然十分活跃。新近发展起来的电色谱法兼有毛细管电泳和微填充柱色谱法的优点，其应用研究越来越多，它将成为最重要的色谱方法之一。1995 年又出现了以激光的辐射压力为色谱分离驱动力的光色谱，按几何尺寸对组分进行分离，但其应用还在研究之中。

3. 色谱-光谱(或质谱)联用技术

将色谱作为分离手段，光谱(或质谱)作为鉴定工具，各用其长，互为补充。已有气相色谱-质谱、气相色谱-傅里叶变换红外光谱、液相色谱-紫外、液相色谱-质谱及薄层-紫外等多种联用仪器的商品，还有毛细管区带电泳-质谱和液相色谱-核磁共振等联用技术。由于计算机的运用，这些联用仪多数都能绘制光谱-色谱三维谱，即在一张图上可以同时获得定性与定量信息。

液-质联用系统

4. 色谱-色谱联用技术

将两种色谱法联用称为二维或多维色谱法。两种色谱法可以互相弥补，分离一些难分离的物质对，常见的有气液相色谱-气固相色谱、高效液相色谱-气相色谱及高效液相色谱-高效液相色谱等，还有非手性固定相与手性固定相联用的高效液相色谱。在色谱-色谱联用中常用到柱切换技术。这种联用技术能够获得更多的定性信息，也能提高定量的准确度。

5. 色谱专家系统

这是一种色谱-计算机联用技术。色谱专家系统是指模拟色谱专家的思维方式，解决色谱专家才能解决的问题的计算机程序。完整的色谱专家系统包括柱系统推荐和评价、样品预处理方法推荐、分离条件推荐与优化、在线定性、定量及结果的解析等功能。色谱专家系统的应用，将大大提高色谱分析工作的质量和效率。

液相色谱及专家系统

【拓展材料】

紫外-可见分光光度计的类型

分光光度计从分光元件来讲可分为棱镜式和光栅式两种，现今的分光光度计大部分采用光栅分光。从结构上来区分可分为单光束、双光束和双波长分光光度计。

1. 单光束分光光度计

经单色器分光后的一束平行光，轮流通过参比溶液和样品溶液，以进行吸光度的测定。这种简易型分光光度计结构简单，操作方便，维修容易，适用于常规分析。国产722型、751型、724型、英国SP500型以及Backman DU-8型等均属于此类光度计。

2. 双光束分光光度计

其光路示意图如图10-11所示。光源发出光经单色器分光后，经反射镜($M_1$)分解为强度相等的两束光，一束通过参比池，另一束通过样品池，光度计能自动比较两束光的强度，此比值即为试样的透射比，经对数变换将它转换成吸光度并作为波长的函数记录下来。双光束分光光度计一般都能自动记录吸收光谱曲线。由于两束光同时分别通过参比池和样品池，因而能自动消除光源强度变化所引起的误差。这类仪器有国产710型、730型、740型等。

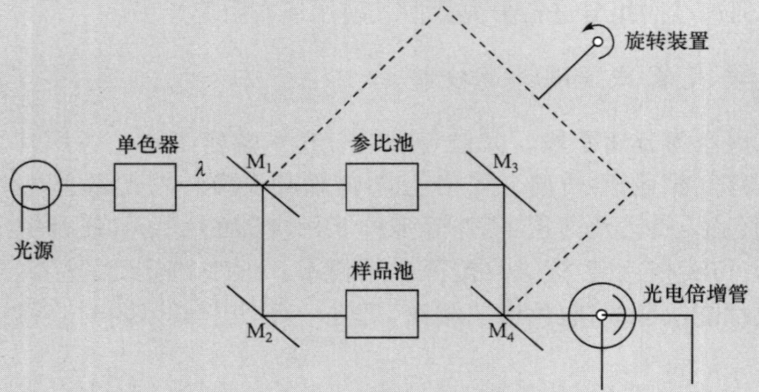


图10-11 单波长双光束分光光度计原理图

$M_1$, $M_2$, $M_3$, $M_4$ 反射镜

3. 双波长分光光度计

其基本光路如图10-12所示。由同一光源发出的光被分成两束，分别经过两个单色器，得到两束不同波长($\lambda_1$和$\lambda_2$)的单色光；利用切光器使两束光以一定的频率交替照射同一吸收池，然后经过光电倍增管和电子控制系统，最后由显示器显示出两个波长处的吸光度差值$\Delta A(\Delta A = A_{\lambda 1} - A_{\lambda 2})$。对于多组分混合物、混浊试样(如生物组织液)分析，以及存在背景干扰或共存组分吸收干扰的情况下，利用双波长分光光度法，往往能提高方法的灵敏度和选择性。利用双波长分光光度计，能获得导数光谱。通过光学系统转换，使双波长分光光度计能很方便地转化为单波长工作方式。如果能在$\lambda_1$和$\lambda_2$处分别记录吸光度随时间变化的曲线，还能进行化学反应动力学研究。

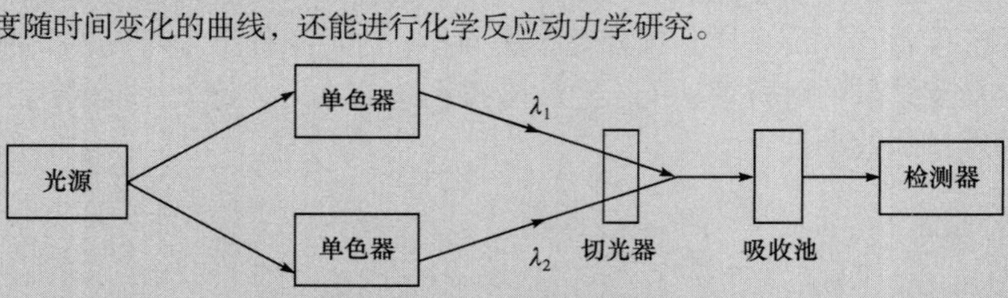


图10-12 双波长分光光度计光路示意图

## 思　考　题

10-1　试区别下述概念。

(1) 吸收曲线与标准曲线

(2) 色谱分析的分离效率和分离度

(3) 吸收光谱与发射光谱

(4) 参比电极、指示电极与离子选择性电极

10-2　准确进行分光光度法分析，操作中主要注意什么问题?

10-3　简述直接电位法和电位滴定法的优缺点。

10-4　简述原子吸收分光光度法的原理。

10-5　简述色谱法的原理、分类和特点。比较气相色谱法和液相色谱法在仪器、应用范围等的异同。

## 习　　题

10-1　判断题。

(1) 某物质的摩尔吸光系数越大，则表明该物质的浓度越大。（　）

(2) 朗伯-比尔定律中，浓度 $c$ 与吸光度 $A$ 之间的关系是通过原点的一条直线。（　）

(3) 在光度分析法中，溶液浓度越大，吸光度越大，测量结果越准确。（　）

(4) 物质摩尔吸光系数 $k$ 的大小，只与该有色物质的结构特性有关，与入射光波长和强度无关。（　）

(5) 若待测物、显色剂、缓冲溶液等有吸收，可选用不加待测液而其他试剂都加的空白溶液为参比溶液。（　）

10-2　选择题。

(1) 在符合朗伯-比尔定律的范围内，溶液的浓度、最大吸收波长、吸光度三者的关系是（　）

A. 增加、增加、增加　　B. 减小、不变、减小

C. 减小、增加、减小　　D. 增加、不变、减小

(2) 在紫外可见分光光度法测定中，使用参比溶液的作用是（　）

A. 调节仪器透光率的零点　　B. 吸收入射光中测定所需要的光波

C. 调节入射光的光强度　　D. 消除试剂等非测定物质对入射光吸收的影响

(3) 在比色法中，显色反应的显色剂选择原则错误的是（　）

A. 显色反应产物的 $k$ 值越大越好

B. 显色剂的 $k$ 值越大越好

C. 显色剂的 $k$ 值越小越好

D. 显色反应产物和显色剂在同一光波下的 $k$ 值相差越大越好

(4) 分光光度法中，选用 $\lambda_{max}$ 进行比色测定的原因是（　）

A. 与被测溶液的 pH 有关　　B. 可随意选用参比溶液

C. 浓度的微小变化能引起吸光度的较大变化，提高了测定的灵敏度

D. 仪器读数的微小变化不会引起吸光度的较大变化，提高了测定的精密度

(5) 酸度对显色反应影响很大，这是因为酸度的改变可能影响（　）

A. 反应产物的稳定性　　B. 被显色物的存在状态

C. 反应产物的组成　　D. 显色剂的浓度和颜色

(6) 在比色法中，显色反应应选择的条件有（　）

A. 显色时间　　B. 入射光波长　　C. 显色的温度　　D. 显色剂的用量

10-3　填空题。

(1) 不同浓度的同一物质，其吸光度随浓度增大而__________，但最大吸收波长__________。

(2) 符合光吸收定律的有色溶液，当溶液浓度增大时，它的最大吸收峰位置__________，摩尔吸光系数__________。

(3) 为了使分光光度法测定准确，吸光度应控制在 0.2 ~ 0.8，可采取的措施有__________和__________。

(4) 光度分析中，偏离朗伯-比尔定律的重要原因是入射光的__________差和吸光物质的__________引起的。

(5) 如果显色剂或其他试剂对测量波长也有一些吸收，应选__________为参比溶液；如试样中其他组分有吸收，但不与显色剂反应，则当显色剂无吸收时，可用__________作参比溶液。

10-4　简答题。

(1) 应用原子吸收光谱法进行定量分析的依据是什么？进行定量分析有哪些方法？

(2) 色谱法有哪些类型？其分离的基本原理是什么？

(3) 请简述色谱法的基本原理。

(4) 色谱流出曲线指什么？

(5) 请写出甘汞电极的半电池及电极电势表达式。

10-5　测定血清中的磷酸盐含量时，取血清试样 5.00mL 于 100mL 容量瓶中，加显色剂显色后，稀释至刻度。吸取该试液 25.00mL，测得吸光度为 0.582；另取该试液 25.00mL，加 1.00mL 0.0500mg · $mL^{-1}$ 磷酸盐，测得吸光度为 0.693。计算每毫升血清中含磷酸盐的质量。

10-6　称取一定量某药物，用 0.1mol · $L^{-1}$ 的 HCl 溶解后，转移至 100mL 容量瓶中，用同样的 HCl 稀释至刻度。吸取该溶液 5.00mL，再稀释至 100mL。取稀释液用 2cm 吸收池，在 310nm 处进行吸光度测定，欲使吸光度为 0.350，需称样多少克？(已知：该药物在 310nm 处摩尔吸收系数 $k = 6130$L · $mol^{-1}$ · $cm^{-1}$，摩尔质量 $M =$ 327.8g · $mol^{-1}$)

10-7　用氟离子选择电极测定某一含 $F^-$ 的试样溶液 50.0mL，测得其电位为 86.5mV。加入 $5.00 \times 10^{-2}$mol · $L^{-1}$ 氟标准溶液 0.50mL 后，测得其电位为 68.0mV。已知该电极的实际斜率为 59.0mV/pF，试求试样溶液中 $F^-$ 的含量(mol · $L^{-1}$)？

10-8　以电位滴定法确定氧化还原滴定终点时，什么情况下与计量点吻合比较好？什么情况下有较大误差？

10-9　某自动电位滴定仪以 0.1mL · $s^{-1}$ 的恒定速度滴加滴定剂。按设计要求，当二次微分滴定曲线为零时，仪器自动关闭滴液装置，但由于机械延迟，关闭时间晚 2s。如果用这台滴定仪以 0.1mol · $L^{-1}$ 的 Ce(Ⅳ)来滴定 50mL 0.1mol · $L^{-1}$ 的 Fe(Ⅱ)，延迟将引起多大的百分误差？当滴定仪关闭时，电位将是多少？(已知 $\varphi^{\ominus}$[Ce(Ⅳ)/Ce(Ⅲ)] = 1.28V)

# 第 11 章　元 素 化 学

【教学目的和要求】

(1) 了解元素的分类。

(2) 掌握 s 区、p 区、d 区元素的通性。

(3) 了解各区常见元素及其化合物的性质。

(4) 了解 f 区元素的通性。

【教学重点和难点】

(1) 重点内容：s 区、p 区、d 区元素的通性。

(2) 难点内容：元素结构与化学性质、物理性质之间的关系。

在前面的学习中，我们已经认识了物质结构与元素基本性质的周期律之间的关系。每个元素都有各自的特点，因此需要更充分地了解元素所组成的单质及化合物的性质特征、化学反应和制备等方面的基本知识，即有关元素化学的内容。元素及其化合物组成、结构、性质等方面的研究对人们的生产和生活均具有重要的意义。本章按分区系统介绍各元素的基本性质，并对一些重要的元素及其化合物进行较详细的介绍。

## 11.1　元 素 概 述

元素概述

元素又称化学元素，是对质子数相同的一类原子的总称。迄今为止，IUPAC(2018 年)确认和命名的人类已经发现的和人工合成的元素共有 118 种。其中 92 种为地球上存在的天然元素，其余为人工合成元素。在元素周期表中的所有元素及其组成的化合物中，除由 C、H 等组成的有机化合物外，其余都是无机化学研究的内容。

地球上元素分布的数据随时代变化和计算方法的不同有不同的值。表 11-1 及本章其他地方提到的数据可供参考。

### 11.1.1　元素分布

地球上天然存在的元素主要存在于岩石圈、水圈和大气圈。元素在地壳中的含量称为丰度，常用质量分数表示。地球上分布最广的 10 种元素如表 11-1 所示，这 10 种元素占总含量的 99%以上。

我国哪些元素的储量占世界前列？

**表 11-1　地球上分布最广的 10 种元素的质量分数**

| 元素符号 | O | H | Si | Al | Na |
|---|---|---|---|---|---|
| 质量分数/% | 52.32 | 16.95 | 16.67 | 5.53 | 1.95 |
| 元素符号 | Fe | Ca | Mg | K | Ti |
| 质量分数/% | 1.50 | 1.48 | 1.39 | 1.08 | 0.22 |

### 11.1.2　元素分类

元素根据不同的分类原则可以分为不同的类别。

元素按电子得失能力可分为**金属元素**和**非金属元素**。元素的金属性是指元素的原子失电子的能力；元素的非金属性是指元素的原子得电子的能力。元素周期表所有元素中非金属元素为 22 种，其他为金属元素，可以通过长式周期表中硼-硅-砷-碲-砹和铝-锗-锑-钋之间的对角性来区分。其中，位于对角线左下方的都是金属元素，右上方的都是非金属元素。这条对角线附近的锗、砷、锑、碲称为**准金属元素**，因其单质的性质介于金属和非金属之间，故多数可作为半导体使用。

稀有元素是否就是指在自然界中含量低的元素?

根据元素在自然界中的分布及人类应用情况，可将元素分为**普通元素**和**稀有元素**。稀有元素一般指在自然界中含量少，或被人们发现的较晚，或对它们研究得较少，或提炼它们比较困难，以致在工业上应用也较晚的元素。通常稀有元素也可继续分为轻稀有金属元素、高熔点稀有金属元素、分散稀有元素、稀有气体元素、稀土金属元素、放射性稀有元素等。

根据元素生物效应的不同，又分为有生物活性的**生命元素**和**非生命元素**。

## 11.2　s 区 元 素

s 区元素位于元素周期表的最左边，包括ⅠA 和ⅡA 族，除氢外分别称为**碱金属**和**碱土金属**元素。ⅠA 族碱金属包括锂、钠、钾、铷、铯、钫六种金属元素。ⅡA 族碱土金属包括铍、镁、钙、锶、钡、镭六种金属元素，其中钫和镭是放射性元素。

s区元素通性

### 11.2.1　s 区元素的通性

1. 电子结构

s 区元素价电子层构型为 $ns^1$ 和 $ns^2$。相比同周期的其他元素，除氢和稀有气体外，由于核电荷最少，原子半径最大，内层电子的屏蔽效应显著，原子核对价电子束缚能力较弱，所以特别容易失去外层电子，表现很强的金属活泼性，在自然界只能以化合物的形式存在。其失去电子后形成氧化数为 +1(ⅠA)和 +2(ⅡA)的离子，没有变价。

2. 单质的物理性质

s 区元素(除 H 外)的单质均为金属，具有金属光泽。它们的金属键较弱，因此具有熔点低、硬度小、密度小等特点。另外，s 区元素还具有良好的导电性能和传热性质。

(1) 低熔点，除 Be 外，其他金属的熔点均低于 1000℃，其中 Cs 的熔点最低为 28.5℃，低于人体的温度。

(2)低硬度，碱金属和 Ca、Sr、Ba 均可用刀切割，其中 Cs 的硬度为 0.2，是最软的金属。

(3)低密度，它们的密度都小于 $5g \cdot cm^{-3}$，最轻的是锂，为 $0.53g \cdot cm^{-3}$。

3. 化学性质

ⅠA、ⅡA 族金属有很强的活泼性，都能同卤素、氧及活泼非金属发生反应，大多数的相应化合物是以离子键相结合，因此能从化合物中置换出其他金属。对于一些典型反应总结如下：

| ⅠA 族 | ⅡA 族 |
| --- | --- |
| $2M + X_2 \longrightarrow 2MX$(X 为卤素) | $MX_2$ |
| $2M + H_2 \longrightarrow 2MH$ | $MH_2$(Be、Mg 除外) |
| $2M + 2H_2O \longrightarrow 2MOH + H_2$ | $M(OH)_2$(Ca、Sr、Ba) |
| $4M + TiCl_4 \longrightarrow Ti + 4MCl$ | $Ti + MCl_2$ |
| $4M + O_2 \longrightarrow 2M_2O$ | MO |
| $M_2O_2$ | $MO_2$(Ca、Sr、Ba) |
| $MO_2$ | |

### 11.2.2　s 区元素重要化合物

s区元素重要化合物

1. 氧化物

Li 和ⅡA 族金属在空气中燃烧生成正常氧化物：

$$4Li + O_2 \longrightarrow 2Li_2O \qquad 2M + O_2 \longrightarrow 2MO$$

Na 还原 $Na_2O_2$，K 还原 $KNO_3$ 等制得相应氧化物：

$$2Na + Na_2O_2 \longrightarrow 2Na_2O$$

$$2MNO_3 + 10M \longrightarrow 6M_2O + N_2 \text{ (M为K、Rb、Cs)}$$

碱土金属的氧化物可以通过其碳酸盐或硝酸盐等的热分解制备：

$$MCO_3 \xrightarrow{\triangle} MO + CO_2\uparrow$$

$$M(NO_3)_2 \xrightarrow{\triangle} MO + 2NO\uparrow + \frac{3}{2}O_2\uparrow$$

除 BeO 为两性外，其他氧化物均显碱性。经过煅烧的 BeO 和 MgO 极难与水反应，它们的熔点很高，都是很好的耐火材料。

氧化镁

2. 过氧化物

除 Be 外，其他碱金属和碱土金属均可形成过氧化物：

$$2Na + O_2(\text{无}CO_2) \xrightarrow{\triangle} Na_2O_2(\text{淡黄})$$

$$2BaO + O_2 \xrightarrow{\triangle} 2BaO_2$$

较有实用价值的是 $Na_2O_2$ 与 $BaO_2$，$Na_2O_2$ 可用作氧化剂、漂白剂和氧气发生剂。$Na_2O_2$与$CO_2$反应能放出$O_2$，利用这一性质，$Na_2O_2$在防毒面具和潜水艇中作$CO_2$的吸收剂和供氧剂。

$BaO_2$与稀酸反应生成$H_2O_2$，为实验室制备$H_2O_2$方法之一：

$$BaO_2 + H_2SO_4 \longrightarrow BaSO_4 + H_2O_2$$

$BaO_2$也作供氧剂，用于防毒面具中。

3. 超氧化物

$O_2$通入Na、K、Rb、Cs的液氨溶液，K、Rb、Cs在过量的$O_2$中燃烧均得超氧化物：

$$M + O_2 \xrightarrow{NH_3(l)} MO_2 \quad (M为Na、K、Rb、Cs)$$

加压的$O_2$和$Na_2O_2$反应制得$NaO_2$：

$$Na_2O_2 + O_2(1.5\times10^7 Pa) \xrightarrow{773K} 2NaO_2$$

$Ca(O_2)_2$、$Sr(O_2)_2$、$Ba(O_2)_2$由相应过氧化物和$H_2O_2$在真空下加热生成，其中$Ba(O_2)_2$最为稳定。

碱金属超氧化物和$H_2O$、$CO_2$反应放出$O_2$，被用作供氧剂：

$$2MO_2 + 2H_2O \longrightarrow H_2O_2 + O_2\uparrow + 2MOH$$

$$4MO_2 + 2CO_2 \longrightarrow 2M_2CO_3 + 3O_2\uparrow$$

4. 氢氧化物

ⅠA和ⅡA族金属氢氧化物中除$Be(OH)_2$为两性，LiOH、$Mg(OH)_2$为中强碱外，其余MOH、$M(OH)_2$均为强碱。

ⅠA、ⅡA族金属氢氧化物中的NaOH和KOH最为重要，两者性质相似。NaOH是一种强碱，又称烧碱或苛性碱，是一种重要的化工原料，也是重要的化学试剂。工业上生产NaOH的方法有苛化法、隔膜电解法、汞阴极法和离子膜法。以食盐为原料，电解食盐水溶液除得到NaOH外，还有副产品氯气，一般统称为氯碱工业。在有机溶剂中反应，由于$K^+$离子半径较大，极化作用较大，溶解性较好，KOH常用来代替NaOH，但原料价格较高。

碱金属氢氧化物在水中都是易溶的，碱土金属氢氧化物在水中的溶解度比碱金属氢氧化物小得多，如$Be(OH)_2$和$Mg(OH)_2$均为难溶氢氧化物。

5. 盐类

碱金属和碱土金属常见的盐类有卤化物、硝酸盐、碳酸盐和硫酸盐。它们的共同特性概述如下。

1) 溶解性

绝大多数碱金属的盐类易溶于水。其少数难溶于水的有离子半径小的锂盐，如LiF、$Li_2CO_3$、$Li_3PO_4$等；另一类是由大的阴离子与碱金属离子所组成的微溶盐，如$Na[Sb(OH)_6]$(锑酸钠)等，这些难溶盐可以用于碱金属离子鉴定反应。

ⅡA 族金属的氯化物、硝酸盐易溶于水，碳酸盐等难溶。利用化合物溶解度的差别可进行分离提纯。

2) 键型

碱金属和碱土金属在形成化合物时多形成离子型化合物。只有离子半径小、极化力大的 $Li^{+}$、$Be^{2+}$、$Mg^{2+}$的某些盐具有共价性。例如，$BeCl_2$ 是共价化合物，易溶于有机溶剂中。

3) 水解

除 $Be^{2+}$外，$Li^{+}$、$Mg^{2+}$也能水解，但水解能力不强，其他ⅠA、ⅡA 族阳离子水解极弱。

有些水合盐如 $LiCl \cdot H_2O$、$MgCl_2 \cdot 6H_2O$ 等会受热发生水解生成 LiOH、Mg(OH)Cl，因此不能用加热脱水的方法使这些水合盐转化为无水盐，而要在 HCl 气氛下加热或和 $NH_4Cl$(s) 混合物加热制得无水盐。

4) 含氧酸盐的热稳定性

碱金属和碱土金属含氧酸盐对热都比较稳定，碱金属含氧酸盐的稳定性更高。它们的碳酸盐热分解更有实际意义。

随着阳离子半径从 $Li^{+}$至 $Cs^{+}$增加，热稳定性也增加，除了 $Li_2CO_3$ 在高温下部分分解生成 $Li_2O$ 外，其余碱金属碳酸盐均难分解。但碳酸氢盐均不及碳酸盐稳定，受热分解成碳酸盐。例如，$NaHCO_3$ 和 $KHCO_3$ 分别于 112℃和 163℃分解为 $M_2CO_3$、$CO_2$ 和 $H_2O$。

碱土金属碳酸盐相比于碱金属盐较易分解，分解后生成碱土金属氧化物。随周期数增加，阳离子半径从 $Be^{2+}$到 $Ba^{2+}$增加，热稳定性随之增加。因此，碱土金属碳酸盐的热分解温度由上向下同样逐渐升高。

查阅资料了解碱土金属碳酸盐的热分解温度。

5) 焰色反应

将某些金属或它们的盐置于无色火焰中灼烧，若火焰呈现特殊的颜色，称为焰色反应。几种碱金属和碱土金属氯化物的焰色如表 11-2 所示。

焰色反应

**表 11-2　几种碱金属和碱土金属的焰色反应**

| 金属盐 | LiCl | NaCl | KCl | $CaCl_2$ | $SrCl_2$ | $BaCl_2$ |
|---|---|---|---|---|---|---|
| 焰 色 | 红 | 黄 | 紫 | 橙红 | 深红 | 绿 |

焰色反应有什么应用?

钾盐中往往含有少量钠，就会在焰色中看到钠的黄色，为清除钠对钾焰色的干扰，一般用蓝色钴玻璃滤光。

## 11.3　p 区 元 素

p 区元素包括ⅢA～ⅦA 及ⅧA 族六个主族，目前共有 37 个元素，是元素周期表中唯一同时包含金属和非金属的一个区。因此，该区元素具有十分丰富的性质。

### 11.3.1　p 区元素的通性

p区元素通性

1. 电子构型

p 区元素价电子构型为 $ns^2np^{1\sim6}$，在同周期元素中，由于 p 轨道上电子数的不同而呈现出明显不同的性质，如 13 号元素铝是金属，而 16 号元素硫是典型的非金属。在同一族元素中，原子半径从上到下逐渐增大，而有效核电荷只是略有增加。因此，金属性逐渐增强，非金属性逐渐减弱。

2. 物理性质

p 区元素由于其电子构型的特殊性，因而既包含金属固体、非金属固体，也有非金属液体及非金属气体(双原子分子)。因此，它们的物理性质差异很大。一般地，同周期元素中，熔、沸点从左到右逐渐减小；同族元素中，熔、沸点从上到下逐渐增大。

3. 化学性质

p 区元素的电负性较 s 区元素的大，所以 p 区元素在许多化合物中常以共价键结合。

p 区元素大多具有多种氧化值，其最高正氧化值等于其最外层电子数(族数)。

p 区非金属元素(除稀有气体外)在单质状态以非极性共价键结合，可形成独立的双原子分子，如 $Cl_2$、$O_2$、$N_2$ 等；也可形成多原子的巨型分子，如 C、Si、B 等。

p 区金属元素由于其电负性相对 s 区元素大，所以其金属性比碱金属和碱土金属弱。某些元素甚至表现出两性，如 Si、Al 等。

### 11.3.2　p 区重要元素及其化合物

1. 硼、碳、硅及其化合物

硼碳硅及其重要化合物

1) 硼及其化合物

硼在自然界主要以含氧化合物的形式存在。硼的含氧酸盐中按含硅与否分为两类：硼硅酸盐($CaB_2O_3 \cdot 2SiO_2$)和不含硅的硼酸盐(硼砂 $Na_2B_4O_7 \cdot 10H_2O$，方硼石 $2Mg_3B_8O_{15} \cdot MgCl_2$ 等)。

硼单质的制备是在加压下用碱溶液分解方硼石得硼砂，酸分解硼砂得到硼酸，硼酸受热脱水得到氧化硼，再用镁还原得单质硼。

试写出硼单质制备过程的反应方程式。

(1) 硼的氢化物。

硼族元素的价电子构型为 $ns^2np^1$，价轨道数为 4，而价电子数为 3，表现出缺电子特征，组成缺电子化合物。由于有空的价电子轨道，容易与电子给予体形成加合物或发生分子间自聚合。

硼的氢化物称为硼烷，硼与氢可以形成一系列共价型氢化物，目前已知的硼烷有 $B_2H_6$、$B_5H_9$、$B_4H_{10}$、$B_8H_{16}$ 等，多数硼烷的组成为 $B_nH_{n+4}$、$B_nH_{n+6}$，少数为 $B_nH_{n+8}$、$B_nH_{n+10}$。最简单的硼烷是乙硼烷，组成为 $B_2H_6$，可以看作是 $BH_3$ 的二聚体。

硼烷结构模型

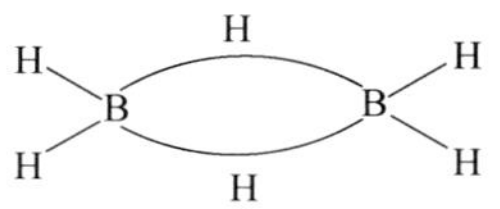

图 11-1　$B_2H_6$ 的结构

硼烷的结构见图 11-1：

$B_2H_6$ 在空气中极易燃烧，放出大量的热。

由于硼烷燃烧的热效应很大，反应速率快，所以有可能作为高能燃料。$B_2H_6$与离子型氢化物反应的产物是有机合成中的重要还原剂。

(2)硼的含氧化合物。

强酸分解硼酸盐可制得 $H_3BO_3$，工业上制 $H_3BO_3$ 反应式如下：

$$Na_2B_4O_7 \cdot 10H_2O + H_2SO_4 \longrightarrow 4H_3BO_3 + Na_2SO_4 + 5H_2O$$

$H_3BO_3$ 能溶于水，溶解度随温度升高而增加。

要注意 $H_3BO_3$ 是一元路易斯弱酸，酸性很弱。为什么？

最重要的硼酸盐是四硼酸钠，俗称硼砂，分子式为 $Na_2B_4O_5(OH)_4 \cdot 8H_2O$，习惯写为 $Na_2B_4O_7 \cdot 10H_2O$，是无色透明的晶体，350～400℃脱水成 $Na_2B_4O_7$。

硼砂珠实验：利用硼砂与金属氧化物在熔融下生成有色物质鉴定某些金属离子的实验。例如：
$Co(BO_2)_2 \cdot 2NaBO_2$（蓝色）
$Ni(BO_2)_2 \cdot 2NaBO_2$（绿色）

2)碳、硅及其化合物

(1)碳的同素异形体。

现发现碳的同素异形体有石墨、金刚石、富勒烯(以 $C_{60}$ 为代表)、石墨烯、碳纳米管和石墨炔等。

金刚石是每个碳原子均以 $sp^3$ 杂化轨道和相邻 4 个碳原子以共价键结合而成的晶体，在所有物质中它的硬度最大(莫氏硬度 10)，是典型的原子晶体，熔点高，不导电，对大多数试剂表现出惰性。

石墨结构中每个碳原子以 $sp^2$ 杂化轨道和相邻 3 个碳原子以共价键结合而连成层状结构，每层有离域大π键，未参加杂化的 p 轨道上电子可以自由流动，所以石墨能导电，层间容易滑动，质软，密度为 $2.22g \cdot cm^{-3}$ 。

富勒烯(图 11-2)是碳的又一类同素异形体，是球形而又不饱和的纯碳分子，由几十甚至上百个碳原子组成的封闭体系，目前研究以 $C_{60}$ 为主，碳原子的杂化轨道处于 $sp^2$(石墨)和 $sp^3$(金刚石)之间。

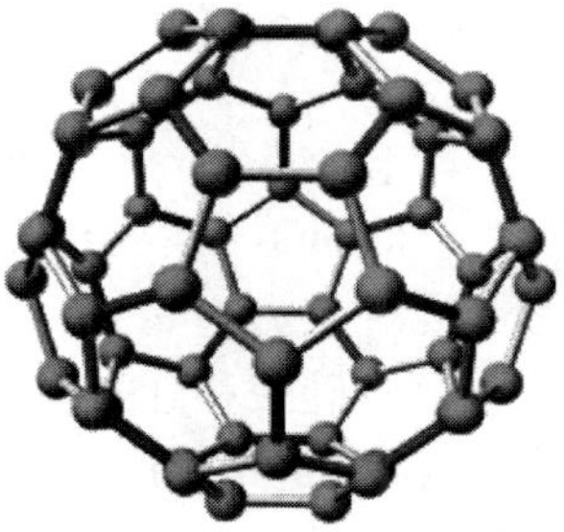

图 11-2　富勒烯结构图

富勒烯有哪些性质和应用？参见：富勒烯生产工艺、富勒烯的制备及应用。知识产权出版社，2011 年。

碳同素异形体

(2)碳的氧化物。

碳的常见氧化物有 CO 和 $CO_2$，碳在氧气不充分的条件下燃烧，生成无色有毒的 CO。实验室用浓 $H_2SO_4$ 脱去 HCOOH 中的 $H_2O$，以制备少量的 CO。CO 具有还原性，是冶金工业中常用的还原剂。例如：

$$Fe_2O_3(s) + 3CO(g) \longrightarrow 2Fe(s) + 3CO_2(g)$$

血红蛋白和 CO 的结合能力是 $O_2$ 和血红蛋白结合能力的 210 倍。CO 和血红蛋白结合就破坏其运输 $O_2$ 功能，当空气中 CO 的体积分数达 0.1‰时，将会引起中毒。

CO 通过 $PdCl_2$ 溶液生成黑色 Pd，这个反应可用于检验 CO。

$CO_2$ 是无色无味的气体，无毒性，但浓度过高会引起空间缺氧。$CO_2$ 也不助燃，空气中含量超过 2.5‰时，火焰会熄灭。它是主要的温室效应气体，其排放量受到《京都议定书》的限制。

高度冷却时，$CO_2$ 凝结为白色雪状固体，压缩成块状，俗称“干冰”，常压下 195K 升华，蒸发缓慢，常作制冷剂，其冷冻温度可达 195～203K。另外，$CO_2$ 不能燃烧，又不助燃，密度比空气大，故常用作灭火剂。

超临界 $CO_2$ 还在萃取方面有重要的应用。

（3）碳酸盐。

习惯上将 $CO_2$ 的水溶液称为碳酸，而纯的碳酸至今尚未制得。碳酸盐有两种类型：正盐（碳酸盐）和酸式盐（碳酸氢盐）。正盐中除碱金属（不包括 $Li^+$）、铵及铊（$Tl^+$）盐外，都难溶于水。许多金属的酸式碳酸盐的溶解度稍大于正盐。

(1) 了解 $CO_2$ 为何称为温室气体，及其作用原理。
(2) 了解《京都议定书》的主要内容。

对于易溶的碳酸盐，性质恰相反，酸式盐的溶解度较小。例如，常温下 100g 水中可溶解 21.5g $Na_2CO_3$，只能溶解 9.6g $NaHCO_3$。

金属离子与可溶性碳酸盐混合时，由于 $CO_3^{2-}$ 的水解作用，沉淀产物可能是碳酸盐、碱式盐或氢氧化物。

碳酸盐和碳酸氢盐热稳定性较差，高温下它们易分解。

（4）硅及硅的氧化物。

超临界流体及其应用的资料可参见：彭英利，马承愚。超临界液体技术应用手册。化学工业出版社，2005。

硅单质有无定形和晶态两种。晶态硅为原子晶体，属金刚石结构，晶态硅又可区分为单晶硅和多晶硅。高纯的单晶硅呈灰色，硬而脆，熔点和沸点均很高，是重要的半导体材料。

硅的氧化物是二氧化硅 $SiO_2$，有晶形和无定形两种形态。硅藻土是无定形的 $SiO_2$，具有多孔性，是良好的吸附剂，也可作建筑工程的绝热隔音材料。晶形无色透明的纯石英称为水晶。

$SiO_2$ 的化学性质不活泼，它不溶于水，但可溶于浓磷酸和氢氟酸，也可溶于强碱。例如：

水晶

$$SiO_2 + 4HF \longrightarrow SiF_4\uparrow + 2H_2O$$

$$SiO_2 + 2NaOH \longrightarrow Na_2SiO_3 + H_2O$$

$Na_2SiO_3$ 能溶于水，其水溶液称为水玻璃，可作黏合剂、防火涂料和防腐剂等。

（5）硅酸和硅酸盐。

硅酸是无定形二氧化硅的水合物 $x SiO_2 \cdot y H_2O$，为白色胶状或絮状固体。目前已确认的硅酸有正硅酸 $H_4SiO_4$、偏硅酸 $H_2SiO_3$、二偏硅酸 $H_2Si_2O_5$ 和焦硅酸 $H_6Si_2O_7$。习惯上以 $H_2SiO_3$ 表示硅酸。

硅酸在水溶液中会发生自行聚合作用，随着条件的不同形成硅溶胶。如果加入电解质，硅溶胶则会失水转变为硅凝胶，将硅凝胶烘干可得到硅胶。烘干的硅胶是一种多孔性物质，具有良好的吸水性，而且吸水后还能烘干重复使用。实验室用变色硅胶作干燥剂，是将硅胶用 $CoCl_2$ 溶液浸透后烘干制得。无水 $Co^{2+}$ 为蓝色，水合 $[Co(H_2O)_6]^{2+}$ 为粉红色。

硅胶变色示意图

常见可溶性硅酸盐有 $Na_2SiO_3$ 和 $K_2SiO_3$。

## 2. 氮、磷、砷及其化合物

氮磷砷及其重要化合物

氮（N）、磷（P）、砷（As）在周期表中位于第 VA 族，元素的价电子层结构为 $ns^2np^3$。氮、磷是典型的非金属元素，而砷为准金属元素。

1）氮及其主要化合物

（1）氮气。

$N_2$ 分子中两个氮原子各提供一个 $p_x$ 电子，形成一个 σ 键，而 $p_y$ 和 $p_z$ 电子分别形成两个相互垂直的 π 键。由于 $N_2$ 分子中有叁键，分子特别稳定，化学性质很不活泼，但在一定条件下 $N_2$ 能直接与 $H_2$ 和 $O_2$ 化合生成 $NH_3$ 和 NO 等。另外 $N_2$ 能与 Mg、Ca 等元素化合生成 $Mg_3N_2$、$Ca_3N_2$，它们遇水溶液水解放出 $NH_3$。

（2）氨及铵盐。

氨是具有臭味的无色气体。氨参与的化学反应主要有加合反应、取代反应和氧化反应。

**加合反应**：$NH_3$ 分子中 N 原子上的孤电子对可以作为路易斯碱与路易斯酸发生加合反应。许多过渡金属离子与 $NH_3$ 以配位键相结合组成配位化合物，如 $Ag(NH_3)_2^+$、$Cu(NH_3)_4^{2+}$ 等。

**取代反应**：$NH_3$ 中的三个 H 可被某些原子或原子团取代，生成—$NH_2$（氨基化物，如 $NaNH_2$）、═NH（亚氨基化物，如 CaNH）和≡N（氮化物，如 AlN）。$NH_3$ 取代反应生成尿素反应式如下：

$$COCl_2 + 2NH_3 \longrightarrow CO(NH_2)_2 + 2HCl\uparrow$$

**氧化反应**：$NH_3$ 分子中 N 处于最低氧化数−3，在一定条件下有失去电子形成高氧化态物质的倾向（显还原性）。例如，下列反应：

$$2NH_3 + 3H_2O_2 \longrightarrow N_2\uparrow + 6H_2O$$

查阅资料写出常见铵盐加热下分解反应的方程式。

铵盐中 $NH_4^+$ 离子半径（143pm）和 $K^+$ 离子半径（133pm）很接近，在性质上有许多相似之处，因此铵盐的性质类似于钾盐，它们有相似的溶解度。

铵盐的一个重要性质是热稳定性差。固态铵盐随酸根的不同加热易分解为各种产物。

（3）氮的氧化物。

氮和氧能形成多种化合物，如 $N_2O$、NO、$N_2O_3$、$NO_2$、$N_2O_4$、$N_2O_5$ 等。其中最主要的是 NO 和 $NO_2$。

NO 是无色、有毒气体，在水中溶解度小，不与水发生反应。常温下 NO 很容易氧化为 $NO_2$。

NO 容易失去一个电子形成稳定的 $NO^+$（亚硝酰离子）。$NO^+$ 的电子数和 $N_2$、CO、$CN^-$ 相同，结构相似。

查阅资料了解如何鉴定一个分子是顺磁性还是反磁性。

$NO_2$ 是红棕色的有毒气体。$NO_2$ 能发生聚合作用，形成 $N_2O_4$。$NO_2$ 具有顺磁性，$N_2O_4$ 为无色、反磁性物质。

$NO_2$ 易与 $H_2O$ 反应生成硝酸：

$$3NO_2 + H_2O \longrightarrow 2HNO_3 + NO$$

很多工业废气及汽车尾气中都有 NO 和 $NO_2$，它们是空气的主要污染气体之一。$NO_2$ 能与空气中的水分发生反应生成硝酸，是酸雨的成分之一，对环境造成危害。目前处理废气中氮的氧化物可用碱液进行吸收回收：

$$NO + NO_2 + 2NaOH \longrightarrow 2NaNO_2 + H_2O$$

(4) 亚硝酸及其盐。

$HNO_2$ 是一元弱酸。等物质的量的 $NO_2$ 和 NO 溶于冰水得 $HNO_2$，若溶于碱则得到亚硝酸盐：

$$NO + NO_2 + H_2O \longrightarrow 2HNO_2$$

$HNO_2$ 不稳定，逐渐分解为 $HNO_3$ 和 NO：

$$3HNO_2 \longrightarrow HNO_3 + 2NO + H_2O$$

目前尚未得到纯的 $HNO_2$，但亚硝酸盐相当稳定。

碱和碱土金属元素(包括铵)的亚硝酸盐都是白色晶体(略带黄色)，易溶于水，除铵盐外受热时都比较稳定。重金属的亚硝酸盐微溶于水，热分解温度低，如 $AgNO_2$ 于 100℃开始分解。

亚硝酸及其盐中，N 的氧化数为+3，处于中间氧化态，故既有氧化性，又有还原性。

写出硝酸分解的反应方程式。

(5) 硝酸及其盐。

实验室用 $NaNO_3$ 和浓 $H_2SO_4$ 作用制 $HNO_3$。

$$NaNO_3 + H_2SO_4 \longrightarrow NaHSO_4 + HNO_3\uparrow$$

工业上是用 $NH_3$ 为原料，在催化下高温氧化得到 $NO_2$，然后用水吸收制备 $HNO_3$。

写出硝酸氧化 C、S 的反应方程式。

$HNO_3$ 受热、见光都能分解，所以浓硝酸应保存在阴凉处。

$HNO_3$ 具有强氧化性，能将 C、S 氧化成 $CO_2$、$H_2SO_4$，而本身被还原成 NO、$NO_2$。

除去不活泼金属如 Au、Pt、Ta、Rh、Ir 外，所有金属都能和 $HNO_3$ 反应。

一体积浓 $HNO_3$ 和三体积浓 HCl 的混合液称为王水。它具有强氧化性和强配位性($Cl^-$)，所以能溶解 Au、Pt 等：

$$Au + HNO_3 + 4HCl \longrightarrow HAuCl_4 + NO\uparrow + 2H_2O$$

硝酸盐都易溶，它们可由 $HNO_3$ 和金属单质、金属氧化物或碳酸盐反应生成。硝酸盐的分解产物和金属离子有关。

2) 磷及其化合物

(1) 单质磷。

磷有三种同素异形体：白磷、红磷及黑磷。纯白磷是无色透明的晶体，遇光逐渐变为黄色，所以又称黄磷。白磷在常温下有很高的化学活性。白磷隔绝空气在 673K 加热数小时可以转化为红磷，红磷比白磷稳定。黑磷是以白磷为原料在较高温度(220℃)、高压($1.216\times10^9$Pa)下制成的，其结构和石墨相似，能导电，不溶于有机溶剂。白磷、红磷和黑磷的化学活性有较大差别，白磷最活泼，黑磷最不活泼。

白磷不溶于水，易溶于 $CS_2$、$C_6H_6$ 等非极性溶剂， 它和空气接触时缓慢氧化，部分反应能量以光能的形式放出，这便是白磷在暗处发光的原因，称之为磷光现象。因此，白磷一般要储存在水中以隔绝空气。白磷有剧毒，致死量约 0.1g，工业上主要用于制造磷酸。

(2)磷的氧化物。

白磷在空气中燃烧生成 $P_4O_6$ 和 $P_4O_{10}$(有的书上写为 $P_2O_5$)，$O_2$ 充分时，生成物以 $P_4O_{10}$ 为主。

$P_4O_{10}$ 和 $H_2O$ 的亲和力极强，实验室中常用作干燥剂。$P_4O_{10}$ 和少量水作用生成 $HPO_3$(偏磷酸)，和过量水作用生成 $H_3PO_4$。

$P_4O_6$ 是亚磷酸酐，溶于冷水得到的是 $H_3PO_3$(亚磷酸)。磷的氧化物除 $P_4O_6$、$P_4O_{10}$ 外，还有 $P_2O_4$、PO、$P_4O_7$、$P_4O_8$、$P_4O_9$ 等。

(3)磷酸及其磷酸盐。

磷的含氧酸中以磷酸为最主要，也最稳定，又称正磷酸($H_3PO_4$)，无氧化性，是一种稳定的三元酸，可以分级解离。磷酸溶液的黏度较大是由于溶液中存在氢键。除此之外，磷酸还具有很强的配位能力，能与许多金属离子生成可溶性配合物。磷酸受热时脱水，缩合生成多磷酸，如 $H_4P_2O_7$、$H_5P_3O_{10}$ 和多聚偏磷酸。缩合酸的酸性一般强于 $H_3PO_4$。

固体酸式磷酸钠受热脱水发生的主要反应如下：

$$NaH_2PO_4 \xrightarrow{\triangle} NaPO_3(\text{偏磷酸钠}) + H_2O$$

$$2Na_2HPO_4 \xrightarrow{\triangle} Na_4P_2O_7(\text{焦磷酸钠}) + H_2O$$

$$2Na_2HPO_4 + NaH_2PO_4 \xrightarrow{\triangle} Na_5P_3O_{10}(\text{三聚磷酸钠}) + 2H_2O$$

三聚磷酸钠是磷酸盐中十分重要的盐，是链状白色粉末，能溶于水。$P_3O_{10}^{5-}$ 和金属离子有较高的配位能力，生成某些可溶性的配合物：

$$Na_5P_3O_{10} + M^{2+} \longrightarrow Na_3MP_3O_{10} + 2Na^+ \ (M = Cu^{2+}、Mg^{2+}、Fe^{2+}\text{等})$$

因此，$Na_5P_3O_{10}$ 可用作合成洗涤剂的主要添加剂(或助剂)、工业用水软化剂、制革预鞣剂、染色助剂等。

?
三聚磷酸钠作为合成洗涤剂的助剂其主要作用是什么?

含磷酸盐的废水被大量排入江河湖海中会造成环境污染。目前 $Na_5P_3O_{10}$ 的无机替代品有碳酸钠、硅酸钠、4A 分子筛等。

3)砷及其化合物

砷主要以硫化物存在于自然界，如雌黄($As_2S_3$)、雄黄($As_4S_4$)、砷硫铁矿(FeAsS)。此外，许多硫化物矿如黄铁矿($FeS_2$)、闪锌矿(ZnS)中，也含有少量的砷。氧化砷俗称砒霜，焙烧硫化物矿时，其中的砷转化为 $As_2O_3$。$As_2O_3$ 易升华而逸入空气，对空气造成污染。

砷单质的制取方法主要是将砷化物燃烧成氧化物，然后用还原剂(如 C、CO 等)将氧化物还原为单质。砷与硝酸作用生成 $H_3AsO_4$。砷可以生成氢化物 $AsH_3$，是一种有毒、不稳定的无色气体。用强还原剂在稀 $H_2SO_4$ 或 HCl 的存在下，将+3 氧化态砷的化合物还原成 $AsH_3$，加热到一定温度时 $AsH_3$ 即分解为 As 和 $H_2$，分解生成的 As 沉积于器壁呈亮黑色的“砷镜”。利用砷镜反应能检出 0.007mg 的砷，这种方法称为 Marsh 试砷法。

$AsH_3$ 是强还原剂，能还原 $AgNO_3$ 生成 Ag。这一反应也用于检出微量的

As，检出限量为 0.005mg，称为 Gutzeit 法。

氧族元素及其重要化合物

3. 氧、硫及其主要化合物

氧族元素位于周期表ⅥA 族，包括氧、硫、硒、碲、钋 5 种元素。其中钋具有放射性。

1) 氧、臭氧和氧的氢化物

(1) 氧和臭氧。

氧单质有两种同素异形体，即 $O_2$ 和 $O_3$(臭氧)。

氧是地壳中分布最广和含量最高的元素。常温下，氧气是一种无色无味的气体。在 $O_2$ 分子中，两个氧原子通过一个 σ 键和两个三电子 π 键结合，故在 $O_2$ 分子中存在两个未成对电子，使氧分子表现出顺磁性。$O_2$ 为非极性分子，难溶于极性溶剂中，293K 时 1L 水中只能溶解 $30cm^3$ $O_2$，溶解度虽小，却是水生动植物在水中赖以生存的基础。实验室常采用分解氧化物或含氧酸盐的方法制备 $O_2$，如：

$$2KClO_3 \xrightarrow{MnO_2} 2KCl + 3O_2\uparrow$$

在常温下，氧的反应性能较差。在加热或高温条件下，除卤素、稀有气体和少数金属外，氧可以与所有元素直接化合，并放出大量的热。

臭氧存在于大气的最上层，由太阳对大气中氧气的强辐射作用而形成。臭氧能吸收太阳光的紫外辐射，从而形成臭氧保护层。臭氧因其具有特殊的腥臭味而得名。

制备 $O_3$ 常采用电晕放电的方法，使 $O_2$(或空气)通过高频电场，即有部分 $O_2$ 转化为 $O_3$，生成物中 $O_3$ 的体积分数通常为 9‰～11‰。

$O_3$ 有很强的氧化性，能氧化许多不活泼的单质如 Hg、Ag、S 等，还可以从碘化钾溶液中使碘析出，此反应常作为 $O_3$ 的鉴定反应和测定 $O_3$ 的含量。$O_3$ 在有机合成中有重要的用途。

臭氧能杀死细菌，可用于消毒水和净化空气。臭氧在污水处理中有广泛的应用，为优良的污水净化剂、脱色剂。但是如果空气中臭氧含量过高，也会对人体健康有害。

(2) 水和过氧化氢。

水分子间存在着较强的氢键，能发生相应缔合作用。温度降低，水的缔合程度增大，273K 时水结合成冰，全部水分子缔合在一起成为一个巨大的缔合分子。水分子是强极性分子，许多物质均可溶于水。

过氧化氢($H_2O_2$)俗称双氧水。市售试剂是约 30%的水溶液，消毒用 3%的水溶液。过氧化氢的特征化学性质是不稳定性和氧化还原性。

$H_2O_2$ 含有过氧键—O—O—，键能较小，分子不稳定，容易分解。$H_2O_2$ 水溶液在光照、加热和增大溶液的碱度时，都能促使其分解。溶液中微量的 $MnO_2$ 或重金属离子(如 $Fe^{3+}$、$Mn^{2+}$、$Cu^{2+}$、$Cr^{3+}$等)对 $H_2O_2$ 的分解有催化作用。常将 $H_2O_2$ 溶液装在棕色瓶中，并避光放于阴凉处。

$H_2O_2$ 中氧的氧化数是−1，处于中间氧化态。$H_2O_2$ 既可以作氧化剂，又可作还原剂。

基于 $H_2O_2$ 的氧化性，常将它用作漂白剂、氧化剂和消毒剂。高浓度的

$H_2O_2$是火箭燃料的氧化剂。

当$H_2O_2$遇到比它更强的氧化剂时，就表现出还原剂的性质。在工业上常利用$H_2O_2$和$Cl_2$的反应除去漂白过的物件上残余的$Cl_2$。在定量分析中，利用$H_2O_2$与$KMnO_4$的酸性溶液的反应定量测定$H_2O_2$的含量。

$H_2O_2$的制备通常由金属过氧化物与稀硫酸作用、电解硫酸氢铵水溶液和乙基蒽醌法等 3 种方法。其中乙基蒽醌法是用$O_2$氧化乙基蒽醇为乙基蒽醌和$H_2O_2$，分出$H_2O_2$后，以 Pd 或 Ni 作催化剂通入$H_2$，还原乙基蒽醌为乙基蒽醇。过程只消耗$H_2$和$O_2$，是一个典型的“零排放”绿色化学工艺。

?
请写出乙基蒽醌法制备$H_2O_2$的化学反应方程式。

2)硫及其化合物

自然界硫分布很广，地壳中的元素含量为 0.03%，以三种形态存在：单质硫、硫化物和硫酸盐。例如，硫铁矿($FeS_2$)、石膏($CaSO_4 \cdot 2H_2O$)和芒硝($Na_2SO_4 \cdot 10H_2O$)。

(1)同素异形体。

单质硫有多种同素异形体，如$S_8$分子组成的单质硫有斜方硫(也称正交硫)和单斜硫两种。两者的转变温度为 95.4℃，斜方硫为黄色，密度为 $2.06g \cdot cm^{-3}$；单斜硫为浅黄色，密度为 $1.96g \cdot cm^{-3}$。

(2)硫化氢。

$H_2S$是无色有恶臭味的有毒气体，吸入大量$H_2S$会造成人昏迷或死亡，空气中$H_2S$的允许含量不得超过 $0.01mol \cdot L^{-1}$。

硫化氢能溶于水，常温常压下，其饱和水溶液的浓度为 $0.1mol \cdot L^{-1}$。

$H_2S$中的 S 处于最低氧化态−2，$H_2S$具有还原性，能被氧化成单质硫或更高氧化态的硫。

实验室制备$H_2S$的水溶液常用金属硫化物与稀硫酸反应、硫代乙酸胺水解两种方法。

(3)金属硫化物。

许多金属离子能与硫化氢或硫离子作用，生成溶解度很小的金属硫化物。这些硫化物有些难溶于酸，它们的沉淀具有特殊的颜色。分析化学上常利用这些性质来分离和鉴别金属离子。

除$Na_2S$、$K_2S$、$(NH_4)_2S$及 BaS 等少数硫化物易溶于水外，多数硫化物难溶于水。按溶解的难易程度可分为以下几种：

不溶于水而溶于稀酸($0.3mol \cdot L^{-1}$ HCl)的金属硫化物如 FeS、MnS 等，它们的溶度积较大；难溶于稀盐酸，但可溶于浓盐酸的金属硫化物如 ZnS、SnS、CdS、CoS、NiS、PbS 等；还有难溶于盐酸而溶于浓硝酸的，如 CuS：

$$3CuS + 8HNO_3 \longrightarrow 3Cu(NO_3)_2 + 3S\downarrow + 2NO\uparrow + 4H_2O$$

难溶于硝酸，但可溶于王水的金属硫化物，如 HgS：

$$3HgS + 12HCl + 2HNO_3 \longrightarrow 3H_2[HgCl_4] + 3S\downarrow + 2NO\uparrow + 4H_2O$$

有些金属硫化物可形成硫代酸盐而溶于$Na_2S$和$Na_2S_2$溶液中，如：

$$As_2S_5 + 3Na_2S \longrightarrow 2Na_3AsS_4$$

$$SnS + Na_2S_2 \longrightarrow Na_2SnS_3$$

(4)硫的氧化物。

**二氧化硫、亚硫酸及其盐**

$SO_2$ 是一种无色有刺激性气味的气体，长期吸入会造成人慢性中毒，空气中 $SO_2$ 限量为 0.02mg · L$^{-1}$。

$SO_2$ 易溶于水，生成不稳定的亚硫酸 $H_2SO_3$，$H_2SO_3$ 只能在水溶液中存在，游离态的 $H_2SO_3$ 尚未制得。

工业上主要通过燃烧黄铁矿或单质硫来制备 $SO_2$。实验室中则主要用亚硫酸盐与酸反应来制取 $SO_2$。$SO_2$、$H_2SO_3$ 及其盐中 S 的氧化值为+4，是 S 的中间氧化态，所以它既有氧化性，又有还原性，但以还原性为主。

在酸性介质中，与较强的还原剂相遇时，$SO_2$ 或 $H_2SO_3$ 才能表现出氧化性。

**三氧化硫、硫酸及其盐**

常温常压下，$SO_3$ 是一种无色液体，熔点为 16.8℃，沸点为 44.8℃。液态 $SO_3$ 是以聚合态存在的，在气态时才能存在单个的 $SO_3$ 分子。$SO_3$ 可与水以任意比例混合，溶于水生成硫酸并放出大量热。$SO_3$ 在潮湿空气中易形成酸雾。$SO_3$ 有强氧化性。

纯浓 $H_2SO_4$ 为无色透明的油状液体，常温下 98%浓 $H_2SO_4$ 的密度为 1.84g · cm$^{-3}$。$H_2SO_4$ 是二元强酸，浓 $H_2SO_4$ 有强烈的吸水作用，同时放出大量的热。它不仅能吸收游离态水，还能从含有 H 和 O 的有机物中按 $H_2O$ 的组成夺取水。例如，

$$C_{12}H_{22}O_{11}(\text{蔗糖}) + 11H_2SO_4(\text{浓}) \longrightarrow 12C + 11H_2SO_4 \cdot H_2O$$

因此，浓 $H_2SO_4$ 能使有机物碳化。基于浓 $H_2SO_4$ 的吸水性，可用作干燥剂。

浓 $H_2SO_4$ 属于中等强度的氧化剂，但在加热的条件下，氧化性增强，几乎能氧化所有的金属和非金属。它的还原产物一般是 $SO_2$，若遇活泼金属，会析出 S，甚至生成 $H_2S$。

冷的浓硫酸可使 Al、Fe、Cr 等金属钝化。

硫酸正盐中除 $BaSO_4$、$SrSO_4$、$CaSO_4$、$PbSO_4$、$Ag_2SO_4$ 外，多数易溶于水。多数硫酸盐具有形成复盐的特性，组成为 $M_2SO_4 \cdot M'SO_4 \cdot 6H_2O$ 和 $M_2SO_4 \cdot M'_2(SO_4)_3 \cdot 24H_2O$ 的一类硫酸复盐称为矾，如 $(NH_4)_2SO_4 \cdot FeSO_4 \cdot 6H_2O$（莫尔盐，淡绿色），$K_2SO_4 \cdot Cr_2(SO_4)_3 \cdot 24H_2O$（铬钾矾，灰绿色），$K_2SO_4 \cdot Fe_2(SO_4)_3 \cdot 24H_2O$（铁钾矾，淡紫色）等。

矾类化合物形态

硫酸盐在工业上有很重要的用途，如 $Na_2SO_4 \cdot 10H_2O$（芒硝）是重要的化工原料，$CuSO_4 \cdot 5H_2O$（蓝矾）是消毒杀菌剂和农药的成分，铅盐是净水剂及造纸充填剂，$FeSO_4 \cdot 7H_2O$（绿矾）是农药和治疗贫血的药剂以及制备蓝黑墨水的原料等。

(5)硫的其他含氧酸盐。

**焦硫酸及其盐**

焦硫酸（$H_2S_2O_7$）是无色的晶体，可看作是两分子硫酸脱去一分子水所

得的产物：

$$2H_2SO_4 \longrightarrow H_2S_2O_7 + H_2O$$

焦硫酸比浓硫酸具有更强的氧化性、吸水性和腐蚀性。焦硫酸和水作用生成硫酸。它在制造某些炸药中用作脱水剂。

焦硫酸盐在无机合成上的一种重要用途是将一些难熔的金属氧化物（如 $Fe_2O_3$、$Al_2O_3$、$TiO_2$ 等）与 $K_2S_2O_7$ 反应转化为可溶性的硫酸盐，焦硫酸盐作为熔矿剂就是基于这一性质：

$$Al_2O_3 + 3K_2S_2O_7 \longrightarrow Al_2(SO_4)_3 + 3K_2SO_4$$

**硫代硫酸钠**

硫代硫酸钠（$Na_2S_2O_3 \cdot 5H_2O$）又称海波或大苏打。将硫粉溶于沸腾的亚硫酸钠溶液中，或将 $Na_2S$ 与 $Na_2CO_3$ 以 2∶1 的物质的量之比配成溶液再通入 $SO_2$，都能得到硫代硫酸钠：

$$Na_2SO_3 + S \longrightarrow Na_2S_2O_3$$

$$2Na_2S + Na_2CO_3 + 4SO_2 \longrightarrow 3Na_2S_2O_3 + CO_2$$

硫代硫酸钠在中性、碱性溶液中很稳定，在酸性溶液中迅速分解：

$$Na_2S_2O_3 + 2HCl \longrightarrow 2NaCl + S\downarrow + SO_2\uparrow + H_2O$$

硫代硫酸钠是中等强度的还原剂，如：

$$S_2O_3^{2-} + 4Cl_2 + 5H_2O \longrightarrow 2SO_4^{2-} + 8Cl^- + 10H^+$$

$S_2O_3^{2-}$ 有强的配位离子能力，能与一些金属离子形成稳定的配合物：

$$AgBr + 2S_2O_3^{2-} \longrightarrow [Ag(S_2O_3)_2]^{3-} + Br^-$$

黑白照相底片上未曝光的溴化银在定影液中由于形成上述配离子而溶解。

**过硫酸及其盐**

过硫酸可以认为是 $H_2O_2$ 的衍生物，$H_2O_2$ 分子中一个 H 被磺酸基—$SO_3H$ 取代的产物称为过一硫酸（$H_2SO_5$），若两个 H 都被—$SO_3H$ 取代则称为过二硫酸（$H_2S_2O_8$）。常用盐有过二硫酸铵（钾），是强氧化剂，在 $Ag^+$的催化下可发生如下反应：

$$2Cr^{3+} + 3S_2O_8^{2-} + 7H_2O \xrightarrow{Ag^+} Cr_2O_7^{2-} + 6SO_4^{2-} + 14H^+$$

$$2Mn^{2+} + 5S_2O_8^{2-} + 8H_2O \xrightarrow{Ag^+} 2MnO_4^- + 10SO_4^{2-} + 16H^+$$

后一反应在钢铁分析中用于测定锰的含量。

### 4. 卤素及其化合物

卤素及其重要化合物

卤族元素简称卤素，包含周期表中ⅦA 族氟、氯、溴、碘、砹 5 种元素。其中砹是放射元素，在此不作讨论。

卤素原子的价层电子构型是 $ns^2np^5$，有得到一个电子而形成卤素一价阴离子（$X^-$）的强烈倾向，因此卤素单质的非金属性很强，表现出明显的氧化性。

卤素原子与同周期其他元素的原子相比具有较大的电离能、电子亲和能和电负性。同族中从氟到碘，电离能、电子亲和能、电负性逐渐减小，但由于氟的原子半径太小，电子密度大，因此氟的电子亲和能反而低于氯。卤素最常见的氧化值是−1，在形成卤素的含氧酸及其盐时，可以表现出正氧化值+1，+3，+5，+7。氟的电负性最大，不能出现正氧化值。

1) 卤素的化学性质

卤素化学活泼性高，氧化能力强，其中氟是最强的氧化剂，卤素的氧化能力按从氟到碘顺序减弱。

(1) 和单质化合。

$F_2$能与所有的金属以及除$O_2$和$N_2$以外的非金属直接化合，与$H_2$在低温暗处也能发生爆炸；$Cl_2$能与多数金属和非金属直接化合，但有些反应需要加热；$Br_2$和$I_2$要在较高温度下才能与某些金属或非金属化合。

(2) 与水、碱的反应。

$F_2$与水剧烈反应放出$O_2$；$Cl_2$与水发生歧化作用，生成 HCl 和 HClO，$Cl_2$在 NaOH 溶液中会歧化成 NaCl 和 NaClO：

$$Cl_2 + H_2O \longrightarrow HCl + HClO$$

$$Cl_2 + 2NaOH \longrightarrow NaCl + NaClO + H_2O$$

$Br_2$ 与 $I_2$ 与纯水的反应极不明显，但在碱性溶液中歧化反应能力比$Cl_2$强：

$$Br_2 + 2KOH \longrightarrow KBr + KBrO + H_2O$$

$$3I_2 + 6NaOH \longrightarrow 5NaI + NaIO_3 + 3H_2O$$

(3) 卤素间置换反应。

前面的卤素可以从卤化物中将后面的卤素置换出来，如：

$$Cl_2 + 2KBr \longrightarrow 2KCl + Br_2$$

$$Cl_2 + 2KI \longrightarrow 2KCl + I_2$$

从晒盐后的苦卤生产溴和由海藻灰提取碘就是基于上述反应。

2) 卤化氢及氢卤酸

HX 是共价化合物，其水溶液称为氢卤酸。

(1) 酸性。

HX 的酸性由 HF 至 HI 依次增强，HF 是弱酸，HCl 是常用的强酸，HBr、HI 是更强的酸。

(2) 还原性。

HX 的还原性依 HF→HCl→HBr→HI 顺序增强，卤素阴离子$F^-$的还原能力最弱，而$I^-$的还原能力最强。

(3) HF 的特殊性。

HF 的酸性和还原性都很弱，但对人的皮肤、骨髓有强烈的腐蚀性，还能与玻璃反应。无论是 HF 气体或是 HF 溶液均必须用塑料或涂石蜡的容器储存。

3) 卤素的含氧酸及其盐

卤素形成的含氧酸共有 4 种形式：HXO、$HXO_2$、$HXO_3$、$HXO_4$，依次

称为次某酸、亚某酸、某酸、高某酸，其酸性 $HXO_4 > HXO_3 > HXO_2 > HXO$。除了 $HIO_3$ 和 $HIO_4$ 能得到比较稳定的固体结晶外，其余都不稳定，且大多只能存在于水溶液中。它们最突出的性质是氧化性。在卤素含氧酸中，只有氯的含氧酸有实际用途。

(1) 次卤酸及其盐。

次卤酸包括 HClO、HBrO、HIO。次卤酸均为很弱的酸，并且都很不稳定，具有氧化性。至今尚未制得纯的次卤酸和次卤酸盐。稳定性和酸性随 HClO、HBrO、HIO 顺序减小。

将 $Cl_2$ 通入石灰乳可制得漂白粉：

$$2Cl_2+3Ca(OH)_2 \longrightarrow Ca(ClO)_2+CaCl_2\cdot Ca(OH)_2\cdot 2H_2O$$

漂白粉的漂白作用主要是基于 HClO 的氧化性。漂白粉在空气中长期存放时会吸收 $CO_2$、$H_2O$，生成的 HClO 分解而失效。

(2) 卤酸及其盐。

$HClO_3$、$HBrO_3$ 是强酸，$HIO_3$ 是中强酸。$HIO_3$ 比较稳定，用浓硝酸氧化碘时，结晶析出 $HIO_3$ 白色晶体。而 $HClO_3$、$HBrO_3$ 只能存在于溶液中，它们的浓度若分别超过 46%和 50%就迅速分解，并发生爆炸。

氯酸盐是卤酸盐中比较重要的盐，其中最常见的是 $KClO_3$。$KClO_3$ 固体是强氧化剂，它与易燃物质如 C、S、P 等单质及有机物混合时，一旦受到撞击即会猛烈爆炸，因此 $KClO_3$ 大量用于制造火柴和烟火，还可以用作除草剂。$KBrO_3$、$KIO_3$ 在分析化学中都被用作氧化剂。

(3) 高卤酸及其盐。

高卤酸主要有 $HClO_4$、$HBrO_4$ 和 $H_5IO_6$。卤素的氧化值为+7。

$HClO_4$ 是酸性最强的无机含氧酸，市售试剂是 60%的溶液，浓度太大时不稳定，易分解。$HClO_4$ 是一种极弱的氧化剂，冷的稀 $HClO_4$ 无明显氧化性。遇有机物极易引起爆炸，并有很强的腐蚀性。

高氯酸盐的稳定性高于氯酸盐，是常用的分析试剂。大多数高氯酸盐能溶于水，但是 $Cs^+$、$Rb^+$、$K^+$、$NH_4^+$ 的高卤酸盐溶解度较小，据此可用于钾的定量分析。

$HBrO_4$ 的稳定性低于 $HClO_4$，溶液中允许的最高浓度为 55%。

高碘酸 ($H_5IO_6$) 是五元弱酸，酸性比高氯酸弱，但氧化能力比 $HClO_4$ 强，与一些试剂作用时反应迅速，因此在分析化学中有应用。

### 5. 稀有气体

稀有气体

稀有气体元素指氦、氖、氩、氪、氙、氡以及不久前发现的 Uuo 共 7 种元素，又因为它们在元素周期表上是位于最右侧的ⅧA 族。稀有气体单质都是由单个原子构成的分子组成的，所以其固态时都是分子晶体。历史上稀有气体曾被称为“惰性气体”，这是因为它们的原子最外层电子构型除氦为 $1s^2$ 外，其余均为 8 电子构型 ($ns^2np^6$)，而这两种构型均为稳定的结构，因此化学性质很不活泼。

空气是制取稀有气体的主要原料，通过液态空气分级蒸馏，可得稀有气体混合物，再用活性炭低温选择吸附法，就可以将稀有气体分离。

随着工业生产和科学技术的发展，稀有气体越来越广泛地应用在工业、医学、尖端科学技术以至日常生活中。例如，利用稀有气体极不活泼的化学性质，有的生产部门常用它们作保护气。利用稀有气体通电时会发光的性质制备霓虹灯、日光灯，也可制备多种混合气体激光器。利用液态氦的低沸点(−269℃)获得接近绝对零度(−273.15℃)的超低温。利用氩气经高能的宇宙射线照射后会发生电离的原理，可以在人造地球卫星里设置充有氩气的计数器。利用氪能吸收 X 射线的性质，可用作 X 射线工作时的遮光材料。在原子能工业上，氙可以用来检验高速粒子、粒子、介子等的存在。氪、氙的同位素还可用来测量脑血流量等。

稀有气体发光

虽然稀有气体非常稳定，但在一定条件下也会发生反应。最早得到稀有气体元素化合物的是在加拿大工作的英国年轻化学家巴特列特(N. Bartlett)。他将 $PtF_6$ 的蒸气与等物质的量的氙混合，在室温下得到了一种橙黄色固体 $XePtF_6$。该化合物在室温下稳定，其蒸气压很低。它不溶于非极性溶剂 $CCl_4$，这说明它可能是离子型化合物。它在真空中加热可以升华，遇水则迅速水解，并逸出气体：

灯泡里一般充什么气体？起什么作用？

$$2XePtF_6 + 6H_2O \longrightarrow 2Xe\uparrow + O_2\uparrow + 2PtO_2 + 12HF$$

柯拉森(H. H. Classen)得到了 $XeF_4$、$XeF_2$ 和 $XeF_6$。后来人们相继又合成了一系列不同价态的氙氟化合物、氙氟氧化物、氙氧酸盐等。到 1963 年初，关于氪和氡的一些化合物也陆续被合成出来。至今，人们已经合成出了数百种稀有气体化合物，但仅限于原子序数较大的氪、氙、氡，至于原子序数较小的氦、氖，目前仍未制得它们的化合物。

了解新装修的房子中能引起污染的稀有气体及其污染的原理。

6. p 区主要金属元素及其化合物

1) 铝及其主要化合物

(1) 铝单质。

铝是元素周期表中第ⅢA 族元素，在地壳中分布很广，是地壳中含量最丰富的金属元素。自然界中铝矿的主要存在形式有铝矾土、薄水铝矿、刚玉($Al_2O_3$)等。工业上提取铝一般分步进行：用碱溶液或碳酸钠处理铝矾土矿，从中提取 $Al_2O_3$，然后电解 $Al_2O_3$ 得金属 Al。

p区主要金属元素及其重要化合物

铝是银白色轻金属，有良好的延展性、导热性和导电性，可用于制造电线和高压电缆。一般铝表面有一层致密 $Al_2O_3$ 保护膜(最厚达 10nm)，可阻止内层的铝被氧化，因而铝在空气及水中是稳定的，可广泛用于制造日用器皿和用作航空机件的轻合金。纯铝在冷的浓 $HNO_3$、$H_2SO_4$ 中呈钝态，可用于储运这些浓酸。

铝能和稀酸、碱溶液反应：

$$2Al + 6H^+ \longrightarrow 2Al^{3+} + 3H_2\uparrow$$

$$2Al + 2OH^- + 6H_2O \longrightarrow 2Al(OH)_4^- + 3H_2\uparrow$$

Al 和 HCl 作用得到 $AlCl_3 \cdot 6H_2O$ 晶体，而 Al 和干燥的 $Cl_2$ 反应，则得到具有挥发性的无水 $AlCl_3$。受热时，Al 和一些非金属(如 B、Si、P、As、S、Se、Te)直接反应生成相应的化合物，在 2273K 和 C 生成浅黄色的 $Al_4C_3$。铝是强还原剂，能还原金属氧化物(铝热法)。

宝石形态

(2)铝的化合物。

**氧化铝和氢氧化铝**

$Al(OH)_3$ 在 450～500℃加热脱水生成 $\gamma$-$Al_2O_3$，在大于 900℃加热脱水生成 $\alpha$-$Al_2O_3$。

$\gamma$-$Al_2O_3$ 既能溶于酸又能溶于碱，其表面积很大，常用作催化剂载体，多用作吸附剂。$\alpha$-$Al_2O_3$ 化学性质稳定，即为自然界中的刚玉。在 $\alpha$-$Al_2O_3$ 中含有少量 $Cr_2O_3$ 时可制成红宝石，含少量铁和钛的氧化物可制成蓝宝石。这些宝石均可用于制造钟表的钻石和各种饰品。

$Al(OH)_3$ 是以碱性为主的白色两性氢氧化物，可溶于酸成铝盐，溶于碱成铝酸盐。

**铝盐**

铝的典型盐有卤化铝和硫酸铝。

在卤化铝($AX_3$)中，$AlF_3$ 的性质较为特殊，它是白色的离子化合物，$Al^{3+}$ 和 $F^-$ 较易形成配离子：

$$Al^{3+} + 6F^- \longrightarrow AlF_6^{3-}$$

冰晶石 $Na_3AlF_6$ 就是氟铝酸盐。

其他无水 $AlCl_3$、$AlBr_3$、$AlI_3$ 均为共价型化合物。卤化铝中最主要的是 $AlCl_3$，是缺电子化合物，为典型的路易斯酸，因此可通过配位键形成具有桥式结构的双分子 $Al_2Cl_6$，结构为

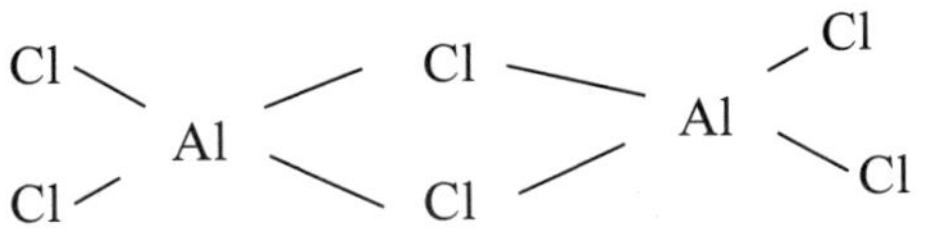


无水 $AlCl_3$ 在潮湿空气中冒烟，遇水发生激烈水解并放热。$AlCl_3$ 逐渐水解产生碱式盐，如 $Al(OH)Cl_2$、$Al(OH)_2Cl$ 等，最终产物为 $Al(OH)_3$ 沉淀。无水 $AlCl_3$ 能溶于有机溶剂中，这与其共价分子性质有关。因其缺电子特征可用作有机合成原料和石油化工的催化剂。

无水硫酸铝为白色粉末，易溶于水，$Al^{3+}$ 水解呈酸性。其复盐 $KAl(SO_4)_2 \cdot 12H_2O$ 俗称明矾。它们都被用作净水剂，其水解产物均有吸附和凝聚作用。

2)锡、铅及其化合物

(1)锡、铅单质性质。

锡(Sn)、铅(Pb)是ⅣA 族的金属元素，外层价电子构型为 $ns^2np^2$，可形成(18 + 2)电子构型的+2 价离子，还可形成具有 18 电子构型的+4 价离子。$M(OH)_2$、$M(OH)_4$ 均具有两性的性质。Sn(Ⅳ)化合物比较稳定，而 Pb(Ⅳ)的无机化合物具有强氧化性。

所有铅的可溶性盐和铅蒸气都有毒，空气中铅的最高允许含量为 $0.15mg \cdot m^{-3}$。发生铅中毒时，可注射 EDTA 二钠盐的 HAc 溶液解毒。了解其作用原理。

锡是银白色的金属，较软。它有三种同素异形体，即灰锡（$\alpha$-锡）、白锡（$\beta$-锡）和脆锡，它们的转换温度是：

$$灰锡（\alpha\text{-锡}）\xrightarrow{18℃}白锡（\beta\text{-锡}）\xrightarrow{161℃}脆锡$$

灰锡是粉末状的，$\beta$-锡低于18℃转化为$\alpha$-锡，但转变的速率极慢，约于−48℃转变速率很快，同时，$\alpha$-锡本身就是这个转变反应的催化剂，一经转变速率大大增快。锡制品长期处于低温而毁坏，就是$\beta$-锡转变成$\alpha$-锡的缘故。这一现象称为锡疫。

锡疫示意图

锡是比较活泼的金属，与氧、卤素、酸等都能起反应，同时是两性物质，也可溶于碱。与稀HCl、稀$H_2SO_4$反应生成Sn(Ⅱ)化合物，和氧化性酸(浓硝酸和浓硫酸)作用生成Sn(Ⅳ)化合物。Sn(Ⅳ)化合物比Sn(Ⅱ)化合物稳定。

铅是很软的重金属。铅能防止X射线和$\alpha$射线的穿透，所以可用于制造防护用品。铅能形成多种合金，如铅锑合金用作蓄电池极板的材料。

按电极电势判断，Pb能和稀酸反应生成铅盐和$H_2$。但由于$H_2$在铅上的超电势及在铅表面形成难溶物如$PbCl_2$、$PbSO_4$，阻碍反应继续进行。因此，铅可作耐酸材料。然而$HNO_3$和HAc能溶解Pb，这是因为反应生成了可溶性的$Pb(NO_3)_2$和$Pb(Ac)_2$。

铅在碱中能溶解生成可溶性的$Pb(OH)_3^-$和$H_2$。

(2)锡、铅化合物。

**氧化物和氢氧化物**

锡、铅的重要氧化物有SnO(黑)、$SnO_2$(白)、PbO(红或黄)、$PbO_2$(棕黑)、$Pb_3O_4$(红)。

锡与铅的氧化物都不溶于水，具有两性。$MO_2$是两性偏酸性。

SnO可溶于酸生成相应盐和水；PbO可溶于HAc和$HNO_3$生成$Pb(Ac)_2$与$Pb(NO_3)_2$。$SnO_2$不溶于酸、碱，但能与碱熔。

$PbO_2$稍溶于碱：

$$PbO_2 + 2NaOH + 2H_2O \xrightarrow{\triangle} Na_2[Pb(OH)_6]$$

红色的$Pb_3O_4$俗称丹铅，是混合价态氧化物，其结构为$Pb_2[PbO_4]$，属于铅酸盐。$Pb_3O_4$与$HNO_3$反应得到$PbO_2$和$Pb(NO_3)_2$：

$$Pb_3O_4 + 4HNO_3 \longrightarrow PbO_2 + 2Pb(NO_3)_2 + 2H_2O$$

锡与铅的氢氧化物也有两种价态，都是两性。$Sn(OH)_4$显酸性，是弱酸；$Pb(OH)_2$显碱性，是弱碱。

**Sn(Ⅱ)的还原性和Pb(Ⅳ)的氧化性**

Sn(Ⅱ)在酸性和碱性介质中均具有还原性。例如，$Sn^{2+}$可将$Fe^{3+}$还原成$Fe^{2+}$；$Sn^{2+}$使$HgCl_2$还原生成Hg，该反应可用于鉴定$Hg^{2+}$和$Sn^{2+}$。在碱性介质中，$[Sn(OH)_4]^{2-}$的还原性更强，可将Bi(Ⅲ)盐还原为单质Bi。该反应用于鉴定$Bi^{3+}$。

$PbO_2$具有强氧化性，能分别将$Cl^-$、$Mn^{2+}$氧化成$Cl_2$、$MnO_4^-$。

**卤化物**

锡、铅的卤化物有 $SnX_2$、$SnX_4$、$PbX_2$、$PbF_4$ 及 $PbCl_4$，其中氯化物最重要。市售氯化亚锡是二水合物 $SnCl_2 \cdot 2H_2O$。$SnCl_2$ 在水中水解生成碱式盐沉淀：

$$SnCl_2 + H_2O \longrightarrow Sn(OH)Cl\downarrow + HCl$$

所以要在 HCl 溶液中配制 $SnCl_2$ 溶液。

$SnCl_4$ 极易水解生成 HCl，在空气中冒烟。

Pb(Ⅱ)盐溶液和 HCl 溶液反应生成 $PbCl_2$ 沉淀。$PbCl_2$ 的溶解度随温度升高明显增大，冷却后析出针状晶体。$PbCl_4$ 是黄色液体，只能在低温下存在，在潮湿空气中因水解而冒烟。

**Pb(Ⅱ)的难溶盐**

大多数 Pb(Ⅱ)盐难溶于水，且具有特征颜色。例如，PbS(黑)、$PbSO_4$(白)、$PbCrO_4$(黄)、$PbCl_2$(白)、$PbI_2$(黄)等。

## 11.4　d 区 元 素

d 区元素包括ⅢB～Ⅷ族所有元素，又称过渡系列元素，位于四、五、六周期，分别称为第一、第二、第三过渡系列。

### 11.4.1　d 区元素的通性

d区元素通性

1. 电子构型

d 区元素的价电子构型一般为 $(n-1)d^{1\sim8}ns^{1\sim2}$，与其他四区元素相比，其最大特点是具有未充满的 d 轨道(Pd 除外)。由于 $(n-1)$d 轨道和 $n$s 轨道的能量相近，d 电子可部分或全部参与化学反应。而其最外层只有 1～2 个电子，较易失去，因此 d 区元素均为金属元素。

2. 物理性质

由于 d 区元素中的 d 电子可参与成键，单质的金属键很强，其金属单质一般质地坚硬，色泽光亮，是电和热的良导体，其密度、硬度、熔点、沸点一般较高。在所有元素中，铬的硬度最大(9)，钨的熔点最高(3407℃)，锇的密度最大($22.61g \cdot cm^{-3}$)，铼的沸点最高(5687℃)。

3. 化学性质

d 区元素因其特殊的电子构型，从而表现出以下几方面特性。

(1) **可变的氧化值**。由于 $(n-1)$d、$n$s 轨道能量相近，不仅 $n$s 电子可作为价电子，$(n-1)$d 电子也可部分或全部作为价电子，因此该区元素常具有多种氧化值，一般从+2 变到和元素所在族数相同的最高氧化值。

(2) **较强的配位性**。由于 d 区元素的原子或离子具有未充满的 $(n-1)$d 轨道及 $n$s、$n$p 空轨道，并且有较大的有效核电荷，同时其原子或离子的半径又较主族元素小，因此它们不仅具有接受电子对的空轨道，同时具有较强的吸引配位体的能力，有很强的形成配合物的倾向。例如，它们易形成氨配合物、氰基配合物、草酸基配合物等，除此之外，多数元素的中性原子能形成羰基配合物，如 $Fe(CO)_5$、$Ni(CO)_4$ 等，这是该区元素的一大特性。

(3) **离子的颜色**。d 区元素的许多水合离子、配离子常呈现颜色，这主要是由于电子发生 d-d 跃近。具有 $d^0$、$d^{10}$ 构型的离子不可能发生 d-d 跃迁，因而是无色的，而具有其他 d 电子构型的离子一般具有一定的颜色。

### 11.4.2　d 区重要元素及其化合物

钛铬锰及其重要化合物

1. 钛及其重要化合物

1) 单质

过渡金属钛分族(ⅣB)含钛(Ti)、铪(Hf)、锆(Zr)三种元素，价电子构型为 $(n-1)d^2ns^2$，稳定氧化态为+4。本族中钛最重要。

钛的地壳丰度为 0.44%～0.66%，其相对丰度在所有的元素中占第 10 位。主要矿物有金红石($TiO_2$)、钛铁矿($FeTiO_3$)和钒铁磁矿等。现已表明我国的钛矿储量居世界首位。

钛是银白色金属，熔点高，密度小，耐低温，延伸性好，并且具有强抗腐蚀性，是制造航空、航海、化工设备等的理想材料。此外，钛与生物组织相容性好，结合牢固，可用于制造人工关节，所以钛又被称为“生物金属”。因此，继 Fe、Al 之后，预计 Ti 将成为应用广泛的第三金属。

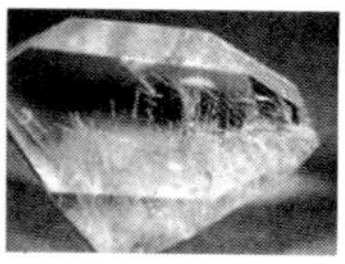
金红石

2) 钛的重要化合物

(1) 二氧化钛。

自然界中 $TiO_2$ 有三种晶型：金红石、锐钛矿和板钛矿型。其中最重要的是金红石型，它属于简单四方晶系，是典型 $AB_2$ 型化合物的结构，通常称具有这种结构的物质为金红石型。

$TiO_2$ 不溶于水和稀酸，属于两性氧化物(以碱性为主)。在强碱和强酸溶液中能缓慢溶解，与浓烧碱反应生成偏钛酸盐 $Na_2TiO_3$，与浓硫酸反应生成 $TiOSO_4$。$TiO_2$ 还可溶于 HF 生成 $[TiF_6]^{2-}$。

纯净 $TiO_2$ 是极好的白色涂料，俗称钛白。钛白是钛工业中产量最大的精细化工产品，它既有铅白 $[2PbCO_3 \cdot Pb(OH)_2]$ 的掩盖性，又有锌白(ZnO)的耐久性，着色力强，是高级白色颜料。由于钛白的折射率高，用作合成纤维的增白消光剂和纸张中的填充剂等。

$TiO_2$ 又是光催化中重要的催化剂。

请查阅资料了解光催化催化剂的发展。

(2) 四氯化钛。

$TiCl_4$ 是钛最重要的卤化物，为无色带有刺激性臭味的液体，其熔点为 250K，沸点为 409K。它是制备一系列钛化合物和金属钛的原料，如用金属氢化物在高温下还原金属氯化物制得金属钛。

$TiCl_4$ 极易水解，在潮湿空气中由于水解而冒烟，利用此反应可以制造烟雾剂。它也是一种路易斯酸，可以作为催化剂使用。

(3)钛酸钡。

$BaTiO_3$ 为难溶的白色或浅灰色固体，具有铁电性，是制造超声波发生器的材料。

2. 铬及其重要化合物

1)铬单质

铬属于ⅥB 族元素，铬原子的价电子构型为 $3d^54s^1$，主要氧化态为 +6、+3、+2，在一些配合物中还表现出更低的氧化态，如 −2 、−1 、0 和 +1。铬的最高氧化态为 +6，在水溶液体系中最稳定的氧化态为+3。

铬是银白色、有光泽的金属，熔点高(2130K)，是硬度最大的金属。铬表面容易形成一层钝化膜，有很高的耐腐蚀性。在常温下，王水和硝酸都不能溶解铬。由于铬的光泽度和抗腐蚀性能好，所以常用于电镀。在各种类型的不锈钢中都有较高比例的铬。当钢中含有铬达 14%左右，便是不锈钢，广泛用于日用器皿的制造。

未钝化的铬是较活泼的金属，易溶于稀 HCl、稀 $H_2SO_4$ 中，生成蓝色的 $Cr^{2+}$溶液，然后被空气中的 $O_2$ 氧化为 $Cr^{3+}$。

2)铬(Ⅲ)的化合物

$Cr^{3+}$的外电子层结构是 $3s^23p^63d^3$，属 9～17 电子结构。$Cr^{3+}$中 3 个未成对 d 电子在可见光作用下发生 d-d 跃迁，使化合物都显颜色。

(1) $Cr_2O_3$ 和 $Cr(OH)_3$。

$Cr_2O_3$ 可用金属铬在氧气中燃烧或用 S 还原重铬酸盐或重铬酸铵分解得到：

$$4Cr + 3O_2 \longrightarrow 2Cr_2O_3$$

$$(NH_4)_2Cr_2O_7 \xrightarrow{\triangle} Cr_2O_3 + N_2\uparrow + 4H_2O$$

$Cr_2O_3$ 是暗绿色粉末，微溶于水，熔点高(2708K)，常用作绿色颜料，俗称铬绿。近几年用它作有机催化剂，也是制备其他铬化合物原料之一。

$Cr_2O_3$ 与 $Al_2O_3$ 相似，呈现两性，溶于酸中得到盐，溶于碱中生成深绿色亚铬酸钠[$NaCr(OH)_4$]。高温灼烧过的 $Cr_2O_3$ 在酸、碱中都呈惰性，但可用熔融法使它变为可溶性铬盐。

向 Cr(Ⅲ)盐酸液中加碱，得到灰绿色胶状水合氧化铬($Cr_2O_3 \cdot nH_2O$)沉淀，通常称为 $Cr(OH)_3$，也具有两性性质。

(2)铬盐。

常见 Cr(Ⅲ)盐有 $CrCl_3 \cdot 6H_2O$、$Cr_2(SO_4)_3 \cdot 18H_2O$、$KCr(SO_4)_2 \cdot 12H_2O$(俗称铬钾矾)，它们都易溶于水。硫酸铬由于含结晶水不同而有不同的颜色。铬钾矾广泛用于皮革鞣制和染色过程中。

Cr(Ⅲ)盐容易发生水解生成各种羟基化、水化配合物，易被氧化。

在酸性条件下铬(Ⅲ)具有较强的稳定性，只有用强氧化剂如过硫酸钾($K_2S_2O_8$)，才能使 $Cr^{3+}$氧化：

$$2Cr^{3+} + 3S_2O_8^{2-} + 7H_2O \xrightarrow{\triangle} Cr_2O_7^{2-} + 6SO_4^{2-} + 14H^+$$

请查阅资料了解用铬钾矾进行皮革鞣制的原理。

3）铬（Ⅵ）化合物

Cr（Ⅵ）的化合物主要有三氧化铬（$CrO_3$）、铬酸盐和重铬酸盐。Cr（Ⅵ）价电子层结构为 $3d^04s^04p^0$，具有反磁性，不存在 d-d 跃迁，但 Cr（Ⅵ）的化合物都显颜色，其原因是 Cr—O 之间有较强的极化反应，导致物质呈现出较深的颜色。

（1）$CrO_3$。

在重铬酸钾（$K_2Cr_2O_7$）或重铬酸钠（$Na_2Cr_2O_7$）的浓溶液中加入浓硫酸，都可析出暗红色针状晶体 $CrO_3$。$CrO_3$ 有毒，表现出强氧化性、热不稳定性和水溶性。它溶于水生成铬酸（故俗名“铬酐”）。有机物如酒精遇 $CrO_3$ 发生猛烈反应以致着火。加热超过 470K 则逐步分解，最后生成 $Cr_2O_3$。

$CrO_3$ 广泛应用于有机反应的氧化剂和电镀的镀铬液成分，也用于制造高纯金属铬。

（2）铬酸盐和重铬酸盐。

在水溶液中铬酸（$H_2CrO_4$）表现为中强酸，存在下列平衡：

$$\underset{\text{黄色}}{2CrO_4^{2-}} + 2H^+ \rightleftharpoons \underset{\text{橙红色}}{Cr_2O_7^{2-}} + H_2O \qquad K^{\ominus} = 1.2\times10^{14}$$

$H_2Cr_2O_7$ 的酸性比 $H_2CrO_4$ 更强，第一级解离是完全的。

$K_2Cr_2O_7$ 和 $Na_2Cr_2O_7$ 是最重要的 Cr（Ⅵ）化合物，它们都是橙红色晶体。$K_2Cr_2O_7$ 不含结晶水，可以用重结晶法得到极纯的盐，用作基准的氧化试剂。$K_2Cr_2O_7$ 和 $Na_2Cr_2O_7$ 主要用于制备铬酐、其他铬盐和铬黄颜料，也可以用于制造安全火柴、烟火、炸药、漂白剂、制革工业的皮革鞣制和皮革染色等。

铬酸盐的溶解度一般比重铬酸盐小，重铬酸盐中只有 $Ag_2Cr_2O_7$ 不溶于水，其余都溶于水。常见的难溶铬酸盐均显示特征的颜色，可用于鉴定 $CrO_4^{2-}$，如 $BaCrO_4$（黄色）、$PbCrO_4$（黄色）、$Ag_2CrO_4$（砖红色）。

由于铬酸盐溶解度小，在重铬酸盐中加入 $Ag^+$、$Pb^{2+}$后，$CrO_4^{2-}$ 和 $Cr_2O_7^{2-}$ 之间的平衡向生成 $CrO_4^{2-}$ 方向移动，故生成相应的铬酸盐沉淀。

Cr（Ⅵ）在酸性溶液中是强氧化剂，其还原性产物均为 $Cr^{3+}$。$K_2Cr_2O_7$ 是最常用的氧化剂之一。在分析化学中，常用 $K_2Cr_2O_7$ 测定 Fe 的含量；利用重铬酸钾氧化法测工业废水中的化学耗氧量（$COD_{Cr}$）；$K_2Cr_2O_7$ 还用于配制实验室常用的铬酸洗液，利用它的强氧化性可洗去化学玻璃器皿壁上黏附的油脂层。

3. 锰及其重要化合物

1）锰的单质

锰是第ⅦB 族元素，原子价电子构型为 $3d^54s^2$，是迄今氧化态最多的元素之一。它的最高氧化态与族数相同，为+7，同时也有多变的氧化态：+6、+5、+4、+3、+2、+1、0、−1、−2、−3 等。锰比较稳定的氧化态是 +7、+4、+2，其中 d 电子处于充满状态的 Mn（Ⅱ）最稳定。+3、+6 氧化态易发生歧化反应。在重金属中，锰在地壳中的丰度仅次于铁。金属锰外形似铁，块状锰为银白色，粉状锰为灰色。在高温用碳或铝还原氧化锰得到还原锰。电解 $MnCl_2$ 得到纯度很高的电解锰。

锰主要用于钢铁工业中生产锰合金钢。锰也是人体不可缺少的微量元素。锰对植物体的光合作用、一些酶的活动、维生素的转化起着十分重要的作用，某些植物若缺锰，叶子会出现褐色斑点甚至变黄。

2) 锰的重要化合物

(1) Mn(Ⅱ)的化合物。

它是锰最稳定的氧化态，Mn(Ⅱ)常以氧化物、氢氧化物和 Mn(Ⅱ)的盐等形式存在。

MnO 是一种灰白色到暗绿色的粉末，由相应的 Mn(Ⅱ)的碳酸盐或草酸盐在氢气和氮气中焙烧而得到，也可用 $MnO_2$ 还原而得。

$Mn^{2+}$溶液中加入 NaOH 或 $NH_3 \cdot H_2O$ 都能生成近白色的 $Mn(OH)_2$ 沉淀。$Mn(OH)_2$ 在碱性介质中不稳定，易被空气氧化为 MnO(OH)，并进一步氧化为 $MnO(OH)_2$。

除 $MnCO_3$、$Mn_3(PO_4)_2$、MnS、$MnC_2O_4$ 难溶于水外，其他强酸的锰盐都易溶于水中，并都带结晶水。

碱性条件下 $Mn(OH)_2$ 的还原性显著；酸性条件下 $Mn^{2+}$只有与强氧化剂作用才能被氧化：

$$2Mn^{2+} + 14H^+ + 5NaBiO_3 \longrightarrow 2MnO_4^- + 5Bi^{3+} + 5Na^+ + 7H_2O$$

此反应可用于鉴定 $Mn^{2+}$。值得注意的是 $Mn^{2+}$浓度不宜太大，用时不宜过多，否则会发生下列反应：

$$2MnO_4^{2-} + 3Mn^{2+} + 2H_2O \longrightarrow 5MnO_2 + 4H^+$$

(2) Mn(Ⅳ)的化合物。

最稳定也是最重要的 Mn(Ⅳ)的化合物是 $MnO_2$，是软锰矿的主要成分，为黑色粉末，不溶于水。它既可作为氧化剂，也可作为还原剂。

$MnO_2$ 作为氧化剂，在酸性介质中具有很强的氧化能力，如实验室制取氯气的反应：

$$MnO_2 + 4HCl(浓) \xrightarrow{\triangle} MnCl_2 + Cl_2\uparrow + 2H_2O$$

$MnO_2$ 与浓 $H_2SO_4$ 作用，可得 $MnSO_4$ 并放出氧气：

$$MnO_2 + H_2SO_4(浓) \xrightarrow{\triangle} MnSO_4 + 1/2O_2\uparrow + H_2O$$

$MnO_2$ 作为还原剂在碱性条件下用氧化剂氧化可得锰酸盐：

$$3MnO_2 + 6KOH + KClO_3 \xrightarrow{\triangle} 3K_2MnO_4 + KCl + 3H_2O$$

(3) Mn(Ⅶ)化合物。

锰(Ⅶ)的化合物中最重要的是 $KMnO_4$，它是一种深紫色的晶体，比较稳定，但加热到 473K 以上就会分解放出 $O_2$：

$$2KMnO_4 \xrightarrow{\triangle} K_2MnO_4 + MnO_2 + O_2\uparrow$$

实验室可利用上述反应制备氧气。

$KMnO_4$ 在酸性溶液中不稳定，缓慢分解，析出棕色 $MnO_2$。在中性或弱碱性溶液中也会分解放出氧气。

光线和 $MnO_2$ 对 $MnO_4^-$ 的分解起到催化作用，因此制好的 $KMnO_4$ 溶液应保存在深色瓶中，放置一段时间后过滤除去沉淀。

$KMnO_4$ 是最常用的氧化剂之一，它的氧化能力和还原产物因介质的酸度不同而不同。在酸性介质中，$KMnO_4$ 是很强的氧化剂，它可以氧化 $Cl^-$、$I^-$、$SO_3^{2-}$、$C_2O_4^{2-}$、$Fe^{2+}$等，而本身被还原为 $Mn^{2+}$，如：

$$5C_2O_4^{2-} + 2MnO_4^- + 16H^+ \longrightarrow 2Mn^{2+} + 10CO_2\uparrow + 8H_2O$$

在中性或弱碱性介质中，则被还原为 $MnO_2$：

$$2MnO_4^- + H_2O + 3SO_3^{2-} \longrightarrow 2MnO_2\downarrow + 3SO_4^{2-} + 2OH^-$$

在碱性介质中，则被还原为 $MnO_4^{2-}$：

$$2MnO_4^- + 2OH^- + SO_3^{2-} \longrightarrow 2MnO_4^{2-} + SO_4^{2-} + H_2O$$

$KMnO_4$ 常用于漂白毛、棉和丝，广泛用于容量分析中。它的稀溶液（0.1%）可用于浸洗水果、器具等，在农业上作稻谷的浸种剂。

铁系元素及其重要化合物

4. 铁系元素及其化合物

铁、钴和镍属第一过渡系第Ⅷ族元素，最外层电子都是 $4s^2$，次外层 $3d^6$、$3d^7$ 和 $3d^8$。它们的性质比较相近，通常将这三个元素称作铁系元素。铁、钴、镍常见的氧化态为+2、+3，处于这些氧化态的离子半径较小，且 d 轨道未充满，使它们有形成配合物的强烈倾向。

单质铁、钴、镍都表现出强磁性，它们的合金是很好的磁性材料。铁、钴、镍属于中等活泼金属。Fe 溶于 HCl 和稀 $H_2SO_4$ 生成 $Fe^{2+}$和 $H_2$；冷浓 $HNO_3$、$H_2SO_4$ 使其钝化。Co、Ni 在 HCl 和稀 $H_2SO_4$ 中比 Fe 溶解慢，浓碱缓慢侵蚀铁，而钴、镍在浓碱中比较稳定，故熔碱时最好使用镍坩埚。

铁系元素以铁分布最广，铁的主要矿石有赤铁矿（$Fe_2O_3$）、磁铁矿（$Fe_3O_4$）和黄铁矿（$FeS_2$）等。钴和镍在自然界常共生，重要的钴矿和镍矿是辉钴矿（CoAsS）和镍黄铁矿（NiS · FeS）。

在酸性溶液中，$Fe^{2+}$、$Co^{2+}$、$Ni^{2+}$是最稳定状态，而 Fe（Ⅵ）、Co（Ⅲ）、Ni（Ⅳ）在酸性溶液中都是很强的氧化剂。铁是最重要的结构材料，并且在生物系统中也非常重要。钴主要用于制造特种钢和磁性材料。维生素 $B_{12}$ 含有钴，它可防止恶性贫血症。镍是不锈钢的重要成分，镍钢中含镍 7%～9%。

1）铁、钴、镍的氧化物和氢氧化物

（1）氧化物。

铁、钴、镍的低价氧化物常用热分解碳酸盐或草酸盐制备。高价氧化物 $M_2O_3$ 可用氧化性含氧酸盐热分解制备。

Fe、Co、Ni 的低价氧化物（MO）均为难溶于水的碱性氧化物，易溶于酸。

$Fe_2O_3$ 具有两性，以碱性为主，可以与酸反应，与碱反应需共熔：

$$Fe_2O_3 + 6HCl \longrightarrow 2FeCl_3 + 3H_2O$$

$$Fe_2O_3 + Na_2CO_3 \longrightarrow 2NaFeO_2 + CO_2\uparrow$$

$Fe_2O_3$常用作磁性材料和红色颜料。$Fe_3O_4$具强磁性和良好的导电性，是Fe(Ⅱ)和Fe(Ⅲ)的混合物。

$Co_2O_3$和$Ni_2O_3$具有强氧化性，与盐酸作用得不到相应的Co(Ⅲ)、Ni(Ⅲ)，而被还原成M(Ⅱ)：

$$Co_2O_3 + 6H^+ + 2Cl^- \longrightarrow 2Co^{2+} + Cl_2\uparrow + 3H_2O$$

(2)氢氧化物。

在隔绝空气条件下，向Fe(Ⅱ)、Co(Ⅱ)、Ni(Ⅱ)盐溶液中加入碱分别得到相应的二价氢氧化物沉淀。

$Fe(OH)_2$沉淀为绿色，易被空气中的氧气氧化，成为棕红色的$Fe(OH)_3$沉淀。$Co(OH)_2$能缓慢地被空气中的氧气氧化为棕色的$Co(OH)_3$，而$Ni(OH)_2$不能被空气中的氧所氧化，只有在更强氧化剂如NaClO作用下才会被氧化成$Ni(OH)_3$。

$M(OH)_2$均为碱性，易溶于酸。而$Fe(OH)_3$为两性，$Co(OH)_3$和$Ni(OH)_3$为碱性。其氧化性随上述顺序逐渐增强。

2)重要的盐

(1)铁(Ⅱ)、钴(Ⅱ)、镍(Ⅱ)的盐。

铁系的M(Ⅱ)离子与强酸根(如$Cl^-$、$NO_3^-$、$SO_4^{2-}$等)生成的盐都是易溶盐；而与弱酸根(如$CO_3^{2-}$、$CrO_4^{2-}$、$PO_4^{3-}$、$S^{2-}$等)生成难溶盐。它们的易溶盐多数都含有结晶水，含结晶水的盐和不含结晶水的盐颜色不同。例如，无水盐 Fe(Ⅱ)为白色、Co(Ⅱ)为蓝色、Ni(Ⅱ)为土黄色；含水盐$FeSO_4 \cdot 7H_2O$(浅绿色)、$CoCl_2 \cdot 6H_2O$(粉红色)、$NiSO_4 \cdot 7H_2O$(亮绿色)。

$FeSO_4 \cdot 7H_2O$俗称绿矾或铁矾，在空气中易被氧化成黄褐色的碱式硫酸铁$Fe(OH)SO_4$。因此，保存$Fe^{2+}$水溶液时应加入一定量酸，并加入几粒纯铁钉以防止氧化。$FeSO_4$容易形成复盐，如硫酸亚铁铵$[(NH_4)_2SO_4 \cdot FeSO_4 \cdot 6H_2O]$称为莫尔盐，比绿矾稳定，可以在空气中长期存放而不被氧化，是常用的$Fe^{2+}$盐，也是分析化学中的常用还原剂，可用于标定$K_2Cr_2O_7$和$KMnO_4$等。

$CoCl_2$有三种主要水合物：$CoCl_2 \cdot 6H_2O$(粉红色)、$CoCl_2 \cdot 2H_2O$(紫红色)和$CoCl_2 \cdot H_2O$(蓝紫色)。而无水的$CoCl_2$是蓝色的，遇水后会转变为粉红色的$CoCl_2 \cdot 6H_2O$。利用这一性质在做干燥剂的硅胶中加入$CoCl_2$，可以显示硅胶的吸湿性质。

(2)铁(Ⅲ)的盐。

氧化态为+3的可溶性盐中，由于$Co^{3+}$及$Ni^{3+}$的强氧化性，在热力学上是不稳定的，实际上只有铁能形成稳定的可溶性$Fe^{3+}$盐。

$FeCl_3$以及其他Fe(Ⅲ)盐在酸性溶液中具有一定的氧化性，属于中强氧化剂，可与Cu、Zn等金属和一些还原剂如$I^-$、$H_2S$、$Sn^{2+}$等发生氧化还原反应：

$$2FeCl_3 + H_2S \longrightarrow 2FeCl_2 + S + 2HCl$$

$$2FeCl_3 + SnCl_2 \longrightarrow 2FeCl_2 + SnCl_4$$

在印刷电路的制电板过程中，就是将粘有铜箔的胶木板制成薄膜线路，再将其浸入 35%的 $FeCl_3$ 溶液中进行腐蚀，反应如下：

$$2FeCl_3 + Cu \longrightarrow CuCl_2 + 2FeCl_2$$

还可将 $FeCl_3$ 的酸性溶液在铁制部件上刻蚀字样。这与在 $Fe^{2+}$的溶液中加入金属铁，可防止 $Fe^{2+}$被氧化为 $Fe^{3+}$的原理是一样的。

$Fe^{3+}$盐溶于水容易水解，其水解程度比 $Fe^{2+}$盐大，因水解而使溶液显酸性。加 $H^+$平衡向左移动，水解程度减小，而 pH 升高时颜色逐渐变为深棕色，直到析出红棕色的胶状 $Fe(OH)_3$。

pH ＝ 4～5 时，即生成 $Fe(OH)_3$ 或 $Fe_2O_3 \cdot xH_2O$ 的胶状沉淀。同时加热也能促进水解，使溶液颜色加深。

(3) 铁、钴、镍的配合物。

铁、钴、镍是很好的配合物形成体，可以形成多种配合物。

(i) 氨配合物。

由于 $Fe^{2+}$、$Fe^{3+}$的水合离子易水解，难以生成氨的配合物。而 $Co^{2+}$、$Co^{3+}$、$Ni^{2+}$都能与 $NH_3$ 形成配位数为 6 的配合物。

(ii) 氰配合物。

$CN^-$是目前发现的最强配体之一，它与 $Fe^{3+}$、$Fe^{2+}$、$Co^{2+}$、$Ni^{2+}$均能形成稳定的配合物。

$Fe^{2+}$与过量 KCN 溶液作用，形成低自旋配离子$[Fe(CN)_6]^{4-}$的黄色溶液。从该溶液中可以析出晶体 $K_4[Fe(CN)_6]_3 \cdot H_2O$，俗称黄色盐。

$[Fe(CN)_6]^{4-}$与 $Fe^{3+}$反应可以生成 $KFe[Fe(CN)_6]$沉淀（普鲁士蓝），这一反应可以用来定性检验 $Fe^{3+}$。

向含有 $Fe^{3+}$的水溶液中加入过量 KCN，得到$[Fe(CN)_6]^{3-}$的红色溶液，由此溶液中析出的晶体 $K_3[Fe(CN)_6]$俗称赤血盐（或铁氰化钾），常温常压下是一种暗红色晶体。向含有 $Fe^{2+}$的溶液中加入赤血盐溶液，同样生成难溶的蓝色配合物 $KFe[Fe(CN)_6]$，称为滕氏盐。这一反应用来定性检验 $Fe^{2+}$。普鲁士蓝和滕氏蓝配合物广泛用于油漆和油墨工业及图画颜料的制造。

$Co^{2+}$与 $CN^-$反应可生成浅棕色的 $Co(CN)_2$ 沉淀，过量的 $CN^-$可与 $Co^{2+}$形成茶绿色的配合物$[Co(CN)_5(H_2O)]^{3-}$。此配离子不稳定，易被空气中的氧气氧化。

$Ni^{2+}$与 $CN^-$反应先形成灰蓝色水合氰化物沉淀，此沉淀溶于过量的 $CN^-$溶液中形成橙黄色的$[Ni(CN)_4]^{2-}$配离子，是 $Ni^{2+}$最稳定的配合物之一。

(iii) 其他重要配合物。

向 $Fe^{3+}$的酸性溶液中加入 KSCN 或 $NH_4SCN$ 溶液时，可生成血红色的配离子$[Fe(SCN)_n]^{3-n}$：

$$Fe^{3+} + nSCN^- \longrightarrow [Fe(SCN)_n]^{3-n} \quad (n = 1\sim6)$$

该反应非常灵敏，常用于比色法测定 $Fe^{3+}$的含量。

$Co^{2+}$与 $SCN^-$形成四面体构型蓝色配合物$[Co(SCN)_4]^{2-}$。它在水溶液中不稳定，在定性分析中，用 $NH_4SCN$ 的浓溶液，并加入丙酮溶剂中观察是否出现蓝色来鉴定 $Co^{2+}$的存在。$Fe^{3+}$存在会干扰此鉴定。但可加入 NaF，使 $Fe^{3+}$生成无色$[FeF_6]^{3-}$而将 $Fe^{3+}$掩蔽起来，消除对 $Co^{2+}$的干扰。

$Ni^{2+}$与丁二酮肟在稀氨水溶液中能生成螯合物二(丁二酮肟)合镍(Ⅱ)，为鲜红色沉淀。这个反应是检验 $Ni^{2+}$的特征反应。

## 11.5　ds 区 元 素

ds 区元素包括ⅠB、ⅡB 两族元素，主要指铜族(Cu、Ag、Au)和锌族(Zn、Cd、Hg)六种元素，该区元素处于 d 区和 p 区之间，其性质有其独特之处。

### 11.5.1　ds 区元素的通性

ds区元素通性

1. 电子构型

ds 区元素的价电子构型为$(n-1)d^{10}ns^{1\sim2}$，其最外层电子构型与 s 区相同，但是它们的次外层电子数不同。s 区元素只有最外层是价电子，原子半径较大；而 ds 区元素的最外层 s 电子和次外层的部分 d 电子都是价电子，*n*p、*n*d 有空的价电子轨道，原子半径较小。

2. 物理性质

ds 区元素都具有特征的颜色，铜呈紫色，银呈白色，金呈黄色，锌呈微蓝色，镉和汞呈白色。由于$(n-1)$d 轨道是全充满的稳定状态，不参与成键，单质内金属键比较弱，因此与 d 区元素比较，ds 区元素有相对较低的熔、沸点，这种性质锌族尤为突出。汞(Hg)是常温下唯一的液态金属，气态汞是单原子分子。

另外，ds 区元素大多具有良好的延展性、导热性和导电性。金是一切金属中延展性最好的，如 1g 金既能拉成长 3km 的丝，也能压成 $1.0\times10^{-4}$mm 厚的金箔；而银在所有金属中具有最好的导电性(铜次之)、导热性和最低的接触电阻。

3. 化学性质

铜族元素的原子半径小，$ns^1$ 电子的活泼性远小于碱金属的 $ns^1$ 电子，因此具有极大的稳定性，且单质的稳定性以 Cu、Ag、Au 的顺序增大。铜族元素具有可变氧化值，即它们失去 *n*s 电子后，还能继续失去$(n-1)$d 电子，如 $Cu^{2+}$、$Au^{3+}$等。

铜在干燥的空气中很稳定，有 $CO_2$ 及潮湿的空气时，则在表面生成绿色碱式碳酸铜$[Cu_2(OH)_2CO_3$，俗称“铜绿”]；高温时，铜能与氧、硫、卤素直接化合。铜不溶于非氧化性稀酸，但能与 $HNO_3$ 及热的浓 $H_2SO_4$ 作用。

银在空气中稳定，但银与含硫化氢的空气接触时，表面因生成一层 $Ag_2S$ 而发暗，这是银币和银首饰变暗的原因。

金是铜族元素中最稳定的，在常温下它几乎不与任何其他物质反应，只能溶解于强氧化性的“王水”。因此，金是最好的金属货币。

锌族元素的性质既不同于铜族元素又不同于碱土金属。

锌族元素的氧化值一般为 +2，只有汞有 +1 氧化值的化合物，但以双聚离子 $Hg_2^{2+}$ 形式存在，如 $Hg_2Cl_2$。锌族元素的化学活泼性比碱土金属要低得多，依 Zn、Cd、Hg 顺序依次降低。

锌与铝相似，具有两性，既可溶于酸，也可溶于碱中。在潮湿的空气中，锌表面易生成一层致密的碱式碳酸锌而起保护作用。锌还可与氧、硫、卤素等在加热时直接化合。

汞俗称水银，常温下很稳定，加热至 300℃时才能与氧作用，生成红色的 HgO。汞与硫在常温下混合研磨可生成无毒的 HgS。汞还可与卤素在加热时直接化合成卤化汞。汞不溶于盐酸或稀硫酸，但能溶于热的浓硫酸和硝酸中。汞还能溶解多种金属(如金、银、锡、钠、钾等)形成汞的合金，称为汞齐，如钠汞齐、锡汞齐等。

必须指出，无论是铜族元素还是锌族元素，它们都能与卤素离子、氰根等形成稳定程度不同的配离子，其配位数通常是 4 或 2。

### 11.5.2　ds 区重要元素及其化合物

铜族元素及其重要化合物

1. 铜族元素及其化合物

铜族元素在元素周期中是 IB 族，包括铜、银、金三种金属元素。它们的价电子构型为 $(n-1)d^{10}ns^1$，最外层电子数与碱金属相同，但铜族元素次外层为 18 个电子，由于 $(n-1)d$ 轨道能量和最外层 $ns$ 能量差较小，可有 1～2 个电子参与成键，因此本族元素的常见氧化态有 +1、+2、+3 三种，元素常见氧化态分别为 Cu(Ⅱ)、Ag(Ⅰ)、Au(Ⅲ)。

1) 铜族元素的性质

铜族元素的标准电极电势均为正值，不能从稀酸中置换出氢。但铜和银溶于硝酸或热的浓硫酸，而金只能溶于王水，化学反应如下：

$$Cu + 4HNO_3(\text{浓}) \longrightarrow Cu(NO_3)_2 + 2NO_2\uparrow + 2H_2O$$

$$3Cu + 8HNO_3(\text{稀}) \longrightarrow 3Cu(NO_3)_2 + 2NO\uparrow + 4H_2O$$

$$2Ag + 2H_2SO_4(\text{浓}) \longrightarrow Ag_2SO_4 + SO_2\uparrow + 2H_2O$$

$$Au + 4HCl + HNO_3 \longrightarrow H[AuCl_4] + NO\uparrow + 2H_2O$$

因铜族元素的 M(Ⅰ)与 $CN^-$生成配离子很稳定，故可溶于浓的碱金属氰化物(KCN、NaCN)溶液中：

$$2Cu + 8NaCN + 2H_2O \longrightarrow 2Na_3[Cu(CN)_4] + 2NaOH + H_2\uparrow$$

$$4Ag + 8NaCN + 2H_2O + O_2 \longrightarrow 4Na[Ag(CN)_2] + 4NaOH$$

Ag 与 Au 类似，在氰化物中溶解都需要氧参加反应。$Na[Au(CN)_2]$溶液中，Au(Ⅰ)可被金属 Zn 或 Al 还原，得到纯度不高的金粉。

2）铜的重要化合物

铜可以形成黑色的氧化铜（CuO）和红色的氧化亚铜（$Cu_2O$），相应的氢氧化物有 $Cu(OH)_2$（蓝色）和 CuOH（黄色）。铜的氧化物可以通过加热分解相应的盐来制得。

实验室制 $Cu_2O$ 可由 CuO 热分解得到：

$$4CuO \longrightarrow 2Cu_2O + O_2\uparrow$$

利用还原剂如葡萄糖、亚硫酸钠等在碱性溶液中还原 Cu（Ⅱ）盐，也可得到 $Cu_2O$。医院常用此反应来检查糖尿病。

$Cu_2O$ 是弱碱性氧化物，溶于稀 $H_2SO_4$ 先生成硫酸亚铜，后立即发生歧化：

$$Cu_2O + H_2SO_4(稀) \longrightarrow CuSO_4 + H_2O + Cu$$

$Cu_2O$ 溶于 HCl 时，生成白色 CuCl 沉淀，故不发生歧化反应。

当向 $Cu^{2+}$溶液中加入强碱形成蓝色 $Cu(OH)_2$ 沉淀，它微显两性，以碱性为主，能溶于较强的碱生成蓝色的 $Cu(OH)_4^{2-}$。$Cu(OH)_2$ 溶于氨水生成深蓝色 $[Cu(NH_3)_4]^{2+}$ 的溶液，简称铜氨溶液，它有溶解纤维的能力，纺织工业利用这种性质来制造人造丝。$Cu_2O$ 溶于氨水中形成无色 $[Cu(NH_3)_2]^+$，它很快被空气中的氧氧化为蓝色的铜氨溶液。

一价铜的卤化物主要有 CuCl、CuBr、CuI，都是难溶化合物，其溶解度依 Cl、Br、I 顺序减小。它们都可用适当还原剂在相应的卤素离子存在下还原 $Cu^{2+}$而制得。比较重要的 CuCl 在工业上可作催化剂、还原剂、脱色剂、杀虫剂和防腐剂等。CuI 可由 $Cu^{2+}$和 $I^-$直接反应制得。

无水 $CuCl_2$ 是共价化合物，$CuCl_2$ 易溶于水，同时易溶于一些有机溶剂（如乙醇、丙酮）中。氯化铜主要用于制造玻璃、陶瓷的颜料、消毒剂和催化剂。

$CuSO_4 \cdot 5H_2O$ 是最重要的铜盐，俗称胆矾。可用铜屑或氧化物溶于硫酸中直接制得。为蓝色晶体，在不同温度下可逐步失水。硫酸铜是制备其他铜化合物的重要原料。由 $CuSO_4$ 溶液与石灰乳混合而成的波尔多液具有杀虫能力。无水硫酸铜为白色粉末，不溶于乙醇和乙醚，吸水性很强，吸水后呈蓝色，利用这一性质可检验乙醇和乙醚等有机溶剂中的微量水，并可作干燥剂。

$Cu^{2+}$可与 $K_4[Fe(CN)_6]$反应生成红褐色沉淀 $Cu_2[Fe(CN)_6]$，这一反应常用于 $Cu^{2+}$的鉴定。

3）银的重要化合物

$AgNO_3$ 是最重要的可溶性银盐，是制备其他银盐的原料。$AgNO_3$ 见光分解，痕量有机物促进其分解，因此应保存在棕色瓶中。$AgNO_3$ 是一种氧化剂，即使室温下许多有机物都能将它还原成黑色的银粉。10%的 $AgNO_3$ 溶液在医药上作消毒剂和腐蚀剂。大量的 $AgNO_3$ 用于制造照相底片上的卤化银，它也是重要的分析试剂。

$Ag^+$分别和卤素负离子作用可直接得到难溶 AgCl、AgBr、AgI。将 $Ag_2O$ 溶于氢氟酸中然后进行蒸发可制得 AgF。由 AgF 到 AgI，键型由离子键变成共价键，溶解度降低，颜色加深。AgF 是无色晶体，易溶于水，AgCl 为白色，AgBr 为淡黄色，AgI 为黄色。这是由于 $Ag^+$为 18 电子构型，极化作用和变形性都较大，随着 X 离子半径增大，正、负离子电子的重叠部分增加，到 AgI 为共价键。

AgX 都有感光分解的性质，可作为感光材料：

$$2AgX \xrightarrow{h\nu} 2Ag + X_2 \quad (X = Cl、Br、I)$$

$Ag^+$能与多种配位体形成配合物，其配位数一般为 2。常见的 $Ag^+$配离子有$[Ag(NH_3)_2]^+$、$[Ag(S_2O_3)_2]^{3-}$ 、$[Ag(CN)_2]^-$等。

$[Ag(NH_3)_2]^+$用于制镜或在暖水瓶的夹层上镀银，也可用于检测醛：

$$2[Ag(NH_3)_2]^+ + HCHO + 3OH^- \longrightarrow HCOO^- + 2Ag\downarrow + 3NH_3 + H_2O$$

难溶的 AgBr 可溶解在 $Na_2S_2O_3$溶液中，生成配离子$[Ag(S_2O_3)_2]^{3-}$ 。

4) 金的化合物

金的常见氧化态是+3，化合物有 $AuF_3$、$AuCl_3$、$HAuCl_4$等。三氯化金为红褐色晶体，无论在气态和固态都是以二聚体 $Au_2Cl_6$的形式存在。

$Au^+$ 在水溶液中易歧化为 $Au^{3+}$和 Au，所以 $Au^+$ 在水溶液中不存在，只有当 $Au^+$ 形成配合物如$[Au(CN)_2]^-$时才能在水溶液稳定存在。而生成$[Au(CN)_2]^-$是氰化法提取金的基础，广泛用于金的冶炼中。

### 2. 锌族元素及其化合物

锌族元素及其重要化合物

1) 锌族元素的性质

锌表面在空气中容易生成一层致密的碱式碳酸盐 $ZnCO_3 \cdot Zn(OH)_2$，因而具有抗腐蚀的性质，常用于镀薄铁板。镉广泛应用于飞机和船舶零件的防腐镀层。锌、镉、汞之间或与其他金属可形成合金，如汞和其他金属易形成汞齐。常见的 Hg 和 Na 的合金(钠汞齐)。

钠汞齐遇水时，其中汞仍保持其惰性，而钠则与水反应放出氢气。反应比纯金属钠与水作用缓和。利用此特性，钠汞齐在有机合成中常用作还原剂。Hg 蒸气对人体有害，空气中 Hg 的允许含量为 $0.1mg \cdot m^{-3}$，因此使用汞时必须装置密闭。汞盛放于铁罐或瓷瓶中后还应用水封。撒在地上或实验台上的汞必须尽量收集起来，然后在估计有金属汞的地方撒上硫磺粉，以便使 Hg 转化为 HgS。

锌的化学性质和铝有很多相似之处，是两性金属，容易溶于各种无机酸中形成锌盐，也可溶于碱。与铝不同的是，锌和氨水能形成配离子而溶解。

镉与硝酸反应与锌类似，但金属镉不溶于强碱中。

汞的金属活泼性差，只能在热的浓硫酸或硝酸中溶解，形成 Hg(Ⅱ)的盐。

2) 锌族元素的主要化合物

锌和镉常见的化合物中氧化态为+2，而汞有+1 和+2 氧化态化合物。

哪些金属是两性金属？

锌族元素的氧化物可以通过金属单质与氧气加热反应得到，锌、镉的氧化物还可以通过加热分解相应的碳酸盐而制得。它们的氧化物不溶于水，氧化物的稳定性按 Zn、Cd、Hg 的顺序递降。其中比较重要的是 ZnO(俗称锌白)，可作为白色颜料和荧光剂材料。ZnO 能吸收紫外光，可配制防晒化妆品。ZnO 无毒性且具有一定杀菌能力，可用于治疗皮肤病。ZnO 通过适当热处理表现半导体特性，用作光催化反应的催化剂。另外 ZnO 大量用作油漆颜料和橡胶填料。

于可溶性盐溶液中加入适量碱，可以得到白色的 $Zn(OH)_2$、$Cd(OH)_2$ 和黄色的 HgO 沉淀。因生成的 $Hg(OH)_2$ 不稳定，立即分解为 HgO。ZnO 和 $Zn(OH)_2$ 是两性的，能分别溶于酸和碱中。$Cd(OH)_2$ 具有两性，但酸性很弱，只能缓慢溶于热的浓碱中，但很容易溶解于酸中。因此，本族氧化物和氢氧化物的碱性按 Zn、Cd、Hg 顺序递增。

锌族元素的主要卤化物介绍以下几种：$ZnCl_2$、$HgCl_2$ 和 $Hg_2Cl_2$。

$ZnCl_2$ 的浓溶液酸性较强，可溶解金属氧化物，如 FeO。因此，焊接金属时，用 $ZnCl_2$ 浓溶液清除金属表面上的氧化物，保证焊接金属的直接接触。$ZnCl_2$ 还常用作有机反应的脱水剂、催化剂、木材的防腐剂等。浓的 $ZnCl_2$ 溶液能溶解纤维素和蚕丝等，因此不能用滤纸过滤 $ZnCl_2$ 溶液。

$HgCl_2$ 是白色的针状晶体，是共价型分子，可溶于水，在水中以分子的形式存在，称为假盐，可溶于乙醇和乙醚中。$HgCl_2$ 易升华，俗称升汞，有剧毒，致死量约为 0.2g，具有杀菌作用，在外科上用作消毒剂。$HgCl_2$ 易水解生成白色 Hg(OH)Cl 沉淀，因此在配制 $HgCl_2$ 水溶液时应加入适量盐酸以抑制水解。若在 $HgCl_2$ 溶液中加入氨水，生成氨基氯化汞 $Hg(NH_2)Cl$ 白色沉淀。只有在含有过量的 $NH_4Cl$ 的氨水中，$HgCl_2$ 才能与 $NH_3$ 形成配合物 $[Hg(NH_3)_2Cl_2]$。在酸性溶液中 $HgCl_2$ 表现出一定的氧化性。

$Hg_2Cl_2$ 是难溶于水的白色固体，无毒性，略有甜味，称为甘汞。由于 $Hg_2Cl_2$ 是分子晶体，两个 Hg(Ⅰ)中电子配对，为抗磁性。$Hg_2Cl_2$ 对光不稳定，在光的照射下分解为 $HgCl_2$ 和 Hg，故应保存在棕色瓶中。$Hg_2Cl_2$ 常用于制作甘汞电极(参比电极)。$Hg_2^{2+}$ 在溶液中不容易歧化为 $Hg^{2+}$ 和 Hg，相反 Hg 能将 $Hg^{2+}$ 还原为 $Hg_2^{2+}$，因此常利用 $Hg^{2+}$ 和 Hg 反应制备亚汞盐。

锌族元素的离子为 18 电子构型，具有很强的极化力和明显的变形性，与相应主族元素比较有较强形成配合物的倾向。常见配位数是 4，也有少数是 6 配位的，如 $Zn^{2+}$、$Cd^{2+}$ 与氨形成的配合物 $[Zn(NH_3)_4]^{2+}$ 和 $[Cd(NH_3)_6]^{2+}$。本族 +2 价离子都能与 $CN^-$ 形成配位数为 4 的配合物，并且都很稳定。$Hg^{2+}$ 还可以与卤素离子和 $SCN^-$ 形成一系列配离子。

在中性或弱酸性溶液中，$Zn^{2+}$、$Cu^{2+}$ 能与 $Hg(SCN)_4^{2-}$ 形成蓝色混晶 $ZnHg(SCN)_4$(白色)和 $CuHg(SCN)_4$(蓝色)，可用于 $Zn^{2+}$ 的鉴定。

## 11.6　f 区 元 素

f区元素

周期系中的 58～71 号元素称为 4f 内过渡元素，90～103 号元素称为 5f 内过渡元素，它们都属于 f 区元素。国际纯粹与应用化学联合会建议将 58～71 号这 14 个元素称为镧系元素，但由于 La 与这 14 个元素在性质方面都有相似性，通常也将 La 包括在镧系元素中，以 Ln 表示。89～103 号元素是锕系元素，它们属于放射性元素。

### 11.6.1 镧系元素概述

1. 镧系元素的价层电子构型和性质

镧系元素的气态原子价层电子构型除 La 为$[Xe]5d^16s^2$，Ce 为$[Xe]4f^15d^16s^2$，Gd 为$[Xe]4f^75d^16s^2$，Lu 为$[Xe]4f^{14}5d^16s^2$外，其余都是$[Xe]4f^n6s^2$型。各元素原子取何种构型与系统具有最低能量有关。

镧系元素的某些物理和化学性质有明显的相似性，如$Ln^{3+}$的半径，一些化合物的晶格能 $U$ 以及其酸碱性、配合物稳定性和溶解度等。这些性质的递变是随原子序数的增加而显示出逐渐变化的趋势。

2. 氧化态

一般认为镧系元素的特征氧化态是+3。$La^{3+}$、$Gd^{3+}$和 $Lu^{3+}$的电子构型分别为 $4f^0$ 、$4f^7$ 和 $4f^{14}$ ，它们是比较稳定的。同样，其他元素在反应中也有达到这类稳定结构的趋势，如 Ce 有氧化态为+3 的化合物，也有构型为 $4f^0$ 、氧化态为+4 的化合物。但是这种认为只有趋向于形成 $4f^0$ 、$4f^7$ 和 $4f^{14}$ 构型的化合物才稳定的看法，随着新化合物的相继出现似应有所改变。例如，近些年来已发现有 Nd(Ⅳ)、Dy(Ⅴ)、Ce(Ⅱ)、Nd(Ⅱ)、Tm(Ⅱ)等的化合物存在。对具有 $4f^0$ 、$4f^7$ 和 $4f^{14}$ 电子构型的化合物来说，电子构型是使它们能稳定的重要因素，但也必须考虑其他因素对稳定性的影响。

3. 镧系元素的原子半径、离子半径和镧系收缩

在周期表的同周期中随着原子序数的增加，原子半径逐渐减小，这是一个普遍的规律。在第三周期中每增加 1 个核电荷数，半径的减少量约为 5pm；在第四周期 d 区元素中，原子半径的减少量约为 2.5pm，而在第六周期的镧系元素中，约为 1.8pm。镧系元素的原子半径(以及离子半径)的减少量不是很明显，这就是周期系中所谓的**镧系收缩**。

在金属原子中，原子的价层电子构型比离子多 6s 亚层，f 电子是增加在外数第三层上，对外层电子的屏蔽系数接近于 1(约为 0.98)，随着原子序数的增加，有效核电荷数几乎没有增加，这就使原子半径的收缩不及离子半径那样明显。镧系收缩是无机化学中的一个重要现象，受镧系收缩的影响，$4d^n$ 和 $5d^n$ 元素的半径很接近，它们化合物的一些性质也很相近。

4. 离子的颜色

f 区元素的离子产生颜色的原因，从结构来看是由于 f-f 电子跃迁而引起的。除 $La^{3+}$和 $Lu^{3+}$的构型为 $4f^0$ 和 $4f^{14}$ 外(它们没有未成对的电子)，其余都有未成对的电子，似乎应该都有颜色。实际上 $Ce^{3+}(f^1)$、$Gd^{3+}(f^7)$的吸收峰在

紫外区而不显示颜色；$Eu^{3+}(f^6)$、$Tb^{3+}(f^8)$的吸收峰也只有一部分在可见光区，故微显淡粉红色；$Yb^{3+}(f^{13})$的吸收峰则在红外区也不显示颜色。同时，未成对电子数相同的离子显示出近于相同的颜色。

5. 金属的活泼性

$\varphi^{\ominus}(Ln^{3+}/Ln)$值由 La 到 Lu 逐渐增大，但都低于–1.99V。在碱性溶液中，$\varphi^{\ominus}[Ln(OH)_3/Ln]$值 La 为–2.90V，依次增加到 Lu 为–2.72V，这说明无论是在酸性或碱性溶液中，Ln 都是很活泼的金属，都是较强的还原剂。还原能力仅次于碱金属和碱土金属而与 Mg 相接近，Ln 的还原能力远比 Al、Zn 强。

### 11.6.2 锕系元素概述

1. 锕系元素的价层电子构型

从 89～103 号为止的 15 个元素称为锕系元素(以 An 表示)，其中镅以后的 9 种元素(95～103 号)都是人工核反应合成的，它们同 Np、Pu 元素合在一起称为超铀元素。

90 号元素 Th 的电子构型为 $6d^27s^2$，没有 5f 电子。91、92、93 和 96 号元素具有 $5f^{n-1}6d^17s^2$ 的电子构型($n$ 为应填在 5f 轨道上的电子数)，其余元素则都属于 $5f^n7s^2$ 电子构型。

2. 氧化态

对镧系元素来说，+3 是特征氧化态，对锕系元素则有明显的不同，由 Ac 到 Am 为止的前半部分各元素具有多种氧化态，其中最稳定的氧化态由 Ac 为+3 升到 U 为+6，随后又依次下降到 Am 为+3。Cm 以后的稳定氧化态为+3，唯 No 在水溶液中最稳定的氧化态为+2。

3. 锕系收缩

同镧系元素相似，锕系元素相同氧化态的离子的半径随原子序数的增加而逐渐减小，但减小得并不显著，从 90 号的 Th 到 98 号的 Cf 共减小了约 10pm，这就是锕系收缩。由 Ac 到 Np 半径的收缩还比较明显，从 Pu 开始各元素离子半径的收缩就很小。

4. 离子的颜色

在溶液中氧化态为+3 和+4 的离子显示的是 $M^{3+}$和 $M^{4+}$的颜色，氧化态为+5、+6 或+7 时，表现出的是 $MO_2^+$、$MO_2^{2+}$ 的颜色。

5. 单质的性质

锕系元素单质的金属性较强。它们的制备方法可用碱金属或碱土金属来还原相应的氟化物，或用熔盐电解法制备。锕系元素单质通常为银白色，易与水或氧作用，保存时应避免与氧接触。锕系元素可与其他金属形成金属间化合物和合金。锕系金属易于机械加工成型。

【拓展材料】

## 永 磁 之 王

钕铁硼磁性材料作为稀土永磁材料发展的最新结果，由于其优异的磁性能而被称为“磁王”。钕铁硼磁性材料是钕、氧化铁等的合金，又称磁钢。钕铁硼具有极高的磁能积和矫顽力，同时高能量密度的优点使钕铁硼永磁材料在现代工业和电子技术中获得了广泛应用，从而使仪器仪表、电声电机、磁选磁化等设备的小型化、轻量化、薄型化成为可能。钕铁硼的优点是性价比高，具有良好的机械特性；不足之处在于居里温度低，温度特性差，且易于粉化腐蚀，必须通过调整其化学成分和采取表面处理方法使之得以改进，才能达到实际应用的要求。

钕铁硼磁铁

钕铁硼分为烧结钕铁硼和粘结钕铁硼两种。粘结钕铁硼各个方向都有磁性，耐腐蚀；而烧结钕铁硼因易腐蚀，表面需镀层，一般有镀锌、镍、环保锌、环保镍、镍铜镍、环保镍铜镍等。烧结钕铁硼一般分轴向充磁与径向充磁，根据所需要的工作面来定。钕铁硼永磁材料是以金属间化合物 $NdFe_{14}B$ 为基础的永磁材料，主要成分为稀土(Nd)、铁(Fe)、硼(B)。为了获得不同性能，其中的稀土 Nd 可用部分镝(Dy)、镨(Pr)等其他稀土金属替代，铁也可被钴(Co)、铝(Al)等其他金属部分替代，硼的含量较小，但对形成四方晶体结构金属间化合物起着重要作用，这些化合物具有高饱和磁化强度，高的单轴各向异性和高的居里温度。

阿尔法磁谱仪是一种探测反物质和暗物质的先进仪器。阿尔法磁谱仪实验由华裔美国科学家、诺贝尔奖获得者丁肇中教授所领导，美国、中国、德国等 10 多个国家和地区的许多科学家参加了研究与设计工作。其核心部件是一块外径 1.6m、内径 1.2m、重 2t 的钕铁硼环状永磁体。若使用常规磁铁，因四处弥漫的磁场的影响而无法在太空中运行，而使用超导磁体又必须在超低温下运行，也不现实。我国科学家倡议制作了完全符合太空运行要求的钕铁硼永磁体，装进了阿尔法磁谱仪，为其捕捉反物质和暗物质信息提供强大的磁力。该磁铁的成功研制展示了中国科学家的聪明才智。

## 思 考 题

11-1　元素可按何种规则分为不同的种类？分别是什么种类？

11-2　请总结归纳 s 区元素的通性，并分析相关性质的变化规律。

11-3　请总结归纳 p 区元素的特性，分析与其他区元素不同的原因。

11-4　请总结归纳 d 区元素的通性，并分析相关性质的变化规律。

11-5　简述铜族元素、锌族元素的特性。

11-6　分析产生镧系收缩的原因。

## 习　题

11-1　选择题。

(1) 氟与水剧烈反应并伴随燃烧现象，其反应产物是　(　　)

A. HF 和 $O_2$　　B. HF、$O_2$ 和 $O_3$

C. HF、$O_2$、$O_3$、$H_2O$ 和 OF　　D. HF、$O_2$、$O_3$ 和 $H_2O$

(2) 要除去液溴中的少量 $Cl_2$，可向其中　(　　)

A. 加入过量 NaCl　　B. 加入过量 KBr　　C. 通入 $Cl_2$　　D. 通入溴蒸气

(3) 从海水中提取溴时，应将海水控制在　（　）

A. 酸性范围　　B. 微酸性范围　　C. 中性　　D. 碱性范围

(4) 可用于检验混合气体中含有臭氧的反应是　（　）

A. $PbS + 2O_3 == PbSO_4 + O_2$

B. $2KI + H_2SO_4 + O_3 == I_2 + O_2 + H_2O + K_2SO_4$

C. $2Ag + 2O_3 == 2AgO_2 + O_2$

D. $2O_3 == 3O_2$

(5) 下列四类化合物中，氧化能力最强的是　（　）

A. 连多硫酸盐　　B. 硫酸盐　　C. 过硫酸盐　　D. 硫代硫酸盐

(6) 既有氧化性又有还原性的物质是　（　）

A. $SO_2$　　B. $H_2O_2$　　C. $SO_3$　　D. $H_2O$

(7) 下列氮族元素性质的描述中，不正确的是　（　）

A. 除了氮，其他元素都有几种同素异形体

B. 除了氮，常温下其他元素单质都是固体

C. 除了氮，其他元素原子之间都不能形成重键

D. 除了磷，其他元素单质在溶液中均不发生歧化

(8) $NO_2$ 气体溶解在 NaOH 溶液中，将会生成　（　）

A. $NaNO_2$ 和 $H_2O$　　B. $NaNO_2$、$O_2$ 和 $H_2O$

C. $NaNO_3$、$NaNO_2$ 和 $H_2O$　　D. $NaNO_3$、$N_2O_5$ 和 $H_2O$

(9) 下列关于元素碳和硅的性质比较中，正确的是　（　）

A. 它们都有金刚石型和石墨型结构的同素异形体

B. 金刚石型结构的硅比金刚石导电性好，导电性与石墨接近

C. 用热的浓 $HNO_3$ 可将硅氧化成 $SiO_2$，但不能将碳氧化成 $CO_2$

D. 硅与热的碱溶液反应放出 $H_2$，但碳不能

(10) 二氧化硅与二氧化碳不同，在下列说法中正确的是　（　）

A. 固态时，二氧化硅是大分子

B. 二氧化硅与浓盐酸反应生成配合物

C. 在任何条件下，二氧化硅都不与 NaOH 发生反应

D. 二氧化硅与水发生反应

(11) 常温下能与 $N_2$ 直接反应的金属是　（　）

A. Na　　B. Li　　C. K　　D. Be

(12) 关于 $AlCl_3$ 存在形式的叙述中，正确的是　（　）

A. 蒸气状态是 $AlCl_3$ 分子　　B. 在非极性溶剂中是 $Al_2Cl_6$ 分子

C. 液态 $AlCl_3$ 都是解离为 $Al^{3+}$ 和 $Cl^-$　　D. 晶体是链状的 $(AlCl_3)_n$ 大分子

(13) 关于过渡元素，下列说法不正确的是　（　）

A. 所有过渡元素均有显著的金属性

B. 大多数过渡元素仅有一种价态

C. 水溶液中，它们的简单离子大都有颜色

D. 绝大多数过渡元素的 d 轨道未充满电子

11-2　填空题。

(1) 对于卤素的含氧酸来说，除__________均为弱酸外，其他卤素含氧酸几乎都是强酸。卤素含氧酸的__________较低，因而大多只能存在于__________中，很少能得到纯酸。

(2) 氯化铵的热分解产物是__________和__________；硝酸铵加热到 573K 以上分解产物是__________。

(3) 在 F、Cl、Br、I、O、P、S、B、C、Si 等非金属元素中，电负性最大的元素是_______；单质组成双原子分子的元素是_______；为多原子分子的元素是_______；为巨型分子的元素是_______；单质具有同素异形体的元素是_______；能形成缺电子化合物的元素是_______。

(4) $B_2H_6$、$CH_4$、$NH_3$、$H_2O$、HF 的还原性依次_________，稳定性依次_________。

(5) $CaCO_3$、$BaCO_3$、$MgCO_3$、$(NH_4)_2CO_3$、$Na_2CO_3$、$NaHCO_3$ 六种碳酸盐中，热稳定性最差的是_________，最好的是_________。

(6) $Na_2O_2$、$KO_2$、$KO_3$ 的颜色分别是_______、_______和_______，它们与水作用，放出氧气最多的是_______，产物中没有过氧化氢生成的是_______。

(7) d 区过渡元素从左到右，同一过渡系元素的原子半径_______，最高氧化数氢氧化物的酸性依次_______；同一族从上到下，其金属活泼性_______，最高氧化数氢氧化物的碱性_______。

11-3　完成并配平下列反应方程式。

(1) $KI + KIO_3 + H_2SO_4$(稀) $\longrightarrow$

(2) $MnO_2 + HBr \longrightarrow$

(3) $H_2O_2 + H_2S \longrightarrow$

(4) $Ag_2S + HNO_3$(浓) $\longrightarrow$

(5) $HgS + HCl + HNO_3 \longrightarrow$

(6) $Na_2O_2 + CO_2 \longrightarrow$

(7) $Fe^{3+} + H_2S \longrightarrow$

(8) $[Co(NH_3)_6]^{2+} + O_2 + H_2O \longrightarrow$

(9) $Hg(NO_3)_2 + KI$(过量) $\longrightarrow$

(10) $HgS + Na_2S \longrightarrow$

# 附　　录

## 附录一　本书采用的法定计量单位

### 一、国际单位制基本单位

| 量的名称 | 单位名称 | 单位符号 | 量的名称 | 单位名称 | 单位符号 |
|---|---|---|---|---|---|
| 长度 | 米 | m | 热力学温度 | 开[尔文] | K |
| 质量 | 千克 | kg | 物质的量 | 摩[尔] | mol |
| 时间 | 秒 | s | 发光强度 | 坎[德拉] | cd |
| 电流 | 安[培] | A | | | |

### 二、国际单位制导出单位(部分)

| 量的名称 | 单位名称 | 单位符号 | 量的名称 | 单位名称 | 单位符号 |
|---|---|---|---|---|---|
| 面积 | 平方米 | $m^2$ | 电量、电荷 | 库仑 | C |
| 体积 | 立方米 | $m^3$ | 电势、电压、电动势 | 伏特 | V |
| 压力 | 帕斯卡 | Pa | 摄氏温度 | 摄氏度 | ℃ |
| 能、功、热量 | 焦耳 | J | | | |

### 三、国际单位制词冠(部分)

| 倍　数 | 中文符号 | 国际符号 | 分　数 | 中文符号 | 单位符号 |
|---|---|---|---|---|---|
| $10^1$ | 十 | da | $10^{-1}$ | 分 | d |
| $10^2$ | 百 | h | $10^{-2}$ | 厘 | c |
| $10^3$ | 千 | k | $10^{-3}$ | 毫 | m |
| $10^6$ | 兆 | M | $10^{-6}$ | 微 | μ |
| $10^9$ | 吉 | G | $10^{-9}$ | 纳 | n |
| $10^{12}$ | 太 | T | $10^{-12}$ | 皮 | p |

## 附录二　基本物理常量和本书使用的一些常用量的符号和名称

### 一、基本物理常量

| 物理量 | 数　值 | 单　位 |
|---|---|---|
| 摩尔气体常量 $R$ | 8.3145(10) | $J \cdot mol^{-1} \cdot K^{-1}$ |
| 阿伏伽德罗常量 $N_A$ | $6.02213(67)\times10^{23}$ | $mol^{-1}$ |
| 光在真空中的速度 $c$ | $2.997924(58)\times10^8$ | $m \cdot s^{-1}$ |

续表

| 物理量 | 数　值 | 单　位 |
|---|---|---|
| 普朗克常量 $h$ | $6.62607(55)\times10^{-34}$ | J · s |
| 元电荷 $e$ | $1.602177(33)\times10^{-19}$ | C 或 $J\cdot V^{-1}$ |
| 法拉第常量 $F=N_Ae$ | 96485.3(09) | $C\cdot mol^{-1}$ 或 $J\cdot V^{-1}\cdot mol^{-1}$ |

## 二、本书使用的一些常用量的符号与名称

| 符　号 | 名　称 | 符　号 | 名　称 | 符　号 | 名　称 |
|---|---|---|---|---|---|
| $a$ | 活度 | $m$ | 质量 | $x$ | 摩尔分数 |
| $A$ | 电子亲和能 | $M$ | 摩尔质量 | $Y_{l,m}$ | 原子轨道的角度分布 |
| $b$ | 质量摩尔浓度 | $n$ | 物质的量 | $\alpha$ | 副反应系数、极化率 |
| $c$ | 物质的量浓度 | $p$ | 压力 | $\beta$ | 累积平衡常数 |
| $d$ | 偏差 | $Q$ | 热量、电量、反应商 | $\gamma$ | 活度系数 |
| $D$ | 键解离能 | $r$ | 离子半径、反应速率 | $\theta$ | 键角 |
| $E$ | 电动势 | $s$ | 溶解度 | $\varphi$ | 电极电势 |
| $E_a$ | 活化能 | $S$ | 标准偏差、熵 | $\mu$ | 真值、键矩、磁矩、偶极矩 |
| $G$ | 吉布斯自由能 | $T$ | 热力学温度、滴定量 | $\rho$ | 密度 |
| $H$ | 焓 | $U$ | 热力学能、晶格能 | $\xi$ | 反应进度 |
| $I$ | 离子强度、电离能 | $V$ | 体积 | $\sigma$ | 屏蔽常数 |
| $k$ | 速率常数 | $w$ | 质量分数 | $\psi$ | 波函数、原子(分子)轨道 |
| $K$ | 平衡常数 | $W$ | 功 | | |

# 附录三　一些常见单质、离子及化合物的热力学函数(298.15K，100kPa)

| 化学式 | 状　态 | $\Delta_f H_m^{\ominus}/(kJ\cdot mol^{-1})$ | $\Delta_f G_m^{\ominus}/(kJ\cdot mol^{-1})$ | $S_m^{\ominus}/(J\cdot mol^{-1}\cdot K^{-1})$ |
|---|---|---|---|---|
| Ag | cr | 0 | 0 | 42.5 |
| $Ag^+$ | aq | 105.579 | 77.107 | 72.68 |
| AgBr | cr | −100.37 | −96.90 | 107.1 |
| AgCl | cr | −127.068 | −109.789 | 96.2 |
| $Ag_2CrO_4$ | cr | −731.74 | −641.76 | 217.6 |
| AgI | cr | −61.84 | −66.19 | 115.5 |
| $AgNO_3$ | cr | −124.39 | −33.41 | 140.92 |
| $Ag_2O$ | cr | −31.05 | −11.20 | 121.3 |
| $Ag_2S$ | cr(α–斜方) | −32.59 | −40.69 | 144.01 |
| Al | cr | 0 | 0 | 28.33 |
| $Al^{3+}$ | aq | −531 | −485 | −231.7 |
| $AlCl_3$ | cr | −704.2 | −628.8 | 110.67 |

续表

| 化学式 | 状 态 | $\Delta_f H_m^\ominus$/(kJ·mol$^{-1}$) | $\Delta_f G_m^\ominus$/(kJ·mol$^{-1}$) | $S_m^\ominus$/(J·mol$^{-1}$·K$^{-1}$) |
|---|---|---|---|---|
| $Al_2O_3$ | cr(刚玉) | −1675.7 | −1582.3 | 50.92 |
| B | cr | 0 | 0 | 5.86 |
| $BCl_3$ | g | −403.76 | −388.72 | 290.10 |
| $BF_3$ | g | −1137.00 | −1120.33 | 254.12 |
| $B_2H_6$ | g | 35.6 | 86.7 | 232.11 |
| Ba | cr | 0 | 0 | 62.8 |
| $Ba^{2+}$ | aq | −537.64 | −560.77 | 9.6 |
| $BaSO_4$ | cr | −1473.2 | −1362.2 | 132.2 |
| Be | cr | 0 | 0 | 9.50 |
| $Be^{2+}$ | aq | −382.8 | −379.73 | −129.7 |
| $BeCl_2$ | cr($\alpha$) | −490.4 | −445.6 | 82.68 |
| $Br^-$ | aq | −121.55 | −103.96 | 82.4 |
| $Br_2$ | l | 0 | 0 | 152.231 |
| $Br_2$ | aq | −2.59 | 3.93 | 130.5 |
| $Br_2$ | g | 30.907 | 3.110 | 245.436 |
| C | cr(石墨) | 0 | 0 | 5.740 |
| C | cr(金刚石) | 1.895 | 2.900 | 2.377 |
| $CH_4$ | g | −74.81 | −50.72 | 186.264 |
| $CH_3OH$ | l | −238.66 | −166.27 | 126.8 |
| $C_2H_2$ | g | 226.73 | 209.20 | 200.94 |
| $CH_3COO^-$ | aq | −486.01 | −369.31 | 86.6 |
| $CH_3COOH$ | l | −484.5 | −389.9 | 124.3 |
| $CH_3COOH$ | aq | −484.76 | −396.46 | 178.7 |
| $C_2H_5OH$ | l | −277.69 | −174.78 | 160.78 |
| $C_2H_5OH$ | aq | 288.3 | −181.64 | 148.5 |
| $C_2H_5OH$ | g | −234.8 | −167.9 | 281.6 |
| $CH_3OCH_3$ | g | −184.1 | −112.6 | 266.4 |
| CO | g | −110.525 | −137.168 | 197.674 |
| $CO_2$ | g | −393.509 | −394.359 | 213.74 |
| Ca | cr | 0 | 0 | 41.42 |
| $Ca^{2+}$ | aq | −542.83 | −553.58 | −53.1 |
| $CaCl_2$ | cr | −795.8 | −748.1 | 104.6 |
| $CaCO_3$ | cr(方解石) | −1206.92 | −1128.79 | 92.9 |
| $CaF_2$ | cr | −1219.6 | −1167.3 | 68.87 |
| CaO | cr | −635.09 | −604.03 | 39.75 |
| $Cl^-$ | aq | −167.159 | −131.228 | 56.5 |

续表

| 化学式 | 状　态 | $\Delta_f H_m^\ominus/(kJ \cdot mol^{-1})$ | $\Delta_f G_m^\ominus/(kJ \cdot mol^{-1})$ | $S_m^\ominus/(J \cdot mol^{-1} \cdot K^{-1})$ |
|---|---|---|---|---|
| $Cl_2$ | g | 0 | 0 | 233.066 |
| $Cl_2$ | aq | −23.4 | 6.94 | 121 |
| $ClO_4^-$ | aq | −129.33 | −8.52 | 182.0 |
| Co | cr(六方) | 0 | 0 | 30.04 |
| $Co^{2+}$ | aq | −58.2 | −54.4 | −113 |
| $Co^{3+}$ | aq | 92 | 134 | −305 |
| Cr | cr | 0 | 0 | 23.77 |
| $CrO_4^{2-}$ | aq | −881.15 | −727.75 | 50.21 |
| $Cr_2O_7^{2-}$ | aq | −1490.3 | −1301.1 | 261.9 |
| Cu | cr | 0 | 0 | 33.150 |
| $Cu^+$ | aq | 71.67 | 49.98 | 40.6 |
| $Cu^{2+}$ | aq | 64.77 | 65.49 | −99.6 |
| CuCl | cr | −137.2 | −119.86 | 86.2 |
| $Cu(NH_3)_4^{2+}$ | aq | −348.5 | −111.07 | 273.6 |
| CuO | cr | −157.3 | −129.7 | 42.63 |
| $Cu_2O$ | cr | −168.6 | −146.0 | 93.14 |
| $CuSO_4$ | cr | −771.36 | −661.8 | 109 |
| $F^-$ | aq | −332.63 | −278.79 | −13.8 |
| $F_2$ | g | 0 | 0 | 202.78 |
| Fe | cr | 0 | 0 | 27.28 |
| $Fe^{2+}$ | aq | −89.1 | −78.9 | −137.7 |
| $Fe^{3+}$ | aq | −48.5 | −4.7 | −315.9 |
| $FeCl_3$ | cr | −399.49 | −334.00 | 142.3 |
| $Fe_2O_3$ | cr(赤铁矿) | −824.2 | −742.2 | 87.4 |
| $Fe_3O_4$ | cr(磁铁矿) | −1118.4 | −1015.4 | 146.4 |
| $Fe(OH)_2$ | cr(沉淀) | −569.0 | −486.5 | 88 |
| $Fe(OH)_3$ | cr(沉淀) | −823.0 | −696.5 | 106.7 |
| $H^+$ | aq | 0 | 0 | 0 |
| $H_2$ | g | 0 | 0 | 130.684 |
| $H_3BO_3$ | aq | −1072.32 | −968.75 | 162.3 |
| HBr | g | −36.40 | −53.45 | 198.695 |
| HCl | g | −92.307 | −95.299 | 186.908 |
| HClO | aq | −120.9 | −79.9 | 142 |
| HCN | aq | 107.1 | 119.7 | 124.7 |
| $H_2CO_3$ | aq[$CO_2$(aq) + $H_2O$(l)] | −699.65 | −623.08 | 187.4 |
| HF | aq | −320.08 | −296.82 | 88.7 |

续表

| 化学式 | 状　态 | $\Delta_f H_m^\ominus/(kJ\cdot mol^{-1})$ | $\Delta_f G_m^\ominus/(kJ\cdot mol^{-1})$ | $S_m^\ominus/(J\cdot mol^{-1}\cdot K^{-1})$ |
|---|---|---|---|---|
| HF | g | −271.1 | −273.2 | 173.779 |
| HI | g | 26.48 | 1.70 | 206.549 |
| $HNO_2$ | aq | −119.2 | −50.6 | 135.6 |
| $HNO_3$ | l | −174.10 | −80.71 | 155.6 |
| $H_2S$ | g | −20.63 | −33.56 | 205.79 |
| $H_2S$ | aq | −39.7 | −27.83 | 121 |
| $H_2SO_3$ | aq | −608.81 | −537.81 | 232.2 |
| $H_2SO_4$ | l | −831.989 | −609.003 | 156.904 |
| $H_2O$ | g | −241.818 | −228.575 | 188.825 |
| $H_2O$ | l | −285.830 | −237.129 | 69.91 |
| $H_2O_2$ | aq | −191.17 | −134.03 | 143.9 |
| Hg | l | 0 | 0 | 76.02 |
| $Hg^{2+}$ | aq | 171.1 | 164.40 | −32.2 |
| $HgCl_2$ | aq | −216.3 | −173.2 | 155 |
| $Hg_2Cl_2$ | cr | −265.22 | −210.745 | 192.5 |
| HgS | cr(红色) | −58.2 | −50.6 | 82.4 |
| $I^-$ | aq | −55.19 | −51.57 | 111.3 |
| $I_2$ | cr | 0 | 0 | 116.135 |
| $I_2$ | aq | 22.6 | 16.40 | 137.2 |
| $IO_3^-$ | aq | −221.3 | −128.0 | 118.4 |
| K | cr | 0 | 0 | 64.18 |
| $K^+$ | aq | −252.38 | −283.27 | 102.5 |
| KCl | cr | −436.747 | −409.14 | 82.59 |
| $KClO_3$ | cr | −397.73 | −296.25 | 143.1 |
| $K_2CO_3$ | cr | −1151.02 | −1063.5 | 155.52 |
| $K_2Cr_2O_7$ | cr | −2061.5 | −1881.8 | 291.2 |
| KF | cr | −567.27 | −537.75 | 66.57 |
| KI | cr | −327.900 | −324.892 | 106.32 |
| KOH | cr | −424.764 | −379.08 | 78.9 |
| Li | cr | 0 | 0 | 29.12 |
| $Li^+$ | aq | −278.49 | −293.31 | 13.4 |
| $Li_2CO_3$ | cr | −1215.9 | −1132.06 | 90.37 |
| Mg | cr | 0 | 0 | 32.68 |
| $Mg^{2+}$ | aq | −466.85 | −454.8 | −138.1 |
| $MgCl_2$ | cr | −641.32 | −591.79 | 89.62 |
| $MgCO_3$ | cr(菱镁矿) | −1095.8 | −1012.1 | 65.7 |

续表

| 化学式 | 状　态 | $\Delta_f H_m^\ominus$/(kJ·mol$^{-1}$) | $\Delta_f G_m^\ominus$/(kJ·mol$^{-1}$) | $S_m^\ominus$/(J·mol$^{-1}$·K$^{-1}$) |
|---|---|---|---|---|
| $MgSO_4$ | cr | −1284.9 | −1170.6 | 91.6 |
| MgO | cr(方镁石) | −606.70 | −569.43 | 26.94 |
| $Mg(OH)_2$ | cr | −924.54 | −833.51 | 63.18 |
| Mn | cr($\alpha$) | 0 | 0 | 32.01 |
| $Mn^{2+}$ | aq | −220.75 | −228.1 | −73.6 |
| $MnO_2$ | cr | −520.03 | −466.14 | 53.05 |
| $MnO_4^-$ | aq | −541.4 | −447.2 | 191.2 |
| $MnO_4^{2-}$ | aq | −653 | −500.7 | 59 |
| $N_2$ | g | 0 | 0 | 191.61 |
| $NH_3$ | g | −46.11 | −16.45 | 192.45 |
| $NH_3$ | aq | −80.29 | −26.50 | 111.3 |
| $NH_4^+$ | aq | −132.51 | −79.31 | 113.4 |
| $N_2H_4$ | l | 50.63 | 149.34 | 121.21 |
| $(NH_4)_2CO_3$ | cr | −333.51 | −197.33 | 104.60 |
| $NH_4NO_3$ | cr | −365.56 | −183.87 | 151.08 |
| $(NH_4)_2SO_4$ | cr | −1180.5 | −901.67 | 220.1 |
| NO | g | 90.25 | 86.55 | 210.761 |
| $NO_2$ | g | 33.18 | 51.31 | 240.06 |
| $N_2O_4$ | g | 9.16 | 97.89 | 304.29 |
| Na | cr | 0 | 0 | 51.21 |
| $Na^+$ | aq | −240.12 | −261.905 | 59.0 |
| NaAc | cr | −708.81 | −607.18 | 123.0 |
| $Na_2B_4O_7$ | cr | −3291.1 | −3096.0 | 189.54 |
| NaBr | cr | −361.062 | −348.983 | 86.82 |
| NaCl | cr | −411.153 | −384.138 | 72.13 |
| $Na_2CO_3$ | cr | −1130.68 | −1044.44 | 134.98 |
| $NaHCO_3$ | cr | −950.81 | −851.0 | 101.7 |
| NaF | cr | −573.647 | −543.494 | 51.46 |
| $NaNO_2$ | cr | −358.65 | −284.55 | 103.8 |
| $NaNO_3$ | cr | −467.85 | −367.00 | 116.52 |
| $Na_2O$ | cr | −414.22 | −375.46 | 75.06 |
| NaOH | cr | −425.609 | −379.494 | 64.455 |
| $Na_2S$ | cr | −364.8 | −349.8 | 83.7 |
| Ni | cr | 0 | 0 | 29.87 |
| $Ni^{2+}$ | aq | −54.0 | −45.6 | −128.9 |
| $O_2$ | g | 0 | 0 | 205.138 |
| $O_3$ | g | 142.7 | 163.2 | 238.9 |
| $O_3$ | aq | 125.9 | 174.6 | 146 |

续表

| 化学式 | 状　态 | $\Delta_f H_m^\ominus/(kJ \cdot mol^{-1})$ | $\Delta_f G_m^\ominus/(kJ \cdot mol^{-1})$ | $S_m^\ominus/(J \cdot mol^{-1} \cdot K^{-1})$ |
|---|---|---|---|---|
| $OH^-$ | aq | −229.994 | −157.244 | −10.75 |
| P | 白磷 | 0 | 0 | 41.09 |
| P | 红磷(三斜) | −17.6 | −121.1 | 22.80 |
| Pb | cr | 0 | 0 | 64.81 |
| $Pb^{2+}$ | aq | −1.7 | −24.43 | 10.5 |
| $PbCl_2$ | cr | −359.41 | −314.10 | 136.0 |
| $PbI_2$ | cr | −175.48 | −173.64 | 174.85 |
| S | cr(正交) | 0 | 0 | 31.80 |
| $S^{2-}$ | aq | 33.1 | 85.8 | −14.6 |
| $SO_2$ | g | −296.830 | −300.194 | 248.22 |
| $SO_3$ | g | −395.72 | −371.06 | 256.76 |
| $SO_4^{2-}$ | aq | −909.27 | −744.53 | 20.1 |
| Si | cr | 0 | 0 | 18.83 |
| $SiCl_4$ | g | −657.01 | −616.98 | 330.73 |
| $SiO_2$ | α-石英 | −910.49 | −856.64 | 41.84 |
| Sn | cr(白色) | 0 | 0 | 51.55 |
| Sn | cr(灰色) | −2.09 | 0.13 | 44.14 |
| $Sn^{2+}$ | aq | −8.8 | −27.2 | −17 |
| $SnCl_2$ | aq | −329.7 | −299.5 | 172 |
| Ti | cr | 0 | 0 | 30.63 |
| $TiCl_4$ | l | −804.2 | −737.2 | 252.34 |
| Zn | cr | 0 | 0 | 41.63 |
| $Zn^{2+}$ | aq | −153.89 | −147.06 | −112.1 |
| $ZnCl_2$ | cr | −415.05 | −396.398 | 111.46 |

注：cr 为结晶固体；l 为液体；g 为气体；aq 为水溶液，非电离物质，$b = 1mol \cdot kg^{-1}$ 或不考虑进一步解离时的离子。本表数据来源于 Weast R C. CRC Handbook of Chemistry and Physics. 80th ed. CRC Press, 1999～2000.

# 附录四　一些弱电解质在水溶液中的解离常数(298K)

## 一、弱酸

| 弱电解质 | | 级　数 | $K_a^\ominus$ | $pK_a^\ominus$ |
|---|---|---|---|---|
| 硼酸 | $H_3BO_3$ | 1 | $5.8\times10^{-10}$ | 9.24 |
| 氢氰酸 | HCN | | $4.93\times10^{-10}$ | 9.31 |
| 碳酸 | $H_2CO_3$ | 1 | $4.2\times10^{-7}$ | 6.38 |
| | | 2 | $5.6\times10^{-11}$ | 10.25 |
| 次氯酸 | HClO | | $3.2\times10^{-8}$ | 7.49 |

续表

| 弱电解质 | | 级　数 | $K_a^{\ominus}$ | $pK_a^{\ominus}$ |
|---|---|---|---|---|
| 亚氯酸 | $HClO_2$ | | $1.1\times10^{-2}$ | 1.96 |
| 氢氟酸 | HF | | $6.6\times10^{-4}$ | 3.18 |
| 次碘酸 | HIO | | $2.3\times10^{-11}$ | 10.64 |
| 高碘酸 | $HIO_4$ | | $2.8\times10^{-2}$ | 1.56 |
| 硫氰酸 | HSCN | | $1.4\times10^{-1}$ | 0.85 |
| 亚硝酸 | $HNO_2$ | | $5.1\times10^{-4}$ | 3.29 |
| 过氧化氢 | $H_2O_2$ | 1 | $2.2\times10^{-12}$ | 11.66 |
| 次磷酸 | $H_3PO_2$ | | $1\times10^{-11}$ | 11.0 |
| 磷酸 | $H_3PO_4$ | 1 | $7.5\times10^{-3}$ | 2.12 |
| | | 2 | $6.3\times10^{-8}$ | 7.20 |
| | | 3 | $4.3\times10^{-13}$ | 12.36 |
| 氢硫酸 | $H_2S$ | 1 | $1.07\times10^{-7}$ | 6.97 |
| | | 2 | $1.3\times10^{-13}$ | 12.90 |
| 亚硫酸 | $H_2SO_3$ | 1 | $1.3\times10^{-2}$ | 1.90 |
| | | 2 | $6.3\times10^{-8}$ | 7.20 |
| 硫酸 | $H_2SO_4$ | 2 | $1.2\times10^{-2}$ | 1.92 |
| 硫代硫酸 | $H_2S_2O_3$ | 1 | $2.5\times10^{-1}$ | 0.60 |
| | | 2 | $1.9\times10^{-2}$ | 1.72 |
| 甲酸 | HCOOH | | $1.8\times10^{-4}$ | 3.74 |
| 乙酸(醋酸) | $CH_3COOH(HAc)$ | | $1.8\times10^{-5}$ | 4.74 |
| 乙二酸(草酸) | $H_2C_2O_4$ | 1 | $5.4\times10^{-2}$ | 1.27 |
| | | 2 | $6.4\times10^{-5}$ | 4.19 |
| 丙酸 | $CH_3CH_2COOH$ | | $1.35\times10^{-5}$ | 4.87 |
| 乳酸(丙醇酸) | $CH_3CHOHCOOH$ | | $1.4\times10^{-4}$ | 3.85 |
| 柠檬酸 | $HOOCCH_2C(OH)(COOH)CH_2COOH$ | 1 | $7.4\times10^{-4}$ | 3.13 |
| | | 2 | $1.7\times10^{-5}$ | 4.77 |
| | | 3 | $4.0\times10^{-7}$ | 6.40 |
| 酒石酸 | $HOOCCH(OH)CH(OH)COOH$ | 1 | $9.1\times10^{-4}$ | 3.04 |
| | | 2 | $4.3\times10^{-5}$ | 4.37 |
| 氯乙酸 | $ClCH_2COOH$ | | $1.4\times10^{-3}$ | 2.85 |
| 氨基乙酸 | $^+H_3NCH_2COOH$ | 1 | $4.5\times10^{-3}$ | 2.35 |
| | $^+H_3NCH_2COO^-$ | 2 | $2.5\times10^{-10}$ | 9.60 |
| 水杨酸 | $C_6H_4(OH)COOH$ | 1 | $1.05\times10^{-3}$ | 2.98 |
| | | 2 | $4.17\times10^{-13}$ | 12.38 |
| 苯酚 | $C_6H_5OH$ | | $1.1\times10^{-10}$ | 9.96 |
| 苯甲酸 | $C_6H_5COOH$ | | $6.2\times10^{-5}$ | 4.21 |
| EDTA | $H_6Y^{2+}$ | 1 | $1.3\times10^{-1}$ | 0.9 |
| | $H_5Y^+$ | 2 | $2.5\times10^{-2}$ | 1.6 |
| | $H_4Y$ | 3 | $1.0\times10^{-2}$ | 2.0 |

续表

| 弱电解质 | 级　数 | $K_a^\ominus$ | $pK_a^\ominus$ |
|---|---|---|---|
| $H_3Y^-$ | 4 | $2.1\times10^{-3}$ | 2.67 |
| $H_2Y^{2-}$ | 5 | $6.9\times10^{-7}$ | 6.16 |
| $HY^{3-}$ | 6 | $5.5\times10^{-11}$ | 10.26 |

## 二、弱碱

| 弱电解质 | | 级数 | $K_b^\ominus$ | $pK_b^\ominus$ |
|---|---|---|---|---|
| 氢氧化铝 | $Al(OH)_3$ | | $1.38\times10^{-9}$ | 8.86 |
| 氨水 | $NH_3\cdot H_2O$ | | $1.8\times10^{-5}$ | 4.74 |
| 甲胺 | $CH_3NH_2$ | | $4.17\times10^{-4}$ | 3.38 |
| 乙胺 | $CH_3CH_2NH_2$ | | $4.27\times10^{-4}$ | 3.37 |
| 乙醇胺 | $H_2N(CH_2)_2OH$ | | $3.16\times10^{-5}$ | 4.50 |
| 乙二胺 | $H_2NCH_2CH_2NH_2$ | 1 | $8.5\times10^{-5}$ | 4.07 |
| | | 2 | $7.1\times10^{-8}$ | 7.15 |
| 吡啶 | $C_5H_5N$ | | $1.5\times10^{-9}$ | 8.82 |
| 苯胺 | $C_6H_5NH_2$ | | $3.98\times10^{-10}$ | 9.40 |

# 附录五　一些难溶电解质的溶度积常数(298.15K)

| 分子式 | $K_{sp}^\ominus$ | 分子式 | $K_{sp}^\ominus$ |
|---|---|---|---|
| $Ag_3AsO_4$ | $1.0\times10^{-22}$ | $AlPO_4$ | $6.3\times10^{-19}$ |
| $AgBr$ | $5.0\times10^{-13}$ | $Al_2S_3$ | $2.0\times10^{-7}$ |
| $AgCl$ | $1.8\times10^{-10}$ | $Au(OH)_3$ | $5.5\times10^{-46}$ |
| $AgCN$ | $1.2\times10^{-16}$ | $AuCl_3$ | $3.2\times10^{-25}$ |
| $Ag_2CO_3$ | $8.1\times10^{-12}$ | $AuI_3$ | $1.0\times10^{-46}$ |
| $Ag_2C_2O_4$ | $3.4\times10^{-11}$ | $BaCO_3$ | $5.1\times10^{-9}$ |
| $Ag_2Cr_2O_7$ | $1.1\times10^{-12}$ | $BaC_2O_4$ | $1.6\times10^{-7}$ |
| $Ag_2CrO_4$ | $1.1\times10^{-12}$ | $BaC_2O_4\cdot H_2O$ | $2.3\times10^{-8}$ |
| $AgI$ | $8.3\times10^{-17}$ | $BaCrO_4$ | $1.2\times10^{-10}$ |
| $AgOH$ | $2.0\times10^{-8}$ | $BaF_2$ | $1.0\times10^{-6}$ |
| $Ag_3PO_4$ | $1.4\times10^{-16}$ | $Ba_3(PO_4)_2$ | $3.4\times10^{-23}$ |
| $Ag_2S$ | $6.3\times10^{-50}$ | $BaSO_4$ | $1.1\times10^{-10}$ |
| $AgSCN$ | $1.0\times10^{-12}$ | $BeCO_3\cdot 4H_2O$ | $1\times10^{-3}$ |
| $Ag_2SO_4$ | $1.4\times10^{-5}$ | $Be(OH)_2$ (无定形) | $1.6\times10^{-22}$ |
| $Al(OH)_3$ (无定形) | $1.3\times10^{-33}$ | $BiI_3$ | $8.1\times10^{-19}$ |

续表

| 分子式 | $K_{sp}^{\ominus}$ | 分子式 | $K_{sp}^{\ominus}$ |
| --- | --- | --- | --- |
| $Bi(OH)_3$ | $4\times10^{-30}$ | $Hg_2Cl_2$ | $1.3\times10^{-18}$ |
| $BiPO_4$ | $1.3\times10^{-23}$ | $HgC_2O_4$ | $1.0\times10^{-7}$ |
| $Bi_2S_3$ | $1\times10^{-97}$ | $Hg_2CO_3$ | $8.9\times10^{-17}$ |
| $CaCO_3$ | $2.8\times10^{-9}$ | $Hg_2CrO_4$ | $2.0\times10^{-9}$ |
| $CaC_2O_4\cdot H_2O$ | $4\times10^{-9}$ | $Hg_2I_2$ | $4.5\times10^{-29}$ |
| $CaCrO_4$ | $7.1\times10^{-14}$ | $HgI_2$ | $2.82\times10^{-29}$ |
| $CaF_2$ | $2.7\times10^{-11}$ | $Hg(OH)_2$ | $3.0\times10^{-26}$ |
| $Ca(OH)_2$ | $5.5\times10^{-6}$ | $Hg_2(OH)_2$ | $2.0\times10^{-24}$ |
| $Ca_3(PO_4)_2$ | $2.0\times10^{-29}$ | HgS(红) | $4.0\times10^{-53}$ |
| $CaSO_4$ | $9.1\times10^{-6}$ | HgS(黑) | $1.6\times10^{-52}$ |
| $Cd(OH)_2$ | $5.27\times10^{-15}$ | $Li_2CO_3$ | $2.5\times10^{-2}$ |
| $CdCO_3$ | $5.2\times10^{-12}$ | LiF | $3.8\times10^{-13}$ |
| $Cd_3(PO_4)_2$ | $2.5\times10^{-33}$ | $Li_3PO_4$ | $3.2\times10^{-9}$ |
| CdS | $8.0\times10^{-27}$ | $MgCO_3$ | $3.5\times10^{-5}$ |
| $CeF_3$ | $8\times10^{-16}$ | $MgF_2$ | $6.5\times10^{-9}$ |
| $Ce(OH)_3$ | $1.6\times10^{-20}$ | $Mg(OH)_2$ | $5.6\times10^{-12}$ |
| $CePO_4$ | $1\times10^{-23}$ | $MnCO_3$ | $1.8\times10^{-11}$ |
| $Ce_2S_3$ | $6.0\times10^{-11}$ | $Mn(OH)_2$ | $1.9\times10^{-13}$ |
| $CoCO_3$ | $1.4\times10^{-13}$ | MnS(无定形) | $2.5\times10^{-10}$ |
| $Co(OH)_3$ | $1.6\times10^{-44}$ | MnS(晶形) | $2.5\times10^{-13}$ |
| $Co_3(PO_4)_2$ | $2\times10^{-35}$ | $NiCO_3$ | $6.6\times10^{-9}$ |
| $CrF_3$ | $6.6\times10^{-11}$ | $NiC_2O_4$ | $4\times10^{-10}$ |
| $Cr(OH)_3$ | $6.3\times10^{-31}$ | $Ni(OH)_2$(新制) | $2.0\times10^{-15}$ |
| CuCl | $1.2\times10^{-6}$ | $PbAc_2$ | $1.8\times10^{-3}$ |
| $CuCO_3$ | $1.4\times10^{-10}$ | $PbCO_3$ | $7.4\times10^{-14}$ |
| $Cu(OH)_2$ | $2.2\times10^{-22}$ | $PbCl_2$ | $1.6\times10^{-5}$ |
| $Cu_3(PO_4)_2$ | $1.3\times10^{-37}$ | $PbCrO_4$ | $2.8\times10^{-13}$ |
| CuS | $6.3\times10^{-36}$ | $PbF_2$ | $2.7\times10^{-8}$ |
| $Cu_2S$ | $2.5\times10^{-48}$ | $Pb(OH)_2$ | $1.2\times10^{-15}$ |
| $FeCO_3$ | $3.2\times10^{-11}$ | PbS | $1.3\times10^{-28}$ |
| $Fe(OH)_2$ | $8.0\times10^{-16}$ | $PbSO_4$ | $1.6\times10^{-8}$ |
| $Fe(OH)_3$ | $4.0\times10^{-38}$ | $Pd(OH)_2$ | $1.0\times10^{-31}$ |
| $FePO_4$ | $1.3\times10^{-22}$ | $Sc(OH)_3$ | $8.0\times10^{-31}$ |
| FeS | $6.3\times10^{-18}$ | $Sn(OH)_2$ | $1.4\times10^{-28}$ |

续表

| 分子式 | $K_{sp}^{\ominus}$ | 分子式 | $K_{sp}^{\ominus}$ |
|---|---|---|---|
| $Sn(OH)_4$ | $1\times10^{-56}$ | TlCl | $1.9\times10^{-4}$ |
| SnS | $10\times10^{-25}$ | $Tl(OH)_3$ | $1.5\times10^{-44}$ |
| $SrCO_3$ | $1.1\times10^{-10}$ | $ZnCO_3$ | $1.4\times10^{-11}$ |
| $SrC_2O_4\cdot H_2O$ | $1.6\times10^{-7}$ | $ZnC_2O_4$ | $2.7\times10^{-8}$ |
| $SrCrO_4$ | $2.2\times10^{-5}$ | $Zn(OH)_2$ | $1.2\times10^{-17}$ |
| $SrF_2$ | $2.5\times10^{-9}$ | $\alpha$-ZnS | $1.6\times10^{-24}$ |
| $SrSO_4$ | $3.2\times10^{-7}$ | $\beta$-ZnS | $2.5\times10^{-22}$ |

# 附录六　常见配离子的标准稳定常数(298.15K)

| 配离子 | $K_{稳}^{\ominus}$ | 配离子 | $K_{稳}^{\ominus}$ |
|---|---|---|---|
| $[Ag(CN)_2]^-$ | $1.3\times10^{21}$ | $[FeCl_4]^-$ | 1.02 |
| $[Ag(NH_3)_2]^+$ | $1.12\times10^{7}$ | $[Fe(CN)_6]^{4-}$ | $1.0\times10^{35}$ |
| $[Ag(SCN)_2]^-$ | $3.7\times10^{7}$ | $[Fe(CN)_6]^{3-}$ | $1.0\times10^{42}$ |
| $[Ag(S_2O_3)_2]^{3-}$ | $2.9\times10^{13}$ | $[Fe(C_2O_4)_3]^{3-}$ | $2.0\times10^{20}$ |
| $[Al(C_2O_4)_3]^{3-}$ | $2.0\times10^{16}$ | $[Fe(NCS)_2]^+$ | $2.29\times10^{3}$ |
| $[AlF_6]^{3-}$ | $6.9\times10^{19}$ | $[FeF_6]^{3-}$ | $1.0\times10^{16}$ |
| $[Al(OH)_4]^-$ | $1.1\times10^{33}$ | $[Fe(OH)_4]^{2-}$ | $3.8\times10^{8}$ |
| $[Cd(CN)_4]^{2-}$ | $6.0\times10^{18}$ | $[HgCl_4]^{2-}$ | $1.2\times10^{15}$ |
| $[CdCl_4]^{2-}$ | $6.3\times10^{2}$ | $[Hg(CN)_4]^{2-}$ | $2.5\times10^{41}$ |
| $[Cd(NH_3)_4]^{2+}$ | $1.3\times10^{7}$ | $[HgI_4]^{2-}$ | $6.8\times10^{29}$ |
| $[Cd(SCN)_4]^{2-}$ | $4.0\times10^{3}$ | $[Hg(NH_3)_4]^{2+}$ | $1.9\times10^{19}$ |
| $[Cd(OH)_4]^{2-}$ | $4.2\times10^{8}$ | $[Ni(CN)_4]^{2-}$ | $2.0\times10^{31}$ |
| $[Co(NH_3)_6]^{2+}$ | $1.3\times10^{5}$ | $[Ni(NH_3)_4]^{2+}$ | $9.1\times10^{7}$ |
| $[Co(NH_3)_6]^{3+}$ | $1.58\times10^{35}$ | $[Ni(NH_3)_6]^{2+}$ | $5.5\times10^{8}$ |
| $[Co(SCN)_4]^{2-}$ | $1.0\times10^{5}$ | $[PbCl_4]^{2-}$ | 39.8 |
| $[Cu(CN)_2]^-$ | $1.0\times10^{16}$ | $[Pb(CN)_4]^{2-}$ | $1.0\times10^{11}$ |
| $[Cu(CN)_4]^{3-}$ | $2.0\times10^{30}$ | $[Zn(CN)_4]^{2-}$ | $5.0\times10^{16}$ |
| $[Cu(NH_3)_2]^+$ | $7.2\times10^{10}$ | $[Zn(C_2O_4)_2]^{2-}$ | $4.0\times10^{7}$ |
| $[Cu(NH_3)_4]^{2+}$ | $2.1\times10^{13}$ | $[Zn(OH)_4]^{2-}$ | $4.6\times10^{17}$ |
| $[Cu(SCN)_2]^-$ | $1.51\times10^{5}$ | $[Zn(NH_3)_4]^{2+}$ | $2.9\times10^{9}$ |

# 附录七　标准电极电势(298.15K)

## 一、在酸性溶液中

| 编　号 | 电　对 | 电极反应 | $\varphi_A^\ominus$ /V |
|---|---|---|---|
| 1 | Li( Ⅰ )-(0) | $Li^+ + e^- \rightleftharpoons Li$ | -3.045 |
| 2 | Cs( Ⅰ )-(0) | $Cs^+ + e^- \rightleftharpoons Cs$ | -3.02 |
| 3 | Rb( Ⅰ )-(0) | $Rb^+ + e^- \rightleftharpoons Rb$ | -2.98 |
| 4 | K( Ⅰ )-(0) | $K^+ + e^- \rightleftharpoons K$ | -2.931 |
| 5 | Ba( Ⅱ )-(0) | $Ba^{2+} + 2e^- \rightleftharpoons Ba$ | -2.912 |
| 6 | Sr( Ⅱ )-(0) | $Sr^{2+} + 2e^- \rightleftharpoons Sr$ | -2.899 |
| 7 | Ca( Ⅱ )-(0) | $Ca^{2+} + 2e^- \rightleftharpoons Ca$ | -2.868 |
| 8 | Na( Ⅰ )-(0) | $Na^+ + e^- \rightleftharpoons Na$ | -2.713 |
| 9 | La( Ⅲ )-(0) | $La^{3+} + 3e^- \rightleftharpoons La$ | -2.52 |
| 10 | Ce( Ⅲ )-(0) | $Ce^{3+} + 3e^- \rightleftharpoons Ce$ | -2.48 |
| 11 | Mg( Ⅱ )-(0) | $Mg^{2+} + 2e^- \rightleftharpoons Mg$ | -2.356 |
| 12 | Al( Ⅲ )-(0) | $[AlF_6]^{3-} + 3e^- \rightleftharpoons Al + 6F^-$ | -2.07 |
| 13 | Be( Ⅱ )-(0) | $Be^{2+} + 2e^- \rightleftharpoons Be$ | -1.99 |
| 14 | Al( Ⅲ )-(0) | $Al^{3+} + 3e^- \rightleftharpoons Al$ | -1.67 |
| 15 | Si( Ⅳ )-(0) | $[SiF_6]^{2-} + 4e^- \rightleftharpoons Si + 6F^-$ | -1.37 |
| 16 | Mn( Ⅱ )-(0) | $Mn^{2+} + 2e^- \rightleftharpoons Mn$ | -1.18 |
| 17 | V( Ⅱ )-(0) | $V^{2+} + 2e^- \rightleftharpoons V$ | -1.13 |
| 18 | Si( Ⅳ )-(0) | $SiO_2 + 4H^+ + 4e^- \rightleftharpoons Si + 2H_2O$ | -0.906 |
| 19 | B( Ⅲ )-(0) | $H_3BO_3 + 3H^+ + 3e^- \rightleftharpoons B + 3H_2O$ | -0.8700 |
| 20 | Zn( Ⅱ )-(0) | $Zn^{2+} + 2e^- \rightleftharpoons Zn$ | -0.7626 |
| 21 | Cr( Ⅲ )-(0) | $Cr^{3+} + 3e^- \rightleftharpoons Cr$ | -0.744 |
| 22 | As( Ⅴ )-( Ⅲ ) | $AsO_4^{3-} + 4H^+ + 2e^- \rightleftharpoons AsO_2^- + 2H_2O$ | -0.71 |
| 23 | C( Ⅳ )-( Ⅲ ) | $2CO_2 + 2H^+ + 2e^- \rightleftharpoons H_2C_2O_4$ | -0.481 |
| 24 | Fe( Ⅱ )-(0) | $Fe^{2+} + 2e^- \rightleftharpoons Fe$ | -0.440 |
| 25 | Cr( Ⅲ )-( Ⅱ ) | $Cr^{3+} + e^- \rightleftharpoons Cr^{2+}$ | -0.424 |
| 26 | Cd( Ⅱ )-(0) | $Cd^{2+} + 2e^- \rightleftharpoons Cd$ | -0.4032 |
| 27 | Pb( Ⅱ )-(0) | $PbI_2 + 2e^- \rightleftharpoons Pb + 2I^-$ | -0.365 |
| 28 | Pb( Ⅱ )-(0) | $PbSO_4 + 2e^- \rightleftharpoons Pb + SO_4^{2-}$ | -0.3590 |
| 29 | Pb( Ⅱ )-(0) | $PbBr_2 + 2e^- \rightleftharpoons Pb + 2Br^-$ | -0.280 |
| 30 | Co( Ⅱ )-(0) | $Co^{2+} + 2e^- \rightleftharpoons Co$ | -0.277 |
| 31 | Pb( Ⅱ )-(0) | $PbCl_2 + 2e^- \rightleftharpoons Pb + 2Cl^-$ | -0.268 |
| 32 | Ni( Ⅱ )-(0) | $Ni^{2+} + 2e^- \rightleftharpoons Ni$ | -0.257 |
| 33 | Sn( Ⅳ )-(0) | $[SnF_6]^{2-} + 4e^- \rightleftharpoons Sn + 6F^-$ | -0.200 |

续表

| 编　号 | 电　对 | 电极反应 | $\varphi_A^\ominus$ /V |
|---|---|---|---|
| 34 | C(Ⅳ)-(Ⅱ) | $CO_2+2H^++2e^- \rightleftharpoons HCOOH$ | −0.20 |
| 35 | Ag(Ⅰ)-(0) | $AgI+e^- \rightleftharpoons Ag+I^-$ | −0.1522 |
| 36 | Sn(Ⅱ)-(0) | $Sn^{2+}+2e^- \rightleftharpoons Sn$ | −0.1377 |
| 37 | Pb(Ⅱ)-(0) | $Pb^{2+}+2e^- \rightleftharpoons Pb$ | −0.1264 |
| 38 | Hg(Ⅱ)-(0) | $[HgI_4]^{2-}+2e^- \rightleftharpoons Hg+4I^-$ | −0.04 |
| 39 | H(Ⅰ)-(0) | $2H^++2e^- \rightleftharpoons H_2$ | 0.000 |
| 40 | Ag(Ⅰ)-(0) | $[Ag(S_2O_3)_2]^{3-}+e^- \rightleftharpoons Ag+2S_2O_3^{2-}$ | 0.01 |
| 41 | N(Ⅴ)-(Ⅲ) | $NO_3^-+2H^++2e^- \rightleftharpoons NO_2^-+H_2O$ | 0.01 |
| 42 | Ag(Ⅰ)-(0) | $AgBr+e^- \rightleftharpoons Ag+Br^-$ | 0.07116 |
| 43 | S(2.5)-(Ⅱ) | $S_4O_6^{2-}+2e^- \rightleftharpoons 2S_2O_3^{2-}$ | 0.08 |
| 44 | S(0)-(−Ⅱ) | $S+2H^++2e^- \rightleftharpoons H_2S$ | 0.144 |
| 45 | Sn(Ⅳ)-(Ⅱ) | $Sn^{4+}+2e^- \rightleftharpoons Sn^{2+}$ | 0.154 |
| 46 | Cu(Ⅱ)-(Ⅰ) | $Cu^{2+}+e^- \rightleftharpoons Cu^+$ | 0.159 |
| 47 | S(Ⅵ)-(Ⅳ) | $SO_4^{2-}+4H^++2e^- \rightleftharpoons H_2SO_3+H_2O$ | 0.172 |
| 48 | Hg(Ⅱ)-(0) | $[HgBr_4]^{2-}+2e^- \rightleftharpoons Hg+4Br^-$ | 0.21 |
| 49 | Ag(Ⅰ)-(0) | $AgCl+e^- \rightleftharpoons Ag+Cl^-$ | 0.2223 |
| 50 | Hg(Ⅰ)-(0) | $Hg_2Cl_2+2e^- \rightleftharpoons 2Hg+2Cl^-$ | 0.2676 |
| 51 | Cu(Ⅱ)-(0) | $Cu^{2+}+2e^- \rightleftharpoons Cu$ | 0.337 |
| 52 | Fe(Ⅲ)-(Ⅱ) | $[Fe(CN)_6]^{3-}+e^- \rightleftharpoons [Fe(CN)_6]^{4-}$ | 0.358 |
| 53 | Ag(Ⅰ)-(0) | $[Ag(NH_3)_2]^++e^- \rightleftharpoons Ag+2NH_3$ | 0.373 |
| 54 | S(Ⅳ)-(Ⅱ) | $2H_2SO_3+2H^++4e^- \rightleftharpoons S_2O_3^{2-}+3H_2O$ | 0.400 |
| 55 | Ag(Ⅰ)-(0) | $Ag_2CrO_4+2e^- \rightleftharpoons 2Ag+CrO_4^{2-}$ | 0.4468 |
| 56 | S(Ⅳ)-(0) | $H_2SO_3+4H^++4e^- \rightleftharpoons S+3H_2O$ | 0.449 |
| 57 | Cu(Ⅰ)-(0) | $Cu^++e^- \rightleftharpoons Cu$ | 0.53 |
| 58 | I(0)-(−Ⅰ) | $I_2+2e^- \rightleftharpoons 2I^-$ | 0.5345 |
| 59 | Mn(Ⅶ)-(Ⅵ) | $MnO_4^-+e^- \rightleftharpoons MnO_4^{2-}$ | 0.558 |
| 60 | As(Ⅴ)-(Ⅲ) | $H_3AsO_4+2H^++2e^- \rightleftharpoons H_3AsO_3+H_2O$ | 0.560 |
| 61 | Hg(Ⅱ)-(Ⅰ) | $2HgCl_2+2e^- \rightleftharpoons Hg_2Cl_2+2Cl^-$ | 0.63 |
| 62 | Ag(Ⅰ)-(0) | $Ag_2SO_4+2e^- \rightleftharpoons 2Ag+SO_4^{2-}$ | 0.654 |
| 63 | O(0)-(−Ⅰ) | $O_2+2H^++2e^- \rightleftharpoons H_2O_2$ | 0.695 |
| 64 | Pt(Ⅱ)-(0) | $[PtCl_4]^{2-}+2e^- \rightleftharpoons Pt+4Cl^-$ | 0.758 |
| 65 | Fe(Ⅲ)-(Ⅱ) | $Fe^{3+}+e^- \rightleftharpoons Fe^{2+}$ | 0.771 |
| 66 | Hg(Ⅰ)-(0) | $Hg_2^{2+}+2e^- \rightleftharpoons 2Hg$ | 0.7971 |
| 67 | Ag(Ⅰ)-(0) | $Ag^++e^- \rightleftharpoons Ag$ | 0.7994 |
| 68 | N(Ⅴ)-(Ⅳ) | $NO_3^-+2H^++e^- \rightleftharpoons NO_2+H_2O$ | 0.803 |
| 69 | Hg(Ⅱ)-(0) | $Hg^{2+}+2e^- \rightleftharpoons Hg$ | 0.851 |

续表

| 编号 | 电对 | 电极反应 | $\varphi_A^\ominus$ /V |
|---|---|---|---|
| 70 | N(Ⅲ)-(−Ⅲ) | $HNO_2 + 7H^+ + 6e^- \rightleftharpoons NH_4^+ + 2H_2O$ | 0.86 |
| 71 | N(Ⅴ)-(Ⅲ) | $NO_3^- + 3H^+ + 2e^- \rightleftharpoons HNO_2 + H_2O$ | 0.934 |
| 72 | N(Ⅴ)-(Ⅱ) | $NO_3^- + 4H^+ + 3e^- \rightleftharpoons NO + 2H_2O$ | 0.957 |
| 73 | N(Ⅲ)-(Ⅱ) | $HNO_2 + H^+ + e^- \rightleftharpoons NO + H_2O$ | 0.983 |
| 74 | I(Ⅰ)-(−Ⅰ) | $HIO + H^+ + 2e^- \rightleftharpoons I^- + H_2O$ | 0.987 |
| 75 | Br(0)-(−Ⅰ) | $Br_2 + 2e^- \rightleftharpoons 2Br^-$ | 1.065 |
| 76 | I(Ⅴ)-(−Ⅰ) | $IO_3^- + 6H^+ + 6e^- \rightleftharpoons I^- + 3H_2O$ | 1.085 |
| 77 | Cu(Ⅱ)-(Ⅰ) | $Cu^{2+} + 2Cl^- + e^- \rightleftharpoons [CuCl_2]^-$ | 1.12 |
| 78 | Se(Ⅵ)-(Ⅳ) | $SeO_4^{2-} + 4H^+ + 2e^- \rightleftharpoons H_2SeO_3 + H_2O$ | 1.151 |
| 79 | Cl(Ⅴ)-(Ⅲ) | $ClO_3^- + 3H^+ + 2e^- \rightleftharpoons HClO_2 + H_2O$ | 1.181 |
| 80 | Cl(Ⅶ)-(Ⅴ) | $ClO_4^- + 2H^+ + 2e^- \rightleftharpoons ClO_3^- + H_2O$ | 1.189 |
| 81 | I(Ⅴ)-(0) | $2IO_3^- + 12H^+ + 10e^- \rightleftharpoons I_2 + 6H_2O$ | 1.195 |
| 82 | Mn(Ⅳ)-(Ⅱ) | $MnO_2 + 4H^+ + 2e^- \rightleftharpoons Mn^{2+} + 2H_2O$ | 1.224 |
| 83 | O(0)-(−Ⅱ) | $O_2 + 4H^+ + 4e^- \rightleftharpoons 2H_2O$ | 1.229 |
| 84 | Cr(Ⅵ)-(Ⅲ) | $Cr_2O_7^{2-} + 14H^+ + 6e^- \rightleftharpoons 2Cr^{3+} + 7H_2O$ | 1.33 |
| 85 | Br(Ⅰ)-(−Ⅰ) | $HBrO + H^+ + 2e^- \rightleftharpoons Br^- + H_2O$ | 1.331 |
| 86 | Cl(0)-(−Ⅰ) | $Cl_2 + 2e^- \rightleftharpoons 2Cl^-$ | 1.3579 |
| 87 | Br(Ⅴ)-(−Ⅰ) | $BrO_3^- + 6H^+ + 6e^- \rightleftharpoons Br^- + 3H_2O$ | 1.423 |
| 88 | I(Ⅰ)-(0) | $2HIO + 2H^+ + 2e^- \rightleftharpoons I_2 + 2H_2O$ | 1.45 |
| 89 | Pb(Ⅳ)-(Ⅱ) | $PbO_2 + 4H^+ + 2e^- \rightleftharpoons Pb^{2+} + 2H_2O$ | 1.455 |
| 90 | Cl(Ⅴ)-(0) | $2ClO_3^- + 12H^+ + 10e^- \rightleftharpoons Cl_2 + 6H_2O$ | 1.47 |
| 91 | Cl(Ⅰ)-(−Ⅰ) | $HClO + H^+ + 2e^- \rightleftharpoons Cl^- + H_2O$ | 1.482 |
| 92 | Br(Ⅴ)-(0) | $2BrO_3^- + 12H^+ + 10e^- \rightleftharpoons Br_2 + 6H_2O$ | 1.482 |
| 93 | Mn(Ⅶ)-(Ⅱ) | $MnO_4^- + 8H^+ + 5e^- \rightleftharpoons Mn^{2+} + 4H_2O$ | 1.507 |
| 94 | Bi(Ⅴ)-(Ⅲ) | $BiO_3^- + 6H^+ + 2e^- \rightleftharpoons Bi^{3+} + 3H_2O$ | 1.60 |
| 95 | Br(Ⅰ)-(0) | $2HBrO + 2H^+ + 2e^- \rightleftharpoons Br_2 + 2H_2O$ | 1.604 |
| 96 | Cl(Ⅰ)-(0) | $2HClO + 2H^+ + 2e^- \rightleftharpoons Cl_2 + 2H_2O$ | 1.611 |
| 97 | Cl(Ⅲ)-(Ⅰ) | $HClO_2 + 2H^+ + 2e^- \rightleftharpoons HClO + H_2O$ | 1.64 |
| 98 | Mn(Ⅶ)-(Ⅳ) | $MnO_4^- + 4H^+ + 3e^- \rightleftharpoons MnO_2 + 2H_2O$ | 1.679 |
| 99 | Pb(Ⅳ)-(Ⅱ) | $PbO_2 + SO_4^{2-} + 4H^+ + 2e^- \rightleftharpoons PbSO_4 + 2H_2O$ | 1.685 |
| 100 | Ce(Ⅳ)-(Ⅲ) | $Ce^{4+} + e^- \rightleftharpoons Ce^{3+}$ | 1.72 |
| 101 | O(−Ⅰ)-(−Ⅱ) | $H_2O_2 + 2H^+ + 2e^- \rightleftharpoons 2H_2O$ | 1.776 |
| 102 | Co(Ⅲ)-(Ⅱ) | $Co^{3+} + e^- \rightleftharpoons Co^{2+}$ | 1.92 |
| 103 | S(Ⅶ)-(Ⅵ) | $S_2O_8^{2-} + 2e^- \rightleftharpoons 2SO_4^{2-}$ | 2.010 |
| 104 | O(0)-(−Ⅱ) | $O_3 + 2H^+ + 2e^- \rightleftharpoons O_2 + H_2O$ | 2.076 |
| 105 | F(0)-(−Ⅰ) | $F_2 + 2e^- \rightleftharpoons 2F^-$ | 2.87 |
| 106 | F(0)-(−Ⅰ) | $F_2 + 2H^+ + 2e^- \rightleftharpoons 2HF$ | 3.053 |

## 二、在碱性溶液中

| 编　号 | 电　对 | 电极反应 | $\varphi_B^{\ominus}$ /V |
|---|---|---|---|
| 1 | Mg(Ⅱ)-(0) | $Mg(OH)_2 + 2e^- \rightleftharpoons Mg + 2OH^-$ | −2.687 |
| 2 | Al(Ⅲ)-(0) | $H_2AlO_3^- + H_2O + 3e^- \rightleftharpoons Al + 4OH^-$ | −2.310 |
| 3 | P(Ⅰ)-(0) | $H_2PO_2^- + e^- \rightleftharpoons P + 2OH^-$ | −2.05 |
| 4 | B(Ⅲ)-(0) | $H_2BO_3^- + H_2O + 3e^- \rightleftharpoons B + 4OH^-$ | −1.811 |
| 5 | Si(Ⅳ)-(0) | $SiO_2 + 2H_2O + 4e^- \rightleftharpoons Si + 4OH^-$ | −1.679 |
| 6 | Mn(Ⅱ)-(0) | $Mn(OH)_2 + 2e^- \rightleftharpoons Mn + 2OH^-$ | −1.56 |
| 7 | Cr(Ⅲ)-(0) | $Cr(OH)_3 + 3e^- \rightleftharpoons Cr + 3OH^-$ | −1.48 |
| 8 | As(0)-(−Ⅲ) | $As + 3H_2O + 3e^- \rightleftharpoons AsH_3 + 3OH^-$ | −1.37 |
| 9 | Zn(Ⅱ)-(0) | $[Zn(CN)_4]^{2-} + 2e^- \rightleftharpoons Zn + 4CN^-$ | −1.26 |
| 10 | Zn(Ⅱ)-(0) | $Zn(OH)_2 + 2e^- \rightleftharpoons Zn + 2OH^-$ | −1.249 |
| 11 | P(Ⅴ)-(Ⅲ) | $PO_4^{3-} + 2H_2O + 2e^- \rightleftharpoons HPO_3^{2-} + 3OH^-$ | −1.05 |
| 12 | Zn(Ⅱ)-(0) | $[Zn(NH_3)_4]^{2+} + 2e^- \rightleftharpoons Zn + 4NH_3$ | −1.04 |
| 13 | S(Ⅵ)-(Ⅳ) | $SO_4^{2-} + H_2O + 2e^- \rightleftharpoons SO_3^{2-} + 2OH^-$ | −0.936 |
| 14 | Sn(Ⅳ)-(Ⅱ) | $[Sn(OH)_6]^{2-} + 2e^- \rightleftharpoons H_2SnO_2 + 4OH^-$ | −0.93 |
| 15 | Sn(Ⅱ)-(0) | $HSnO_2^- + H_2O + 2e^- \rightleftharpoons Sn + 3OH^-$ | −0.91 |
| 16 | Fe(Ⅱ)-(0) | $Fe(OH)_2 + 2e^- \rightleftharpoons Fe + 2OH^-$ | −0.877 |
| 17 | P(0)-(−Ⅲ) | $P + 3H_2O + 3e^- \rightleftharpoons PH_3 + 3OH^-$ | −0.87 |
| 18 | Co(Ⅲ)-(Ⅱ) | $[Co(CN)_6]^{3-} + e^- \rightleftharpoons [Co(CN)_6]^{4-}$ | −0.83 |
| 19 | H(Ⅰ)-(0) | $2H_2O + 2e^- \rightleftharpoons H_2 + 2OH^-$ | −0.8277 |
| 20 | As(Ⅴ)-(Ⅲ) | $AsO_4^{3-} + 2H_2O + 2e^- \rightleftharpoons AsO_2^- + 4OH^-$ | −0.71 |
| 21 | As(Ⅲ)-(0) | $AsO_2^- + 2H_2O + 3e^- \rightleftharpoons As + 4OH^-$ | −0.68 |
| 22 | Cd(Ⅱ)-(0) | $[Cd(NH_3)_4]^{2+} + 2e^- \rightleftharpoons Cd + 4NH_3$ | −0.622 |
| 23 | S(Ⅳ)-(−Ⅱ) | $SO_3^{2-} + 3H_2O + 6e^- \rightleftharpoons S^{2-} + 6OH^-$ | −0.576 |
| 24 | Fe(Ⅲ)-(Ⅱ) | $Fe(OH)_3 + e^- \rightleftharpoons Fe(OH)_2 + OH^-$ | −0.56 |
| 25 | Ni(Ⅱ)-(0) | $[Ni(NH_3)_6]^{2+} + 2e^- \rightleftharpoons Ni + 6NH_3$ | −0.48 |
| 26 | S(0)-(−Ⅱ) | $S + 2e^- \rightleftharpoons S^{2-}$ | −0.4764 |
| 27 | N(Ⅲ)-(Ⅱ) | $NO_2^- + H_2O + e^- \rightleftharpoons NO + 2OH^-$ | −0.46 |
| 28 | Cu(Ⅰ)-(0) | $[Cu(CN)_2]^- + e^- \rightleftharpoons Cu + 2CN^-$ | −0.43 |
| 29 | Co(Ⅱ)-(0) | $[Co(NH_3)_6]^{2+} + 2e^- \rightleftharpoons Co + 6NH_3$ | −0.422 |
| 30 | Hg(Ⅱ)-(0) | $[Hg(CN)_4]^{2-} + 2e^- \rightleftharpoons Hg + 4CN^-$ | −0.37 |
| 31 | Ag(Ⅰ)-(0) | $[Ag(CN)_2]^- + e^- \rightleftharpoons Ag + 2CN^-$ | −0.31 |
| 32 | Cu(Ⅱ)-(0) | $Cu(OH)_2 + 2e^- \rightleftharpoons Cu + 2OH^-$ | −0.222 |
| 33 | Pb(Ⅳ)-(0) | $PbO_2 + 2H_2O + 4e^- \rightleftharpoons Pb + 4OH^-$ | −0.16 |
| 34 | Cr(Ⅵ)-(Ⅲ) | $CrO_4^{2-} + 4H_2O + 3e^- \rightleftharpoons Cr(OH)_3 + 5OH^-$ | −0.13 |
| 35 | Cu(Ⅱ)-(0) | $[Cu(NH_3)_4]^{2+} + 2e^- \rightleftharpoons Cu + 4NH_3$ | −0.12 |

续表

| 编号 | 电对 | 电极反应 | $\varphi_B^\ominus$ /V |
|---|---|---|---|
| 36 | O(0)-(-Ⅰ) | $O_2+H_2O+2e^- \rightleftharpoons HO_2^-+OH^-$ | -0.076 |
| 37 | Mn(Ⅳ)-(Ⅱ) | $MnO_2+2H_2O+2e^- \rightleftharpoons Mn(OH)_2+2OH^-$ | -0.05 |
| 38 | N(Ⅴ)-(Ⅲ) | $NO_3^-+H_2O+2e^- \rightleftharpoons NO_2^-+2OH^-$ | 0.01 |
| 39 | Hg(Ⅱ)-(0) | $HgO+H_2O+2e^- \rightleftharpoons Hg+2OH^-$ | 0.098 |
| 40 | Co(Ⅲ)-(Ⅱ) | $[Co(NH_3)_6]^{3+}+e^- \rightleftharpoons [Co(NH_3)_6]^{2+}$ | 0.108 |
| 41 | N(Ⅲ)-(Ⅰ) | $2NO_2^-+3H_2O+4e^- \rightleftharpoons N_2O+6OH^-$ | 0.15 |
| 42 | I(Ⅴ)-(Ⅰ) | $IO_3^-+2H_2O+4e^- \rightleftharpoons IO^-+4OH^-$ | 0.15 |
| 43 | Co(Ⅲ)-(Ⅱ) | $Co(OH)_3+e^- \rightleftharpoons Co(OH)_2+OH^-$ | 0.17 |
| 44 | I(Ⅴ)-(-Ⅰ) | $IO_3^-+3H_2O+6e^- \rightleftharpoons I^-+6OH^-$ | 0.26 |
| 45 | Ag(Ⅰ)-(0) | $[Ag(S_2O_3)_2]^{3-}+e^- \rightleftharpoons Ag+2S_2O_3^{2-}$ | 0.30 |
| 46 | Cl(Ⅴ)-(Ⅲ) | $ClO_3^-+H_2O+2e^- \rightleftharpoons ClO_2^-+2OH^-$ | 0.33 |
| 47 | Ag(Ⅰ)-(0) | $Ag_2O+H_2O+2e^- \rightleftharpoons 2Ag+2OH^-$ | 0.342 |
| 48 | Cl(Ⅶ)-(Ⅴ) | $ClO_4^-+H_2O+2e^- \rightleftharpoons ClO_3^-+2OH^-$ | 0.36 |
| 49 | Ag(Ⅰ)-(0) | $[Ag(NH_3)_2]^++e^- \rightleftharpoons Ag+2NH_3$ | 0.373 |
| 50 | O(0)-(-Ⅱ) | $O_2+2H_2O+4e^- \rightleftharpoons 4OH^-$ | 0.401 |
| 51 | Br(Ⅰ)-(0) | $2BrO^-+2H_2O+2e^- \rightleftharpoons Br_2+4OH^-$ | 0.45 |
| 52 | I(Ⅰ)-(-Ⅰ) | $IO^-+H_2O+2e^- \rightleftharpoons I^-+2OH^-$ | 0.485 |
| 53 | Ni(Ⅳ)-(Ⅱ) | $NiO_2+2H_2O+2e^- \rightleftharpoons Ni(OH)_2+2OH^-$ | 0.490 |
| 54 | Cl(Ⅶ)-(-Ⅰ) | $ClO_4^-+4H_2O+8e^- \rightleftharpoons Cl^-+8OH^-$ | 0.51 |
| 55 | Cl(Ⅰ)-(0) | $2ClO^-+2H_2O+2e^- \rightleftharpoons Cl_2+4OH^-$ | 0.52 |
| 56 | Br(Ⅴ)-(Ⅰ) | $BrO_3^-+2H_2O+4e^- \rightleftharpoons BrO^-+4OH^-$ | 0.54 |
| 57 | Mn(Ⅶ)-(Ⅳ) | $MnO_4^-+2H_2O+3e^- \rightleftharpoons MnO_2+4OH^-$ | 0.595 |
| 58 | Mn(Ⅵ)-(Ⅳ) | $MnO_4^{2-}+2H_2O+2e^- \rightleftharpoons MnO_2+4OH^-$ | 0.60 |
| 59 | Br(Ⅴ)-(-Ⅰ) | $BrO_3^-+3H_2O+6e^- \rightleftharpoons Br^-+6OH^-$ | 0.61 |
| 60 | Cl(Ⅴ)-(-Ⅰ) | $ClO_3^-+3H_2O+6e^- \rightleftharpoons Cl^-+6OH^-$ | 0.62 |
| 61 | Cl(Ⅲ)-(Ⅰ) | $ClO_2^-+H_2O+2e^- \rightleftharpoons ClO^-+2OH^-$ | 0.66 |
| 62 | Br(Ⅰ)-(-Ⅰ) | $BrO^-+H_2O+2e^- \rightleftharpoons Br^-+2OH^-$ | 0.761 |
| 63 | Cl(Ⅰ)-(-Ⅰ) | $ClO^-+H_2O+2e^- \rightleftharpoons Cl^-+2OH^-$ | 0.81 |
| 64 | O(-Ⅰ)-(-Ⅱ) | $HO_2^-+H_2O+2e^- \rightleftharpoons 3OH^-$ | 0.878 |
| 65 | Fe(Ⅵ)-(Ⅲ) | $FeO_4^{2-}+2H_2O+3e^- \rightleftharpoons FeO_2^-+4OH^-$ | 0.9 |
| 66 | O(0)-(-Ⅱ) | $O_3+H_2O+2e^- \rightleftharpoons O_2+2OH^-$ | 1.24 |

# 附录八　条件电极电势(298.15K)

| 编　号 | 半反应 | $\varphi^{\ominus'}$ /V | 介　质 |
|---|---|---|---|
| 1 | $Ag^+ + e^- \rightleftharpoons Ag$ | 1.927 | $4mol \cdot L^{-1}\ HNO_3$ |
| 2 | $Ce^{4+} + e^- \rightleftharpoons Ce^{3+}$ | 1.70 | $1mol \cdot L^{-1}\ HClO$ |
| | | 1.61 | $1mol \cdot L^{-1}\ HNO_3$ |
| | | 1.44 | $0.5mol \cdot L^{-1}\ H_2SO_4$ |
| | | 1.28 | $1mol \cdot L^{-1}\ HCl$ |
| 3 | $Co^{3+} + e^- \rightleftharpoons Co^{2+}$ | 1.85 | $4mol \cdot L^{-1}\ HNO_3$ |
| 4 | $Co(乙二胺)_3^{3+} + e^- \rightleftharpoons Co(乙二胺)_3^{2+}$ | −0.2 | $0.1mol \cdot L^{-1}\ KNO_3$ |
| 5 | $Cr^{3+} + e^- \rightleftharpoons Cr^{2+}$ | −0.40 | $5mol \cdot L^{-1}\ HCl$ |
| 6 | $Cr_2O_7^{2-} + 14H^+ + 6e^- \rightleftharpoons 2Cr^{3+} + 7H_2O$ | 1.00 | $1mol \cdot L^{-1}\ HCl$ |
| | | 1.025 | $1mol \cdot L^{-1}\ HClO_4$ |
| | | 1.08 | $3mol \cdot L^{-1}\ HCl$ |
| | | 1.05 | $2mol \cdot L^{-1}\ HCl$ |
| | | 1.15 | $4mol \cdot L^{-1}\ H_2SO_4$ |
| 7 | $CrO_4^{2-} + 2H_2O + 3e^- \rightleftharpoons CrO_2^- + 4OH^-$ | −0.12 | $1mol \cdot L^{-1}\ NaOH$ |
| 8 | $Fe^{3+} + e^- \rightleftharpoons Fe^{2+}$ | 0.73 | $1mol \cdot L^{-1}\ HClO_4$ |
| | | 0.71 | $0.5mol \cdot L^{-1}\ HCl$ |
| | | 0.68 | $1mol \cdot L^{-1}\ H_2SO_4$ |
| | | 0.68 | $1mol \cdot L^{-1}\ HCl$ |
| | | 0.46 | $2mol \cdot L^{-1}\ H_3PO_4$ |
| | | 0.51 | $3mol \cdot L^{-1}\ HCl + 0.25mol \cdot L^{-1}\ H_3PO_4$ |
| 9 | $H_3AsO_4 + 2H^+ + 2e^- \rightleftharpoons H_3AsO_3 + H_2O$ | 0.557 | $1mol \cdot L^{-1}\ HCl$ |
| | | 0.557 | $1mol \cdot L^{-1}\ HClO_4$ |
| 10 | $Fe(EDTA)^- + e^- \rightleftharpoons Fe(EDTA)^{2-}$ | 0.12 | $0.1mol \cdot L^{-1}$ EDTA, pH4~6 |
| 11 | $[Fe(CN)_6]^{3-} + e^- \rightleftharpoons [Fe(CN)_6]^{4-}$ | 0.48 | $0.01mol \cdot L^{-1}\ HCl$ |
| | | 0.56 | $0.1mol \cdot L^{-1}\ HCl$ |
| | | 0.71 | $1mol \cdot L^{-1}\ HCl$ |
| | | 0.72 | $1mol \cdot L^{-1}\ HClO_4$ |
| 12 | $I_2(H_2O) + 2e^- \rightleftharpoons 2I^-$ | 0.628 | $1mol \cdot L^{-1}\ H^+$ |
| 13 | $I_3^- + 2e^- \rightleftharpoons 3I^-$ | 0.545 | $1mol \cdot L^{-1}\ H^+$ |
| 14 | $MnO_4^- + 8H^+ + 5e^- \rightleftharpoons Mn^{2+} + 4H_2O$ | 1.45 | $1mol \cdot L^{-1}\ HClO_4$ |
| 15 | $[SnCl_6]^{2-} + 2e^- \rightleftharpoons [SnCl_4]^{2-} + 2Cl^-$ | 0.14 | $1mol \cdot L^{-1}\ HCl$ |
| 16 | $Sn^{2+} + 2e^- \rightleftharpoons Sn$ | −0.16 | $1mol \cdot L^{-1}\ HClO_4$ |
| 17 | $Pb^{2+} + 2e^- \rightleftharpoons Pb$ | −0.32 | $1mol \cdot L^{-1}\ NaAc$ |
| | | −0.14 | $1mol \cdot L^{-1}\ HClO_4$ |

## 附录九　EDTA 配合物的 $\lg K^{\ominus}_{MY}$ 值($I = 0.1\text{mol} \cdot \text{kg}^{-1}$，293～298K)

| 离　子 | $\lg K^{\ominus}_{MY}$ | 离　子 | $\lg K^{\ominus}_{MY}$ | 离　子 | $\lg K^{\ominus}_{MY}$ | 离　子 | $\lg K^{\ominus}_{MY}$ |
|---|---|---|---|---|---|---|---|
| $Ag^{+}$ | 7.32 | $Co^{3+}$ | 36.00 | $Li^{+}$ | 2.79 | $Sm^{3+}$ | 17.41 |
| $Al^{3+}$ | 16.30 | $Cr^{3+}$ | 23.40 | $Mg^{2+}$ | 8.70 | $Sn^{2+}$ | 22.11 |
| $Ba^{2+}$ | 7.86 | $Cu^{2+}$ | 18.80 | $Mn^{2+}$ | 13.87 | $Sr^{2+}$ | 8.73 |
| $Be^{2+}$ | 9.30 | $Dy^{3+}$ | 18.30 | $Mo^{2+}$ | 28.00 | $Tb^{3+}$ | 17.67 |
| $Bi^{3+}$ | 27.94 | $Eu^{3+}$ | 17.35 | $Na^{+}$ | 1.66 | $Th^{4+}$ | 23.20 |
| $Ca^{2+}$ | 10.69 | $Fe^{2+}$ | 14.32 | $Nd^{3+}$ | 16.60 | $Ti^{3+}$ | 21.30 |
| $Cd^{2+}$ | 16.46 | $Fe^{3+}$ | 25.10 | $Ni^{2+}$ | 18.62 | U(Ⅳ) | 25.80 |
| $Ce^{3+}$ | 15.98 | $Hg^{2+}$ | 21.70 | $Pb^{2+}$ | 18.04 | $Yb^{3+}$ | 19.57 |
| $Co^{2+}$ | 16.31 | $La^{3+}$ | 15.50 | $Pd^{2+}$ | 18.50 | $Zn^{2+}$ | 16.50 |

## 附录十　EDTA 在不同 pH 时的 $\lg \alpha_{Y(H)}$ 值

| pH | $\lg \alpha_{Y(H)}$ | pH | $\lg \alpha_{Y(H)}$ | pH | $\lg \alpha_{Y(H)}$ | pH | $\lg \alpha_{Y(H)}$ |
|---|---|---|---|---|---|---|---|
| 0.0 | 23.64 | 3.0 | 10.60 | 6.0 | 4.65 | 9.0 | 1.28 |
| 0.4 | 21.32 | 3.4 | 9.70 | 6.4 | 4.06 | 9.4 | 0.92 |
| 0.8 | 19.08 | 3.8 | 8.85 | 6.8 | 3.55 | 9.8 | 0.59 |
| 1.0 | 18.01 | 4.0 | 8.44 | 7.0 | 3.32 | 10.0 | 0.45 |
| 1.4 | 16.02 | 4.4 | 7.64 | 7.4 | 2.88 | 10.5 | 0.20 |
| 1.8 | 14.27 | 4.8 | 6.84 | 7.8 | 2.47 | 11.0 | 0.07 |
| 2.0 | 13.51 | 5.0 | 6.45 | 8.0 | 2.27 | 11.5 | 0.02 |
| 2.4 | 12.19 | 5.4 | 5.69 | 8.4 | 1.87 | 12.0 | 0.01 |
| 2.8 | 11.09 | 5.8 | 4.98 | 8.8 | 1.48 | 13.0 | 0.00 |

## 附录十一　一些金属离子的 $\lg \alpha_{M(OH)}$ 值

| 金属离子 | 离子强度 | pH | | | | | | | | | | | | | |
|---|---|---|---|---|---|---|---|---|---|---|---|---|---|---|---|
| | | 1 | 2 | 3 | 4 | 5 | 6 | 7 | 8 | 9 | 10 | 11 | 12 | 13 | 14 |
| $Al^{3+}$ | 2 | | | | | 0.4 | 1.3 | 5.3 | 9.3 | 13.3 | 17.3 | 21.3 | 25.3 | 29.3 | 33.3 |
| $Bi^{3+}$ | 3 | 0.1 | 0.5 | 1.4 | 2.4 | 3.4 | 4.4 | 5.4 | | | | | | | |
| $Ca^{2+}$ | 0.1 | | | | | | | | | | | | | 0.3 | 1.0 |
| $Cd^{2+}$ | 3 | | | | | | | | | 0.1 | 0.5 | 2.0 | 4.5 | 8.1 | 12.0 |
| $Co^{2+}$ | 0.1 | | | | | | | | 0.1 | 0.4 | 1.1 | 2.2 | 4.2 | 7.2 | 10.2 |
| $Cu^{2+}$ | 0.1 | | | | | | | | 0.2 | 0.8 | 1.7 | 2.7 | 3.7 | 4.7 | 5.7 |

续表

| 金属离子 | 离子强度 | pH | | | | | | | | | | | | | |
|---|---|---|---|---|---|---|---|---|---|---|---|---|---|---|---|
| | | 1 | 2 | 3 | 4 | 5 | 6 | 7 | 8 | 9 | 10 | 11 | 12 | 13 | 14 |
| $Fe^{2+}$ | 1 | | | | | | | | | 0.1 | 0.6 | 1.5 | 2.5 | 3.5 | 4.5 |
| $Fe^{3+}$ | 3 | | | 0.4 | 1.8 | 3.7 | 5.7 | 7.7 | 9.7 | 11.7 | 13.7 | 15.7 | 17.7 | 19.7 | 21.7 |
| $Hg^{2+}$ | 0.1 | | | 0.5 | 1.9 | 3.9 | 5.9 | 7.9 | 9.9 | 11.9 | 13.9 | 15.9 | 17.9 | 19.9 | 21.9 |
| $La^{3+}$ | 3 | | | | | | | | | | 0.3 | 1.0 | 1.9 | 2.9 | 3.9 |
| $Mg^{2+}$ | 0.1 | | | | | | | | | | | 0.1 | 0.5 | 1.3 | 2.3 |
| $Mn^{2+}$ | 0.1 | | | | | | | | | | 0.1 | 0.5 | 1.4 | 2.4 | 3.4 |
| $Ni^{2+}$ | 0.1 | | | | | | | | | 0.1 | 0.7 | 1.6 | | | |
| $Pb^{2+}$ | 0.1 | | | | | | | 0.1 | 0.5 | 1.4 | 2.7 | 4.7 | 7.4 | 10.4 | 13.4 |
| $Th^{4+}$ | 1 | | | | 0.2 | 0.8 | 1.7 | 2.7 | 3.7 | 4.7 | 5.7 | 6.7 | 7.7 | 8.7 | 9.7 |
| $Zn^{2+}$ | 0.1 | | | | | | | | | 0.2 | 2.4 | 5.4 | 8.5 | 11.8 | 15.5 |

## 附录十二　主族元素的第一电离能(单位：$kJ \cdot mol^{-1}$)

| | | | | | | | |
|---|---|---|---|---|---|---|---|
| H<br>1312 | | | | | | | He<br>2372 |
| Li<br>519 | Be<br>900 | B<br>799 | C<br>1096 | N<br>1401 | O<br>1310 | F<br>1680 | Ne<br>2080 |
| Na<br>494 | Mg<br>736 | Al<br>577 | Si<br>786 | P<br>1060 | S<br>1000 | Cl<br>1260 | Ar<br>1520 |
| K<br>418 | Ca<br>590 | Ga<br>577 | Ge<br>762 | As<br>966 | Se<br>941 | Br<br>1140 | Kr<br>1350 |
| Rb<br>402 | Sr<br>548 | In<br>556 | Sn<br>707 | Sb<br>833 | Te<br>870 | I<br>1010 | Xe<br>1170 |
| Cs<br>376 | Ba<br>502 | Tl<br>590 | Pb<br>716 | Bi<br>703 | Po<br>812 | At<br>920 | Rn<br>1040 |

## 附录十三　主族元素的第一电子亲和能(单位：$kJ \cdot mol^{-1}$)

| | | | | | | | |
|---|---|---|---|---|---|---|---|
| H<br>−72.7 | | | | | | | He<br>+48.2 |
| Li<br>−59.6 | Be<br>+48.2 | B<br>−26.7 | C<br>−121.9 | N<br>+6.75 | O<br>−141.0 | F<br>−328.0 | Ne<br>+115.8 |
| Na<br>−52.9 | Mg<br>+38.6 | Al<br>−42.5 | Si<br>−133.6 | P<br>−72.1 | S<br>−200.4 | Cl<br>−349.0 | Ar<br>+96.5 |
| K<br>−48.4 | Ca<br>+28.9 | Ga<br>−28.9 | Ge<br>−115.8 | As<br>−78.2 | Se<br>−195.0 | Br<br>−324.7 | Kr<br>+96.5 |
| Rb<br>−46.9 | Sr<br>+28.9 | In<br>−28.9 | Sn<br>−115.8 | Sb<br>−103.2 | Te<br>−190.2 | I<br>−295.1 | Xe<br>+77.2 |

# 附录十四　元素的电负性

| ⅠA | | | | | | | | | | | | | | | | | ⅧA |
|---|---|---|---|---|---|---|---|---|---|---|---|---|---|---|---|---|---|
| H<br>2.1 | ⅡA | | | | | | | | | | | ⅢA | ⅣA | ⅤA | ⅥA | ⅦA | He<br>– |
| Li<br>1.0 | Be<br>1.5 | | | | | | | | | | | B<br>2.0 | C<br>2.5 | N<br>3.0 | O<br>3.5 | F<br>4.0 | Ne<br>– |
| Na<br>0.9 | Mg<br>1.2 | ⅢB | ⅣB | ⅤB | ⅥB | ⅦB | Ⅷ | | | ⅠB | ⅡB | Al<br>1.5 | Si<br>1.8 | P<br>2.1 | S<br>2.5 | Cl<br>3.0 | Ar<br>– |
| K<br>0.8 | Ca<br>1.0 | Sc<br>1.3 | Ti<br>1.5 | V<br>1.6 | Cr<br>1.6 | Mn<br>1.5 | Fe<br>1.8 | Co<br>1.9 | Ni<br>1.9 | Cu<br>1.9 | Zn<br>1.9 | Ga<br>1.6 | Ge<br>1.8 | As<br>2.0 | Se<br>2.4 | Br<br>2.8 | Kr<br>– |
| Rb<br>0.8 | Sr<br>1.0 | Y<br>1.2 | Zr<br>1.4 | Nb<br>1.6 | Mo<br>1.8 | Tc<br>1.9 | Ru<br>2.2 | Rh<br>2.2 | Pd<br>2.2 | Ag<br>1.9 | Cd<br>1.7 | In<br>1.7 | Sn<br>1.8 | Sb<br>1.9 | Te<br>2.1 | I<br>2.5 | Xe<br>– |
| Cs<br>0.7 | Ba<br>0.9 | La<br>1.2 | Hf<br>1.3 | Ta<br>1.5 | W<br>1.7 | Re<br>1.9 | Os<br>2.2 | Ir<br>2.2 | Pt<br>2.2 | Au<br>2.4 | Hg<br>1.9 | Tl<br>1.8 | Pb<br>1.8 | Bi<br>1.9 | Po<br>2.0 | At<br>2.2 | Rn<br>– |

# 附录十五　常见的离子半径

| 离　子 | 半径/pm | 离　子 | 半径/pm | 离　子 | 半径/pm |
|---|---|---|---|---|---|
| $Li^{+}$ | 60 | $Cr^{3+}$ | 64 | $Hg^{2+}$ | 110 |
| $Na^{+}$ | 95 | $Mn^{2+}$ | 80 | $Al^{3+}$ | 50 |
| $K^{+}$ | 133 | $Fe^{2+}$ | 76 | $Sn^{2+}$ | 102 |
| $Rb^{+}$ | 148 | $Fe^{3+}$ | 64 | $Sn^{4+}$ | 71 |
| $Cs^{+}$ | 169 | $Co^{2+}$ | 74 | $Pb^{2+}$ | 120 |
| $Be^{2+}$ | 31 | $Ni^{2+}$ | 72 | $O^{2-}$ | 140 |
| $Mg^{2+}$ | 65 | $Cu^{+}$ | 96 | $S^{2-}$ | 184 |
| $Ca^{2+}$ | 99 | $Cu^{2+}$ | 72 | $F^{-}$ | 136 |
| $Sr^{2+}$ | 113 | $Ag^{+}$ | 126 | $Cl^{-}$ | 181 |
| $Ba^{2+}$ | 135 | $Zn^{2+}$ | 74 | $Br^{-}$ | 196 |
| $Ti^{4+}$ | 68 | $Cd^{2+}$ | 97 | $I^{-}$ | 216 |

# 附录十六　一些参考资料和常用的 Internet 资源

陈虹锦. 2002. 无机及分析化学. 北京: 科学出版社
董元彦. 2006. 无机及分析化学. 2 版. 北京: 科学出版社
傅献彩. 2008. 物理化学. 5 版. 北京: 高等教育出版社
高歧，任健敏. 2010. 无机及分析化学. 北京: 化学工业出版社
呼世斌. 2001. 无机及分析化学. 北京: 高等教育出版社
呼世斌, 黄蔷蕾. 2005. 无机及分析化学. 2 版. 北京: 高等教育出版社
贾之慎. 2008. 无机及分析化学. 北京: 高等教育出版社
刘密新, 罗国安, 张新荣, 等. 2008. 仪器分析. 北京: 清华大学出版社
南京大学. 2007. 无机及分析化学. 4 版. 北京: 高等教育出版社
倪静安. 2004. 无机及分析化学. 北京: 化学工业出版社

司学芝, 刘捷, 展海军. 2009. 无机化学. 北京: 化学工业出版社
王秀彦, 马凤霞. 2009. 无机及分析化学. 北京: 化学工业出版社
张仕勇. 2000. 无机及分析化学. 杭州: 浙江大学出版社
朱裕贞, 顾达, 黑恩成. 2004. 现代基础化学. 2 版. 北京: 化学工业出版社
http://www.cnki.net
http://www.zjooc.cn/(浙江省高等学校在线开放课程共享平台, 搜《无机及分析化学》, 选夏静芬)